山东师范大学国家重点学科中国现当代文学出版资金资助

吕周聚　赵京华　黄乔生 / 主编

世界视野中的鲁迅

―― 国际学术研讨会论文集 ――

中国社会科学出版社

图书在版编目(CIP)数据

世界视野中的鲁迅：国际学术研讨会论文集/吕周聚等主编. —北京：中国社会科学出版社，2016.1
ISBN 978-7-5161-7503-3

Ⅰ.①世… Ⅱ.①吕… Ⅲ.①鲁迅(1881~1936)—人物研究 Ⅳ.①K825.6

中国版本图书馆 CIP 数据核字(2016)第017944号

出 版 人	赵剑英
责任编辑	郭晓鸿
特约编辑	席建海
责任校对	李 楠
责任印制	戴 宽

出 版	中国社会科学出版社
社 址	北京鼓楼西大街甲158号
邮 编	100720
网 址	http://www.csspw.cn
发行部	010-84083685
门市部	010-84029450
经 销	新华书店及其他书店
印 刷	北京君升印刷有限公司
装 订	廊坊市广阳区广增装订厂
版 次	2016年1月第1版
印 次	2016年1月第1次印刷
开 本	787×1092 1/16
印 张	34.5
插 页	2
字 数	756千字
定 价	128.00元

凡购买中国社会科学出版社图书，如有质量问题请与本社营销中心联系调换
电话：010-84083683
版权所有 侵权必究

目　录

第一辑

鲁迅翻译日本文学之总成绩 …………………………………… 鲍国华(3)
两颗伟大艺术心灵的相遇 ……………………………………… 崔云伟(12)
井上厦的"反鲁迅" ……………………………………………… 董炳月(25)
先驱者思想与艺术的共鸣 ……………………………………… 董卉川(46)
追求语言的"信"与"达"：鲁迅对所译的三篇契诃夫小说的翻译手稿中的
　　字、词、句的修改分析 …………………………………… 葛　涛(56)
鲁迅域外传播研究的一个范式 ………………………………… 姬学友(71)
留学生周树人"个人"语境中的"斯契纳尔" ……………………… 李冬木(78)
鲁迅译稿《毁灭》 ………………………………………………… 李　浩(106)
简论中西文化之间的鲁迅及其新学思想 ……………………… 李生滨(119)
伊藤虎丸的鲁迅论及其对当下鲁迅研究的启示意义 ………… 谭桂林(126)
鲁迅与尼采的相遇 ……………………………………………… 汪卫东(141)
外国留学生对《阿Q正传》接受的实证研究 …………………… 于小植(161)
世界文学视野中的阿Q ………………………………………… 张梦阳(176)
世界文学视野中的鲁迅杂文 …………………………………… 张梦阳(201)
对《鲁迅〈故乡〉阅读史》的阅读与思考 ………………………… 张全之(224)
牧领话语与鲁迅再解读 ………………………………………… 朱崇科(231)

第二辑

鲁迅的"娜拉"到底怎么了 ……………………………………… 陈　霞(243)
"他的哲学都包括在他的《野草》里面" ………………………… 崔绍怀(250)
鲁迅编辑之哲学建构 …………………………………………… 冯　章(286)

— 1 —

"今之中国"与"世界大势"	符杰祥	(296)
鲁迅小说文体创造的先锋性	甘智钢	(304)
《故事新编》中的黑色幽默文学现象	顾红亚	(312)
论新文学(化)中的父权批判和父亲形象塑造	贾振勇	(317)
阿Q和叙述者的角色履行	李宝暻	(333)
《野草》与鲁迅思想的"完型"	李玉明	(347)
《孔乙己》:在文学史书写中的变迁	李宗刚	(371)
鲁迅的"多疑"及其界定	刘春勇	(380)
鲁迅小说与戏剧的关系研究概论	孙淑芳	(394)
论金石碑拓对鲁迅篆隶书法的影响	孙晓涛	(402)
莫言与鲁迅的家族性相似	王学谦	(416)
《上海文艺之一瞥》的谜团及其国外版本	魏建 周文	(431)
周氏兄弟的散文诗	小川利康	(445)
书写砍头情结:鲁迅自我批评的文学表现	徐维辰	(459)
鲁迅小说书写人物科举不第事件的传统性与创造性	许祖华	(470)
鲁迅研究的三种范式与当下的价值选择	张福贵	(482)
"我的人物比我高"	张瑞英	(506)
谁邀请鲁迅赴港讲演？	张钊贻	(518)
鲁迅个性意识的当代思考	朱德发	(533)
世界的,也是鲁迅的	刘子凌	(545)
编后记		(549)

第一辑

序言

鲁迅翻译日本文学之总成绩

天津师范大学文学院 鲍国华

鲁迅不仅是伟大的思想家和文学家，也是一位卓有成就的翻译家。翻译在鲁迅一生的文学活动中占有十分重要的地位，伴随着他文学生涯的始终。鲁迅一生译作颇丰，从现知最早发表的翻译作品——短篇小说《哀尘》（译自雨果散文集《随见录》中的《芳梯的来历》，是长篇小说《悲惨世界》的素材之一）开始，到1936年逝世前翻译果戈里《死魂灵》为止，鲁迅共翻译了15个国家的110位作家的244部（篇）作品，涉及小说、戏剧、童话、诗歌、散文诗、杂文、论文、文艺理论专集等多个类别。[1] 除翻译实践外，鲁迅还通过大量的译文序跋对所译的外国文学作家和作品进行了深刻而精辟的评论，并有不少探讨翻译问题的专文，提出了一些广受关注、影响深远的翻译主张，形成了独特的翻译思想和翻译取向。在日本翻译文学领域，鲁迅也是成就卓著，翻译作品数量众多、种类丰富，为现代中国的日本翻译文学事业做出了杰出的贡献，成为日本翻译文学的先驱者。

一

翻译文学在鲁迅的文学生涯中占有重要地位。在弃医从文之前，即有翻译文学作品发表。鲁迅一生的翻译文学著作共31部，计300余万字，超过其文学创作的数量。由此可见，文学家鲁迅是先翻译而后创作，而且对翻译的重视程度要超过创作。鲁迅的翻译文学，涉及的国家和语种甚多。据研究者统计，首先俄国和苏联文学在鲁迅的翻译文学中所占比例最大，约占全部译作的59.5%，计约142万字；其次为日本文学，约占28.3%，计约68.8万字；再次为荷兰、匈牙利、希腊、芬兰、保加利亚等国文学，也就是鲁迅所谓的"弱小民族"或"被压迫被侮辱民族"的文学，约占8.5%，计约20万字。除此之外，法国和德国文学也占有一定的比例。[2] 当然，这是以原作所

---

[1] 李万钧：《鲁迅与世界文学》，见俞元桂、黎舟、李万钧《鲁迅与中外文学遗产论稿》，海峡文艺出版社1985年版，第201页。
[2] 王友贵：《翻译家鲁迅》，南开大学出版社2005年版，第313—314页。

属的国家和语种为标准的统计，倘若根据鲁迅翻译时所依据的原语，则日语翻译无疑应占据最高比例，因为鲁迅在翻译各国文学时相当程度上是根据日语重译。

日语是鲁迅的第一外语。在南京江南水师学堂和矿路学堂读书时，鲁迅曾接触英语和德语，但仅为初学，远未达到熟练的程度。留学日本后，在弘文书院较为系统地学习了日语。进入仙台医学专门学校后，由于日本的医科学校多采用德国的教学体系和相关教材，要求必修德语，鲁迅又继续学习德语，使之成为仅次于日语的第二外语。弃医从文后，鲁迅曾和许寿裳、周作人在东京一起学习俄语，半年后即告中止。回国后，特别是20世纪30年代定居上海时，为翻译俄国和苏联文学，鲁迅继续学习俄语，但水平一直不高。此外，他还有学习世界语的计划，但未能付诸实施。综上可知，在鲁迅的外语构成中以日语为最佳，达到了精通的程度，德语水平尚可，运用俄语和其他外语的能力欠佳。这一外语构成情况使日语成为鲁迅翻译文学中当仁不让的首选原语。加之日本在明治维新后，大量译介西方思想文化和文学著作。流亡日本的中国革命者和广大留日学生首先通过这些日译本接触西学，再将其从日语转译为汉语。因此，日语成为西学译为汉语的主要中介，日本也成为中国"西学东渐"的中转站。以上因素也决定了日语在鲁迅翻译文学中居于关键地位。鲁迅最早的一批翻译文学作品，如前述《哀尘》，以及法国作家儒勒·凡尔纳的小说《月界旅行》和《地底旅行》，都是从日译本转译。除从日译本转译外，当时在日本大量出版的西方文学译本及相关介绍，也成为鲁迅的主要阅读对象和创作素材，丰富了他的阅读视野，构成了鲁迅最初的外国文学知识谱系。鲁迅早期的著译，如编译小说《斯巴达之魂》、论文《摩罗诗力说》和《文化偏至论》等，基本素材均来自日本的报刊与著作。在与周作人合译的《域外小说集》中，绝大多数作品也是从日译本转译。尽管鲁迅以日语为原语翻译的各国文学，不能算作严格意义上的日本翻译文学，但日语这一重要的翻译中介，对于翻译家鲁迅的文学观念、审美眼光乃至译本的翻译原则和文本特征都具有不容忽视的重要作用，也使得鲁迅笔下的各国翻译文学呈现别样的光彩。

虽然绝对数量在鲁迅的全部翻译文学中不占首位，但他笔下严格意义上的日本翻译文学，即以日语为原语翻译的日本本国文学，无论是遴选眼光，还是翻译水准，抑或社会反响和历史地位，在现代中国的东方翻译文学史上均属上乘。鲁迅的翻译理念和译文质量，都使他无愧为现代中国的日本翻译文学之翘楚。

鲁迅的日本翻译文学大致可划分为两个阶段。

第一阶段的翻译活动（1913—1927年），即从鲁迅任职教育部到移居上海、成为自由作家之前。这一阶段的鲁迅，无论是担任国民政府教育部的公务人员，还是在各大学任兼职或专职教授，都属于"体制内"生存，其日本翻译文学活动，尤其是对翻译对象的选择，既出于个人性情，又具有明显的现实功用。

鲁迅在这一阶段的日本翻译文学，既有文学作品，也包括理论著作。在文学作品方面，与周作人合译的《现代日本小说集》和独立翻译的武者小路实笃的剧本《一个青年的梦》，不仅遴选了现代日本文学史上的名家名作，也关注一些不太出名但具有独特价值的作品。在理论著作方面，厨川白村的《苦闷的象征》和《出了象牙之塔》在当时产生了广泛而深远的影响。此外，鲁迅还翻译了一些未发表或虽然发表但未收入译文集的散篇文章，为日本文学创作和理论在中国的译介传播做出了贡献。

第二阶段的翻译活动（1927—1936年），即从定居上海直到去世。这一阶段的鲁迅选择告别体制，成为"自由撰稿人"，其翻译也更多地起到倡导新文学和支持左翼文学运动的作用，以译介俄国和苏联文学创作和理论为主，日本翻译文学的数量较之前一阶段有所减少，但价值和影响却丝毫没有降低。在完成时代所赋予的使命的同时，也时时流露出鲁迅个人的审美观念、人生趣味和文化理想。

鲁迅这一阶段的日本翻译文学，仍呈现创作与理论并重的态势。翻译鹤见祐辅的杂文集《思想·山水·人物》，并将以往未收集和新近翻译的单篇文章编入译文集《壁下译丛》（还有一部分译文则在鲁迅去世后由许广平编入《译丛补》）。这些译作具有鲜明的时代特征，同时富于鲁迅的个人情趣，不仅对新文学和左翼文学运动形成了强有力的理论支撑，而且与鲁迅本人的文艺事业有着紧密的关联，进一步实现了文学翻译与创作的并重与互动，为新文学和左翼文学作家树立了典范。

二

自晚清以来，中国翻译家特别注重对外国，主要是西方文学经典的译介。尽管多数译者不通西语（个别甚至完全不懂外语），但借助日语这一中介，还是将大量的西方文学译介到中国，产生了巨大反响。然而，在这一翻译过程中，作为中介国的日本的文学却鲜有译者重视，日本似乎仅仅起到中转站的作用。在这一背景下，鲁迅对日本文学创作和理论的翻译，堪称独步。首先，对于日本文化与文学的熟悉，使鲁迅在阅读日本文学时独具慧眼，遴选翻译对象的眼光准确而犀利；其次，精通日语，使他的日本翻译文学不仅在文意上忠实于原著，而且能够深入文本的至深至微处，挖掘其最透辟的文化精髓；再次，盗取天火给人类带来光明的文化使命感，又使鲁迅的日本翻译文学，始终保持着与中国现实对话的姿态和立场，努力为中国的思想文化革新选择最有力的武器和最相宜的营养。以上种种，保证了鲁迅的日本翻译文学的质量和水平，也促成了他在现代中国东方翻译文学史上的杰出成就和崇高地位。

在蔡元培担任部长的国民政府教育部，鲁迅任职于社会教育司第一科，主要负责图书馆、博物馆和美术馆的建设，并向全社会推行美育和儿童教育。美育是蔡元培大力倡导和一贯坚持的教育主张，也得到了酷爱美术的鲁迅的积极响应。这一时期翻译的日本上野阳一的论文《艺术玩赏之教育》《社会趣味与教育》《儿童之好奇心》（均发表于1913年《教育部编纂处月刊》），高岛平三郎的论文《儿童观念界之研究》（发表于1914年3月出版的《全国儿童艺术展览会纪要》）等，对中国艺术教育和儿童教育的开展均大有助益,也是这一领域中较早出现的译著。

鲁迅对日本文学创作的翻译,主要有剧本《一个青年的梦》及与周作人合译《现代日本小说集》。《一个青年的梦》是武者小路实笃创作的四幕剧,1922年7月由上海商务印书馆出版,为"文学研究会丛书"之一。剧作的宗旨是反对战争,又具有鲜明的乌托邦思想的印痕。但鲁迅说:"所以我以为这剧本也很可以医许多中国旧思想上的痼疾,因此也很有翻成中文的意义。"① 这是一部在鲁迅的日本翻译文学中极为罕见的戏剧作品。原作文学价值不高,亦非武者小路实笃的代表作。它之所以能够引起鲁迅的翻译兴趣,并在中国读者中广为流传,源于弥漫其间的理想主义色彩,与五四新文化运动的浪漫情怀产生强烈的共鸣,并深深契合于鲁迅的改造国民性思想。

《现代日本小说集》是鲁迅翻译出版的第三部外国小说集(前两部为1909年出版的《域外小说集》和1922年5月出版的《现代小说译丛》)。和前两部一样,该书也由周氏兄弟合译,1923年6月由上海商务印书馆出版,为该馆"世界丛书"之一,收15位日本作家的小说30篇。鲁迅翻译了夏目漱石、森鸥外、有岛武郎、江口涣、菊池宽、芥川龙之介等6位作家的11篇作品。之前的两部翻译小说集,作品主要从日语转译而来,但所收均为西方小说,没有一篇日本文学作品。和当时绝大多数的中国翻译家的做法一样,日语作为原语,起到的仅是中介作用,日本文学却未能受到重视,这不能不说是一个遗憾。《现代日本小说集》的出版,不仅弥补了这个遗憾,而且填补了现代中国翻译文学的一项空白,其意义自不待言。加之以日语翻译日本小说,避免了转译可能存在的以讹传讹之弊,更能体现"信"的翻译准则。

除致力于翻译日本文学作品外,鲁迅也注重对日本文学理论的译介,并以现代教育和出版为传播手段,提升了日本翻译文学的影响力。

1920年起,鲁迅开始在北京大学、北京高等师范学校(后更名北京师范大学)、北京女子高等师范学校(后更名北京女子师范大学)、北京世界语专门学校、北京中国大学文科部等高等院校任教,先以自编教材《中国小说史略》讲授中国小说史,后又以自译的日本学者厨川白村的《苦闷的象征》为教材,讲授文艺理论,直至1926年8月离开北京。《苦闷的象征》1924年12月由新潮社出版,为"未名丛刊"之一。该书是日本文艺批评家厨川白村的文艺理论集,1924年(大正十三年)由东京改造社出版。全书共分为四章:创作论、鉴赏论、关于文艺的根本问题的考察和文学的起源,实际上是四篇彼此关联的文艺论文。厨川白村明显受到当时流行的弗洛伊德主义的影响,从精神分析学视角观照文学,并触及当时日本文学的一些问题。《苦闷的象征》所探讨的问题及其理论视角,在当时颇具前沿性。鲁迅翻译该书,体现出对世界文学理论前沿的密切关注和准确捕捉。

晚清以降,以北京大学的前身京师大学堂为首,曾有任课教师编写讲义的制度性

---

① 鲁迅:《〈一个青年的梦〉译者序二》,《鲁迅译文全集》第1卷,福建教育出版社2008年版,第437页。

设计，此举在民国初年虽然有所松动和反复，但仍为不少教师所遵循，并精心撰构，因此促成了多部现代中国的学术经典著作和译作的问世。① 鲁迅在应聘北大后，也开始撰写小说史讲义，先以散页的形式于每次课前寄送校方印行，最终集腋成裘，汇集成《中国小说史略》一书出版。该书出版后，听课学生人手一册。鲁迅便改用自己翻译的《苦闷的象征》为教材讲授文艺理论，结果和小说史课一样大受欢迎。借助该书，鲁迅将世界文学理论的前沿信息介绍到中国，特别是被广大文学青年关注并接受，进一步推动了新文学的理论建设；通过大学课堂，《苦闷的象征》及厨川白村的文艺思想，则在中国名声大噪，实现了更有效的传播。

稍后，鲁迅又翻译了厨川白村的另一部文艺评论集《出了象牙之塔》，于1925年12月由新潮社出版，也作为该社"未名丛刊"之一。原书是作者为新闻杂志社所做文章和讲演的结集，共收文11篇。鲁迅在翻译时，删去了《文学者和政治者》一文，保留了其余10篇。对该书的翻译，不仅意在进一步介绍厨川白村的文艺思想，鲁迅的目的还在于，作者对日本国民性的弱点和世态的批判，可以促进中国人的觉醒，为改造中国的国民性带来希望。即使是面对翻译文学，鲁迅关注问题也绝不限于文学本身，而力图触及社会现实和思想文化。所谓"象牙之塔"，原为19世纪法国文艺批评家圣佩韦批评同时代浪漫主义诗人维尼的用语，后来用以比喻脱离现实生活的文艺家的小天地。从这一意义上说，鲁迅通过翻译厨川白村的这部文学评论集（也包括武者小路实笃的《一个青年的梦》），也确实做到了"出了象牙之塔"。

鹤见祐辅的杂文集《思想·山水·人物》则介乎创作和理论之间，1928年5月由上海北新书局出版。原书共收杂文31篇，1924年由东京大日本雄辩会社出版。鲁迅选译了20篇，包括论文、杂文和游记。这组文章与鲁迅杂文的文体相近，机智幽默，充满思辨性，而又文采斐然。鲁迅翻译鹤见祐辅文字的初衷"原不过想一部分读者知道或古或今有这样的事或这样的人，思想，言论"②，但杂文家的文体意识和艺术感觉，使其翻译成为创作的另一种形式，与自己的杂文创作构成一种潜在的对话关系。《思想·山水·人物》的中译本，成为创作和翻译互动的绝佳范例。

著作之外，鲁迅还翻译了不少单篇论文，编为《壁下译丛》，1929年4月由上海北新书局出版。该书收文艺论文25篇，作者10人，除一人为俄裔德籍作者（在日本东京帝国大学任教）外，其余均为日本人。这组论文对世界文学进行了较为全面的评介，扩大了中国读者的视野，促进了中国对于世界文学的全面了解。鲁迅生前发表于报刊而未收集的日本翻译文学，尚有多篇。部分文章在他去世后由许广平编入《译丛补》，1939年11月由鲁迅全集出版社出版。部分文章则一直未入集。晚年的鲁迅，为推动中

---

① 京师大学堂—北京大学关于课程讲义的规定及其调整，见陈平原《知识、技能与情怀——新文化运动时期北大国文系的文学教育》（上）之第三部分《从课程讲义到学术著作》，《北京大学学报》（哲学社会科学版）2009年第6期。

② 鲁迅：《〈思想·山水·人物〉题记》，《鲁迅译文全集》第3卷，福建教育出版社2008年版，第119页。

国左翼文学运动，关注并翻译了大量的无产阶级文艺理论著作，以俄国和苏联的作家和理论家为主，包括普列汉诺夫、卢那察尔斯基、高尔基等（部分文章从日语转译）。但日本的无产阶级文艺理论著作也为鲁迅所关注，翻译了藏原惟人、外村史郎、昇曙梦、上田伸、片上孤村、青野季吉等人的理论文章。之所以重视日本，固然由于该国无产阶级文艺理论之丰富发达；更重要的是，鲁迅的俄语水平不高，通过精熟的日语，可以更准确地了解理论的本来面貌，把握其精髓。而且，日本文艺理论界对俄国和苏联无产阶级文艺理论的理解和接受，具有一定的批判性。借助日本，也就可以在阅读与翻译过程中独具只眼，避免盲从，为了解俄苏文学提供更为深刻而独到的视角。

综观鲁迅日本翻译文学的成就与贡献，始终表现出鲜明的个性和特点。无论是翻译态度的认真严谨，还是翻译成果的高质量与高水平；无论是在翻译过程中投注的心力与热情，还是对同时代及后世翻译风尚的促进和引领；无论是借助翻译实现的社会责任和文化理想，还是透过翻译体现出的个人趣味与才情；都为现代中国的日本翻译文学开一代新风，可谓成就巨大，贡献卓著。

三

鲁迅不仅是一位杰出的翻译实践者，也是一位卓有建树的翻译理论家。尽管他没有撰写出自成体系的翻译理论著作，但如吉光片羽般散落在其译作序跋（鲁迅几乎为自己所有的译作都写了序跋）和论杂文中的种种翻译见解，自成一格，影响深远。鲁迅无意创建理论体系，但其翻译观念却具有极大的理论价值。

鲁迅的翻译观念，主要体现在以下三个方面。

1. 注重翻译的启蒙价值

鲁迅对翻译对象的遴选，可谓精益求精。他关注的不是作品的商业价值，不考虑译本的畅销与否，甚至对原作的文学质量也不十分在意。鲁迅判断翻译对象的标准，首先是能否对中国的思想文化建设有所助益。以文学为武器，对中国人进行启蒙，是鲁迅选择弃医从文的原因，也是终其一生的思想文化事业。鲁迅的翻译与其创作一样，是以启蒙为基本出发点的，其日本翻译文学尤为如此。一方面，鲁迅的启蒙观，特别是改造国民性的思想，萌发于日本，是在留学期间通过阅读日译西学著作和遭遇"幻灯片"事件等机缘而产生的。日译西学和日本新学著作中都有很多涉及国民性问题的内容，这触发了鲁迅的阅读与思考。当试图探索并解决中国的国民性问题时，鲁迅便自然而然地取法日本，通过日本翻译文学寻找药方。另一方面，日本与中国同为亚洲国家，在政治、经济、社会和思想文化等各领域都有着相近之处，特别是近代以来共同面临西方文明的巨大冲击，有着共同的遭遇与困境。但日本通过明治维新革除旧弊，寻求富强，走上了与中国截然不同的道路。这引起了中国启蒙知识分子——包括鲁迅在内——的关注，使他们开始重视日本经验，通过阅读自我启蒙,再借助翻译启蒙广大国民。因此,选择翻译日本文学,本身即包含着鲁迅师法日本、再造中华的启蒙意识。

强烈的启蒙意识使鲁迅的日本翻译文学呈现两大特色。首先,鲁迅有意识地少译或不译名家名作。他注重的不是促成已获定评的经典作品在中国的传播与普及,而是以中国的现实需要为出发点,选取最有用而不是最有名的作品。例如并非名家的江口涣和绝非名作的《一个青年的梦》,在日本文学史上均不占重要地位,但启蒙价值使之成为鲁迅的翻译对象。这一"陌生化"的翻译选择,在当时独树一帜,为现代中国的日本翻译文学事业开辟了新路。其次,鲁迅重视翻译的及时性。他选取的翻译对象,绝少陈年旧作,多为同时代人的作品,而且往往是在原作问世后不久即行翻译。这对于译者的遴选眼光往往会构成极大的挑战。鲁迅敏锐地捕捉到原作对于中国的思想文化启蒙事业的重要价值,体现出"拿来主义"者的胸襟和眼光。选择经典进行翻译,还是通过翻译塑造经典,鲁迅的选择显然是后者。事实证明,鲁迅的翻译对象,不仅具有时效性,而且经过他的翻译,大多成为经典。

2. 倡导"重译"与"复译"

从前文对鲁迅外语构成情况的分析可知,鲁迅的翻译文学中有很大一部分是借助转译(当时称"重译")完成的。如《小约翰》通过德语,俄苏及"被压迫民族"的作品通过日语。虽然鲁迅也认识到转译不可避免地存在缺陷,但在当时的情况下,这也是不得已的选择。他曾指出:"中国人所懂的外国文,恐怕是英文最多,日文次之,倘不'重译',我们将只能看见许多英美和日本的文学作品,不但没有伊卜生,没有伊本涅支,连极通行的安徒生的童话,西万提司的《吉诃德先生》,也无从看见了。这是何等可怜的眼界。"① 因此,转译是在还不具备直接翻译条件下的权宜之计。在中国的翻译力量还很薄弱,处于许多语种译者短缺的过渡时期,转译有存在的合理性与必要性。然而,鲁迅也注意帮助扶植原语翻译人才,支持精通俄语的瞿秋白、曹靖华翻译俄苏文学,鼓励精通德语的徐梵澄翻译"尼采"等,都是很好的例证。

除转译外,鲁迅还大力倡导"复译",即对已有译本的作品重新翻译。有些译作质量不高,就应该允许新译本取而代之。即使译作质量很好,"复译"也仍有必要。前人采用文言翻译,后人可以改用白话;前人借助其他语言转译,后人可以直接从原文翻译。翻译与创作一样,没有绝对的成功和完美,通过"复译"不断提高质量和水平,可以推动翻译事业的进步。倡导"重译"和"复译",展现出翻译家鲁迅的眼界和胸怀,认识到自身在知识结构和翻译水平上的不足,允许并鼓励后人不断超越。

3. 强调"直译"与"硬译"

"直译"与"硬译"是鲁迅最重要的翻译观念,也是翻译家鲁迅最受争议之处。在其生前身后,不断有理论家对"硬译"提出质疑,甚至从根本上否定鲁迅的翻译成就。

---

① 鲁迅:《花边文学·论重译》,《鲁迅全集》第5卷,人民文学出版社2005年版,第531—532页。

近代的中国翻译家普遍缺乏对原作和原作者的尊重，译者往往随意改写和增删原作，使之尽可能地符合本国读者的阅读习惯，使译作往往译述并存，面目全非。鲁迅最初的翻译文学，也深受此风影响。翻译小说《月界旅行》和《地底旅行》时不仅使用文言，还对原作进行自由发挥，甚至采取中国古代的章回体形式，并夹杂古体诗词，与凡尔纳的原作和翻译借助的日译本相去甚远。《域外小说集》的出版标志着鲁迅翻译观念的重大转变。除选材审慎之外，更重要的是由意译转向直译。尽管由于文辞古奥，而且违反了中国读者熟悉的叙述模式，使这部小说集的发行遭遇失败，但却由此确立了鲁迅以"诚"为核心的翻译观念。

严复提出"信、达、雅"的翻译准则，几乎成为中国翻译界的金科玉律。鲁迅的直译观念最重视"信"，兼顾"达"，却很少提及"雅"。鲁迅曾说："凡是翻译，必须兼顾着两面，一当然力求其易解，一则保存着原作的丰姿，但这保存，却又常常和易懂相矛盾。"[1] 当二者不能两全时，那就"宁信而不顺"，避免为适应目标语言而违背原作。

由意译转向直译还包含鲁迅文化态度的转变。翻译家对中外文化的态度直接决定他对翻译观念的选择。近代中国的翻译家大多为汉文化中心论者，在翻译中坚持"用夏变夷"，用中国文化评判、改写外国文化，这就是翻译学意义上的"归化"。鲁迅早期的翻译，也追求"归化"。自《域外小说集》起转而追求"异域化"。新文化运动后更是旗帜鲜明地提倡直译，就是力图在翻译中保持原汁原味，保持异域情调，决不为迁就中国人既有的思维方式而对原作进行删削改写。这样看来，鲁迅提倡直译，是对翻译过程中的汉语语言暴力的反抗。

鲁迅倡导直译的更重要的原因，是他从汉语和外语的对比中，看到了汉语语义的含混和语法的不精密，并进而发现语法的不精密实质上源于思维的不精密。通过直译，可以将外语的表现法不加改变地引入汉语，去改造、丰富和发展现代汉语白话文，进而推动汉语书写的现代化。[2] 因此，鲁迅的翻译"不但在输入新的内容，也在输入新的表现法"[3]。出于这样的思路，鲁迅提倡逐字逐句的直译，也就是所谓"硬译"。这一翻译方式引发了极大的争议，其译文也因为晦涩难懂而遭到攻击，被批评为"死译"。鲁迅的翻译理想能否实现，尚有待实践检验，其译作的质量高下，也可以进一步讨论，但他试图通过直译引入外语句式，促进汉语的改造，无疑是一种颇有远见的翻译观念，其遭遇诟病不被理解，很可能是源于这一观念的超前性。

鲁迅的日本翻译文学，同样体现出直译的翻译观念及其背后的文化理想。有研究者发现："鲁迅的这个语言观，显然受到近代日语演变、改造的影响。"[4] 鲁迅在回应梁

---

[1] 鲁迅：《且介亭杂文二集·"题未定"草（一至三）》，《鲁迅全集》第6卷，人民文学出版社2005年版，第364—365页。
[2] 参见孙郁《鲁迅忧思录》，中国人民大学出版社2012年版，第221—222页。
[3] 鲁迅：《二心集·关于翻译的通信》，《鲁迅全集》第4卷，人民文学出版社2005年版，第391页。
[4] 王友贵：《翻译家鲁迅》，南开大学出版社2005年版，第161页。

实秋的批评时，也曾指出：

> 日本语和欧美很"不同"，但他们逐渐添加了新句法，比起古文来，更宜于翻译而不失原来的精悍的语气，开初自然是须"找寻句法的线索位置"，很给了一些人不"愉快"的，但经找寻和习惯，现在已经同化，成为己有了。中国的文法，比日本的古文还要不完备，然而也曾有些变迁，例如《史》《汉》不同于《书经》，现在的白话文又不同于《史》《汉》；有添造，例如唐译佛经，元译上谕，当时很有些"文法句法词法"是生造的，一经习用，便不必伸出手指，就懂得了。现在又来了"外国文"，许多句子，即也须新造，——说得坏点，就是硬造。据我的经验，这样译来，较之化为几句，更能保存原来的精悍的语气，但因为有待于新造，所以原先的中国文是有缺点的。①

对日语的熟习，使鲁迅敏锐地发现其近代演变对于汉语发展的借鉴意义。鲁迅翻译日本文学或借助日语转译西方文学，立意不限于对作品情节及宗旨的引进，还在于输入语法，改造汉语，进而改造中国人的思维方式。毫无疑问，日本翻译文学成为鲁迅的这一翻译观念的最有效的实践。

综上所述，鲁迅一生的日本文学翻译活动，无论是成就与贡献，还是观念和影响，在中国翻译文学史上都占有极其重要的地位。鲁迅的翻译理论与实践，使他无愧为中国现代日本翻译文学的先驱者。

---

① 鲁迅：《二心集·"硬译"和"文学的阶级性"》，《鲁迅全集》第4卷，人民文学出版社2005年版，第203—204页。

两颗伟大艺术心灵的相遇
——鲁迅与表现主义的同路人凯绥·珂勒惠支

山东艺术学院艺术管理学院　崔云伟

凯绥·珂勒惠支（Kathe Kollwitz, 1867—1945），是19—20世纪德国著名的世界级现代版画艺术大师。在西方现代美术史上，珂勒惠支一般被认为是现实主义的艺术大师。但同时，由于珂勒惠支所处的时代和一些表现主义画家如蒙克（E. Munch）、恩索尔（J. Ensor）、康定斯基（W. Kandinsky）等相近，她的作品又颇具表现主义的艺术特征，如使用象征手法和相当夸张的人物造型，关注战争、死亡等表现主义常用题材，强烈地表现作者的思想情感等，因此现代许多史家也都把她和一般表现主义画家相提并论[①]，称之为"表现主义的同路人"。对于这位表现主义的同路人，鲁迅给予了极高的评价，说："在女性艺术家中，震动了艺术界的，现代几乎无出于凯绥·珂勒惠支之上"[②]。（《且介亭杂文末编·〈凯绥·珂勒惠支版画选集〉序目》，以下简称《序目》）她的版画，经过鲁迅的介绍，早已为中国人民所熟知，她也早已成为中国人民的老朋友了。

鲁迅开始搜集珂勒惠支的版画是在1930年。在这件事情上，起着中德文化交流作用的是徐诗荃（他被李允经先生称为"中国新兴版画第一人"）和美国友人史沫特莱（A. Smedley，鲁迅译史沫德黎）。据《鲁迅日记》载：1930年7月15日"收诗荃所寄Kathe Kollwitz画集五种"。1931年4月7日，托史沫特莱"寄K. Kollwitz一百马克买版画"，同年5月24日，"收Kathe Kollwitz版画十二枚"，6月23日得诗荃所寄"Kathe Kollwitz画选一帖"，7月24日"得Kathe Kollwitz作版画十枚"。

鲁迅向中国读者介绍珂勒惠支的版画始于1931年9月。同年2月7日，柔石等左联五烈士被国民党反动派秘密杀害于上海龙华，鲁迅为纪念柔石，当这年9月左

[①] 如著名美术史论家赫伯特·里德在谈到巴拉赫（E. Barlach）这样一位德国表现派雕塑家的时候，就特意提到了另两位与之有着深刻联系的德国雕塑家，其中一位就是珂勒惠支，并认为："柯勒惠支作为一个版画家更有名，同时也是一个深谙形体塑造的雕塑家和一个伟大的人道主义者。"（［英］赫伯特·里德：《现代雕塑简史》，余志强、栗爱平译，四川美术出版社1989年版，第11页）

[②] 鲁迅：《且介亭杂文末编·〈凯绥·珂勒惠支版画选集〉序目》，《鲁迅全集》第6卷，人民文学出版社2005年版，第487页。

联机关刊物《北斗》创刊时，特地将珂勒惠支的《牺牲》予以登载。这是介绍珂勒惠支的版画到中国来的第一次。1932年6月4日，鲁迅在上海举办德国作家版画展，将珂勒惠支的《德国农民战争》（以下简称《农民战争》）展出达三周之久；同年11月，鲁迅在《文学月报》第1卷第4期上发表《"连环图画"辩护》时，又选发了珂勒惠支的木刻组画《无产者》中的两幅；1933年4月，鲁迅在《现代》第2卷第6期上发表《为了忘却的记念》一文，又一次刊出了珂勒惠支的《牺牲》；同年10月14日，鲁迅在上海举办"德俄版画展览会"时，再次展出她的作品；1935年10月，鲁迅还在《译文》上刊发了珂勒惠支的木刻《纪念李卜克内西》（又译《生者之于死者》）；1936年，当鲁迅的《写于深夜里》在《中国呼声》上发表时，又选发了《农民战争》之五《反抗》。①

而鲁迅对于珂勒惠支的集中介绍，则是他在病魔和死亡的威胁下，精心编印了《凯绥·珂勒惠支版画选集》②（以下简称《选集》）。《选集》由鲁迅于1936年1月写成《序目》，由史沫特莱于4月写成《序言》，即《凯绥·珂勒惠支——民众的艺术家》，茅盾译。7月底由上海三闲书屋印造出版。共印103册。其中一册由鲁迅精选，于8月31日托内山完造写信并寄《选集》给当时正在柏林的日本作家武者小路实笃，托其将画集转呈珂勒惠支本人。

以上即是珂勒惠支版画在中国的传播、接受状况，同时也是中德两位世界级现代艺术大师——鲁迅与珂勒惠支密切交往的伟大见证。那么，远在异国他乡的珂勒惠支为何进入了鲁迅的研究视野，并特别为其所赏识？或者说鲁迅究竟在何种层次上接受了珂勒惠支？在哪些方面和珂勒惠支发生了"视界融合"？这是本文所密切关注的核心问题，笔者拟从以下三个层面进行深入探讨。

一 现实层面：战斗功利的现实需要

众所周知，鲁迅对中国历史及其文明一直持非常激烈的看法。早在1918年写作《狂人日记》时，他就指出："我翻开历史一查，这历史没有年代，歪歪斜斜的每叶上都写着'仁义道德'几个字。我横竖睡不着，仔细看了半夜，才从字缝里看出字来，满本都写着两个字是'吃人'！"③自此以后，"吃人"意象一直就像挥之不去的梦魇，始终萦绕在鲁迅的心头，笼罩在鲁迅的各类文体创作中。"所谓中国的文明者，其实不过是安排给阔人享用的人肉的筵宴。所谓中国者，其实不过是安排这人肉的筵宴的厨房。"而"大小无数的人肉的筵宴，即从有文明以来一直排到现在，人们就在这会场中吃人，被吃，以凶人的愚妄的欢呼，将悲惨的弱者的呼号遮掩，更不消说女

---

① 以上内容参考李允经《鲁迅与中外美术》，陕西人民出版社1992年版，第288—289页。
② 鲁迅编印：《凯绥·珂勒惠支版画选集》，上海三闲书屋公造1936年版。
③ 鲁迅：《呐喊·狂人日记》，《鲁迅全集》第1卷，人民文学出版社2005年版，第447页。

人和小儿"①。这就是鲁迅所处时代的"风沙扑面，狼虎成群"②的残酷社会现实。它同中国历史固有的"吃人"场景一起压迫着生活在"现在"这一现实时空中的人。倘是弱者，就只能忍气吞声，任人宰割，最后造成一个"无声的中国"；倘是鲁迅这样具有清醒、自觉意识的个人，则会奋起而反抗之。而鲁迅恰正是这样一个"扫荡这些食人者，掀掉这筵席，毁坏这厨房"③的"先觉善斗之士"④。

鲁迅之所以选择文学，其初衷并不是想成为一个文学家，而是为了战斗，为了启蒙，为了改造中国人的国民性。因此，他的文学观就带有非常强烈的现实功利性。鲁迅也一再强调文学的战斗性⑤。而在鲁迅的各类创作文体中，最适宜于战斗的莫过于杂文了。这也是鲁迅后期一直坚持杂文创作的根本原因。杂文也确实充分发挥了"对于有害的事物，立刻给以反响或抗争"的"感应的神经""攻守的手足"⑥的战斗功利作用。诚如有论者所言："鲁迅的名字主要和杂文联系在一起，他在中国文学乃至思想文化史上的地位初以小说奠定，实际贡献却应首推杂文，小说次之。"⑦

而在美术领域里，鲁迅之所以看中版画——或具体地说是木刻，也在于它同杂文一样便于革命，便于战斗，便于启蒙。"当革命时，版画之用最广，虽极匆忙，顷刻能办。"⑧正由于此，鲁迅才在文学创作、翻译、编辑之余，大力培养了中国现代新兴木刻。中国现代新兴木刻也确实是中国"现代社会的魂魄"⑨，是"正合于现代中国的一种艺术"⑩。它"刚健，分明，是新的青年的艺术，是好的大众的艺术"⑪，在现实社会中发挥了巨大的战斗功利作用。

但是，由于中国现代新兴木刻尚处于萌芽期，大多数木刻青年纵然有从事木刻创作的一腔热情，却缺乏必要的技术指导。刻风景、静物尚可，一到刻人物和故事画，

---

① 鲁迅：《坟·灯下漫笔》，《鲁迅全集》第1卷，人民文学出版社2005年版，第228—229页。
② 鲁迅：《南腔北调集·小品文的危机》，《鲁迅全集》第4卷，人民文学出版社2005年版，第591页。
③ 鲁迅：《坟·灯下漫笔》，《鲁迅全集》第1卷，人民文学出版社2005年版，第229页。
④ 鲁迅：《坟·文化偏至论》，《鲁迅全集》第1卷，人民文学出版社2005年版，第52页。
⑤ 比如他在《且介亭杂文·答国际文学社问》中曾说："而对于中国，现在也还是战斗的作品更为紧要"，（《鲁迅全集》第6卷，人民文学出版社2005年版，第20页）在《且介亭杂文二集》叶紫作《丰收》序中说："文学是战斗的！"（《鲁迅全集》第6卷，人民文学出版社2005年版，第228页）鲁迅文学观的战斗性还表现在他对他的恩师章太炎先生和他昔日的战友刘半农的评价上。"战斗的文章，乃是先生一生中最大，最久的业绩，假使未备，我以为是应该——辑录，校印，使先生和后生相印，活在战斗者的心中的。"（《且介亭杂文末编·关于太炎先生二三事》，《鲁迅全集》第6卷，人民文学出版社2005年版，第567页）"我愿以愤火照出他的战绩，免使一群陷沙鬼将他先前的光荣和死尸一同拖入烂泥的深渊。"（《且介亭杂文·忆刘半农君》，《鲁迅全集》第6卷，人民文学出版社2005年版，第75页）
⑥ 鲁迅：《且介亭杂文·序言》，《鲁迅全集》第6卷，人民文学出版社2005年版，第3页。
⑦ 郜元宝：《鲁迅六讲》，上海三联书店2000年版，第135页。
⑧ 鲁迅：《集外集拾遗·〈新俄画选〉小引》，《鲁迅全集》第7卷，人民文学出版社2005年版，第363页。
⑨ 鲁迅：《且介亭杂文二集·〈全国木刻联合展览会专辑〉序》，《鲁迅全集》第6卷，人民文学出版社2005年版，第350页。
⑩ 鲁迅：《南腔北调集·〈木刻创作法〉序》，《鲁迅全集》第4卷，人民文学出版社2005年版，第626页。
⑪ 鲁迅：《集外集拾遗补编·〈无名木刻集〉序》，《鲁迅全集》第8卷，人民文学出版社2005年版，第406页。

就暴露出素描功力不足的缺陷。而"木刻的根柢也仍是素描"①,长此以往,势必会不利于现代木刻的发展。所以鲁迅说:"采用外国的良规,加以发挥,使我们的作品更加丰满是一条路;择取中国的遗产,融合新机,使将来的作品别开生面也是一条路。"② 所谓"外国的良规",当是指在基础方面注重素描功力和人体研究,在构图方面讲究远近透视,在刻法上注意明暗层次等。这些皆是可资利用的"欧洲的新法"③。当鲁迅放眼西方艺术世界时,珂勒惠支进入他的视野,也就正当其时了。前所述鲁迅搜集、整理、传播、接受珂勒惠支版画的过程,同时也是珂勒惠支本人及其作品参与改造中国残酷社会现实的斗争过程。如上所述,《牺牲》是鲁迅介绍进中国来的珂勒惠支的第一幅版画。它描写的是"一个母亲悲哀地献出他的儿子去"④。而柔石恰好有这样一个失明的母亲,她并不知道自己的儿子已经牺牲,还以为他仍在上海翻译和校对。鲁迅有感于此,当《北斗》创刊时,便投寄了过去,算作无言的纪念。"然而,后来知道,很有一些人是觉得所含的意义的,不过他们大抵以为纪念的是被害的全群。"⑤ 更巧的是,当全世界的进步的文艺家联名提出抗议柔石等左联五烈士的遇害时,珂勒惠支也是署名的一个。⑥

珂勒惠支是一个坚持战斗性的作家。她和鲁迅的区别仅仅是,鲁迅拿的是笔,创作的是文学,她拿的是刀,创作的是版画,而坚持现实斗争则是一致的。许多评论家都指出了这一点,如罗曼·罗兰说:"凯绥·珂勒惠支的作品是现代德国的最伟大的诗歌,它照出穷人与平民的困苦和悲痛。"⑦ 史沫特莱说她是"民众的艺术家","从没离开过她自己一向是而且现在也是一分子的德国的大众所专心贯注的命运的大路"⑧。珂勒惠支自觉地成为德国无产阶级劳动者中的一员,她说:"我由于我的丈夫的关系,了解到无产阶级生活深处的艰难和悲惨时,在我认识了那些来求助于我丈夫,同时也附带来找我的妇女们之后,我才能深刻地理解到无产者的命运以及与其有关的一切现象。那些解决不了的问题,比如:卖淫、失业等,使我痛苦,使我不安。这些现实问题促使我去表现下层人民的生活。对他们生活的反复表现使我也开始愿意与他们同甘共苦了。"⑨ 当他们的领袖李卜克内西去世的时候,珂勒惠支就作了《生者之于死者》的木刻,"画了一个僵卧的尸衾掩着的身形,露出一个庄严的头;一列的恭肃的劳动者悲哀地俯首站在尸身前,他们的梗露着粗筋的手温柔而爱怜地抚着他们的被谋杀的领袖的

---

① 鲁迅:《书信·341218 致金肇野》,《鲁迅全集》第13卷,人民文学出版社2005年版,第305页。
② 鲁迅:《且介亭杂文·〈木刻纪程〉小引》,《鲁迅全集》第6卷,人民文学出版社2005年版,第50页。
③ 鲁迅:《书信·350204 致李桦》,《鲁迅全集》第13卷,人民文学出版社2005年版,第373页。
④ 鲁迅:《南腔北调集·为了忘却的记念》,《鲁迅全集》第4卷,人民文学出版社2005年版,第501页。
⑤ 鲁迅:《且介亭杂文末编·写于深夜里》,《鲁迅全集》第6卷,人民文学出版社2005年版,第518页。
⑥ 鲁迅:《且介亭杂文末编·〈凯绥·珂勒惠支版画选集〉序目》,《鲁迅全集》第6卷,人民文学出版社2005年版,第488页。
⑦ 同上书,第486页。
⑧ [美] 史沫特莱:《凯绥·珂勒惠支——民众的艺术家》,《凯绥·珂勒惠支版画选集》,茅盾译,上海三闲书屋公造1936年版,第1页。
⑨ [德] 珂勒惠支:《我的回忆》,孙介铭译,《世界美术》1979年第2期。

身体。"① 此画表达了珂勒惠支对革命领袖的深深敬意。她和鲁迅同样具有对于无产阶级革命家的朴素的感情。有意味的是，此画也曾被鲁迅所选载。

对妇女和儿童命运的关注，是珂勒惠支版画的一大现实题材。这一题材常常和"死亡"意象纠结在一起进行表现。珂勒惠支常以一架骷髅代表死亡去袭击妇女和儿童，如蚀版画《妇人为死亡所捕获》《与死神争夺孩子的妇人》《死神、妇人和孩子》，木刻《坐在死神膝上的妇人》等。在她的晚年，她的最后一系列组画是石版组画 8 幅《死亡》，也都是表现死神把手伸向妇女和儿童。在现代美术史上，还没有一位画家像珂勒惠支这样对妇女和儿童的命运如此同情和关怀，对维护她们生的权利如此殚精竭虑。描写工人和工人中妇女的日常生活是珂勒惠支版画的另一现实题材。珂勒惠支大多描绘了他们的困顿、疲倦、饥饿和死亡，如以《失业》《饥饿》《孩子的死亡》三幅总题为《无产阶级》的木刻组画。只有少数如《母与子》等才在母亲与孩子之间出现一点爱的微笑，这幅蚀版画"亚斐那留斯以为从特地描写着孩子的呆气的侧脸，用光亮衬托出来之处，颇令人觉得有些忍俊不禁"②。

珂勒惠支的版画不仅是"战斗"的、"现实"的，而且是"有用"的。她曾写道："我的作品不是纯粹的艺术，但它们是艺术。我同意我的艺术是有目的的，在人类如此无助而寻求援助的时代中，我要发挥作用，每个人尽力而为，如此而已。"③ 珂勒惠支不愧为中国新兴木刻青年们的"导师"，经过鲁迅的介绍，她不仅在精神上影响了他们，而且也在实际技法操作上影响了他们的创作。可以说，在所有欧洲版画艺术家中，震动了中国版画界的也几乎无出于凯绥·珂勒惠支之上（李允经先生曾有此语）。如 20 世纪 70 年代，担任中国美术家协会主席的著名版画家江丰，就是深受珂勒惠支版画影响的一位。1933 年 10 月，当江丰从事木刻艺术被国民党逮捕判刑后，他在狱中仍托艺友倪风之向鲁迅借阅《珂勒惠支画集》。12 月 26 日，《鲁迅日记》载：复倪风之信画集并寄《珂勒惠支画集》一本，便是托他将画集交予江丰。江丰在 20 世纪 30 年代所创作的版画《码头工人》《向北站进军》和 1940 年创作的《国民党狱中的政治犯》，都深受珂勒惠支画风的影响，表现了粗犷、有力、豪放的气度和风格。其影响可见一斑。

其实，由鲁迅所介绍进中国的德国版画画家还有他称之为"新的战斗的作家"④，如格罗兹（G. Grosz）和梅斐尔德（C. Meffert）。前者作有石版《席勒剧本〈群盗〉警句图》等，后者作有木刻《梅斐尔德木刻士敏土之图》等。还有其他国家的作品，如比利时麦绥莱勒（Frans Masereel）的《一个人的受难》等。因珂勒惠支最具有代表性，

---

① [美] 史沫特莱：《凯绥·珂勒惠支——民众的艺术家》，《凯绥·珂勒惠支版画选集》，茅盾译，上海三闲书屋公造 1936 年版，第 4 页。
② 鲁迅：《且介亭杂文末编·〈凯绥·珂勒惠支版画选集〉序目》，《鲁迅全集》第 6 卷，人民文学出版社 2005 年版，第 493 页。
③ 珂勒惠支语，见张奠宇《西方版画史》，中国美术学院出版社 2000 年版，第 166 页。
④ 鲁迅：《集外集拾遗补编·介绍德国作家版画展》，《鲁迅全集》第 8 卷，人民文学出版社 2005 年版，第 361 页。

故以上诸人皆从略。由此可见鲁迅"拿来主义"的广采博取,"别求新声于异邦"① 的勇气和信心。

二 审美层面:"力之美"的豁然相通

以上从战斗功利的现实需要论述了鲁迅与珂勒惠支的交往,但仅从这一层面,还不能充分论证鲁迅作为个体为何特别欣赏珂勒惠支的版画。早在1913年,鲁迅就说:"美术诚谛,固在发扬真美,以娱人情,比其见利致用,乃不期之成果。沾沾于用,甚嫌执持。"② 要把问题弄更明白,还需进一步深入鲁迅的个人审美趣味中去,考察究竟是在哪一方面鲁迅和珂勒惠支的艺术发生了融合。

考察鲁迅的审美特质,答案是很明显的,就是他在《〈近代木刻选集〉(2)小引》中提出的"力之美"的概念。"有精力弥满的作家和观者,才会生出'力'的艺术来。'放笔直干'的图画,恐怕难以生存于颓唐,小巧的社会里的。"③ 这是鲁迅对于"力之美"的准确表述。而对这一"力之美"的执着追求散布于他的各类文章中。早在《文化偏至论》《摩罗诗力说》的时代,鲁迅就有感于"伧俗横行"④,"全体以沦于凡庸"⑤,"精神益趋于固陋,颓波日逝,纤屑靡存"⑥ 的社会现实,着力赞扬"淬焉兴作,会为大潮,以反动破坏充其精神,以获新生为其希望,专向旧有之文明,而加之掊击扫荡焉"的以尼采、叔本华、斯蒂纳等为代表的"神思宗之至新者"⑦;大力鼓吹"大都不为顺世和乐之音,动吭一呼,闻者兴起,争天拒俗,而精神复深感后世人心,绵延至于无已"的"立意在反抗,指归在动作,而为世所不甚愉悦"的"摩罗"精神⑧。

对于自然美,他欣赏的是"在天空,岩角,大漠,丛莽里是伟美的壮观"的狮虎鹰隼⑨,是"耸立于风沙中的大建筑"⑩,是"蓬勃地奋飞""如包藏火焰的大雾"的北方的雪⑪,是"黄埃漫天""为人和天然的苦斗""所惊"的"古战场"⑫。

对于社会美,尤其是对其中的人,他欣赏"所遇常抗,所向必动,贵力而尚强,

---

① 鲁迅:《坟·摩罗诗力说》,《鲁迅全集》第1卷,人民文学出版社2005年版,第68页。
② 鲁迅:《集外集拾遗补编·拟播布美术意见书》,《鲁迅全集》第8卷,人民文学出版社2005年版,第52页。
③ 鲁迅:《集外集拾遗·〈近代木刻选集〉(2)小引》,《鲁迅全集》第7卷,人民文学出版社2005年版,第351页。
④ 鲁迅:《坟·文化偏至论》,《鲁迅全集》第1卷,人民文学出版社2005年版,第52页。
⑤ 同上。
⑥ 同上。
⑦ 同上书,第50页。
⑧ 鲁迅:《坟·摩罗诗力说》,《鲁迅全集》第1卷,人民文学出版社2005年版,第68页。
⑨ 鲁迅:《且介亭杂文末编·半夏小集》,《鲁迅全集》第6卷,人民文学出版社2005年版,第619页。
⑩ 鲁迅:《南腔北调集·小品文的危机》,《鲁迅全集》第4卷,人民文学出版社2005年版,第591页。
⑪ 鲁迅:《野草·雪》,《鲁迅全集》第2卷,人民文学出版社2005年版,第186页。
⑫ 鲁迅:《三闲集·看司徒乔君的画》,《鲁迅全集》第4卷,人民文学出版社2005年版,第73—74页。

尊己而好战"①,"其文章无不函刚健抗拒破坏挑战之声"②的拜伦,激赏"所鼓吹的是复仇,所希求的是解放"的波兰诗人密茨凯维支③,欣赏的是世俗的民间的"漂亮活动"的村女的美,而不是故作高雅,"死板板,矜持得可怜"的化为"天女"的梅兰芳的美④。

对于艺术美,他欣赏曹氏父子的清峻通脱,阮籍的狂放,特别是嵇康的敢发议论⑤;欣赏晚唐"几乎全部是抗争和愤激之谈"的罗隐的《谗书》,"并没有忘记天下,正是一榻胡涂的泥塘里的光彩和锋铓"的皮日休的《皮子文薮》和陆龟蒙的《笠泽丛书》,以及"并非全是吟风弄月,其中有不平,有讽刺,有攻击,有破坏"的明末小品⑥;欣赏对于北方人民的"生的坚强"和"死的挣扎"的描写已经"力透纸背"的萧红的《生死场》⑦;欣赏"鬼而人,理而情,可怖而可爱的无常"⑧,"两肩微耸,四顾,倾听,似惊,似喜,似怒,终于发出悲哀的声音"⑨的"比别的一切鬼魂更美,更强"⑩的复仇女吊。

让我们再回过头来看珂勒惠支,这被罗曼·罗兰称为有丈夫气概的妇人。可以说在她的版画里,同样表现出了一种"力之美"。

且看她的两幅自画像。一幅登在《选集》中史沫特莱所作"序言"的首页,一幅登在《选集》正文的第一页。前幅是木刻,后幅是石版。前幅雕刻的是一个妇人支颐沉思的情景。脸部仅是受光的大半个侧面,另一面则没入黑暗(阴影)里。脸上皱纹纵横,沟沟壑壑,宛若奔腾不息的河流,眼睛是坚毅、果敢的,仿佛射出逼人的光,而支着下巴的仅是一只瘦骨嶙峋的手,微微地弯曲着,仿佛要攫取什么。这是一幅黑白对比强烈、木味刀感十足的现代木刻。不知怎的,这幅木刻总是让笔者想起一位外国评论家第一次见到鲁迅画像时的感受:"在我的面前从那坚硬的头发和有力的下颚上,我看见一个坚定而倔强的脸孔,同时那十分诚恳的人格显示着一种坦白的神气。美丽的前额下,一双眼睛发出锐利而忧郁的光芒。是的,眼和口都表示忠诚和深挚的

---

① 鲁迅:《坟·摩罗诗力说》,《鲁迅全集》第1卷,人民文学出版社2005年版,第84页。
② 同上书,第75页。
③ 鲁迅:《集外集·〈奔流〉编校后记之(十一)》,《鲁迅全集》第7卷,人民文学出版社2005年版,第193页。
④ 鲁迅:《花边文学·略论梅兰芳及其他》(上),《鲁迅全集》第5卷,人民文学出版社2005年版,第610页。
⑤ 鲁迅:《而已集·魏晋风度及文章与药及酒之关系》,《鲁迅全集》第3卷,人民文学出版社2005年版。
⑥ 鲁迅:《南腔北调集·小品文的危机》,《鲁迅全集》第4卷,人民文学出版社2005年版,第591—592页。
⑦ 鲁迅:《且介亭杂文二集·萧红作〈生死场〉序》,《鲁迅全集》第6卷,人民文学出版社2005年版,第422页。
⑧ 鲁迅:《朝花夕拾·无常》,《鲁迅全集》第2卷,人民文学出版社2005年版,第281页。
⑨ 鲁迅:《且介亭杂文末编·女吊》,《鲁迅全集》第6卷,人民文学出版社2005年版,第641页。
⑩ 同上书,第637页。

同情，然而那胡髭却像在掩饰着它们。"① 或许是这两幅自画像所蕴含着的相似的精神内涵深深地打动了笔者。后一幅也只雕刻了一个侧面，鲁迅曾说，从这一幅中"隐然可见她的悲悯，愤怒和慈和"②。倘不看解说，便一定会误认为这是一个男子的头像，而且其浑厚博大、孔武有力正如雕塑一般。

而在珂勒惠支的其他版画中所雕刻的人物，也无一不充满着力量感。正如鲁迅所说，让我们看到了别一种人，"虽然并非英雄，却可以亲近，同情，而且愈看，也愈觉得美，愈觉得有动人之力"③。这些人物大都是"'被侮辱和被损害的'人，是和我们一气的朋友"④。《选集》所选的珂勒惠支的两组名画：《织工的反抗》（鲁迅译《织工一揆》）和《农民战争》，大都是这样富有反抗力量的人。如《织工队》（《织工的反抗》之四），描写的是一群进向吮取脂膏的工厂的队伍，"手里捏着极可怜的武器，手脸都瘦损，神情也很颓唐，因为向来总饿着肚子。队伍中有女人，也疲惫到不过走得动"⑤。在《织工的反抗》这组画中，一个中年妇女的形象最为突出，在六幅画中总共出现了五次：她忍受苦难最深，死亡从她那里夺走孩子，她或者双手抱头，或者斜靠在墙壁上，显示出无力的模样；在前进的队伍中她迈着坚定的步伐，没有带着武器，但却背着一个睡着的孩子；在斗争中她携带着儿女，面向敌人毫无惧色，旁边的几位同伴在寻找着石头准备向紧闭着的工厂投掷；当她面对同伴的尸体时，虽然悲哀地低下了头，但双手紧握的拳头显示出她内心的仇恨和决心。《耕夫》（《农民战争》之一），刻画的是在"没有太阳的天空之下，两个耕夫在耕地，大约是弟兄，他们套着绳索，拉着犁头，几乎爬着的前进，像牛马一般，令人仿佛看见他们的流汗，听到他们的喘息"⑥。此外，如《凌辱》（《农民战争》之二）中的遭到可耻的凌辱的农妇，《磨镰刀》（《农民战争》之三）中的"饱尝苦楚的女人"⑦，《圆洞门里的武装》（《农民战争》之四）里的"一大群拼死的农民"⑧，《俘房》里被俘获的"强有力的汉子"⑨，作者用她的充满力量的雕刀，如同"无声的描线，侵入心髓"，发出一种"惨苦的呼声：希腊和罗马时候都没有听到过的呼声"⑩。而最惨烈的一幅莫过于《反抗》（《农民战

---

① ［英］H. E. 谢迪克：《对于鲁迅的评价》，天蓝译，载北京鲁迅博物馆鲁迅研究室编《鲁迅研究资料》第14辑，天津人民出版社1984年版。
② 鲁迅：《且介亭杂文末编·〈凯绥·珂勒惠支版画选集〉序目》，《鲁迅全集》第6卷，人民文学出版社2005年版，第489页。
③ 鲁迅：《且介亭杂文末编·写于深夜里》，《鲁迅全集》第6卷，人民文学出版社2005年版，第519页。
④ 同上书，第518页。
⑤ 鲁迅：《且介亭杂文末编·〈凯绥·珂勒惠支版画选集〉序目》，《鲁迅全集》第6卷，人民文学出版社2005年版，第490页。
⑥ 同上书，第491页。
⑦ 同上书，第492页。
⑧ 同上。
⑨ 同上书，第493页。
⑩ 霍普德曼语，见鲁迅《〈凯绥·珂勒惠支版画选集〉序目》，《鲁迅全集》第6卷，人民文学出版社2005年版，第486页。

争》之五）。它刻画的是"谁都在草地上没命的向前，最先是少年，喝令的却是一个女人，从全体上洋溢着复仇的愤怒。她浑身是力，挥手顿足，不但令人看了就生勇往直前之心，还好像天上的云，也应声裂成片片。她的姿态，是所有名画中最有力量的女性的一个"。① 而这最有力量的女性就是珂勒惠支本人。史沫特莱说："我们看见挺然立在面前的是一个女人的身形，高举着手，号召那如潮如浪的农奴起来前进。这女人的身形，错不了，正是凯绥·珂勒惠支的身形，凡是认识她的人一看就认出来了。"② 其实在《织工的反抗》里的那个中年妇女也是珂勒惠支的化身。如同鲁迅作品中的许多人物有着鲁迅的影子（如"魏连殳""过客""宴之敖者"等），珂勒惠支本人也进入她的版画里面，参加着革命武装的反抗和斗争。

珂勒惠支版画作品中的这种力量感，也与她对美的理解有关。她说："有时父母亲亲自对我说：'在生活中总也有愉快的事情。为什么你只是表现它的阴暗面呢？'对这个问题我回答不出什么来。这些愉快的事就是引诱不了我。不过有一点我要再一次强调的：在一开始的时候吸引我去表现无产者生活的那种同情心只起了很小的作用，我主要单纯地认为他们的生活很美。就像左拉，或者另一位谁曾经说过的：'美的就是丑的。'"③ 珂勒惠支的这种从日常生活中被他人认为是丑的事物中发掘出其中所蕴含着的丰富的审美意味的举动，不也是鲁迅及鲁迅所欣赏的另一位表现派雕刻大师——罗丹所具有的吗？事实胜于雄辩，珂勒惠支的版画有力地证明了："谁一听到凯绥·珂勒惠支的名姓，就仿佛看见这艺术。这艺术是阴郁的，虽然都在坚决的动弹，集中于强韧的力量，这艺术是统一而单纯的——非常之逼人。"④

三 哲学层面："反抗绝望"的精神原型

当我们穿越现实和审美的层面，来到鲁迅和珂勒惠支相互遇合的哲学层面时，一个更为深沉、彻底的景观就展现在我们面前了。

笔者久久不能忘怀阅读鲁迅作品的感受。"我快步走着，仿佛要从一种沉重的东西中冲出，但是不能够。耳朵中有什么挣扎着，久之，久之，终于挣扎出来了，隐约像是长嗥，像一匹受伤的狼，当深夜在旷野中嗥叫，惨伤里夹杂着愤怒和悲哀。我的心地就轻松起来，坦然地在潮湿的石路上走，月光底下。"⑤ "几株老梅竟斗雪开着满树的繁花，仿佛毫不以深冬为意；倒塌的亭子边还有一株山茶树，从暗绿的密叶里显出十

---

① 鲁迅：《且介亭杂文末编·〈凯绥·珂勒惠支版画选集〉序目》，《鲁迅全集》第6卷，人民文学出版社2005年版，第492页。
② ［美］史沫特莱：《凯绥·珂勒惠支——民众的艺术家》，《凯绥·珂勒惠支版画选集》，第2页。
③ ［德］珂勒惠支：《我的回忆》，孙介铭译，《世界美术》1979年第2期。
④ 亚斐那留斯语，见鲁迅《〈凯绥·珂勒惠支版画选集〉序目》，《鲁迅全集》第6卷，人民文学出版社2005年版，第487页。
⑤ 鲁迅：《彷徨·孤独者》，《鲁迅全集》第2卷，人民文学出版社2005年版，第110页。

几朵红花来，赫赫的在雪中明得如火，愤怒而且傲慢，如蔑视游人的甘心于远行。"①鲁迅在这里抒发的分明是一种"反抗绝望"的精神哲学。②

如果给鲁迅"反抗绝望"的精神哲学寻找一个原型，那就是加缪在《西西弗的神话》中所描写的希腊神话中的"失败的英雄"——西西弗。"一个紧张的身体千百次地重复一个动作：搬动巨石，滚动它并把它推至山顶；我们看到的是一张痛苦扭曲的脸，看到的是紧贴在巨石上的面颊，那落满泥土、抖动的肩膀，沾满泥土的双脚，完全僵直的胳膊，以及那坚实的满是泥土的人的双手。经过被渺渺空间和永恒的时间限制着的努力之后，目的就达到了。西西弗于是看到巨石在几秒钟内又向着下面的世界滚下，而他则必须把这巨石重新推向山顶。他于是又向山下走去。"③ 这里西西弗是通过不断地"推"来确证自我和世界的荒谬、反讽、破裂的关系，而鲁迅则是通过不断地"走"来找寻并创造自我实现的价值和意义。

> 翁——客官，你请坐。你是怎么称呼的。
> 客——称呼？——我不知道。从我还能记得的时候起，我就只一个人。我不知道我本来叫什么。我一路走，有时人们也随便称呼我，各式各样地，我也记不清楚了，况且相同的称呼也没有听到过第二回。
> 翁——阿阿。那么，你是从那里来的呢？
> 客——（略略迟疑，）我不知道。从我还能记得的时候起，我就在这么走。
> 翁——对了。那么，我可以问你到那里去么？
> 客——自然可以。——但是，我不知道。从我还能记得的时候起，我就在这么走，要走到一个地方去，这地方就在前面。我单记得走了许多路，现在来到这里了。我接着就要走向那边去，（西指，）前面！④

"过客"不知道自己是谁，从哪里来，到哪里去，单知道"走"，鲁迅在这里创造的是一个"反抗绝望"的大写的人的形象。

我同样不能忘怀珂勒惠支的《磨镰刀》（《农民战争》之三），它描写的是一个"饱尝苦楚的女人，她的壮大粗糙的手，在用一块磨石，磨快大镰刀的刀锋，她那小小的两眼里，是充满着极顶的憎恶和愤怒"。⑤ 这是爆发前的沉默，甚至连这沉默也要尽绝的反抗。"我们听到呻吟，叹息，哭泣，哀求，无须吃惊。见了酷烈的沉默，就应该

---

① 鲁迅：《彷徨·在酒楼上》，《鲁迅全集》第2卷，人民文学出版社2005年版，第25页。
② 具体参见汪晖《反抗绝望——鲁迅及其文学世界》，河北教育出版社2000年版。
③ [法]加缪：《西西弗的神话》，选自《西西弗的神话：论荒谬》，杜小真译，生活·读书·新知三联书店1998年版，第142页。
④ 鲁迅：《野草·过客》，《鲁迅全集》第2卷，人民文学出版社2005年版，第194—195页。
⑤ 鲁迅：《且介亭杂文末编·〈凯绥·珂勒惠支版画选集〉序目》，《鲁迅全集》第6卷，人民文学出版社2005年版，第492页。

留心了;见有什么像毒蛇似的在尸林中蜿蜒,怨鬼似的在黑暗中奔驰,就更应该留心了:这在豫告'真的愤怒'将要到来。"① 它让我想起了《秋夜》中"默默地铁似的直刺着奇怪而高的天空,使天空闪闪地鬼䀹眼;直刺着天空中圆满的月亮,使月亮窘得发白"的枣树,更让笔者想起了《颓败线的颤动》中的"老女人"。

> 当她说出无词的言语时,她那伟大如石像,然而已经荒废的,颓败的身躯的全面都颤动了。这颤动点点如鱼鳞,每一鳞都起伏如沸水在烈火上;空中也即刻一同振颤,仿佛暴风雨中的荒海的波涛。
>
> 她于是抬起眼睛向着天空,并无词的言语也沉默尽绝,惟有颤动,辐射若太阳光,使空中的波涛立刻回旋,如遭飓风,汹涌奔腾于无边的荒野。②

对此汪晖有过精彩的论述,他说:"连无词的言语也沉默尽绝,这是怎样复杂的情感体验:这是伟大的憎?神圣的复仇?无边的爱?粗暴的灵魂?这种复杂的人生体验使人达到对于生命的最为深刻的理解:面对着个体的荒废、颓败,面对着世界的黑暗和虚无,'她'以沉默的绝望的反抗,赋予自己的生命以如此悲壮、激烈又如此精彩绝艳、气充寰宇的形态!"③ 笔者觉得这段精彩的论述同样适用于《磨镰刀》。

然而,"沉默"还只是珂勒惠支"反抗绝望"方式的一种,在她的版画里还充满着大量的"悲愤的叫唤"④ 和"反狱的绝叫"⑤。打开珂勒惠支的版画,"就知道她以深广的慈母之爱,为一切被侮辱和损害者悲哀,抗议,愤怒,斗争;所取的题材大抵是困苦,饥饿,流离,疾病,死亡,然而也有呼号,挣扎,联合和奋起"⑥。表现最明显的自然是《突击》(《织工的反抗》之五)和《反抗》。《突击》表现的是:"工场的铁门早经锁闭,织工们却想用无力的手和可怜的武器,来破坏这铁门,或者是飞进石子去。女人们在助战,用痉挛的手,从地上挖起石块来。孩子哭了,也许是路上睡着的那一个。"⑦《反抗》已述,故略。此外,如《凌辱》(《农民战争》之二)中农妇惨遭凌辱后,作者却偏偏在她的较远处,刻了一丛可爱的小小的葵花,这些葵花想必就是"反抗绝望"的象征。这是可以让人想起"野蓟经了几乎致命的摧折,还要开一朵小花"⑧的坚强毅力的。在《妇人为死亡所捕获》(又名《死神与妇人》)里,孩子已经明明知

---

① 鲁迅:《华盖集·杂感》,《鲁迅全集》第 3 卷,人民文学出版社 2005 年版,第 53 页。
② 鲁迅:《野草·颓败线的颤动》,《鲁迅全集》第 2 卷,人民文学出版社 2005 年版,第 211 页。
③ 汪晖:《反抗绝望——鲁迅及其文学世界》,第 283 页。
④ 鲁迅:《译文序跋集·〈战争中的威尔珂〉译者附记》,《鲁迅全集》第 10 卷,人民文学出版社 2005 年版,第 199 页。
⑤ 鲁迅:《野草·失掉的好地狱》,《鲁迅全集》第 2 卷,人民文学出版社 2005 年版,第 205 页。
⑥ 鲁迅:《且介亭杂文末编·〈凯绥·珂勒惠支版画选集〉序目》,《鲁迅全集》第 6 卷,人民文学出版社 2005 年版,第 487—488 页。
⑦ 同上书,第 490 页。
⑧ 鲁迅:《野草·一觉》,《鲁迅全集》第 2 卷,人民文学出版社 2005 年版,第 229 页。

道自己的母亲被死亡所捕获，却还是极力地去抓取母亲的乳房，和魔鬼死命地争夺，虽然是徒劳的，观之不禁让人泪下。这也正应了珂勒惠支版画的两大主题："她早年的主题是反抗，而晚年的，是母爱，母性的保障，救济，以及死。"①

如果说鲁迅的"反抗绝望"来自他作为"历史中间物"的战士的使命："自己背着因袭的重担，肩住了黑暗的闸门，放他们（指孩子们，喻指希望）到宽阔光明的地方去；此后幸福的度日，合理的做人"②，那么，珂勒惠支的"反抗绝望"则来自她的深广的慈母之爱了。罗曼·罗兰说珂勒惠支"用了阴郁和纤秾的同情，把这些收在她的眼中，她的慈母的腕里了"。③ 那盖勒（Otto Nagel）说她"之所以与我们这样接近的，是在她那强有力的，无不包罗的母性"。④ 鲁迅也说她的自画像"脸上虽有憎恶和愤怒，而更多的是慈爱和悲悯的相同。这是一切'被侮辱和被损害的'母亲的心的图像"。⑤

其实"母性"也是鲁迅所具有的。观察鲁迅在上海的最后十年，他对于中国左翼木刻青年们的温情，对于孺子周海婴的喜爱，对于萧军、萧红、胡风、巴金、黄源、柔石、丁玲等的慈祥，会让人觉得一股浓浓暖意蕴藏流淌在鲁迅心中。在清楚地知道死亡日渐来临之际，鲁迅首先想到的是自己的亲属并为他们留下遗嘱（《死》）。当鲁迅在欣赏珂勒惠支版画的时候，珂勒惠支版画中所深深蕴藏着的母性意识也肯定会深深打动鲁迅。

的确，在珂勒惠支的版画里，充溢着一种温暖的母爱。创作于1924年的《德国的孩子们饿着！》，以悲悯的慈母之爱描绘了一群在第一次世界大战后"都擎着空碗向人，瘦削的脸上的圆睁的眼睛里，炎炎的燃着如火的热望"⑥ 的饥饿的孩子们，强烈地表达了对于战争所带给人们——尤其是孩子们的憎恶。制作于同年的《面包》，则描绘了一个不能满足孩子们热切的索食愿望的母亲哀伤而无力的背影，"她的肩膀耸了起来，是在背人饮泣。她背着人，因为肯帮助的和她一样的无力，而有力的是横竖不肯帮助的。她也不愿意给孩子们看见这是剩在她这里的仅有的慈爱"。⑦ 在珂勒惠支版画里，母亲和孩子等弱势群体也参加了战斗。最动人的一幅莫过于《战场》（《农民战争》之六），"只在隐约看见尸横遍野的黑夜中，有一个妇人，用风灯照出她一只劳作到满是筋节的

---

① [美]史沫特莱：《凯绥·珂勒惠支——民众的艺术家》，《凯绥·珂勒惠支版画选集》，第2页。
② 鲁迅：《坟·我们现在怎样做父亲》，《鲁迅全集》第1卷，人民文学出版社2005年版，第145页。
③ 鲁迅：《且介亭杂文末编·〈凯绥·珂勒惠支版画选集〉序目》，《鲁迅全集》第6卷，人民文学出版社2005年版，第486页。
④ 鲁迅：《集外集拾遗补编·凯绥·珂勒惠支木刻〈牺牲〉说明》，《鲁迅全集》第8卷，人民文学出版社2005年版，第350页。
⑤ 鲁迅：《且介亭杂文末编·写于深夜里》，《鲁迅全集》第6卷，人民文学出版社2005年版，第518页。
⑥ 鲁迅：《且介亭杂文末编·〈凯绥·珂勒惠支版画选集〉序目》，《鲁迅全集》第6卷，人民文学出版社2005年版，第494页。
⑦ 同上。

手，在触动一个死尸的下巴"。① 这幅版画整个版面都布满软蜡，造成隐约朦胧的黑夜效果，唯独受光的手，却用清晰的线蚀精确地刻出。这个仁厚黑暗而不幸的地母，在寻找她的在战争中牺牲的儿子。不料珂勒惠支自己的儿子也在第一次世界大战中去世了，她后来刻了《牺牲》来纪念自己的儿子，而鲁迅又用它来纪念柔石了。

不难发现，珂勒惠支"反抗绝望"的精神原型也可以说是不断推石上山的西西弗。西西弗是通过"推"，鲁迅是通过"走"，而珂勒惠支则是直接通过"反抗"来展现自我和世界的关系，确证自己的生命意识和形态的。他们三者在哲学层次上达到了甚深的融合。

---

① 鲁迅：《且介亭杂文末编·〈凯绥·珂勒惠支版画选集〉序目》，《鲁迅全集》第6卷，人民文学出版社2005年版，第492页。

井上厦的"反鲁迅"
——《上海月亮》的喜剧艺术与意义结构

中国社会科学院文学研究所　董炳月

《上海月亮》是日本著名剧作家井上厦（1934—2010）创作的以鲁迅为主人公的剧本。剧本发表在1991年3月1日出版的日本知名文艺刊物《昴》（すばる）上，发表10天之后出版单行本。① 而且，剧本在发表、出版当月即由井上厦创建的剧团"小松座"搬上东京的舞台。② 这种安排表明井上厦是希望通过杂志发表、单行本出版、剧团演出三者间的呼应与互动，来扩大剧作的影响。"上海月亮"日语的通常写法应当是"上海の月"，但井上厦使用的是"shanghai moon"的日语片假名写法"シャンハイムーン"。书写形式是日语，发音则是日语式中文与日语式英文的组合。这个三种语言混合、带有几分洋场气息的剧本名称，已经呈现井上剧作时尚、简洁、诙谐的美学风格。

在现代日本，鲁迅是影响最广泛的中国作家。鲁迅研究已经持续八十多年，以鲁迅为主人公的传记作品或文学作品也曾多次出现。但是，《上海月亮》别具一格。井上厦在剧本中发挥其超群的想象力与戏剧技巧，对鲁迅进行颠覆性、喜剧性处理，塑造了"病鲁迅"形象，表达了对鲁迅的特殊认识。沿用学术界在叙述日本鲁迅研究史时使用的"竹内鲁迅""丸山鲁迅"等概念，本文把《上海月亮》塑造的鲁迅称作"井上鲁迅"。井上厦不是作为学院派学者对鲁迅进行学术性研究，而是作为学院外的作家，以事实为基础，用虚构、夸张、变形等艺术手法塑造鲁迅、表达对鲁迅的认识，因此"井上鲁迅"处于"日本民间鲁迅"的系列之中。③

本文对《上海月亮》的论述围绕以下四个方面的问题展开：其一，"病"与喜剧性舞台空间的建构；其二，"反鲁迅"的价值体系；其三，"内山书店"对"国家"的抵

---

① 集英社（东京）1991年3月10日第一版。
② 据剧本在1991年3月号《昴》上发表时剧本结尾处的公告，东京公演的时间是3月4—10日、22—29日，演出地点是前进座剧场。
③ 关于"民间鲁迅"这一概念，参阅笔者在《"日本鲁迅"的另一面相——霜川远志的〈戏剧·鲁迅传〉及其周边》一文《引言"学院鲁迅"与"民间鲁迅"》中的论述。文载2010年度《中国社会科学院文学研究所学刊》，中国社会科学出版社2012年版。"民间"的"民"是指与"学者"相对的"公民""民众"。

抗；其四，太宰治《惜别》的投影。

一 "病"与喜剧性舞台空间的建构

关于《上海月亮》的基本构思，井上厦在剧本"开场白"中做了介绍。"开场白"很短，全部引录于此：

> 潜伏于上海地下长达九年、用一支笔做武器从事创作活动的鲁迅，每当蒋介石国民党政府的军警强化镇压，就会潜伏得更深。据鲁迅日记，其避难生活前后多达四次（1930、1931、1932、1934）。在该剧中，四次避难被概括为一次，因此有的地方不得不对事实进行或多或少的"歪曲"，但我相信，通过这种操作鲁迅生活的真实会得到更鲜明的呈现。[①]

剧本将鲁迅的避难生活概括为一次之后，时间设定为 1934 年 8 月 23 日至 9 月 16 日，地点设定在上海北四川路尽头内山书店二楼的仓库，登场人物共六位：鲁迅、许广平、内山完造、内山夫人美喜、须藤五百三、奥田爱三。这种设定基本符合戏剧舞台所要求的"三一律"——人物、情节、时间的统一。当然，这里的"时间一律"是相对的，是半个月中的两段时间而非传统"三一律"所谓的 24 小时。

上述时间设定显然是以鲁迅 1934 年 8—9 月间的避难生活为依据。当时，因内山书店的中国职员张荣甫、周根康被捕，鲁迅 8 月 23 日下午离家避居千爱里，至 9 月 18 日方返寓。井上厦在《上海月亮》中基本使用了这个时间，只是把 9 月 18 日改成了 9 月 16 日。不过，鲁迅这次避难的地方千爱里在剧本中变成了内山书店。井上在鲁迅的若干次避难生活中选择这一次，原因之一应当是为了让须藤医生登场。因为须藤医生 1933 年才到上海开业。不过，须藤的年龄在剧本中改变了，由事实上的 58 岁变成了剧本中的 50 岁。

六位登场人物中有两位医生（须藤与奥田），是《上海月亮》的基本构思决定的。因为剧本将鲁迅设定为"疾病的百货商店"，不同的疾病需要不同的医生来治疗，医生为鲁迅治病构成了剧本的基本情节。《上海月亮》除序幕、尾声之外，分为两幕六场（每幕三场），六场的题目分别是：一、心律不齐；二、牙疼；三、自杀意念症；四、信和明信片；五、失语症；六、康复。六场中的四场是以疾病命名。第四场虽为"信和明信片"，但"信和明信片"是谈鲁迅的疗养、治病问题，第六场的"康复"则是以疾病为前提的"后疾病时期"。剧本中鲁迅所患疾病除了各场名称中出现的四种，另有胃病、治疗副作用引起的人物误认症等。不仅身体有病，精神、心理也有病。与这

[①] 1991 年 3 月号《昂》第 14 页。《上海月亮》中译本，张立波译文，广西师范大学出版社 2012 年版，第 3 页。本论文的引文使用张立波的译文，但参照《昂》的日文原文进行了调整。

种"病/治疗"的结构呼应,剧中人的关系呈现为"病人/医生"的组合。"病人"是鲁迅,医生则不限于须藤五百三和奥田爱三,许广平和内山夫妇作为配合医生给鲁迅治病的人,都在扮演"医生助手"的角色。

疾病与病的康复构成了《上海月亮》舞台空间的基本内容。更重要的是,剧本充分发挥了疾病作为叙事媒介的功能。

上述疾病中的某些病鲁迅确曾患过,例如胃病、牙病等,鲁迅略带自虐的生活方式表明他也曾有过某种程度的自杀倾向。他在1916年11月请人刻的"俟堂"印章,已经流露出"等死"的心态。虽然他当时只有36岁。但是,人物误认症、失语症之类与鲁迅无关,此类疾病是否真的存在也是问题。井上厦是否虚构了此类疾病姑且不论,但鲁迅患此类疾病确为井上厦虚构。在戏剧艺术的层面上,这种虚构的功能就是在打开剧中人心灵空间的同时扩大戏剧舞台空间。

《上海月亮》中最大限度地发挥这种功能的疾病是人物误认症。在第二场《牙疼》中,牙医奥田为鲁迅治疗牙病的时候将60%的笑气与40%的氧气混合在一起给鲁迅麻醉,没想到药物副作用使鲁迅患上人物误认症。人物误认症状态下的鲁迅把须藤医生当成藤野先生,把许广平当作朱安,把奥田医生当作青年作家洛文,把内山夫人当作秋瑾,对每一个人都说"对不起",表达心中的愧疚。这样,人物误认症使鲁迅敞开心扉。到了第三场"自杀意念症",人物误认症进一步扩大了舞台空间。须藤医生指出鲁迅患上自杀意念症是因为对许多人怀有负罪感、想用自我毁灭的方式赎罪。他查阅了德国《医学大全》,《医学大全》上说这种病自然痊愈的概率只有10%,却没有给出治疗方法,于是他独自想出了"宽容"的药方,说:"我觉得我们也许可以尝试宽容。""发自内心地宽容先生、鼓励先生!除此之外没有更好的办法了。"[①] 具体方法是让被鲁迅误认的人扮作鲁迅意念中的人来"宽恕"鲁迅。须藤对许广平说:"只有宽恕他。在我这里,是站在藤野先生的立场宽恕学生,夫人是作为北京的朱安女士宽恕丈夫。"于是众人各自扮演成被鲁迅误认为的人,与人物误认症状态下的鲁迅展开对话并表示宽恕⋯⋯这样,以人物误认症为媒介,更多的历史人物通过剧中剧的形式(比如扮演须藤医生的演员在舞台上又作为须藤医生扮演藤野先生)登上舞台,舞台空间在获得多重性的同时也获得了更大的历史纵深感。

理解了人物误认症导致的剧中人物身份与心理的多重性、分裂性之后,就会明白《上海月亮》中青年作家洛文这个人物的含义。洛文出现在第二场《牙疼》开幕处的台词中。内山书店二楼仓库,鲁迅和奥田一起听上海商业广播电台的播音:"⋯⋯根据国民党政府的军警和特种部队联合发布的消息,这次被捕的是工厂罢工的煽动者以及学生,其中包括数名作家。被捕者的名单没有公布,但据本台目前的调查,有作家洛文、敬一尊,另外还有大和纺织上海工厂的工人伍孝通⋯⋯"剧本的舞台说明部分是这样

---

① 第三场。《上海月亮》中译本,第73—74页。

设计的:"鲁迅听到'作家洛文'处,像是要扑过去似的跳起来,关上了收音机的开关。奥田用悲悯的目光看着鲁迅。"按照该场的叙述,鲁迅觉得自己对不起洛文,是因为洛文等人受到他的影响才走上文学创作道路以致被捕。所以,奥田在装扮成洛文"宽恕"鲁迅的时候说:"我们只是觉得自己居住的地方不是人世。而且,是想把这个世界改造成人的世界,才拿起笔来做武器。我们是自己选择了自己的命运,并不是老师您决定了我们的命运。"

问题在于"洛文"本是鲁迅笔名。井上厦为何要用鲁迅笔名给这位与鲁迅有关的青年作家命名?孙歌认为这是因为井上厦知识不足,说:"洛文是鲁迅的笔名。井上想以这个名字代表受鲁迅影响的年轻作家,如'左联'五烈士等。不过井上并非鲁迅研究家,似乎这种错误不必追究。"①《上海月亮》中文译者张立波则将这个"洛文"看作井上厦以柔石为原型塑造的人物。②这两种看法都有一定的道理,但仍有疑问。鲁迅之外不存在名叫"洛文"的作家,因此井上厦的"洛文"只能来源于鲁迅。既然如此,井上在《上海月亮》中为何将一位具体存在(被捕并且与鲁迅关系密切)的作家命名为"洛文"?这不会是一个无意识的错误。将"洛文"看作柔石亦有根据,张立波对此进行了引证。还可以补充的一个史实是,柔石的被捕与鲁迅的一次避难直接相关。1931年1月17日柔石等五人被捕,三天后的1月20日鲁迅与家人到黄陆路花园庄旅馆避难。花园庄旅馆也是日本人开的,与内山书店一样具有日本属性。但是,这种解释会导致另一个难以回答的问题:如果剧中的洛文是柔石的变形,那么井上为何不直接用"柔石"这个名字?事实上剧中人都是用真名字,甚至被改了年龄的须藤五百三也是。

从《上海月亮》以疾病为媒介呈现身份分裂这种构思来看,应当认为"洛文"是"另一个鲁迅"与柔石等青年作家的混合体,是一个具有二重性、隐喻性的角色。换言之,井上厦是在明知"洛文"为鲁迅笔名的前提下从表现人物多重性与分裂性的角度对这个笔名进行了创造性运用,使鲁迅自我相对化、获得多种生命形态。与此同时,通过这种命名还能暗示"内山书店"对于鲁迅的重要性——书店内的"鲁迅"获得了安全而书店外的"洛文"被捕了。相关问题下文还会论及。

鲁迅有许多笔名而井上厦选用了"洛文",这应当与《上海月亮》的时间背景有关。剧本讲述的故事发生在1934年8—9月间,而鲁迅使用"洛文"的笔名正是从前一年的1933年开始的。将鲁迅使用该笔名及使用该笔名前后发表的文章与《上海月亮》进行对比,能够发现相通之处。例如,鲁迅在《电影的教训》一文中说:

但到我在上海看电影的时候,却早是成为"下等华人"的了,看楼上坐着白

---

① 孙歌:《鲁迅脱掉的衣裳》,《主体弥散的空间——亚洲论述之两难》,江西教育出版社2002年版,第194页。
② 张立波:《国家战争体制下的"非国民"——〈上海月亮〉中的鲁迅》,《鲁迅研究月刊》2013年第2期。

人和阔人，楼下排着中等和下等的华胄，银幕上出现白色兵们打仗，白色老爷发财，白色小姐结婚，白色英雄探险，令看客佩服，羡慕，恐怖，自己觉得做不到。但当白色英雄探险非洲时，却常有黑色的忠仆来给他开路，服役，拼命，替死，使主子安然的回家；[①]（后略）

此文发表时的署名为"孺牛"而非"洛文"，但收入《准风月谈》时与署名"洛文"的《关于翻译》（上）一文排在一起。在《上海月亮》第一场"心律不齐"中，鲁迅批判欧洲列强的残忍性，曰："欧洲人不是也控制不了他们自己残忍的本性吗？中国被西欧列强瓜分成了目不忍睹的半殖民地状态。强行在别人的土地上进行殖民统治，这不正是西欧人残忍性的最好体现吗？"这种批判与《电影的教训》对白色人种的批判一致，可以认为是井上厦从《电影的教训》一文中转换过来的。《上海月亮》也写到鲁迅喜欢看电影，井上厦作为自幼熟读《鲁迅全集》的人，肯定读过这篇《电影的教训》。他有可能是在阅读此文及相关文章的时候注意到了鲁迅的笔名"洛文"。此外，从井上厦的乐观主义精神、喜剧艺术及其对词汇的敏感考虑，他选用"洛文"或许与这两个汉字的日语读音"らくぶん"有关。在日语中"洛"与"乐"同音，"洛文"即为"乐文"，"乐文"可以理解为"快乐文学"。当然这只是一种推测，已经无法向升入天国的井上厦求证。

在《上海月亮》中，疾病不仅与舞台空间、角色塑造有关，并且成为制造喜剧效果的主要媒介。井上厦作为戏剧家固以喜剧见长，其"喜剧"甚至常常单纯化为"笑剧"。《上海月亮》同样是被作为喜剧创作出来的。第一场"心律不齐"开场时，剧本用鲁迅旁白介绍内山书店与内山完造夫妇，舞台上的内山夫妇配合鲁迅的旁白做相应的滑稽动作。说到内山的缺点"轻率""莽撞"的时候，内山做出被自己刚插上的电线绊倒却满脸茫然的动作与表情，说到美喜夫人少年时曾被卖到京都的祇园做舞伎，舞台上的美喜便改变正常的步行姿态、迈起舞伎的小碎步。随着剧情的进展《上海月亮》呈现更多喜剧场面，而这些喜剧场面大都是通过"疾病"展开。鲁迅具有自虐倾向并且逃避医生、拒绝治疗，所以须藤为了给他治病便装扮成爱读鲁迅书的人，借握手的机会给鲁迅把脉，趁鲁迅打哈欠观察鲁迅的牙齿。为了诱导鲁迅打哈欠，须藤医生和内山完造、许广平都装作犯困、打哈欠。奥田则是装扮成画家，以给鲁迅画肖像的名义观察鲁迅的健康状况。许广平与内山夫妇努力配合两位医生，或帮助掩饰，或撒谎。剧中鲁迅这一角色的喜剧性亦与其所患疾病直接相关。他患人物误认症之后总是认错人，被他认错的人或惊恐不安，或被迫装作他想象中的人。他患失语症之后口齿不清、词不达意，把"我"（わたし）说成"苔寻"（たわし）或"草鞋"（わらじ），把"间谍"（スパイ）说成"戏剧"（しばい），把"可能性"（かのうせい）说成"天皇

[①] 引自《鲁迅全集》第5卷，人民文学出版社2005年版，第292页。本文引用的《鲁迅全集》为人民文学出版社1981年版。下文只注卷次与页码。

制"（てんのうせい）。①

从疾病与喜剧性的关系来看，《上海月亮》通过牙病制造的喜剧性最丰富。在第二场"牙疼"一开始，装扮成画家的奥田与鲁迅闲谈，试图从鲁迅的饮食习惯寻找其患牙病的原因，有这样一段对话：

奥田　您喜欢吃什么？
鲁迅　奶糖，糖稀，饼干。果酱也常吃。疲倦的时候吃果酱最好了。
奥田　都是对牙齿有害的东西啊。
鲁迅　啊？
奥田　其他还爱吃什么？
鲁迅　大概是因为在日本住过八年，日本点心也很喜欢哪。红豆馅点心……对了，就是大福饼。最喜欢的是甜纳豆……
奥田　都是粘粘乎乎粘牙的东西，当然会患虫牙！
鲁迅　（追问）牙？我的牙怎么了？
奥田　哦。我是肖像画家，对模特儿身体的每个部位都感兴趣！

这里，奥田的身份与台词之间存在着喜剧性的错位。作为牙医奥田有多种关于牙齿的奇妙理论。他根据咀嚼能力将牙齿健康程度分为五个等级：能轻松嚼烂鱿鱼、章鱼生鱼片的为五级，能吃炸猪排或萝卜泡菜的为四级，能吃黄瓜或炖鸡块的为三级，能吃米饭、面食或金枪鱼的为二级，最差的为一级，只能吃豆腐和布丁。他介绍自己从母校巴尔的摩口腔科医学专门学校学来的"法齿学"——从法律角度研究牙齿的学问，所谓"拔掉的牙，除了上面镶的金、银以外，病人原则上应当放弃对拔掉的牙齿的所有权""牙科医生有妥善处理患者被拔掉牙齿的义务"等。到了与须藤医生讨论鲁迅牙病的时候，奥田则从牙病来解释鲁迅的人生观与文学观，说："每颗虫牙碰到食物都会疼。所以，先生是用上颚和舌头把食物挤碎"；"先生的那种虚无主义，起源于咀嚼能力的低下"；"一日三餐对于先生来说像下地狱一样痛苦，所以才变成虚无主义者的嘛"；"牙治好了，就能很好地嚼食物，胃也就好了，也就浑身有力了，人生观也就明亮了。明白吗？治好了牙，鲁迅的文学就会改变"；等等。这些理论或荒诞或夸张或寓庄于谐。在《上海月亮》中"牙齿"问题涉及多名角色，几乎贯穿始终。在第五场《失语症》中，内山夫妇与须藤、奥田两位医生安排鲁迅到日本的镰仓去休养、治病，独身的奥田为了给鲁迅治疗牙病创造条件，不惜与牙医五十岚家的大龄女儿结婚、做

---

① 在日语中，这几组词汇或者发音十分接近，或者仅仅是音序不同。井上厦充分发挥其语言天才，用词汇的错位制造喜剧效果或者表示讽刺。由于此类喜剧效果是以日语为前提的，所以台词无法翻译成中文，为了追求同样的效果只能在汉语的语言环境中进行再创作。《上海月亮》中文译者张立波在翻译过程中进行了卓有成效的努力。

倒插门女婿。而五十岚家的女儿之所以一直找不到婆家，沦为老处女，原因就在于"长着一口参差不齐的牙"。在第六场《康复》中，上海旅行社的一位女职员在船票紧张的情况下帮助奥田买到了六张一等舱的船票，而女职员之所以伸出援手是因为奥田给她包过金牙。

《上海月亮》作为一部优秀的话剧脚本，对"疾病"进行创造性运用，建构了多层面、大纵深的舞台空间，完成了语言的异常化进而制造了丰富的喜剧效果。

二 "反鲁迅"的价值体系

鲁迅留学日本的时候曾经学习医学，希望学成回国之后救治他父亲那种被误病人的疾苦，战争的时候便去当军医。受幻灯片事件影响弃医从文之后，又打算用"文学"这服药来改变国民精神。而在《上海月亮》中，年老的鲁迅成了病人、身心俱病，需要两位日本医生和家人、友人一起来救治。不仅如此，"病鲁迅"还被用喜剧形式处理。《上海月亮》的这个基本构思本身已经表明了井上厦对鲁迅的颠覆与调侃。

在《上海月亮》中，井上厦颠覆、调侃鲁迅的意识非常自觉。这种意识不仅体现在剧本的基本构思，而且决定着剧本的角色设计与故事展开过程。剧本与鲁迅之间存在着若干组颠覆式对话关系，具体说来就是用"弃文从医""宽恕""心灵相通"分别颠覆鲁迅的"弃医从文""不宽恕""心灵不相通"。

须藤五百三在《上海月亮》中被设计为"弃文从医"者——在鲁迅弃医从文的同一时期即日俄战争时期弃文从医。在第五场，须藤医生向鲁迅、内山完造和奥田医生讲述了自己弃文从医的故事。三十年前日俄战争刚结束的时候，须藤是第一高等学校（东京大学预科）的学生。前文曾经提到须藤医生的实际年龄在《上海月亮》中被减去了8岁，由58岁变为50岁。结合这个情节来看，井上这样做是为了使剧中须藤的年龄与1905年读大学预科这种设定相符。青年须藤受堂哥的影响立志于文学，但报道日俄战争的幻灯片改变了他的命运。他和仙台医专的青年周树人一样也看到了幻灯片上当俄探的中国人被日军斩首的画面，但画面上围观的不是中国人而是在喝酒的日军军官。须藤说：

> 一个生命即将从这个世界上消失，他们却笑着把一瓶酒传着轮流喝。人的死不是下酒菜！我们的武士道哪里去了？不过，在画面的一角惟有一个年轻的军官在合掌为死者祈祷，我从这位军官身上看到了日本陆军的希望。不久我知道那位军官就是我的堂兄。但是后来，因为战地生活残酷，他口吐鲜血而死。怎么样？鲁迅先生？精神无论怎样了不起，身体作为精神容器如果是贫弱的，就什么都做不了！就这样，我的志向从文学转向医学，怀着成为日本陆军希望之星的希望，选择了军医之路。

奥田医生听了须藤的讲述，感动地对鲁迅和须藤说："两位是在文学和医学之间，在同一时期这样奇妙地擦肩而过啊！"接着，须藤为了说明身体健康的重要，告诉鲁迅16年前他的女儿在上海流行伤寒病的时候死去，幸福的家庭从此永远失去。鲁迅坚持认为精神（文学）更重要，说身体虚弱的爱因斯坦是"靠着一股精神大力量，改变了宇宙的模样"，须藤反驳道："那是因为他既没有结核病的征兆也没患大肠过敏病，所以精神才得以充分地发挥。"奥田在旁边帮腔、插科打诨，"听说他的牙也不那么坏"云云。鲁迅无言以对，"医学"（身体）对"文学"（精神）的颠覆获得成功。还应注意的是，须藤所谓的"我们的武士道哪里去了"是批判日本军官缺少武士道精神中最基本的"仁"与"悲悯"，即批判近代日本的军国主义思想对传统武士道的污染。

不宽恕是鲁迅基本的人生态度之一，所以他反对"费厄泼赖"，主张"痛打落水狗"。他至死坚持"不宽恕"，在1936年9月5日写于病后、具有遗书性质的文章《死》中说："损着别人的牙眼，却反对报复，主张宽容的人，万勿和他接近。""只还记得在发烧时，又曾想到欧洲人临死时，往往有一种仪式，是请别人宽恕，自己也宽恕了别人。我的怨敌可谓多矣，倘有新式的人问起我来，怎么回答呢？我想了一想，决定的是：让他们怨恨去，我也一个都不宽恕。"① 但如前所述，在《上海月亮》中"宽容"成为治疗鲁迅自杀意念症的良药。

《上海月亮》的总体构思中有鲁迅1927年9月24日所作《小杂感》的影响，剧本中鲁迅的"人类的悲欢并不相通"这句台词即出自《小杂感》。鲁迅原话是：

楼下一个男人病得要死，那间壁的一家唱着留声机；对面是弄孩子。楼上有两人狂笑，还有打牌声。河中的船上有女人哭着他死去的母亲。
人类的悲欢并不相通，我只觉得他们吵闹。②

这段话被井上厦扩充、改写之后用在《上海月亮》第五场。这一场中鲁迅与须藤诸人讨论了文学与医学的优劣之后，说自己打算写小说："人间的悲凉、痛苦、欢喜完全不能共有，每个人都像沙子一样孤独地活着，然后死去。为什么人们的心不能相互沟通呢？为了让每个人的心都能相互沟通，人类应该怎样改变自己呢？这就是小说的主题。小说的名字叫《上海月亮》。"与鲁迅所言"人类的悲欢并不相通"相反，井上厦在《上海月亮》中展示了人类心灵的相通——日本人与中国人、富人与穷人，甚至鲁迅、许广平与朱安，均心灵相通。朱安在写给许广平的信中说："心心相通的人们只要像链条一样紧紧地团结在一起，这个世界连同希望就决不会消失。"③ 剧本中雷小宝这一角色的塑造，表明井上厦是在有意识地颠覆鲁迅的《小杂感》。《小杂感》中的

---

① 《鲁迅全集》第6卷，人民文学出版社1981年版，第612页。
② 《而已集》，北新书局1928年版，第149页。
③ 《上海月亮》中译本，第126页。

"河中的船上有女人哭着她死去的母亲"一语，在《上海月亮》中被改写成"一个小姑娘抱着死去的妈妈哭着"。"女人"变成了"小姑娘"，事情发生的时间也被设定在16年前。当时，小姑娘幸运地被从河边走过的法国女修道院院长送进孤儿院，又被须藤医生用匿名方式收为养女。这位小姑娘就是雷小宝。须藤是在亲生女儿死于伤寒病的同一年收养雷小宝，于是雷小宝成为须藤女儿的"替身"，须藤与雷小宝之间具有了准血缘关系。雷小宝长大成人之后为了报日本养父的恩，参加工作，领到第一个月的工资就前往孤儿院认养孤儿，传递爱心。远在北京的朱安也要到美国医院去收养弃婴，许广平给朱安即将收养的弃婴取名"北婴"（与"海婴"并列）。奥田医生的血管里甚至流着一半中国人的血——因为他是在上海工作的日本技师与中国女工的混血儿。在《上海月亮》中，善良的人们不仅心灵相通而且血脉相通，国家与阶级的壁垒都被打破。

颠覆性对话本是井上厦文学创作中常用的模式之一。日本传统戏剧净瑠璃、歌舞伎中有讲述赤穗浪人（流浪武士）复仇故事的《忠臣藏》，但井上厦取材于同类题材创作的小说却是《不忠臣藏》（1985）。太宰治曾创作具有自传性质的小说《失去人格》（1948年发表，日语汉字写作"人間失格"），井上厦创作的太宰治传记剧却名之曰《未失人格》（1991年公演，日语汉字写作"人間合格"）。山口昌男在探讨井上厦喜剧世界的时候，认为井上作品中存在着"对立"的结构，并指出："所谓优秀喜剧，是指包含着精彩对立的作品。"他举井上厦的短篇喜剧作品《在婚礼与葬礼之间》为例，说："在该作品中，本属不同维度的演技被混用。结果是这种混用引起的混乱诱发笑声。如果说得夸张一些，那么这篇作品显示了今天的社会科学所追求的方向，意味深长。"① 《上海月亮》中的颠覆性对话关系显然是这种"对立"的一种形式。高桥敏夫则将井上厦的这种手法归纳为"颠覆——将宏大故事翻转过来"。② 在井上厦这里，"颠覆"（或者"对立"）首先是一种对话方式、一种智慧、一种略带恶作剧色彩的幽默。颠覆未必一定意味着否定。某种情况下，颠覆反而能够通过建立对称性、对话性结构提供多元价值体系，或者制造舞台喜剧效果。相对于鲁迅而言，因为鲁迅是难以颠覆的，所以这"颠覆"首先确认了鲁迅真实性。

《上海月亮》通过与鲁迅进行颠覆性对话表达了另一套价值观，但这价值观却不可以简单地置于鲁迅价值观的另一极来理解。对于井上厦来说，三组颠覆的意义各不相同。

井上厦身为作家并且崇拜鲁迅，因此不会否定文学的价值。他只是在剧本中通过须藤医生"弃文从医"将文学的价值相对化，同时提高医学的价值，表达对于文学与医学（精神与身体）之关系的另一种理解。希腊古谚云"健全的精神寓于健全的身体"，《上海月亮》中奥田医生阐述的也是这个道理。他认为鲁迅的虚无主义起源于咀

---

① 山口昌男：《井上厦幽默短剧的世界》，《井上厦笑剧全集》（上、下册）书后"解说"，讲谈社1976年版。
② 高桥敏夫：《井上厦——作为"希望"的"笑"》（『井上ひさし・希望としての笑い』），第116页。

嚼能力低下：说："治好了牙，鲁迅的文学就会改变！"这种理解有将文艺创作主体与文艺作品之间的关系简单化的倾向，但仍不失为解读鲁迅文学悲剧品格与鲁迅灰暗心理的一个有效视角。另外，鲁迅在《呐喊·自序》中讲述的弃医从文故事本有虚构成分且具唯心主义色彩，他本人对文学价值的相对化（或曰否定）在20世纪20年代后期已经相当明确。与井上厦用"医学"将"文学"相对化不同，鲁迅是用"实力"或"革命"将"文学"相对化。他说："文学文学，是最不中用的，没有力量的人讲的；有实力的人并不开口，就杀人，被压迫的人讲几句话，写几个字，就要被杀。"[①]"孙传芳所以赶走，是革命家用炮轰掉的，决不是革命文艺家做了几句'孙传芳呀，我们要赶掉你呀'的文章赶掉的。"[②]

"宽恕""心灵相通"对鲁迅"不宽恕""心灵不相通"的颠覆，则呈现了井上厦与鲁迅道德观、人生观的差异。不同于鲁迅人格与心理的冷峻、灰暗、孤独、绝望，井上厦是理想主义者、乐观主义者。井上厦16岁时受洗成为基督徒，所以总是用温暖、宽容的目光看世界，对人类怀着信心与期待。从基督徒身份考虑，他创作《上海月亮》、讲述鲁迅与内山完造的故事，亦应与内山完造夫妇的基督徒身份有关。对于井上厦来说，"喜剧"不仅是一种舞台形式，而且是一种精神、一种人生态度。所以他经常用喜剧形式处理各种题材。1976年3—4月，《井上厦笑剧全集》上、下两册由讲谈社出版发行，井上写了一篇简短的《不要眼泪——代前言》（写作时间为当年2月18日），曰：

> 这八十篇笑剧全都是昭和40年代中期为刚起步的"颠覆三人帮"（三波伸介、已故户冢睦夫、伊东四郎）创作的，而且全部被他们在电视上表演过。
>
> 我是因为怎样的缘由成为这三人帮的专属剧作家的呢？关于这个问题涉及多种事情，差不多够写一部长篇小说，但因篇幅和时间所限这里无法详述。而且，笑剧集前面附有一部长篇小说分量的"前言"对于读者来说也十分麻烦。所以，关于那些事情还是另找时间作为小说来写。这里只想说一句话，那就是本集所收笑剧全部是包含着"拒绝眼泪"的企图。
>
> 到那时为止的电视中的笑剧，大多以猥亵的笑和湿漉漉的眼泪为主要成分。猥亵的笑姑且不论，对于湿漉漉的眼泪三位演员与我都感到厌恶。大概是这一点把我们联系在一起。现在我本想把这上下两册笑剧集献给已故的户冢睦夫，但我觉得，如果我做那种湿漉漉的事情他大概会生气。

井上厦在这里明确表达了自己长期坚持的"拒绝眼泪"的人生态度与戏剧主张，并且把这种态度实践在这篇短序的写作中，搞文字游戏，调侃自己与三位演员。从前

---

① 《革命时代的文学》（1927），引自《鲁迅全集》第3卷，人民文学出版社1981年版，第417页。
② 《文艺与政治的歧途》（1927），引自《鲁迅全集》第7卷，人民文学出版社1981年版，第119页。

文所述"颠覆"(或"对立")来看,这个演出组合名称中的"颠覆"无疑也是井上厦与他们的契合点之一。两册笑剧集收录的剧本均为由三名演员演出的独幕短剧,不仅"拒绝眼泪",而且多用奇特的故事与台词将"笑剧"推到"荒诞剧"的境地。

喜剧创作表现的"拒绝眼泪"的态度,甚至被井上厦贯彻到悲剧题材的作品中。2009年,井上以小林多喜二(1903—1933)的故事为题材创作了剧本《组曲虐杀》(两幕九场)。① 小林因参加劳工运动、作为日本无产阶级文学的旗手受酷刑而死,但井上厦是用音乐剧的形式进行表现。剧中特高科刑警古桥铁雄、山本正甚至受到小林多喜二的影响有所转变,古桥开枪的时候枪口射出的是花朵而不是子弹。高桥敏夫将井上厦作品的基本主题归结为"作为希望的笑",指出:"在如此宏大的舞台上,井上厦追求并独自完成的是什么?坦率地说,那就是'作为希望的笑'。""作为希望的笑"表现的是对于"希望"的积极态度,这不同于鲁迅的在"希望"的"有"与"无"之间、在"绝望"与"希望"之间徘徊。鲁迅在《故乡》(1921)结尾处说"希望本是无所谓有,无所谓无的"②,在《希望》(1925)结尾处则引用裴多菲的名句"绝望之为虚妄,正与希望相同"③。由于《上海月亮》中存在着鲁迅与井上厦世界观、人生观的差异,因此剧本的基本意象"月亮"也呈现两种色调。鲁迅看到的是凄凉的月亮——"在月光下似乎可以看到动物的骨头的船上,一个小姑娘抱着死去的妈妈哭着"。而井上厦的月亮是温暖、纯净的——须藤医生与长大成人的雷小宝走在四川路上,"天空洒满了月光","街道两边商店里五颜六色的霓虹灯在闪烁"。

三 "内山书店"对"国家"的抵抗

《上海月亮》的主题之一是呈现鲁迅与日本、日本人的密切关系。剧作情节、场景的设计是以此为中心,剧中人甚至直接阐述该主题。"尾声"中许广平、内山完造、内山美喜、须藤五百三、奥田爱三五个人各自读自己写的信——井上是用剧中人"独白"的形式交代鲁迅逝世后的事情。其中许广平的信是写给朱安的,落幕之前读信的是许广平。她读道:"最后我介绍一下先生临终时守候在他身边的人。朱安女士,我时常觉得不可思议。他们都是日本人。他们是内山完造先生和夫人美喜女士,最后给先生做面模的牙科医生奥田爱三先生,还有主治医生须藤五百三先生。"④ 这几句台词意味着《上海月亮》是结束于鲁迅与日本人的亲密关系之中。井上厦2009年春天接受采访时,明言"为什么鲁迅晚年身边有许多日本人"是他长期思考的问题。⑤

---

① 发表于《昴》(すばる)2010年1月号,5月10日集英社出版单行本,7月7日第三次印刷。
② 《呐喊·故乡》,引自《鲁迅全集》第1卷,人民文学出版社1981年版,第485页。
③ 《野草·希望》,引自《鲁迅全集》第2卷,人民文学出版社1981年版,第178页。
④ 《上海月亮》中译本,第147—148页。
⑤ 张立波:《"缘"自鲁迅——访日本现代著名作家井上厦》,《上海月亮》中译本,第161页。

《上海月亮》为了充分表现上述主题，选择并重构了"内山书店"这个具有日本属性的空间。如本文第一节所述，1934年8—9月间鲁迅是因为内山书店的中国职员被捕往千爱里避难，而《上海月亮》却把避难地点设置在内山书店。这应当是因为井上厦了解同一时期鲁迅与内山完造的密切关系，了解内山书店对于鲁迅的重要性。20世纪30年代前期鲁迅的日记中多有与内山完造交往的记录，内容包括见面、聚餐、互赠礼品、购书、治病乃至借款、避难，关系非常密切，称得上"挚友"。在《上海月亮》中，"内山书店"对鲁迅发挥着三种主要功能：其一是书店。鲁迅在此购书、获得精神食粮，并且出售自己的著作、传播自己的思想。其二是医院。"病鲁迅"在此接受日本医生的治疗、获得身心健康。其三是避难所。鲁迅在此躲避蒋介石政府的缉拿与迫害。换言之，对于鲁迅来说"内山书店"是个具有多重含义的空间，鲁迅在这里与书店老板内山完造及其他许多日本人建立了深厚友谊。井上厦敏锐地把握了鲁迅与日本、日本人的密切关系，并且通过"内山书店"这个空间进行了集中的、高度典型化的呈现。对于鲁迅来说，这种关系的建立与其个人成长史、对中医的排斥、对蒋介石政府的抵抗等有关，涉及其国民性批判思想、自我身份的认知。

将《上海月亮》中的"内山书店"作为一个包含着"书店—医院—避难所"三重含义的符号性空间来认识，能够发现对于鲁迅来说这个空间早已存在于北京。鲁迅在北京时期（1912—1926）日记的相关记录表明，其与日本的关系主要是通过购书、治病、避难建立起来的。购书地点是日本人开设的东亚公司，该公司位于北京东单，销售日本书籍，1924—1926年鲁迅在此购买了大量日文图书，其中包括对其思想观念产生了影响的《苦闷的象征》《山水·思想·人物》《革命与文学》等。治病的地方是日本人开设的池田医院、同仁会医院、山本医院或者伊东医院，同仁会医院和山本医院还成为鲁迅的避难所。1920年7月直皖战争发生，鲁迅将家人送入同仁会医院躲避。当年7月18日日记记曰："夜送母亲以下妇孺至东城同仁医院暂避。"[①] 1926年，"三一八"惨案发生后鲁迅人身安全受到威胁，3月29日入山本医院避难至4月8日。对于北京时期的鲁迅来说，日本人开设的医院与东亚公司共同发挥着《上海月亮》中"内山书店"的功能，山本忠孝等日本医生即相当于上海的须藤五百三、奥田爱三。鲁迅1925年的日记中偶有同日前往山本医院与东亚公司两处的记录，如10月14日日记："上午往山本医院诊。往东亚公司买《西藏游记》一本，二元八角。"这是符号化地将日本医院与日本公司一体化即"内山书店"化。从北京到上海，鲁迅就是这样与日本、日本人保持着密切关系，"日本"为其提供精神食粮并保障其健康和人身安全。

更重要的问题是：对于鲁迅来说，与日本人的密切关系之中隐含着与本国政府的对立关系。在《上海月亮》中，当鲁迅为逃避蒋介石政府的镇压与迫害进入"内山书店"的时候，"内山书店"已经成为鲁迅抵抗本国政府的空间。从同一时期鲁迅的生存

[①] 《鲁迅全集》第14卷，人民文学出版社1981年版，第392页。

状态与相关文章来看,他需要这种空间。做出这种判断的根据是鲁迅对待租界的态度。

鲁迅1927年10月定居上海,1928年1月发表的杂文《拟预言——一九二九年出现的琐事——》即涉及租界问题。此文第二节曰:"有公民某乙上书,请将共产主义者之产业作为公产,女眷作为公妻,以惩一儆百。半年不批。某乙忿而反革命,被好友告发,逃入租界。"① 之所以"逃入租界"是因为租界能够给予庇护,这句"预言"意味着鲁迅明确意识到了中国内部的政治问题、阶级问题与上海滩的半殖民地性质,意识到了租界能够为某类中国人提供庇护。此后租界问题是鲁迅一直面对的。1933年元旦作旧体诗《二十二年元旦》,诗云:"云封高岫护将军,霆击寒村灭下民。到底不如租界好,打牌声里又新春。"虽然带有几分讽刺,但已经将租界内外的两个空间进行对比,在对比之中讽刺了政府。写此诗四个月之后,鲁迅撰写了批评政府的杂文《王化》。由于《王化》投给《申报·自由谈》的时候遭到查禁,改投《论语》半月刊方得以发表,故鲁迅5月15日为此文撰写补充说明曰:"这篇被新闻检查处抽掉了,没有登出。幸而既非瑶民,又居租界,得免于国货的飞机来'下蛋',然而'勿要哗啦哗啦'却是一律的,所以连'欢呼'也不许,——然则惟有一声不响,装死救国而已!"② 这里所谓的"瑶民"是指因反抗地方政府的压迫与剥削奋起反抗,又遭到政府军围剿和飞机轰炸的西南地区瑶族民众,"幸而既非瑶民,又居租界"的感慨明确表达了对政府的批判与对租界保护功能的强调。这段说明与诗作《二十二年元旦》在政治批判与租界认识方面是相通的。

《二十二年元旦》一诗是在写成约一年半之后被编入《集外集》,并随着1935年5月同书出版公之于众。编辑过程中鲁迅与《集外集》编者杨霁云的通信再次凸显了此诗对官方的批判。《集外集》由杨霁云编定之后送政府相关部门审查,其中"编者引言"并九篇文章被删,所以鲁迅在1935年1月29日给杨霁云的信中说:"《集外集》既送审查,被删本意中事,但开封事亦犯忌却不可解,大约他们决计要包庇中外古今一切黑暗了。而古诗竟没有一首删去,确亦不可解,其实有几首是颇为'不妥'的。"③ 2月4日致杨信中又云:"《集外集》止抽去十篇,诚为'天恩高厚',但旧诗如此明白,却一首也不删,则终不免'呆鸟'之讥。"④ 所谓"不妥""旧诗如此明白",实指旧诗直接讽刺了当局。《集外集》出版的时候,著者"序言"的前面是鲁迅四首旧体诗的手迹,其中第三首即为《二十二年元旦》。这显然是为了嘲弄出版审查者的愚蠢与盲目。

1935年12月底,鲁迅编辑自己的评论集《且介亭杂文》与《且介亭杂文二集》,不仅将"且介亭"一词用在评论集名称中,两本评论集"序言"落款处亦均标明"记

---

① 收入《而已集》,引自《鲁迅全集》第3卷,人民文学出版社1981年版,第570页。
② 《王化》,引自《鲁迅全集》第5卷,人民文学出版社1981年版,第136页。
③ 《鲁迅全集》第13卷,人民文学出版社1981年版,第35页。
④ 同上书,第42—43页。

于上海之且介亭"。人民文学出版社1981年版《鲁迅全集》给"且介亭"做的注释是:"当时作者住在上海北四川路,这个地区是'越界筑路'(帝国主义者越出租界范围修筑马路)区域,即所谓'半租界'。'且介'即取'租界'二字之各半。"由此可见,"且介"二字表达了鲁迅对自己的位置与处境("半租界")的认知与强调。"亭"指"亭子间",平民居住的地方,"且介"与"亭"相加构成的"且介亭"一词,则已包含着"国家"与"阶级"两种成分。1936年4月所作《三月的租界》一文对萧军的支持与对狄克的批评,表明鲁迅是将上海的"租界"作为与沦陷的"东北"相对立的空间来认识。

对于晚年鲁迅来说,租界甚至是"上海鬼城"的对立物。鲁迅在1936年10月6日(去世两周前)写给曹白的信中说:"种种骚扰,我是过惯了的,一二八时,还陷在火线里。至于搬家,却早在想,因为这里实在是住厌了。但条件很难,一要租界,二要价廉,三要清静,如此天堂,恐怕不容易找到,而且我又没有力气,动弹不得,所以也许到底不过是想想而已。"之所以"一要租界",是因为租界能够保证自己的人身安全。信中又说:"《现实》和《高尔基论文集》,都被一书店(那时是在'第三种人'手里的)扣留了几年,到今年才设法赎出来的,你看上海的鬼城,多么可怕。"① 在这封信里,"多么可怕"的"上海的鬼城"与"租界"相对立,这种对立关系凸显了租界对于鲁迅的重要性与必要性。从鲁迅1930年之后的日记看,当时他厌恶上海并且厌恶文坛,内心寂寞。

关于"租界",商务印书馆1979年版《现代汉语词典》的解释是:"帝国主义国家强迫半殖民地国家在通商都市内'租借'给他们做进一步侵略的据点的地区。"这个释义到2012年版也没有改变。内山书店并非租界,但它在作为外国人的租借地将中国政府管辖权相对化这一点上具有租界性质,对于鲁迅来说它是租界的替代品。1932年1月28日上海战事("一·二八"事变)发生,30日鲁迅全家即往内山书店避难。鲁迅当日日记记曰:"下午全寓中人俱迁避内山书店,只携衣被数事。"② 井上厦明确意识到了这一点,所以《上海月亮》第一场一开场就通过鲁迅的口谈租界。无独有偶,鲁迅将自己1936年的评论文章编为《且介亭杂文末编》,可惜未编完即去世,最后是许广平将该书编定。许广平在该书后记(1937年6月25日作)中说:"又蒙内山先生给予便利,得以销行。"以"且介亭"命名的鲁迅著作在具有"准租界"性质的内山书店中销售,符合鲁迅晚年的生活形态与心理困境。

遭受本国政府政治迫害与文化围剿的鲁迅进入内山书店,意味着他接受了一个具有"外国"(甚至是"敌国")属性的空间,同时意味着他陷入了国民的两难境地。鲁迅毕竟是中国人,在本国土地上借助租界或"内山书店"获得安全不会是一件愉快的事。其1933年1月26日的日记就表露了这种矛盾心情。日记曰:

---

① 《鲁迅全集》第13卷,人民文学出版社1981年版,第441页。
② 《鲁迅全集》第15卷,人民文学出版社1981年版,第4页。

旧历申年元旦。昙，下午微雪。夜为季市书一笺，录午年春旧作。为画师望月玉成君书一笺云："风生白下千林暗，雾塞苍天百卉殚。愿乞画家新意匠，只研朱墨作春山。"又戏为邬其山生书一笺云："云封胜境护将军，霆落寒村戮下民。依旧不如租界好，打牌声里又新春。"已而毁之，别录以寄静农。改胜境为高岫，落为击，戮为灭也。①

日记中的"邬其山"即内山完造。"邬其"为"内"的日语读音（うち，uchi）。书写之后"已而毁之，别录以寄静农"，透露出鲁迅复杂、微妙的心理。问题显然出在"依旧不如租界好"一句。内山虽然是挚友但毕竟是日本人，并且曾在日本人点燃的"一·二八"战火中保护自己，对他说"租界好"难免伤中国人的自尊心，甚或被误解。而台静农是自己的学生并且是中国人，发这种看似"不爱国"的言论能够得到理解。

对于鲁迅来说"内山书店"具有抵抗"蒋介石国民党政府的军警强化镇压"的功能——《上海月亮》对此进行了自觉、鲜明的呈现，揭示了鲁迅国民身份的尴尬。但是，这种呈现决不意味着井上厦由此确认了日本国的价值。相反，在《上海月亮》中，日本作为侵略国家受到批判，日本天皇也受到嘲讽。置身"内山书店"的鲁迅反日并且讽刺天皇，他的日本朋友们同样反日、反天皇。须藤医生揭露日本人捏造事实、发动"一·二八"战争，批判上海的日本居留民，说："上海现在住着三万日本人，几乎所有的人都认为上海是我们日本的领土，居然忘了自己是在别人的地盘上生活着。"日本居留民的孩子到他的医院来就诊，但当时他正在给受伤的中国报童治疗，于是日本人要求加塞儿，声称孩子的父亲是上海日本居留团干部。他回答说："哪怕这孩子的父亲是天皇，只要伤不重，也得在后面排队！"② 在上海的许多具有"大日本意识"的日本居留民看来，内山完造、须藤医生、奥田医生与中国人亲近，都是"非国民"、日本的叛徒。他们冲击须藤医生的医院，又聚集到内山书店前面，要把内山、须藤等人赶出上海，大喊："我们日本人现在才真正需要团结在一起，效忠于天皇。你们几个却是破坏我们团结的败类。"③ 这样，"内山书店"被赋予了抵抗日本天皇、抵抗军国日本的性质。

一方面是鲁迅抵抗蒋介石政府的空间，另一方面是内山、须藤等人抵抗天皇制日本的空间。于是"内山书店"作为抵抗现代国家的空间被建构起来。这是真正的人与人相对的空间，井上厦力图在这个空间中赋予鲁迅、内山等人以超国家的身份，发现鲁迅与日本人的友情中存在的超国家的价值与普遍性的伦理道德。《上海月亮》建构这种超国家空间的努力表现在许多方面。内山完造说"不论是中国人还是日本人，只要

---

① 《鲁迅全集》第15卷，人民文学出版社1981年版，第60页。
② 《上海月亮》中译本，第60页。
③ 同上书，第100页。

是读书人就应该不是坏人"（第一场），奥田爱三说"疼痛与人种、国籍没有关系"（第二场）。在此类表述中，甚至"读书"与"疼痛"都被用以说明超国家之物的存在。决定这种空间建构的是井上厦的和平主义、人类主义、世界主义思想。在井上厦的记忆中，鲁迅甚至说过这样的话："不存在日本人这样一个一般的概念。现实中存在的只有好的日本人和坏的日本人。同样也不存在中国人这样一个一般的概念，只有好的中国人和坏的中国人。因此好的中国人与好的日本人应当携起手来共同反对狡猾的坏的日本人和中国人。"[①] 无论井上厦的这种记忆是否真实，表达的都是他对于超国家价值的渴望。所以，井上厦所谓的"鲁迅与日本人的密切关系"是思考的起点而非结论，实质上这种关系具有"超日本"的性质。在此意义上，后人将鲁迅与日本人的关系作为中日友好的话语来叙述是回到了庸俗的国家层面。

四 太宰治《惜别》的投影

为何创作《上海月亮》？井上厦本人有两种说法。一种是说与太宰治（1909—1948）的长篇小说《惜别》有关。井上厦创作讲述太宰治生平故事的话剧《未失人格》应当是在1990年，1991年年初剧本公演之际，井上与评论家、早稻田大学教授东乡克美进行了一次对话，在对话中谈到自己阅读太宰治作品的感受，说："重新阅读之后，真正喜欢的还是中期的作品。尤其喜欢以仙台医专时代的鲁迅为题材的《惜别》。就太宰而言，该作尚显粗糙，原封不动地使用《呐喊·自序》，引文泛滥。尽管如此，结尾处太宰治的本来面貌显露出来，给人以温润和睦之感。我重读《惜别》再次受到感动，甚至创作了以鲁迅为主人公的剧本《上海月亮》。"[②] 另一种是说与童年阅读体验有关。在接受采访、被问及《上海月亮》的创作动因时，"他说，他从小就很崇拜鲁迅，小学三年级时，已读完了《鲁迅全集》。写关于鲁迅的作品，是他多年的宿愿。《上海月亮》的完成，圆了他多年的梦"[③]。两种说法不同，但并不矛盾。前一个说法表达的是直接原因，后一个说法表达的是间接原因。两种原因的并存说明了《上海月亮》成因的多元性。井上厦有童年时代的阅读体验做基础，掌握了大量史料并一直崇拜鲁迅，所以受到太宰治《惜别》触动之后才能写出涉及众多人物、具有高度完整性的《上海月亮》。

井上厦是在创作《未失人格》（1990）之后很快创作了《上海月亮》（1991），即他本人所谓因创作《未失人格》而重读太宰治《惜别》、受到感动之后创作了《上海

---

① 张立波：《浅谈井上厦的以鲁迅为主人公的传记剧〈上海月亮〉》，《上海鲁迅研究》2010年春季号。
② 《在"人间失格"与"人间合格"之间》，引自井上厦、小松座编著《对话太宰治》（《太宰治に聞く》），文艺春秋（东京）1998年版，第196页。"温润和睦之感"日语原文写作"ほんわりとしていい感じ"，这里是根据上下文译意。
③ 张立波：《"缘"自鲁迅——访日本现代著名作家井上厦》，《上海月亮》中译本，第160页。

月亮》。这种上下文关系表明《上海月亮》受到了《惜别》的直接影响。将《上海月亮》与《惜别》结合起来看,能够看到《惜别》的多重投影。

太宰治的《惜别》创作于1945年日本战败之前,是讲述留学仙台的青年鲁迅与藤野先生的故事。如前面的引文所示,《惜别》结尾处的"温润和睦之感"感动了井上厦。何谓"温润和睦之感"?理解井上厦的这一感觉要回到其剧本《未失人格》,看他在剧本中是怎样处理《惜别》的。《未失人格》是理解《惜别》与《上海月亮》之关系的桥梁。

《未失人格》第六场为"惜别",讲述1944年年末津岛修治(太宰治的本名)为撰写《惜别》到仙台采访、查资料的故事。其中津岛有这样一段台词:"……鲁迅之外没有人知道藤野先生的亲切。就是说,在这个世界上,有许多尽管谁都没有看见、但像宝石一样尊贵的事情在发生。鲁迅难道不是这样想的吗?他是想成为文学家,去发现那种事情,写成文章。……所谓文学工作,就是寻找那种小小的宝石。——鲁迅在这仙台这样思考过。大概一定是这样的。"[①] 毫无疑问,这段议论是井上厦笔下的太宰治所发,表达的是井上厦对《惜别》的理解,所谓"温润和睦之感"即"藤野先生的亲切"。这又要回到太宰治的《惜别》。《惜别》中"藤野先生的亲切"体现在他对中国、对青年周树人的态度。藤野先生认为中国优秀的文化传统没有因为革命而中断,说:"家风或者国风,其传统决不会中断。应当称作'东洋本来之道义'的潜流在任何时间、任何地点都延续着。而且在其根本之道,我们东洋人都连接在一起,可以说背负着共同的命运。"因此他提出了与中国人相处的基本原则:"一句话:不要欺负中国人。仅此而已。"[②] 这种超越国家的、人与人心灵的相通确实给人以"温润和睦之感"。在《惜别》中,承担、体现这种情感的超国家角色除了藤野先生还有一位名叫田中卓的日本穷学生。田中卓因为与周树人关系密切,甚至被津田等日本同学说成"长得像支那人",名字也被念成"でんちゅうたく"而不是标准日本人名读音的"たなかたかし"。[③]

井上厦《上海月亮》与太宰治《惜别》的基本一致显然就是这种"温润和睦"主题的一致,即同样表现超国家的友情、人与人心灵的相通。就是说,井上厦从太宰治的《惜别》中读出的"温润和睦"被他写在以太宰治为主人公的《未失人格》中,随后又成为以鲁迅为主人公的《上海月亮》的主题。

基本主题的一致之外,《上海月亮》与《惜别》在月亮意象的使用、将牙齿喜剧化、用异常语言制造戏剧效果诸方面均有相似之处。

青年周树人对月亮的态度是《惜别》中的一个问题。小说后半部分写周树人在仙台与当地的木工家庭交往,帮助木工10岁左右的女儿修改慰问信。慰问信是女孩子写给远在西伯利亚的伯父的。小说这样叙述道:

---

① 引自《对话太宰治》(《太宰治に聞く》),文艺春秋(东京)1998年版,第229页。
② 《惜别》中译本,于小植译,新星出版社2006年版,第68—69页。后同。
③ 同上书,第95页;前者为音读,日本人读中国人名时多用这种读法。

那是一封很平常的信："去年没跟您联系，久疏问候！听说您在月亮都冻僵了的西伯利亚平原上俘获了俄国人，还光荣地参加了有威望的敢死队。知道您还像从前一样积极进取、意气风发，我很开心。请您保重身体！为天皇陛下、为大日本帝国尽忠！"

"月亮都冻僵了的西伯利亚"——周先生首先对这一句很满意。周先生虽然说自己对景色不感兴趣，但对月亮，似乎不怎么讨厌。①

"月亮都冻僵了的西伯利亚"确实是别出心裁的表达。井上厦曾反复阅读《惜别》，对这段描写不会没有感觉。不能说他创作取名"上海月亮"的剧本并在剧本中反复呈现月亮意象是受到这段话的影响，但二者的一致一目了然。

牙齿在太宰治《惜别》中也扮演着重要角色。班委会干事津田宪治有军国主义思想、盛气凌人。他逼迫田中卓请他到餐馆吃饭，却挑肥拣瘦，埋怨肉排硬、鳗鱼有筋，吃鸡肉火锅也要用刀背把鸡肉拍软了，吃到最后点了水煮豆腐。挑肥拣瘦的原因在于他的牙齿，小说从田中卓的角度叙述道：

我不由得"扑哧"笑出声来。我看出津田君上颚全都是难看的假牙。我想他把兄弟轩的炸肉排说成是鞋底，还有鳗鱼的筋的奇说，和希望把鸡肉拍软的要求，大概都与这假牙有某种联系吧。

类似的调侃在《惜别》中至少有两处。②按照《上海月亮》中奥田的牙齿健康分级标准，津田的牙齿只能咬豆腐和布丁，为最低一级。太宰治本人的牙也不好，而且这被井上厦注意到。井上厦在《对话太宰治》一书的序言《太宰治设下的圈套》中这样描述自己与太宰的相似性：

如果列举太宰与我的相似之处，首先是身高同为一米七四。而且，太宰曾经因盲肠炎引起腹膜炎、疼得不得了，今年（1989）我也吃了同样的苦头。

还有，牙齿很不好。他三十岁的时候就镶了牙，总是吃水煮豆腐。我想他对牙医大概心存恐惧。这一点上我也与他相似。不过，相似之处也就是这些。③

这里他调侃了太宰治的牙齿并且调侃了自己的牙齿。所以，他在《上海月亮》中用牙齿制造喜剧效果，甚至将牙病引申到鲁迅的性格、人生观与文学精神，都应当看作起因于《惜别》的影响。井上厦面对鲁迅的时候同样发现了对方与自己在牙齿不好

---

① 《惜别》中译本，于小植译，新星出版社2006年版，第84—85页。
② 同上书，第59、62页。
③ 引自《对话太宰治》，文艺春秋（东京）1998年版，第1页。

这一点上的一致，所谓"由于脾气秉性的相似，致使我们在写作的时候都喜欢咬牙，所以我们的牙都不好"①。总体看来，牙齿成为井上厦认同太宰治、认同鲁迅的媒介，他通过牙齿不好建立了自己与太宰治、与鲁迅的同一性。这样看来，井上厦对于坏牙的调侃并非歧视性的，而是一种幽默，一种自我调侃、自我嘲弄——近于恶作剧的自我嘲弄。

如前所述，《上海月亮》中的鲁迅一度患上失语症，言不由衷、词不达意。井上厦是通过异常语言制造喜剧效果、表达某种观念。类似的方法同样存在于太宰治的《惜别》中。在《惜别》中，"我"（田中卓）与周树人、藤野先生三人之间建立了深厚友情，但"我"将这种友情卑俗化，解释为起因于"日语不标准"。"我"来自乡间，满口东北土话，藤野先生讲的是难懂的关西方言，周树人身为中国人日语生硬，三人在那些讲标准日语的城市人面前都感到自卑，于是走到一起。"我"说："后来这位藤野先生与周先生、我三个人结成的亲密同盟简直不过是日语不标准者气味相投的结果。"②这种近于恶作剧的调侃之中潜藏着对"中日亲和之先驱"的解构与讽刺。太宰治创作《惜别》本来是受日本文学报国会和日本内阁情报局的委托，委托方希望他用藤野先生与周树人的故事表现"中日亲和"的主题，为正在进行侵华战争的日本军国政府做欺骗性宣传，但是，这一主题在很大程度上被太宰治的调侃消解了。井上厦在《上海月亮》中用失语症表达理念、制造喜剧效果，与《惜别》颇为相似。只是与太宰治相比井上厦在语言使用方面更熟练、更有自觉性，因此《上海月亮》更充分地发挥了异常语言的功能。

《惜别》与《上海月亮》的一致之处对于理解《上海月亮》是重要的，对于认识《惜别》同样重要。井上厦是反天皇制、批判近代日本、崇拜鲁迅的战后民主派作家，2004年参与发起了保卫日本和平宪法的"九条会"，但他却从太宰治的《惜别》中受到感动。这意味着太宰治的《惜别》虽然是在战争末期接受官方的委托而创作，但确实在很大程度上解构、摆脱了军国主义意识形态。

结语 鲁迅的真实，井上厦的真实

1936年10月19日鲁迅在上海去世的时候，井上厦是一名未满两周岁的幼儿，生活在日本东北山形县的山区。半个多世纪过去之后，山区儿童井上厦成为日本首屈一指的优秀剧作家，在东京创作了以鲁迅为主人公的剧本《上海月亮》，并将剧本搬上舞台。鲁迅借助《上海月亮》，在新的时间与新的空间中获得了新的生命。

《上海月亮》是剧本同时又包含着井上厦对鲁迅的认识与理解，因此具有文学作品与研究著作的二重品格，达到了感性的喜剧形式与理性思考二者之间的统一。作为文

---

① 引自张立波《浅谈井上厦的以鲁迅为主人公的传记剧〈上海月亮〉》，载《上海鲁迅研究》2010年春季号。
② 《惜别》中译本，于小植译，新星出版社2006年版，第55页。

学作品它的完成度很高,在幽默且近于荒诞的喜剧空间中讲述了生动的故事,塑造了个性鲜明的人物。作为"研究著作"它也颇有深度,实现了剧本"开场白"所言呈现"鲁迅生活的真实"的构想。剧本呈现的"鲁迅生活的真实"是多层面的、深刻的,包括疾病之累、人生观与道德观、身份与处境、与日本的关系等。尤其是剧本展示的"病人鲁迅"和"超国家空间中的鲁迅",在鲁迅研究界尚未引起足够重视,可以作为鲁迅研究的基本命题建立起来,做进一步开掘。

井上厦在鲁迅认识方面的成功主要取决于两个视角。一是疾病的视角。《上海月亮》的相关描写表明他认真研读了鲁迅日记,疾病成为他关注的焦点。始于1912年的鲁迅日记中多有治病求医的记录,记录中的胃病、牙病、哮喘病等在《上海月亮》中均有呈现。病人化即常人化,从疾病认识鲁迅是将鲁迅世俗化、常人化的重要途径,并且能够自然引入对于鲁迅来说十分重要的"文学(精神)/医学(身体)"关系问题。二是平等的视角。井上厦在面对鲁迅的时候保持着强大主体性,所以能够平等地认识鲁迅、自由地塑造"病鲁迅",甚至调侃鲁迅、颠覆鲁迅的基本观念、质疑鲁迅杂文的价值。上述两个视角在鲁迅研究者那里很少被使用。对于习惯于文学家、思想家、革命家鲁迅形象的读者来说,"病人鲁迅"的形象颇有些离经叛道。将作为"研究著作"的《上海月亮》置于日本鲁迅研究史的脉络中来看,能够发现"井上鲁迅"的日常性与世俗性在"竹内鲁迅"或者"丸山鲁迅"中很难看到。

无论是在井上厦本人的作品中还是在日本鲁迅接受史上,《上海月亮》都具有丰富的"互文性"。这里所谓的"互文性"是指它在题材、主题、表现手法诸方面与其他作品的相关性、共通性。对于井上厦本人来说,《上海月亮》位于其"作家传记剧"的系列之中。该系列的名作除了前述《未失人格》之外,另有以樋口一叶(1872—1896)为主人公的《头疼肩酸的樋口一叶》(1984年"小松座"创设时的第一部作品),以夏目漱石为主人公的《我是漱石》,等等。井上厦选作其"作家传记剧"主人公的多为在文学史上有较高地位的作家。樋口一叶是日本明治时代的代表性女作家,头像被印在了五千日元的纸币上。夏目漱石相当于日本的"鲁迅",头像曾被印在一千日元的纸币上。从不同的"作家传记剧"中,能够看到井上厦一贯性的着眼点或表现手法。比如和关注鲁迅的"病"一样关注樋口一叶的"头疼肩酸"、关注夏目漱石的胃病;以太宰治为主人公的《未失人格》是戏仿太宰治的《失去人格》,以夏目漱石为主人公的《我是漱石》是戏仿夏目漱石的《我是猫》;戏中戏的表现方法在"东京审判三部曲"等历史题材的戏剧作品中也曾使用。[①] 对于日本鲁迅接受史来说,《上海月亮》不仅处于太宰治《惜别》、霜川远志《戏剧·鲁迅传》(1977)等以鲁迅为主人公的文学作品的延长线上,而且处于竹内好、丸山升等日本学者鲁迅研究著作的延长线上。《上海月亮》处理的中日关系、藤野先生、弃医从文乃至武士道等问题,是20世纪30年代以

---

① 参阅高桥敏夫《井上厦——作为"希望"的"笑"》第四章的相关论述。

来日本的鲁迅研究者、接受者一直面对的。

《上海月亮》中包含着井上厦与鲁迅的对话，因此该剧本既是对鲁迅的表现又是井上厦的自我表现。井上厦作为生活在20世纪中后期日本的剧作家，作为乐观主义者和基督徒，作为近现代日本侵略历史的批判者，在与鲁迅进行超时空对话的过程中，表明了自己的世界观、人生观与美学观。这种对话结构同时展示了生活在不同时代的中国作家鲁迅与日本作家井上厦，因此传递着十分丰富的历史、思想、文学信息。

1991年3月，《上海月亮》在东京发表、出版并被搬上舞台是一个历史性文化事件。在井上厦创作的剧本《上海月亮》中鲁迅打算创作题为《上海月亮》的小说——井上厦用这样一个小小的叙事技巧在鲁迅的"月亮"与自己的"月亮"之间制造了模糊性，与鲁迅共有了《上海月亮》作者的身份同一性。剧本名称中突出"月亮"，至少与鲁迅日记中"月色极佳"[①]的记录有关，与《狂人日记》中多次出现"月光"（月色）有关，与鲁迅的《故乡》在日本被广泛阅读而《故乡》多次写到"深蓝的天空中挂着一轮金黄的圆月"有关。日本作家似乎对鲁迅笔下的月亮特别感兴趣。鲁迅去世当晚佐藤春夫（1892—1964）写的悼念文章题目就是《月光与少年》，[②]太宰治则在《惜别》中给予鲁迅一个"冻僵的西伯利亚的月亮"。"上海月亮"处于同一月亮序列之中，并且因为时间或场合的不同变换色彩与情调。当1934年的"上海月亮"在1991年东京的舞台上升起的时候，"月亮"改变了时间也改变了空间。

《上海月亮》的成功得到了日本文坛的认可，剧本荣获1991年度谷崎润一郎文学奖（第27届）。大江健三郎作为此次评奖的五位评委之一，认为井上厦是"将不可能的事情变为可能，创作了完整保持鲁迅形象的厚重与沉痛而又清新明快的人的戏剧"，指出剧本的成功取决于两个"井上厦"的合作——一个是"熟读鲁迅的各种作品和书信并深入思考的、阴郁的井上厦"，一个是"拥有鲁迅去世时身边多日本人这种构想、长期致力于词汇游戏的探索大获成功、才华横溢的井上厦"。他甚至说："如果能出现武田泰淳长寿、和竹内好一起来看《上海月亮》演出的事情，该是多好！"[③] 武田泰淳（1912—1976）和竹内好（1910—1977）作为中国文学研究会的骨干都有独特的鲁迅观，在日本鲁迅接受史上占有重要位置。

然而，这样一部优秀的《上海月亮》，直到2012年才有中文译本出版。

[①] 鲁迅1917年9月30日日记。
[②] 中文翻译见《鲁迅与中日文化交流》，湖南人民出版社1981年版。
[③] 大江健三郎：《将不可能的事情变为可能》（『不可能なことを可能にする』），载东京《中央公论》月刊1991年11月号。

先驱者思想与艺术的共鸣
——鲁迅与易卜生比较研究

山东师范大学文学院　董卉川

鲁迅非常注重文学艺术的借鉴问题，在对外国作家的借鉴方面，鲁迅首推易卜生。鲁迅介绍易卜生，主要在辛亥革命及五四运动前后。"易卜生逝世的第二年（1907）他就在《文化偏至论》《摩罗诗力说》中高度评价易卜生和他的剧本《人民公敌》……五四前后，又在《随感录四十六》《我们现在怎样做父亲》《娜拉走后怎样》和《再论雷峰塔的倒掉》等文中根据反封建思想革命的要求，对易卜生和他的剧本提出了许多新颖独到的见解。1928年8月，还编辑《奔流》'易卜生专号'，发表《〈奔流〉编校后记》纪念易卜生诞辰100周年，深入地评述易卜生的思想和作品。"[①] 由此可见鲁迅对易卜生的高度关注。在五四时期，鲁迅对中国问题的思考已然十分深刻，他清醒地认识到造成中国现状的种种根源——既有封建思想的桎梏，亦有中国民众的麻木，为了改变现状而努力奋斗的启蒙者、先驱者们则在孤独地战斗。而易卜生在他的社会问题剧中就已经提出了类似的社会问题，这就契合了当时中国社会的现实和争取个性解放的时代精神，易卜生对鲁迅自然而然地就产生了强烈的影响。在鲁迅的众多文学作品中，如《狂人日记》《孤独者》《过客》《药》等，均与易卜生在思想主题、人物形象和艺术特色上产生了共鸣。易卜生的戏剧对鲁迅影响最大的可以说是《人民公敌》，在《文化偏至论》中鲁迅就具体提到了易卜生的《人民公敌》："其所著书，往往反社会民主之倾向……如其《民敌》一书，谓有人宝守真理，不阿世媚俗，而不见容于人群，狡狯之徒，乃巍然独为众愚领袖，借多陵寡，植党自私，于是战斗以兴。"[②] 在他稍后创作的《摩罗诗力说》中，鲁迅又将易卜生推为与拜伦一样的摩罗诗人，巧合的是鲁迅在此文中又提到了《人民公敌》一剧，来论述先觉者与庸众和俗世的对立："使医士斯托克曼为全书主者，死守真理，以拒庸愚，终获群敌之谥……地球上至强之人，至独立者也。"[③] 可见此剧对鲁迅文学创作的深远影响。此外，

[①] 李春林：《鲁迅与外国文学关系研究》，吉林人民出版社2003年版，第532—533页。
[②] 鲁迅：《文化偏至论》，《鲁迅全集》第1卷《坟》，人民文学出版社2005年版，第52—53页。
[③] 鲁迅：《摩罗诗力说》，《鲁迅全集》第1卷《坟》，人民文学出版社2005年版，第81页。

易卜生后期创作的象征主义戏剧如《野鸭》《海上夫人》等，与鲁迅的小说在艺术技巧上又有许多契合之处，易卜生与鲁迅之间无论是在思想意蕴还是艺术风格上都有着强烈的内在联系。

第一章：黑暗现实中绝望的人生

《群鬼》发表后，易卜生遭受了十分猛烈的抨击。那些抨击剧本和剧本作者的文章使用了各种各样丑恶的形容词，搜集起来足够编成一部谩骂小词典。为了《群鬼》这部剧作，易卜生几乎变成了孤家寡人和"人民公敌"。一年后，易卜生就用这个称号写成了一个剧本——《人民公敌》。鲁迅的一生也经历过孤独和绝望，与易卜生相比可以说有过之而无不及。1922年到1926年是鲁迅一生中相当痛苦的时期，一方面是五四运动高潮已落，还有这一时期的女师大事件也对他的情绪有所影响。特别是1923年鲁迅接到了周作人亲手递给他的一封绝交信，这标志着周氏兄弟正式决裂。周作人既是鲁迅的手足兄弟更是鲁迅的战友，他对鲁迅的意义不仅仅是兄弟、手足那么简单。"周作人的存在，对于鲁迅，既是《新青年》解体后身边最后一个战友，又是人伦生活中的莫大寄托……兄弟失和，对于鲁迅是致命的，它葬送了心中最后的意义寄托，只剩下黑暗中赤条条的自己。"[①] 此时的鲁迅也同易卜生一样成了一个陷入黑暗绝望中的孤家寡人，这就为鲁迅和易卜生在文学思想上的相通提供了基础。另外，鲁迅一直在呼唤独具我见的精神界战士，以引导国民思想的进步，使国民在思想上达到刚健的境地，而易卜生剧作中的思想品格与鲁迅的期望不谋而合。

易卜生的社会问题剧历来以深刻的思想性著称，他的社会问题剧鞭挞了19世纪后半期挪威社会尤其是普通民众的庸俗、虚伪和堕落，广泛地提出了政治、法律、道德、宗教等重大社会问题。尤其在剧作《人民公敌》中，易卜生揭示了造成主人公绝望现实的根源——黑暗的社会和迂腐的庸众。五幕剧《人民公敌》的主人公汤莫斯·斯多克芒医生是一位高尚诚实、关心群众利益且毫不自私的公民，他只是想告知民众海滨浴场的水质有问题会严重影响人民的身体健康，但由于他天真质朴又不熟悉人情世故，因此他的科学建议跟本地资产阶级和统治阶级的利益直接冲突，导致他遭受到多数派的反对和诬陷，进一步导致无知的民众加入谩骂和反对他的行列，最后被众人宣布成为"人民公敌"。对斯多克芒医生的境遇鲁迅深有体会，1922年12月的深夜，鲁迅编订完自己的第一部小说集——《呐喊》，并作《〈呐喊〉自序》。在这篇自序里，鲁迅坦言《呐喊》的创作来自于"寂寞"："独有叫喊于生人中，而生人并无反应，既非赞同，也无反对，如置身毫无边际的荒原，无可措手的了，这是怎样的悲哀呵，我于是以我所感到者为寂寞。这寂寞又一天一天地长大起来，如大毒蛇，缠住了我的灵魂了。"[②] 易卜生创

---

① 汪卫东：《鲁迅的又一个"原点"——1923年的鲁迅》，《文学评论》2005年第1期。
② 鲁迅：《自序》，《鲁迅全集》第1卷《呐喊》，人民文学出版社2005年版，第439页。

作《人民公敌》的目的和鲁迅一样，都是致力于对国民心智的启迪，力图扮演好一位启蒙思想家的角色。然而现实却是残酷的，等待鲁迅和易卜生的却是悲剧的现实："外患"——黑暗、腐败的资本主义或封建社会，"内忧"——麻木、愚昧的"看客"大众。

在剧作《人民公敌》中，斯多克芒医生的亲哥哥——市长、警察局局长彼得·斯多克芒代表了官僚阶级，算计、侮辱他；斯多克芒医生的岳父摩登·基尔代表了大资产阶级，利用、反对他；《人民先锋报》的编辑和职员霍夫斯达及毕凌则是"伪君子"的代表，他们美其名曰"人民先锋"的成员，但并不是像斯多克芒医生那样真心为人民谋福祉，而是为了一己私利欺骗他，当发现势头不对时，他俩果断地抛弃了斯多克芒，转投市长阵营；以阿斯特拉斯为代表的其他大众，他们有着各种身份，或高贵或贫贱，但他们对真正为自己谋利益的斯多克芒医生谩骂、孤立，他们就如同鲁迅文学作品中的庸众一样，以上几类人构成了"代表真理的多数派"。最后，为市民利益奔走忙碌，坚持真理的汤莫斯·斯多克芒医生一家，男主人斯多克芒被解除海滨浴场医生一职，他的女儿裴特拉被解除教师一职，两个儿子艾力夫和摩登被告知先不要去学校上学，一家人最后只能选择离开自己的国度去国外重新生活。而在《狂人日记》中，鲁迅借主人公"狂人"的眼睛，观察了他周围的人："他们——也有给知县打枷过的，也有给绅士掌过嘴的，也有衙役占了他妻子的，也有老子娘被债主逼死的。"（《狂人日记》）鲁迅笔下这些"悲惨的民众"不但没有起来反抗吃人的人，反倒也要吃人。无论是戏剧还是小说，易卜生和鲁迅所描述的整个社会，特别是社会中的一群庸众成了两位作家寂寞、绝望和悲哀的重要源头。

具体来说，《人民公敌》和《狂人日记》的思想特征主要表现在对资本主义社会秩序和封建社会礼教的深刻揭露、批判，特别是对麻木、愚昧的国民性的批判，这种麻木、愚昧的国民性恰恰是作品思想中所表现出的无尽绝望感的根源。在《狂人日记》和《人民公敌》中，"狂人"和汤莫斯·斯多克芒医生不止一次地发现自己陷入绝望和无奈的现实深渊，而这种惊恐和绝望，尤其是孤独之感又恰恰是黑暗的社会和愚昧的大众所导致的。斯多克芒在剧作中高呼："真正有害于社会的不是那等人。善于制造瘟疫、毒害咱们精神生活根源的人不是他们。在咱们社会上最能摧残真理和自由的人也不是他们……真理和自由最大的敌人就是那结实的多数派。不是别人，正是那挂着自由思想幌子的该死的结实多数派。"[①] 易卜生一针见血地指出真正有害于社会的不是代表腐朽思想残余的落后分子，而是挂着自由主义幌子的"结实的多数派"，他们是真理和自由最大的敌人，他们才是真正毒害人们精神生活的病菌。"狂人"也在小说中发出过感慨："凡事总须研究，才会明白。古来时常吃人，我也还记得，可是不甚清楚。我翻开历史一查，这历史没有年代，歪歪斜斜的每叶上都写着'仁义道德'几个字。我

---

① ［挪威］易卜生：《人民公敌》，《易卜生戏剧四种》，潘家洵译，人民文学出版社1958年版，吉林人民出版社1978年版，第362页。

横竖睡不着,仔细看了半夜,才从字缝里看出字来,满本都写着两个字是'吃人'。"(《狂人日记》)"狂人"的感叹被人们视为精神病人的狂乱呓语,"狂人"的见解越是卓越超群,在别人的眼中便越是显得狂乱,他在现实中也更加遭到庸众的冷遇并被迫害。这种境地与斯多克芒十分相似。因此,"狂人"和斯多克芒医生超凡脱俗的见解并不能使自己异于庸众、唤醒庸众,相反,只是使自己更加痛苦。"这篇小说的外在的意义是思想必须启蒙,但结论却是悲剧性的。这结论就是:个人越是清醒,他的行动和言论越是会受限制,他也越是不能对庸众施加影响来改变他们的思想。事实上,'狂人'的清醒反而成了对他存在的诅咒,注定他要处于一种被疏远的状态中,被那些他想转变其思想的人们所拒绝。"[1] 常人眼中的"异类"——"狂人"、斯多克芒医生是可怜的"少数派",他们为社会的进步一直做着努力的探索,虽然他们并不甘心忍受孤独与绝望,但这些常人(庸众)眼中的异类置身于这种令人悲哀的现实之中,又怎能不令人失望并进一步导致绝望呢。"在一个'绝无窗户而不能破毁'的'铁屋子'里面,在'并不感到就死的悲哀'的'熟睡的人们中间',耶稣似的拯救人类的行为只能招致自身被钉死在十字架上的结局。"[2]

第二章 反抗绝望的孤独者、先驱者

毫无疑问,《人民公敌》是一部展示斯多克芒医生探索人生意义并实践自我人生的剧作。此时的易卜生就是一个挑战世俗的先驱者,他用斯多克芒这个人物形象来向世人、向"多数人"宣布自己内心的呼喊:我是顽强并无法被打败的。在《人民公敌》中,斯多克芒医生虽然作为一个先驱者独战众人,但他实际上并不是完全意义上的孤独者。从剧作中我们可以发现他有一个舒适的家——家里有他独立的书房、起居室,他也有一个完整温馨的家庭——妻子、女儿和两个儿子,还有一个真正的朋友——船长霍斯特。与他作战的是外人,他虽然在社会上孤独地前行、战斗,但斯多克芒医生战斗的勇气从未减弱,斗争的意志也从未被消磨。一方面是源于他的勇气和坚持真理的决心;另一方面也是由于家人的支持,女儿裴特拉就是父亲最坚定的支持者。在斯多克芒的感染下,连一开始圆滑、怕事、事事忍让的妻子在剧作尾声也开始坚定地支持丈夫。因此,斯多克芒医生是一个先驱者,但不是严格意义上的孤独者。易卜生笔下的先驱者形象在个人与社会的冲突中,表现出了一种对真理、对自我的追求。这些先驱者们崇尚"全有或俱无"之精神,特立独行,勇猛顽强,为引导众人、为坚守真理敢于挑战一切。再来看鲁迅笔下的先驱者,1924 年 9 月的深夜,布满伤痕的鲁迅又走进了灰色、黑暗的"野草丛中",在《野草》中鲁迅充分展示了一直纠缠自己的深层矛盾。为了厘清和解决这些矛盾,鲁迅在《野草》中对自我进行了深入的剖析,"可以

---

[1] [美]李欧梵:《铁屋中的呐喊》,尹慧珉译,人民文学出版社 2010 年版,第 72 页。
[2] 陈子平:《"过客"的悲哀——鲁迅反传统思想的再探讨》,《江海学刊》1989 年第 4 期。

说《野草》的写作过程就是作者生命追问的过程……经过《野草》的生命历险，鲁迅终于确认了'反抗绝望'——'绝望的抗战'的人生哲学。"①鲁迅笔下的先驱者——"过客"就诞生于《野草》的《过客》里。

在《过客》中，"鲁迅要赋予过客（自己）以战士的特质，赋予其以反抗绝望的斗志，他希望过客（自己）不要为感激、爱所牵累，能够轻装上阵，勇往直前。从这个角度说，拒绝感激、爱，使自己处于孤独、绝望之中，获得一种向前的动力，这也就是所谓的'置之死地而后生'。而这，也正是孤独对人生的另一种价值与意义。"②但"过客"显然要比斯多克芒医生的处境凄惨得多，他拒绝感激、爱，使自己处于孤独、绝望之中，鲁迅笔下的"过客"首先就是一个纯粹的孤独者形象。这是源于鲁迅独异众人的观点，鲁迅既是一个常人，又是一个不同于常人的人，"他想冒险、想破坏，在这种情况下，感激就成为一种束缚；他有远大的理想，希望自己能够远走高飞，在这种情况下，爱就成为一种妨碍其高飞的牵挂。如果别人施之以冷漠，自己陷入孤独之中，便会获得一种孤独的力量，而孤独的灵魂往往具有异常强大的精神力量。"③在《过客》里，文章开头鲁迅就对作品中的三个人物老翁、女孩及"过客"的形象进行了比较细致的说明。老翁与女孩至少还有一间破屋，两人相依为命。但过客却真的是一个孤独的无产者："约三四十岁，状态困顿倔强，眼神阴沉，黑须，乱发，黑色短衣裤皆破碎，赤足著破鞋，胁下挂一个口袋，支着等身的竹杖。"（《过客》）过客同斯多克芒医生相比十分落魄，同时又是真正的孤独无助。这个孤独者只知道自己的目的地在前方，老翁对他说前路是坟，让他不要前行，他没有听从老翁的劝告，即使前面是"坟"，他也要一直向前。因此，过客显然是一个不惧死亡的孤独者，明明前面没有路，也要用自己的双脚踏出一条路来，就像鲁迅说的一样："我想：希望是本无所谓有，无所谓无的。这正如地上的路；其实地上本没有路，走的人多了，也便成了路。"④越是到了最困难的时候，就更不能放弃，也许成功就在前面。即便前面是死亡也没有必要恐惧，因为孤独者"过客"拥有足够的勇气和强大的精神力量。"过客"虽然有着一副臭皮囊，但却有着勇往直前的大无畏精神，他能够忍受孤独，忍受寂寞，不惧死亡。一个人有了这些特质，就能找到自己要走的路，孤独者升华成了为世人开拓前路的先驱者。

在《人民公敌》中，易卜生对自我的人生实际上有着清醒的认识，虽然也有矛盾和困惑，但是与鲁迅相比他还是能够更从容地走出困惑和苦痛。而《过客》更像是一部令人压抑无比的悲剧，以《过客》为代表的《野草》展现了鲁迅这一时期在黑暗中的悲剧人生。"《过客》是鲁迅全部的人生哲学；然而承载这一人生哲学的灵魂却是一

---

① 汪卫东：《鲁迅的又一个"原点"——1923年的鲁迅》，《文学评论》2005年第1期。
② 吕周聚：《忍受孤独，反抗绝望——〈过客〉对现实人生的启迪意义》，《鲁迅研究月刊》2011年第10期。
③ 同上。
④ 鲁迅：《故乡》，《鲁迅全集》第1卷《呐喊》，人民文学出版社2005年版，第510页。

个淤积了太多苦痛和悲伤的生命,所以这种人生哲学首先揭示出鲁迅悲剧性的人生命运和死亡归宿。"① 诗剧《过客》的开始,我们就不知道孤独、落魄的过客从哪里来要到哪里去,他一直说自己要走下去,不会停。显然"过客"是鲁迅在作品中的人生投射,鲁迅同"过客"一样面临着艰难的人生选择。"过客"要一直走下去,不停歇,这实际就是鲁迅的人生选择。"走"这个动作就是鲁迅的一种人生态度也是他的人生实践。虽然这个"走"的过程压抑,并且前途渺茫、路途艰险,然而"过客"还是义无反顾地要"走"下去。他谢绝了老者的好意,带上女孩给他的破布继续孤独前行:过客在孤独寂寞和悲哀绝望中,即刻昂着头,愤然向西走去。"这孤独寂寞、悲哀绝望的心态,恰恰给了'过客'无比的勇猛和异常的清醒。正因为孤独寂寞,'过客'才可以更深刻更清醒地自我解剖,自我反思。"② 这也恰恰印证了鲁迅笔下的先驱者同易卜生笔下的先驱者相比,他们还拥有孤独者这另外一重身份。

鲁迅作品中的人物形象同易卜生相比,其孤独的特质无处不在。在鲁迅的小说《药》里,从华老栓在黑暗、诡异的晚上买馒头开始,再到天亮后茶馆开门、茶客们进茶馆喝茶闲谈,最后直到康大叔走进茶馆点出华老栓买的人血馒头是用来给小栓治痨病的时候为止,小说前台活动的都是庸众。而那孤独的烈士夏瑜则始终被置于后台,他在小说中从未正面出场,他的痛苦也是人们所不知的,只能从康大叔的三言两语中加以推测。"烈士被庸众所疏远和虐待,成为孤独者;但这孤独者却只能从拯救庸众、甚至为他们牺牲中,才能获得自己生存的意义,而他得到的回报,又只能是被他想拯救的那些人们关进监狱、剥夺权利、殴打甚至杀戮。他们看着他死去,然后卖他的血和买他的血去'治病'。"③ 又如《孤独者》里的魏连殳,这一孤独者的形象更是印证了鲁迅笔下孤独者的特质。小说里写道:"大家都快快地,似乎想走散,但连殳却还坐在草荐上沉思。忽然,他流下泪来了,接着就失声,立刻又变成长嚎,像一匹受伤的狼,当深夜在旷野中嗥叫,惨伤里夹杂着愤怒和悲哀。这模样,是老例上所没有的……但他却只是兀坐着号咷,铁塔似的动也不动……这才突然停了下来,也不向吊客招呼,径自往家里走。"(《孤独者》)从小说中对凭吊的描写可以看出,孤独者魏连殳与大众(庸众)的关系更加疏远。他的孤独与其说是外界强加的,倒不如说是自己故意制造的。实际上魏连殳也曾像"狂人"一样将希望寄托在孩子身上,狂人曾说过:"救救孩子……"(《狂人日记》)魏连殳也曾说过:"孩子总是好的,他们全是天真……"(《孤独者》)但魏连殳最后还是变得孤独无助,过着虽生犹死的生活,他在最后彻底地过上了行尸走肉般的生活,他的结局甚至可以说比《药》里的革命者夏瑜还要凄惨,他的归宿不仅是死亡,更要命的是死亡之前的麻木和绝望。以夏瑜、魏连殳为代表的鲁迅笔下的先驱者们,同易卜生剧作中的先驱者相比,更加孤独无助,命运更为悲惨。

---

① 李玉明:《"人之子"的绝叫:〈野草〉与鲁迅意识特征研究》,北京大学出版社2012年版,第86页。
② 陈子平:《"过客"的悲哀——鲁迅反传统思想的再探讨》,《江海学刊》1989年第4期。
③ [美]李欧梵:《铁屋中的呐喊》,尹慧珉译,人民文学出版社2010年版,第73页。

第三章：现实主义和象征主义的结合

鲁迅对易卜生戏剧的审美选择，跟同时代的中国作家一样，特别看重其社会审美价值及写实性。"易卜生戏剧提出的社会问题，契合了当时中国社会的现实和争取个性解放的时代精神。在反封建斗争中，鲁迅瞩目于易卜生的社会问题剧。是势所必至，理有固然。"[①] 但实际上，在《人民公敌》出版之后，1891年以前，易卜生还创作了《野鸭》《罗斯莫庄》《海上夫人》《海达·高布乐》四部剧作。在艺术方面，这些作品已经具有了浓郁的象征主义色彩，"即使是闪耀着现实主义亮色的《海达·高布乐》，其中象征主义的冷色还是相当浓厚的。"[②] 可以说，易卜生戏剧的重心逐渐是从社会批评移向内心活动的描写和精神生活的分析。现实主义成分逐渐减少，象征主义气息不断加重。与易卜生不谋而合的是，象征主义也是鲁迅小说的重要艺术特色之一，以改造国民性为目的的鲁迅在其文学创作过程中，以现实主义为基础，将现实主义与象征主义相结合，从而使单一的现实主义手法达到更深刻的真实。同时，象征主义手法的运用也更好地表现了鲁迅小说的主旋律——"国民性"这一宏大的思想主题。因此，易卜生和鲁迅的文学创作在艺术上都体现出了现实主义和象征主义相结合的艺术特征。

众所周知，易卜生影响最广的剧本是以《社会支柱》《玩偶之家》《群鬼》和《人民公敌》为代表的现实主义社会问题剧。这批剧作奠定了易卜生现代戏剧之父的崇高地位，但是我们却不能因此而低估他后期象征主义戏剧的成就，这些戏剧与易卜生之前的剧作相比，在艺术技巧上甚至可以说更胜一筹。易卜生随着人生阅历的加深，他的思想变得更为成熟，他逐步认识到靠个人的力量是不可能改变社会现实的，于是他就把注意力转向了对"人"和人性的关注。易卜生的五幕剧《野鸭》发表于1884年11月，标志着易卜生的戏剧创作从现实主义转向象征主义，但这并不意味着易卜生从此就脱离了现实主义，或者说他不再关心社会现实。"相反，易卜生的象征主义戏剧有一个十分明显的特点，就是深厚的现实根基，他从来没有离开现实空谈人本身和人性，从不抽象地慨叹人生和人的生存困境。社会现实始终是易卜生戏剧创作的立足点。这是易卜生的象征主义戏剧和梅特林克、霍普特曼象征主义戏剧的最大区别。"[③] 易卜生戏剧的象征主义是从现实为出发点，去关注现实人生，从而深入人内心的隐秘世界，心理描写与剖析是其象征主义剧作主要的艺术表现手法。"象征手法最适宜于揭示人的内心和精神微妙、隐秘、朦胧的活动状态，因此，心理现实主义便与象征手法结下不解之缘，携手前行。是故，论者又将易卜生象征主义戏剧称为心理现实主义戏剧。"[④]

---

① 李春林：《鲁迅与外国文学关系研究》，吉林人民出版社2003年版，第533页。
② 王忠祥：《外国经典作家研究丛书：易卜生》，华夏出版社2002年版，第130页。
③ 丁扬忠：《哲理 诗情 象征——论易卜生象征主义戏剧》，《中国戏剧学院学报〈戏剧〉》2009年第3期。
④ 同上。

易卜生和鲁迅在文学创作的过程中，都注重将现实主义和象征主义相结合，在关注现实人生的基础上，采用一些象征主义的手法，比如说心理分析、暗示、隐喻等。但具体到细节上来说，易卜生的《野鸭》更加侧重心理分析和心理描写。五幕剧《野鸭》是易卜生的第一个象征主义剧本，与以往的社会问题剧相比，这部剧作更像是在剖析人性，讲述人生。在《人民公敌》的最后，主人公斯多克芒为坚持真理而高喊："世界上最有力量的人正是最孤独的人"①的口号声还未曾消散，但这部剧作与《人民公敌》《群鬼》等剧作相比仿佛是另一个人所写。在《野鸭》中，易卜生描写的现实社会是一个充斥着各种谎言和假象的世界，人们却沉浸甚至陶醉其中，只要没有人来揭穿谎言，捅破幻象，生活是可以平静快乐的。实际上易卜生通过这部剧作真正开始将视点投注到人物内心之中，去思考人性和人生。工商业家老威力唯利是图，为了个人利益陷害了生意伙伴老艾克达尔，又佯装伪善为老艾克达尔安排工作，帮他的儿子雅尔马成家立业。但易卜生却没有把如此戏剧化的情节作为批判资本主义和世态炎凉的工具，而是着重描写了老艾克达尔在生意失败后内心的巨变。老艾克达尔的生意失败后，由一个要强、坚毅的军人（在剧作中老艾克达尔是一个中尉）变成了一个卑微、潦倒且逆来顺受的小市民。"老艾克达尔和他一家的命运就代表着生活中这一类人的生存状态。剧本用一只被打折翅膀再不能在天空自由飞翔的'野鸭'来暗喻象征生活中这个人群，这样，剧本所表现的内容便由'个别'上升为'一般'，即由单个现象变为包含事物本质的规律，哲理便由此产生。"② 在易卜生的象征主义剧作中，他提出的人性和人的生存困境问题，在今天仍然具有现实意义，他的这些剧作用象征主义手法所表现的人的内心和精神世界，又更加深刻地反映了真实的人生。

　　《海上夫人》在易卜生的象征主义剧作中，也处处呈现一种象征意蕴，体现着易卜生对人生的深层次哲理思考，具有一种意味深长的美感。"现实与理想，情感与理性，生活与梦幻，自由与局限，这些对立统一的规律，在人的精神、情感活动中，由于人的主观因素不能使之平衡和谐，因而它们往往处于矛盾对立状态，使人产生不安、焦虑、忧郁、痛苦，造成人的难以摆脱的精神困境。"③ 易卜生在剧作中指出一个人若想走出精神的困境，摆脱种种不稳定情绪的困扰，成为一个真正在思想上独立的"人"，那么他就应该自由选择人的生存方式和人生道路，不被世俗与金钱所累。"海"象征了"海上夫人"艾梨达的内心，剧作展现了她内心海之恋的反复转折。大海有时平静有时又波涛汹涌，作为一个灯塔管理员的女儿，又是一个从小在海边成长起来的姑娘，艾梨达的性格和内心确实像大海一样。她一生都在追求个人精神的解放，追求对爱情和婚姻自由的选择。但是现实人生并不是一帆风顺的，既有命运的无常也有物质的牵绊，

---

①　[挪威]易卜生：《人民公敌》，转引自《易卜生戏剧四种》，潘家洵译，人民文学出版社1958年版，吉林人民出版社1978年重印，第394页。
②　丁扬忠：《哲理　诗情　象征——论易卜生象征主义戏剧》，《中国戏剧学院学报〈戏剧〉》2009年第3期。
③　同上。

命运和物质成了剧作女主人公对自由和爱情追求路上的荆棘。易卜生对艾梨达在追求过程中的精神困境做了详细的分析和描述。比如说,剧作中艾梨达的父亲去世后,她无依无靠,为了生活只能嫁给医生房格尔,做他的续弦夫人。这并不是出自彼此真心相爱的现实婚姻,而是因为房格尔医生能让她过上衣食无忧的安逸生活。但在精神上却造成了艾梨达的"贫困",她陷入了一种精神困境,终日闷闷不乐,甚至得了焦虑症。分析艾梨达内心世界的种种焦虑、忧愁、困惑和渴望,则是易卜生在这部剧作的中心。易卜生利用心理分析方法去剖析艾梨达焦虑症的起因、表现形态及她自己希望战胜心魔而做出的种种努力。剧作的最后她还是选择与房格尔在一起,而此时她的选择并不是因为房格尔的金钱,而是她终于认清了自己的选择和人生,对自己的爱情观和人生观有了清醒、全面的认识,她那澎湃的海之心又回归于家庭与平静。

在鲁迅的一些小说里,同易卜生相比既有大量的心理分析和心理描写,也有大量的暗示、隐喻等象征手法的运用,如《狂人日记》。鲁迅在1918年8月20日致许寿裳的信中谈到过《狂人日记》的写作原因:"后以偶阅《通鉴》,乃悟中国人尚是食人民族,因成此篇。此种发现,关系亦甚大,而知者尚寥寥也。"[1] 小说通篇讲的就是一个问题——"吃人"。而"吃人"恰恰是封建制度、封建礼教本质的形象化身。鲁迅在这篇小说里十分注重描写"狂人"个人的幻影和内心的感受,然后是用有质感的形象来暗示、隐喻、联想从而创作。小说一开始鲁迅就将读者带入了"狂人"惴惴不安的内心世界,他对周围的目光、眼色充满了恐惧、疑虑和紧张,他在思索着周围恐怖的一切:赵家的狗看我的目光、赵贵翁看我的眼色、佃户等人的眼光等,这种对周围人物、景物荒谬、怪异的感受就是"狂人"产生周围人正在吃人臆想的心理图像。鲁迅是以写实手法为"狂人"展示生动逼真的心理图像,它是真实的,但它对于常态而言,又是变异的、夸张的。而这真实性的变异、夸张又恰是象征手法的体现,是深入表达作者主观情感意念的有效途径。在小说中,鲁迅还运用了大量物象去暗示、隐喻,如小说中月亮这一物象,"反复出现的月亮形象有着双重的象征意义:既是疯狂的(按照西方的解释)又是明亮清澈的(按照中国的语源学)。就这样,实际上是狂人日益增加的疯狂程度提供了一种反常认识过程的基础,使他最终明白了他的社会和文化的实质。"[2] 又如古久先生的陈年流水簿子,象征了中国既传统又腐朽的文化习惯,"陈年流水簿子"实际上就是吃人的人的图腾,在月光的照耀下,如同西方小说中的狼人变身,然后露出"吃人"的本性。所以说,《狂人日记》是写实手法与象征艺术的成功结合。

而在小说《药》中,也充分体现了鲁迅小说象征主义手法的使用,小说讲述了一对愚昧可悲的夫妇为病重的儿子求人血馒头的故事。小说中所提到的"药"是一种沾了人血的馒头,民间传言可以医治肺痨。鲁迅实际上用"药"来象征整个社会和民众的落后、愚昧与麻木——整个社会就需要一剂猛药来医治这种落后、愚昧与麻木。在

---

[1] 鲁迅:《一九一八年 致许寿裳》,《鲁迅全集》第十一卷·书信,人民文学出版社2005年版,第365页。
[2] [美]李欧梵:《铁屋中的呐喊》,尹慧珉译,人民文学出版社2010年版,第54页。

文章中鲁迅又用了许多细节来暗示民众的愚昧和麻木,"颈项都伸得很长,仿佛许多鸭,被无形的手捏住了的,向上提着"(《药》)。这些庸众如同鸭子一样任人摆布,愚昧又可怜。又如小说结尾出现的乌鸦,鲁迅实际上就是借乌鸦的大叫这种难听的声音来对中国国民进行一种警醒,这"不祥"的叫声实则是鲁迅希望唤醒麻木中的民众。因为夏瑜的身份是革命者,而革命者那个时候在普通民众的眼里就是"不祥和异类"的,通过康大叔这类人的口中就可知一二。华小栓和夏瑜——小说里唯一的两个年轻人,也是国家的未来和希望。华小栓的"华"和夏瑜的"夏",华夏这两个具有象征性的姓氏暗示了他俩正是一对,两个中华之子最后均走向了死亡。华小栓拿着人血馒头时,鲁迅特意详细地描写了他此时的心理图像:"小栓撮起这黑东西,看了一会儿,似乎拿着自己的性命一般,心里说不出的奇怪……不多功夫,已经全在肚里了,却全忘了什么味。"(《药》)鲁迅通过一个人血馒头巧妙地将二人联系在一起,同时将华夏即中国的命运揭示出来——华(小栓)因肺痨死去,夏(夏瑜)因革命而亡,"华""夏"的结局尽是凄凉与悲惨。小说结束时两个母亲正在坟前哀悼自己的儿子,"那坟的形象也像馒头一样。就这样,通过微妙的象征的传达,鲁迅透露出内心深刻的悲观;烈士的革命目的在'典型的'中国人中已经完全失落了。"[①] 在鲁迅的笔下,具体的物象背后均隐藏着深刻的象征意义,这种象征意义直抵人的内心最深处,它揭示了人的思想尤其是人性的种种。鲁迅小说的写实手法和象征艺术的结合,既使读者感到自然亲切和生动逼真,又使作品具有深刻的思想意义。

　　易卜生和鲁迅的现实主义与象征主义相结合的文学创作,从各个方面探讨了社会和人性等问题,易卜生和鲁迅都认识到只有唤醒民众、开启民智才能使整个社会进步。而人性弱点所造成的危害往往是不可预知的、致命的、悲剧性的。易卜生和鲁迅在文学创作过程中并不是一味地采用现实主义,而是不谋而合地将现实主义同象征主义相结合,以这种艺术手法去剖析"人",分析人生。通过这种手法,他们在作品里对待人性的弱点是严厉的、毫不妥协的,然而又是宽容的、充满人文关怀的。易卜生与鲁迅的文学作品之所以能够成为文学经典,首先是因为二人对现实人生的关注,他们是国民启蒙的大师。易卜生和鲁迅不仅是卓越的文学家,更是人格高尚的道德家、思想家。此外,易卜生和鲁迅的文学作品具有明显的多样性和复杂性,将现实主义和象征主义结合起来进行创作,从而使他们的文学作品更富有艺术性。从不同层面透视易卜生和鲁迅作品的多彩面貌、多重价值,才能够更好地、更全面地认识易卜生和鲁迅在文学史上的伟大之处和巨人风采。

[①] [美]李欧梵:《铁屋中的呐喊》,尹慧珉译,人民文学出版社2010年版,第67页。

追求语言的"信"与"达"：
鲁迅对所译的三篇契诃夫小说的翻译手稿中的字、词、句的修改分析

北京鲁迅博物馆　葛　涛

1935年3月24日的晚上，鲁迅翻译完了契诃夫的小说《波斯勋章》《难解的性格》和《阴谋》，后来把这三篇翻译稿投给《译文》杂志。《难解的性格》和《阴谋》这两篇小说的译稿在4月16日出版的《译文》第二卷第二期刊登出来，但是《波斯的勋章》的译稿则因为没有通过"中宣会图书杂志审委会"的审查而未能一起发表出来，后来发表于1936年4月8日出版的《大公报》文艺副刊第124期。不过，鲁迅翻译这三篇小说的手稿都保存下来，现在收藏于北京鲁迅博物馆。从这些手稿的右上角可以看出译者为这三篇手稿所编的页码，其中《波斯勋章》的翻译手稿共8页，页码从1到8；《难解的性格》的翻译手稿共3页，页码从9到11；《阴谋》的翻译手稿共7页，页码从13到19。其中只有《难解的性格》的翻译手稿不全，缺少第12页。顺便指出，北京鲁迅博物馆在1959年编印的《鲁迅手迹和藏书目录》一书中不知何故没有记载《难解的性格》这篇小说的翻译手稿，这可能会使研究者以为这篇小说的翻译手稿已经不存于世了。

一　三篇手稿中修改字、词和句子的概况及分析

1.《波斯勋章》的手稿中修改字词和句子的概况及分析

手稿第1页修改部分如下：

（1）第1行：有波斯（增加："的"）贵族（"族"改为："人"）拉哈·海兰住在扶桑旅馆里了。

修改分析：对照朱逸森和郑文樾伉俪从俄文所译的译文，此处的"贵人"在俄文小说的原文中是"高官"[1]。在汉语中，"贵族"与"贵人"的含义不同，前者指"尊

---

① ［俄］契诃夫：《契诃夫幽默小说选》，朱逸森、郑文樾译，人民文学出版社2007年版，第122页。

追求语言的"信"与"达":鲁迅对所译的三篇契诃夫小说的翻译手稿中的字、词、句的修改分析

贵的人"①,后者指"奴隶社会或封建社会及现代君主国家里统治阶级的上层,享有特权"②。译者把"贵族"一词修改为中国化的名称"贵人",而在汉语中"达官"与"贵人"常连在一起使用,有"达官贵人"(达官:旧时指职位高的官吏③)。这一词语,这样的修改不仅符合拉哈·海兰作为波斯高官的身份,而且也突出了拉哈·海兰对于市长的重要性,有助于中国读者理解市长的心理。

(2) 第2—4行:一个波斯人来了,什("什"改为:"甚")么事呀?只有市长斯台班·伊凡诺维支·古斤一个(增加:,一)从衙门("衙门"改为:"衙门里")的秘书听说了("说了"改为:"到那")东方人的到来,却("却"改为:"就")在想来想去……

修改分析:在汉语中,"什"和"甚"可以通用,都表示疑问的含义,但读音不同,后者第四声,含有更强的反问语气,译者改用"甚"也是为了突出别人对波斯贵人到来这件事的漠不关心,从而与市长对波斯贵人到来的高度重视的态度形成对比。而译者用"一……就……"句式可以突出市长对这件事的重视。另外,译者把"衙门"改为"衙门里",可以使句子的表达更准确。

手稿第2页的修改部分如下:

(1) 第1行:市长从公署("公署"改为:"衙门")回家……

修改分析:对照朱逸森和郑文樾伉俪从俄文所译的译文,此处的"衙门"在俄文小说的原文中是"参议会"④,译者把"公署"改为"衙门",一方面是与上文中出现的"衙门"这一名称统一,另一方面使用"衙门"这一中国古代常用的名称,而非中国在民国以后才出现的"公署"这一名词,不仅符合小说的创作年代的历史情况,而且也可以有助于中国读者的理解。

(2) 第2—3行:这高贵的波斯人的入境,很(按:译者在此处涂掉三个文字,看不清楚具体是何字)打动了他的野心。他相信,这拉哈·海兰是运命送到了他这里来的,(增加:"实现")他的(删去"的")渴求梦想的希望,正到(增加:"了")突发(先把"突发"改为:"实现",后又删去"实现")的极好的时刻("刻"改为:"机")了。

修改分析:译者把"实现"两字调整到"他渴求梦想的希望"之前,可以承接上句中的"他相信",使语句更加通顺。另外,译者把"刻"字改为"机",是因为"时机"是指"具有时间性的客观条件,多指有利的条件",而"时刻"则指"时间"或"每时每刻,经常"⑤,这样的修改不仅可以使译文更准确,而且也可以更符合市长当时

---

① 中国社会科学院语言研究所词典编辑室编:《现代汉语词典》(2002年增补本),商务印书馆2003年版,第477页。本文所引用《现代汉语词典》均来自这一版本。
② 同上。
③ 同上书,第223页。
④ [俄]契诃夫:《契诃夫幽默小说选》,朱逸森、郑文樾译,人民文学出版社2007年版,第122页。
⑤ 中国社会科学院语言研究所词典编辑室编:《现代汉语词典》(2002年增补本),商务印书馆2003年版,第1143页。

(3) 第 3 行：古斤已经有了两个徽章，一个斯丹（"丹"改为："坦"）尼斯拉夫三等勋章……

修改分析：译者把"丹"改为"坦"，使人名更符合汉语中通用的译名。

(4) 第 4—6 行：此外他还自己做了一个表链的挂件，是用六弦琴和黄（删去"黄"字）金色枪（增加："枝"）交叉起来的，从他制服的扣子洞里拖了出来，远远望去，就见得不平常，很像是（删去"是"字）光荣的记号。

修改分析：译者删去"黄"字，是因为在"黄金色枪"中，"黄"字和"金"字的意思重复，删去"黄"字，可以使文章更简洁。译者增加"枝"字，组成"枪枝"这个词，可以使翻译的内容更准确。译者删去"是"字不仅可以使句子更简洁，而且也可以更突出像的程度。

(5) 第 6—7 行：如果谁有了徽（"徽"改为："勋"）章和徽章，越有，就越想多，那是一定的，——市长就（删去"就"字）久已想得一个波斯的勋章（删去"勋章"两字）"太阳和狮子"勋章的了……

修改分析：译者把"徽"章改为"勋"章是因为笔误，因为下文紧接着的就是"徽章"两字。译者删去"就"字可以使文章更简洁。另外，译者删去"勋章"两个字是因为与下文出现的"'太阳和狮子'勋章"中的"勋章"一词重复了。

(6) 第 10—11 行：他的运气也真好，当他跨进波斯贵族（"族"改为："人"）的屋子（"屋子"改为："房间"）里面的时候，他（"他"先改为："贵族"，后改为："贵人"）恰只一个人，而且波斯人也不巧（删去："波斯人也不巧"）正闲着。

修改分析：译者把"贵族"改为"贵人"，是与上文出现的名称统一。译者把"屋子"改为"房间"，更符合旅馆房间的实际情况，从而使所译的内容更准确。另外，译者把"他"先改为"贵族"，又改为"贵人"，并删掉"波斯人也不巧"，不仅可以用"贵人"这一名称再次突出波斯人对于市长的重要性，而且也可以使文章更简洁。

手稿第 3 页的修改部分如下：

(1) 第 3—4 行：将（"将"改为："认"）您阔（"阔"改为："个"）人认（删去"认"字）为所谓亲善的邻邦的代表者，我总以为（"总以为"改为："觉得"）这是我的义务的（删去"的"字）。

修改分析：译者把句中的"认为"两字拆开，把"认"字移到句首，起到强调的作用。译者把"阔人"改为"个人"起到掩饰市长渴望结交波斯贵人心理的作用。另外，译者把"总以为"改成"觉得"不仅可以使句子更简洁，而且也能更准确地表达出市长的主观心理。

(2) 第 5—6 行："波斯的国界"，古斤仍说他准备好（增加："了"）的欢迎词，"（增加：'和'）我们的广大的祖国的国界，是接触的极其密切的……"

修改分析：译者在句中增加了"了"和"和"两个字，可以连接前后句，从而使句子更通顺。

（3）第8—9行：高贵的波斯人站起来了，又说了一点什么敲木头（增加："似"）的话。古斤，他（删去"他"字）是什么外国话也没有学过的。

修改分析：译者增加"似"字，并删去"他"字，可以使句子更通顺。

（4）第12行：古斤于是把日报上见过的所刻（"刻"改为："有"）外国字母（删去"母"字），都搬了出来。

修改分析：译者把"刻"字改为"有"字，用"所有"两字可以起到强调的作用。同时，译者删掉"字母"中的"母"字，用"字"与下文市长所说的外国单词相统一，更形象地表达出市长急于用所见过的外国单词和波斯贵人说话的情景。

手稿第4页的修改部分如下：

（1）第1—3行："我是市长……"他吃吃地说。"这就是 lord-maine（增加：'市长'）……Municipale（增加：'市的'），……Wui（增加：'怎样？'）kompnene，（增加：'懂么'）？"他要（"要"改为："想"）用言语和手势来说（增加："表"）明他的（删去"的"字）社会的地位，但不知道（增加："要"）怎么办好。

修改分析：契诃夫在小说中使用不太准确的法语单词是为了刻画市长的丑态，译者在市长所说的外国单词后面加上中文含义，可以方便中国读者理解市长所说的内容。译者把"要"改为"想"，可以更准确地描述市长当时的心理。译者把"用言语和手势来说明"中的"说"字改为"表"字，可以使语言更准确，因为在汉语中，用"手势"来"说明"是一个错误的搭配。译者增加一个"要"字，可以使句子更通顺。

（2）第5—6行：波斯人一点也不动，但也微笑着说道："Bon"（增加："好"）……

修改分析：译者在波斯贵人所说的外国单词后面加上中文含义，可以方便中国读者理解他所说的内容。

（3）第8—9行："kompnene？Wui？（增加：'做'）lord-maine 和 Municipale，……我请您去 Prnomenade（散步）（增加：'一下'）……kompnene, Prnomenade？"

修改分析：译者在市长所说的外国单词后面加上中文含义，可以方便中国读者理解他所说的内容。

手稿第5页的修改部分如下：

（1）第2行："照俄国的习惯，这时不妨事的……我想：Puree（增加：'肉饼'），entie-cate（增加：'炸排骨'）……chanpagne（增加：'香槟酒'）之类……"

修改分析：译者在市长所说的外国单词后面加上中文含义，可以方便中国读者理解他所说的内容。

（2）第7—8行：他用叉刺着熏鱼，点点头说："好！Bien（增加：'好'）！"

修改分析：译者在波斯贵人所说的外国单词后面加上中文含义，可以方便中国读者理解他所说的内容。

（3）第12行：而且很满足地带着波斯人看市里的大街，看市场，还显（"显"改为:"指")点名胜给他看……

修改分析:"显"与"点"在汉语中不能组成一个词,显然是译者的笔误,所以修改为"指点"。

手稿第6页的修改部分如下:

(1)第6行:第二天早上,市长就到官衙("到官衙"改为:"上衙门")来……

修改分析:译者把"到官衙"改为"上衙门",一方面,符合汉语中的常用说法;另一方面,也与上文中出现的"衙门"这一名称相统一。

(2)第8行:"波斯人是有这样的习俗('习俗'改为:'风俗')的……"

修改分析:译者把"习俗"改为"风俗",其实在汉语中,这两个词的含义较为接近,"风俗"是指"社会上长期形成的风尚、礼节、习惯等的总和"[1],而"习俗"则指"习惯和风俗"[2]。译者这样修改可能是为了更突出"风俗"一词中所具有的"长期形成的礼节"这一含义。

(3)第12行:"为了尊敬(把'尊敬'先改为:'作为',后又改为:'尊重')俄罗斯和伊朗('伊朗'改为:'波斯')的钦善的表记。"(删去"钦善的表记")

修改分析:译者把"尊敬"先改为"作为",后又改为"尊重",虽然在汉语中,"尊敬"和"尊重"的意思相近,但是"尊重"还带有"尊敬,敬重"[3]的含义。从下文来看,译者选择"尊重"可以更突出"敬重"的含义,从而使翻译的内容更准确地表达出市长的心理。另外,译者把"伊朗"改为"波斯",不仅是为了与上下文中出现的"波斯"这一译名相统一,而且也是为了译名更符合历史情况,因为在契诃夫创作这篇小说时还没有"伊朗"这一国名,波斯国王礼萨·汗在1935年才宣布国名改称伊朗。

手稿第7页的修改部分如下:

(1)第1行:彼此亲善的表记,

修改分析:译者在上一页手稿中删掉了"亲善的标记",在此页手稿上改为"彼此亲善的表记",使译文更准确地表达出两个国家之间的友谊。需要说明的是,译者是在一个纸条上写下上述文字后贴在原稿中的,原先的翻译的内容已经无法看到。

(2)第5行:市长(增加:"在")心里觉得不舒服,然而也并不久。

修改分析:译者在"心里"一词前面加上"在"字,一方面,使用方位词"在"可以使译文更准确;另一方面,也可以使句子更通顺。

(3)第8行:大约是市长要(增加:"想")请客人看一出稀奇的把戏罢,便(增加:"从上面")向着在下面走来走去(增加:"的")值班人,从上面(删去"从上

---

[1] 中国社会科学院语言研究所词典编辑室编:《现代汉语词典》(2002年增补本),商务印书馆2003年版,第377页。
[2] 同上书,第1348页。
[3] 同上书,第1683页。

面")大声叫喊道……

修改分析:译者在"要"字后面增加一个"想"字,可以更准确地反映出市长的心理活动。译者把"从上面"这几个字调整位置,并增加"的"字,可以使句子更通顺。

手稿第8页的修改部分如下:

(1)第5行:他廠("廠"改为:"敞")开外套,一直走到晚……

修改分析:"廠"字是"厂"的繁体字,也写作"厰",译者此处是笔误,所以把"廠"字改为"敞"字。

(2)第7行:他气闷,肚里火("火"改为:"好像火")在烧,他的心跳个不住:现在他("他"改为:"是")在想得塞尔维亚的泰可服勋章了。

修改分析:译者把"肚里火在烧"改为"肚里好像火在烧",可以使语言更准确,句子更通顺。另外,译者把"他"字改为"是"字,不仅是为了与上文衔接,使句子更简洁,而且也可以起到强调的作用,从而突出市长当时的心理状态。

(3)第9行:(一八八七年原作)(删去"原"字)。

修改分析:契诃夫是在一八八七年写作这篇小说,译者删去"原"字,用"一八八七年作"来标明小说写作的时间,可以使译文更准确。

2.《难解的性格》的手稿中修改字、词和句子的概况及分析

手稿第9页的修改部分如下:

(1)第4行:她对面坐着一位省长(增加:"的")特任("任"改为:"委")官,牠(删去"牠"字)是年青的新作家,在省署时报上发表(增加:"他")描写上流社会的短篇小说的……

修改分析:译者把"省长特任官"改为"省长的特委官",虽然在汉语中,"委"和"任"含义有所不同,"委"的含义是"把事交给别人去办"①,"任"的含义是"任用"②,但是"委"和"任"可以组成一个词,译者这样修改或许是为了突出这位小说家是省长委任的官员。另外,译者删去"牠"字,同时在下文中增加一个"他"字,一方面可以使句子更通顺,另一方面是因为"牠"字是指代人之外的事物,相当于后来简化字中的"它",用在此句中显然是一个错别字。

(2)第7—8行:"啊,我懂得您的!"那特(增加:"委")官在她的(删去"的"字)手镯近旁(增加:"的手上")接着吻,说。"您那敏感的,灵敏的精神,在寻一条走出迷宫的去路呀……一定是的!这是一场可怕('可怕'改为:'厉害')的,吓人的斗争……"

修改分析:译者在"特官"中间加上一个"委"字,是与上文出现的"特委官"这一名称统一。另外,译者在"手镯近旁"后加上"的手上",并删去"的"字不仅

---

① 中国社会科学院语言研究所词典编辑室编:《现代汉语词典》(2002年增补本),商务印书馆2003年版,第1312页。
② 同上书,第1067页。

可以使译文更准确,而且也可以使句子更通顺。译者把"可怕"改为"厉害",是因为此处的"可怕"与后面的"吓人"一词在意思上重复了。

(3) 第11行:"但那主要的('主要的'改为:'要点')是在我的不幸!"

修改分析:译者把"主要的"改为"要点",可以使语言更简洁。

手稿第10页的修改部分如下:

(1) 第2行:"您讲罢!我恳求您,请您讲出(增加:'来')罢!"

修改分析:译者在"讲出"后添上"来"字,可以使句子更通顺。

(2) 第3—4行:"您听罢。我是生在(增加:'一家')贫穷的仕宦之家的。我的父亲是一个好人,也聪明,但是……时代和环境的精神……vous compeneg(您明白的),我(增加:'并')不想责备我那可怜的父亲。"

修改分析:译者在"贫穷的仕宦之家的"前面增加"一家"两字,可以使句子更通顺,译文更准确。另外,译者在"不想"之前增加一个"并"字,可以起到强调的作用。

(3) 第6行:"那可怕('可怕'改为:'吓人')的学校教育……"

修改分析:在汉语中,"可怕"和"吓人"的意思相近,译者这样修改,是因为后者带有"使害怕"[①]的含义,可以更为准确地表达出原意。

(4) 第10行:"我急于要如('如'改为:'成')一个人!是的!要成为一个人!"

修改分析:译者把"如"改为"成",可能是因为"我急于要如一个人!"这一句子在汉语中有点不通顺,但是译者把"如"改为"成"之后,"我急于要成一个人!"这一句子同样也不太通顺,应当把"如"字改为"成为",或在"人"前加上"独立的",这样的话,句子才比较通顺。

(5) 第11—12行:"我并不是在吻您,您这出奇的人物,我是(增加:'在')吻人类的苦恼!您记得拉斯可里涅可夫么?他(增加:'是')这样的接吻的。"

修改分析:译者在句子中分别添加了"在"字和"是"字,不仅可以起到强调的作用,而且也可以使句子更通顺。

手稿第11页的修改部分如下:

(1) 第3行:"……在我的前途('前途'改为:'路上,')我遇到了一个很富('富'改为:'有钱')的老将军……"

修改分析:译者把"前途"改为"路上,",前者"原指前面的路程,比喻将来的光景"[②],后者意思是"在路途中"[③],带有"人生道路上"的含义,这样的修改可以使译文更准确。另外,译者把"很富"改为"很有钱",可以突出金钱对于女主人公的吸

[①] 中国社会科学院语言研究所词典编辑室编:《现代汉语词典》(2002年增补本),商务印书馆2003年版,第1359页。
[②] 同上书,第1011页。
[③] 同上书,第825页。

引力。

（2）第5—6行："……但是，这将军的拥抱，在我是觉得怎样的难堪和卑污呵，虽然别一面，他在战争上曾经显得很大的勇敢，也只好一任牠（'一任牠'改为：'任他去'）。有时候——（增加：'那是'）可怕的时候（增加：'呀！'）然而安慰我的是这一种思想，这老头子不是今天，就是明天便会死（增加：'掉'）的……"

修改分析：译者把"一任牠"改为"任他去"，一方面，"牠"字是指代人之外的事物，相当于后来简化字中的"它"字，用在此处显然是错别字；另一方面，也可以使句子更通顺。另外，译者把"可怕的时候"改为"那是可怕的时候呀！"，可以起到突出和强调的作用。译者把"死"后增加"掉"字，组成词语"死掉"，这样可以使句子更通顺。

3.《阴谋》的手稿中修改字、词和句子的概况及分析

手稿第13页的修改部分如下：

（1）第1行：二，讨论十月（按：译者在此处涂掉一个字，改为"二"）日事件。

修改分析：译者可能出现了笔误，所以涂掉这个字，并改为"二"，从而与下文出现的时间统一。

（2）第5—8行：十月二日事件的张本人医师夏列斯妥夫，正在准备（增加："着"）赴会；他站在镜子前面已经好久了，竭力要给自己的脸上显（"显"改为："现"）出疲劳（"劳"改为："倦"）的模样来。如果它显着兴奋的，紧张的，红红的或是苍白的脸相去赴会罢，（按：此处涂去两个字，看不清楚）他的敌人会一场（"会一场"改为："是要当作他对于"）他们的（增加："阴"）谋，给予了重大的意义（增加："的"），然而，假使他的脸是冷（增加："淡"）不动声色……

修改分析：译者添加一个"着"字，可以使句子更通顺。译者把"显出"改为"现出"，是因为，虽然在汉语中"显"和"现"意思相近，并且可以组成"显现"这个词，但是"现"字的含义之一是"表露在外面，使人可以看见"[①]，从下文来看，"现"字可以更准确地表达出夏列斯妥夫的心理。在汉语中，"疲劳"的含义是"因体力或脑力消耗过多而需要休息"[②]，而"疲倦"带有"疲乏，困倦"[③]含义。译者把"疲劳"改为"疲倦"，不仅可以突出夏列斯妥夫的"疲乏，困倦"的精神状态，而且也可以更准确地反映出夏列斯妥夫的心理。另外，译者把"他的敌人会一场他们的谋"修改为"他的敌人是要当作他对于他们的阴谋"，不仅可以使句子更通顺，而且也可以更准确地表达出夏列斯妥夫猜测对手的心理。译者可能是因为笔误，所以在"冷"字后面增加一个"淡"，组成一个词"冷淡"，从而使句子更通顺。

---

① 中国社会科学院语言研究所词典编辑室编：《现代汉语词典》（2002年增补本），商务印书馆2003年版，第1367页。

② 同上书，第966页。

③ 同上。

手稿第 14 页的修改部分如下：

（1）第 1 行：他要没有声响的走进会场去，（增加："用"）惰洋洋的手势摸一下头发，对谁也不看，坐在桌子的边上（删去"边上"二字）末一头。

修改分析：译者增加"用"字，可以使句子更通顺。另外，译者删去"边上"，可能是因为该词的含义与"末一头"有所重复，删去之后，可以使句子更简洁。

（2）第 3 行：大家是说话，争论，激昂，彼此叫要（"要"改为："着"）守秩序……

修改分析：译者把"要"改为"着"字，不仅可以使句子更通顺，而且也可以用"叫着"一词来突出当时混乱的场面。

（3）第 4 行：他才把（"把"先改为："向同僚抬起"，后增加了一个"们"字，改为"向同僚们抬起"）他那懒懒的疲倦的眼睛，很不愿意的开口道……

修改分析：译者删去"把"字，并增加"向同僚们抬起"，可以使句子更通顺，译文更准确。

（4）第 7 行：在前一次的会议上，几位可敬的同们（"们"改为："事"）已经发表……

修改分析：译者出现了笔误，所以把"同们"修改为"同事"。

（5）第 11—12 行：会同诊断的时候，他发出大声，以及不管别人（增加："在旁，"）打断同事的说话……

修改分析：译者在"以及不管别人"后面添加"在旁，"，可以使句子更通顺。

手稿第 15 页的修改部分如下：

（1）第 2 行：然而，什么缘（增加："故"）呢？

修改分析：译者出现了笔误，所以把"缘"修改为"缘故"。

（2）第 3 行：就是每一回会诊，同事们的知识程度之低，不得不使他夏列斯妥夫诧（"诧"改为："惊"）异。

修改分析：译者把"诧异"修改为"惊异"，是为了突出夏列斯妥夫惊讶的程度。因为在汉语中，虽然这两个词的含义相近，但是"诧异"是指"觉得十分奇怪"[①]，而"惊异"则指"惊奇诧异"[②]，相对来说，"惊异"比"诧异"多了一个"惊奇"的含义。

（3）第 9 行：夏列斯妥夫却毫（"毫"改为："置之"）不（增加："理"）合他一点心意（删去"合他一点心意"）继续地说到……

修改分析：译者把"毫不合他一点心意"修改为"置之不理"，可以使译文更简洁。

（4）第 10 行：可敬的同事希拉把女优绥米拉米提娜的（增加："游走"）肾脏（删去"脏"字）误诊为脓疡……

修改分析：译者在肾的前面添加"游走"两字，并删掉"脏"字，这是因为"游

[①] 中国社会科学院语言研究所词典编辑室编：《现代汉语词典》（2002 年增补本），商务印书馆 2003 年版，第 133 页。

[②] 同上书，第 666 页。

追求语言的"信"与"达":鲁迅对所译的三篇契诃夫小说的翻译手稿中的字、词、句的修改分析

走肾"是一个医学中的专业名词,指肾脏不在正常的肾脏位置,这样修改可以使译文更准确。

手稿第 16 页的修改部分如下:

(1)第 1 行:可敬的同事台儿(按:此处涂掉一个字,改为"哈")良支先生……

修改分析:译者出现了笔误,把原来的错字改为"哈",从而使上下文中的人名相统一。

(2)第 3 行:她的下巴("巴"改为:"颚")骨脱了臼……

修改分析:译者把"下巴"修改为"下颚",可能是符合医学中的专业称呼。因为在汉语中,"下巴"和"下颚"意思相近,"下巴"是"下颌的通称"[①],"下颚"是指"脊椎动物的下颌"[②],两者都可以指"下颌"。

(3)第 8—9 行:他在大佐夫人德来锡金斯凯耶命名(增加:"日")庆祝的席上,竟在说,和我们的可敬的会长夫人有关系的,并非可罗派理台勒尼,倒是我!

修改分析:译者出现了笔误,因为"命名日"是指和本人同名的圣徒纪念日,主要在一些天主教、东正教国家庆祝。另外,从上文出现过的人名来看,译者在"可"字前漏掉了"斯"字。

(4)第 11 行:是(译者在"是"后先添加了一个字,后又涂掉,已经看不清楚)谁呀?

修改分析:译者此处出现了笔误,所以涂掉一个字。

手稿第 17 页的修改部分如下:

(1)第 1 行:一个普鲁士的奸细——这已经确是 ultima ratio(至高的结论)了!("至高"改为:"惟一")

修改分析:ultima ratio 在英语中是习惯用语,意思是"最后的结论,最后的手段",从上下文来看,译者把 ultima ratio 翻译成"至高的结论",显得有些不准确。译者把"至高"修改为"惟一",不仅使译文相对来说更准确,而且也可以起到强调的作用。

(2)第 3 行:凡有医师们,倘要显出自己的聪明和是干炼的雄辩家来,就总是用这两词(删去"词"字)句腊丁话……

修改分析:译者此处出现了笔误,"这两词句腊丁话"在汉语中显然不通顺,所以译者结合下文的内容,删去"词"字。

(3)第 6 行:可敬的同事们从席("席"改为:"座位")上跳起来……

修改分析:译者把"席"改为"座位",可以使译文更准确。虽然在汉语中,"席"也有"座位,席位"[③]的含义,和"座位"的含义相近,但是考虑到上下文,还

[①] 中国社会科学院语言研究所词典编辑室编:《现代汉语词典》(2002 年增补本),商务印书馆 2003 年版,第 1356 页。

[②] 同上书,第 1357 页。

[③] 同上书,第 1348 页。

— 65 —

是用"座位"一词可以使该词和前后的文字的搭配比较好。

(4)第9行：所有的事都趋在（"趋在"改为："靠着"）阴谋了（删去"了"字）。

修改分析：译者把"趋在"改为"靠着"，因为"趋在"虽然有"趋向"的含义，但是在汉语中不是一个词语，这样修改可以使译文更准确。译者删去"了"字，可以使译文更简洁。

(5)第11—12行：在不可以言语形容的喧嚣和哄（"哄"改为："轰"）动里，开始选举会长了。望·勃隆公司拼命的给普莱西泰勒出力……

修改分析：译者的此处修改可能是其习惯用法，因为在汉语中，"哄动"和"轰动"意思相同，可以互用，都指"同时惊动很多人"①。

手稿第18页的修改部分如下：

(1)第4行：可敬的同事摩西教徒（"可敬的同事摩西教徒"改为："摩西教派的可敬的同事们"）又聚作一堆，（增加："在"）嚷叫着（删去"着"字）……

修改分析：译者把"可敬的同事摩西教徒"改为"摩西教派的可敬的同事们"，不仅可以突出这些同事们都是摩西教派的宗教身份，而且也可以使译文更准确。另外，译者在"嚷叫"前添加一个"在"字，删掉一个"着"字，不仅可以突出摩西教派的同事们的当时的状态，而且也可以使句子更通顺。

(2)第7—10行：摩西教派的可敬的同事们应该出去！和他自己的一派，要弄到待（"待"改为："一"）到正月，就在不剩一点阴谋。他先使刷新了协会里的外来病人诊治室（"室"改为："所"）的墙壁，还挂起一块"严禁吸烟"的牌示来；于是把男女的救护生（"生"改为："医员"）都赶走，药品是不要格伦美尔的了，去取赫拉士舍别支基的，（增加："医师们还提议倘"）不经过他的鉴定，就不得施行手术，等等。

修改分析：译者把"待"改为："一"，可以与后面的"就"字组成"一……就……"句式，可以起到强调的作用。译者把"诊治室"改为"诊治所"，是因为在汉语中，前者主要是一个地点的名称，而后者更像一个机构的名称。译者把"救护生"改为"救护医员"，可能是"救护生"没有"救护医员"更符合"诊治所"这一医疗地点的人员的名称，从而使译文更准确。另外，译者增加"医师们还提议倘"这几个字，不仅可以使译文更准确，而且也可以使句子更通顺。

手稿第19页的修改部分如下：

(1)第1—3行：他从好梦里醒转，赶紧要使他的脸显出疲倦的表情来，但那脸却不愿意依从他，只成了一种酸酸的钝钝的表情，像受冻的小狗儿一样；他想牠再分（"牠再分"改为："脸再分"）明些，但（删去"但"字）然而又不见得牠（删去"牠"字）长（增加："了起来，"）模糊下去……

修改分析：译者把"他想牠再分明些"修改为"他想脸再分明些"，突出"脸"

---

① 中国社会科学院语言研究所词典编辑室编：《现代汉语词典》（2002年增补本），商务印书馆2003年版，第519页。

的地位，可以使指代更明确。译者删去"但"字，是因为该字与后面的"然而"在意思上重复了。另外，在汉语中，"然而又不见得牠长模糊下去……"这句话不通顺，所以译者删去"牠"字，并在"长"的后面添加"了起来"这几个字和逗号，从而使句子更通顺。

（2）第3行：他顺下眼皮，细一细眼睛，鼓一鼓面（先改为："脸"，后又删去）颊，皱一皱眉头（"眉头"改为："前额"）。

修改分析：在汉语中，"脸颊"指"脸的两旁部分"①，而"面颊"指"脸蛋"②。结合上下文来看，译者如果用"脸颊"的话，会更准确。另外，译者把"眉头"修改为"前额"，可以使译文更准确。因为在汉语中，"眉头"是指"两眉附近的地方"③，而"额"是指"人的眉毛以上头发以下的地方"，"通称额头"④。

（3）第4—5行：大约这脸的天（增加："然"）的特色就是一种，奈何牠不得的。前额是低的，两只小眼睛（增加："好"）像狡猾（增加："的"）女商人，一样（删去"一样"二字）轮来轮去……

修改分析：译者出现笔误，所以在"天"后面增加一个"然"字，组成词语"天然"，从而使句子更通顺。另外，译者在句中增加"好"字和"的"字，删去"一样"两字，可以使句子更简洁更通顺。

（4）第7—8行：夏列斯妥夫看了自己的脸，气忿了，觉得这脸对他也在玩（"玩"改为："弄"）阴谋。他走到前厅，准备着（删去"着"字）出去，又觉得连那些外套，橡皮（增加："套"）靴（增加："和"）帽子，也在对他弄着阴谋。

修改分析：在汉语中，"玩"的意思是"使用（不正当的方法、手段等）；用不严肃的态度来对待；轻视；戏弄"⑤，"弄"的意思是"做；干；办；搞；耍；玩弄"⑥。"玩"和"弄"可以组成"玩弄"这一词语，译者把"玩"字改成"弄"字，可以更突出"做"的含义。另外，译者删去"着"字，可以使句子更简洁。译者把"橡皮靴帽子"修改为"橡皮套靴和帽子"，可以使译文更准确。

（5）第13行：（一八八七年一月作）（删去"一月"两字）。

（鲁迅译）（删去"鲁迅译"）

修改分析：译者删去"一月"，可能是与前几篇小说在结尾所署的日期一致，都只标出写作年份，而没有标出月份。另外，译者删去"鲁迅译"这几个字，主要是为了与另外两篇小说的格式统一，那两篇小说的译稿都没有在小说末尾标明"鲁迅译"。

---

① 中国社会科学院语言研究所词典编辑室编：《现代汉语词典》（2002年增补本），商务印书馆2003年版，第786页。
② 同上书，第879页。
③ 同上书，第861页。
④ 同上书，第328页。
⑤ 同上书，第1297页。
⑥ 同上书，第937页。

二 结语

虽然鲁迅翻译的契诃夫的这三篇小说大约只有8000字,但是鲁迅在翻译手稿上的修改达到127处(此外尚有多处被完全涂掉之处)。通过对鲁迅在这三篇翻译手稿上的修改内容的概述和分析,可以得出如下的结论:

1. 从鲁迅对这三篇翻译手稿的修改可以看出,鲁迅在翻译过程之中注重对字、词、句和标点符号的使用,努力做到译文的"信""达",从而方便中国读者的阅读。

总的来说,鲁迅在这三篇翻译小说的手稿上的修改可以大致归为如下几类:(1)修改译稿中的笔误。如手稿第15页第2行:"然而,什么缘呢?"鲁迅此处出现了笔误,所以把"缘"修改为"缘故"。(2)修改译稿中不太通顺的句子。如手稿第8页第7行中"他气闷,肚里火在烧。"鲁迅把"肚里火在烧"改为"肚里好像火在烧",可以使语言更准确,句子更通顺。(3)修改译稿中不太恰当的字词。如手稿第6页第1行:"为了尊敬俄罗斯和伊朗的钦善的表记",鲁迅把"尊敬"先改为"作为",后又改为"尊重",从下文来看,译者选择"尊重"可以更突出"敬重"的含义,从而使翻译的内容更准确地表达出市长的心理。(4)为译稿中的一些外文单词增加中文说明。如手稿第5页第7—8行:他用叉刺着熏鱼,点点头说:"好!Bien!"鲁迅在波斯贵人所说的外国单词后面加上中文含义,可以方便中国读者理解他所说的内容。(5)把一些人名修改为通用的中文译名。如手稿第2页第3行:"古斤已经有了两个徽章,一个斯丹尼斯拉夫三等勋章"。译者把"丹"改为"坦",使人名更符合汉语中通用的译名。(6)把一些词语修改为专业的医学名词。如手稿第15页第10行:"可敬的同事希拉把女优绥米拉米提娜的肾脏误诊为脓疡。"修译者在肾的前面添加"游走"两字,并删掉"脏"字,这是因为"游走肾"是一个医学中的专业名词,指肾脏不在正常的肾脏位置,这样修改可以使译文更准确。(7)把三篇小说中的写作时间等一些细节问题统一。如手稿第19页第13行:(一八八七年一月作)(鲁迅译)。译者删去"一月",可能是与前几篇小说在结尾所署的日期一致,都只标出写作年份,而没有标出月份。另外,译者删去"鲁迅译"这几个字,主要是为了与另外的两篇小说的格式统一,那两篇小说的译稿都没有在小说末尾标明"鲁迅译"。

2. 从鲁迅的这三篇翻译手稿中可以看出,在鲁迅修改后的手稿中仍然存在一些语言方面的错误。

需要指出的是,鲁迅虽然对这三篇小说的翻译稿做了大量的修改,但是在这些翻译手稿中仍然存在一些问题,具体种类如下:(1)仍然存在一些笔误。如手稿第16页第9行中的"并非可罗派理台勒尼,倒是我!"从上文出现的人名来看,鲁迅在"可"前漏掉了"斯"字。另外,手稿第17页第12行中的"公司"应当是"公开"。(2)仍然存在一些不太恰当的字词。如手稿第17页第1行:"一个普鲁士的奸细——这已经确是 ultima ratio（至高的结论）了！"译者把 ultima ratio 这个英文习惯用预先翻译成"至高的结论"，后来又把"至高"修改为"惟一"，但是，ultima ratio 的意思是"最后的结论，最后的手段"，从上下文来看，译者把 ultima ratio 翻译成"惟一的结论"，仍然显得有些不准确。（3）仍然存在一些不太通顺的句子。如手稿第 10 页第 10 行中的"我急于要如一个人！"鲁迅虽然把"如"改为"成"，但是在汉语中，这个句子仍然不太通顺。（4）仍然存在一些错误的标点符号。如手稿第 17 页第 10 行："我以为是我的义务："，从上下文来看，此处的冒号应当为句号。

对于鲁迅翻译手稿中存在的这些明显的错误，特别是其中的一些错误还被后来的不同发表版本沿用，我们应当用理校的方法纠正这些错误，在鲁迅译稿的正文中保留这些错误字词的同时，还要在注释之中把明显错误的字词改正过来。

3. 从鲁迅的这三篇翻译手稿中也可以看出，鲁迅的翻译观点和翻译实践并不太一致，我们要结合具体情况对鲁迅所倡导的翻译观点和他的翻译实践进行辨析。

众所周知，鲁迅提倡"直译"的翻译方法，他在写于 1935 年 6 月 10 日的《"题未定"草》（一至三）一文中表明了自己翻译《死魂灵》等外国讽刺小说的观点：

> 如果还是翻译，那么，首先的目的，就在博览外国的作品，不但移情，也要益智，至少是知道何地何时，有这等事，和旅行外国，是很相像的：它必须有异国情调，就是所谓洋气。其实世界上也不会有完全归化的译文，倘有，就是貌合神离，从严辨别起来，它算不得翻译。凡是翻译，必须兼顾着两面，一当然力求其易解，一则保存着原作的丰姿，但这保存，却又常常和易懂相矛盾：看不惯了。不过它原是洋鬼子，当然谁也看不惯，为比较的顺眼起见，只能改换他的衣裳，却不该削低他的鼻子，剜掉他的眼睛。我是不主张削鼻剜眼的，所以有些地方，仍然宁可译得不顺口。只是文句的组织，无须科学理论似的精密了，就随随便便，但副词的"地"字，却还是使用的，因为我觉得现在看惯了这字的读者已经很不少。[①]

如果把鲁迅的上述翻译观点对照他的这三篇翻译手稿的内容，可以看出鲁迅的上述翻译的观点在这三篇翻译手稿的内容中有一定程度上的体现。但是，鲁迅在翻译契诃夫的这三篇小说的过程中不仅大量采用"直译"的翻译方法，而且也适当采用"意译"的翻译方法，并采用了一些中国化的词语，由此可以看出他的翻译观点和翻译实践并不太一致。

鲁迅在用"直译"的翻译方法来"保存着原作的丰姿"的同时还要"力求其易解"，这就不可避免地造成翻译过程中的困难，使得他只好在一些地方采用"意译"的

[①] 鲁迅：《鲁迅全集》第 6 卷，人民文学出版社 2005 年版，第 364—365 页。

翻译方法。如手稿第 15 页第 9 行："夏列斯妥夫却毫不合他一点心意继续地说到……"鲁迅把"毫不合他一点心意"修改为"置之不理",就是采用了"意译"的方法,这样可以使译文更简洁。

另外,鲁迅还强调翻译要"必须有异国情调,就是所谓的洋气"[①],但是从《波斯勋章》的翻译手稿中可以看出,鲁迅还使用了一些中国化的机构名称,如鲁迅在手稿中先后使用了"衙门"和"公署"这两个词来表明市长所在的官方机构的名称,并且又把"公署"修改为中国化的名称"衙门",但是这个单词在契诃夫的俄文小说的原文中是"参议会",毫无疑问,"参议会"这一西方化的机构名称比"衙门"这一中国化的机构名称更有"异国情调"。类似的例子还有鲁迅在《阴谋》的翻译稿中把"一月"翻译成"正月"（"正月"显然是中国农历中的名称）,在《波斯勋章》的翻译稿中把"日本"翻译成"扶桑"（虽然中国古代把日本称为扶桑,但是很显然俄国并不把日本称为扶桑国）。由此可见,鲁迅在具体的翻译实践中也并不都像他所倡导的那样把译文译得富有"异国情调"。

---

① 鲁迅:《鲁迅全集》第 6 卷,人民文学出版社 2005 年版,第 364 页。

鲁迅域外传播研究的一个范式
——以《鲁迅域外百年传播史(1909—2008)》为例

安阳师范学院文学院 姬学友

据《鲁迅域外百年传播史（1909—2008）》的作者王家平自述，这项从 2000 年开始启动，2004 年通过验收的国家社科基金规划项目，本应更早一点出版，但因各种正事和杂事缠身，"修改书稿和校读文献的工作一直持续到 2008 年上旬才结束"，而出版已经是 2009 年 2 月了。作者因此感慨，"前前后后八年的时光洒落在这本书上"[①]。笔者倒觉得，作者这一近乎十年磨一剑的持续研究和细致打磨的过程，反倒成全了这部著作的完整性，即从内容到时间上，将鲁迅域外传播的各种成果从 2004 年又延伸到了 2008 年。这样，不仅更为及时和齐全地收入了国际鲁迅研究界的最新资讯，而且构成了真正名副其实的鲁迅域外百年传播史。所以，这部著作晚出版了几年，从学术史角度看，适逢其时。但是，这样一部堪称填补空白的著作出版后，学术界并没有给予足够的关注和重视。据笔者所知，只有一篇书评性质的文章发表在《鲁迅研究月刊》2009 年第 10 期。这是笔者不揣浅陋写作这篇小文的动因。

第一，这是国内第一部系统、完整、格局宏大的综合性的鲁迅域外百年传播史，填补了鲁迅域外研究的一个空白，在鲁迅学史上具有显著的开创性和启迪意义，为今后撰写更为全面、更加权威的鲁迅域外传播和研究史提供了坚实的材料基础和理论参考。这部著作的某些观点可能存在争议，某些资料引证可能不够到位，但这不影响它是第一部系统、完整、格局宏大的综合性的鲁迅域外百年传播史。原因是，它的完成恰好截止在一个相对完整的历史时段，即 1909—2008 年。正如王瑶的《中国新文学史稿》，这部学科标志性的著作之所以被学界公认为第一部系统完整的中国现代文学史，是因为与此前的文学史著作相比，它的完成是在一个相对完整的历史时段（1917—1949）结束之后。简言之，历史时段的完整性是主要因素。

从戈宝权在 20 世纪 40 年代开始拓荒到目前为止，关于鲁迅在世界上的传播与影响的研究已经走过了六十多年的道路，取得了一批丰硕的学术成果。但是已有的研究存在的

[①] 王家平：《鲁迅域外百年传播史（1909—2008）》，北京大学出版社 2009 年版，第 448 页。

主要问题是：多数研究者止步于资料的搜集、整理上，主要停留在对某一国家某一时段鲁迅研究状况的介绍上，未能对鲁迅在全球范围的传播与影响的历史做整体观照。

比如20世纪80年代初乐黛云编《国外鲁迅研究论集》（北京大学出版社1981年版），收集了1960—1980年近二十年的国外鲁迅研究论著，日文居多，兼有英文、俄文。编者虽在前言里综述了这一时段的国外鲁迅研究的内容范围和某些共同特色，但主要还是资料汇编的性质。20世纪90年代初乐黛云主编的《当代英语世界鲁迅研究》（江西人民出版社1993年版），精选了20世纪80年代西方英语世界鲁迅研究专家李欧梵、波德拉、马波李、伊琳艾勃及林毓生等人的代表性文章，以见证鲁迅研究在当代已经成为一个世界文化现象。但是正如书名所示，内容集中在英语世界，时间限定在20世纪80年代，所以仍然是一部专题性的资料选本。

张杰的《鲁迅：域外的接近与接受》（福建教育出版社2001年版），汇集了作者十多年来关注国外鲁迅研究动态和鲁迅在国外的传播与接受的研究论文。该书上编"鲁迅与日本友人"，以41篇较简短的文章详细考证了鲁迅与日本友人或直接或间接的交往。如鲁迅与嘉纳治武郎；鲁迅与宫崎寅藏、宫崎龙介；鲁迅与武者小路实笃；鲁迅与青木正儿；鲁迅与山本忠孝；鲁迅与清水安三；鲁迅与丸山昏迷；鲁迅与今关寿磨；鲁迅与盐谷温；鲁迅与辛岛骁；鲁迅与本间久雄；鲁迅与金子光晴、森三千代；鲁迅与长谷川如是闲等。下编为"国外鲁迅研究综述"，用9篇长文较为全面地介绍、评论了20世纪90年代以前国外尤其是日本鲁迅研究的历史与成就。从时段和地域的覆盖面看，自然不能说是鲁迅域外百年传播史。

张梦阳的《中国鲁迅学通史》（广东教育出版社2002年版）对于域外的声音非常关注，还专门设有专题索引以辑录域外鲁迅研究主要著述。但一则不是专门的鲁迅域外传播研究史，二则时间截至2002年。张梦阳的《鲁迅学在中国在东亚》（广东教育出版社2007年版），年代几近百年，且有很明确的史的意识和梳理，但地域仅限于中国和东亚，未涉及域外其他国家和地区的鲁迅研究。

这当然不是上述研究者和研究成果本身的问题，而是客观上其完成的时间、固有的体例及研究的侧重点等没有提供这种便利。

王家平的这部著作对百年来鲁迅在世界上的传播史做了整体的、全方位的研究，描述了鲁迅思想和作品在世界上传播的历史轨迹，展现全球范围内中国学界对鲁迅作品的翻译和研究的丰富性和复杂性，评介鲁迅传播史上的重要现象和热点问题，分析有代表性的鲁迅研究者及其学术成果，探讨鲁迅在世界上所产生的影响。作者的历史分期是以时空维度做参照的，研究对象和范围是除中国内地和港澳台学者用外文撰写的鲁迅研究成果外的非中国籍贯和族裔人士用外文或者中文撰写的鲁迅研究成果。这样的区域划分和界定是否就十分合理，学术界自可继续讨论，但作者是认真实现了自己的研究规划和目标的。

第二，《鲁迅域外百年传播史（1909—2008）》的作者王家平是一位学有专长的鲁迅研究学者，其鲁迅研究专著受到著名鲁迅研究家张梦阳先生的关注和重视。在《中国鲁迅学通史》这部专著的"鲁迅研究的新视野和新话语"部分，对王家平的《鲁迅精神世界凝视》做了专门评述。认为作者"走的是一条'体验与实证'相结合的路，沉浸在鲁迅所经历的各种生存体验之中，对鲁迅的精神世界做深沉的凝视，以翔实的史料为佐证，完成了具有精神探险意义的个性化研究"。这是对作者学术能力和研究取向的高度肯定。所以，王家平的这部书名为《鲁迅域外百年传播史》，实际上也可以当作鲁迅域外研究史或鲁迅域外学术史来读、来参照，书中所论，都可以看作是对鲁迅学史的有益补充、专题扩展和域外延伸，具有很强的知识性、可读性和学术性。要了解域外鲁迅传播的方方面面，诸如区域格局、重要学派、代表成果，以及对鲁迅遗产的理解和态度等，本书无疑是一条捷径，一个窗口，一幅清晰具体的蓝图。

第三，作者的史料学功夫扎实过硬，一个重要标志是，本书提供的信息量颇为丰富，材料新鲜、权威，有一些是直接源于英文的第一手资料。不仅如此，对这些材料的梳理、归位和解读也很清晰、到位。这一点，从本书作者对这些材料分门别类的合理使用，以及参考文献中附录的大量英文资料可以得到证明。

比如，作者对域外以博士论文的形式研究鲁迅的有关成果做了较为系统的专门评介，为一般的鲁迅爱好者和研究者提供了一个很清晰的线索，这是本书在资料学方面的一个突出贡献。因为时间、视野或精力等的限制，一般的爱好者和研究者对这些资料未必特别了解，有的甚至闻所未闻。有了本书的介绍，至少可以省却一些翻检之劳。如果下点功夫，很可以据此写出一部或一篇相关专著和论文。

再如，作者还提供了一般研究者不大留意的国外鲁迅研究者对鲁迅书法的看法，这对研究鲁迅的艺术修养和审美趣味不为无益。在本书第一章第五节"增田涉的《鲁迅的印象》及其他"中，作者特别谈到了增田涉对鲁迅书法的看法，并在增田涉的看法基础上得出了自己的结论。在不到五百字的《鲁迅书法的风格》一文中，增田涉从四个维度触到了鲁迅书风的艺术内涵。首先，他将鲁迅的书法和文学联系起来，从形质（形式和内质）的维度发现了鲁迅的书风和文风的明显差异，他认为鲁迅"写着那么尖锐或者可怕的、闪着一刀喷血的匕首光芒的文章，可是他写的字，决不表现着锐利的感觉或可怕的意味。没有棱角，稍微具着圆形的，与其说是温和，倒像有些呆板"。其次，他将鲁迅的书法和中国古代书法传统联系起来，从历史（比较和推断）的维度部分地捕捉到了鲁迅书风的艺术来源和特征："他的字，我以为是从章草来的，因为这一流派，所以既不尖锐也不带刺，倒是拙朴、柔和的。"再次，他将鲁迅的书法和性格联系起来，从表象（感性和印象）的维度看到了字如其人这一中国书法史上最具人气的论书原则和鲁迅横眉冷对的踔厉性格之间的强烈对比。增田涉认为，鲁迅的性格是"尖锐而刚烈"的，可是"从所写的字看来，他既没有霸气也没有才气，也不冷严"，"而是在真挚中有着朴实的稚拙味，甚至显现出'呆相'"。最后，也是最难能可贵的一点，在指出鲁迅的书法与文学、书法与性格存在明显反差之后，增田涉没有轻易质疑中国古代文论（书论）中文（字）如其人这一经典命题的可靠性和权威性，而是换了一种思路，给出了造成鲁迅的文和人、书和人的这种显著差异的主要原因。他认为鲁迅的文章和性格"毕竟是环境——政治环境所使然"，"而原来的他，也许像他的字所表现的那样吧"。增田涉的结论是，在某种本质精神和原初意义上，鲁迅的书法更接近他"原来的性格"①。限于篇幅，增田涉止步于感觉和印象，未对鲁迅书法做进一步和深入的探究，在表述上也有不够到位的地方，但其切入角度无疑是对路的。他不是单向地、固化地谈论鲁迅书法，也没有被表象所限制，而是在理解、尊重鲁迅的基础上加入了自己的独立思考和感悟，从而较为准确地把握住了鲁迅书法和他的个性、创作之间的内在关联。对此，王家平认为，增田涉"从文学与书法风格的差异角度"谈论鲁迅的书法和性格，"更具有开创之功"。这是很有见地的史识。

对于鲁迅书法，作者还提供一段相关史料：1980年1月10日至2月23日，西德西柏林国家图书馆"同时代人——鲁迅"展览。著名女作家卡雷娜·尼霍夫撰文，对鲁迅钻研碑帖的行为做了独特解释："这些碑文集中体现了汉字的简洁、明了，鲁迅从中发现了他在以后生活中应具有的风格和品德，他从中得到了教益。"② 对此，王家平认为，谈论鲁迅解读和临摹碑帖的文章很多，但很少有人像尼霍夫那样揭示出鲁迅的生活情趣、道德品质与碑帖之间可能的精神关联，她的这一解读的确是意外的收获。尼霍夫对鲁迅书法的评价，诸如"流畅优美""令人喜爱"，是一种"美学的享受"，也是很到位的。

在第一章第二节"隔膜与融通：访问记、回忆录和传记中的鲁迅"中，作者特别提到了这样一件史实：丸山昏迷访问记中披露的鲁迅在仙台医专时被某些日本同学诬为事先从教授处获得考题的事件，要比鲁迅本人在《藤野先生》（1926年12月发表）中首次写到此事早了三年多。书中说：

> 丸山昏迷（1894—1924），原名丸山幸一郎，1919年来到中国，曾在北京大学旁听鲁迅讲授《中国小说史略》课程，与周氏兄弟交游，1922年起担任北京的日文刊物《北京周报》的记者。在1922年4月23日和1923年4月1日《北京周报》的第14期和第59期上，丸山昏迷发表《周作人氏》和《周树人氏》两篇对周氏兄弟的访问记。第一篇文章虽然以周作人为主角，但也以四百多字的篇幅介绍周树人的中国小说史研究和周氏兄弟的外国文学翻译事业，不过遗憾的是，文章始终没有提到作为作家的鲁迅及其文学创作情况。第二篇访问记才真正以文学家的鲁迅为主角，重点介绍鲁迅在日本的受教育情况，以及他放弃医科学业从事外国文学翻译的情况。文章披露了鲁迅在仙台医专时被某些日本同学诬为事先从教授处获得考题的事件，需要强调的是，这比鲁迅本人在《藤野先生》（1926年

---

① 王家平：《鲁迅域外百年传播史（1909—2008）》，北京大学出版社2009年版，第59—61页。
② 同上书，第219页。

12月发表）中首次写到此事早了三年多。丸山昏迷的文章给了鲁迅的创作很高的地位："在现代中国，鲁迅的小说，无论是在文章的艺术魅力方面，还是在文章的洗练简洁方面，都远远地超过了其他许多作家。"①

这一史实有助于佐证鲁迅在仙台医专的求学细节、加深对鲁迅和藤野先生的关系的深度认识，甚至有助于理解鲁迅其后弃医从文的人生选择。

如果说本书提供的全部资料是森林的话，那么我们从中不仅见到了森林，而且见到了树木。由此可见，将《鲁迅域外百年传播史（1909—2008）》视为鲁迅域外传播研究或者鲁迅研究的入门工具书之一，并不为过。

第四，《鲁迅域外百年传播史（1909—2008）》不仅清晰、全面、有条不紊地梳理了大量的鲁迅域外传播的史料线索，显示了作者治学的严谨和视野的阔大，而且取精用宏，见解独到，在史实的基础上看出了史家的鉴真辨伪的历史意识。本书对鲁迅的国外传播现状有着较为充分的了解和系统的把握，故在一些具体的传播实例的评述上，时有自己的辨析和观点，强化了本书的史的属性。

在本书第三章"鲁迅在欧洲和北美国家的传播"部分，作者描述并澄清了关于罗曼·罗兰评价《阿Q正传》的信件是否存在这一历史公案的来龙去脉。然后说：

> 如今，是非曲直已经比较清晰，回望这段文坛公案，觉得有一点值得回味：就是争辩的双方都很看重那封涉及对《阿Q正传》评价的罗曼·罗兰的信件，尽管郭沫若等人是不承认这封信存在的。当时的中国在国际舞台上是个弱者形象，能够得到世界上最主要的国家之一的法国文化界的肯定，能够得到该国大文豪的好评，似乎中国文学就真正在世界舞台占有一席之地了，这里面是否包含着作为"弱者"的焦虑和自卑呢？倒是鲁迅本人的态度值得关注，他对罗曼·罗兰的评价当然是欣喜的，但那是获得知音的欣喜；他没有拿罗兰的评价来自炫，他没有借外人抬高自己的虚荣和自卑，他谢绝瑞典学者斯文·赫定提名他作为诺贝尔文学奖候选人的好意，就是担心万一自己获奖了会助长国人的虚骄心理而忘记革故鼎新的事业。②

作者从有关各方对罗兰信件有无的极端重视及开脱自辩中，得出其中包含着作为"'弱者'的焦虑和自卑"的结论，确为卓识。

在本书第一章"鲁迅在日本传播的发端及其初步展开"，作者先提炼了"竹内鲁迅"的基本论点：

---

① 王家平：《鲁迅域外百年传播史（1909—2008）》，北京大学出版社2009年版，第8—9页。
② 同上书，第59—61页。

竹内好的论文《作为思想家的鲁迅》在起首处就明确指出："鲁迅不是所谓的思想家。把鲁迅的思想作为客体抽取出来是很困难的。在他那里，没有体系的东西。"接着，竹内好分析道：

鲁迅不是有体系的思想家。他既无文学论，也没有文学史（他的主要著作之一《中国小说史略》是把文献考证和作品评价结合在一起的著作而不是历史）。他的小说是诗化的；评论是感性的。他在气质上同概念思维无缘。会类推，不会演绎；会直观，却不会构成。抱着一定的目的和方法对待世界，即所谓立场，在他是缺少的。

然后指出：

看来，竹内好对于思想家的定义太过于呆板了。西方的多数思想家确实是用概念进行抽象思维，但多数东方思想家却是凭借诗性思维展开思想的空间，难道我们能说庄子诗意盎然的《逍遥游》不是对思想的完好传达吗？就是在以抽象思维占统治地位的西方思想界，也还有"尼采"、柏格森、海德格尔一脉的诗人哲学家。其实，思想的传达方式是多样的，决不只逻辑的、抽象的传达方式；直觉的、感性的传达方式或许还能够把思想传达得更加优美。《野草》中的散文诗，凝结着鲁迅对自然、历史、生命的哲学性思考，鲁迅的小说和杂文正是建立在他对中国社会和文化的深刻思想基础上。西方思想讲究体系的完整性，但东方思想更多是集成式的组合；亚里士多德"形而上学"式的"体系"哲学固然博大精深，但孔子的《论语》和后来禅宗的诸多语录在对话中睿智地展开思想，同样也显现着人类智慧的光辉。把鲁迅的作品，尤其是把他的10多部杂文集集拢起来看，一部中国近现代思想的历史就能够比较完整地展现在人们面前。竹内好对"诗人哲学家"的鲁迅没有足够的认识，这是他学术研究的一个缺憾。

竹内好的《鲁迅》一书对强势西方文化显示出可贵的独立意识，他坚决反对日本亦步亦趋地照搬西方的近代化模式，但遗憾的是，他本人在论述鲁迅的思想家身份时，却严格地以西方的思想家标准来否定鲁迅的思想家身份，陷入了他一直所批判的"欧洲中心论"的泥沼。[①]

众所周知，"竹内鲁迅"以其创造性的研究而独树一帜，对日本乃至国内鲁迅研究具有重要的影响和启迪作用。作者对竹内好在鲁迅小说类型研究方面的首创之功，对他的宏观视野和全局胸怀，都持肯定态度。但作者也敏锐地看到并恰如其分地指出了"竹内鲁迅"的悖谬或硬伤，显示出慎思明辨的学术特质。

---

① 王家平：《鲁迅域外百年传播史（1909—2008）》，北京大学出版社2009年版，第42—43页。

第五,《鲁迅域外百年传播史(1909—2008)》以大量可靠可信的域外资料,昭示了鲁迅的巨大影响和魅力,无可争议地说明了鲁迅不愧为世界性的伟大作家。

受文化传统、时代政治及研究者认知能力等诸种因素的影响,域外译介、传播鲁迅的原因是多方面的。或出于政治需要,或出于外交需要,或由于文化比较和参照,或由于探求艺术真理的需要。尽管其中夹杂着不少误读和曲解,但更多的是域外中国学界对鲁迅及其作品的真知灼见、浓厚兴趣。毋庸置疑,鲁迅作为世界性的文化、思想和精神资源,已经成为域外认识中国、了解中国的不可忽视的标志性人物和难以绕开的显在路径。鲁迅的作品将继续吸引世界上那些对美好的人类精神产品有着敏锐感知力的人们。正是在这一意义上,本书显示出它的独特价值来,那就是从域外反观域内,以引起域内的省思。当世界都在持续聚焦、探究、传播甚至汲取这样一位属于中国的文化伟人的艺术魅力、文化思想和人格精神时,作为中国人,中国学界,我们没有丝毫理由不珍视、崇仰、维护自己民族的伟大灵魂,没有丝毫理由漠视、遮蔽甚至贬损自己民族的文化英雄。这是这部专著不可忽视的现实意义之所在。

《鲁迅域外百年传播史(1909—2008)》的编撰,为我们提供了一个有参考价值和启发意义的学术史文本,这是一项功德无量的基础研究成果。对作者付出的心智和劳力给予足够的总结和推介,将使鲁迅学这座大厦的一砖一木更坚实,也更牢固。

留学生周树人"个人"语境中的"斯契纳尔"
——兼谈"蚊学士"、烟山专太郎

日本·佛教大学 李冬木

前言

在周树人（即后来的鲁迅，1881—1936）留学时代关于"个人"的语境当中有个"斯契纳尔"（M. Stirner），该人被《鲁迅全集》注释为现在通用的"斯蒂纳"或"施蒂纳"。① 本论将此作为问题提出，是缘于两个相互关联的契机。

一个是作为笔者《留学生周树人周边的"尼采"及其周边》② 一文的接续内容，"マクス·スチル子ル"——"斯契纳尔"（M. Stirner）——也是出现在留学生周树人周边的那个"尼采"的周边事项之一，当以"尼采"为中心观察其周边时，便必然要与之相遇。在前一篇论文中，笔者在"鲁迅与尼采"这一研究框架内做了两点尝试，一个是研究视点的调整，即把从后面看的"鲁迅"，调整为从前面看的"周树人"，再由前向后看"尼采"在从"周树人"到"鲁迅"过程中的伴同轨迹及其影响；另外一点是通过"清国留学生周树人"的视角来确认他当时面对的到底是怎样一个"尼采"。就方法论而言，笔者在其中导入了"周边"的概念。为便于说明，兹录如下：

---

① 1981 年版《鲁迅全集》注为"斯蒂纳"，参见第 60 页注释 [29]、[30]。2005 年版，第 61 页，注释 [29] 为"斯蒂纳"，[30] 为"施蒂纳"。本论表述采取目前通常所使用的"施蒂纳"。

② 这是提交给新加坡南洋理工大学"尼采与中国现当代文学国际学术研讨会"（张钊贻教授〔Assoc Prof. Cheung Chiu-Yee〕召集并主持，2012 年 11 月 22—23 日，于新加坡南洋理工大学文理学院。"Nietzsche and Modern and Contemporary Chinese Literature". The conference is supported by the Centre for Liberal Arts and Social Sciences (CLASS) and the Confucius Institute at Nanyang Technological University (NTU). It at NTU in 22—23 November 2012）的专题论文，但从内容上来说，只进行到途中，故在文后注明"未完待续"。收入张钊贻主编《尼采与华文文学论文集》，新加坡八方文化创作室 2013 年版，第 87—126 页。山东社会科学院《东岳论丛》2014 年第 3 期全文转载。

这是一个相对的概念。当把"尼采"作为某类框架（如这次会议的主题所显示的那样："尼采与中国现当代文学"）中的问题时，"尼采"才会成为浮现在周树人周边的一个焦点并且自带一个周边，然而事实上当把问题框架做出某些调整而目光所及又旁及其他问题时，则会发现同样一个周树人的周边还会另有很多焦点在凝聚，在浮动，而这些焦点的周围又都个自带有相应的周边，就像抓起一把小石子抛向平静的水面所看到的那种情形。具体就人物而言，可与"尼采"这一焦点相并列的一列就可以是一长串，托尔斯泰、叔本华、施蒂纳、易卜生、克尔凯郭尔、拜伦、雪莱、莱蒙托夫、普希金、裴多菲等等，而从理论上讲，周树人从仙台回到东京后所作那几篇论文，即《人之历史》《摩罗诗力说》《科学史教篇》《文化偏至论》《裴多菲论》和《破恶声论》里涉及的人物和事件，基本上都可以看成是周树人采择于周边，而纳之于其中的各种关注对象，只要把所谓"问题意识"指向其中的任何一点，都会使之成为"焦点"。也就是说，本论所取的只是周树人周边的一个焦点，即明治"尼采"及其周边而已，其与周围的互动只在必要时涉及。本论将采取调查整理和描述周边以映衬和凸显主体的方式来呈现周树人和他的"尼采"。①

从这个意义上说，这个"斯契纳尔"即现今通称的"施蒂纳"，也就是在此之前已经定位了的那个"尼采"周边的一个相关事项。一般说来，其在周树人的关注当中，通常与"尼采"结伴而行，是处理"尼采"问题时所必然要涉及的一个对象，而且也跟"尼采"之于"周树人"的情形一样，在现在的时点上应该首先明确的一个问题，就是当年的留学生周树人面对的是怎样一种情形的"施蒂纳"？答案当然是保留在鲁迅文本中的"斯契纳尔"，而不是后来被阐释的处在现今语境下的"施蒂纳"。

促成本论的另外一个契机，是汪卫东教授（苏州大学中文系）向笔者提出的问题和他在解答这一问题上做所的努力及其取得的成果。早在七八年前他就向笔者提出"蚊学士是谁"的问题。这是出现在日本明治时代《日本人》杂志上的一个署名。由于笔者一直处于其他课题的驱赶之下，无暇去调查，就当作留给自己的一份作业存案下来。2013年3月在南京师范大学参加"鲁迅与20世纪中国文学国际讨论会"时，再次见到汪先生并获赠他的新著《现代转型之痛苦"肉身"：鲁迅思想与文学新论》②（以下略称"汪著"），诚乃令人欣喜。作者在与"蚊学士"相关的研究方面付出了艰苦的努力并终于有了新的进展乃至重大突破。该书第三章"资料、阐释与传承"当中设专节，即第二节"新发现鲁迅《文化偏至论》中有关施蒂纳的材源"③来报告这一成果。其中最重要的内容是通过日文文本翻译、解读和与鲁迅文本比较，使"鲁迅《文化偏

---

① 张钊贻主编：《尼采与华文文学论文集》，新加坡八方文化创作室2013年版，第88页。
② 汪卫东：《现代转型之痛苦"肉身"：鲁迅思想与文学新论》，北京大学出版社2013年版。
③ 同上书，第357—372页。李冬木按：应为《无政府主义を论ず》。

至论》中有关施蒂纳的材源"获得确证,即来自"明治时期杂志《日本人》"上的"一篇署名'蚊学士'的长文《無政府主義論す》①(《论无政府主义》),鲁迅有关'施蒂纳'的言述,其材源就来自该文,而且属于直接转译过来的"②。笔者不揣浅薄,从自己的问题角度检证了汪先生的这项研究成果,私以为上述结论完全成立,而且是近年来少见的一项重大发现,在"这一发现,应有助于我们进一步深入考察鲁迅'立人'思想的形成和内涵"③的意义上,怎么评价都不显得过分。

本论惠承这项成果,并对汪先生的劳作和贡献表示钦佩和感谢。笔者在前作《留学生周树人周边的"尼采"及其周边》当中曾对《文化偏至论》中"尼佉之言曰"的材源进行了调查,也对周树人为"个人之语"所做的正名之由来的环绕他的"周边"背景做了较为广泛的考察,此次汪著对"施蒂纳"材源的确证,进一步充实了"留学生周树人周边"的内容,与笔者所做工作完全处在一个方向上,那就是证实着人们通常所说的"早期鲁迅"所面对的"西方",其实几乎就是环绕在留学生周树人周边的日本明治版的"西方"。笔者相信,这种新的发现将促使研究者重返并面对当年周树人所置身的那个历史现场及他在那个现场的所思所想。

那么,比如说,在《文化偏至论》中留下痕迹,处在周树人周边的那个历史现场当中的"蚊学士"是谁呢?对此,汪先生的结论是"目前作者不详"④。如上所述,笔者也一直将此当成一份作业存案。包括这个问题在内,本论的目的便是将当年周树人身边的"施蒂纳"是怎样一种存在呈现出来,以考察"斯契纳尔"通过怎样的机制进入周树人关于"个人"的话语当中。不过,在此之前还想就汪著做出进一步检证。因为这是把一项新的研究成果接纳为可用作此后研究之基础的"先行研究"所应履行的一道必要的手续。

I. 关于"蚊学士"文本的处理问题

如果先说结论的话,那么在认同《文化偏至论》中关于"斯契纳尔"的评述的确转译自"蚊学士"文本的这个大前提下,还应该指出汪著所存在的不足。总体来讲,对该材源处理上的粗疏,是比较显而易见的缺憾。

首先,可以指出的是,既然作为"材源",那么除了应附上原文之外,还应进一步明确标出材源信息,而不是笼统地表述为"文章连载于《日本人》第154号、第155号、第157号、第158号、第159号,时间为明治三十五年(1902年)一月五日至三

---

① 李冬木按:原题应为《無政府主義を論ず》。
② 汪卫东:《现代转型之痛苦"肉身":鲁迅思想与文学新论》,北京大学出版社2013年版,第359页。
③ 同上。
④ 同上书,第360页。

月二十日"①。

正如本论前面所提示,"蚊学士"《论无政府主义》原题为《無政府主義を論ず》,但汪著误记为《無政府主義論す》,在此订正。

该文分五期连载于《日本人》杂志,原期号、刊载日期和页码如下:

第百五拾四号,明治三十五年一月一日,第26—29页
第百五拾五号,明治三十五年二月五日,第27—30页
第百五拾七号,明治三十五年二月廿日,第24—27页
第百五拾八号,明治三十五年三月五日,第26—29页
第百五拾九号,明治三十五年三月廿日,第23—26页

由重新检对、确认可知,"《日本人》第154号"的刊载日期非"为明治三十五年(1902年)一月五日",而是当年的一月一日。被认为是《文化偏至论》中"斯契纳尔"之材源的部分,出现在第三回连载的"第百五拾七号,明治三十五年二月廿日,第24—27页"当中。

其次,是"蚊学士"之日文原文在"日译汉"的处理过程中所呈现来的译文方面的问题。虽然从结果来看,译文所见问题最终并未影响到总体上判断"蚊学士"文中相关部分是"斯契纳尔"的材源,但作为一项基础工作,译文的正确、准确与否,既关系到能否为此后的进一步研究提供一个可靠的汉译文本,也牵扯到今天对《文化偏至论》文本的解读及对周树人当年取材时对材源的解读和处理状况的评价。因此,有必要对目前的汉译文本做一次精读和对照。兹将"蚊学士"原文作为【附录一】,《文化偏至论》关于"斯契纳尔"部分作为【附录二】,《汪著译文②与重译之对照》作为【附录三】附于文后,以便参考。

从精读和对照的结果来看,目前汉译文本的主要问题是存在着误译和译得不太准确之处。详细情形,请参考三个附录,这里只挑主要的来说。例如,若就明显误译而言,则可以指出五处。以下分别以"甲、乙、丙、戊、己"标出,并将重译附在下面。

(甲)他以每个人作为至高无上的唯一实在,并断言:"所谓人类,所谓主义,毕竟只能是**存在于个人**的一种观念、妄想而已。"
【重译】他以每个人为最高唯一的实在,断言所谓人,所谓主义,**毕竟皆非个人人格**,而只是一种观念,一种妄想。

---

① 汪卫东:《现代转型之痛苦"肉身":鲁迅思想与文学新论》,北京大学出版社2013年版,第360页。
② 同上书,第361—362页。

(乙)自由教导我们："让你自身自由吧"，**于是它也能言明所谓"你自身"到底是什么。**

【重译】自由教给我们道，让汝自身自由！**却不言明其所谓汝自身者为何物。**

(丙)"我性"生来就是自由的，因此先天性地作为自由者追求自由，**与妄想者和迷信者为伍狂奔正是为了忘却自我。**

【重译】我性生来自由，故先天的自由者自己去追求自由，与妄想者和迷信者为伍狂奔，正是忘却了自己。

(丁)"自由，**起初**须有达到自由之权利，然后才能够得到的。但是这权利决不能在自由之外求得，而是存在每个人当中。**我的权利也不是别人给予之物，神、理性、自然和国家也都不是人所给予之物。**"

【重译】自由只有获得到达自由的权力之后**才会**获得。然而其所谓权力，决不是要人求之于外。因为权力只存在于每个个人当中。**我的权力并非谁所赋予，不是上帝，不是理性，不是自然，也不是国家所赋予。**

(戊)"**果然**，当我排斥一切束缚、发挥本来面目时，对我来说，毫无承认国家之理由，**也无自我之存在**。只有毫无'我性'的卑贱之人才应该独自站在国家之下。"

【重译】**倘果如此**，那么意欲排斥一切束缚，发挥本来面目之我，也就原本不会有承认国家之理。只有没有自己、丧失我性的卑陋之人，才应该独自站在国家之下。

(己)"**一开始**，每个人依据自我形成了自我意识和自我行为的中心及终点，**而所谓幸福，即由此产生。**故依据我性，树立了人的绝对自由。"

【重译】所谓幸福者，乃是每个个人都以自己为自己的一切意志及行为的中心和终极点时才会产生的那种东西，即他要以我性确立人的绝对自由。

在以上对照当中，黑体字和画底线处，表示"问题"之处。很显然，(甲)和(乙)把意思译反了，(丙)和(丁)则把意思译"拧"了，(戊)把后一句的前半句跟前一句捏在一起来译，致使意思不通。(己)似偏向"意译"，却无法传递出原文句子的准确意思。此外，(丁)当中的"**起初**"和(己)当中的"**一开始**"等语句，显然是没能正确理解由日语副词"始めて"或"初めて"所搭建的句型而导致的误译。这个词在日语句子结构中，大抵相当于汉语副词"才"，表示在经历了某种经验或状况之后，"才"怎样的意思。

译文问题，如果不影响《文化偏至论》文本相关部分的解读，那么也倒无关大局。然而事实又似乎并非如此。参考【附录一】"蚊学士"原文和【附录三】的译文对照可知，"蚊学士"把"施蒂纳"阐述的"我"或"我性"与"自由"的关系译介得很清楚，即我性生来自由，自由是我天生的东西，不必特意向外去寻求；如果一个先天就自由的人特意去追求身外的自由，跟那些不懂得自由为何物的人们为伍狂奔，恰恰是由于忘却了自己之"我"和"我性"的缘故；看不到自己身上与生俱来的自由，反倒向外寻找，这是一种矛盾。周树人不仅正确理解和把握了这层意思，而且还将其精当地概括出来，即《文化偏至论》关于"德大斯契纳尔"那段话当中的"**惟有此我，本属自由；既本有矣，而更外求也，是曰矛盾**"一句。事实上，在上面指出的误译当中，（乙）、（丙）、（丁）三处的内容都跟这句话相关，但遗憾的是，译者似乎未意识到自己的译文与周树人的理解存在着龃龉之处。或许也可以调过来说，在处理周树人的材源时，没能将周树人本身对材源的处理设置为有效的参照。其结果是，不论是通过"蚊学士"（日译汉）还是通过"鲁迅"（阅读），都没能正确地解读出"施蒂纳"关于"我性"与"自由"二者之关系的阐述——至少从译文上没能正确地体现出来。为此，也就真的有必要重新精读一遍周树人当年描绘的"斯契纳尔"。

德大斯契纳尔（M. Stirner）乃先以极端之个人主义现于世。谓真之进步，在于己之足下。人必发挥自性，而脱观念世界之执持。惟此自性，即造物主。惟有此我，本属自由；既本有矣，而更外求也，是曰矛盾。自由之得以力，而力即在乎个人，亦即资财，亦即权利。故苟有外力来被，则无间出于寡人，或出于众庶，皆专制也。国家谓吾当与国民合其意志，亦一专制也。众意表现为法律，吾即受其束缚，虽曰为我之舆台，顾同是舆台耳。去之奈何？曰：在绝义务。义务废绝，而法律与偕亡矣。意盖谓凡一个人，其思想行为，必以己为中枢，亦以己为终极：即立我性为绝对之自由者也。①

很显然，"斯契纳尔"这一段的核心意思是强调"我性为绝对之自由"，将此把握住了以后再回过头来看与"蚊学士"的文本关系，两者在材源上的关联才呈现得更加明晰。这里无须赘言，姑将重译过的"蚊学士"相关段落对照如下：

麦克斯·施蒂纳是基于纯粹利己主义立场之无政府主义的首倡者。他以每个人为最高唯一的实在，断言所谓人，所谓主义，毕竟皆非个人人格，而只是一种观念，一种妄想。曰，人人之理想，越是精灵化，越是神圣，就越会导致对其敬畏之情逐渐增大。然而，这对他们来说，也就因此会反过来导致自身自由的日益

---

① 鲁迅：《文化偏至论》，《鲁迅全集》第1卷，人民文学出版社2005年版，第52页。

缩小而毫无办法。所有的这些观念，都不过是各个人心意的制造物，都不过是非实在的最大者。故自由主义所开辟的进步，其实也只是增加了迷惑，只是增进了退步。真正的进步绝不在于此等理想，而在于每个人之足下。即在于发挥一己之我性，在于使我从观念世界的支配之下完全飘脱出来。因为我性即一切之造物主。自由教给我们道，让汝自身自由！却不言明其所谓汝自身者为何物。与之相反，我性冲着我们大叫道，让汝自身甦醒！我性生来自由。故先天的自由者自去追求自由，与妄想者和迷信者为伍狂奔，正是忘却了自己。明显之矛盾也。自由只有获得到达自由的权力之后才会获得。然而其所谓权力，决不是让人求之于外。因为权力只存在于每个个人当中。我的权力并非谁所赋予，不是上帝，不是理性，不是自然，也不是国家所赋予。一切法律都是支配社会的权力的意志。一切国家，不论其统治的权力出于一人、出于多数或出于全体，皆为一种专制。即使我公然宣布应以自己的意志去和其他国民的集合意志保持一致，亦难免专制。是乃令我沦为国家之奴隶者也，是乃让我放弃自身之自由者也。然则将如何使我得以不陷入如此境地呢？曰，只有在我不承认任何义务时才会做到。只有当不来束缚我，而亦无可来束缚时才会做到。倘若我不再拥有任何义务，那么也就不应再承认任何法律。倘果如此，那么意欲排斥一切束缚，发挥本来面目之我，也就原本不会有承认国家之理。只有那些没有自己，丧失我性的卑陋之人，才应该自己去站在国家之下。

"施蒂纳"之言说乃绝对的个人主义。故他一切基于个人意志，排斥道德，谴责义务。

……（中略）……

总之，"施蒂纳"说，作为个人的人，是哲学从始至终对人生问题所实际给予的最后的和最真诚的解答。所谓幸福者，乃是每个个人都以自己为自己的一切意志及行为的中心和终极点时才会产生的那种东西，即他要以我性确立人的绝对自由。

私以为，《文化偏至论》中关于"斯契纳尔"的那段话，便是留学生周树人通过"蚊学士"的日文文本对"施蒂纳"的容受、转换和重构的所谓"历史现场"。

最后，围绕鲁迅对"施蒂纳"的选取，汪著描述了当时"无政府主义"的思潮背景，以"排他法"辨析出鲁迅"施蒂纳"材源非取自同时代的其他关于无政府主义的文章，而只来自"蚊学士"。这在确定作为材源的"蚊学士"是有意义的，但反过来说是否也意味着无形中排除了某些不该排除掉的东西？关于这个问题，将放在后面具体讨论。

Ⅱ.《日本人》杂志上的"蚊学士"

以上可谓"我田引水"，是在汪著已做先行研究的前提下整理问题，确立本论的出发点。接下来的问题当然是"蚊学士"。他是谁？还写了哪些东西？既然是他构成"施蒂纳"与周树人之间的中介，那么也就成为后者周边的一个不可回避的事项。

笔者的调查也是从连载《论无政府主义》一文的《日本人》杂志开始的。但调查的结果却与汪著"在同名杂志没有发现同样署名的文章"① 这一结论不同，笔者在《日本人》杂志上还查到了署名"蚊学士"的其他文章。包括《论无政府主义》连载在内，兹将署名"蚊学士"的文章按刊载顺序编号排列如下：

  1. 愚想愚感　第百拾七号，明治三十三年六月二十日，第 32—34 页
  2. 志　第百三拾二号，明治三十四年二月五日，第 25—26 页
  3. 動的生活と静的生活　第百三拾四号，明治三十四年三月五日，第 28—29 页
  4. 漫言　第百四拾号，明治三十四年六月五日，第 41—43 页
  5. 消夏漫録　第百四拾三号，明治三十四年七月廿日，第 32—36 页
  6. 虚無主義の鼓吹者（一）　第百四拾六号，明治三十四年九月五日，第 36—39 页
  虚無主義の鼓吹者（二）　第百四拾七号，明治三十四年九月廿日，第 31—36 页
  7. 時　第百五拾三号，明治三十四年十二月廿日，第 33—34 页
  8. 無政府主義を論ず　第百五拾四号，明治三十五年一月一日，第 26—29 页
  無政府主義を論ず　第百五拾五号，明治三十五年二月五日，第 27—30 页
  無政府主義を論ず　第百五拾七号，明治三十五年二月廿日，第 24—27 页
  無政府主義を論ず　第百五拾八号，明治三十五年三月五日，第 26—29 页
  無政府主義を論ず　第百五拾九号，明治三十五年三月廿日，第 23—26 页
  9. 消夏漫録（一）　第百六拾七号，明治三十五年七月廿日，第 33—35 页

也就是说，"蚊学士"署名过 9 篇文章，在《日本人》杂志上出现过 14 次。首次出现于明治三十三年即 1900 年 6 月 20 日《愚想愚感》一文，最后一次出现于明治三十五年即 1902 年 7 月 20 日《消夏漫录》（一）一文。第二次出现的《消夏漫录》标记"（一）"，大概是为了跟上一年发表的同题目文章相区别，但此后却并无连载，也不见再有同样标题的其他署名的文章。到目前为止，就笔者阅读范围所及，除《日本人》杂志外，尚未在其他地方看到"蚊学士"这个署名。

那么，"蚊学士"是谁呢？——查到这里，"蚊学士"的线索便一时中断了。

Ⅲ. "蚊学士"与烟山专太郎

"蚊学士"这个署名显然带有戏谑调侃的味道，其对象或许是"文学士"这种头

---

① 汪卫东：《现代转型之痛苦"肉身"：鲁迅思想与文学新论》，北京大学出版社 2013 年版，第 360 页。

衔?——这是当初查找该署名时的一种漠然的揣测。果然,在翻阅资料的过程中获知,"文学士"头衔在明治时代还真是块响当当的牌子,"堂堂"且有着相当大的"威力"。这里有内田鲁庵(Uchida,Roan,1868—1929)当年回忆中的一段描述为证。

  恰是在那个时,坪内逍遥发表他的处女作《书生气质》,文学士春遘舍胧之名,突然间如雷贯耳。(《书生气质》最初是作为清朝4号刷的半纸十二三页左右的小册子,由神田明神下的叫做晚青堂的书肆隔周一册续刊,第一册发行是明治十八年六月二十四日)政治刚好进入公约数年后开设国会的休息期,民心倾向文学,李顿和司各特的翻译小说续出不断,大受欢迎,政治家的创作频繁流行正转向新的机遇,所以春遘舍的新作以比现在的博士更受重视的文学士的头衔发表出来,便在倏忽间人气鼎沸,堂堂文学士染指小说,加重了向来被视为戏作的小说的文学地位,更一层唤起了世间的好奇心。到那时为止,青年的青云希望仅限于政治,青年的理想是从出租屋直接当上参议员,然后再去做太政官,因为是这个时代,所以天下最高学府出身的人以春遘舍胧这么一个很酷的雅号来戏作小说,就比律师的姑娘去当女优,华族家的食客去电影院买票更令人感到意外,《书生气质》之所以能搅动天下,与其说是因其艺术效果,倒莫如说实乃文学士头衔的威力。①

  很显然,"蚊学士"是以谐音的方式,用"蚊子"的渺小、微不足道来对应"文学士"的"堂堂"大牌。那么,是谁跟"文学士"头衔这样过不去呢?要在众多的明治著述者当中去把这样的"故事"对应到具体的个人当然不容易。幸亏有同事提醒说有个叫烟山专太郎(Kemuyama Sentaro,1877—1954)的可是写过"无政府主义"的人,②于是便去查阅其生平和著作。果然,在一篇回忆文章里,有人特意提到了他的"学位问题"。那是烟山专太郎的弟子、日本战前和战后都很著名的国家社会主义者石川准时郎(Ishikawa junjiro,1899—1980)所写的《忆烟山先生》一文,于1954年4月6日和7日在《岩手日报》上连载,其上篇副题就是"不在意学位的秉性(学位に無とんちゃくな人柄)",而其中还另设小标题"博士(学位)问题"。说的是"烟山先生在早稻田大学担任学位审查委员多年,'制造'过很多所谓的博士,但他自己却终生没当博士"。原因是从明治到大正,日本私立大学无权授予博士学位,要想拿博士学位只有通过"官学"才行,也就是说,"烟山先生得向东京大学历史科提交论文接受审查"。"但烟山先生说:'要是让那伙人给我学位,还是不当博士的好。'更何况他并不

---

  ① 译自《二叶亭四迷的一生》(『二葉亭四迷の一生』),该文收入回忆文集《想起的人们》(『おもひ出す人々』,春秋社1925年版),本论所据文本为『明治文学回顧録集(一)・明治文学全集98』,筑摩书房1980年版,第311页。
  ② 在此要感谢我的同事辻田正雄教授,是他的提醒使笔者把注意的方向转到烟山专太郎上来。

想当博士。又过了很多年，早稻田也可以授予博士学位了，在先生看来，在自己要培养博士的时候，去跟弟子们一起当博士，实在太傻，遂终生不当博士。"① 烟山之所以不肯向他毕业的母校东京大学提交博士论文，除了对"官学万能时代"的抵抗外，还有另一个重要原因，即出于对"学阀派系"的反感。"烟山先生虽然毕业于东京大学，却并非历史科出身，而是哲学科出身。学生时代偶然去帮助在早稻田任教的有贺长雄博士（后任中国袁世凯政府顾问）办《外交时报》……而转向专门研究历史并在早稻田就职。即对东大的历史科来说，烟山先生原本就是系外之人，无缘之人，是个异端者。"② 在这种情况下，烟山专太郎无心向母校申请博士学位也就并非不可思议了。

不过，烟山专太郎应该拥有"文学士"头衔。这一点应该没有问题。明治十年即 1877 年开成学校和东京医学校合并，成立东京大学，明治十九年（1886）伴随大学令改正，改为帝国大学。③ 这是当时日本唯一的一所大学，当然是官办大学。明治十二年（1879）7 月 10 日东京大学首次举行学位授予仪式，向法、理、文三个学部的 55 名毕业生授予学位④。有介绍说当时的学位名称为"法学士""理学士""文学士""医学士""制药士"五种⑤。因为是首届，故学位授予仪式也就办得隆重、热烈、豪华，不仅 55 名毕业生在雷霆般的掌声中一一获取学位，还举办了各种讲演会和展览会，最后是一场豪华的晚宴。连当时作为"国宾"正在日本访问的美国前总统尤利西斯·辛普森·格兰特（Ulysses S. Grant，1822—1885）也于当晚列席祝贺。成岛柳北（Narishima Ryuhoku，

烟山专太郎写真

1837—1884）的《恭观学位授予式记》记录了当天的盛况："球灯千点，光照高高松柏之枝；旭旗万杆，影翻斜射楼阁之楣。鼓笛殷送欢声外，衣冠俨溢喜色内。是乃明治十二年七月十日夜于东京大学法理文学部举行向卒业诸君授予学位大典者也。格兰特君，亦幸来宾……"⑥ 所谓"学位授予"，也仅仅是"学士"学位，可见"学士"在当

---

① 『岩手日報』1954 年 4 月 6 日第 2 版。
② 同上。
③ 石井研堂：《明治事物起原》（4），筑摩书房 1997 年版，第 98—99 页。
④ 同上书，第 90—92 页。
⑤ 日语维基百科"学士"项记："1879 年，旧东京大学向毕业生授予学位，其名称定为法学士、理学士、文学士、医学士、制药士。"（http：//ja.wikipedia.org/wiki/%E5%AD%A6%E5%A3%AB，2014 年 5 月 28 日参阅）但查阅前者所引以为据的黑田茂次郎、土馆长言编『明治学制沿革史』（金港堂，明治三十九年（1906）12 月），只记载有法、理、医、制药四种"学士"，而并无"文学士"字样。参见该书第 1108 页。前出石井研堂记载"法学士"和"理学士"，亦无"文学士"记载。何时开始有文学士名称，待考。
⑥ 石井研堂：《明治事物起原》（4），筑摩书房 1997 年版，第 91 页。

时的地位之尊。在上文中出现的"文学士春迺舍"坪内逍遥（Tsubouchi Shoyo, 1859—1935）便是明治十六年（1883）毕业于东京大学文学部政治科的文学士。明治二十年（1887），伴随着"学位令"的颁布，"学士"不再是学位称号，而只是帝国大学文科大学毕业生所能获得的毕业称号，原则上仅限于帝国大学分科大学的毕业生。"学士"的普及，则在近40年以后。日本最早的两所私立大学，即庆应义塾大学和早稻田大学于1920年2月2日同时成立，它们可向毕业生授予"学士"称号，还要再等4年。

早稻田大学的前身，是当过日本内阁总理大臣的大隈重信（Okuma Shigenobu, 1838—1922）于明治十五年（1882）创办的东京专门学校。明治三十五年（1902）在该校成立20周年之秋，烟山专太郎赴该校任教，在政治经济学部和文学部史学科教历史。是年他25岁，4月刚刚毕业于东京帝国大学文科大学哲学科。虽说头上顶着帝国大学的"堂堂""文学士"头衔，但毕业后到私立学校就职，"在日清、日俄战争前后的官尊民卑时代，如果知道大多数东大毕业生的梦想和进路都在哪里，那么这在人们眼中便不能不映现出一个极端的异类"①。更何况如上所述，一个"哲学科"出身的人去私立学校教非本专业的历史，这在帝国大学史学科方面看来，就更显得是今天所说的"另类"了。不过从烟山专太郎这一面来看，则是他在研究与教学上终生与官学绝缘的开始。而且也不难想象，或许正是从那一刻起，他甚至不再把包括自己在内的、拥有唯有官学方可授予的"文学士"头衔太当回事，甚至不惜借"蚊学士"的笔名来加以调侃。

正如前面所述，"蚊学士"《论无政府主义》一文，就在同一年1月1日到3月20日分五次连载于《日本人》杂志上。这是烟山专太郎于4月毕业离校以前的事。那么"蚊学士"会是烟山专太郎吗？回答是肯定的。如果说当初从笔名入手所展开的上述调查还不出推测范围，那么通过文本对照，则可以确证，所谓"蚊学士"即烟山专太郎。

就在烟山专太郎毕业离校的那个月，也就是明治三十五年（1902）4月28日，他出版了自己的第一本专著《近世无政府主义》②。该书由东京专门学校出版部作为"早稻田丛书"出版并由出版界巨擘博文馆发行，当时主要媒体如《朝日新闻》和《读卖新闻》都刊登了广告和书讯。③ 这是部厚达411页的大作。封面除了书名和出版机构外，还印有"法学博士有贺长雄校阅／烟山专太郎编著"的字样。全书构成有作者序

---

① 小林正之：『煙山專太郎先生の回想——早稻田学園に於ける或る歷史家（一八七七—一九五四）の面影』，早稻田大学史学会编『史観』第四十二册，1964年版，第73页。

② 《近世无政府主义》（『近世無政府主義』）版权页信息如次：明治三十五年四月廿五日印刷／明治三十五年四月廿八日发行／定价金壹圆／不许复制（李冬木按：印刷在方框内）／著者烟山专太郎／发行者高田俊雄（李冬木按：住址略，以下同）／印刷者中嶋岛吉（住址）／发行所东京专门学校出版部（住址）／印刷所六六社（住址）／发卖元博文馆（住址）／发卖所有斐阁书房（住址）／同东京堂（住址）／吉冈书店（住址）。

③ 《朝日新闻》1902年5月3日東京版朝刊第七版、同年5月27日東京版朝刊第八版；《读卖新闻》1902年5月25日朝刊第8版。

— 88 —

言、参考书目（30种）、目录和前编、后编正文。前编"俄国无政府主义"标题下分七章，从第一章到第七章各有标题，各章之下还分别有子标题；后编"无政府主义在欧美列国"标题下分三章，每章标题下均有子标题。

将此与"蚊学士"在《日本人》杂志上连载的《论无政府主义》相对照，则可知后者的内容完全出自前者，既是前者内容的"拔萃"，也是将前者的学术性内容以"论"的方式面向一般杂志读者所做的介绍和阐述，从而不仅使"近世无政府主义"这一主题更加突出，也使其发生、发展乃至流变的线索呈现得更加简洁、明晰。

由于篇幅所限，不可能把对照的结果一一开列，而且也没这种必要。这里只通过两点便可以说清楚《论无政府主义》一文和《近世无政府主义》一书的作者是同一个人。

首先，仅就《文化偏至论》中涉及"斯契纳尔"材源那部分内容而言，前面所见《论无政府主义》第三回连载当中的关于"施蒂纳"那一段，基本来自《近世无政府主义》"后编"第一章"近世无政府主义之祖师"①当中的"其二　麦克斯·施蒂纳"②。"在19世纪中叶，隔着莱茵河，河东河西有两个思想家。他们都出自黑格尔哲学却又彼此之间没有任何关系，都鼓吹无政府主义。东岸是麦克斯·施蒂纳，西岸是皮埃尔·蒲鲁东。他们两个是近世无政府主义的祖师，前者提倡个人主义的无政府主义，后者主张社会主义的无政府主义"③……该章由此开始，以30页的篇幅将蒲鲁东和"施蒂纳"作为"无政府主义的祖师"来介绍。"其二　麦克斯·施蒂纳"部分在第294—302页，杂志上的论文便是这个部分的缩写，但略去了其中的"施蒂纳"生平介绍。论文中所阐述的"施蒂纳""关键特征"都可在该节里找到，甚至有些就是专著文本的原文照录。例如，专著中的以下这些话，都几乎原样呈现于论文当中："所谓人，所谓正义，只是观念，只是妄想。所谓人，都绝非个人人格，而是一种观念"④；又如，"真正的进步在吾人足下。其惟在发挥一己之我性，在于使我从这种观念世界的支配之下飘脱出来。因为我性即一切之造物主。自由教给吾人道，让汝自身自由！而又不出示其所谓汝自身者为何者。我性向吾人大叫道，让汝自身甦醒！"⑤——诸如此类，不一而足。所以，两者系出自同一作者之手无疑。

其次，在前文"Ⅱ.《日本人》杂志上的'蚊学士'"所列署名"蚊学士"文章一览当中的"6"，即『虚無主義の鼓吹者』（《虚无主义之鼓吹者》）两回连载，（其一）副题为"アレキサンドル・ヘルツエン"（即"亚历山大·赫尔岑"），（其二）副题为"ニコライ・チェル子シェヴスキー"（即"尼古拉·车尔尼雪夫斯基"）在内容上也与《近世无政府主义》几乎完全一致，相当于后者"前编"第二章"无政府主义之鼓吹者"⑥当

---

① 原文：『近世無政府主義の祖師』，烟山专太郎：《近世无政府主义》，第273页。
② 原文：《其二　マクス、スチルネル》，烟山专太郎：《近世无政府主义》，第294页。
③ 烟山专太郎：《近世无政府主义》，第274页。
④ 同上书，第295页。
⑤ 同上书，第298页。
⑥ 原文：『無政府主義の鼓吹者』，烟山专太郎：《近世无政府主义》，第31页。

中"其一 亚历山大·赫尔岑"和"其二 尼古拉·车尔尼雪夫斯基"的内容。例如，专著"其一"开头一句为"亚历山大·伊万诺维奇·赫尔岑一八八二年恰逢拿破仑远征军身处莫斯科大火时降生于此地"①。文章与此完全相同，只是在这句之前加上了"虚无党之祖"的头衔；又如，文章连载"其二"的开头是"有俄国的罗伯斯皮尔之称的尼古拉·加夫里诺维奇·车尔尼雪夫斯基，于一八二九年出生于萨拉托夫"②，专著对车尔尼雪夫斯基的介绍始于《怎么办》的内容梗概③，但此后对车氏生平的介绍，第一句则与文章的开头完全相同④。据此不仅坐实了"蚊学士"即烟山专太郎，还可知道在与专著《近世无政府主义》的关系上，《虚无主义之鼓吹者》和《论无政府主义》之不同。如以上所述，后者可以说是对全书的缩写和概括，而前者则是专著中的或一章节的几乎原样呈现，而且从文后所记日期——（其一）为"八月二十六日"⑤，（其二）为"九月一日"⑥——来看，专著中"赫尔岑"和"车尔尼雪夫斯基"这两节，几乎是在完成的同时就在杂志上发表出来了。那一年，即 1909 年，烟山专太郎 24 岁，还是帝国大学三年级的学生；而从全书的 1900 年 12 月起笔日期⑦推算，则可知在筹划这本专著时，他至多刚读大学二年级。

Ⅳ. 关于烟山专太郎

既然明确了"蚊学士"即烟山专太郎，那么就可以回过头再来查署名"蚊学士"以外的文章了。在《日本人》杂志上发表的署名"烟山"的文章如下：

1. 蘇我馬子　第六十六号，明治三十一年五月五日，第 34—39 页
2. 世界の二大勢力（一）　第六十七号，明治三十一年五月廿日，第 26—30 页
世界の二大勢力（二）　第六十八号，明治三十一年六月五日，第 24—28 页
3. 操觚会に於ける慎重の態度　第八十一号，明治三十一年十二月廿日，第 23—26 页
4. 露国怪傑ポビエドノスツエフ（一）　第百八十号，明治三十六年二月五日，第 12—16 页

　　露国怪傑ポビエドノスツエフ（二）　第百八十一号，明治三十六年二月廿

---

① 原文：『無政府主義の鼓吹者』，烟山专太郎：《近世无政府主义》，第 32 页。
② 『無政府主義の鼓吹者（其二）』，『日本人』第一百四拾七号，明治三十四年九月廿日，第 31 页。
③ 烟山专太郎：《近世无政府主义》，第 49—57 页。
④ 同上书，第 57 页。
⑤ 『日本人』第一百四拾六号，明治三十四年九月五日，第 39 页。
⑥ 『日本人』第一百四拾七号，明治三十四年九月廿日，第 36 页。
⑦ 据『近世無政府主義』『序言』中所记"起稿于前年十二月"推算。文后"烟山专太郎识"的日期为"明治三十五年三月"，即 1902 年 3 月。

日，第 16—22 页

露国怪傑ポビエドノスツエフ（三）　第百八十二号，明治三十六年三月五日，第 13—18 页

露国怪傑ポビエドノスツエフ（四）　第百八十三号，明治三十六年三月廿日，第 18—23 页

露国怪傑ポビエドノスツエフ（五）　第百八十四号，明治三十六年三月五日，第 13—18 页

5. ウェレシュチヤギンの惨死を傷む　第二百十号，明治三十七年五月五日，第 15—17 页

6. アムステルダム社会党大会の露国社会主義者　第二百廿一号，明治三十七年十月廿日，第 17—20 页

7. 不真撃の流風　第四百十八号，明治三十八年九月五日，第 15—16 页①

8. 我国将来の外交家　第四百二十二号，明治三十八年十一月五日，第 12—15 页

9. 坂垣伯の今昔　第四百四十一号，明治三十九年八月廿日，第 19—21 页

以上各文，除了 1—3 署名"烟山云城"外，其余皆署名"烟山专太郎"。根据文章内容和行文风格判断，认为"烟山云城"应该是烟山专太郎的另一个署名恐怕不会发生类似张冠李戴的误差。那么由以上可知，在《日本人》杂志上署名"烟山"的文章有 9 篇，以连载次数计，共出现过 14 次。如果加上已知的"蚊学士"名下刚巧也是同样的 9 篇 14 次，那么烟山专太郎一共在《日本人》杂志上发表过 18 篇文章，"出现"过 28 次。第一次是《苏我马子》，署名"烟山云城"，时间是 1898 年 5 月 5 日，最后一次是《坂垣伯之今昔》，署名"烟山专太郎"，时间是 1906 年 8 月 20 日，前后跨越八年多，从 21 岁到 29 岁，在年龄段上与周树人留学日本期间相仿。

烟山专太郎退休后，1952 年 2 月，早稻田大学文学部史学会曾为他出"烟山教授古稀颂寿记念号"②，其中有《烟山先生著作目录》长达 15 页，记载自 1898 年至 1948 年 50 年间包括《近世无政府主义》在内的"著书"30 种，"论文及其他"381 篇。③烟山去世后，弟子小林正之（Kobayashi Masayuki, 1907—2004）在回忆文章之后附"烟山专太郎先生（一八七七—一九五四）主要著作表"，又增补专著目录 4 种④。不过，以上两种目录，都不包括上记本文在《日本人》杂志上查到的 18 篇，也不包括笔者另

---

① 该文标题在该号《日本人》"目次"里没有出现。
② 早稻田大學文學部史學會：『史觀』第三十四・三十五合冊"煙山專太郎古稀頌壽記念號"，1951 年 2 月。
③ 增田富壽：『煙山先生著作目錄』，早稻田大學文學部史學會編：『史觀』第三十四・三十五合冊"煙山專太郎古稀頌壽記念號"，1951 年版，第 198—213 页。
④ 小林正之：『煙山專太郎先生の回想』，早稻田大學文學部史學會編：『史觀』第四十二冊，1954 年版，第 70—77 页。著作表为第 76 页和第 77 页之间的夹页。

外在《太阳》杂志上查到的4篇文章和两种专著①。总之，烟山专太郎从大学一年级起开始发表文章，50年间笔耕不止，是个著述甚丰的学者这一点确定无疑。

根据目前已经获得的资料，在此或许可以按照一般词条的规格来归纳一下这位学者、著述家了。

烟山专太郎（Kemuyama Sentaro，1877—1954），日本历史学者，主要研究方向为世界史，尤其是西方近现代史。出生于岩手县柴波郡烟山村的一个小学教员的家庭。从南岩手高等小学校、岩手县寻常中学校毕业后，赴仙台第二高等学校就读，1898年考入东京帝国大学文科大学哲学科，1902年毕业后在有贺长雄的举荐下任东京专门学校（早稻田大学前身）讲师，在政治经济学部和文学部史学科教历史，1911年升任教授，直到1951年退休为止，始终没离开过早稻田大学的讲坛。一生著述甚丰，其《近世无政府主义》（1902）、《征韩论实相》（1907）、《德意志膨胀史论》（1918）、《西洋最近世史》（1922）、《英国现代史》（1930）、《现今犹太人问题》（长文，1930）、《世界大势史》（1944）等都是公认的"具有不朽价值"和"巨大影响力"的学术著作。此外，还是日本俄罗斯史和犹太人史研究领域的先驱者和开拓者。精通英、德、法、俄四门外语，可阅读希腊、罗马、意大利和西班牙及朝鲜文，当然还有着自幼培养起来的深厚的汉学功底，这一点从其文章行文格调很容易理会。博学睿智，淡泊名利，坚守学术独立，始终与当时帝国大学的学阀主义保持距离，终生拒绝博士学位。②

1905年他29岁时在盛冈中学校友会杂志上写下过这样的话："我确信，即便隐身于村市，不上多数世人之口舌，其责更与显荣尊贵之人并无所异，其行动影响所及，亦有极大者。我以此为己之所居，不必卑躬屈膝。"③ 可以说，"隐身于村市"，不求闻达，通过学术著作和大学讲坛担责并发挥巨大影响的行为和"不必卑躬屈膝"的处世态度贯穿了烟山专太郎的一生。前者可由其在媒体上的呈现形态获得佐证。例如，自1902年至1954年，"烟山专太郎"52年间共在《朝日新闻》上出现过56次，有54次都是作为著述者和言论者，而作为报道对象的只有两次。④ 而在另一家大报《读卖新

---

① 4篇文章：『外交家としての独逸皇帝』，『太陽』第17卷第9号，明治四十四年（1911）6月15日；『米国独立戦争』、『米国南北戦争』、『波蘭土の衰滅』，第18卷第3号，明治四十五年（1912）2月15日。两种专著：『英雄豪傑論』，第19卷第10号，大正2年（1913）7月1日；『カイゼル・ウイルヘルム』，第25卷第9号，大正8年（1919）7月1日。

② 以上归纳主要参照了前出"煙山專太郎古稀頌壽記念號"当中的定金右源二『献呈のことば』、增田富壽『煙山先生著作目録』；前出小林正之『煙山專太郎先生の回想』和盛冈市教育委员会历史文化课『第65回：煙山專太郎』（http://www.city.morioka.iwate.jp/moriokagaido/rekishi/senjin/007513.html）。

③ 前出盛冈市教育委员会历史文化课『第65回：煙山專太郎』。

④ "烟山专太郎"的名字首次见于《朝日新闻》是1902年5月3日的朝刊第7版"新刊各种"栏目，该栏目当天介绍了最新出版的《近世无政府主义》的书讯；最后一次出现于《朝日新闻》是1954年3月23日朝刊第7版一段很短的报道——《烟山专太郎死去》。自1902年5月3日到1954年3月23日，烟山专太郎在日本《朝日新闻》上一共出现过56次，其中在"新刊""广告"和"出版界"栏目中作为著译者出现29次，文章连载18次，本人所写报道2次，谈话5次，以本人为对象的报道2次——除了上记的一次外，另一次是1924年8月17报道在欧洲访学的"烟山教授归来"。总体来看，是作为西方思想、历史乃至现实政治关系方面的专业学者出现于公众视野的，其著译主要向公众提供与外交相关的关于西方的背景知识和信息。

闻》上也是同样，自1902年至1954年共出现过28次，其中有26次都是作为著述者和言论者出现，关于本人的报道只有两次，一次是"死去"，另一次是"告别式"。① 而后者的拒绝"卑躬屈膝"的品性在国家主义政治高压异常严峻的状态下尤其能够体现出来。有弟子回忆课堂上的情形："一直凝视窗外一点的先生开口了：'这里是警察也进不来的地方，不论说什么话都无所谓，诸君大可不必担心，尽可自由地学。'当满洲事变（李冬木按：即"九一八"事变）发生后，包括先前有着社会主义架势的人们在内，天下的学者和先生们都开始屈服于全体主义之际，先生却把《共产党宣言》作为政治科的演习教材。"② 还有弟子回忆，在战时状态下，警察们开始在校园附近"逮学生"的时候，"烟山先生……有一天在课堂上换了一种声调道：'诸君在大学校园内，不论说什么，都不会获咎于任何人，大学是自由之地。'"③ 1943年10月15日，早稻田大学为"学徒出阵"举行"壮行会"，"宫城遥拜和国歌齐唱开始了，田中积穂总长训辞：勇士出阵，固不当期生还，即奉身命，乃成护国之神"④。但在此之前的文学部史学科的"壮行会"上，烟山却在致辞中对"出阵"的弟子们说："虽说是出阵，诸君，千万不要去死，一定要活着回来，重新在这里学习。趁着还年轻，不要急着去死。不要为大义名分去死。……日本军队是个野蛮的地方，倘若诸君入了军队，能多少消解其野蛮，那么诸君的义务也就尽到了。千万不要去死，请一定要活着回来！"⑤ 其不为大潮所漂泛的独立人格，铮铮傲骨亦由此可窥一斑。

这种独立的品行也明显地呈现于烟山专太郎的学术当中。这倒不仅仅是由以上所见的他对官学所保持距离，更重要的是他在一个官学主导的国家主义时代，创造出了独立于官学之外的学术价值。其学术独立性价值之巨大，甚至也远远超出了他本人的想象。即使把范围仅仅限定在《近世无政府主义》一书，这种价值性仍体现得极其明显。

---

① "烟山专太郎"的名字首次见于《读卖新闻》是1902年5月25日朝刊第8版，系"广告"里的"书籍"栏，刊登了《近世无政府主义》的广告；最后一次出现于《读卖新闻》是1954年4月22日朝刊第6版社会栏报道：《故烟山专太郎告别式》，而在此之前的同年3月24日夕刊第3版社会栏则报道《烟山专太郎氏死去》。自1902年5月25日到1954年4月22日，烟山专太郎在日本《读卖新闻》上一共出现过28次，其中在"书籍广告""新刊杂志与书籍""书籍与杂志"栏目中作为著译者出现5次；作为文章作者出现过9次，有7次是连载；发表谈话3次，在报道文化动态的"读卖抄"栏目中出现过9次，以本人为对象的报道2次。总体来看，在《读卖新闻》呈现的烟山专太郎仍是著述者，也是西方史学者，还是早稻田大学教授，其最有存在感的版面是两次连载，一次是《中欧之今后》（『中欧の今後』，1919年10月1日、3日、4日），另一次是《从国民性看列宁》（『国民性より見たレーニン』，1921年1月4日、5日、6日、7日）。尤其是后者，从日本人关注的"国民性"角度向公众提供了关于列宁领导的革命的信息以及独到的分析。
② 前出小林正之『煙山專太郎先生の回想』，第74页。
③ 木村時夫：『回想の煙山專太郎先生』，早稻田大學文學部史學會編：『史觀』第146冊，平成十四年（2002）3月，第38页。作者系早稻田大学名誉教授、北京大学客座名誉教授。
④ 同上书，第40页。
⑤ 同上书，第39—40页。

V. 《近世无政府主义》的写作动机及其影响

就社会政治思想取向来说，烟山专太郎并不拥护虚无主义或无政府主义。他尤其反对在现实社会中制造暗杀或爆炸等恐怖事件的"实行的无政府党"，甚至他编纂《近世无政府主义》一书的目的，也是为防止不在日本发生"实行的"恐怖主义。因为在他看来，令人感到恐怖的"无政府主义"，并非只是发生在欧美各国的隔岸之火，应对其加以了解，引起足够的重视，以防患于未然。这层意思，不论在专著的序言还是在论文的前言里都写得很清楚。例如：

一、近时每闻无政府党之暴行实为极其惨烈，便有人为之感到心惊胆战。然而世人多知谓其名，而不知其实。本编乃期聊以应对此之缺乏者也。

一、所谓实行的无政府党者，其凶乱狞猛为天人所共疾视，然而其无智蒙昧又颇值得怜悯。……（中略）……本编由纯历史研究出发，尝试探明这些妄者、狂热者作为一种呈现于现实社会的事实是怎样一种情形，其渊源和发达过程如何。（《近世无政府主义》序言）①

无政府党之暴行，近日颇频频，故其名传播于世上已久。然而彼等究竟为何者？对其性质真髓等知之者甚少，仅止于见彼等手段野蛮猛恶，感到恐怖而已。余对其虽素无精究，然日顷翻读二三书册，亦并非聊无所观察，兹欲摘记其概要，以采其介绍之劳。即便此问题独欧美列国所特有，而我东洋与之全然无关，但对其加以研究，岂非方今以广博眼光关注世界大局者所一刻不容疏忽也乎？［《论无政府主义》（一）］②

如果说对无政府主义不应止于恐怖和憎恨，而更应加以了解是烟山专太郎的学术动机的话，那么"由纯历史研究出发"的立场则可以说贯穿了《近世无政府主义》一书的始终，并在《论无政府主义》一文当中阐述得更加明确。恰恰是这种学术态度使他与官学和政府保持了距离，从而确保了自身的学术独立。他所谓的对无政府主义"素非弄笔做批评，若夫至于对应之策，处置之术，自存读者方寸之中者焉"，③便是就此而言。他本人拒当策士，更不以自己的学术为策术。如果要从其中寻找对于政府的建言的话，那么，可以《论无政府主义》结束部分的一段话为代表：

我们可以从这些事实推论归纳出一种确切的说法，曰，作为政府的态度，断

---

① 前出『近世無政府主義』，第1—2页。
② 『日本人』第一百五拾四号，明治三十五年一月一日，第26页。
③ 前出『近世無政府主義』，第1—2页。

应当抑制禁压实行的教唆煽动，发现其暴行之处更不在话下。然而，决不可将学说与实行同等看待。即使实行的无政府党因各国国际间的合作而得以在表面上制服，但思想界的事，学问的哲理研究却如何制服得了。学理若是谬见，就要交给学者去研究，让他们得以自由讨论，胜败由其恰当与否决定。如果徒因名号之新奇而失心，欲以政府的威力、法律的力量、法院的力量去压制，则不可不谓拙之甚拙，愚之甚愚。①

这种坚持纯学术立场，学术的事情应该交给学术处理的态度，其结果是使他提供了一部同时代无可与之比肩的关于无政府主义的专著。后世学者回头看发现，《近世无政府主义》是"以日语出版的可以说是无政府主义研究的唯一像样的劳作"②；这本书和此前出版的相关书籍相比，"在无政府主义信息方面，不论是质还是量都远远优于此前"③。因此，其产生巨大影响也便在情理之中。综合狭间直树（以下简称狭间）④、葛懋春、蒋俊、李兴之（以下简称葛蒋李或蒋李）⑤、嵯峨隆⑥、曹世铉⑦等先行研究可知，在中国，"烟山专太郎的《近世无政府主义》（东京专门学校出版部，1902 年）几乎马上就有了各种各样的翻译"⑧，"烟山专太郎的论旨，以各种形态反映在"中国人的文章和著作当中⑨。试按发表顺序将其排列如下：

1. 独头《俄人要求立宪之铁血主义》，《浙江潮》第四号（1903 年 4 月 20 日）、第五号（1903 年 5 月 20 日），【嵯峨，第 49 页】
2. 《俄罗斯虚无党三杰传》，《大陆》第七号，（1903 年 6 月 5 日）【蒋李，第 25 页】【嵯峨，第 49 页】
3. 《弑俄帝亚历山大者传》，《大陆》第九号，【蒋李，第 25 页】
4. 杀青译《俄罗斯的革命党》，《童子世界》第三十三号（1903 年 6 月 16 日），【蒋李，第 25 页】【嵯峨，第 49 页】【曹，第 294 页】
5. 杀青译《俄国压制之反动力》，【曹，第 294 页】
6. 《俄罗斯虚无党付印》（广告），《汉声》第六号（1903 年 7 月），【狭间，

---

① 『無政府主義を論ず』，『日本人』第一百五拾九号，明治三十五年三月廿日，第 24—25 页。
② 絲屋寿雄：『近世無政府主義解題』，煙山專太郎：『近世無政府主義』（復刻版），明治文献 1965 年版，第 2 页。
③ 嵯峨隆：『近代中国アナキズムの研究』，研文出版，1994 年 11 月，第 48 页。
④ 狭間直樹：『中国社会主義の黎明』，岩波新書（青版）975，1979 年 8 月 20 日。
⑤ 葛懋春、蒋俊、李兴之编：《无政府主义资料选》（上、下），北京大学出版社 1984 年版；蒋俊、李兴之：《中国近代的无政府主义思潮》，山东人民出版社 1990 年版。
⑥ 前出嵯峨隆『近代中国アナキズムの研究』。
⑦ 曹世铉：《清末民初无政府派的文化思想》，社会科学文献出版社 2003 年版。
⑧ 狭間直樹：『中国社会主義の黎明』，岩波新書（青版）975，1979 年 8 月 20 日，第 113 页。
⑨ 前出嵯峨隆，第 48—49 页。

第114页】【蒋李，第25页】

  7. 辕孙《露西亚虚无党》，《江苏》第四、五期（1903年7月24日、8月23日），【狭间，第115页】

  8. 任客《俄国虚无党女杰沙勃罗克传》，《浙江潮》第七期（1903年10月11日），【狭间，第115页】【蒋李，第25页】【嵯峨，第49页】【曹，第294页】

  9. 中国之新民（梁启超）《论俄罗斯虚无党》，《新民丛报》第40、41期合刊（1903年11月2日），【狭间，第118、216页】【嵯峨，第52、65页】

  10. 张继等译《俄皇亚历山大第二之死状》，《国民日日报》（1903年），【嵯峨，第49页】【曹，第295页】

  11. 张继译《无政府主义》（1903年），【狭间，第115页】【嵯峨，第49页】

  12. 杨笃生《新湖南》（1903年），【嵯峨，第49页】

  13. 冷血（陈冷）译《虚无党》，上海开明书店，1904年3月，【狭间，第115页】

  14. 金一（金天翮）译《自由血》，东大陆图书译印局、竞进书局，1904年3月，【狭间，第114页】【葛蒋李（下），第1069页；蒋李，第25页】【嵯峨，第49、65页】【曹，第295页】

  15.《俄国虚无党源流考》、《神圣虚无党》、《俄虚无党之斩妖状》，《警钟日报》第28、35、38、39、40、46、47、49、50、52、53、54、64、65期，1904年3月至4月，【蒋李，第25页】【曹，第295页】

  16. 渊实（廖仲恺）《无政府主义与社会主义》，《民报》第九号（1906年11月15日），【嵯峨，第56页】

  17. 渊实（廖仲恺）《虚无党小史》，《民报》第十一号（1907年1月25日）、第十七号（1907年10月25日），【狭间，第115页】【嵯峨，第58页】【曹，第31、38页】

  18. 爆弹《俄国虚无党之诸机关》，《汉帜》第一号（1907年3月），【狭间，第115页】

  上列以烟山专太郎《近世无政府主义》为材源的文章和著作，仅仅是到目前为止被判明的部分，"烟山"的影响范围恐怕要比已知的更广。本论所首次查清的其在《日本人》杂志上发表的文章均不处在已经被探讨过的范围之内，所以也不排除其中有些会被译成中文。总而言之，"烟山专太郎"是当时中国寻求变革的知识分子关于无政府主义的主要知识来源这一点毫无疑问。正如狭间直树所指出的那样，"烟山的著作，在整个辛亥革命时期，一直吸引着部分革命家的注意"[①]。廖仲恺就是个典型的例子。"廖

[①] 狭間直樹：『中国社会主義の黎明』，岩波新書（青版）975，1979年8月20日，第115页。

仲恺在《民报》上发表的介绍无政府主义的文章，主要是向读者提供思考无政府主义的思想素材，他自身的政治见解几乎没有具体的展现出来。"① 当然，政治见解没有具体地展现出来并不等于包括廖在内知识分子没有政治见解，而恰恰是他们按照自己的"见解"最大限度地活用了烟山所提供的知识和素材，那就是他们把烟山专太郎为不希望无政府党的暴力恐怖行为发生而写的书，"明确用于推进革命运动的目的"②，而那些所谓"意译"本的出现，正是因为革命派要将《近世无政府主义》"积极地动员到"自己的运动当中的缘故③。这种与作者的预期完全相反的阅读结果，虽为烟山专太郎所始料未及，却也是独立的学术所应获得的效果。

说到对中国近代无政府主义思潮的影响，还有两个人不能不提，一个是幸德秋水（Kotoku Shusui，1871—1911），另一个是久津见蕨村（Kutsumi Kesson，1860—1925）。前者是日本明治时代出身于记者的著名思想家、社会主义者和无政府主义者，1911年因所谓"大逆事件"连坐，与其他11人一同被处以死刑；后者是著名记者和自由主义评论家。这两个人也是清末中国无政府主义和社会主义思想的重要来源，都给予中国知识界以重大影响，在能找到"烟山"之处，同时也可以找到这两个人，甚至有更多的可以找到之处。

不过，本论在此想要提示的是，就位置关系而言，他们虽年长于烟山，却也都是烟山的影响对象。正如嵯峨隆所指出的那样，当幸德秋水在1905年自称是"无政府主义者"时，他对无政府主义思想详细内容还并没有真正了解，这从他在文章中把"虚无党"等同于恐怖分子便可以获知。④ 而有回忆说，幸德秋水是读了烟山的书并且受到影响的。⑤ 久津见蕨村的《无政府主义》一书，由平民书房出版于明治三十九（1906）年11月，较之烟山的书晚4年，就对无政府主义的历史叙述来看，不论在表述方式和内容上还是在章节的划分上，都明显地留下了承袭烟山的痕迹，例如，"实行的无政府主义和理论的无政府主义"⑥ 这种划分，第二章"蒲鲁东的无政府主义"和第三章"施蒂纳的无政府主义"⑦ 这种内容上的章节划分和排列，都无不源自烟山专太郎的"为方便起见，我们可将其分为实行的和理论的两种类型……"⑧ 之体例。考虑到幸德秋水和久津见蕨村在中国近代思想界的影响力和存在感，那么对烟山专太郎的影响力恐怕也就要有更高的评价了。

---

① 前出嵯峨隆，第58页。
② 前出狭间直树，第114页。
③ 前出嵯峨隆，第49页。
④ 同上书，第42页。
⑤ 石川準十郎：『煙山先生を憶う』（下），『岩手日報』1954年4月7日第2版。
⑥ 久津見蕨村『無政府主義』，平民書房，明治三十九年（1906），参見第2、53、114頁。
⑦ 同上。原題分別為『第二章　プルードンの無政府主義』、『第三章　スチルネルの無政府主義』。
⑧ 前出煙山専太郎『無政府主義を論ず』（一），第28頁。

Ⅵ. "蚊学士"思想史的叙述模式与周树人的"文化偏至论"

话题要回到周树人。由前述可知,他是"蚊学士"《论无政府主义》一文的读者,却未必知道"蚊学士"即当时大名鼎鼎的烟山专太郎。在后来的鲁迅书账和藏书目录里也找不到与"烟山"有关的书籍和相关记载①,正像也找不到"蚊学士"一样。尽管如此,把烟山专太郎从周树人的阅读范围里排除②也是不合适的。事实上,能以"蚊学士"发表在杂志上的一篇文章为自己的材源,这本身就说明周树人的敏感和阅读范围的广泛,更不要说在当时已经深深渗透到《新民丛报》《浙江潮》《汉声》《江苏》《民报》等杂志上的"烟山"了。这就涉及周树人与烟山专太郎乃至清末虚无主义、无政府主义、社会主义思潮的关系问题,但这已经超越本论的范围,需要另外撰文探讨。在此只将"蚊学士"思想史的叙述模式与周树人的"文化偏至论"作为两者关系当中的一个问题提出。

通读"蚊学士"《论无政府主义》后笔者发现,除了"施蒂纳"材源和对"实行的"无政府主义的态度外,周树人与"蚊学士"最大的"近似"之处,也就是他对后者的汲取的之处,在于"文化偏至"的文明史观与"蚊学士"的思想史叙述一脉相承。

正像人们所熟悉的那样,《文化偏至论》当中最著名的文明史观是"文明无不根旧迹而演来,亦以矫往事而生偏至"③。这句话是对"按之史实,乃如罗马统一欧洲以来,始生大洲通有之历史……"④ 这一大段欧洲近代文明史的概括。这段历史是以"文化偏至"的观点来描述的,从罗马"教皇以其权力,制御全欧"开始,一直讲到"十九世纪末叶文明"和"十九世纪末叶思潮":"然则十九世纪末思想之为变也,其原安在,其实若何,其力之及于将来也又奚若?曰言其本质,即以矫十九世纪文明而起者耳。"⑤ 这种"物反于极"⑥ 的观点和叙述方式,与"蚊学士"对"无政府主义之本质及起源"⑦ 的观点和叙述方式完全一致。后者在介绍了欧洲近代史上"三大脱缚运动"(这部分也与周树人的叙述相重合)之后,明确指出所谓无政府主义就是"十九世纪物质文明的反动"⑧。当然,这里也不排除周树人参照其他文献构筑自己思路的可能性,还需要做进

---

① 除了《鲁迅全集》中的书账外,藏书目录主要参照了两种:鲁迅博物馆编《鲁迅手迹和藏书目录》(内部资料),1959 年;中岛长文编『鲁迅目睹书目―日本书之部―』,1986 年。
② 前出汪著排除了包括"烟山专太郎"在内的其他文献成为《文化偏至论》中"施蒂纳"材源的可能性,断定"蚊学士"为唯一材源,参见该书第 363—368 页。就一段话而言,或许如此,但倘知晓"蚊学士"即烟山专太郎的话,恐怕还有重新思考的余地。
③ 鲁迅:《鲁迅全集》第 1 卷,人民文学出版社 2005 年版,第 50 页。
④ 同上书,第 48 页。
⑤ 同上书,第 48—50 页。
⑥ 同上书,第 52 页。
⑦ 前出烟山専太郎『無政府主義を論ず』(一),第 27 页。
⑧ 同上书,第 28 页。

一步调查，不过，就与"蚊学士"在思路上的近似而言，却可以说并非偶然吧。

VII. 明治30年代话语中的"施蒂纳"及其周树人的采择

接下来，还要探讨一下"施蒂纳"在日本明治时代话语当中的存在形态问题。这对了解留学时期的周树人与"施蒂纳"的关联机制至关重要，是解决周树人是在怎样的维度上理解、择取并容受"施蒂纳"这一问题的前提。

"施蒂纳"的名字在日本明治时期的书刊上出现，起于究竟何时？这是个还有待进一步考证的问题。就笔者的阅读所及，本论所着重探讨的"蚊学士"（即烟山专太郎）分5期连载于《日本人》上的《论无政府主义》一文，就详细介绍"施蒂纳"而言，应该是最早的一篇。该篇出现"施蒂纳"的名字在1902年2月20日发行的"第百五拾七号"上，如前所述，这是第三回连载，其中就包含着构成《文化偏至论》里"斯契纳尔"的材源部分。如果单纯讲列名，那么"麦克斯·斯蒂纳"的在当时著名文艺评论家长谷川天溪（Hasegawa Tenkei，1876—1940）的文章里出现，时间要更早。明治三十二年（1899）8月和11月连载于《早稻田学报》上的《尼采的哲学》一文，作为"尼采"的思想"继承"者列出了"施蒂纳"："继承尼采思想而在近时兴盛的起来的极端自我论者有德国的麦克斯·斯蒂纳、鲁道尔夫、斯塔伊纳、埃里克桑德鲁·契尔莱，他们都介绍尼采，反对世俗。"① 很显然，长谷川天溪连"施蒂纳"和"尼采"的顺序都没弄清楚，更不要说对于"施蒂纳"的正确理解了，甚至对文中介绍的主人公"尼采"的认识也相当肤浅，把"尼采"超人哲学简单归结为以"盗掠、征服、破坏和贪欲等一切坏事"为能事的"兽类"的本能②，而且也正像后来的学者所指出的那样，长谷川天溪介绍"尼采"的这篇文章，也限制了他此后关于"尼采"的认识，他始终没有超出他当初这篇论文的水平③。

如果说长谷川天溪对"尼采"介绍上的偏误有其资料方面的先天性不足——他不是直接取自德文，而是转借英文④——那么，也就可以说"尼采"乃至"施蒂纳"的正式传播，还得仰仗以东京大学"哲学科"和"独逸文学科"为中心的，直接凭借德文文献（尽管也不一定都是原著）进行研究和译介的学者、毕业生乃至在校生。关于在日本明治时代的"尼采"与德语，与日本哲学界，与东京大学，与拉斐尔·科贝尔（Raphael von Köber，1848—1923），与井上哲次郎（Inoue Tetsujiro，1856—

---

① 長谷川天溪『ニーツエの哲学』，『早稲田学報』第三三号，明治三十二年（1899）11月。高松敏男、西尾幹二編『日本人のニーチェ研究譜　ニーチェ全集別巻』，白水社1982年版，第332—333頁。
② 同上书，第331頁。
③ 杉田弘子『ニーチェ解釈の資料的研究——移入初期における日本文献と外国文献の関係』，東京大学国語国文学会『国語と国文学』昭和四十一年（1966）5月号。参见该号第31—32頁。
④ 据杉田弘子介绍，长谷川天溪《尼采之哲学》一文，主要蓝本是两篇英文论文。参见前出『ニーチェ解釈の資料的研究——移入初期における日本文献と外国文献の関係』。

1944），与高山樗牛（Takayama Chogyū, 1871—1902）、登张竹风（Tobari Chikufu, 1873—1955）、姉崎嘲风（Anesaki Chofu, 1873—1949）、斋藤野人（Saito Nonohito, 1878—1909，亦称"野之人"）、桑木严翼（Kuwaki Genyoku, 1874—1946）等人的关系，笔者在上一篇论文里有详细介绍[1]，兹不做展开而只把话题集中在"施蒂纳"。

可以说，就传播路径和过程而言，"施蒂纳"和"尼采"在日本的明治时代几乎完全一致，只不过不像"尼采"那般彰显而属于前者周边的一个存在。例如，上述"东京帝大关系者"都是当时最具代表性的"尼采"言说者，但只在井上哲次郎、桑木严翼和斋藤信策的行文中有"施蒂纳"闪现，且语焉不详。时任东大教授的井上哲次郎只贴了个标签，把"施蒂纳"和"尼采"并称为"极端的利己主义"的代表（1901）[2]，毕业于东大哲学科的桑木严翼，在他1902年出版的"尼采"专著里，亦承袭老师的套路，只把"麦克斯·施蒂纳"作为"尼采"的"鼓吹极端个人主义的先辈"而一语带过[3]。1903年毕业于东京帝国大学文科独逸文学专修的斋藤信策，1906年发表著名的易卜生评论，以百十字的篇幅对"麦克斯·施蒂纳"略有具体介绍[4]，但也只是他所列举的抗拒19世纪"黑暗文明"的"个人主义之天才"[5] 行列中的一员，是用来衬托易卜生的要素之一。不过，尽管"施蒂纳"在当时只是"尼采"或"个人主义"的配角，但他作为一个讲授对象出现在东京帝大哲学科或独逸文学专业课堂上或德文阅读教材的范文里也是不难推测的。一个佐证是1901年毕业于东京帝大文科大学国文科的诗人、日本国文学者尾上柴舟（Onoe Saisyu, 1876—1957），在其所作的日本近代首篇海涅评传——《海因里希·海涅评传》里，亦认为海涅"作为文章家，其文体与施蒂纳相似"。由此可知，"施蒂纳"当时甚至也是"国文科"学生的阅读对象。通过以上所述，可获得两点认识，一点是东京帝大当时"施蒂纳"言说的主要策源地；另一点是不论价值判断如何，也不论偏重于哪一方，"施蒂纳+尼采"可谓一种常态性（常识性）的话语结构，而正是在这样一种结构中，"施蒂纳"被作为一种思想材料来阅读，反之，"尼采"亦然。

正像前面所介绍的那样，烟山专太郎1902年毕业于东京帝大哲学科，他对"施蒂纳"的叙述，也同样呈现着知识上的"施蒂纳+尼采"的形态特征。例如，他在介绍了"施蒂纳"之后，如次引出"尼采"："在排斥道德，确立纯粹的利己主义，主张我

---

[1] 参见前出李冬木《留学生周树人周边的"尼采"及其周边》。
[2] 『哲学評論·利己主義の道徳的価値』，井上哲次郎編『哲学叢書』第3集，集文閣，明治三十四年（1901）版，第1073—1074頁。『利己主義と功利主義を論ず』，井上哲次郎著『巽軒論文二集』，富山房，明治三十四年（1901）版，第2—3頁。
[3] 桑木厳翼著『ニーチエ氏倫理説一斑』，育成会，明治三十五年（1902）版，第178頁。
[4] 齋藤信策『イプセンとは如何なる人ぞ』，原載『東亜の光』明治三十九年（1906）七、九、十、十一月号。此拠『明治文学全集40·高山樗牛　斎藤野の人　姉崎嘲風　登張竹風集』，筑摩書房昭和四十二年（1967）版，第123—124頁。
[5] 同上书，第122頁。

性之点上与麦克斯·施蒂纳相同，在晚近思想界放出一种特异光彩的是尼采哲学"①，并且认为在"施蒂纳"止步之处，"尼采"将前者的结论大大推进了一步。② 但即便在如此相同的"施蒂纳＋尼采"的形态之内，烟山与其周围的最大不同就在于他不再把"施蒂纳"作为"尼采"的配角，而是以同等甚至是更大的篇幅将其作为一个独立的思想对象来介绍和阐释。也正因为如此，烟山专太郎之于"施蒂纳"的特点便显现出来。第一，可以说烟山比他周围的任何人都更多也更仔细地研读了"施蒂纳"。第二，烟山专太郎准确地把握到了"施蒂纳"思想，并首次对"施蒂纳"做出了翔实的介绍和评析；直到大正九年（1920）"施蒂纳"原著的第一个日译本③出版为止，可以说在关于"施蒂纳"言说的水平方面，无人可及。第三，烟山在其老师井上哲次郎所划定的偏重于伦理主义解释的樊篱当中朝外迈出了重大的一步，把"施蒂纳"从社会伦理层面上的"极端的利己主义"者，解放为真正哲学意义上的"极端个人主义"的思想者，从而做出了迥异于其导师和当时社会主流思想的价值判断。第四，也是最重要的一点，即烟山在"无政府主义思想史"的脉络当中确定了"施蒂纳"所处的位置，从而确立起叙述"施蒂纳"的另外一种框架。可以说，"无政府主义思潮当中的施蒂纳"始于烟山，其在此后的明治思想史当中成为一种范式，几乎原封不动地再现于后来无政府主义者的言说当中。幸德秋水、久津见蕨村前面已经提到了，这里还可以再介绍一位日本近代社会活动家、无政府主义者兼作家的人物，名字叫石川三四郎（Ishikawa Sanshiro，1876—1956），笔名旭山。他是日本埼玉县人，明治三十四年（1901）毕业于东京法学院，接受洗礼，成为基督徒。明治三十五年（1902），即周树人留学日本那一年——26岁时，经堺利彦（Sakai，Toshihiko，1871—1933）等人推荐，成为《万朝报》记者，翌年因反战而退出万朝报社，同年11月加入平民社，开始译介社会主义并参与多种杂志的创办、编辑与发行。明治四十年（1907）4月被捕入狱，翌年5月获释，在狱中完成《虚无之灵光》一书，但就在该书发行之前正在装订时，于1908年9月被当局收缴④——据说是因为题目里出现的"虚无"这个名称犯了当局的忌讳⑤。而令人感兴趣的是，在石川三四郎的《虚无之灵光》一书中也同样可以找到烟山专太郎关于"施蒂纳"的那些句子："然而，这种精神上的无政府主义的托尔斯泰和前面提到的个人无政府主义的施蒂纳，都排斥把理想的满足寄望于将来而主张求诸于自己的脚下，这一点非常有趣。'未来'是永远不会到来的。个人的平安总是在个人的脚下。"⑥

在烟山介绍"近世无政府主义"10年后，1910—1911年，发生所谓"大逆事件"，

---

① 前出『近世無政府主義』，第369页。
② 前出『無政府主義を論ず』（三），第25页。
③ マックス・スティルネル著，辻潤訳『唯一者とその所有（人間篇）』，日本評論社大正九年版。
④ 以上据『（石川三四郎）年譜』，『明治文学全集84・社会主義文学集（二）』，筑摩書房昭和四十年（1965）版，第439页。
⑤ 『（虚無の霊光）解題』，同上书，第425页。
⑥ 石川三四郎『虚無の霊光』，前出『明治文学全集84』，第300页。

幸德秋水等人因谋害天皇的"大逆罪"而被处以极刑。"无政府主义"再度引人关注并成为暗中话题。就连明治文豪森鸥外（Mori Ogai, 1862—1922）也对此做出反应，发表短篇小说《食堂》，通过三个人物在食堂用餐时的对话来讨论无政府主义。森鸥外是精通德文和德意志人文思想的大家，读取"施蒂纳"当有自己的路径——例如借助小说中人物之口提到的"Reclam 版"[①]（即周作人所说的"瑞克阑姆版"文库）原著，并且也有不同于一般社会常识的判断，认为"施蒂纳是个在哲学史上有着很大影响的人，把他跟那些号称无政府主义的人划在一处，实在让他显得有点可怜"[②]。由此可见当时环绕着森鸥外的社会舆论是如何强有力地把"无政府主义"与"施蒂纳"捏合在一起，以致他不得不让他的人物出来加以辨析。但从最终结果来看，森鸥外也并没能把"施蒂纳"从关于"无政府主义"的话语中剥离出来。

此后不久，大杉荣（Osigi Sakae, 1885—1923）于1912年发表《唯一者——麦克斯·施蒂纳论》一文，以"唯一者及其所有物"为中心详细介绍了"施蒂纳的个人主义"。可以说文中所浮现的"施蒂纳"完全不是一个一般社会言说层面的"无政府主义者"——甚至连大杉荣在其他文章里几乎必谈的"无政府"这三个字都没出现——而是一个处在高度思想层面的"个人主义"哲学的创说者和阐释者。"近代思想之根本在于个人主义"，在这个前提下大杉荣展开了他的"施蒂纳论"。在他看来，此后的"尼采"并非"施蒂纳"的"剽窃者"，"但施蒂纳的思想却间接地影响到了尼采"[③] 云云。然而，令大杉荣想象不到的是，他的这篇并非"无政府主义"的"施蒂纳论"，反倒将"施蒂纳"牢牢固定在了"无政府主义"框架内。这当然主要是大杉荣本人是日本近代无政府主义思潮的代表人物使然，但"无政府主义"谱系中的"施蒂纳"却开始于烟山专太郎。也可以说，从烟山专太郎到大杉荣，不论他们通过"施蒂纳"多么正确地阐释了"个人主义"思想，其结果都为"施蒂纳"着上了浓重的"无政府主义"色彩。"无政府主义"在当时是"施蒂纳"最为有力的话语载体。

关于日本近代的无政府主义，评论家松田道雄（Matsuda Michio, 1908—1998）在战后曾经指出："日本的无政府主义，迄今为止一直被排除在它在思想史上应有的座席之外。虽说这是权力方面对待否定权力的思想采取防卫手段所导致的结果，但也可以说，这种防御是过剩防御。从明治到大正，当时的统治权力超越了自己的法的框架，对无政府主义的头面人物实施了物理性的抹杀。"[④] 这其中最极端的例子，恐怕非上述"大逆事件"及1923年"甘粕事件"莫属。幸德秋水等人因前者而被处刑，大杉荣等

[①] 森鸥外：『食堂』，『三田文事』明治四十三年（1910）十二月号，『明治文学全集27·森鸥外集』，筑摩书房昭和四十年（1965）版，第95页。

[②] 同上。

[③] 大杉栄：『唯一者—マクス・スティルナアー論—』，原载『近代思想』1912年第1卷第12号，此据『アナーキズム·日本現代思想体系16』，筑摩书房1963年版，第132页。

[④] 松田道雄：『日本のアナーキズム』，『アナーキズム·日本現代思想体系16』，筑摩书房1963年版，第9页。

人因后者而被杀害。也就是说，从思想史来看，无政府主义在日本明治30年代以后和整个大正时期即20世纪的最初25年，始终作为思想"异端"而处在被严酷镇压的状态。这是一个事实。这个事实的另一面又恰恰意味着"无政府主义"具有令当权者恐惧的话语张力。而所谓"施蒂纳"，首先是借助这种话语的张力而出现在留学生周树人面前。如前所述，《文化偏至论》里的"施蒂纳"便取材于烟山专太郎的《论无政府主义》。

　　通过上述梳理，周树人所面对的"施蒂纳"的知识维度便大抵清晰地呈现来了。其正式传播始于东京帝大，主要以哲学科和独逸文学专业为策源地，并且在"施蒂纳+尼采"的话语结构中被叙述；又由于叙述者多主言"尼采"，故从"尼采"和接受"尼采"的角度看，其经常属于"尼采"的周边事项，而为"尼采"的周边之周边。这个结构也同样呈现于周树人的文本里，他提到最多的是"尼佉"（即"尼采"），如《摩罗诗力说》2处，《文化偏至论》4处，《破恶声论》1处，"斯契纳尔"（即"施蒂纳"）只在《文化偏至论》里出现过一次，是"个人主义之至桀者"①"尼佉"这一行列中打头阵的一个，即作为"先觉善斗之士"②而率先出现。另外一点是"无政府主义"的维度。如前所述，"无政府主义"言说无疑是将"施蒂纳"带给周树人的一种充满张力的载体。

　　那么，在这样一种知识维度的前提下，该如何评价周树人的工作？他主体性又体现在哪里？很显然，《文化偏至论》中的"施蒂纳"，是将"近世无政府主义"流变叙述框架中的一个"理论的""无政府主义"者，编织到另外一个重构出来的"个人主义"叙述框架当中的产物，虽然在后者的框架内仍原汁原味地保留了材源的内容，却使"施蒂纳"完成了角色转换，即从无政府主义的理论家，转变为19世纪个人主义精神谱系的引领者和叙述者。周树人在"个人主义"的精神愿景中发现了不大为人所注意甚至通常遭受排斥的"施蒂纳"，并且为后者重新选定了位置。他并没像前述渊实（廖仲恺）等人那样，着眼于把诸如烟山这样的无政府主义思想资源"积极地动员到"自己正在实行的革命运动，而是从中择取出有助于"精神"重建的要素并力图使其内在化。众所周知，周树人的"革命"更着眼于"精神"，即"人"的革命，他的所谓"立人"即在于人的主体精神的确立。从这个意义上讲，他正确理解了"施蒂纳"的"我性"及其同列者的"个人主义"精神，并对之做出了自己的价值判断和选择。他认同包括"施蒂纳"在内的一连串"个人主义之至桀者"。然而，就周树人的成长过程而言，这一阶段的所谓"立人"，与其说是对外，是对他者的诉求，倒莫如说首先是在社会大潮中完成自身的确立。"施蒂纳"也跟"尼采"等人一样，是在他确立自身主体性的过程所拿来并汲取的一份营养。消化这份营养的过程，也就是把他自己所理解的"人"之精神内在化的过程。这个过程更多的是关乎周树人自身的思考，因此那些论文

---

① 鲁迅：《文化偏至论》，《鲁迅全集》第1卷，人民文学出版社2005年版，第53页。
② 同上书，第52页。

与周围的各种"革命"和"救国"方略相比因显得迂阔而听不到共鸣之声。虽然在今天看来它们都非常重要。

周树人做上述几篇"立人"的文章之时，恰恰是日俄战争之后日本的"国家主义"最为激情勃发的时期，此前曾一度出现过的非国家主义的"个人主义""无政府主义""反战论"等不仅遭到主流意识形态的彻底压制，也被社会大潮所淹没。就"个人主义"而言，周树人发掘出来的恰恰是早已被"主旋律"所淹没了的日俄战争之前的思想资源，并且以"个人一语，入中国未三四年……"①的话语方式，做出了"个人主义"并非"利己主义"的辩解。关于这一点，笔者在另一篇文章里有详述②，兹不赘言。"施蒂纳"也同"尼采"一样，是他在"利己主义"的污水当中打捞出来的"先觉善斗之士"，而素材却取自1902年的话语资源。这种取材上的不合时宜的非时代性，是周树人文章的明显特征，也使他同时"孤立"于当时的日语和汉语言论界之外。就主题意向和表述方式而言，日本同一时期与周树人文章最具有"同时代性"的，可以说只有留德归来，在早稻田大学教哲学的金子筑水（Kaneko Chikusui，1870—1937）《个人主义之盛衰》一篇，但时间上略晚于周树人，发表在1908年9月的《太阳》杂志上③。

而在同时期东京的汉语圈言论界，则几乎找不到与周树人处在同一层面上的正面阐释"个人""精神"及"诗"的文章，更不要说这一语境下的"施蒂纳"了。或曰，当时的汉语圈对日本的"无政府主义"不是有积极的介绍和热烈的反应吗？而周树人的"施蒂纳"与他的周围不是拥有同样一个烟山专太郎材源吗？的确，这是问题的复杂性所在。如果直接下一个结论的话，那么便是烟山颇得要领地正面介绍了"施蒂纳"，而周树人也只是从"我性"的角度在无政府主义思想史中截取了这一素材，除此之外，他对无政府主义本身并没表现出格外的兴趣。正像周树人并没参与出现在《浙江潮》《汉声》《江苏》《民报》《新民丛报》等杂志乃至著书中的无政府主义议论一样，在汉语言论界关于"无政府主义"的议论里也没出现周树人语境下的那个"施蒂纳"。也就是说，虽然同样读烟山专太郎的文章或者书，但偏好和择取却大不相同。"东京也无非是这样"④，正如《藤野先生》中所写，同是清国留学生的周树人，对"成群结队的'清国留学生'"⑤是颇有"违和感"的，当然从另一角度来看，他也是个另类，常常孤立于"群"之外。

最后还有几句附言。周树人之所以能从"个人主义"和"我性"视角截取"施蒂纳"，除了烟山素材本身所具有的强烈暗示性外，还有一个人不能不再次提到，那就是

---

① 鲁迅：《文化偏至论》，《鲁迅全集》第1卷，人民文学出版社2005年版，第51页。
② 前出李冬木《留学生周树人周边的"尼采"及其周边》。
③ 金子筑水：『個人主義の盛衰』，明治四十一年（1908）9月1日発行『太陽』第14卷第12号，『明治文学全集50·金子筑水　田中王堂　片山孤村　中澤臨川　魚住折蘆　集』，筑摩書房1965年版。
④ 鲁迅：《藤野先生》，《鲁迅全集》第2卷，人民文学出版社2005年版，第313页。
⑤ 同上。

斋藤信策。前面提到的作于1906年的长文《易卜生是怎样一个人》在主题和叙述方式上对周树人显然有着示范作用。而只有彻底厘清两者的关系，才能把周树人对"个人主义"选择上的主体性和建构上的独特性讲清楚。当然，这已非本篇所能完成，而是下一篇的课题了。关于"鲁迅与斋藤信策"，虽早已有伊藤虎丸、中岛长文等学者出色的先行研究，但本论所指出的这一点，在此前的研究中却并未有所言及。

鲁迅译稿《毁灭》
——基本情况及其鲁迅校誊《关于〈毁灭〉》手稿

上海鲁迅纪念馆　李　浩

《毁灭》为苏联作家法捷耶夫（АлександрФадеев，1901—1956）于1925—1926年所著，是描写红军游击队事迹的小说。1927年该书出版后，立刻引起苏联文学界普遍注意和赞誉。当时的《真理报》给予高度的评论：这部描写西伯利亚游击队溃灭的小说，是无产阶级文学阵线上的胜利。高尔基认为作者"非常有才华地提供了国内战争的广阔的、真实的画面"[①]。《毁灭》出版后也很快得到了东方左翼作家的注意，日本左翼作家藏原惟人在1928年3月号《前卫》上发表《法捷耶夫的小说〈毁灭〉》，对《毁灭》进行了比较全面的介绍和评论。随后，在1929年，藏原惟人的日译本《壊滅》由日本南宋书院出版，作为该出版社编辑的"世界社会主义文学丛书"的第7篇。1930年，《壊滅》作为日本战旗社的"世界无产阶级革命小说选集"的第1篇得到再次出版，其译文是否进行过修改不得而知。

关注苏联文艺活动的鲁迅，很显然是经由藏原惟人的介绍而获知《毁灭》这部小说的。早在1928年，鲁迅就开始翻译藏原惟人的译文集，这就是藏原惟人和外村史郎合作翻译的《俄国共产党的文艺政策》，鲁迅译本初定名为《苏俄的文艺政策》，连续刊载在《奔流》月刊第一卷第一期至第五期，第七期至第十期（1928年6月至10月，12月及1929年4月）上，1930年，鲁迅将之改名为《文艺政策》，交由上海水沫书店出版，作为该书店编辑出版的"科学的艺术论丛书"的一种。鲁迅翻译这本书的时候，正是创造社、太阳社在提倡无产阶级革命文学，将鲁迅作为革命的对象，对鲁迅进行激烈批判的时期。与创造社、太阳社的论争，促使鲁迅从之前的关注东欧弱小民族文学，转为花费更大的精力去关注苏联的文艺活动的改变，《文艺政策》的翻译正是鲁迅关注点改变的成果之一。而《毁灭》的翻译，是鲁迅这种关注的后续成果之一。无法具体考证鲁迅何时着手翻译《毁灭》，以藏原惟人的译本《壊滅》的出版时间，以及鲁

[①] 转引自磊然译《毁灭·译者前记》，人民文学出版社1978年版，第1页。

迅的译文初次刊发在1930年1月的《萌芽月刊》的创刊号上来推测，鲁迅应是在1929年5月2日在内山书店购得藏原惟人的南宋书院版《壊滅》后才开始翻译的。① 鲁迅很欣赏《毁灭》，称之为"纪念碑的小说"②，"实在是新文学中的一个大炬火"③。1929年下半年，鲁迅在阅读该书后，便着手进行翻译，其译文首先发表在1930年1月创刊的《萌芽》月刊上。

关于《毁灭》的译名，鲁迅将之从日文翻译来时，采用了日文的直译："这一本书，原名《Razgrom》，义云'破灭'，或'溃散'，藏原惟人译成日文，题为《壊滅》，我在春初译载《萌芽》上面，改称《溃灭》的"，④ 在日语里"壊滅"和"潰滅"是同义同音词，当时的英文译本和德文译本都将之改名为《十九人》。由于《萌芽》月刊的被迫停刊，《溃灭》也被迫中止连载，不过，鲁迅没有因此中止对《毁灭》的翻译。

至今，鲁迅刊于《萌芽》月刊上的《溃灭》译文手稿未被发现。现存的《毁灭》译稿是鲁迅为出版《毁灭》单行本的誊写稿，它是上海鲁迅纪念馆珍藏的国家一级文物，是许广平所捐赠。手稿稿纸是由印有湖绿色（或红色）格子的、注有"二十字诘各十行"的竖写式稿纸，以及紫色格子的注有"OS原稿用纸、20×20"的稿纸组成，其质地皆为凸版纸。从目前所见的鲁迅手稿用纸来看，鲁迅在1934年自印"绿格纸"之前，没有固定的自用稿纸，从《毁灭》计划最初由神州国光社出版的事实来推测，该稿纸应可能是由神州国光社提供。其稿纸版式为竖写式，鲁迅却用之以毛笔横写誊录《毁灭》译稿。该手稿的尺寸为27.2厘米×19.7厘米，共359页。内容包括扉页、作者自传、藏原惟人的《关于〈毁灭〉》、弗理契的序文、小说正文和后记。该稿首页将译者署名由"鲁迅"改为"隋洛文"，全文留有排版的朱笔批的排版格式说明及排版工人的名字，几乎每页都有遗留的黑色油污手印，从以上几点来推测该手稿应为送到大江书铺的发排稿。

鲁迅的《毁灭》中译单行本，最初作为神州国光社的"现代文艺丛书"的一种而出版。鲁迅在《〈铁流〉编校后记》谈起该丛书时，曾回忆道：

> 去年上半年，是左翼文学尚未很遭迫压的时候，许多书店为了在表面上显示

---

① 鲁迅：《鲁迅全集》第16卷，人民文学出版社2005年版，第170、132—133页。
② 鲁迅：《鲁迅全集》第4卷，人民文学出版社2005年版，第349页。
③ 鲁迅：《鲁迅全集》第8卷，人民文学出版社2005年版，第503页。
④ 鲁迅：《鲁迅全集》第10卷，人民文学出版社2005年版，第368页。

自己的前进起见，大概都愿意印几本这一类的书；即使未必实在收稿罢，但也极力要发一个将要出版的书名的广告。这一种风气，竟也打动了一向专出碑版书画的神州国光社，肯出一种收罗新俄文艺作品的丛书了，那时我们就选出了十种世界上早有定评的剧本和小说，约好译者，名之为《现代文艺丛书》。

那十种书，是——

1《浮士德与城》，A. 卢那卡尔斯基作，柔石译。

2《被解放的堂·吉诃德》，同人作，鲁迅译。

3《十月》，A. 雅各武莱夫作，鲁迅译。

4《精光的年头》，B. 毕力涅克作，蓬子译。

5《铁甲列车》，V. 伊凡诺夫作，侍析译。

6《叛乱》，P. 孚尔玛诺夫作，成文英译。

7《火马》，F. 革拉特坷夫作，侍桁译。

8《铁流》，A. 绥拉菲摩维支作，曹靖华译。

9《毁灭》，A. 法捷耶夫作，鲁迅译。

10《静静的顿河》，M. 唆罗诃夫作，侯朴译。

……

然而对于左翼作家的压迫，是一天一天的吃紧起来，终于紧到使书店都骇怕了。神州国光社也来声明，愿意将旧约作废，已经交去的当然收下，但尚未开手或译得不多的其余六种，却千万勿再进行了。①

鲁迅不得已，该书转由大江书铺出版。大江书铺，由陈望道、汪馥泉、冯三昧等于1928年创办，为左翼文艺的出版机构之一，曾出版鲁迅所译日本片上伸的《现代新兴文学的诸问题》和苏联卢那察尔斯基的《艺术论》等书。从鲁迅1931年2月24日致曹靖华信云"我《毁灭》亦早译好，拟即换姓名印行"② 来看，鲁迅当时已经同意译者署名由"鲁迅"改为"隋洛文"，或者也同意在单行本中不放序跋。尽管如此，鲁迅于1931年5月13日"夜重复整理译本《毁灭》讫"③ 时，仍按顺序编排了作者自传、臧原惟人的《关于〈毁灭〉》、弗理契的序文和后记等。根据大江版《毁灭》的版权记录，该书从1931年6月1日付排到1931年9月30日出版，经历了3个月，其间应该经历了多次漫长的校对。在《毁灭》出版过程中，鲁迅在1931年8月16日给蔡永言的信中谈起大江书铺，"大江书店之线订法，流弊甚多，我想只好仍用将线订在纸边之法。至于校对，则任何书店，几于无一可靠，有些人甚至于识字不多，点画小有不同，便不能辨了"④。从

---

① 鲁迅：《鲁迅全集》第7卷，人民文学出版社2005年版，第385—386页。
② 鲁迅：《鲁迅全集》第12卷，人民文学出版社2005年版，第258页。
③ 鲁迅：《鲁迅全集》第16卷，人民文学出版社2005年版，第252页。
④ 鲁迅：《鲁迅全集》第12卷，人民文学出版社2005年版，第271页。

《毁灭》译稿来看,当年鲁迅誊写得已经相当规整了,但是排印仍然出错,鲁迅忍不住出怨言也是情有可原的。鲁迅日记1931年9月15日记有"夜校《毁灭》讫",应该是对大江版的《毁灭》进行最后一次校对吧。鲁迅日记未记他何时收到大江版《毁灭》,而在1931年10月12日记"下午收大江书铺版税二十四元一角四分九厘",① 这或是《毁灭》的版税。在数天后,10月27日,鲁迅在致曹靖华的信中说准备用大江的版,自印《毁灭》500册,同时加上该书的序跋。由此推测,鲁迅在将《毁灭》译稿交付大江书铺时,已经有被查禁的准备。

鲁迅自印的《毁灭》是以三闲书屋校印出版,版权出版时间记为"1931年10月再版",印数记为"1001—2000"。根据鲁迅日记记载,鲁迅应于1931年10月26日将《毁灭》稿件交长江印务公司印制,② 实际出版时间为同年11月26日。③ 三闲版《毁灭》的封面和装帧与大江版有了极大的变化。三闲版的版权页后,附有同样以三闲书屋校印名义出版的《铁流》和《士敏土之图》两本书的广告,并有"决不欺骗读者书籍"的广告语,这或许是对大江版《毁灭》被迫删除序跋的一种抗议吧。尽管《毁灭》译本出版经历了种种困难,但在该书出版之后,却引起了以鲁迅和瞿秋白为主的关于翻译的公开讨论,侧面宣传了《毁灭》《铁流》等苏联文学,这是鲁迅始料未及的事。1933年5月,上海光华书局还出版了由何谷天(周文)根据鲁迅译本改写的通俗本《毁灭》,使《毁灭》一书的传播更为广泛。1934年3月,大江版《毁灭》成为国民党《中央党部禁止新文艺作品》目录中的一种而被禁止发行。

鲁迅翻译的《毁灭》,正如他自己所说,主要参考了藏原惟人和德国译本而译成,从该书目录推测,译文是以藏原惟人的日译本作为了主要底本:

藏原惟人《壊灭》正文目录(1929年,日本南宋書院)	鲁迅《毁灭》手稿正文目录
第一部	第一部
一 モロースカ	一 木罗式加
二 メーチック	二 美谛克
三 嗅覺て	三 用嗅觉
四 孤獨	四 孤独
五 百姓	五 农民
六 炭坑の人々	六 矿山的人们
七 レヴイーソン	七 莱奋生
八 敵	八 对头
九 第一步	九 第一步

---

① 鲁迅:《鲁迅全集》第16卷,人民文学出版社2005年版,第273页。
② 鲁迅日记1931年10月26日记:"寄长江印务公司信并稿件",并在第二天致曹靖华信中提及"《毁灭》则正要开印"。参见《鲁迅全集》第16、12卷,人民文学出版社2005年版,第274、277页。
③ 鲁迅:《鲁迅全集》第16卷,人民文学出版社2005年版,第258页。

续表

臧原惟人《坏灭》正文目录（1929年，日本南宋书院）	鲁迅《毁灭》手稿正文目录
第二部	第二部
一 部隊に於けるメーチツク	一 在部队里的美谛克
二 開始	二 开始
三 苦惱	三 苦恼
四 道程	四 路径
五 重荷	五 重负
第三部	第三部
一 メテーリッアの偵察	一 美迭里札的侦察
二 三つの死	二 三个死
三 泥沼	三 泥沼
四 十九人	四 十九人

三闲版《毁灭》的序中有臧原惟人《关于〈毁灭〉》一文，该文原题为《法兑耶夫底小说"溃灭"》，由冯雪峰翻译，以"洛扬"的署名首次发表在《萌芽》月刊第一卷第二期（1930年2月）上，收录《毁灭》单行本时改题为《关于〈毁灭〉》。该文原文首次发表在1928年《前卫》3月号上，1929年收录在由日本改造社出版的臧原惟人的文艺论著《艺术与无产阶级》中。据鲁迅日记书账记载，鲁迅于1929年11月27日从内山书店购得该书，冯雪峰应该是在鲁迅的推荐下翻译这篇文章的。《法兑耶夫底小说"溃灭"》共有五个部分，分别对小说整体、人物、场景进行了分析和评价，最后将作者与托尔斯泰等人进行比较，以阐述《毁灭》的先进性和艺术性。在《毁灭》译稿[①]中，这篇文章由鲁迅誊写，较之《萌芽》月刊上的文字，试列举两者的主要差异（依据文章分节）：

一

【《萌芽》月刊第一卷二期，第207—208页】（下略称为"萌芽，207—208"）

关于作者法兑耶夫，我知道得不多。从种种的事情想起来，他好像是一个西比利亚一带的矿夫，后来进了Bartizan（袭击队）的团体实际地活动着的人（译者注——关于法兑耶夫底生平，请看本刊第一期的他底简短的自传）。我记得……

【鲁迅《毁灭》译稿，鲁迅自编页码V】（下略称为"译稿，V"）

关于作者法捷耶夫，我知道得不多。……记得（手稿"捷"原作"兑"）

[①] 上海鲁迅纪念馆编：《鲁迅〈毁灭〉翻译手稿影印本》，世界图书出版公司2014年版。

【萌芽，208】

后来他写叫作"抗流"的一小说

【译稿，V】

后来他写了叫作"逆流"的一小说

【萌芽，208】

是那为对抗日本军和哥却克军底反革命的结合而起来的农民，劳动者，及革命的知识分子之混成对的袭击队——在西比利亚市民战争……

【译稿，VI】

是为了对抗日本军和科尔却克军的反革命的结合而起来的农民，工人，及革命底知识分子之混成对的袭击队——在西比利亚市民战争……

【萌芽，208—209】

倘从那情节底兴趣的一点说来，……这以一句话说来，不过是写这样的一点事而已；……"无论遇见怎样的困难，即使很小，必须保持坚固的有规律的战斗单位，以备他日之用！"……一边被日本军和哥却克军所压迫，一边对战着，终于耐不住反革命军底攻击，临到了溃灭的不得已的地步了。实际上，这整个的情节底贫乏……（"无论遇见怎样的困难"句，《萌芽》第一卷第二期，第146页，《溃灭》译文作"目下，袭击队指挥官所要求的最重要的事——排除任何的困难，也须达成的事——是即使是小，也（须）保持强固而有规律的战斗单位，他日在那周围……"）

【译稿，VI】

倘从那情节底兴趣这一点看来，……用一句话来说，这不过是写这么一点事而已：……"无论遇见怎样的困难，即使不多，也必须保持强固的有规律的战斗单位，以备他日之用！"……一面被日本军和科尔却克军所压迫，一面抗战着，终于耐不住反革命军的攻击，到了毁灭的不得已的地步了。其实，这整个的情节的窘促……（手稿"来说"两字后插入。"无论遇见怎样的困难"句，手稿鲁迅自编页码第78页，译文作"……目下，袭击队指挥官所要求的最重要的事——排除任何的困难也须达成的事，——是即使不多，也须保持强固而有规律的战斗单位，他日在那周围……"手稿上，"他日在那周围"覆盖了原来写的字句）

二

【萌芽，209—210】

以前是一个矿夫的木罗式加，从"市"里来的美谛克，以及为木罗式加之妻，同时是野战病院底看护妇的华理亚……来观察一下看吧。

【译稿，Ⅶ】

先前是一个矿夫的木罗式加，从"市镇"里来的美谛克，以及为木罗式加之妻，同时是野战病院的看护妇的华理亚……试来观察一下罢。

【萌芽，210】

同时又是他们底"智脑"。他是清楚地理解着由革命加给他的自己底任务，……他守着共产党底指令……那部下底中途半端的托辞，他是无所用揸的。所以部下……然而就是他……

【译稿，Ⅶ—Ⅷ】

同时又是他们的"人才"。他是清楚地懂得革命所赋给他的自己的任务，……他守着党的命令……部下的敷衍的托辞，他是决不宽容的。因此部下……然而便是他……

【萌芽，210】

部队中，没有谁知道莱汶生也会动摇的。他是并不想将自己底思想或感情……而常常以现成的"是的"和"不是"来应付。所以在一切的人，他见得是一个特别的正确的男子。（《萌芽》第一卷第二期，第141页，《溃灭》译文："部队里面，大抵是谁也不知道莱汶生也会动摇的。他不将自己的思想或感情……只常常用现成的'是的'和'不是'来应付。所以，他在一切人们——除掉知道他的陀乌嶓,斯泰信斯基,刚卡连珂那些人之外的一切人们,就见得是特别正确一流的人物。")

【译稿,Ⅷ】

部队里面,大抵是谁也不知道莱奋生也会动摇的。他不将自己的思想或感情,……只常常用现成的"是的"和"不是"来应付。所以,他在一切人们,就见得是特别正确一流的人物。(手稿鲁迅自编页码第72—73页,译文基本同《萌芽》,只是人物名分别改为:莱奋生,图嶓夫,式泰信斯基。)

【萌芽,210】

莱汶生被选为指挥官的那时以来,没有一个人能够给他想一个另外的位置——在一切人的眼里,以为他指挥部队,是他底最大的特征。于是即使莱汶生,说他在幼时是帮助父亲卖旧器具,他的父亲是希望着发财一直到死,然而怕老鼠,弹着拙劣的提琴的这种事,那也谁都以为不过恰好的笑话吧。(《萌芽》第一卷第二期,第141—142页,《溃灭》译文:"从莱汶生被推举为指挥官的时候起,没有人能给他想一个别的位置了,——大家都觉得惟有他来指挥部队这件事,乃是他的最大的特征。假使莱汶生讲过他那幼时,帮着他的父亲卖旧货,以及他的父亲直到死去,在想发财,但一面却怕老鼠,弹着不高明的梵亚林的事,那么,大约谁都以为这只是恰好的笑话的罢。")

【译稿,Ⅷ】

从莱奋生被推举为队长的时候起,没有人能给他想一个别的位置了,——大家都觉得惟有他来指挥部队这件事,乃是他的最大的特征。假使莱奋生讲过他那幼时,帮着他的父亲卖旧货,以及他的父亲直到死去,在想发财,但一面却怕老鼠,弹着不高明的梵亚林的事,那么,大约谁都以为这只是恰好的笑话的罢。(手稿鲁迅自编页码第73—74页,译文基本同上,手稿上"指挥官"被改为"队长"。)

【萌芽,211】

便将希望系之于未来,而出了森林去了。小说是以如下的一节而终的。

【译稿,Ⅸ】

便将希望系之将来,出了森林去了。小说是以如下的一节收场的——

【萌芽,211】

莱汶生沉默着,用了还润湿着的眼,辽望着这广阔的空和这约定这面包与休息的大地,以及这些远远的人们——随即要像默然地跟着他后面而来的这十八人似地,成为他们底亲近者的这些远远的人们,于是他停止了哭泣——他是无论怎样也必须生存下去,来完成自己底义务的。

【译稿,Ⅸ】

莱奋生用了沉默的,还是润湿的眼,看着这高远的天空,这约给面包与平和的大地,这在打麦场上的远远的人们,——他应该很快地使他们都变成和自己一气,正如跟在他后面的十八人一样。于是他不哭了:他必须活着,而且来尽自己的义务。

三

【萌芽,211】

然而他底 Lumpen(浮浪汉)的性格,却时常妨害着这个心愿。

【译稿,Ⅸ】

然而他的 Lumpen(流氓)底的性格,却时常妨害着这心愿。

【萌芽,212】

和这木罗式加做了好对象的,是从"市"里来的美谛克。倘问他是那方面的人,那是知识分子……由木罗式加所救……确信和强的意志,常常在摇动之中的。……他为一巡察而在部队之先前进着的时候,他突然遇见哥萨克兵,荒张着,失神地在森林中逃走了,……违叛了自己底部队了。

【译稿,Ⅹ】

和这木罗式加做了好对照的,是从"市镇"里来的美谛克。倘问他是那一方面的人,则是知识分子,……为木罗式加所救,……确信和强韧的意志,常常在动摇之中的。……他做了巡察而在走在部队之前时候,突然遇见哥萨克兵,便慌张着,失神地由森林中逃走了,……背叛了自己的部队。

【萌芽,212】

　　木罗式加帮助着美谛克,……但像美谛克似的知识分子,以他的话说来是"小白脸",他是先天的地讨厌着的……但知道妻子恋爱着这美谛克……

【译稿,X】

　　木罗式加救起美谛克,……然而美谛克那样的知识分子,用他的话来说,是"小白脸",为他先天地所讨厌的……但一知道妻子恋爱着这美谛克……

【萌芽,213】

　　对于自己底任务极忠实的,那生活上也极自由的,……一边看护着,一边便爱起他来。她确信,惟有他才是给譬安了她底孤寂的男子。

【译稿,XI】

　　对于自己的任务极忠实,生活上也极自由,……一面看护着,一面便爱起他来。她确信惟独他才是给慰安于她的孤寂的男子。

【萌芽,213】

　　摹做着莱汶生底行动和样子的

【译稿,XI】

　　摹做着莱奋生的行动和态度的

四

【萌芽，213—214】

　　将那主要的列举，则如——……杀害着濒死的病人的场面……斥侯而射杀着他们的场面……被敌所捉去而加以……我想当作一例，将这最后的场面底一部分译出看。

【译稿，XI—XII】

　　将那主要的列举起来，则如：……毒杀那濒死的病人的场面……斥侯，用枪打死他们的场面……被敌所获，而加以……我想作为一例，试将这最后的场面的一部分翻译出来——

【萌芽，214】

　　这瞬间，他（莱汶生），和华理亚与刚卡连珂一同，来到转角处了，于是射击略略静下去了。弹丸已经不在耳旁鸣响。莱汶生机械的地缓了马底脚步。賸下的袭击队员们，渐次地追着他而来了，刚卡连珂数着，连自己和莱汶生加在内，一共十九人……

【译稿，XII】

　　这时他（莱奋生）和华理亚和刚卡连珂都到了道路的转角，射击静了一点。枪弹已不在他们的耳边纷飞。莱奋生机械底勒马徐行。生存的袭击队员们也一个一个地赶到。刚卡连珂一数，加上了他自己和莱奋生，是十九人。（手稿紧接上文，加了说明："原文译至'他们这样地走出森林去了——这十九人'止，见本书第三部之末一章，今不复录，以省繁复——编者。"）

五

【萌芽，216】

　　略微注意深深地读着这作品的人，不论谁都可以发见在其中有着和大托尔斯泰底艺术态度相共通的东西吧。

【译稿，XIII】

凡较为注意地来读这作品的人，是谁都可以发见在其中有着和大托尔斯泰的艺术底态度相共通的东西的。

【萌芽，216】

他是在那人物自己所思考着的事之外

【译稿，XⅢ】

他在那人物自己所想的事之外

【萌芽，217】

惟有像他（美谛克）似的美的，温和的，优柔的男子，才是给满足了她底作为女性的忧愁的人；于是她仿佛正是因为这缘故才爱了他的。（可实际上，这样的确信，是在她爱起美谛克来的以后，才在她心中生出的；她底不妊性，是有着和她底个人的愿望没有关系的生理的原因的）

【译稿，XⅢ—XⅣ】

是只有他（美谛克），——只有这样美，这样温和的男人，——才能够使她那为母的热情，得到平静，她以为正因为这缘故，所以爱了他的。（但其实，这确信是在她爱了美谛克之后，才在她里面发生出来的；而她的不孕性，和她的个人底希望也有独立的生理的原因）

【萌芽，218】

代表着牠底新的发展阶段的。……给与着美妙的解决。

【译稿，XⅤ】

代表着牠那新的发展阶段的。……给以美妙的解决。

从以上所列举的两种版本的主要差异来看，首先在《毁灭》引文上，从《萌芽》月刊上的《法兑耶夫底小说"溃灭"》和鲁迅的《溃灭》译文比较，《法兑耶夫底小说

〈溃灭〉》文中的《毁灭》的引文与《萌芽》月刊上鲁迅的《溃灭》译文存在着差异，这种差异的存在说明，冯雪峰和鲁迅在将译文刊发在《萌芽》前，并没有就译文进行过交流。在手稿中，冯雪峰所译的小说引文全部改为鲁迅《毁灭》译文定稿，在鲁迅誊写这份译稿前，鲁迅是否和冯雪峰就《毁灭》译文问题进行过交流，就笔者所及的资料还无法确定。

其次，单从《毁灭》引文的翻译方面来看，个别之处存在着较为严重的异义。于此，就无法确定鲁迅和冯雪峰两个译本，何种更准确一些。比对鲁迅誊写的《毁灭》译稿的译文，《萌芽》月刊上所刊的译文语句（包括鲁迅自己的译文）显得较为生硬、缺乏斟酌和推敲。从《萌芽》所刊的《溃灭》译文产生的背景来看，20世纪30年代的上海左翼文化受到了国民政府的压制，译文语句缺乏斟酌和推敲属于可理解的范围内，但是，除了译文的欠斟酌和欠推敲之外，是否存在着翻译的准确性的问题？这需要有识者根据相应的原本——本文所涉及的原本是藏原惟人的日译本——进行研究和探讨的。20世纪30年代，翻译讨论是很热闹的，当代研究者也多有研究。但是，笔者所及，当代对20世纪30年代的中国翻译研究，理论考察和历史梳理多于具体的翻译个案研究，这是很遗憾的现状。

再次，这手稿中法捷耶夫之名，仍旧写作"法兑耶夫"并经毛笔或钢笔将"兑"改作"捷"。在整个《毁灭》手稿中，凡提到作者法捷耶夫之名处，皆有类似的修改。似乎是在最后排印前，鲁迅决定放弃作者名英译（或德译）的音译"法兑耶夫"，而直接采用俄文音译"法捷耶夫"。鲁迅从日文译本翻译此稿，却采用英译（或德译）的音译翻译人名，此颇令人费解。

最后，关于"底"的用法，鲁迅和冯雪峰之间也存在着较大的差异。这种差异是否存在于他们的写作之中，作为一种语法现象，如果做进一步的比较和研究，应会对理解20世纪30年代的中文语法变迁有所帮助。

不同于《两地书》及《故事新编》等手稿有鲁迅请许广平代为誊写的情形，《毁灭》手稿则从扉页到全文誊写，全部由鲁迅亲手完成，反映了他对于《毁灭》的重视程度。事实上鲁迅在文章、大会讲演、书信、记者采访、广告文案中在不同的时间和场合，以不同的方式多次介绍这部小说，同时又将这份手稿妥善保存下来，《毁灭》是唯一使鲁迅付诸多种特别态度的译著。

简论中西文化之间的鲁迅及其新学思想

宁夏大学人文学院 李生滨

西学东渐改变了近代中国知识分子的知识结构和认识世界的思维模式，是中国学术思想和社会启蒙的一次激烈剧变[①]。"借法济变"，维新救亡，宪政与革命，在近代政治思想和学术文化中发生的任何变迁，不管其主观意愿如何，不管其所取的途径如何，在历史的实际效果上，都会不由自主地参与到维新变法和新民启蒙的文化激流中去。先秦、两汉以来，中华文明外在的变动不居没有真正打破内在稳定的文化结构，然而从19世纪下半叶到20世纪上半叶，中国和中国文化遭受了前所未有的打击和挑战。其中从晚清维新启蒙思潮到五四新文化运动，则是中国文化因认同西方政治和文明而发生激烈嬗变的尖峰时期。遭受现代西方打击的中国人是永远伤痛而迷惑的。英国世界科技史研究者李约瑟曾经提出，为什么工业文明发生在英国和欧洲，而不是历史文化从来没有断裂过的中国？秦汉的政治统一和唐宋的文明程度，都曾标举着世界文明发展的灿烂辉煌。李约瑟从20世纪的科学技术开始追溯，发现中国唐宋时期的科学发明和技术水平就已经奠定了相当高的基础[②]，但是走出中世纪的欧洲却后来居上，东方的文明古国却日益腐朽和没落。从现代立场而言，历史的偶然和必然，取决于哪一个民族和地区在近代化的发展角逐中首先具备了民主政治和科学思想的社会基础。为了认识鲁迅、回溯晚清，笔者忧郁地把眼光投向悲壮的19世纪中叶，或者南宋以来的中国。几百年的停滞不前，甚至变本加厉的官僚专制体制，是造成近代中国悲剧和忧患的根本原因。而西方外来的殖民侵略和传教活动，则开启了中国近代文化传媒的兴发和中国近代化的社会变革。西方科学技术、民主政治和新学知识的进一步传播，洋务

[①] 康有为掀起维新运动的核心内容和指导思想是西学中的进化论学说，而不是今文经学。因为离开了西学东渐的近代资产阶级的进步理论，今文经学的一时兴盛，只能是明清之际早期启蒙文化的复归，不可能出现近代维新思想澎湃的大潮，更不可能设计和推广变革的资产阶级政治方案。请参考马洪林《康有为评传》，南京大学出版社1998年版，第11页。

[②] 中国人的优雅文化和聪明智慧，在人类历史的长远发展中，也促进了世界文明的发展和科技进步。落后于西方是近代资本主义经济萌芽和发展的殖民时代。英国弗朗西斯·培根在《新工具》中说："印刷术、火药和磁铁因为这三大发明首先在文学方面，其次在战争方面，第三在航海方面，改变了整个世界许多事物的面貌和状态，并由此产生无数变化，以致似乎没有任何帝国，任何派别，任何星球，能比这些技术发明对人类事务产生更大的动力和影响。"参见弗朗西斯·培根《新工具》格言第129条，许宝骙译，商务印书馆1986年版。

自强运动及中西文化的强烈冲突,从不同方面激发了各种新旧思想的激荡嬗变,而动摇帝国统治的内忧外患,国家安危、民族兴亡和个人生存,都深深地影响所有中国人的心理和情感。而这种影响对传统的士大夫和新进知识分子则尤为强烈。

鲁迅少年时期正是国家灾难和民族忧患最为深重的时期,加上家庭的衰落和父亲的背世,作为长子的鲁迅不得不踏上"异样"的人生之路——放弃传统士大夫家庭孩子的正途,选择新式的免费学堂。

在《呐喊》自序里鲁迅不无偏执和悲愤地回忆了自己选择如此人生的"痛苦经历",暗示了社会风气的变化,还有言语深处自得的心绪。

> 有谁从小康人家而坠入困顿的么,我以为在这途路中,大概可以看见世人的真面目;我要到 N 进 K 学堂去了,仿佛是想走异路,逃异地,去寻求别样的人们。我的母亲没有法,办了八元的川资,说是由我的自便;然而伊哭了,这正是情理中的事,因为那时读书应试是正路,所谓学洋务,社会上便以为是一种走投无路的人,只得将灵魂卖给鬼子,要加倍的奚落而且排斥的,而况伊又看不见自己的儿子了。然而我也顾不得这些事,终于到 N 去进了 K 学堂了,在这学堂里,我才知道世上还有所谓格致,算学,地理,历史,绘图和体操。生理学并不教,但我们却看到些木版的《全体新论》和《化学卫生论》之类了。我还记得先前的医生的议论和方药,和现在所知道的比较起来,便渐渐的悟得中医不过是一种有意的或无意的骗子,同时又很起了对于被骗的病人和他的家族的同情;而且从译出的历史上,又知道了日本维新是大半发端于西方医学的事实。
>
> 因为这些幼稚的知识,后来便使我的学籍列在日本一个乡间的医学专门学校里了。我的梦很美满,预备卒业回来,救治像我父亲似的被误的病人的疾苦,战争时候便去当军医,一面又促进了国人对于维新的信仰……①

从这段鲁迅特色的回忆文字里,我们可以了解近代中国的没落、传统和外来文化之间的冲突,以及这种冲突里部分中国人的必然选择。其一,从鲁迅的选择可以看到洋务运动带给中国人的实际影响。近代西方的殖民开拓和贸易,包括传教,主要从海上而来,闽越南洋之后,江南沿海获得风气最早,早年鲁迅父亲就曾议论过一个孩子到东洋、一个孩子去西洋学习的事情。洋务运动不仅仅是制造"坚船利炮"的军事工业,19 世纪 70 年代洋务运动在"求富"的自然要求中,采用"官督商办""官商合办"等形式,开始创建民用厂矿企业,奠定了中国最早的民族工业基础。与此同时,中国传统的教育体制,从内容到方式,都无法满足洋务运动发展的实际需要,从而迫使洋务派认识到传播科学知识和建立新式教育机构的重要性。可以说,没有洋务派的

---

① 鲁迅:《鲁迅全集》,人民文学出版社 2005 年版,第 437—438 页。

多年经营,也就没有南京的水师学堂和(陆师)矿路学堂,鲁迅也就不可能有他"别样"人生的选择。其二,鲁迅是在南京期间开始接触西方科学知识,并直接受戊戌变法和维新思潮的影响。此阶段所奠定的科学思想和维新思想对鲁迅后来的人生选择和文学活动产生了深远的影响。留学日本和学习医学是他对维新的科学救国思想的自我选择,而回国后在杭州、绍兴等地中学教学的工作中,鲁迅依然保持和发扬了这种维新的科学思想。

鲁迅在南京的学习非常出色,在矿路学堂学到的矿物方面的专门知识,包括生物学和生物进化论方面的知识,都是鲁迅后来批判传统、走向启蒙文学家的知识基础。而求学南京也为他创造了1902年留学日本的机会。在日本留学时期鲁迅学习和思想的见证者,主要是许寿裳,在家信和个人记忆中能够旁证的是周作人。在所有有关鲁迅青少年时期求学读书情况的回忆中,周作人文字的参考价值是无法否认的。周作人对于鲁迅笔下的绍兴风土和故家人事,有时比鲁迅自己了解观察得还要仔细。何况从小周作人一直跟随着大哥的求学之路和人生之路。中国现代文化史上,周氏兄弟是互为补充的启蒙文学家,共同奠定了五四新文学创作和批评的崇高价值。鲁迅早年的读书和五四启蒙思想的萌生确立,周作人最是熟悉。在《鲁迅的青年时期》一书中,周作人更为详细地回忆了鲁迅早年的读书生活和个性追求。

> 鲁迅于戊戌(一八九八)年闰三月过杭州往南京。十七日到达,去的目的是进江南水师学堂,四月中考取了试读生,三个月后正式补了三班,据《朝花夕拾》上所说,每月可得津贴银二两,称曰赡银。水师学堂系用英文教授,所以全部正式需要九年,才得毕业……学生如此封建气,总办和监督自然更甚,鲁迅自己说过,在那里总觉得不大合适……鲁迅离开水师学堂,便入陆师,不过并不是正式陆军学生,实在乃是矿路学堂,附设在陆师学堂里边,所以总办也由陆师的来兼任。不知道为什么缘故,陆师学堂的总办与水师学堂的一样是候补道,却总要强得多。当时陆师总办是钱德培,据说是绍兴"钱店官"出身,却是懂得德文,那时办陆军是用德国式的,请有德国教官,所以他是有用的。后任是俞明震,在候补道中算是新派,与蒯光典并称,鲁迅文中说他坐马车中,手里拿一本《时务报》,所出国文课题自然也是"华盛顿论"而不再是论管仲或汉高祖了。矿路学堂的功课重在开矿,以铁路为辅,虽然画铁轨断面图觉得麻烦,但自然科学一部分初次接触到,实在是非常新鲜的。金石学(矿物学)有江南制造局的《金石识别》可用,地学(地质学)却是用的抄本,大概是《地学浅说》刻本不容易得的缘故吧,鲁迅发挥了他旧日影写画谱的本领,非常精密地照样写了一部,我在学堂时曾翻读一遍,对于外行人也给了不少好处。三年间的关于开矿筑路的讲义,又加上第三年中往句容青龙山煤矿去考察一趟,给予鲁迅的利益实在不小,不过这不是技术上的事情,乃是基本的自然科学知识,外加一点《天演论》,造成他唯物思

想的基础。①

这是周作人多少有些迎合鲁迅《呐喊》自序的文笔，在特殊的历史情景下完成，不无政治环境影响的紧张、敏感和小心。但鲁迅在南京接触新学的学习情况却也一目了然，新旧之间，鲁迅"十足地读了三年书"，而受到维新报刊和维新人物影响的事实也是确证的。这在周作人《关于鲁迅之二》里说得更显豁："在南京的时候，豫才就注意严几道的译书，自《天演论》以至《法意》，都陆续购读。其次是林琴南，自《茶花女遗事》出后，随出随买，我记得最后的一部是在东京神田的中国书林所买的《黑太子南征录》，一总大约有三二十种吧。其时'冷血'的文章正很时新，他所译述的《仙女缘》，《白云塔》我至今还约略记得，又有一篇嚣俄（今该译雨果）的侦探谈似的短篇小说，叫做什么尤皮的，写得很有意思，苏曼殊又在上海报上译登《惨世界》，于是一时嚣俄成为我们的爱读书，找些英日文译本来看。末了是梁任公所编刊的《新小说》，《清议报》与《新民丛报》的确都读过也很受影响，但是《新小说》的影响总是只有更大不会更小。"②鲁迅从南京求学受到戊戌变法前后维新思想的影响，以及到日本留学，正赶上梁启超为代表的"新民"启蒙思潮的高涨。因此可以说，晚清文艺启蒙思潮和"新小说"杂志的活跃形态构成了鲁迅人生选择的时代的也是文化的特殊语境。

当然，讨论晚清对于鲁迅思想文化个性的深远影响，不能忽略中国学术发展到清代的变化，特别是近代的流变。在周作人《关于鲁迅》《关于鲁迅之二》和《鲁迅的青年时代》第十节"往南京"等回忆文字里，除了上述引用的内容之外，周作人（包括研究鲁迅早年读书和思想的学者）指出，鲁迅自觉读书的另一个方面，那就是对古代典籍和杂书的搜求阅读。传统学术和晚近江南学术（浙东史学）怎样深层影响鲁迅，这是一个更加复杂艰深的问题，不是本文主要涉及和所能彻底解决的问题，但作为一个了解晚清人物和思想文化发展的前提，我们应该了解其大概的脉络。清代的经学形态从来没有统一过，号称朴学的清代汉学主流，不仅对朱熹理学而言是异端，即使对真正的两汉经学也是一种反动，因为它具有了不少理性客观的科学精神。"清代代表性学术是考据之学。清初顾炎武、黄宗羲、王夫之等为纠正明末空谈心性之弊而倡征实之学。当时，以经世致用为目的，学术具有启蒙性质，故于前世经传之研究，往往择善而从之，尚无汉、宋界阈。然既欲求真、求信，上溯往古，说经自不免侧重汉儒，实已开汉学先声。至清中叶，缘于文化高压，学者不敢多所发挥，于是偏至发展考据之学，以其宗汉，又称汉学。学者继承清初征实学风，以考据事实为鹄的，以'实事求是'为根本方法。因对经书追根究底，故研经而旁及古代天文、地理、典章、制度、文字、音韵、训诂等。考据之学以其开拓之广、方法之进步，影响一代学风，是不能

---

① 周作人：《鲁迅的青年时代》，河北教育出版社2002年版，第31—32页。
② 同上书，第125页。

不予以足够重视的。"① 但是，经过太平天国的大动荡，面对日益紧张的中外政治、经济和文化的冲突，康有为、章太炎等对当时学术的批评指责不是没有道理的，一方面是王朝腐败与专制的政治禁锢，另一方面是外来文化的影响和冲击，复古派也好，桐城派也好，一般士人都难以保持抗世的独立精神，也难以沉静学术、高扬救世的信心。

从乾嘉学派的义理考据趋向新学的激烈冲突，在俞樾、章炳麟和周氏兄弟三代人"谢本师"的历史演义中得以窥视。中学与西学对举，新学与旧学递延嬗变，我们在追寻近代中国的发展变化时，前文已经反复谈到，不能不考虑西方人来到亚洲的这种影响。但是西方宗教思想和文化在中国人的生活里渗透得很慢，中国历史的延续发展积淀了非常深厚的文化传统，而且这种以儒家思想和伦理道德为核心的文化传统，贯穿在每一个中国人的日常生活和所有士绅生活的精神里，进而成为影响约束一般社会成员的行为准则②。当代长篇小说《白鹿原》正是因为对这种历史沉淀和文化基础充分揭示而获得了极大的批评认同。但是在社会动荡和生存艰难时，宗教和迷信宣传是最能蛊惑民众和人心的。太平天国运动就是借助西方宗教宣传，鼓动农民暴动。新与旧之间，传统生活方式与外来宗教、文化理念之间，是一种普遍存在于近代中国和一切试图进行社会改良与革命的人身上的文化分裂。正如刘纳指出的，在戊戌变法前后的中国知识分子中间，普遍出现一种否定文学的思潮。最先走向西方的那些比较开明的中国知识分子，认为西方重视实用的科学技术，而不太看重藻饰的文学词章。中国之所以贫弱就是因为过于注重虚辞套文。但不久以后的维新改良人物和革命派文人，却把宣传和影响国人社会思想的希望全部寄托在了小说文艺上。如果我们回顾龚自珍、林则徐等人诗文里表现的政治忧患和对文学革新的具体要求，就会发现，这除了反映社会衰微过程中传统文学的危机，也同样说明中国近代急功近利的片面性思想认识。"所以，如果说，龚自珍给较远的晚清（19世纪90年代—20世纪初年）煽起了浪漫的热情，那么，魏源就给紧接着他的七八十年代留下了现实的直接主张。而冯桂芬的特点在于：他承上启下，是改良派思想的直接的先行者，是三四十年代到七八十年代思想历史中的一座重要的桥梁。"③ 19世纪七八十年代的改良派思想，是从洋务自强的思想中生长出来的。康、梁变法的思想直接是从反思儒家学说和传统开始的。

中国经过几次挫败之后，无不震惊于西洋科学技术的可怕力量。在政治上最有势

---

① 郭维森：《惠栋评传》序，见李开《惠栋评传》，南京大学出版社1997年版。
② 就像中国文化的正统学术思想的核心是儒家经典。从四书五经发展到后来的十三经，作为中国封建社会法定的文化经典，作为封建意识形态的集中表现，它们支配着诸如哲学、政治学、史学、语言学和美学诗学等封建上层建筑的各个部分。那我们来看看作为儒家学理核心的经学是什么。日本学者本田成之给中国传统的经学做出了这样的界定：将今日的学问、宗教、哲学、政治学、社会学、文学冶作一炉的广义的人生教育学就是经学。这种要求在程朱理学和明清的科举制度中，变成可操作的名教、礼教的约束规范。
所以本田成之又进一步明确概括说："所谓经学，乃是在宗教、哲学、政治学、道德学的基础上加以文学的、艺术的要素，以规定天下国家或者个人的理想或目的的广义的人生教育学。"[日] 本田成之：《中国经学史》，孙俍工译，上海书店出版社2001年版，第2页。
③ 李泽厚：《中国近代思想史论》，天津社会科学院出版社2004年版，第36页。

力和声望影响的,如曾国藩、李鸿章、左宗棠这般人,随着与西方来华人士的交往,特别是他们在戡平太平军、见识了华尔、戈登等人率领的洋枪队的威猛火力之后,开始认识到学习借鉴西洋科学技术的重要性,他们在"中体西用"的理论折中中,开始努力倡导"洋务"自强运动。然而他们在承认西方科学技术先进和强大的同时,却将西学与中学对举,其保守性是无法打破的。甲午海战的失败,就是洋务派为自己的保守埋单。而由此暴露出中国政治体制和实现问题的严重性,进一步激发了许多仁人志士的民族爱国热情。富有社会责任心和事功进取意识的开明绅士、文人志士和会党革命人士,都急于寻求富国强民的发展道路。"浊酒不销忧国泪,救时应仗出群才。"中国近代启蒙维新思想是与民族自立自强的忧患始终联系在一起。

维新变法的文坛领袖康有为、梁启超、严复等人于时局的忧愤中,主张社会更广泛的变革,不仅仅是"师夷之长技以制夷",而是要会通中西。最终他们认为要唤醒整个社会和民众的自强意识和民主意识,必须用文学来"开民智、新民德、鼓民力"。朱维铮先生在他探讨"晚清学术史论"的《求索真文明》一书的开篇题记中就说:"我以为晚清的学术,的确属于明末清初中西文化发生近代意义交往以后的过程延续,它的资源,固然时时取自先秦至明清不断变异的传统,但更多的是取自异域,当然是经过欧美在华传教士和明治维新后日本学者稗贩的西方古近学说。"① 那么作为当时的维新思想家康有为,是在怎样的路径上体现自己的维新思想的呢?"他的思想中包括一整套西方的政治价值观,这是康有为与其他同时代维新派思想家全都具有的,所不同的是康氏用一种思想体系来阐明这些价值:这个体系不但把它们纳入对儒家总的解释之中,而且将它们和清末国内的重要思潮联系在一起。由于康有为以人们熟悉的传统形式提出问题,因而西方的政治价值观发挥的号召力比以往用其他形式所发挥的要大得多。尽管他对儒家思想的激进解释使他的许多同时代人感到愤慨,新思想仍取得了不可忽视的影响。虽然许多中国士大夫仍然讨厌西学,但他们不能对它置之不理。由于康有为的思想吸引了大批中国文人官僚对西方思想的注意,西方思想为19世纪90年代学风的改变提供了有力的刺激。"② 体现这一代人激烈的思想嬗变和理想的,莫过于为宣传变法思想而发动的"文学界革命"。这场文学界革命先后包括"诗界革命""文界革命""小说界革命"和"戏曲界革命"。中国传统文学观念至此发生了根本的变化,其实五四时期的新文化运动和文学革命在一定意义上,是晚清维新思潮和文艺启蒙思潮的进一步延续、深入和高扬。

西方人士说:"追溯19世纪机械革命和工业革命期间所发生的各种思想酝酿的一些大概轮廓,是一桩很困难的事情。"③ 新兴的欧洲列强将它们还没有深入讨论实践的

---

① 朱维铮:《求索真文明——晚清学术史论》,上海古籍出版社1996年版,1997年4月第2次印刷。
② 费正清:《剑桥中国晚清史》(下卷),中国社会科学出版社1993年版,第340页。
③ [英] 赫·乔·韦尔斯:《世界史纲(生物和人类的简明史)》(第十五版)(下卷),吴文藻、谢冰心、费孝通等译,广西师范大学出版社2001年版,第832页。

各种政治观点和贸易规则，冠冕堂皇地实行于世界各地开拓的殖民地、半殖民地国家和人民身上，当老大的东方帝国——中国文化与它们发生冲突时，它们靠着炮舰的开路和传教士的狂热，借着鸦片的非法贸易强行进入中国政治和民众生活。这样，多少有些杂乱的西方近代各种思想流布并影响中国近代知识分子的思想和整个社会。当然，具体的情况是非常复杂的，因为西方的资产阶级政治体制和思想也不是完全成熟的，其时尚在积极的发展之中。另外，同一文化渊源背后的各种思想矛盾是不足为外人道的。但是为了解决我们心中的疑惑，为了去体会和理解晚清文人的精神世界，我们必须去追寻西方文化在中国的发生和传播情况。用赫·乔·韦尔斯的话说，虽然这是比较困难的，但需要我们不断努力去完成这项工作。但有一点是明确的，就是在所有近代先进的中国人身上，都具有启蒙维新的民族民主的革命思想，因而无法否认他们为挣脱传统思想文化束缚所做的实践努力。日本明治维新的启蒙思想家福泽谕吉为了抵抗西方列强的侵略，主张摄取西洋文明的现代文化精神。他认为要做到这一点，必须自下而上地开展启蒙工作，即先使"文明之风气充满全国"，使国民均能"独立自尊"，那样"一身独立"的情况下实现"一国之独立"。福泽谕吉对梁启超启蒙思想的影响很大。这也是鲁迅倡言建立"人国"的"立人"思想的来源之一。与所有的近代人物和启蒙先驱们一样，鲁迅思想的复杂和精神的痛苦，大端同样在于传统与现代之间的彷徨踟蹰。南京求学，鲁迅真正接触和学习了西方自然科学知识，欣喜地诵读《天演论》，从地质学的研究印证生物进化论的科学认识，初步形成了自己以自然科学和进化论思想为主要内容的新学思想。

　　也就是说，因为西学东渐和洋务自强运动的自觉开放，打开了西方近代科学和政治文明的窗户，南京求学的鲁迅不仅正赶上戊戌变法前后维新改良的政治文化思潮，且在"洋务"学堂接触并学习了大量的西方科学知识，这在奠定鲁迅新学基础的同时也刺激了其个性精神，也是鲁迅一生坚持科学理念和民主思想的渊薮与发端。

伊藤虎丸的鲁迅论及其对当下
鲁迅研究的启示意义

南京师范大学文学院 谭桂林

  作为日本鲁迅研究承前（竹内好）启后的一个代表人物，伊藤虎丸的鲁迅论不仅在日本，而且在中国鲁研界也产生了重要的影响，在鲁迅研究界享有所谓"伊藤鲁迅"的美誉。当年的青年学者张福贵、吴晓东等都曾对伊藤虎丸的鲁迅论进行过介绍，直到近些年依然有不少学人对伊藤虎丸的鲁迅研究在日本学界的特点、在中国学界的影响感兴趣。鲁迅研究史专家张梦阳先生曾从5个方面总结了伊藤虎丸鲁迅研究的成就，认为"伊藤虎丸是日本鲁迅学界最具代表性的人物。他把'竹内鲁迅'发展到更为科学的境界，不仅在日本，就是在中、日、韩三国的东亚来说，他对于鲁迅的理解与阐释也达到了高峰"[①]。2008年，李冬木先生选择了伊藤虎丸鲁迅论的一些代表性论文结集为《鲁迅与终末论》在人民文学出版社出版。在译者后记中，李冬木先生将伊藤虎丸学术研究的特点做了精细的分析和归纳，他认为伊藤虎丸的鲁迅论的精髓在于他站在自己的时代，带着自身的问题进入鲁迅研究，而且伊藤虎丸的鲁迅研究着重点在于探讨鲁迅的思维方式，也就是说重心不在于探讨鲁迅是什么，而是探讨鲁迅以什么方式是，这些归纳也是十分富有启示意义的。正如张梦阳先生在其文章中所指出的，伊藤虎丸的鲁迅论不仅继承和超越了"竹内鲁迅"，而且"也矫正了我们研究鲁迅的态度"，"我们的确应该很好地继承他留下的珍贵遗产，好好读读他的著作"。张梦阳先生甚至说自己"深悔读伊藤虎丸太晚，未及在他生前与他交流"。笔者与张先生颇有同感，最近重读了伊藤虎丸的《鲁迅与终末论》，再一次被这位自称为业余的鲁迅研究者倾注在自己的研究活动中的浓烈的情感和独特的见地所吸引，觉得对这位40年前的鲁迅研究者独特的研究成果及这些成果对我们当下鲁迅研究的启示意义，有必要进一步做深入的探索与总结。

一

  通常而言，学术研究的过程就是一种判断形成的过程，学术研究的结果就是要说

---

  ① 张梦阳：《日本鲁迅研究概观》，《文艺研究》2006年第12期。

明某件事物是什么。鲁迅逝世以来，虽然可以盖棺论定了，鲁迅研究者也在极力说明"鲁迅是什么"这个不断被人们提出的问题，但得出的结论也在不断被人们推翻或质疑，以致日本鲁迅研究的开创者之一竹内好在他的鲁迅传记写作中就不禁感叹地说，规定鲁迅是什么很难，但规定他不是什么却很容易①。在这个问题上，伊藤虎丸有一种独特的见解，也许是他本人并非鲁迅研究专家，"鲁迅是什么"这一问题，对他所关注的事情并不重要，也许是他深受存在主义哲学的影响，觉得人生的结果并不重要，重要的是它的过程。所以伊藤虎丸明确地宣布，在他的鲁迅研究理念中，鲁迅是个人主义者也好，是进化论者也好，是马克思主义者也好，无论是什么都不重要，重要的是鲁迅以什么方式是，或者说鲁迅以什么方式成为他所成为的。这对习惯了阐释经典和构架体系的传统的鲁迅研究，也许具有颠覆性的意义，而对伊藤虎丸鲁迅论的这种方法论上的意义，人们似乎还认识不足。

正是在这样一种方法论基础上，伊藤虎丸的鲁迅论从一开始就特别注意鲁迅的思维方式。有学者认为伊藤虎丸鲁迅论"更在于对'竹内鲁迅'创造性地发展与超越上，其中一个很重要的方面就是把目光聚焦到竹内所忽略的鲁迅留学时期的思想与经验上"②，这是很有道理的。因为人的思维方式一般在青年时代开始养成，而且比较明显地体现在人的逻辑推论方面，因而在材料运用上，伊藤虎丸也就会特别地对鲁迅留学东京时期的几篇文化论文感兴趣。伊藤虎丸指出，从东京时期开始，鲁迅就一直具有并保持了一种观察事物的整体意识，这表现在两个方面：一方面，从南京到仙台，从学矿务到学西医，鲁迅一直在接受着西方近代科学精神与技术理性的熏陶，但鲁迅并没有像他的许多同时代人一样，陷入科学主义的窠臼，他始终保持了一种整体性观察把握文明的思维态势，不仅没有将科学与人文割裂开来，而且在《破恶声论》等文章中将唯科学论当作一种恶声进行了批判；另一方面，鲁迅在东京筹划他的思想启蒙工作，其间阅读了大量的西方文学与文化的书籍。他写作的《摩罗诗力说》，他与周作人共同翻译的《域外小说集》等，都可证明他在这一期间的阅读面之广泛。不过，鲁迅的特点恰恰在于他能够整体性地去把握住欧洲近代文化的本质精神，而不是关注那些皮毛似的各种时兴学说。伊藤虎丸认为，"鲁迅留日时代的评论却显示他对欧洲近代有着极为本源性的理解"③，这种"本源性的理解"就表现在"留日时代的鲁迅，通过自然科学书、进化论、科幻小说、'尼采'、克尔凯格尔等，凭借一个青年鲜活的感受性，感受到了它们根底当中的那种共通的'自由精神'及其能量，并且以进化论者和'尼采'的个人主义这一形态，把它们化作自己的东西"。"在这个意义上，初期鲁迅思想是何种主义并不是重要问题，重要的是他获得了欧洲的精神。"④ 伊藤虎丸在此指出的

---

① [日]竹内好：《鲁迅》，转引自伊藤虎丸《鲁迅与终末论》，生活·读书·新知三联书店2008年版，第94页。
② 刘伟：《鲁迅的"原点"：伊藤虎丸对竹内好和丸山升的质疑》，《沈阳师范大学学报》2009年第4期。
③ [日]伊藤虎丸：《鲁迅与终末论》，李冬木译，生活·读书·新知三联书店2008年版，第51页。
④ 同上书，第48页。

留日鲁迅对欧洲近代文化的认知方式，前者是一种综合性把握，后者是一种穿透式的洞察，两者都体现出鲁迅观察事物的整体性思维特征。

当然，以"自由精神"来概括欧洲近代文化的本质，这种理解方式是否真正符合欧洲近代文化发展的实际情况，或许是值得商榷的。不仅欧洲文化中两个重要的源头希伯来文化与古希腊文化各自传统的根本精神并不完全一致，即使在现代多元文化语境中，一定要将某种精神特质说成是这一文化传统的核心或本质，这种思路本身已存在问题。不过，伊藤虎丸对鲁迅整体性思维方式的推崇，无疑是富有创见性的思考，对新时期以来国内鲁迅研究也曾经产生过重要的启示。只是由于语境的差异，所面对的问题也有所不同，国内鲁迅研究对"整体性"问题的思考往往由肯定性的文化接受层面转移到了否定性的文化批判层面。在笔者看来，五四新文化运动中，鲁迅不仅始终是整体性地思考着而不是单个地或者片段地关注中国文化传统的命运，而且在文化价值的评判上对中国的传统文化采取的就是一种"整体性"否定的思维方式。鲁迅在后来的"改造国民性思想"的问题上并没有区分"伪士"与"朴素之民"，鲁迅将中国的启蒙者所处的生存环境比喻为死一般沉寂的荒原，将中国文化传统的巨大的同化力比喻为一个大酱缸，任何的东西放进去就会变了颜色，等等，这都是一种关于中国文化传统的整体性的描述。尤其是在《狂人日记》中，鲁迅用"吃人"二字来概括宗法礼教制度的四根精神支柱——仁义道德，就更是从整体上对中国文化传统的功能与命运做了一个整体性的判决。五四时期，启蒙主义思潮催兴了早期新文学的问题小说、劳工问题、妇女问题、教育问题、儿童问题，甚至卫生问题等，都是当时启蒙主义者们关注讨论的对象，鲁迅当然也随潮写过《我们现在怎样做父亲》《我的贞节观》等讨论具体问题的论文。不过，"不少抱着启蒙主义观念的新文学作家热衷于创作'问题小说'，但持续的时间不是太长就纷纷退场了，这并非问题已不复存在，更不是问题已经解决好了……这主要是因为如果封建宗法社会的整套价值体系与话语方式没有得到根本的动摇，仅仅局限于某些枝蔓问题的研究是不够的，开出来的药方也是那样的渺茫"[①]。可以说，五四时期的鲁迅之所以在思想和文学成就上远远高出于同时代的问题小说，就在于他突破了枝枝蔓蔓的重围，抓住了宗法礼教制度的核心罪恶，以一种整体否定的叙事策略将一个巨大的秘密展现在人们面前，强烈地刺激国人麻木的神经。五四时期鲁迅这种对传统文化的整体性否定与伊藤虎丸所指出的留日鲁迅对欧洲文化的整体性把握，在认知和思维方式上应该说是一脉相承的。没有这种对欧洲文化"自由精神"及其价值功能的整体性把握，哪能产生出对本国文化传统进行整体性否定的巨大的痛苦与坚定的自信？

伊藤虎丸鲁迅论的另一个重要观点就是，鲁迅对于外来文化的"抵抗性接受"，这是鲁迅之所以是其所是、成其为所成的一个重要的思维方式。所谓"抵抗性接受"，伊藤虎丸是在鲁迅阅读赫胥黎的《天演论》的惊异神情中发现的。他认为鲁迅的这种神

[①] 参见拙文《鲁迅小说启蒙主题新论》，《鲁迅研究月刊》1999年第1期。

情是一种"面对异质性的惊异",因为"赫胥黎坐在书房里那么想,而且想得那么新鲜"的事情是鲁迅从来没有感受到过的,而伊藤虎丸认为鲁迅面对进化论时的那种"面对异质性的惊异"之所以值得重视,是"因为这种惊异是他身上的固有文化对新思想抵抗的表现,已经暗示出一种和同样是接受新思想并产生感动,却并无抵抗而是共感,并被其所有的'接受快'完全相反的态度"①。在伊藤虎丸那里,这种"抵抗性接受"主要有3个方面的要点。

一是鲁迅从来不接受既成的理论、信念和教条,即"鲁迅并没把欧洲近代产生的各种思想(包括文学、科学、社会制度),看作'既成品'或'零部件'(作为'零部件'的主义),而是从'造就它们的精神'中来接受"②。

二是鲁迅接受任何一种理论信念,都要从自己的生存经验和传统教养予以一番鉴别,伊藤虎丸曾把这种接受特征概括为"在自身内部来寻求逆转"。他在分析鲁迅对进化论与"尼采"主义的接受时这样指出:"作为西欧扩张的资本主义意识形态的进化论这种对世界的解释也好,在本国亦成为纳粹主义思想源流的区分超人与畜群的反动思想也好,在鲁迅那里,因为所采取的姿态是'在自身内部来寻求'逆转的契机,以摆脱作为弱者的中国民族的灭亡危机,所以也就不是作为被固定化了的意识形态和作为实体化了的外来权威来接受,而是作为造就思想的内在精神原理(反过来说,就是作为不具备构造和程序的某种假定之物),作为通过彻底认清其异质性并使之与自身对决来重新构筑自身原点的人的原理,换句话说,就是作为迫使旧有的人的观念本身发生变革的东西来把握的。"③ 这种所谓的"在自身内部寻求"逆转的思维方式,从民族的角度来看是思想的本土化,从个体的角度看,则是观念的血肉化,都与思想者的人格体验与文化教养紧密地联系在一起。

三是鲁迅的"回心"特征。"回心"是竹内好使用过的概念,被伊藤虎丸承接下来用于他对现实文化问题的思考。按照李冬木注释,所谓"回心"一般特指基督教中忏悔过去的罪恶意识和生活,把心灵重新朝向对主的正确信仰的心灵过程。竹内好使用这个词,则包含有通过内在的自我否定而达到自觉或觉醒的意思。而且竹内好用这一概念比较中日文化,认为"回心"以抵抗为媒介,转向则没有媒介,所以日本是转向文化,中国文化则是"回心"型文化。④ 伊藤虎丸特别欣赏这一概念,不断地用这一概念来说明鲁迅的思想形成,也就是强调鲁迅在接受西方文化影响的同时产生了内部的抵抗,是一种"抵抗性接受"。

可见,无论是从造就它们的精神来接受,是在自身内部寻求逆转,还是以抵抗为媒介的"回心",这三点都决定了鲁迅不可能以一个既成的名目如"尼采"主义者、进

---

① [日]伊藤虎丸:《鲁迅与终末论》,李冬木译,生活·读书·新知三联书店2008年版,第145页。
② 同上书,第80页。
③ 同上书,第157页。
④ 同上书,第5页。

化论者甚至马克思主义者来定义他，鲁迅只能是他自己。因为"所谓思想的本土化，并不是简单的折中和连接可以做到的，而只有通过这种来自根底的再形成才能实现。"①"再形成"的过程已经是一个创造性转化的过程，"再形成"的产物当然也就不可能是影响主体的连接与仿制。在伊藤虎丸的心目中，鲁迅就是这样以反西方文化的姿态成了西方文明的真正有力量的承继者，而伊藤虎丸在此基础上为鲁迅所定义的"个性化地接受了马克思主义"，即鲁迅后期的马克思主义理论的接受，也不是当成既成的理论来接受，而是当作一种思维方式、当作一种整体精神来接受，这也为我们理解后期鲁迅的思想转型提供了一个富有启示性的命题。

　　吴晓东曾将伊藤虎丸和美籍华裔学者林毓生对《狂人日记》的解读做一对比分析。伊藤虎丸鲁迅论认为在怀着被吃的恐惧时的狂人还停留在患被害妄想狂的独自觉醒阶段，只有发现自己也是无意中吃过人的狂人，才真正是觉醒的战士，才回到社会去从事启蒙工作，这是鲁迅的"回心"。而林毓生则在鲁迅的思想中发现了一个吊诡："在鲁迅面前等着他去做的基本工作是：透过思想与精神革命去治疗中国人的精神的病症。然而，一个在思想与精神上深患重疴的民族如何能认清它的病症的基本原因是它的思想与精神呢？"② 一个是回归社会（疾病痊愈，候补），一个是面对吊诡，无地彷徨。吴晓东在比较中肯定了伊藤鲁迅的结论，认为"小说中的狂人也许堕入了林毓生所揭示的逻辑的吊诡，但历史中的鲁迅却由于对罪的意识的获得，完成了他的'第二次文学自觉'，从而'成为对世界负有真正自由责任的主体'"，这是一种别出心裁的解读。③ 不过，笔者更感兴趣的倒是伊藤虎丸和林毓生之间在探讨鲁迅的思维方式上很有意味的相似性。可以说，伊藤虎丸关于鲁迅对西方文化的"抵抗性接受"，与林毓生的鲁迅是以反传统的姿态成为传统的继承者的观点如出一辙。以反传统的姿态成为传统的继承者，在林毓生看来，这在鲁迅那里是一种不得已的，或者说潜意识的反映，而在伊藤虎丸看来，则是鲁迅面对外来文化时的一种主体的自觉选择。无论林毓生还是伊藤虎丸，都意在揭示鲁迅文化态度的一币两面，从而揭示出鲁迅的思想为什么那么复杂而深厚，鲁迅的思想构成为什么在现代中国那么具有典型意义。比较一下这两个人的思路是颇耐人寻味的，在教育背景上，林毓生是纯粹西方的，他所运用的理论也是如支援意识等典型的西方当代人文科学理论，伊藤虎丸虽然是基督教徒，但他是在日本本土接受的教育，无疑属于东方的。在研究目的上，伊藤虎丸想说明的是中国近代化与日本近代化的不同，也就是"回心"与转向的不同，并借此批评日本近代化的路向，而林毓生的目的在于探讨中国的现代化道路的曲折性，因为他从鲁迅、陈独秀等人的思维方式上看到了五四一代先驱者借思想文化革命来解决社会问题的思路与中国儒家文化传统的一致性。在研究的结论上，林毓生看到了鲁迅激烈的反传统背后的深厚的传统修养与情感皈依，伊藤虎

---

① ［日］伊藤虎丸：《鲁迅与终末论》，李冬木译，生活·读书·新知三联书店 2008 年版，第 155 页。
② 林毓生：《中国意识的危机》，贵州人民出版社 1988 年版，第 256 页。
③ 吴晓东：《竹内好与伊藤虎丸对鲁迅〈狂人日记〉的解读》，《鲁迅研究月刊》2002 年第 2 期。

丸看到的则是鲁迅对西方文明的热情介绍与推崇背后的抵抗西方的文化警惕。而且，这两个人的研究都延伸到了对毛泽东思想的评价。林毓生认为正是五四时期鲁迅、陈独秀等借思想文化问题的解决来导致社会问题解决的传统文化思路，启发了毛泽东在20世纪60年代发动"文化大革命"，伊藤虎丸则认为，鲁迅从"尼采"接受中表现出的"能动的虚无主义"与作为毛泽东思想特征的"主观能动性"有相同之处。这种共同的延伸也许不是偶然的，因为他们都想从鲁迅的思想构成中找到中国思想文化现代化转型的理论启示。只不过伊藤虎丸找到的是应该借鉴的经验，而林毓生找到的则是值得吸取的教训。

当然，沿着伊藤虎丸的这一思路发展下去，一些新的问题就不期而至，需要伊藤虎丸的鲁迅论做出解释。譬如，伊藤虎丸通过对鲁迅的基督教思维的分析，认为在"鲁迅态度里，的确被赋予了某种特征，那就是拒绝把一切主义和世界观作为新的权威从外部带入，同时也不相信一切体系、程序和关于黄金世界的蓝图"①。但是，结合鲁迅生平中极其重要的启蒙主义思想来看，这里有一个重要的逻辑悖论：鲁迅的"呐喊"难道不也是一种外部的强行塞入吗？如果不是这种外部的塞入，启蒙主义在哪里？启蒙无论是点明，还是唤醒，都是来自外部力量的干预。鲁迅自己如果不相信某种体系、程序和关于黄金世界的蓝图，那么他的"呐喊"的力量又来自何处？又如，鲁迅一直怀疑中国的传统文化甚至包括国民人格有自我更新的动力，伊藤虎丸则认为鲁迅对农民的"白心"、素朴之心抱有期望，"鲁迅竭力设法要在民族之魂中找出不容易找到的变革中国的主体（能够接受外来的新声，通过变革自身而得以成为变革中国的主体）"②，这其实是与鲁迅的思想不相符合的，鲁迅将这种素朴之心与"伪士"两两相对，只是想说明农人气质的诚实而已，并非为他的"立人"这一中国国民性的改造工程寻找依托基础。如果如伊藤虎丸所言，中国文化的近代化是在自身内部寻求的逆转，那么，这种自身内部的力量来自何处？竹内好和伊藤虎丸都批评日本的近代化，而赞许中国的近代化，认为在近代化的过程中，"日本因其进步性，避免了悲惨，但却堕落，中国因其保守性而陷入悲惨，却避免了堕落"③。如果世界大势逼迫二者必择其一的话，为什么中国一定要选择悲惨呢？吴晓东曾从中日两个民族的现代化背景上对竹内好和伊藤虎丸津津乐道的"回心"论做过分析与批评，认为"考察竹内与伊藤对'回心'的运用，其历史语境是对日本在现代化进程中无抵抗地全盘西化的反省。而在反省过程中，竹内和伊藤可能都偏于过分估价了中国的所谓抵抗的'回心'型文化。'回心型'的概念用于文化上是一个有待展开和论证的范畴，它的有效性和普适性其实还需进一步追问。当竹内好和伊藤虎丸过分地强调了中国的抵抗的文化姿态，就有可能忽略了中国的现代历史追求'现代化'的层面"④。这无疑是切中了问题的实质。虽

---

① [日]伊藤虎丸：《鲁迅与终末论》，李冬木译，生活·读书·新知三联书店2008年版，第182页。
② 同上书，第310页。
③ 同上书，第224页。
④ 吴晓东：《竹内好与伊藤虎丸对鲁迅〈狂人日记〉的解读》，《鲁迅研究月刊》2002年第2期。

然竹内好和伊藤虎丸等日本学者对中国的所谓"回心型"文化特性大加赞扬,那是日本学者对自身问题的求索之道,中国学者是春江之鸭,身在水中,知水冷暖,则不能不有所警醒。再如,五四时期的鲁迅有一个大焦虑,他始终担心中国文化传统的过于强大会使新鲜的外来文化发生异化或变形,失去它的纯粹性,这种担心在鲁迅那里是最为强烈的,甚至可以说贯穿终生。这就自然出现了问题,如果伊藤虎丸所言属实,那么鲁迅的所谓"抵抗性接受"与鲁迅的这种文化焦虑有何种关系?鲁迅的"抵抗性接受"本身又是不是一种变形?这些问题在伊藤虎丸的鲁迅论中,都是应该回答可惜没有回答的。

二

伊藤虎丸的鲁迅论特别强调了鲁迅思想的反体系特征。鲁迅思想的"反体系",竹内好也是看到了的,他是从鲁迅的个性发现的,认为"他的小说是诗歌式的,评论也是感性的。他在气质上,也和凭借概念来思考缘分甚远。做类推而不做演绎,有直观而无构成。他不擅长以目的和方法来对应世界,也就是缺乏立场这东西。"① 而伊藤虎丸则是从现实情境和文化批判的需求上来看待鲁迅思想的"反体系",他指出,"倘若他和'尼采'都是思想家,当他们去强行构筑不可能构筑的某种思想体系或逻辑结构(在小说便是虚构)时,便只能陷入虚伪或观念上的单纯的逻辑整齐。"而鲁迅是一个"清醒的现实主义"者,他勇于直面惨淡的人生,正视淋漓的鲜血,呼吁撕破一切的假面,当然不会去虚假地追求这种思想体系和逻辑整齐。伊藤虎丸不仅赞许鲁迅思想的这种反体系特征,而且由于自己是以鲁迅研究来回应所面对的社会与文化的现实问题,因而对鲁迅的研究也有意识地走着反体系或者说非体系的路子。在他的鲁迅论中,上述那些问题应该回答却未能回答,或者说来不及回答,也许就与他的这种反体系观念相关。不过,伊藤虎丸的鲁迅论中关于鲁迅的基督教人格的分析,却似乎看出论者构筑某种体系的愿望。他将西方文化的源头划分为古希腊传统和基督教传统,然后细致地考察了鲁迅早年在东京所写的4篇论文,认为鲁迅对西方文化的介绍与接受偏重于基督教传统,并且由此推断拿鲁迅在自我思维建构中自觉地吸取基督教传统,从而使自己在文化批判中形成了自己的基督教的个性气质。伊藤虎丸把这种个性气质概括为批判性、偏激性和终末论3个维度,然后逐一分析,逐一展开,显示出的就是在一种体系建构中应该具有的逻辑力量。

所谓批判性是由《圣经》中的恶魔撒旦的形象意义生发开来的。在伊藤虎丸看来,"圣书里的'恶魔'(撒旦),并不是和善神对立的恶神、邪神,他是同样处在神的支配下的天使中最有力量的一个。"② 正如圣书中有上帝也必有撒旦一样,撒旦就是上帝的异己,也是上帝自身的批判力量,因而基督教神学中天然地包含着批判性的思想特

---

① 语出竹内好《鲁迅》,转引自伊藤虎丸《鲁迅与终末论》,生活·读书·新知三联书店2008年版,第94页。
② [日]伊藤虎丸:《鲁迅与终末论》,李冬木译,生活·读书·新知三联书店2008年版,第307页。

质。西方文化史上的批判哲学（如康德）、批判神学的兴起，乃至马克思主义的武器的批判及"尼采"式的"重估一切价值"，都是基督教批判性思想谱系的子孙，"因反基督教而本质上是基督教"①。鲁迅对"撒旦"的形象是十分了解也情有独钟的，据伊藤虎丸分析，"在应该称作'被排挤的天使'这一点上，也是诚如鲁迅所说的，鲁迅把他放在了'争天抗俗'的'精神界之战士'也就是预言者的谱系中。""鲁迅的'撒旦'，就是向一切权威、权力、或者说是一切命运及'既成'（'天'和'神'是其象征）的果敢的批判者和反抗者。"②确实，在《摩罗诗力说》一文中，鲁迅清晰地表达了自己对恶魔精神的批判性的理解，所谓"恶魔者，说真理者"，体现出的就是借摩罗之声对"思无邪"的中国传统儒家诗教的对立与批判。此后，在五四时期鲁迅所极力推举的以易卜生为代表的"轨道破坏者"，以及他笔下所创造的"狂人""孤独者""过客""这样的战士"，乃至为奴才辟开窗户的"傻子"等形象，也无疑都是撒旦谱系的破坏与批判型的人物。终其一生，鲁迅以批判为己任，早期是思想文化批判，后期在思想文化批判之上，增强了社会现实的批判，以致当代有些别有用心的人将鲁迅与胡适比较，给鲁迅加上一个"破坏者"的名义而贬低其意义。其实，并非鲁迅不愿意或者不善于建设，也不是鲁迅心中没有蓝图，只要看看后期鲁迅对中国的木刻、版画艺术发展的贡献，就很能说明问题了。而鲁迅终于还是以"轨道破坏者"自持，以文化批判者名世，除了现实的强烈逼迫，就只能理解为人格的内驱和个性的使然。所以，伊藤虎丸从基督教人格的角度来看鲁迅思想的批判性特质，应该说是一个很有意蕴的理论构想。

　　偏激，好走极端，这是伊藤虎丸的鲁迅论对鲁迅个性气质的又一个论断。其实，对自己的偏激个性，鲁迅是有所自省的，他不仅多次在和友人的通信谈话中提到这一点，而且在他的文学形象中经常塑造到这一类的典型。譬如，奴才叹自己房间阴暗，"傻子"马上提起锄头去砸墙；村子里的人不让"狂人"去吹灭"长明灯"，狂人就说"我要放火"；等等。因为鲁迅对中国社会变革的艰难有深刻的认识，他知道在搬动一张桌子都要流血的国度里，按部就班的改革几乎不可能，矫枉必须过正。至于自己的这种偏激与极端的个性的来源，鲁迅是把它视为"中国性的"，认为是中了韩非与庄周的毒，而且与他喜欢魏晋文人风度也有关系。伊藤虎丸把这种偏激与极端的否定看作是"鲁迅的独特性"，不过，他对这种个性的探源却与鲁迅相反，他把鲁迅的这种个性看作"非中国性的"。他说："就鲁迅的独特性这一点来说，在被人们经常指出的他文学上的与'中庸'之德截然对立的强烈的偏激和彻底的否定当中，我漠然地感受到某种非中国的东西（例如和老舍、郁达夫完全不同的东西）、非常西化的东西（而且和在日本一般所认为的西欧极不相同的东西）。"③至于这种"非中国的东西"为何物，伊

---

① 语出 K. 莱比特《历史当中的意义》，转引自伊藤虎丸《鲁迅与终末论》，生活·读书·新知三联书店 2008 年版，第 308 页。
② ［日］伊藤虎丸：《鲁迅与终末论》，李冬木译，生活·读书·新知三联书店 2008 年版，第 307 页。
③ 同上书，第 300 页。

藤虎丸明确地指出是基督教气质。他说："那种东西与其说是希腊的，倒不如说是以色列的，与其说是多神教的，倒不如说是一神教的。"① 他认为："总括鲁迅思想所能感受到的，不是希腊式理性的冷静，而是犹太式的意志的偏激，'尼采'和马克思自不待言，他受其影响的大多数思想家，在很多情况下，可以算到基督教的谱系里来。"② 伊藤虎丸举了鲁迅对进化论的接受的例子，他认为，鲁迅在接受进化论方面和严复不一样的是，他拒绝斯宾塞的把人类社会看作自然界一样受进化法则（自然法则）支配的一元论，而倾向于赫胥黎的"二元论"。而赫胥黎的伦理观把人（伦理化过程）和自然（宇宙过程）对立起来，鼓吹伦理的进化，在反映着基督教式的原罪观的同时，也在本质上继承了构筑在基督教式的人间观基础上的伦理观。伊藤虎丸还详细引证分析了高田淳关于鲁迅的基督形象塑造的论文，最后，他十分肯定地下了结论："高田在上述论'复仇'时指出，鲁迅把严复反省的偏至有意当成自己的立场。而鲁迅的这种态度本身，使我感觉到了基督教式思想的谱系。经常被当作鲁迅思想特色而指出的几近极端的偏激性和否定性，如果不把它还原为个人与生俱来的性格的话，那么可以认为，其根本在于他思想的这种堪称'唯一神教式性格'的东西。"③

"终末论"是伊藤虎丸鲁迅论的一个中心词，但正如伊藤虎丸自己所言，鲁迅是东方人，又是无神论者，用"终末论"来称呼他所具有的思想，是不贴切的。所以，伊藤虎丸在整个鲁迅论中使用的都是"终末论式"的这样一个语词结构，其用意就在于只是借用这个宗教性的词语来说明鲁迅的思维结构，而不是指称他的思想内容。李冬木在译后记中也特别指出了这一点："在基督教当中，一方面认为终末时代（上帝之国）因耶稣基督的到来而'已经'来临，另一方面又坚信这'上帝之国'只有在耶稣基督从天国重新降临，最终消灭一切邪恶，给地上带来绝对和平，即'千禧年'到来之际才能获得终极性实现。因此，所谓'现在'，便总是处于'终末论'所提示的'已经'与'尚未'之间的紧张关系中，从而被赋予一种能够使人真实地感到'生'的意义。"④ 伊藤虎丸的鲁迅论就是在这个意义上将鲁迅的思维结构与"终末论"联系起来的，他是这样描述鲁迅的思维结构的："不仅拒绝以往的依赖于既成'主义''体系'和'蓝图'，并要把自己委身于其中的心情，同时也拒绝把自己委身于油然而生的'自然'的激情与冲动。这是一种既不依赖于过去的一切（既成的主义、体系和体制）也不依赖于未来的一切（程序、蓝图以及'黄金世界'的心像）的态度，它只面对由死当中所自觉到的现在。"⑤ 伊藤虎丸用"终末论"作为自己的鲁迅论的中心观念，显然来自于竹内好关于鲁迅的"赎罪文学"观念的启发，在自己的论述中，他把竹内好

---

① [日]伊藤虎丸：《鲁迅与终末论》，李冬木译，生活·读书·新知三联书店2008年版，第301页。
② 同上。
③ 同上书，第314页。
④ 李冬木：《〈鲁迅与终末论〉解说·译后记》，见伊藤虎丸《鲁迅与终末论》，生活·读书·新知三联书店2008年版，第401页。
⑤ [日]伊藤虎丸：《鲁迅与终末论》，李冬木译，生活·读书·新知三联书店2008年版，第182页。

所言的鲁迅的"文学的自觉"替换成了"终末论式的个的自觉",这不仅仅是一种表达方式的替换,从上引的论述中可以看到,伊藤虎丸的"终末论"式的思维结构就是对现在的执着,这种执着不是与生的自觉而是与死的自觉联系在一起。也就是说,"终末论"不是从生来思考死,而是从死来思考生,从死来思考现在。"现在"是一种向死的存在,因而也就内在地具有一种巨大的虚无的力量。不仅虚无一切既成的主义、体系与体制,虚无未来的蓝图与"黄金世界",而且虚无自己。但是,死的特殊意义不仅在于意味着人在其自身当中不再具有其存在的根据这一事实,而且也意味着人不得不对这一事实产生自觉和做出反省,这种自觉就是责任意识的产生,从而使死具有尊严和保持意义。所以,鲁迅的"终末论式的自觉"事实上就是巨大的虚无主义与这种向死的责任意识的交织。通常而言,一个人的思想内容往往是在精神结构的表面层次上,与个体的人的社会认识、文化传承、教育习得等关系密切,而思维方式则处于人的精神结构的深层次中,往往与个人的生命体验等精神结构中的隐秘性内容有关。鲁迅一生确实对死的问题及其与死相关的某些问题有着堪称痴迷的关注,[①] 鲁迅的思想、创作甚至为人处世方面呈现的某些重要特点,也都源出于他对"死"的体验与思考。在这个事实上,伊藤虎丸将基督教的"终末论"与存在主义向死而生的哲学观念结合起来描述鲁迅的思维结构,这固然与他本人是一个虔诚的基督教徒有关,但对于鲁迅研究中如何认识鲁迅的思想与人格特质,是从通常意义上的显在的知识谱系来研究,还是从具有原始隐秘性的个人生命体验上来透视,无疑是具有启示意义的。

三

毫无疑问,上述伊藤虎丸鲁迅论的一些核心的观念,与他的知识谱系和他的特殊身份有关。但更为重要的是,这些核心观念的形成,直接来之于伊藤虎丸对于现实情景与文化再生等切身问题的追寻与思考。伊藤虎丸为什么要研究鲁迅,这可能是我们研究伊藤虎丸的鲁迅论时首先就应追寻的问题。为什么我们要研究鲁迅?或者说为什么笔者要研究鲁迅?如果将这个问题向海内外的鲁迅学者们提出来,肯定都能得到侃侃而谈的回答,而且答案也许会比较趋向一致。譬如说为了继承鲁迅这笔伟大的文化遗产,为了通过鲁迅来解释中国 20 世纪的社会文化变革,为了通过鲁迅这座桥梁来促进中外文化交流,等等,不一而足。这些宏大话语当然是不错的,这些学者专家似的研究起源,也许占有鲁迅研究队伍中的大多数。但是,有多少人是带着自己的迷惑、带着自己切身的问题选择了鲁迅研究?或者说有多少人是在自己私密的情感或心灵的痛苦上一头撞入鲁迅研究的大门呢?恐怕数量不会太多,伊藤虎丸无疑是这类研究者中较有典型性的一位。

---

① 可参阅钱理群《人间至爱者为死亡所捕获》(载《鲁迅研究月刊》2003 年第 5 期)等文。

李冬木先生在译后记中指出,"作者的着眼点始终是日本战后社会的现实问题和思想问题。他认为'战后民主主义'的最大失败就是扼杀了人的主体性,而扼杀人的主体性又是现代社会的普遍问题,主体性的丧失即缺少'责任意识'的本质内涵,这对日本来说也就意味着很难保证不再重蹈战争覆辙。在这个意义上,鲁迅对主体性的建构,作为'方法'便具有巨大的警世意义,这是鲁迅对现代社会的价值性所在。通过本书可以看到'鲁迅'以怎样的契机,又是如何深刻地介入战后日本社会中来。"[①] 刘伟也指出,"伊藤虎丸对'竹内鲁迅'的反省批判态度是毫无条件全盘继承和接受的。他继承了竹内好强烈的现实感和反省意识所构成的主体精神的自觉,体现在对日本近代的反省之中。对鲁迅及中国现代文学的思考,是立足于对日本近代化的反省与批判上,包含着对历史的深刻认识,将竹内好的'抵抗'思想注入于历史观之中。"[②] 以上评价都已指出伊藤虎丸是带着反省与批判日本战后近代化的问题进入鲁迅研究的,或者说伊藤虎丸之所以研究鲁迅就是要通过鲁迅来回答和解决这些问题。这可以说是对伊藤虎丸鲁迅论特色的一个原点性的总结。但是,笔者觉得这一总结还应该再进一步。也就是说,我们应该看到,伊藤虎丸带进鲁迅研究的这些问题不是学院式讨论中的枯燥刻板的纯粹学术的问题,伊藤虎丸提出这些问题的态度与方式也不是专家似的冷冰冰的态度和方式,这些问题不仅切近现实,逼入灵魂,而且散发着生命的气息,刻印着个人的痕迹,听得到发问者的心的颤动。

首先,这些问题与其说伊藤虎丸提出的是时代性的问题,毋宁说更是伊藤虎丸自己的问题。伊藤虎丸曾这样自述说:"在《鲁迅与终末论》中所收的文章就是以大学教师的身份去对应一九六八、一九六九年以来的所谓'大学斗争'的副产品。"所以他说:"我在这些文章里所写的内容,虽然都来自我阅读鲁迅时所作的笔记,的确是我自己的学习所得,但我总觉得它们与我的实践活动有关。"[③] 是一种怎样的"实践活动"呢?据伊藤虎丸自己介绍,他在广岛大学时从事了十年的普通教育,其中有4年的时间大力提倡大学教育的改革,而围绕这些改革也出现了纷争。伊藤虎丸的鲁迅论就与这些纷争有关,或者说就是由这些纷争所促成,并在这些纷争中获得灵感。当时,伊藤虎丸作为生活协同组合的理事,常年致力于解决发生在学生之间的内部纠纷,他从学生们身上看到了两种截然分开的思想倾向,一种是尖锐却又不负责任的"原点主义",另一种是认真却又墨守成规、不肯由此迈出一步的"事务(官僚)主义",两者具有一个共同的类似点,就是非主体的和非科学的精神态度。而这种精神态度又与日本"战后民主主义的空洞化"也就是"科学主义"与"文学主义"的分裂息息相关。关于现代科学精神发达给人类文明带来的变化,20世纪20年代就在日本思想界有所警

---

① 李冬木:《〈鲁迅与终末论〉解说·译后记》,见伊藤虎丸《鲁迅与终末论》,生活·读书·新知三联书店2008年版,第397页。
② 刘伟:《日本"战后民主主义"的反省与"伊藤鲁迅"的形成》,《学术交流》2011年第11期。
③ [日]伊藤虎丸:《鲁迅与终末论》,李冬木译,生活·读书·新知三联书店2008年版,第286页。

醒。如日本文学批评家厨川白村在《西洋近代文艺思潮》中，就曾借用美国文学家爱迪生的关于近代社会使人变成一幅好的手指、一个好的耳朵的话，来批评近代科学对人的主体性与文明的整体性的戕害。半个世纪后，这种现象在资本主义高度发达的日本显现得越加分明。伊藤虎丸认为，"战前就已经由三木清等人提出，战后又致力于重建和恢复的文化总体性的重新分化（教养＝人间观的崩溃），就处在今日状况的根底中。"① 是力主科学理性，继续促进文化的细分化与专业化，还是张扬人文精神，重建现代文化的总体性，这是当时大学教育所面临的时代使命，也是伊藤虎丸和他的同事们在大学教育改革中的最大的分歧点所在。正是苦恼于这样的切身问题，处在这种纷争中的伊藤虎丸以一个非专业者的身份投入鲁迅研究，从鲁迅的《狂人日记》中，伊藤虎丸发现了"狂人回归社会"和"有责任的参与"这一"回心"的开始，以及对于克服现代人对社会时事漠不关心的事务主义的意义；从《文化偏至论》《摩罗诗力说》《破恶声论》等早期理论文章中，伊藤虎丸发现了鲁迅对西方文化精神的本源性把握，以及对于克服现代文明中科学与人文分裂、重建文化总体性的启示性。尤其值得指出的是，伊藤虎丸不只是作为一个学校的管理者来思考科学与人文的分裂问题，他更是作为一个深受科学人文分裂之苦的现代日本人来思考这些问题的，所以，他是"以战败为契机，把学问确立在对战前的学问方式进而是明治以来的日本'近代'总体的'反省'之上，意在重新恢复学问和文化的总体性。而这种志向本身，同时又是在精神深层来接受战败这一事态，并且以面向重建新日本的实践性（也就是某种意义上的国民的）热情与希求为主题。"② 而他对《狂人日记》中的"狂人"形象的分析，"一方面认识到现实世界几乎不可能变革，一方面又将自己投放到其中，面对眼前零散琐屑的现实付出极为踏实的，科学的，而且不知疲倦的持续不断的努力（有责任的参与），同时，令这种活法成为可能的，是与终极意义上的绝对否定者的相遇——可以将其试表述为根植于终极意义的'死'的、伦理的和意志的活法。以上这两点就是我以'终末论'来称呼的东西"③。这一说法，也完全可以视为处于纷争之中但为改革大学教育而决不退缩的伊藤虎丸的夫子自道。

其次，伊藤虎丸带入鲁迅研究的这些问题无疑是哲学性的问题，但在一定程度上也鲜明地体现出了这些问题所具有的情感性特征，也就是说，这些问题不是冰冷的，也不是干硬的，它们有温度，有色感，也有血性，散发着伊藤虎丸的生命的气息。正是这种情感性特征，使得伊藤虎丸在他的研究中特别注重个人的感觉。譬如，伊藤虎丸自己是基督徒，他不仅说"鲁迅作为对我构成威胁、不肯接受我的一种完全异质的精神原理，也与《旧约圣经》一道不时地叠映在我的脑海里"④，而且说自己读鲁迅，

---

① ［日］伊藤虎丸：《鲁迅与终末论》，李冬木译，生活·读书·新知三联书店2008年版，第50页。
② 同上书，第40页。
③ 同上书，第185页。
④ 同上书，第41页。

感觉就如读圣书。"从最初读鲁迅起,我一直有那么种漠然的感觉,那就是与我很久以前在圣经尤其是旧约文学中所获得的那种感觉极为相似。"伊藤虎丸用诗一般的笔调描述了这种感觉:"强烈的憎恶、对于神的执拗争论(诘问),严峻的神与人的断绝。昼间太阳灼烤大地,令万物枯萎,夜间青白的月光令人恐怖。那是一个明白无误的沙漠般的世界,一切爱憎、黑白、明暗都已明确到了残酷的程度,但也正因为如此,又在深切的渴望与安慰中充满了爱,就像要在这沙漠中寻找清泉。"① 由此可见,伊藤虎丸几乎是以一个基督徒的生命体验式的宗教感进入鲁迅研究的。这种感觉既包括精神上的认同,如他对丸山升的鲁迅研究的评价:"丸山的工作,其特色(虽然有人说在于实证主义,其实)倒总在于争论,因此在他的论争(polemic)动机当中,正像已经指出过的那样,一方面包含着对某种教条主义的批判,另一方面也包含着对'文学主义'对'文学'的神秘化了以及主张越是'本质的'就越是对现实不负责任的某种'原点主义'的不信任感和不清洁感。我亦有同感。"② 同时也包括在研究活动中所获得的生理上的刺激,如他说及自己在将战争前后日本思想状况比较之后精神上的震撼:"在我看来,三木清在战争和法西斯主义到来前夜所指出的状况,与我们40年后的今天所面临的文化状况有着某种极为相似之处,这令我感到某种震撼。"③ 这种震撼就具有生理刺激性,也正是这种精神震撼,增强了伊藤虎丸鲁迅论的生命向度,也引导了伊藤虎丸鲁迅研究的目光聚焦。所以,伊藤虎丸鲁迅论的关注点也主要集聚在于"回心"、信仰、魂灵、动能等与生命的深层结构紧密相连的问题。

最后,就是这些问题不是偶然的,突发的,漂移的,或者转瞬即逝的,而是"执着之念"。所谓"执着之念",是丸山升批评尾崎秀树的《与鲁迅对话》时提出的一个概念。尾崎秀树是日本20世纪30年代左翼作家尾崎秀实的同父异母弟弟,尾崎秀实1928年被朝日新闻社派驻上海3年,其间与鲁迅多有通信往来。鲁迅曾对增田涉赞扬尾崎秀实德才兼备,而尾崎秀实也曾在《谈中国左翼文艺战线现状》(附在山上正义所译的《阿Q正传》之后)一文中对鲁迅给予了很高评价。1941年10月,尾崎秀实被佐尔格事件牵连,不久即被作为首犯判处绞刑。这一事件对尾崎秀树的刺激很大,他说:"从我哥哥死刑那时起,我就被阿Q遭枪毙前看到的狼眼睛死死抓住了。从那个后,我一直在思考这狼眼睛所具有的意味,不过,直到现在也还没能充分理解。"从阿Q的被枪毙,尾崎秀树也看到了自己哥哥的被判决的命运,"至于舆论,在未庄是无异议,自然都说阿Q坏,被枪毙便是他坏的证据:不坏又何至于被枪毙呢?结尾的这段话深深地刺痛了我。尾崎秀实被判了绞刑。这就是说,被判了绞刑便是他坏的证据吗?"正是带着"这种深深的刺痛",尾崎秀树从此开始了自己与鲁迅的对话,用尾崎秀树自己的话说,这种对话"与其说是鲁迅研究,倒不如说是托鲁迅来谈我的自身

---

① [日]伊藤虎丸:《鲁迅与终末论》,李冬木译,生活·读书·新知三联书店2008年版,第82页。
② 同上书,第266页。
③ 同上书,第13页。

像"。而且，这种刺痛始终伴随在对话的过程中，没有终结。在《与鲁迅对话》一书的结尾，尾崎秀树就坚定地表示："冲着阿Q的'狼的眼'仍在我们面前，我与鲁迅的对话还并未结束。"① 像尾崎秀树这样，个体的心灵被现实问题深深刺激，于是从鲁迅的精神世界中去寻找共鸣，而被刺激的痛感始终伴随着寻找的过程中。这就是所谓的"执着之念"。当然，丸山升批评尾崎秀树主要是针对其材料使用上的随意性与"非专业性"，而对其"执着之念"的研究态度乃是给予肯定的，甚至说自己也在这一点上"不居人后"，他为此还提出了一个更进一步的命题，即"所谓作家研究，只有在对象所具有的独自的精神与自己的执着之念构成紧张关系的前提下才能成立"②。伊藤虎丸在自己的论文中详细地检讨了丸山升对尾崎秀树的批评，从行文中可以看到伊藤虎丸对所谓"执着之念"也同丸山升一样抱有敬意。这不仅表现在伊藤虎丸本人多处宣称自己走的是"蔑视专家"的研究之路，而且也表现在伊藤虎丸用自己的研究经验将所谓的"执着之念"的内涵做了进一步的开拓与丰富。伊藤虎丸在与丸山升辩论时曾这样描述过自己的研究状态："为了向鲁迅学习，（这是自学生时代以来我对鲁迅的始终如一的态度）并把他的活法'化作自己的东西'，就需要在鲁迅的'事实'与我自身之间找到一个契合点，这可以说就是被叫作鲁迅之'回心'的那种东西的普遍化——这是每个人都会获得的体验并由此理解的东西。"③ 这就是说，"执着之念"既是向鲁迅那里寻找共鸣，也是将鲁迅"化作自己的东西"，这就不仅将鲁迅与研究者所面对的当代问题联系起来，而且将鲁迅精神与研究者自身的人格精神的成长也联系起来了。有了这种"执着之念"，鲁迅研究中的各种问题的提出，才真正既是时代的，也是个人的，是时代性与个人性的融合，鲁迅研究才会被赋予灵魂。

葛兆光在谈论日本的"中国学"时曾指出，日本自甲午战争以后，对中国产生了强烈的优势心理，认为中国的古典文化是好的，而中国的现代文化是很差劲的。这种心态影响了日本"中国学"的发展态势。"对于日本来说，近代作为标志性观念的'脱亚'论背后，是对挣脱古典中国文化笼罩的强烈诉求，对于中国这个巨大的'阴影'，是把它作为与'西洋'一样的'东洋'，还是把它当作'方法'而成为日本的'他者'，其实从德川时代到当下，一直是日本思想史和学术史上的一个大问题。对中国古典的认同与对中国现代的拒斥，对现代中国革命的理想想象和对现代中国文化的无端轻蔑，其实背后都有相当深刻的思想史内容。"④ 如果说"二战"以前的日本学界对于中国的研究其主流倾向是崇尚古典，轻视乃至轻蔑现代，那么，伊藤虎丸继承竹内好的思路，从现代中国近代化道路的优势来反思日本的近代化尤其是战后民主主义的空

---

① 以上材料与引文都引自伊藤虎丸《鲁迅与终末论》，李冬木译，生活・读书・新知三联书店2008年版，第231、232页。
② 同上书，第242页。
③ 同上书，第264页。
④ 葛兆光：《谁的思想史，为谁写的思想史》，《中国社会科学》2004年第3期。

洞化弊端，这对日本中国学的当代转型来看，无疑也是有其学术意义的。当然，伊藤虎丸的鲁迅论的意义，归根结底还是在于对中国当下鲁迅研究的启示。中国的鲁迅研究长期处于代圣贤立言的状态，20世纪80年代伴随思想解放运动的展开，走向问题式言说。李泽厚、刘再复对鲁迅的研究，起源于他们对人的主体性与文学主体性的匮乏的思考，王富仁对鲁迅的研究起源于他对中国社会改革的必须进行思想启蒙补课的深深的焦虑。世纪之交以来，中国社会现代化的情景与日本40年前的状态比较相似，西方的科技、思想、包括教育模式都被引进、实验和模仿，与文化的大环境一样，鲁迅研究也明显地走向专业化、学术化、学院化，琐细的研究越来越琐细，割裂的研究越来越碎片化，专门性的研究成果不少，但鲁迅研究如何回应我们的时代问题，研究者如何在鲁迅研究中得到新的震撼，鲁迅研究的灵魂在哪里，鲁迅研究怎样才能像曾经的那样给中国当下的文学研究带来动力，鲁迅研究者们多少有点迷茫，或者说不太引起重视。尤其是我们这个时代同伊藤虎丸的时代还有不同，不仅是科学与人文的悖论，整体性与分裂感的背离，同时面临着的是资本发达时期和资本原始积累时期两个时代的不同的问题，公正、公平、正义等，强势者与弱小者的对立问题等鲁迅当年痛切关注的问题依然以新的形式凸显，这不是就显示出鲁迅研究更需要鲁迅精神的回归吗？而这，首先需要鲁迅研究者切实地能够感受到、焦虑于这种时代的问题，自身有强烈的精神情感的投入，才能有问题意识的产生，才能像伊藤虎丸那样"借鲁迅论来发言，来提出问题"[1]。

---

[1] ［日］伊藤虎丸：《鲁迅与终末论》，李冬木译，生活·读书·新知三联书店2008年版，第33页。

鲁迅与尼采的相遇
——中西双重现代转型背景下的考察

苏州大学文学院　汪卫东

一　前言

经由勃兰兑斯（George Brandes，1842—1927）和西奥博尔德·齐格勒（Theobald Ziegler）的推介，20世纪90年代，孤寂一生的尼采终于在晚年获得世界性关注，在其陷入疯狂的人生最后两年，声名开始鹊起，1900年尼采谢世，影响达到顶峰。几乎同时尼采传到日本，在1901年，围绕高山樗牛（Takayama Chogyu，1871—1902）、登张竹风（Tobari Chikufu，1873—1955）等的"美的生活"的争论，日本掀起尼采热。[①] 1902年，本着"走异地，逃异路，去寻求别样的人们"[②] 的决绝心情，鲁迅负笈东瀛。鲁迅与尼采，这两个东西方文化的叛逆者，开始相遇。

周作人如是回忆外国文艺思想对鲁迅的影响："德国则于海涅以外只取尼采一人，《札拉图斯忒拉如是说》一册长在案头，曾将序说一篇译出登杂志上，这大约是《新潮》吧，那已是五四以后了。"[③] 从早年两次翻译《查拉图斯特拉如是说》序言，到晚年张罗翻译出版《查拉图斯特拉如是说》和《尼采自传》，终其一生，鲁迅对尼采可谓情有独钟。鲁迅被称为"中国的尼采"，其思想言行以至精神气质，确实深受这位德国思想先驱的影响。虽然后期文章中尼采出现的频率在降低，但尼采的影响在鲁迅的思想与写作中应贯穿始终。鲁迅去世后，刘半农如此概括其人思想与文章："托尼学说，魏晋文章。"[④] 其言不虚。

[①] 参见张钊贻《早期鲁迅的尼采考——兼论鲁迅有没有读过勃兰兑斯的〈尼采导论〉》，见《鲁迅研究月刊》1997年第6期。
[②] 鲁迅：《呐喊》自序，《鲁迅全集》第1卷，人民文学出版社1981年版，第415页。
[③] 周启明：《关于鲁迅之二》，北京鲁迅博物馆编：《鲁迅回忆录·专著》（中册），北京出版社1999年版，第891页。
[④] 孙伏园：《鲁迅先生逝世五周年杂感二则》，《新华日报》1941年10月21日。

鲁迅与尼采的相契，当然存在着一定的影响关系，以及双方在性格、经历、体验、情怀、思想等方面的接近，但笔者以为，这一现象背后的东西方文化各自转型的大背景更值得我们关注，通过两者的比较，进入这一背景，是更为深入的研究指向。

深谙鲁迅与尼采的徐梵澄先生，20世纪90年代为半个多世纪前翻译的《苏鲁支语录》再版作序，篇末意味深长地说：

《鲁迅与尼采》，这是可著成一本大书的题目，将来希望有人从事于此。①

如果意识到鲁迅与尼采在东西方文化转型中的代表性意义，兹事确乎体大。

张钊贻近著《鲁迅：中国"温和"的尼采》（北京大学出版社2011年版）沉潜鲁迅与尼采之论题20年，可谓一部"大书"。于梳理尼采东传与鲁迅接受的过程之前，张著列专节"尼采与中国思想传统"，意在通过对"尼采跟中国思想传统的契合"②的探讨，为鲁迅与尼采的契合提供思想背景；张著介绍了西方学者大卫·狄尔维斯（David Dilworth）和戴凯利（David A. Kelly）对尼采与中国思想的关系的研究，后者认为，尼采实际上是一个"非常中国式的思想家"③，这些判断和研究意向都相当引人入胜。但是，从张著引用的戴氏的论述看，戴氏对尼采与中国思想的契合的探讨，落实在"尼采把哲学当作文化批判""把概念问题变成道德问题"的中国哲学倾向，以及文章"风格"方面与中国哲学表达的相似性，认为尼采哲学比西方专业的、学院的哲学更接近中国读者的阅读习惯。④看来戴氏对这一本来饶有意味的问题的探讨，坐实到一个现象层面的考察。张钊贻也从哲学思考方式和表达方式（象征性和隐喻式语言）方面，说明尼采与西方哲学传统的不同，反而与中国传统接近，结论是："尼采正是由于他的'非摩登'（意为与西方主流哲学不同，笔者注）而更容易为中国人所接受。"⑤循着这一思路，张著着重探讨的是尼采有无直接接触过中国古典哲学这一事实性问题，因而无暇对"尼采与中国思想传统"相契合这一具有深度研究空间的问题做进一步的发掘。本文意欲在此做进一步探究。

二 鲁迅与尼采相遇背后

鲁迅和尼采，崛起于各自文明传统的衰落期，在二人相遇的20世纪初，东西方传统都处在急剧坍塌的过程中，二人背后，是一片传统的废墟。而且，也正是鲁迅和尼

---

① 徐梵澄：《苏鲁支语录·缀言》，[德]尼采：《苏鲁之语录》，徐梵澄译，商务印书馆1992年版，第28页。
② 张钊贻：《鲁迅：中国"温和"的尼采》，北京大学出版社2011年版，第144页。
③ 同上书，第137页。
④ 同上书，第137—141页。
⑤ 同上书，第144页。

采，作为各自文明内在危机最深刻的洞察者和最彻底的批判者，成为东西方现代转型中的关键人物。

20世纪初，斯宾格勒（Oswald Arnold Gottfried Spengler，1880—1936）出版《西方的没落》（1918），书中指出，西方文化已走出其文化创造期，正处于没落之中。如果将西方文化看成一种自足的精神体系，可以看到，西方精神确实已经走过其鼎盛时期。虽然自文艺复兴始，主导西方精神世界的信仰体系开始松动，随着现实世界和人的发现，人的精神欲求投注于现实世界和人本身，导致延续近千年的天国世界的崩溃，但是，来自信仰世界转而投注于现实的精神力，却创造性地建构了以理性为中心的涵盖知识、道德、法律、体制的精神世界，并在自然科学研究及物质世界的发明创造中取得卓越的成就，在这个意义上，西方近代在彼岸世界衰微后的理性建构及科学发展，仍然处在其文明创造的高峰期。由此也可以看到，彼岸的式微，还不是西方文明的致命伤。西方精神的内核是以理性为核心的形而上学精神传统，基督教信仰是这一精神传统的宗教化和生活化。所谓西方的没落，不在于中世纪信仰中心的没落，而是形而上学理性主义传统的没落。形而上学理性主义传统的没落，一方面，是世俗世界追求的必然结果；另一方面，在精神、思想领域，理性主义形而上学正是在西方自成体系的哲学批判中遭到解构的，从康德到尼采，在德国精神哲学对主观性的深入探讨中，几千年的形而上学传统终于缓缓坍塌，到尼采，方正式揭示西方信仰和形而上学的整体危机。尼采说"上帝已死"，这里的"上帝"，不仅仅指信仰世界的上帝，它代表的是整个形而上学传统中确立的"最高价值"，尼采的破坏性不在于抛弃上帝信仰，而在于开始公开对西方几千年来的形而上学和理性主义传统进行无情解构。尼采在世时尚未获得多大影响，但其死后，西方现代思想开始从其遗产中发芽。

与西方文明具有自我反思与自我变更的主动性历史不同，具有同样悠久历史的中华文明，长期保持超稳定的状态，其变动，往往是在被动冲撞中形成的。中华传统文明，至唐宋达到高潮，自宋末开始衰微，明后期第二次沦于异族的惨痛经历，使有识者开始反思固有文明的问题，至晚清，新的世界格局在古老帝国面前打开，在西方文明的强势冲击下，中华文明遭遇前所未有的文明挑战，面对传统的革故鼎新势在必行，开始艰难的现代转型。鲁迅所处的时代，正是中华文明危机积重难返、最为深重的时候，作为第四代现代知识分子的先驱[1]，在洋务派的器物层面、维新派的体制层面和革命派的民族、民主革命层面之后，基于对国民精神状态的洞察，他将"立人"——人的精神的现代转型——作为现代转型的精神基础。在这一根本思路下，鲁迅终其一生，对固有文明的文化弊端——体现于"国民性"——进行无情的揭露和批判，将晚明以

---

[1] 第一代是以李鸿章、曾国藩、张之洞为代表的洋务派，第二代是以康有为、梁启超、严复为代表的维新派，第三代是以孙中山、章太炎为代表的革命派，第四代是以鲁迅、陈独秀、胡适为代表的五四思想革命与文学革命派。

来对固有文化的检讨，推向最深层。鲁迅，由此成为中国有史以来最彻底的反传统主义者。

　　作为东西方转型的标志性人物，鲁迅与尼采相遇的背后，有着东西方文明各自转型及相互碰撞的复杂背景。东西方现代转型，虽然是一被动、一主动，前者是在后者的压力下被迫开始现代转型，但不易察觉的是，东西方转型却表现出相向而行的趋向。东方的现代转型，迫于西学东渐的压力，被动然而自觉地以西方为榜样；西方的现代转型是自发的，不是源于东学西渐的压力，但正如前揭，随着宗教尤其是形而上学传统的解体，西方现代转型的内在逻辑，是由两个世界二元对立的传统世界观，向只有一个世界的世界观转向——尼采正是这一现代趋向的揭示者。一元世界的世界观，正是中华文化的特色，在中西比较的视野中，可以说，西方的现代转型，是不自觉地向以中国为代表的东方世界观转向。因此可以说，发生于19世纪末20世纪初的中西两大文明的碰撞，又是在相向而行的各自转型中进行的，这样一个空前复杂的文化背景，给我们对许多问题的判断带来了复杂性，也带来了尚待发掘的问题空间。两大文明不期而遇的转型意向背后，是否存在某种必然性？最后会有什么样的结果？我们不得而知，但如果看不到这样一个全球范围内的文明转型的全局，对于许多具体问题的判断就会似是而非。

三　鲁迅与尼采相遇的世界观基础

　　在此一背景上，笔者想深入追问的是，为什么鲁迅首先发现的是尼采？对于此一问题，首先想排除个性层面的分析，而是直入鲁迅与尼采相契的深层意识因素和潜在理解前提。也就是说，鲁迅与尼采的相遇，应该基于一个最基本的世界观层面的共识，这一世界观共识，是我们理解鲁迅与尼采相遇，甚至东西方复杂现代转型的一个最深刻的基点。笔者认为，这个最基本的世界观共识，就是在中西转型与往来之际逐渐形成的一个契合点：只有一个世界的世界观。

　　世界观——对于世界秩序及其价值的理解，是文明的精神核心。作为这个星球上两个悠久的文明模式，东西方文明形成了截然不同的世界观。来自"两希"传统，西方对世界秩序的理解，是二元对立的，即认为存在有两个世界秩序，一是本质的，一是表象的。虽然在"两希"对立的传统理解模式中，"两希"各被放到灵与肉、神与俗两个对立方面，但笔者认为，在思维结构上，希腊和希伯来却正是同一的，即都具有对世界秩序的二元对立的理解。古希腊自然哲学家一直追问现实世界的"本原"和"基质"（Arche、Urstoff），到柏拉图，形成了绝对世界和现象世界这两个二元秩序观，并制约了西方的二元思想传统；看似与希腊思想对立的希伯来宗教传统，是把希腊二元秩序理念落实为更具影响力的神界—俗界二元对立的宗教观。"两希"二元对立的世界理解模式，在近代贯彻在理性主义形而上学传统中，并落实在知识、法律、国家体制等近代理性建构中。可以说，西方二元对立的世界观，就是在此世之外，相信有一个超越的、普遍性的价值世界，它是此世价值与意义的源头。

中国思想传统对世界秩序的理解，形成了与西方具有鲜明对比性的特点，在我们的世界图式中，始终只有一个或一元的世界秩序。自"轴心时代"始，所谓"天人合一"的思维模式就已成形，殷商尚言"天""帝"，周公"以德配天"，"德"者"得"也，"天"与"人"始趋同，孔子"从周"，故一部《论语》，不语"怪力乱神"，亦不问"天"，所重者乃在"仁"——人人之间，由"仁"到"礼"——体制性伦理规范，正是内在逻辑使然。通过儒家心学和老庄哲学，"天人合一"进一步形成中国智者的自我意识。"天人合一"在思维模式深层成了中国人的思想传统，在中国人的世界图式中，只存在一元的世俗秩序：以血缘伦理为基础的家国同构秩序，在这个一元秩序里，人本来就处于在世价值的中心，或者说是"以人为本"，中国传统对人性的理解，从来都是自然一元论的。

尼采在西方思想史甚至文明史中的地位，就在于毫无顾忌中带来的空前震撼——他是第一个公开指责并解构西方二元对立世界观的西方人。尼采抓住了西方文明的核心，然后对它发起毁灭性的攻击。当他无忌地揭示西方二元对立的理性主义形而上学的弊端，宣告只有一个世界的时候，恐怕连他自己也未意识到其所带来的破坏性。在源远流长的西方理性形而上学的历史中，尼采历史性地成为终结者。

无论鲁迅如何"反传统"，作为中国人，他不可能超越中国一元秩序的世界观，更不可能意识到中西文明在世界观上的巨大鸿沟，因而也无法在主观意识上自觉展开如同尼采在西方开启的重大思想转型。鲁迅是中国固有一元世界中的绝望者，在过多的挫折与创伤体验中，发现了一元世界的"黑暗和虚无"。在只有一个的世界中发现这个世界的无意义，是绝望并无告的，传统的逃路，是或退隐山林，或遁入空门，或游戏人生，或发狂发疯，鲁迅没有在一个世界的绝望中自我崩溃①，鲁迅的时代，人类不再处于文化隔绝的状态，在他面前，呈现了来自异域文化的新的价值参照系，提供了可供借鉴的异域文明的"他者"——虽然是此世的却是对立的新价值，提供了价值与意义重建的可能。凭借新的价值参照系，鲁迅对中国固有文明及其人性基础——国民性——展开空前深刻的检讨，成为中华固有文明最深刻的反思者和最彻底的批判者。

正是基于只有一个世界的共识，鲁迅与尼采在基本的世界观与价值观层面，形成了惊人的相似性，大略体现在如下方面：

（一）对永恒、绝对、统一、圆满、完美、至善等理念的放弃与否定

在西方思想史中，尼采哲学的创造性，就在于通过对自古希腊哲学以来西方形而上学追问的"本体""真理""目的""存在""统一""绝对世界""彼岸世界"或"真实世界"等理念的摒弃，宣告形而上学的终结，因而在他的言说中，随处可见对此

---

① 如其乡人徐渭绝望后走向自我崩溃，曹雪芹绝望后仍贪恋固有文明的魅力。

类理念的否定。如：

"真正的世界"是一个不再有任何用处的理念，也不再使人承担义务——是一个已经变得无用、多余的理念，所以是一个被驳倒的理念，让我们废除它！①

虚构一个"彼岸"世界是毫无意义的，倘若一种诽谤、蔑视、怀疑生命的本能在我们身上还不强烈的话。在后一种场合，我们是用一种"彼岸的""更好的"生活向生命复仇。②

迄今为止，没有什么东西比存在（Sein）的错误具有更为朴素的说服力量……③

"善与恶皆是上帝的偏见。"蛇说。④

假如世界真有所谓目的，那么想必就要达到才是。假如对世界来说真能达到永驻和固化，达到"存在"，那么一切变化也许早就终结了。也就是说，终结了一切思维，一切"精神"。"精神"这个事实乃是生成的事实，这就证明世界是没有目的的，没有最终状态的，而且无法达到"存在"的程度。⑤

假如我们人的生命变成了人的生命的本来面目，那么迄今为止，一切"真理""善""神圣"、基督教的"神性"都成了巨大的危险。⑥

我们拿来赋予世界价值的范畴，如"目的""统一性""存在"等等，现在又通过我们之手抛弃了——于是，世界呈现无价值的外观……⑦

没有永久的、最终的统一性，没有原子，没有单子。因为，这里的"存在物"乃是我们（出于实际的、有益的、远景式的原因）植入的。

……

生成的自然界根本就没有什么统一性。⑧

对理性范畴的信仰乃是虚无主义的原因。⑨

---

① ［德］尼采：《偶像的黄昏》，王岳川编：《尼采文集·查拉图斯特拉卷》，周国平等译，青海人民出版社1995年版，第319页。

② 同上书，第317页。

③ 同上书，第316页。

④ ［德］尼采：《快乐的科学》，王岳川编：《尼采文集·悲剧的诞生卷》，周国平等译，青海人民出版社1995年版，第286页。

⑤ ［德］尼采：《权力意志——重估一切价值的尝试》第1062节，张念东、凌素心译，商务印书馆1991年版，第159页。

⑥ ［德］尼采：《权力意志——重估一切价值的尝试》第244节，张念东、凌素心译，商务印书馆1991年版，第419页。

⑦ ［德］尼采：《权力意志——重估一切价值的尝试》第12节，张念东、凌素心译，商务印书馆1991年版，第426页。

⑧ ［德］尼采：《权力意志——重估一切价值的尝试》第715节，张念东、凌素心译，商务印书馆1991年版，第434页。

⑨ ［德］尼采：《权力意志——重估一切价值的尝试》第12节（B），张念东、凌素心译，商务印书馆1991年版，第426页。

>人类的真理究竟是什么？——它们是人类无可辩驳的错误。①
>
>"真理"，根据我的思维方法，它不必表现为同谬误的对立，而是在原则问题上只表现为不同谬误间存在相互关系。②
>
>"要真理的意志"——乃是无力创造的意志。③
>
>对一切既往的、变幻不定的、运动的东西的蔑视和仇恨。——凝滞物的估价从何而来？显然，在这里，要真理的意志只是对凝滞世界的要求而已。④

与此相联系，尼采对理想主义及其理想世界也抱怀疑和否定的态度。在尼采看来，"理想主义"正是导致"虚无主义"的祸因。他说：

>我们带着轻蔑的怨恨，盯着那个所谓的"理想"。因为，我们之所以看不起自身，是因为不能始终压制那种荒唐的冲动，也就是人称"理想主义"的那个东西。⑤
>
>如果说一个哲学家可能是虚无主义者的话，那么他便是，因为他在人的一切理想背后发现虚无。甚或不是虚无——而只是毫无价值、荒谬、病态、懦弱、疲惫的东西，从饮干的人生酒杯中倒出的各种渣滓……⑥

因此，尼采认为，虽然上帝从超感性世界的位置消失了，但不能试图用别的东西如世界幸福说和社会主义（马克思主义）来填充这个位置，并称这是"不完美的虚无主义"，"不去重估迄今为止的价值，而试图逃避虚无主义：会适得其反，使问题弄僵"⑦。

虽然不是从哲学与思想史角度来思考问题，但在鲁迅的表述中，可以分明看出，他和尼采一样，对永恒、绝对、圆满、完美、至善等是不相信而且拒绝的，他说：

---

① [德] 尼采：《快乐的科学》，见王岳川编《尼采文集·悲剧的诞生卷》，周国平等译，青海人民出版社1995年版，第288页。

② [德] 尼采：《权力意志——重估一切价值的尝试》第535节，张念东、凌素心译，商务印书馆1991年版，第699页。

③ [德] 尼采：《权力意志——重估一切价值的尝试》第585节，张念东、凌素心译，商务印书馆1991年版，第270页。

④ [德] 尼采：《权力意志——重估一切价值的尝试》第585节（A），张念东、凌素心译，商务印书馆1991年版，第269页。

⑤ [德] 尼采：《权力意志——重估一切价值的尝试》第16节，张念东、凌素心译，商务印书馆1991年版，第417页。

⑥ [德] 尼采：《偶像的黄昏》，王岳川编：《尼采文集·查拉图斯特拉卷》，周国平等译，青海人民出版社1995年版，第367页。

⑦ [德] 尼采：《权力意志——重估一切价值的尝试》第28节，张念东、凌素心译，商务印书馆1991年版，第357—358页。

倘使世上真有什么"止于至善",这人间世便同时变了凝固的东西了。①

我想,普遍,永久,完全,这三件宝贝,自然是了不得的,不过也是作家的棺材钉,会将他钉死。②

凡论文艺,虚悬了一个"极境",是要陷入"绝境"的……③

现在只要有人做一点事,总就另有人拿了大道理来非难的,例如问"木刻的最后的目的与价值"就是。这问题之不能答复,和不能答复"人的最后目的和价值"一样。④

我要借了阿尔志跋绥夫的话问你们:你们将黄金时代的出现预约给这些人们的子孙了,但有什么给这些人们自己呢?你们将黄金世界预约给他们的子孙了,可是有什么给他们自己呢?⑤

我看一切理想家,不是怀念"过去",就是希望"将来",而对于"现在"这一个题目,都缴了白卷,因为谁也开不出药方。所有最好的药方,即所谓"希望将来"的就是。⑥

我疑心将来的黄金世界里,也会有将叛徒处死刑……⑦

有我所不乐意的在天堂里,我不愿去;有我所不乐意的在地狱里,我不愿去;有我所不乐意的在你们将来的黄金世界里,我不愿去。⑧

因此钱理群、王乾坤在总结鲁迅思想时如是说:"这样,鲁迅就彻底地摒弃(拒绝)了一切关于绝对、关于至善至美、关于全面而无弊端、关于永恒的乌托邦的深化与幻觉世界——那通常是出于现实苦难中的人们的精神避难所,鲁迅却要杜绝(堵塞)一切精神逃避(退路),只给人们(以及自己)留下唯一的选择:正视(直面)现实、人生的不完美、不圆满、缺陷、偏颇、有弊及短暂、速朽,并从这种正视(直面)中,杀出一条生路。"⑨ 诚哉斯言。

(二)对时间性、生成性的肯定

对空间性的绝对、永恒范畴的否定与放弃,其另一面,就是对变易、流逝的时间性及万物生成性的发现与肯定。在尼采看来:

---

① 鲁迅:《而已集·黄花节的杂感》,《鲁迅全集》第3卷,人民文学出版社1981年版,第410页。
② 鲁迅:《且介亭杂文·答〈戏〉周刊编者信》,《鲁迅全集》第6卷,人民文学出版社1981年版,第147页。
③ 鲁迅:《且介亭杂文二集·"题未定草"七》,《鲁迅全集》第6卷,人民文学出版社1981年版,第428页。
④ 鲁迅:《书信·350629 致唐英伟》,《鲁迅全集》第13卷,人民文学出版社1981年版,第163页。
⑤ 鲁迅:《呐喊·头发的故事》,《鲁迅全集》第1卷,人民文学出版社1981年版,第465页。
⑥ 鲁迅:《两地书·四》,《鲁迅全集》第11卷,人民文学出版社1981年版,第20页。
⑦ 同上。
⑧ 鲁迅:《野草·影的告别》,《鲁迅全集》第2卷,人民文学出版社1981年版,第165页。
⑨ 钱理群、王乾坤:《鲁迅语萃编序》,钱理群、王乾坤编:《鲁迅语萃》,华夏出版社1993年版,第4页。

关于存在、事物、纯粹统一性的学说，要比关于变易的学说轻易百倍……①

原来的第一推动力就是对变化物的非信仰，对变化物的怀疑，对一切变化的蔑视……②

尼采认为，世界"作为变易，它不知更替、不知厌倦"，是"永恒的自我创造、自我毁灭中的狄俄倪索斯的世界"③。他带着惊愕与欢欣拥抱赫拉克利特"一切皆流"的思想：

永恒的唯一生成，一切现实之物的变动不居——它们只是不断地活动与生成，却并不存在，赫拉克利特所主张的这一切，真是一种令人昏眩的可怖思想，其效果酷似一个人经历地震时的感觉，丧失了对坚固地面的信赖。把这种效果转化为其反面，转化为崇高和惊喜，实在需要惊人的力量。④

与此相关，是对于存在的生成性的发现。在尼采看来，有两个最伟大的哲学观念是德国人发现的，一是"生成观，发展过程"，一是"生命价值观（但首先必须克服德国悲观主义的可怜形式）"并且认为："这两者被我以决定性的方式搓合在一起。一切都在生成中永远地回归——这是无法逃脱的！——假如我们真能判断价值，其结果将如何呢？轮回的思想就是选择的原则，是为力（和野蛮!!）效力的。人类已经成熟到足以接受这种思想了。"⑤ 他说：

凡是已经生成的，必定归于消失，无论人的生命、水，还是热、力，均是如此。⑥

1. 生成，没有目的；生成，渗入"存在"。
2. 生成，没有存在状态；存在的世界或许是假象。

---

① [德] 尼采：《权力意志——重估一切价值的尝试》第538节，张念东、凌素心译，商务印书馆1991年版，第658页。

② [德] 尼采：《权力意志——重估一切价值的尝试》第585节（A），张念东、凌素心译，商务印书馆1991年版，第270页。

③ [德] 尼采：《权力意志——重估一切价值的尝试》第1067节，张念东、凌素心译，商务印书馆1991年版，第701页。

④ [德] 尼采：《希腊悲剧时代的哲学》，王岳川编：《尼采文集·悲剧的诞生卷》，周国平等译，青海人民出版社1995年版，第337页。

⑤ [德] 尼采：《权力意志——重估一切价值的尝试》第1058节，张念东、凌素心译，商务印书馆1991年版，第647页。

⑥ [德] 尼采：《希腊悲剧时代的哲学》，王岳川编：《尼采文集·权力意志卷》，周国平等译，青海人民出版社1995年版，第330页。

3. 生成，任何时候都是等值的。①

您问我，哲学家都有什么些特性……譬如：他们缺乏历史感，他们仇恨生成观念，他们的埃及主义……②

通过生成达不到任何目的，实现不了任何目标……这样一来，对于生成的所谓目的的失望，就成了虚无主义的原因。③

作为一元传统中的中国人，鲁迅不难体认世界及人的存在的时间性，所以他总是在世界变易与发展中界定个体的存在位置：

人是进化的长索子上的一个环……④

以为一切事物，在转变中，是总有多少中间物的。动植之间，无脊椎和脊椎动物之间，都有中间物；或者简直可以说，在进化的链子上，一切都是中间物。⑤

人多是"生命之川"之中的一滴。承着过去，向着未来，倘不是真的特出到异乎寻常的，便都不免并含着向前和反顾。⑥

二元对立思维模式中的彼世与此世的空间性的对峙，在一元的思维模式中，往往表现为时间性的对过去和将来的本质化执着。鲁迅将对永恒、绝对的否定与对时间性的暂时、相对的肯定，放到时间之维上进行考量，表现为反对将"过去"和"将来"本质化、目标化，放弃对"过去"和"将来"的执着，紧紧抓住变动不居的现在：

做了人类想成仙；生在地上要上天；明明是现代人，吸着现在的空气，却偏要勒派朽腐的名教，僵死的语言，侮蔑尽现在，这都是"现在的屠杀者"。⑦

仰慕往古的，回往古去罢！想出世的，快出世罢！想上天的，快上天罢！灵魂要离开肉体的，赶快离开罢！现在的地上，应该是执着现在，执着地上的人们居住的。⑧

一人说，将来胜过现在。

---

① [德]尼采：《权力意志——重估一切价值的尝试》第708节，张念东、凌素心译，商务印书馆1991年版，第434页。

② [德]尼采：《偶像的黄昏》，王岳川编：《尼采文集·查拉图斯特拉卷》，周国平等译，青海人民出版社1995年版，第312页。

③ [德]尼采：《权力意志——重估一切价值的尝试》第12节（A），张念东、凌素心译，商务印书馆1991年版，第425页。

④ 鲁迅：《书信·350629 致唐英伟》，《鲁迅全集》第13卷，人民文学出版社1981年版，第163页。

⑤ 鲁迅：《坟·写在〈坟〉后面》，《鲁迅全集》第1卷，人民文学出版社1981年版，第285—286页。

⑥ 鲁迅：《集外集拾遗·〈十二个〉后记》，《鲁迅全集》第7卷，人民文学出版社1981年版，第300页。

⑦ 鲁迅：《热风随·感录五十七·现在的屠杀者》，《鲁迅全集》第1卷，人民文学出版社1981年版，第350页。

⑧ 鲁迅：《华盖集·杂感》，《鲁迅全集》第3卷，人民文学出版社1981年版，第49页。

一人说，现在远不及从前。

一人说，什么？

时道，你们都侮辱我的现在。①

他们之所谓"将来"，不就是牧师之所谓"死后"么。②

（三）与时间性的发现相关，是对此在之"大地性"——二元世界中的现世、一元世界中的现在、自我存在的生命本质——的发现。

在《查拉图斯特拉如是说》前言中，刚开始宣说"超人"，尼采就借查氏之口说：

超人是土地的意义。你们的意志说，超人必定是土地的意义！

我与你们立誓，兄弟们，对于土地守忠实，不相信那班向你们说起超地球底希望的人们！那皆是人类的毒杀者，渠们自知或不知道。

曾经有一个时期对上帝的亵渎是大不敬，但上帝死掉了，这班不敬者也同死掉了。对于土地不敬在现在是最可怕的事呵，将不可知者的心肠，比对土地的意义更加崇拜！③

在《赠予的道德》中说：

以你们的道德之巨力向大地尽忠实吧，我的兄弟们！你们的赠予之慈爱，与你们的智识，该服役于土地之意义！如是，我请求你而且与你们共矢。

不要让道德从土地上者飞开，以飞翼扑着永远底墙壁！呵呀，真有许多飞散了的道德！

像我吧，将飞散去的道德重新引回土地——是呀，回到人生与躯体，使其为土地开意义，人类的意义！④

所谓"大地"，就是超越性价值坍塌后的只有一个的世界，在尼采的表述中，它与"现世""现在""生命""肉体"同义，既然不存在所谓"真正世界"和"绝对世界"，我们所拥有的，就是面前的现实世界，同我们的生命和肉体与共的世界。以前的旧道德，建立在与肉体、生命与大地相对的"灵魂""理性"与"真正的世界"之上，因此是虚假的，现在重新确立的新道德，不再是"超世界与到天堂的指路碑"，而是

---

① 鲁迅：《集外集·人与时》，《鲁迅全集》第7卷，人民文学出版社1981年版，第33页。
② 鲁迅：《两地书·二》，《鲁迅全集》第11卷，人民文学出版社1981年版，第15页。
③ ［德］尼采：《苏鲁支语录》，徐梵澄译，商务印书馆1992年版，第6页。
④ 同上书，第73—74页。

"一种地上的美德"① 对这个大地和肉体生命充满信赖、热爱与忠诚。因此,尼采对绝对、永恒、圆满等"最高价值"的否定,总是伴随对现实、生命、生存等"大地"性的肯定:

> 教会的实践是与生命为敌……②
> "上帝的疆域"从哪里开始,生命便在哪里结束……③
> 只要生命在上升,幸福便与本能相等。④
> 生存——它一直不断地从我们身上排除任何会趋向死亡的东西。
> 生存——对我们自身变成病弱、衰老的一切是冷酷无情的,而且不只是对我们自身。
> 生存——它的意思是对将死的人、可怜的人和年老的人毫不留情?也就是一种持续的谋害?⑤
> 生命力不足的人即弱者,会使生命贫困化。因为,生命力充盈的人即强者会使生命富有。前者是生命的寄生虫,后者是恩赐者……⑥

在尼采看来,道德必须以生命本身为目的,价值评价的动机,就是保存与提高生命本身:

> 道德倘若不是从生命的利益出发,而是从本身出发进行谴责,它便是一种特别的谬误,对之不必同情,便是一种蜕化的特性,已酿成无穷的祸害!⑦
> "价值"观,就生成内部生命相对期限的综合产物而言,也就是保存和提高的条件。⑧
> 当我们谈论价值,我们是在生命的鼓舞之下、在生命的光学之下谈论的;生命本身迫使我们建立价值;当我们建立价值,生命本身通过我们评价……⑨

---

① [德]尼采:《苏鲁支语录》,徐梵澄译,商务印书馆1992年版,第30页。
② [德]尼采:《偶像的黄昏》,王岳川编:《尼采文集·查拉图斯特拉卷》,周国平等译,青海人民出版社1995年版,第321页。
③ 同上书,第323页。
④ 同上书,第311页。
⑤ 同上书,第229页。
⑥ [德]尼采:《权力意志——重估一切价值的尝试》第48节,张念东、凌素心译,商务印书馆1991年版,第539页。
⑦ [德]尼采:《偶像的黄昏》,王岳川编:《尼采文集·查拉图斯特拉卷》,周国平等译,青海人民出版社1995年版,第325页。
⑧ [德]尼采:《权力意志——重估一切价值的尝试》第715节,张念东、凌素心译,商务印书馆1991年版,第434页。
⑨ [德]尼采:《偶像的黄昏》,王岳川编:《尼采文集·查拉图斯特拉卷》,周国平等译,青海人民出版社1995年版,第324页。

与此相关,尼采蔑视那些"蔑视肉体者":

> 肉体乃是比陈旧的"灵魂"更令人惊异的思想。无论什么世代,相信肉体都胜似相信我们无比实在的产业和最可靠的存在——简言之,相信我们的自我胜似相信精神(或者叫"灵魂",或者不叫灵魂,而叫主体,就像现在学校里教授的那样)。①
> 因此你们愤恨生命和这土地。你们的蔑视的睥睨中正深藏不自知的嫉妒。我不走你们的道路,蔑视肉体者!我以为你们不是到超人的桥梁!②

鲁迅思想中最突出的,就是对生命与生存的强调:

> 我们目下的当务之急,是:一要生存,二要温饱,三要发展。③
> 我现在心以为然的道理,极其简单。便是依据生物界的现象,一,要保存生命;二,要延续这生命;三,要发展这生命(就是进化)。生物都这样做,父亲也就是这样做。④
> 我想种族的延长,——便是生命的继续,——的确是生物界事业里的一大部分。何以要延长呢?不消说是想进化了。但进化的途中总须新陈代谢。所以新的应该欢天喜地的向前走去,这便是壮,旧的也应该欢天喜地的向前走去,这便是死,各各如此走去,便是进化的路。⑤
> 生命的路是进步的,总是沿着无限的精神三角形的斜面向上走,什么都阻止他不得。
> ……
> 人类总不会寂寞,因为生命是进步的,是乐天的。⑥
> 第一,便是生活。人必生活着,爱才有所附丽。⑦
> 人的生活的第一着是求生,向着这求生的道路,是必须携手同行,或奋身孤往的了,倘使只知道捶着一个人的衣角,那便是虽战士也难于战斗,只得一同灭亡。⑧

对于旧道德、国粹等的批判,鲁迅也始终着眼于它们是否有利于人的现实生存:

---

① [德]尼采:《权力意志——重估一切价值的尝试》第12节,张念东、凌素心译,商务印书馆1991年版,第152—153页。
② [德]尼采:《苏鲁支语录》,徐梵澄译,商务印书馆1992年版,第29页。
③ 鲁迅:《坟·我们现在怎样做父亲》,《鲁迅全集》第1卷,人民文学出版社1981年版,第130页。
④ 鲁迅:《华盖集·忽然想到》(6),《鲁迅全集》第3卷,人民文学出版社1981年版,第45页。
⑤ 鲁迅:《坟·随感录四十九》,《鲁迅全集》第1卷,人民文学出版社1981年版,第339页。
⑥ 鲁迅:《热风·六十六 生命的路》,《鲁迅全集》第2卷,人民文学出版社1981年版,第368页。
⑦ 鲁迅:《彷徨·伤逝》,《鲁迅全集》第2卷,人民文学出版社1981年版,第121页。
⑧ 同上书,第123页。

我有一位朋友说得好："要我们保存国粹，也须国粹能保存我们。"保存我们，的确是第一义。只要问他有无保存我们的力量，不管他是否国粹。①

尼采的大地性，当然包括对时间中之当下的肯定，作为一元世界观的中国人，鲁迅的现代性体现为通过对本质化、目的化的过去和未来的否定，从而肯定了当下之现在，其对现在的论述所在多是，已见前列，兹不赘述。

以上列举说明，鲁迅与尼采在最基本的人生观与世界观层面，达到惊人的相似，这一相似性，是在只有一个世界的基本共识上形成的，几乎不存在影响关系。此共识在鲁迅是传统固有意识，在尼采是西方现代转型的新趋向，而且正是通过尼采完成的。这一基本共识，构成鲁迅与尼采相遇的世界观基础，其背后，则是中西现代转型的深厚背景。

四 鲁迅对尼采的发现及其问题

如果说一个世界的世界观共识，是鲁迅与尼采的相遇的潜在理解前提，那么，试图给这只有一个的世界确立新价值，则是鲁迅发现尼采的自觉动因。

尼采发现了西方二元对立传统中超越性世界的虚无，但寻找确定性和超越性价值的传统意向，决定了尼采不可能放弃意义，还是执着寻找肯定性与确定性的价值。在西方传统的两个世界的世界观中，现实世界的价值与意义，始终来自超越世界，超越世界消失了，尼采将何以寻找意义？作为西方由两个世界向一个世界转型的揭示者和推动者，尼采所要做的，是在这只有一个的世界上重新确立生存的价值。尼采将价值的确立，诉诸此世、现在、每一个生存的人身上，那就是做具有强力意志的"超人"，强力意志就是进行评判、赋予价值的意志，通过强力意志给已经消失意义的世界重新确立价值和意义。

如前所述，鲁迅发现了中国一元世界的虚无，但他没有像中国历史中曾有过的绝望者一样走向崩溃，时代在他面前呈现了新的地平线，因而发现"新的生路"②，新的价值参照系给他提供了重估和重建价值的可能。鲁迅一生的努力，就是试图给这个已经衰败的一元世界重新注入活力，鲁迅的深刻性，也正在于彻底洞察一元世界的虚无后又抗击虚无，在"虚妄"的基座上重新振作。反抗绝望，既是在反抗黑暗与虚无的世界，更是在反抗黑暗与虚无的自身，这个体验和洞察中国式虚无最深的人，也成为中国式虚无最坚定和最深刻的反击者。

尼采发现西方二元对立世界中超越性世界的虚无，试图给只有一个的世界确立新价值。鲁迅发现中国一元世界的虚无，试图给这个虚无的世界传入新价值。为只有一

---

① 鲁迅：《坟·随感录三十五》，《鲁迅全集》第1卷，人民文学出版社1981年版，第305页。
② 参见鲁迅《彷徨·伤逝》，《鲁迅全集》第2卷，人民文学出版社1981年版，第129—130页。

个的世界确立价值,使鲁迅与尼采,这两个东西方文化的反叛者,终于走到一起。

早年的创伤经历,将鲁迅与中国固有的意义世界撕裂开来,当青年鲁迅在日本第一次正式发言的时候,时代语境中个人创伤体验与民族危机激荡融合,终于形成忧愤激越的家国情怀,深刻的体验和洞察,使他的声音在晚清众声喧哗中显得幽深而孤独。5篇文言论文和晚清时文一样,都是基于对中国近代危机的观察提出自己的变革主张,但在青年鲁迅笔下,中国危机不仅在于器物与制度层面,而且更在于精神层面:"元气黯浊,性如沉汗,或灵明已亏,沉溺嗜欲"①"营营于治生,活身是图,不恤污下"②"劳劳独躯壳是图,而精神日就于荒落"③"人人之心,无不泐二大字曰实利,不获则劳,既获便睡。"④ 对"黄金黑铁"与"国会立宪"的指摘,不仅仅是在这些救亡理念本身,而且直指救亡理念背后的人性危机:"倡言维新"者,或者仅仅"眩至显之实利,摹至肤之方术",而无视于西方"科学"等现代文明背后的"深无底极"的"本根之要"——"神思"和"精神"⑤。更有甚者,则是"借新文明之名,以大遂其私欲者"⑥,"时势既迁,活身植树随变,人遇冻馁,则竞趋于异途,掣维新之衣用蔽其自私之体……"⑦ 并做出"夫中国在昔,本尚物质而疾天才矣"⑧ 的惊人判断。

面对这样的精神危机,青年鲁迅试图引入"新神思宗"和"摩罗""诗力",以激活沉沦于"实利"与"习惯"的中国人心。在来自西方的新的价值参照系中,鲁迅发现的首先是尼采,尼采对精神虚无和奴隶道德的批判、对"上征"精神的呼唤,对鲁迅来说,无疑是空谷足音。

在5篇文言论文中,尼采作为"新神思宗"的代表,被着重推崇介绍。兹此始,尼采对鲁迅的影响,可谓全面而深切,对个性价值的强调,对奴性道德的批判,对精神强者的期望,对布施、感激、同情的拒绝,对"死之说教者"的鄙弃,甚至杂感体的文章形式等,皆能找到影响线索与精神联系,这些相似点,在双方文中不难发现。尼采对鲁迅的影响,确乎有一个逐渐减弱的过程,早期受"超人"学说影响,轻视庸众,寄望于"不和众嚣,独具我见之士"⑨ 及"精神界之战士"⑩,也以"精神界战士"自居,声言"惟此亦不大众是祈,而属望止一二士,立之为极,俾众瞻观,则人亦庶几免沦没"⑪。弃医从文的挫折,使其意识到"我决不是一个振臂一呼应者云集的英

---

① 鲁迅:《集外集拾遗补编·破恶声论》,《鲁迅全集》第8卷,人民文学出版社1981年版,第30页。
② 同上书,第69页。
③ 同上书,第100页。
④ 同上书,第69页。
⑤ 鲁迅:《坟·科学史教篇》,《鲁迅全集》第1卷,人民文学出版社1981年版,第35页。
⑥ 鲁迅:《坟·文化偏至论》,《鲁迅全集》第1卷,人民文学出版社1981年版,第46页。
⑦ 鲁迅:《集外集拾遗补编·破恶声论》,《鲁迅全集》第8卷,人民文学出版社1981年版,第29页。
⑧ 鲁迅:《坟·文化偏至论》,《鲁迅全集》第1卷,人民文学出版社1981年版,第57页。
⑨ 同上书,第25页。
⑩ 鲁迅:《坟·摩罗诗力说》,《鲁迅全集》第1卷,人民文学出版社1981年版,第99页。
⑪ 鲁迅:《集外集拾遗补编·破恶声论》,见《鲁迅全集》第8卷,人民文学出版社1981年版,第23页。

雄"①，开始自我反省。打破6年沉默的《狂人日记》，标志鲁迅开始摆脱以前先觉者的启蒙姿态，基于"罪"的自觉开始文学的国民性批判，始觉得尼采的"超人"太渺茫②。经过以1923年的沉默为标志的"第二次绝望"③，鲁迅进一步将自身存在的价值，诉诸"野草"般的卑微而坚韧的生存上。这一从"超人"到"野草"的转变，看似处在离开尼采的过程中，但其实，"野草"式生存价值的确认，相较于前期启蒙价值的言说，更内在地接近尼采所宣扬的新价值——不是某一外在价值的输入，而是以自身生命存在为本位的现实生存价值。

就鲁迅与尼采的相契与影响，本文到此也许可告结束，但回到东西方文化现代转型的背景，则犹有更深远的追问空间展开。

尼采发现西方二元对立传统中超越性世界的虚无，确认只有一个世界，由紧张到泰然，尼采为一个世界的真理而欢欣鼓舞，以为真实的世界必然诞生真实的价值。

可是，在中国人历来相信的只有一个的世界中，鲁迅发现了虚无。尼采该如何面对鲁迅的虚无？同样面对一个世界，如果尼采之虚无——发现西方最高价值的虚无，承认只有一个世界——是一个世界的起点，那么，鲁迅之虚无——对一元世界之虚无的洞察——是否成为尼采之虚无的归宿？

在尼采看来，这个世界本质上是虚无的，正是因为虚无，所以需要价值，尼采为这个世界确立的价值，是基于强力意志的主观赋予，也就是说，价值不是什么，价值的本质在于我们赋予价值的能力——强力意志。正是在这个意义上，尼采将价值的诉求，寄托于美化世界和人生的艺术，甚至说"要想不毁灭，就要尽量承认表面性，承认撒谎是必然的"④。人生需要谎言，价值也就是谎言。

既然价值就是谎言，那么，我们不也可以说，二元对立传统中的超越性价值，不正是最好的谎言？为何弃之不用？

以上问题，涉及对鲁迅与尼采相遇的更深入的评价。

基于一个世界的共识亲近尼采是一回事，尼采的新价值是否适合鲁迅的精神需求是另一回事。鲁迅对中国精神危机的洞察，来自自身的生活体验，更受启发于"异域新宗"的新价值，正是在西方精神价值的参照下，鲁迅才进一步发现中国精神危机的深度及其改变的可能性。在这一中西文明比较的视野中，改变中国精神危机的资源取向，必然在逻辑上指向西方，在资源互补的意义上，差异性越大，针对性越强，要改变鲁迅痛心疾首的精神沉沦的危机，寻找西方精神的核心所在，则为问题的关键。

---

① 鲁迅：《呐喊》自序，《鲁迅全集》第1卷，人民文学出版社1981年版，第419页。
② 鲁迅：《热风·随感录四十一》，《鲁迅全集》第1卷，人民文学出版社1981年版，第325页。
③ 指以鲁迅1923年的沉默为标志的绝望，其间大约从《新青年》解体到《野草》的完成，相对于以绍兴会馆六年沉默为标志的绝望时期，称之为"第二次绝望"。参见拙著《鲁迅的又一个"原点"：1923年的鲁迅》，《文学评论》2005年第1期。
④ [德]尼采：《权力意志——重估一切价值的尝试》第15节，张念东、凌素心译，商务印书馆1991年版，第277页。

鲁迅欲为沉沦的中国精神寻找激活的新资源，所看重尼采者，正是因为其所表现出的强大精神力量，尼采对人类现状的担忧，对基督教道德的批判、对于"'超升''增进'或'力量'"①的强调，对价值的重估，使鲁迅找到在价值虚无的一元世界重建价值的可能。"恃意力以辟生路"②，"刻意求意力之人，冀以为将来之柱石"③，在鲁迅的视野中，尼采呈现的是中土难寻的精神强力，背后隐现着陌生的文明气息——无论尼采怎样反叛西方精神传统，他仍然是西方精神传统的产物，没有西方自我反思的精神传统，就没有尼采。

但是我们知道，尼采是西方精神传统的掘墓人，是第一个公开批判西方二元对立世界观，宣告一元世界观的西方人，从而开启西方精神现代性的大门。尼采宣扬的精神价值，相较于西方形而上学精神传统，无疑更接近于中国固有的传统——如前所揭，鲁迅正是在这一点上潜在地与尼采亲近，虽然鲁迅首先感受到的是尼采异域文明的新气息，但他未必真正意识到尼采新价值的实质。

尼采无情指摘西方"最高价值"的虚无，遂抛弃所有普遍性、超越性价值，将价值指向只有一个的现实世界，在这只有一个的世界上，尼采不满于人的精神现状，希望"超人"的出现——正是这一点吸引了鲁迅，但是，尼采的具有"上征"意向的"超人"，针对的是在"最高价值"下生存的西方人的精神现状，所谓基督教奴隶道德的表现。"超人"所指向的价值，无非"成为你自己"，这个"自己"，是摆脱一切普遍性、超越性精神价值的"自己"，是以肉身性的生命、生存为基座的"强力意志"。

针对中国的精神危机，鲁迅也如尼采一样，希望"尊个性"④"人各有己"⑤，后来的鲁迅也更明确地强调现实生存的重要，这都与尼采精神息息相通。针对中国人沦于私欲的精神状况，鲁迅强调"张精神"⑥"张灵明"⑦，问题是，"精神"与"灵明"的资源来自哪里？在尼采的逻辑中，"精神"的资源不自外在，而就在自己。也许在鲁迅当时的潜意识中，"精神"与"灵明"还带有老庄学说与儒家心学的想象。当尼采强调"精神"归己时，西方普遍性精神传统已然或多或少植入个体之中，然而，当我们在一元世界语境中来谈这一问题时，"精神"归己的可能性，是中国传统的老庄学说与儒家心学"天人合一"的自我想象，以一己之"心"涵摄所有，最后做到"心""无"一体。在传统已然衰落的中国现代语境中，"精神"归己无疑成为一个难题，由于缺少肯定性、普遍性的价值资源，"人各有己"的"己"最后指向什么呢？

---

① ［德］尼采：《反基督教》，王岳川编：《尼采文集·权力意志卷》，周国平等译，青海人民出版社1995年版，第293页。
② 鲁迅：《坟·文化偏至论》，《鲁迅全集》第1卷，人民文学出版社1981年版，第56页。
③ 同上书，第55页。
④ 同上书，第57页。
⑤ 鲁迅：《集外集拾遗补编·破恶声论》，《鲁迅全集》第8卷，人民文学出版社1981年版，第25页。
⑥ 鲁迅：《坟·文化偏至论》，《鲁迅全集》第1卷，人民文学出版社1981年版，第57页。
⑦ 同上书，第46页。

如果没有普遍性和超越性的预设，人类精神无由产生，精神，总是从普遍性与超越性存在中分有的。当尼采毁灭西方普遍性、超越性精神价值时，几千年的精神传统使他的行为仍带有强烈的精神性；当鲁迅因精神性需求被尼采吸引时，却未顾及尼采学说对精神资源的巨大破坏性。中国精神沉沦的原因，正在于普遍性、超越性精神资源的缺失，在中西比较的视野中，中国精神资源的借鉴，也只能在更大的差异性中去寻找。

五　鲁迅基于自己的问题意识对尼采的"误读"

对于虚无主义的中西之别，鲁迅似乎颇为明了，在20世纪20年代中期的《马上支日记》中，鲁迅说：

>中国人先前听到俄国的"虚无党"三个字，便吓得屁滚尿流，不下于现在之所谓"赤化"。其实是何尝有这么一个"党"；只是"虚无主义者"或"虚无思想者"却是有的，是都介涅夫（I. Turgeniev）给创立出来的名目，指不信神，不信宗教，否定一切传统和权威，要复归那出于自由意志的生活的人物而言。但是，这样的人物，从中国人看来也就已经可恶了。然而看看中国的一些人，至少是上等人，他们的对于神，宗教，传统的权威，是"信"和"从"呢，还是"怕"和"利用"？只要看他们的善于变化，毫无特操，是什么也不信从的，但总要摆出和内心两样的架子来。要寻虚无党，在中国实在很不少；和俄国的不同的处所，只在他们这么想，便这么说，这么做，我们的却虽然这么想，却是那么说，在后台这么做，到前台又那么做……将这种特别人物，另称为"做戏的虚无党"或"体面的虚无党"以示区别罢，虽然这个形容词和下面的名词万万联不起来。①

可以看到，在俄、中虚无主义的对比中，鲁迅强调的是有无"特操"，前者是"他们这么想，便这么说，这么做"，而后者是"虽然这么想，却是那么说，在后台这么做，到前台又那么做""善于变化，毫无特操，是什么也不信从的，但总要摆出和内心两样的架子来"。顺着鲁迅的怀疑追问下去，中国所谓"虚无党"善于变化、什么也不信从背后的不变的和真正信从的是什么？答案只能是"利用"之"利"——鲁迅早年文言论文中所激烈批判的"私欲"。对"私欲"的批判不是指向"私欲"本身，而是指向国人"私欲中心"的精神状态。

正如前文所揭，鲁迅之发现尼采，在于尼采对于上征精神的强调，可以说，虽然鲁迅对尼采的亲近基于一个世界的世界观的共识，但真正吸引他的，还是尼采言说所

---

① 鲁迅：《集外集续编·马上支日记》，《鲁迅全集》第3卷，人民文学出版社1981年版，第327—328页。

展现的超越性的精神强力。

因此，值得注意的是，日本时期鲁迅对尼采的接受，就将其与信仰问题联系起来，在《破恶声论》中说：

> 至尼佉氏，则刺取达尔文进化之说，掊击景教，别说超人。虽云据科学为根，而宗教与幻想之味不脱，则其张主，特为易信仰，而非灭信仰昭然矣。顾迄今兹，尤不昌大。①

鲁迅是在破"恶声"之一——"破迷信"的议题中说到尼采的，在这里，将尼采与信仰联系起来，强调尼采学说的信仰本质。尼采对西方传统信仰的毁灭性批判，鲁迅应有所知，但他强调尼采不是"灭信仰"，而是"易信仰"，是在中国的精神语境中，试图以尼采的超人意力振拔沦于私欲的人心。

正是基于自己的危机洞察和问题意识，鲁迅对以尼采为代表的"新神思宗"的接受，带有不无有意的"误读"。笔者在梳理鲁迅早期文本中的"个人"观念时，曾有一个发现：

> 值得注意的是，"施蒂纳"的"唯一者"由于剥去了关于人的任何外在的抽象观念，但其内在却并不是精神性的存在，而毋宁就是具体、现实、活生生的肉体生存，当鲁迅以"己""自性""我性"等带有精神性的中国传统语汇去翻译它的时候，其中无疑带入了对"我"的内在精神性的理解，由于在鲁迅的思想中，此精神性已不存在任何超验的源头，它只能来自人自身，但这自身又不能是肉体的，所以，鲁迅必得寻找一个承担人的内在性的载体，它既不是超身体的，又并非肉体本身，这一内在紧张和努力，使他后来更明确地走向叔本华和尼采的"生命"及其"意力"。②

鲁迅征引西方资源时的这一内在紧张，源于他对中国精神症结的洞察，所以，他会有意无意地增减取舍所征引的西方资源。当鲁迅因隐秘的紧张舍"施蒂纳"而转向"尼采"时，就大力宣扬"个人"的内涵——"天才"及其"个性"，尼采言说的精神性和超越性，成为其瞩目和强调的所在。

因此，西方传统信仰最彻底的解构者和第一个虚无主义者，在鲁迅这儿成为东方虚无主义土壤中新信仰的资源。鲁迅的问题意识与不无有意的误读，使他摆脱了尼采虚无主义中的不利因素，尼采趋向中国传统的历史循环论的同者永恒轮回哲学，以及强力意志中潜藏的本能取向，在鲁迅那里遭到了有意漠视，而将尼采充满精神动力的

---

① 鲁迅：《集外集拾遗补编·破恶声论》，《鲁迅全集》第8卷，人民文学出版社1981年版，第28—29页。
② 汪卫东：《鲁迅前期文本中的"个人"观念》，人民文学出版社2006年版，第29页。

"意力"学说，纳入到带有历史乐观主义的进化论历史观中，成为他借以激活"沦于私欲"的国民性的精神资源，以及据以摆脱自身历史循环梦魇的"将来"信仰。鲁迅虽然质疑过"将来"（如本文前所列举），但其实，真正支撑鲁迅历史信念的，并摆脱自身黑暗意识的，还是这个他同时在怀疑着的观念——"将来"，正是一边怀疑，一边坚持，"将来"对于他成为信仰一样的存在。正是凭着"希望是在于将来"的可能性，鲁迅打破"铁屋子"的悲观，[1] 开始了第二次文学行动；在经历第二次绝望，赴厦门前的一次谈话中，他谈到了自己曾经翻译的俄国厌世主义小说家阿尔志跋绥夫，但最后还是说到了"希望"。[2]

后期的鲁迅，将对"将来"的信念，落实于"现在"与"现实"的具体搏击中，使其对"将来"的希望，摆脱了前期的矛盾纠缠，成为坚定而沉着的现实践履，以至于渐觉"超人"的"渺茫"[3]。在鲁迅那里，尼采哲学伴随着民族新生的现代中国情结，终于形成刚健动进的精神力量，成为鲁迅精神与中国现代精神的有益组成部分。

---

[1] 鲁迅：《呐喊》自序，《鲁迅全集》第1卷，人民文学出版社1981年版，第419页。
[2] 鲁迅：《集外集续编·记谈话》，《鲁迅全集》第3卷，人民文学出版社1981年版，第359页。
[3] 鲁迅：《且介亭杂文二集·〈中国新文学大系〉小说二集序》，《鲁迅全集》第6卷，人民文学出版社1981年版，第239页。

外国留学生对《阿Q正传》接受的实证研究

北京语言大学　于小植

一　《阿Q正传》的叙事魔力

"作为修辞的叙事"是20世纪90年代中期出现在西方的后现代或后经典叙事理论。根据修辞叙事理论，《阿Q正传》可以剖成阿Q的故事、"我"的故事、鲁迅的故事3个层面。如果按照这种复调式的结构解读《阿Q正传》，会发现：鲁迅对阿Q的批判其实是漫不经心的，他批判的矛头甚至有时是游离于阿Q之外的，鲁迅批判阴魂不散的封建霸权者，更为重要的是，把隐藏多年的叙事者"我"和民初、五四的两代"看客"同时押上了"审判台"。

（一）《阿Q正传》的双重叙事

曾任美国叙事学协会主席的詹姆斯·费伦教授说："'作为修辞的叙事'这个说法不仅仅意味着叙事使用修辞，或具有一个修辞维度。相反，它意味着叙事不仅仅是故事，而且也是行动，某人在某个场合出于某种目的而对某人讲一个故事"[①]。沿着这一思路进入《阿Q正传》，当我们理解了小说的第一章即是李欧梵所说的"伪序"时，很快就会注意到小说的"我"作为小说的一个人物所讲故事的修辞维度："我"可能是出于一个特定的目的在一个特定的场合为特定的人讲一个特定的故事。另外，我们也应该注意到鲁迅讲的故事与"我"所讲的故事是一个平等关系，即鲁迅所讲的故事就是"我"讲的关于阿Q的故事。

如果我们把鲁迅所讲的故事和"我"所讲的故事看作是一种平行的修辞行为，就找到了作者建构这个故事的关键性因素，《阿Q正传》具有3个相关层面的叙事。（1）内部层面，是"我"讲述的：关于阿Q生计、恋爱、进城、革命、杀头的故事，笔者把它称之为阿Q的故事；（2）中间层面，即由故事外的叙事者讲述的，这叙述者在小

[①]　[美]詹姆斯·费伦：《作为修辞的叙事》，陈永国译，北京大学出版社2002年版，第14页。

说中并没有出现,但读者却能明显地感觉到他在控制着整个叙事的进程,即报告"我"给阿Q作传这样一个故事,笔者把它称之为"我"的故事;(3)外部层面,即鲁迅作为隐含的作者所建构的层面:鲁迅与其隐含的和真实的读者之间进行的一种被詹姆斯·费伦称为"隐蔽的交流",即由隐含作者讲述的"我"讲述阿Q的故事的故事,笔者把它称为鲁迅的故事。用简单一点的话说,即《阿Q正传》中的叙事是双重的,首先是叙事者向他的读者讲故事,然后是作者向作者的读者讲述叙事者的讲述。

在分析《阿Q正传》的技巧时,笔者首先想强调的不是这3个层面,而是鲁迅的表现手法模糊了这3个故事之间的界限,特别是阿Q的故事与"我"的故事之间的界限。这样对一般读者而言,就产生了一种错觉,即把"我"当成了整个故事的叙事者,而忘记了"我"作为小说中一个人物的存在。这一错觉的产生主要归功于鲁迅讲故事的手法过于高明,他在小说第一章的序中煞有介事、堂而皇之地为给阿Q作传"正名",尽管没有结果,但"我"这番溯古问今的艰难论证却把自己装扮成了作者的代言人,成了一个道貌岸然的叙事者,逃出了一般读者的审察视野。于是阿Q的故事就被推上前台,特别是从第二章开始,"我"的故事就退隐到了背景之中,或者在一般读者的理解中"我"成了导演式的角色,已经不在台上。毫无疑问这种技巧的效果非常好,增加了阿Q故事的质感,使批评家一直关注阿Q以至于排除了"我"的存在,并把阿Q一个人送上审判台,用"中国人品性结晶"的尺子进行循环往复、无法自拔地国民性批判。

从表面上看,本文对《阿Q正传》的故事结构的分析,和曾经风行一时的"结构主义"和"解构主义"也没有什么差别。这是因为"作为修辞的叙事"理论引进了"解构主义"的某些解剖文本的技术手段,而"解构主义"又是"结构主义"式微之后的衍生与变异,所以修辞的叙事与它们必然会有些貌似,但实际上却相去甚远。"结构主义"的原则是只对文本本身进行解剖分析,拒绝文本以外的包括作者和读者在内的任何东西参与其中,正如某些学者所说:"纯形式的文学作品分析方法是结构主义批评方法论的重要组成部分,在某种意义上,它隔离了文学作品和文学作品之外的文化世界及文学系统和文学系统之外的文化系统,这就使它缺乏对文学作品的'意义'或'内容'的关注,缺乏对文学作品的社会性和历史性的关注,从而使文学作品成为'语言的牢笼'。"[①] "解构主义"反对语词指称实体的传统思想,也强调"本文之外无他物",强调语言符号是在与其他符号的相互作用和相互区别中获得意义的。对于"解构主义",詹姆斯·费伦的立场也是非常明确的,他说:"尽管我不想竭力拒斥解构主义,但我首先要表明我把叙事作为修辞研究在原则上是不同于解构主义的,其次,我想要说明,尽管表面上看起来是那么回事,但主义实际上并不能取消或替代我的研究原则。"[②] 而詹姆斯·费伦之所以把叙事看作修辞,就是强调叙事的目的是传达知识、情

---

① 陈厚诚、王宁主编:《西方当代文学批评在中国》,百花文艺出版社2000年版,第263页。
② [美]詹姆斯·费伦:《作为修辞的叙事》,陈永国译,北京大学出版社2002年版,第15页。

感、价值和信仰，要求作者和读者同时在场，他说："当我谈论作为修辞的叙事时，或谈论作者、文本和读者之间的一种修辞关系时，我指的是写作和阅读这一复杂和多层面的过程，要求我们的认识、情感、欲望、希望、价值和信仰全部参与的过程。"① 按照上述的修辞叙事逻辑，我们就要把阿Q的故事、"我"的故事和鲁迅的故事互为参照，形成一个修辞交流的更为丰富的场面。这样，许多问题就产生了，"我"讲述阿Q的故事要达到哪些修辞目的？由"我"讲述的关于阿Q的故事是否真实？"我"讲述阿Q故事与鲁迅讲述关于"我"的故事的修辞目的是否一样？显然，对这些问题我们并不能做出断然的回答，所以，现在我们必须穿过阿Q故事的表层进入下一个范畴。

区分"我"的故事与阿Q故事的目的，就是能够确定"我"在小说中的真实身份。确定"我"的身份大概有两条途径，一条是通过文本，另一条是分析连载《阿Q正传》的《晨报副刊》。小说的文本符号已经明确显示了"我"对阿Q身世的一无所知，表明了"我"虽然和阿Q一同生活在未庄但从来没有过亲密的接触，很显然"我"和阿Q并不是来自同一个阶级。同时，"我"之所以能为阿Q作传，因为"我"还是一个文人，究竟是怎样的一个文人呢？虽然"我"在极力装腔作势，但也时常"麒麟皮下露出马脚来"。比如从下面这一段话便可窥见端倪。"先前，我也曾问过赵太爷的儿子茂才先生，谁料博雅如此公，竟也茫然，但据结论说，是因为陈独秀办了《新青年》提倡洋字，所以国粹沦亡，无可查考了。"②"我"把赵太爷和茂才公当作权威而毕恭毕敬的语气，以及随便把陈独秀和《新青年》进行一番嘲讽，都可以说明，"我"还是一个传统的封建文人，且想爬还没有爬到"茂才公"的地位。

关于阿Q的姓氏问题也颇让人寻味，也许阿Q真的姓赵，或者退一步说，即使阿Q本来不姓赵但他现在想姓赵，这也是他的权利和自由，但"赵太爷"一个嘴巴就扇掉了阿Q姓赵的权利，但是在以"赵太爷"为首的封建势力控制着的话语霸权压迫下，"阿Q并没有抗辩他确凿姓赵，只用手摸着左颊，和地保退出去了"③，阿Q被剥夺了言说的权利，成了"沉默的大多数"。"我"在评论这一事件时，明显地暴露了帮凶的嘴脸，"即使真姓赵，有赵太爷在这里，也不该如此胡说的"④。并且在阿Q死后的"传"中，依然不能姓赵，"我"实际上是赵太爷话语霸权的操刀者。

这样，就不能不让我们怀疑"我"讲述阿Q的故事的叵测居心。如果事情真如我们所想，那现在的矛头应该指向鲁迅的故事，鲁迅为什么放任"我"如此居心叵测地讲述阿Q？很显然，"我"并不是站在鲁迅的立场上讲述，"我"对阿Q的态度也完全不同于鲁迅。如果《阿Q正传》仅仅为了表达"国民性"批判主题的话，鲁迅何不直接采用全知全能的第三人称叙事，偏要横插一个居心叵测的"我"？鲁迅对"我"到底

---

① [美]詹姆斯·费伦：《作为修辞的叙事》，陈永国译，北京大学出版社2002年版，第24页。
② 鲁迅：《阿Q正传》，《鲁迅全集》第1卷，人民文学出版社1981年版，第489页。
③ 同上书，第488页。
④ 同上。

是什么态度？我们是否应该关心"我"是否编造了阿Q的故事？

鲁迅的故事非常成功地施展了法力，他非常有效地唤起了、极为严密地组织了读者认知、情感和意识形态方面的反应。这样，把叙事作为修辞交流的结果使我们感到了叙事的巨大魔力。回想起鲁迅对关于阿Q是国民魂灵评价的含糊其辞，越发使人感觉小说的错综复杂，鲁迅的故事的确让人着迷。

（二）"我"讲"阿Q"的故事

表象地阅读《阿Q正传》的具体言语行为无法体会到隐含的作者与"我"之间的距离。这里所说的"距离"就是指鲁迅与"我"之间的价值观、意识形态和判断上的差异，而能否准确地把握这一"距离"是解读《阿Q正传》的关键。当然，在同故事叙述中，作者声音的存在不必由他或她的直接陈述来标识，而可以在叙述者的语言中通过某种手法，或通过行为结构等非语言线索表示出来，在《阿Q正传》中作者与叙事者的距离只能是间接地传达出来。

因为如前文所说把叙事理解为修辞，即是某人在某个场合出于某种目的对某人讲一个故事。同时，为了能更好地理解"我"的声音和作者鲁迅的声音，我们非常必要弄清"我"所讲述的阿Q的故事，是在什么场合？听众（即读者）是谁？"我"讲故事的目的是什么？同样，对于鲁迅的声音我们也要进行相应的分析。

《阿Q正传》最初是发表在《晨报副刊》的"开心话"栏目的。《晨报副刊》原来是梁启超等人办的《晨钟报》的第七版，1920年7月由孙伏园主编，1921年10月12日把第7版改成4版单张，并定名为《晨报副镌》，着重宣传新文学。改版后，便增加了一个"开心话"栏目。此栏目取名"开心话"并且安排在作为休息日的星期天出版，其意旨和情趣已经不言而喻。这栏目前前后后发表的诸如《葛胡子》《知识即罪恶》《王师爷不拜年了》等文章，都不过是人们茶余饭后的一种笑料，即使有所批判与揭露，也是不疼不痒的，它的读者层也显而易见是定位在小市民阶层。在这样一个语境下，孙伏园要鲁迅为"开心话""写一点东西"，"因为要切'开心话'这题目"[①]，同时又要照顾"开心话"栏目的读者，所以鲁迅就虚构了一个读者期待视野中的"我"，来讲述阿Q的故事，我们把这些读者称为"我"的读者。以下我们具体分析"我"是如何向"我"的读者添油加醋地讲述阿Q的故事的。

现在收在《鲁迅全集》中的《阿Q正传》的第一章的标题是"序"，与当初在《晨报副刊》上连载时稍有不同，当时的标题是"这一章算是序"，勉强语气后面的潜台词就是"这本不是序"。"我"在此章中故作艰难、敬业地考证表演，无非想传达这样一个信息，"像阿Q这种人是不配作传的"。于是，"我"就可以堂而皇之地把阿Q的故事处理成一个供人戏谑的笑话，这也是很投"我"的读者口味的。就在"我"绘声绘色的讲述中，我们发现了"我"的故事的险恶与反动。

---

① 参见鲁迅《〈阿Q正传〉的成因》，《鲁迅全集》第3卷，人民文学出版社1981年版，第378页。

五四时期，虽然"王纲解纽"，民国建立了，但封建思想依然在国人的头脑中根深蒂固。"我"作为封建话语的捍卫者，总是不失时机利用阿Q释放封建遗毒。"我"对阿Q挨打、受辱乃至革命、杀头都抱有旁观者的冷漠和"看客"的幸灾乐祸，但对阿Q因为摸了小尼姑的滑腻脸蛋而失眠一事，却显得异常兴奋，倾注了极大的热情，小说中用了足足五百字，从"商的妲己"一直骂到未庄的小尼姑，无非是"男女之大防""祸国殃民"之类的封建卫道士的老调子。除此之外，"我"和赵太爷一样，对阿Q极尽戏弄、嘲讽、迫害之能事，这在"我"讲述阿Q的两次进城的过程中体现得非常明显。

对于阿Q的第一次进城，"我"是这样叙述的，"在未庄再看见阿Q出现的时候，是刚过了这年的中秋"①。显然，"我"对阿Q的第一次进城，事前毫无所知，"我"竟然没有注意到阿Q在未庄长时间的消失，也有可能"我"注意到了但丝毫没有放在心上，也没有诸如"阿Q到哪里去了、现在怎么样了"的想法。这一切都说明谁都没有把阿Q当回事，所以"我"讲述这一段故事的来源，主要是阿Q回到未庄以后的自我炫耀。

当然，到了阿Q的第二次进城，情况则大不相同了。其原因主要是，阿Q此番是被"一队兵，一队团丁，一队警察，五个侦探"，外加一挺机关枪的豪华阵容押进城里的。连小脚的吴妈都不辞辛苦地赶到了城里，"我"自然不会错过如此精彩的杀人好戏。由于是"我"目睹，所以关于阿Q过堂、游街和砍头的情节讲得极为生动精彩。"我"在向"我"的读者（即"开心话"的读者）讲述这一节故事时，没有丝毫的悲悯与同情，相反，由于没有听到死囚的一句好戏，城里人对阿Q舆论颇不佳，"我"在转述城里人的这一感觉时，也心有戚戚焉地说："他们多半不满足，以为枪毙并无杀头这般好看；而且那是怎样的一个可笑的死囚呵，游了那么久的街，竟没有唱一句戏：他们白跟了一趟了。"②

通过分析"我"的讲述，我们可以断定，就算"我"没有歪曲、编造阿Q的故事，"我"讲故事这一行为本身也是险恶而别有用心的，"我"不但与赵太爷、茂才公达成共谋，而且鼓动"开心话"的读者及所有对"我"的讲述感兴趣的读者同流合污。当然，"我"的险恶用心，鲁迅是非常清楚的，这是鲁迅为了把"我"和"我"的读者一同送上审判台所设的圈套。对于这一点，"开心话"的读者是毫无察觉的，因为他们只看到了"我"的故事，而无法看到"鲁迅的故事"。

前面我们已经分析过，鲁迅作为隐含的作者和他的读者构成故事的外部层面，鲁迅和他的读者都非常清楚地知道"我"在干些什么。特别是孙伏园，他是鲁迅的第一个读者，首先发现了"我"的居心叵测。第一章结束以后，鲁迅觉得"似乎渐渐认真起来了；伏园也觉得不很'开心'，所以从第二章起，便移在'新文艺'栏里"③。孙

---

① 鲁迅：《阿Q正传》，《鲁迅全集》第1卷，人民文学出版社1981年版，第508页。
② 同上书，第527页。
③ 鲁迅：《〈阿Q正传〉的成因》，《鲁迅全集》第3卷，人民文学出版社1981年版，第379页。

伏园是新文化运动的积极倡导者，同时作为鲁迅的读者他首先发现了鲁迅的真实意图，于是《阿Q正传》从第二章起从"开心话"转到"新文艺"栏目连载。"新文艺"栏目的品格，基本上前设了读者的身份，所以《阿Q正传》的到位，便标志着鲁迅读者的在场，这时"鲁迅的故事"才得以呈现，鲁迅和他的读者也开始参与这3个故事的修辞交流，那么，我们现在的任务就是准确地区分作者的声音和叙述者的声音。

　　作为鲁迅的读者，我们清醒地知道，"我"是鲁迅杜撰的一个人物，这种认识创造了鲁迅与叙述者"我"之间的唯一距离，也是我们辨别鲁迅声音的关键。在小说中很少听到鲁迅的声音，大概有两个原因，一是"我"虽然是"不可靠的叙述者"[①]，但"我"的讲述基本可以推动故事情节的发展；二是鲁迅一直放任让"我"在前台表演，主要为了充分暴露"我"的叙事阴谋，这是鲁迅高明的"诱供"手段。但是，"我"作为不可靠的叙述者，并不能完全胜任作者的全部任务，往往会在关键的地方暴露"我"的软弱无能，这时，作者不得不把"不可靠的叙述者"——"我"一脚踢开。《阿Q正传》的"大团圆"一节中，阿Q临刑前关于"狼眼睛"的幻觉的描写，是小说的点睛之笔。"可是永远记得那狼眼睛，又凶又怯，闪闪的像两颗鬼火，似乎远远的来穿透了他的皮肉。而这回他又看见从来没有见过的更可怕的眼睛了，又钝又锋利，不但已经咀嚼了他的话，并且还要咀嚼他皮肉以外的东西，永是不远不近的跟他走。"[②]很显然，这不是"我"的声音，而是鲁迅的声音，因为从"我"的阶级立场和对阿Q的所知，根本无法理解阿Q身心被压碎的痛苦和灵魂深处莫名的恐惧，更无从说出。我们之所以非常肯定这是鲁迅的声音，就是因为我们知道鲁迅与"我"在意识形态和价值观方面的截然不同。

　　因为阿Q的故事是通过"我"的讲述得以呈现的，所以我们没有任何证据可以证明这个故事的真实性，这样就可能推出两种完全相反的情况。一种情况，从"我"的身份和立场看，我们有理由怀疑"我"是在别有用心地编造阿Q的故事。如果真是这样的话，那阿Q就成了中国现代文学中最大的"冤假错案"，他不应该成为"国民性批判"的靶子，那么多年来辛辛苦苦积攒起来的"国民性批判"的学术成果，也就成了假判断。另一种情况，可能就是如"我"所讲述的那样，鲁迅和我们都相信，阿Q用精神胜利法自慰，摸小尼姑的头，恋爱偷东西，盲目地革命及至杀了头，甚至我们都可以推断，游街时阿Q肯定唱不出一句好戏。如果确定了阿Q故事是真实的，那么问题也出现了，既然阿Q的故事是真实的，鲁迅为什么不自己直接讲述？退一步说，鲁迅可能就是不愿意抛头露面，想找一个代理叙述者，为什么不用"可靠的叙述者"，

[①] 关于"可靠的和不可靠的叙述"，詹姆斯·费伦的解释是：可靠的叙述指叙述者对事实的讲述和评判符合作者的视角和准则。不可靠的叙述指叙述者对事实的报告不同于隐含作者的报告的叙述，或叙述者对事件和人物的判断不同于隐含作者的判断的叙述。见詹姆斯·费伦《作为修辞的叙事》，北京大学出版社2002年版，第173页。

[②] 鲁迅：《阿Q正传》，《鲁迅全集》第1卷，人民文学出版社1981年版，第526页。

而选中了"我"这样一个不可靠的家伙？

凡是作为证据的最基本的要求是确凿和真实，这是常识，鲁迅不会不清楚，如果鲁迅真的一心一意要对阿Q进行批判的话，不会把作为证据的东西处理得模棱两可。所以根据笔者的推断，"阿Q故事"的真假对于鲁迅来说可能不是很重要，这样问题就变得复杂了，鲁迅故事的目的到底何在？

（三）"鲁迅故事"的真实目的

对《阿Q正传》叙事的修辞解读，使文本变得复杂起来，同时，也使我们渐渐地接近作品的主题了。

鲁迅虽然不否认阿Q是国民品性的结晶，但每谈到这一话题时，总有些闪烁其词，"我虽然已经试做，但终于自己还不能很有把握，我是否真能够写出一个现代的我们国人的魂灵来"。[①] 笔者不能把这句话仅仅理解为鲁迅的谦虚，他是有所保留。笔者在阅读中发现，无论阿Q的故事是真是假，其实并不影响鲁迅故事的目的。如果说，阿Q故事本身是真实的话，那么"我"的声音则充分暴露了这种劣根性形成的原因；如果阿Q的故事是"我"编造的话，则更暴露了"我"的声音的反动与险恶。这也许是"鲁迅故事"的真实目的。

未庄是控制在以赵太爷为首、以"我"这样的人为帮凶的封建霸权话语之下的，阿Q不但经受着经济的压迫（生计问题），还要忍受肉体的迫害（赵太爷的巴掌、大竹竿和"假洋鬼子"的哭丧棒）。更为残酷的是，阿Q在未庄完全被剥夺了精神自由。赵太爷一个巴掌霸道地扇掉了阿Q姓赵的权利。关于向吴妈的求爱，本来一个寡妇一个光棍，就算吴妈不愿意也无可厚非，但赵太爷凶悍地用大竹竿打掉了阿Q恋爱的权利。在话语霸权之下，阿Q只能保持沉默，其内心的痛苦除了能偶尔向小尼姑身上转移一下以外，只好向内心寻求避难所，于是自然产生了"精神胜利法"。对于阿Q的遭遇，未庄的人们从上到下都表现了让人心凉的冷漠。

如果不是阿Q还能给人们增加一份笑料的话，未庄的人是不会关注他的，阿Q第一次离开未庄进城，丝毫没有引起人们的注意，第二次则大不相同了，连小脚的吴妈都进了城，当然不是因为阿Q曾经向她表白过爱情，不过是为了免费看一场杀人好戏而已。吴妈尚且如此，其余的看客自然不必说了，阿Q因为没有唱出一句好戏竟然而变得"舆论不佳"。鲁迅不动声色的批判是入木三分的，正如他在《阿Q正传》的俄文版序中所说："造化生人，已经非常巧妙，使一个人不会感到别人的肉体上的痛苦了，我们的圣人和圣人之徒却又补了造化之缺，并且使人们不再会感到别人的精神上的痛苦了。"[②]

鲁迅的深刻在于，以上的批判仅仅是个开始，下面的对"我"讲述故事的险恶用

---

① 鲁迅：《俄文译本〈阿Q正传〉序及著者自叙传略》，《鲁迅全集》第7卷，人民文学出版社1981年版，第81页。

② 同上。

心的揭露更让人触目惊心。阿Q活着的时候，成为人们的笑料，"大团圆"的结局极大地满足了看客的欲望。令阿Q无法预料的是，他死了以后，灵魂仍然不得安息，在"我"的精心包装之下，讲给"开心话"的读者，使得"开心话"的读者也欣然做了一回看客。鲁迅是伟大而深刻的，他看到虽然封建等级制度瓦解了，"但那鬼魂却仍然存在，并且，变本加厉"①。在新文化运动的呐喊声中，鲁迅依然能清晰地感觉到那"鬼魂"存在于类似于"开心话"读者的头脑中，所以鲁迅借用一个故事，把"我"和"我"的读者一同送上了审判台。这样，鲁迅深刻地揭开阿Q的悲剧根源，实际上也是揭示了封建话语霸权下"人"的真实存在，他们是"沉默的大多数"，在生前就已经失去了言说的能力，死后更无翻身的可能，所以鲁迅说："我们的古人又造出了一种难到可怕的一块一块的文字；但我还并不十分怨恨，因为我觉得他们倒并不是故意的。然而，许多人却不能借此说话了，加以古训所筑的高墙，更使他们连想也不敢想。现在我们所能听到的不过是几个圣人之徒的意见和道理，为了他们自己；至于百姓，却就默默地生长，萎黄，枯死了，像压在大石底下的草一样，已经有四千年了！"②鲁迅看到了在封建话语霸权下，"人"是如何被碾碎的。

我们对《阿Q正传》叙事的修辞解读，引爆了鲁迅叙事的巨大魔力。就在这篇当年成仿吾认为"描写虽佳，而结构极坏"③的小说中，鲁迅完成的批判是多重的。

笔者以为《阿Q正传》的最大贡献在于鲁迅通过讲故事的方式发现了"人"的真实存在。鲁迅作为20世纪中国最具现代意识的知识分子，他揭示了"人"在话语霸权之下是如何"被连根拔起"（海德格尔语），"人"是如何变成"非人"的。如果我们总是抱着"国民性批判"的靶子不放，实际上是把枪口一直对着受害者，而"元凶"却逍遥法外。其实根据笔者的分析，"阿Q的故事"并不是小说的核心，真正的核心是"我"讲述阿Q故事的过程，以至于使"阿Q的故事"本身真假与否都显得不是那么重要。如果真的如一些研究者所说的那样，鲁迅只是想对阿Q进行严厉的批判，那么他应该直接讲述阿Q的故事，这样会更为犀利、深刻、透辟。而"我"的讲述过程正是对阿Q的第二次封建话语压迫，所以也成为鲁迅的矛头所指。对于阿Q，鲁迅的态度是复杂的，当然不能完全排除批判的成分，但是鲁迅后来在提起阿Q时也常用"我们的阿Q"这样不无悲悯与同情的语调。

最令鲁迅感到痛心疾首的当然是这一批又一批的看客，如果说以未庄人为代表的"看客"让人感到痛心的话，那么，那些即便到了五四时期仍然对"我"的讲述感到津津有味的"看客"，则让鲁迅感到了"鬼魂"般的恐怖。笔者以为，这也是《阿Q正传》比《孔乙己》《药》等国民性批判小说更为深刻之处，因为后者的批判基本还是

---

① 鲁迅：《俄文译本〈阿Q正传〉序及著者自叙传略》，《鲁迅全集》第7卷，人民文学出版社1981年版，第81页。

② 同上书，第81—82页。

③ 成仿吾：《〈呐喊〉的评论》，《创造季刊》1924年第二卷第二号。

历史的语境中，即民元前后，而《阿Q正传》批判矛头则直指当下，即新文化运动蓬勃发展的五四时期。这样，我们也就不难理解鲁迅为什么一生都在"驱鬼"了。

二 外国留学生对《阿Q正传》接受的实证研究

20世纪60年代末70年代初，姚斯和伊瑟尔提出了"期待视界""视界融合"等概念，将作家、作品、读者联系起来，使文学作品不再是静态文本，而是包括传统文学评价与当下文学尝试的动态的、开放的本文。到20世纪70年代以后，保罗·塞兰、雷茵胡尔·威尔霍夫等人开始对姚斯和伊瑟尔的"经典接受美学"理论展开批判，他们开始采用调查问卷法和社会实验法还原读者的阅读细节和接受细节，并以此为基础进行研究，他们的理论被称为"经验主义接受美学"。

外国留学生这个特定的新近移民群体对中国文学的接受心理是个新鲜的话题，他们原有的期待视野是否能与中国文学作品充分融合是中国文学的跨文化传播的关键所在。

（一）调查问卷与结果分析

关于《阿Q正传》的调查问卷：

1. 你认为阿Q的精神胜利法是：

A. 一种忘记痛苦和屈辱的好办法，我认为很好。

B. 一种自欺欺人的办法，我认为不好。

2. 你认为有百分之多少的中国人具有阿Q精神（如经常使用精神胜利法）？_____%

3. 你认为你们国家的人有百分之多少具有阿Q精神？（如经常使用精神胜利法）_____%

4. 你认为鲁迅对待阿Q的态度是（可以多选）：

A. 痛恨他 B. 讨厌他 C. 喜欢他 D. 对他绝望 E. 觉得他可爱 F. 认为他很无知 G. 觉得他可怜 H. 看不起他

5. 文章中的"我"对阿Q的态度是（可以多选）：

A. 痛恨他 B. 讨厌他 C. 喜欢他 D. 对他绝望 E. 觉得他可爱 F. 认为他很无知 G. 觉得他可怜 H. 看不起他

6. 你对阿Q的态度是（可以多选）：

A. 痛恨他 B. 讨厌他 C. 喜欢他 D. 对他绝望 E. 觉得他可爱 F. 认为他很无知 G. 觉得他可怜 H. 看不起他

7. 鲁迅和文章中的"我"是一个人吗？

A. 是 B. 不是

8. 鲁迅对文章中的"我"的态度是：

A. 鲁迅就是文章中的"我"，鲁迅对"我"持肯定态度。

B. "我"不是鲁迅，但"我"是鲁迅的代言人，"我"的观点就是鲁迅的观点。

C. "我"是鲁迅杜撰的人，鲁迅喜欢"我"。

D. "我"是鲁迅杜撰的人，鲁迅不喜欢"我"。

调查对象与调查时间：

本次的调查对象是北京语言大学汉语速成学院 2012 年暑期 E1 班和 E2 班的 51 位外国留学生，平均年龄为 25 岁，其中美国 18 人，韩国 9 人，日本 9 人，印度尼西亚 6 人，澳大利亚 3 人，法国 3 人，俄罗斯 3 人，调查于 2012 年 7 月 22 日早 8：00—10：00 进行。

调查问卷的甄别与结果统计：

本次调查共收回调查问卷 51 份，经甄别，51 份答卷选项完整，均为有效答卷。数据统计结果如下：

1. 你认为阿 Q 的精神胜利法是：

　A. 一种忘记痛苦和屈辱的好办法，我认为很好。　15 份　占总数的 29.4%

　B. 一种自欺欺人的办法，我认为不好。　36 份　占总数的 70.6%

2. 你认为有百分之多少的中国人具有阿 Q 精神（如经常使用精神胜利法）？<u>62%</u>（51 份答卷的平均值）

3. 你认为你们国家的人有百分之多少具有阿 Q 精神？（如经常使用精神胜利法）<u>33.5%</u>（51 份答卷的平均值）

4. 你认为鲁迅对待阿 Q 的态度是（可以多选）：

　A. 痛恨他　　30 份　　占总数的 58.8%

　B. 讨厌他　　12 份　　占总数的 23.5%

　C. 喜欢他　　0 份　　占总数的 0%

　D. 对他绝望　　21 份　　占总数的 41.2%

　E. 觉得他可爱　　0 份　　占总数的 0%

　F. 认为他很无知　　21 份　　占总数的 41.2%

　G. 觉得他可怜　　39 份　　占总数的 76.5%

　H. 看不起他　　3 份　　占总数的 5.9%

5. 文章中的"我"对阿 Q 的态度是（可以多选）：

　A. 痛恨他　　12 份　　占总数的 23.5%

　B. 讨厌他　　21 份　　占总数的 41.2%

　C. 喜欢他　　0 份　　占总数的 0%

　D. 对他绝望　　12 份　　占总数的 23.5%

　E. 觉得他可爱　　0 份　　占总数的 0%

　F. 认为他很无知　　21 份　　占总数的 41.2%

　G. 觉得他可怜　　21 份　　占总数的 41.2%

　H. 看不起他　　21 份　　占总数的 41.2%

6. 你对阿 Q 的态度是（可以多选）：

    A. 痛恨他　　　3 份　　　占总数的 5.9%

    B. 讨厌他　　　3 份　　　占总数的 5.9%

    C. 喜欢他　　　3 份　　　占总数的 5.9%

    D. 对他绝望　　21 份　　　占总数的 41.2%

    E. 觉得他可爱　　3 份　　　占总数的 5.9%

    F. 认为他很无知　　24 份　　　占总数的 47%

    G. 觉得他可怜　　42 份　　　占总数的 82.4%

    H. 看不起他　　3 份　　　占总数的 5.9%

7. 鲁迅和文章中的"我"是一个人吗？

    A. 是　　6 份　　　占总数的 11.8%

    B. 不是　　45 份　　　占总数的 88.2%

8. 鲁迅对文章中的"我"的态度是：

    A. 鲁迅就是文章中的"我"，鲁迅对"我"持肯定态度。0 份　　占总数的 0%

    B. "我"不是鲁迅，但"我"是鲁迅的代言人，"我"的观点就是鲁迅的观点。6 份　　占总数的 11.8%

    C. "我"是鲁迅杜撰的人，鲁迅喜欢"我"。　　6 份　　占总数的 11.8%

    D. "我"是鲁迅杜撰的人，鲁迅不喜欢"我"。　　39 份　　占总数的 76.4%

对调查结果的分析：

第 1 题考察调查对象对阿 Q 精神胜利法的基本态度。70.6% 的调查对象认为是"一种自欺欺人的办法"，对其持否定态度，而 29.4% 的调查对象认为它是"一种忘记痛苦和屈辱的好办法"。第 2 题，调查对象认为 62% 的中国人具有阿 Q 精神。第 3 题，调查对象认为在其自己的国家 33.5% 的人具有阿 Q 精神。该结果表明调查对象认为与其本国人相比，中国人更常使用"精神胜利法"。

在调查对象已基本理解文本内容的基础上，第 4、5、6 题进一步考察了鲁迅、"我"及调查对象对主人公阿 Q 的情感色彩。第 4 题，相对正确的答案是 A、D、F、G，其中"G. 觉得他可怜"是鲁迅对阿 Q 最准确的一种感情，鲁迅对阿 Q 的态度是"哀其不幸，怒其不争"，有 76.5% 的调查对象选择了这一选项，说明其绝大多数准确地把握了鲁迅的态度。选择"D. 对他绝望""F. 认为他很无知"都占 41.2%，也算比较理想的结果。有 58.8% 的调查对象选择了"A. 痛恨他"，也是比较准确的，鲁迅对阿 Q 的真实态度是"怒"，"怒"其不觉悟，这种"怒"从文本表面无从察觉，但"怒"是埋藏于整个文本之中的，调查对象能把握鲁迅对阿 Q 的真实态度实属不易。"C. 喜欢他"和"E. 觉得他可爱"均无人选，说明调查对象对文本基本理解。

第 5 题，文章中的"我"对阿 Q 的态度主要是冷漠和看不起，"B. 讨厌他""F. 认为他很无知""H. 看不起他"可视为比较准确的选项，从调查结果看，选择这三项的最多，均占总数的41.2%，"C. 喜欢他"和"E. 觉得他可爱"均无人选，说明调查对象基本可以把握文本的主旨。

第6题是考察调查对象自身对阿Q的态度。82.4%的调查对象认为阿Q很可怜。选择"F. 认为他很无知"和"D. 对他绝望"的调查对象也较多，分别占总数的47%和41.2%。这一结果表明不论是鲁迅、文中的"我"或是调查对象，对阿Q都持否定态度。鲁迅通过对阿Q精神胜利法的刻画，挖掘了国民性中的劣根性，从而"揭出病痛，引起疗救的注意"。鲁迅痛恨阿Q"哀其不幸，怒其不争"的愚昧与麻木，又可怜其在黑暗社会中无法生存的悲惨命运。这种复杂的情感激发出调查对象强烈的共鸣感，因此调查对象对阿Q的情感色彩与鲁迅先生的较为一致。而在考察文中的"我"对阿Q的态度时，41.2%的调查对象选择了"H. 看不起他"，远远高于第4、6题这一选项的百分比。文章的叙述者"我"要给阿Q作传却对阿Q的具体情况不甚了解，这种情感态度实质上与赵老太爷这类人对待阿Q的情感态度相类似，多少有一种轻蔑和嘲笑的意味在里面。因此这一选择与笔者的预期相符。调查对象能够体会到这一层，说明他们与鲁迅产生了情感共鸣，实现了作者与读者期待视野的融合。

第7题，"鲁迅和文章中的'我'是一个人吗？"本题唯一正确的答案是"B. 不是。"本题的目的是考察调查对象对"隐含作者"及"叙述者"的理解。该题中，88.2%的调查对象认为鲁迅和"我"并非一人，说明他们的文本阅读能力有较大提升，能够区分"隐含作者"与"叙述者"的差别。

第8题考查鲁迅对"我"的态度，具有一定的难度，本题唯一正确的答案是"D. '我'是鲁迅杜撰的人，鲁迅不喜欢'我'。"76.4%的调查对象做出了正确的选择，说明他们基本上可以把握文章的内容以及鲁迅和"我"的关系。

（二）外国留学生眼中的"精神胜利法"

学习了《阿Q正传》后，16位外国留学生撰写了短文阐述自己对"精神胜利法"的看法。其中4位认为需要"精神胜利法"，占25%；6位认为不需要"精神胜利法"，占37.5%；6位观点折中，认为"精神胜利法"是双刃剑，应该适度地使用，占37.5%。

文章1和文章2的作者都是日本人，文章1的作者认为中国是精神强大的民族，很多中国人身上都有"精神胜利法"的影子，所以中国移民才能在美国生存下来。而且说美国各大城市都有唐人街，就是中国人精神强大的证明。该文章的作者是有加拿大留学经历的日本人，也许是对一个人在异域生活的困难有深切体会的缘故，他羡慕阿Q的性格，并且说如果自己有"精神胜利法"，面对困难或身处逆境时，人生会愉快一些。与中国人相比，日本人的性格似乎更"忧郁"一些，本尼迪克特在《菊与刀》中将日本文化的特征概括为"耻感文化"。"菊"是日本皇室家徽，"刀"是武家文化的象征，"菊"和"刀"象征了日本人的矛盾性格，爱美而又黩武，尚礼而又好斗，喜新而又顽固，服从而又不驯等。

从文章1和文章2中，我们可以明显看出这两位日本作者善于学习他国文化长处的特点。文章1认为阿Q的"精神胜利法"不错，可以使生活变得愉快一些，便流露出"羡慕"和想学习的情绪。文章2认为现代社会中的人压力很大，"工作的压力，上课的压力，考试的压力等"，而且"社会对人的要求越来越高"，因此决定"回国以后要是遇到非常困难的事情的话，我可以用这个方法"。"阿Q精神"几乎让文章2的作者如获至宝了。

日本是一个善于学习的民族，周作人在《日本管窥》中曾谈到过，日本受汉文化的影响很大，而且年代久远；从孝德天皇开始，日本初仿中国用年号，后来又模仿中国实行制度改革；汉字是日本中学生的必修课，日本无法从中国的毛笔与筷子的圈子里摆脱等等，认为在日本"汉文化压迫的痕迹也还是历历可睹"[①]。日本曾有闭关锁国的时期，美国用战舰敲开日本的国门后，日本认识到西方工业化的先进是自己望尘莫及的，于是并没有与美国发生大规模的交火，就打开了国门，用一种欢迎的态度去接受和学习美国文化，由"师从中国"转而"师从西洋"。文章1和文章2使我们发现日本民族的这种"爱学习"的精神，在当代日本年轻人身上也有很好的体现。

文章3的作者是美国人，他认为"精神胜利法"可以给人幸福感。"不聪明的人也不可能变成秀才，你能做的只有改变你的想法和转变你的态度。"对于幸福的向往和追求是不分国界的。幸福是一种自我心理感觉，与金钱、地位没有必然联系。这种观点已经得到了全世界的普遍认同。因此文章3的作者赞同"长得不太好看"，"天生就不太聪明"，或者"坏事发生"的时候，使用"精神胜利法"，并提醒大家使用此法时，态度不可傲慢，"精神胜利法和谦虚的态度合为一体是最好的"。

文章4的作者也是美国人，他文章的题目是《中国人需要"精神胜利法"》，这个题目本身就带有美国人居高临下的口吻。这种居高临下感不是他独有的，许多美国人都带有这种居高临下的感觉，认为"美国是全世界最发达、最民主的国家"，"拯救全人类是美国义不容辞的责任"。从美国人出生的时刻起，美国政府就通过学校教育、媒体导向等手段向自己的国民宣扬这种思想。《星球大战》在美国是家喻户晓的影片，美国人喜欢拍摄这种类型的大片，借此向国民宣扬"拯救全人类"，甚至"拯救整个银河系"都要依靠美国英雄的观念。

文章5、文章6和文章7的作者都是美国密西西比大学的学生，他们认为不需要"精神胜利法"。文章5的观点是：抓住机会，勇敢选择，努力实现。这样的观点在美国大学生中很有代表性，美国大学生给人的整体感觉就是朝气蓬勃、信心爆棚。文章6认为"精神胜利法"是一种自我欺骗的方法，与"乐观精神"是不同的，人要有"乐观精神"，而不是"精神胜利法"。文章7的作者认为每个人都偶尔使用"精神胜利法"，不愿意承认自己的错误，这是不正确的，只有发现自己的不完美，并不断改变自

---

① 周作人：《日本管窥之四》，《知堂乙酉文编》，河北教育出版社2002年版，第122页。

己,社会才能发展和进步。

文章8和文章9的作者是韩国人,他们认为不需要"精神胜利法"。韩国是民族自尊心很强的民族,因此文章8的作者在文章开头就谈到她不能理解为什么阿Q被人无视,却不努力改变自己的问题。她的不理解缘于她对于中国当时社会环境的陌生。在当时的社会背景下,个人是无力抗争的。老舍笔下的"骆驼祥子"本是个勤奋的好青年,他努力,他抗争,但是他所处的环境仿佛是一潭沼泽,他越是抗争,就越深地陷落进去,无力挣脱,无力自拔。许地山的《缀网劳蛛》深刻揭示了人在命运面前的无力和渺小:命运是一张网,每个人都是缀网劳蛛,无力挣脱,无力改变。文章8认为"我们经历过各种各样的困难后,才能得到各种各样的生活经验,通过自我教育提高自己,改掉自己的毛病,让自己变成一个人才"。这可以看作是当今韩国上进青年的比较有代表性的思想。文章9的作者认为:虽然"精神胜利法"可以消除我们现在的烦恼和担心,但它同时也消除了我们将来进步的空间,所以我们不需要"阿Q精神"。

文章10的作者是日本人。他认为正是由于中国封建时代的老百姓都常常使用"精神胜利法","所以古代曾经强大的中国走了下坡路,被西方列强和日本侵略"。他认为日本经济走下坡路的原因之一就是日本老百姓开始具有"阿Q精神","日本人把现实世界中真实的失败变为精神上虚幻的胜利"。他认为日本没有自己的军队和军事主权是失败的,日本人不应该指望美国永远保护日本,一定要防止国民有"阿Q精神"。并痛心疾首地说,"阿Q精神"是很危险的精神病。

文章11的作者是一位印度尼西亚女孩儿,她认为阿Q遭受了巨大的痛苦,因此他需要用"精神胜利法"来自我安慰;而"我们"不再需要"精神胜利法"了。

文章12的作者是日本人,他认为,现代社会生活节奏快,人的心理压力大,如果没有阿Q精神,可能造成精神压抑,甚至患上心理疾病。因此合理地使用"精神胜利法"是值得提倡的。

文章13的作者是一个美国女孩儿,她理性客观地评价了"精神胜利法"的利与弊。她提出"完美的生活是虚幻的理想",因此"应该包容自己小的短处",因为"错误是生活的一部分"。她的看法是:对于自己不要过于苛刻,对于生活不要过分强求。我们东方文化也讲"善待自己"的智慧,她的想法与东方文化有异曲同工之处。

文章14的作者是一位美国女孩儿,她的观点很中肯,她说自己遇到困难时,也有时候用"精神胜利法"自我安慰,但是这个办法只能适当使用,因为过于不切实际的想法会使人变成疯子。

文章15的作者是一位香港女孩儿,她的分析鞭辟入里、入木三分。尽管她一直在美国留学和生活,但是中国血脉使她对中国文化有天然的亲和力,她的理解也比其他留学生更加深刻。她首先讲了乔伊斯从最初被炒鱿鱼到最后成功的例子,肯定了"精神胜利法"的合理性。她说:"正常的精神安慰对人的心理健康是十分有益的,每个人都必须学会心理调节，使心理获得某种平衡，并学会从失落中走出来，否则我们将长期处在痛苦之中。"但是，她反对把所有的事情都做精神上的假想，追求虚妄的胜利。认为不能用"精神胜利法"麻痹斗志、苟且偷生。这样"不利于人类的进步，是我们应该摒弃的"。

文章 16 的作者是一位来自印度尼西亚的女孩儿，她认为人失败后可以用"精神胜利法"自我安慰，但是人也要踏实做事，不能只满足于幻想的胜利。

（三）中国文学意象的突围

课上，围绕"现代中国人是不是阿Q""精神胜利法是不是个好办法""我们需不需要'阿Q精神'"等问题，外国留学生们展开了热烈的讨论。课后，围绕"阿Q精神""精神胜利法"等核心词，外国留学生写了作文，通过他们的作文可以看出，他们不仅关注中国社会和中国人，也"由人及己"地思考了"精神胜利法"是否适合自己本国人使用等问题，他们观点各异，不一而足。其实，这个问题没有所谓"正解"似的答案，但是我们通过中国文学作品中的经典人物形象和核心词使外国留学生对于中国文学作品留下了深刻的印象，可以说这是中国文学意象在外国留学生中的一次成功突围。

以往，我们经常寻找中外文化的差异性，现在我们却更希望找到中外文化的契合点，对比外国留学生阅读中国文学作品前后在心理上产生的变化，对中国文化及中国人在认知上产生的变化等，分析外国留学生的接受心理，找出外国留学生较容易接受和认同的内容及不能接受认同的内容，是探索中国文化传播途径的有效手段。对中国文化中人类文化的同一性因素的寻找可以有助于淡化外国留学生在中国文化接受过程中的异己感，使文化接受不是一种外在义务，而是一种内在权利。

长期以来，"期待视野"等接受美学的主要概念往往被看作是一个相对稳定的概念，而对于经受了两种以上文学濡化的群体而言，它必定是一个不稳定的、变迁的概念。中国亟须改变自己在国际政治、文化中的地位，让世界了解并认同中国，而以中国文学为首的中国意象与中国趣味的广泛传播，则是取得世界性文化认同的一个有效途径。

世界文学视野中的阿 Q

中国社会科学院文学研究所　张梦阳

世界文学视野是鲁迅研究实现突破的关键视角，从这个视角去观察问题。鲁迅研究中的一些疑难，随着视野的扩大，有望得到拓展性的解决。本文试从这个视域出发，重审阿 Q 的典型性问题。

一　阿 Q 典型性研究中的困惑

20 世纪年代初期，冯雪峰在《论〈阿 Q 正传〉》一文中提出："阿 Q，主要的是一个思想性的典型，是阿 Q 主义或阿 Q 精神的寄植者。"①

这就是著名的"思想性典型说"与"精神寄植说"。观点一提出，立即遭到驳难，冯雪峰本人也感到这篇文章"论得太空泛，并且有的在解释上是错误的，所以在《论文集》再版时就抽掉了"②。

然而，令人深思的是，冯雪峰作为深知鲁迅思想、创作内情的卓越的文艺理论家，为什么会提出这样一个"谬论"呢？

看来是"谬"出有因，阿 Q 典型性研究中确实存在着困难和矛盾。

50 年代中期，何其芳在《论阿 Q》中指出这种困难和矛盾主要在于"阿 Q 是一个农民，但阿 Q 精神却是一种消极的可耻的现象"③。

这就是说阿 Q 作为一个处于一定阶级地位的活生生的具体人物，与带着极大普遍性的阿 Q 精神之间，存在着难以解决的矛盾。

为了解决这个矛盾，研究者做了各种尝试，何其芳主要归纳了以下 3 种：（1）否认阿 Q 是农民，认为是从地主阶级破落下来的；（2）如前所述，冯雪峰提出阿 Q 是一个思想性的典型，阿 Q 精神的寄植者；（3）把阿 Q 解释为过去的落后的农民典型，认为他身上的阿 Q 精神并不是农民本来的东西，而是受了封建地主阶级的思想的影响。

---

① 冯雪峰：《论〈阿 Q 正传〉》，《人民文学》1951 年第四卷第 6 期。
② 冯雪峰：《论文集》（下），人民文学出版社 1981 年版，第 309 页。
③ 何其芳：《论阿 Q》，《人民日报》1956 年 10 月 16 日。

何其芳对这3种试图解决矛盾的思路都不同意,而把视野拓展到世界文学的广阔范畴中去,以中国古典文学中的诸葛亮和外国古典文学中的堂·吉诃德为参照物,提出了著名的"共名说"。这就是说某一个典型人物的名字,成了他身上某种突出特点的"共名":诸葛亮成了智慧的"共名",堂·吉诃德成了可笑的主观主义的"共名",阿Q则成了精神胜利法的"共名"。

"共名说"提出后,李希凡很快发表《典型新论质疑》一文,指出何其芳的"共名说"是"把现实主义的典型论导向抽象的人性论的陷阱"[①]。以后又在几篇文章中反复阐述了阿Q典型形象的阶级性、历史性。

这场关于阿Q典型性问题的争论,一直持续下去。10年"文革"中,何其芳虽然失去了发言权,然而在理论上仍然坚持自己的基本观点,阿Q典型性研究中的矛盾始终困惑着他。

80年代初期,陈涌重新出山后用力最深的就是阿Q的典型性研究。他的长篇论文《阿Q与文学的典型问题》和在巴黎鲁迅诞生100周年纪念报告会上宣读的论文《〈阿Q正传〉引起的争论》[②],迄今为止,仍然代表着阿Q典型性研究的最高水平。

《阿Q与文学的典型问题》一文的理论贡献主要在于:第一,加强了哲学深度。从主观世界与客观世界关系的角度,揭示出阿Q不断造成悲剧的认识论根源:"不能正确地认识周围的客观世界,不能正确地估计周围的现实关系。不是依据对形势的客观分析来决定自己的行动,而往往是依据荒谬可笑的偏见或者一时的感情冲动来决定自己的行动。"同时从现实的失败的痛苦中找到虚幻的胜利来自我欺骗、自我麻醉。这就从主观盲目性和精神胜利法这两个互相联系的方面,分析了阿Q精神的内涵。这一理论贡献是有深刻意义的,它启示人们从哲学根底上去思考阿Q精神的认识论根源,考察阿Q典型形象具有极大普遍性的根本原因。第二,拓展了文学视野。从世界文学的视角对阿Q精神与堂·吉诃德精神、浮士德精神的异同进行了比较,启悟后来的研究者从更广阔的世界文学范畴内考察与阿Q相类似的文学典型。第三,从精神现象的角度思考了阿Q精神的产生根源。肯定在近代中国农民和其他小生产者深受帝国主义掠夺、走向破产的历史条件下,阿Q精神也有可能从这些小生产者的内部产生,否定了那种农民身上的阿Q精神只能从封建统治阶级的外部影响而来的狭隘观点,启悟后来的研究者从内在原因和精神现象的思路中去考察阿Q的典型问题。第四,进一步阐述了典型性和阶级性的关系。说明典型性比阶级性的意义更广泛和更普遍得多,阿Q精神不是个别阶级的现象,它比个别阶级的特性有更大的普遍意义。

《〈阿Q正传〉引起的争论》进一步认定了阿Q精神在不同阶级不同阶层的人身上存在的普遍性,指出:问题主要在于如何解释这种普遍存在的现象。并从理论高度对

---

① 李希凡:《典型新论质疑》,《新港》1956年第12期。
② 陈涌:《阿Q与文学的典型问题》《〈阿Q正传〉引起的争论》,收入《鲁迅论》,人民文学出版社1984年版。

何其芳与李希凡在阿Q典型性问题上的争论做了总结，相当公允地评价了各方的得失。最后又从世界文学的视野中，对哈姆雷特、堂·吉诃德、浮士德的典型性格进行了比较，指出阿Q典型性问题属于文学以及哲学、社会科学的一些根本理论问题。

10年之后重读陈涌的这两篇论文，仍不能不叹服他理论的扎实、深刻，视野的开阔、宏放，论述的严谨、精当。但是，学术是随时代而前进的，从新的认识高度反复回味，就感到陈涌的论文仍有令人不满足的地方。主要的不足是仍然没有讲透阿Q这一典型的性质与内涵，没有挖出阿Q精神的哲学根底，对世界文学中与阿Q相似的典型人物的比较分析也没有充分展开。

阿Q的典型性问题，作为鲁迅研究界乃至文学理论领域的"哥德巴赫猜想"，仍然没有得到圆满的解决，仍然令研究者感到困惑，吸引后来者满怀不可扼制的理论兴趣，进一步摘取学术王冠上的明珠。

二 需要提出新的概念——精神典型

世界文学中，不仅艺术创作有"类似再现"的事情，而且理论研究也有"不谋而合"的现象。

苏联文学理论家在陀思妥耶夫斯基研究中也遇到了与阿Q典型性研究类似的现象。

B. M. 恩格尔哈特认为陀思妥耶夫斯基小说描绘的重心是左右着主人公的那个思想，而不是如托尔斯泰和屠格涅夫一般类型小说那样，重心是主人公的生平，所以称作"思想小说"。M. 巴赫金认为恩格尔哈特对陀思妥耶夫斯基创作的基本特点，达到了非常深刻的理解，然而"思想小说"这一术语不很贴切，引人离开了陀思妥耶夫斯基真正的艺术目的。[①]

陀思妥耶夫斯基对自己真正的艺术目的做了这样的说明："在完全采用现实主义的条件下发现人身上的人……人们称我是心理学家，这是不对的，我只是最高意义上的现实主义者，也就是说，我描绘人类心灵的全部隐秘。"[②]

所谓"人身上的人"，实质就是"人类心灵的全部隐秘"，也就是人类的思想活动和精神现象。陀思妥耶夫斯基小说描绘的重心，并非游离人物之外的思想，也不是"寄植"于人物身上的精神，而是活生生的具体人物本身所具有的心灵深处的思想活动和精神现象，特别是人人都面临的精神世界与物质世界的关系问题，亦即自我的主观精神对待客观外界的根本态度、方式及对自我和对世界的总体观念，也就是"发现人身上的人"。精神活动正是人区别于动物的根本标志，是人最重要、最隐秘、最深层的基本特征。陀思妥耶夫斯基和鲁迅都是最善于描绘这种人类精神特征的伟大作家。恩

---

① [苏] 巴赫金：《陀思妥耶夫斯基诗学问题》，白春仁、顾亚铃译，生活·读书·新知三联书店1988年版，第51、65页。

② 同上书，第100页。

格尔哈特和冯雪峰都敏锐地抓住了研究对象这个最重要最突出的特点,可能是对其特点印象过深的缘故,以致得出了"思想小说"和"思想性的典型"这种偏执性、极端化的结论,违背了作家真正的艺术目的,也违反了艺术创作的基本规律。因为艺术是基于个别形象而不是基本概念显现思想的,任何概念化的东西都与艺术无缘。诚如歌德所说:"德国人确是一些古怪的人儿!他们到处寻求深奥的思想和观念,而把它们塞进事物中去,因此把生活搞得不必要的繁重。""总而言之,作为诗人,我的作风不是企图要体现某种抽象的东西。我把一些印象接受到心理,而这些印象是感性的、生动的、可爱的、千姿百态的,正如一种活跃的想象力所提供给我的那样;作为诗人,我所作的事不过是用艺术方式把这样的直观和印象在心里融会贯通起来,加以提高,希望用生动的描写表现出来,使别人听到或读到我描写的东西时获得与我同样的印象。"①歌德的这段话,不仅是他本人艺术创作的生动写照,而且真实反映了鲁迅和陀思妥耶夫斯基等所有成功作家的艺术创作过程。难怪"思想性的典型"和"思想小说"这类观点一提出,就遭到种种驳难呢!

但是,切勿把孩子和洗澡水一起泼掉!冯雪峰的"思想性典型说",与恩格尔哈特的"思想小说观"一样,包含着重要的真理。实践已经充分证明,把"思想性典型说"里所包含的重要真理彻底否定,而将阿Q限定为某一阶级的典型,任意定成分、贴标签的做法,只会导致更大的谬误。

"思想性典型说"的错误在于本末倒置,颠倒了思想与形象、精神与典型的源流关系,然而对思想精神重心的强调却不容否定。鲁迅创造阿Q,不是将思想"塞进"形象、把精神"寄植"于典型,而是把描绘的重心放在阿Q这个活生生的具体人物本身所具有的心灵深处的思想活动和精神现象上面,深入到人人都面临的精神世界与物质世界的关系问题中去,亦即自我的主观精神对待客观外界的根本态度、方式及对自我和对世界的总体观念中去,不是仅仅深入到某种思想或局部意识中去,而是深掘到主宰人的思想、观念、性格、行为的精神根源和哲学根柢中去,提炼出精神胜利法这一带有极大普遍性的人类精神特征,从而"发现人身上的人",绝不局限在某个特定阶级的特定人物的一般性具体形象之内。鲁迅创造阿Q是这样,陀思妥耶夫斯基创造高略德金、歌德创造浮士德,以及莎士比亚创造哈姆雷特、塞万提斯创造堂·吉诃德、冈察洛夫创造奥勃洛摩夫等,也是这样。尽管艺术方式、手法各呈异彩,所提炼的人类精神特征多种多样,但是都深入到精神与物质、主观与客观、幻想与现实这一哲学根柢中去,塑造出既有活生生的具体性又表现出普遍人类精神特征的典型人物,"发现人身上的人",达到了一种深刻、透明、超越的哲学境界。这是一种世界性的文学现象与精神现象。需要对这种现象进行认真、深入的研究,提出一个更贴切的新的概念,既保留"思想性的典型"一说中所包含的重要真理,又纠正其本末倒置的错误,摆正思

---

① [德]艾克曼:《歌德谈话录》,引自董问樵著《〈浮士德〉研究》,复旦大学出版社1987年版,第119页。

想与形象、精神与典型的源流关系,并把局部性的"思想"扩展为总体性的精神。

这个新的概念就是——精神典型。

三 精神幻觉与物质实境

英国浪漫派莎评最重要的代表柯尔津治早在19世纪就提出这样的见解:哈姆雷特的悲剧主要在于想象的世界与真实的世界之间的平衡被扰乱了,"他的思想,他幻想的概念,比他真实的知觉要活泼得多","他那推动了健康的关系的头脑、永远为内在的世界所占据着,而从外在的世界转移开,——用幻想来代替实质,在一切平凡的现实上罩上一层云雾"[1]。因而形成了哈姆雷特的忧郁与踌躇。

苏联莎学专家阿尼克斯特也认为:"思想与意志的分裂,愿望与实践的分裂,理论与现实的分裂形成了哈姆雷特的精神悲剧的最高点。"[2]

不仅冥想派知识分子哈姆雷特是这样,堂·吉诃德、奥勃洛摩夫、高略德金和阿Q也都是这样,都是不同形式地陷于主观冥想,出现了精神幻觉与物质实境的分裂。正如马克思所说:"一个人,如果对于他感性世界变成了赤裸裸的观念,那么他就会反过来把赤裸裸的观念变为感性的实物。他想象中的幻影成了有形的实体。"[3]

杜勃罗留波夫在著名论文《什么是奥勃洛摩夫性格》中指出,奥勃洛摩夫"只能在自己的幻想中来安排世界的命运了。可是,他在自己的幻想中,却喜欢把自己献身给一种威武的和英雄的追求。'有的时候,他喜欢把自己想象成为一个所向无敌的统帅,在他的面前,不但拿破仑,就是叶鲁斯冷·拉扎列维奇[4]也是不足道的;他又虚构了一场战争以及战争的原因:例如吧,他的非洲民族侵入了欧洲;或者呢,他建立了一支新的十字军,从事作战,解决民族的命运,毁灭城市,宽恕,惩罚,表显仁慈、宽宏的勋业。'或者他想象他是一个伟大的思想家和艺术家,在他的后面,有一大群人跟着他,谁都向他们鞠躬致敬。……很明白,奥勃洛摩夫并不是一个浑浑噩噩的冷淡的典型,而是一个在其生活中也在摸索着什么东西的、也是在思索着什么东西的人"[5]。实质上,就是哈姆雷特式的冥想派人物。

堂·吉诃德更是生活在一个心造的精神幻觉里,他把从骑士小说中看到的一切虚幻化为自身生存其间的物质实境,"他所思、所见、所想象的事物,无一不和他所读到的一模一样"。于是把客店当城堡,把店主当长官,把妓女当名门闺秀或高贵骑士的礼仪之乐;还把风车当巨人,把羊群当敌军,把商队当游侠骑士,把酒袋当魔鬼的头颅,

---

[1]《莎士比亚评论汇编》(下),中国社会科学出版社1979年版,第147页。
[2] 同上书,第513页。
[3]《马克思恩格斯全集》第2卷,人民出版社1962年版,第235页。
[4] 俄国民间故事中的主角,他曾骑着得来的一匹马建立了武功。
[5]《杜勃罗留波夫选集》第1卷,上海译文出版社1983年版,第197页。

把祈雨的偶像当作遭劫持的贵妇，把傀儡戏中的打仗当作真实的战争，诸如此类，不胜枚举，尤其可笑的是把面貌丑陋、胸脯长毛，而且从未见过一面的农家姑娘当作自己的意中人，给她起了一个带有公主贵人意味、表示甜蜜温柔的美妙名字"杜尔西内娅"，奉为自己心中的太阳、勇敢和力量的源泉、生命和荣誉的保护神。总之，"把这类分明虚假的事都信以为真"，所以马克思、恩格斯等经典作家常常把那些单凭主观幻想支配行为的人们比喻为堂·吉诃德。

陀思妥耶夫斯基中篇小说《两重人格》的主人公高略德金，竟在精神幻觉中虚构了一个和他同名、同貌、同一地位的人，称之为小高略德金。大高略德金知道，在物质实境中要挤进上层社会必须善于搞阴谋，玩手段，拉关系……可是这种种伎俩他根本不会，于是就给了精神幻觉中的小高略德金，让这个幻影取得了自己在物质实境中向往而得不到的东西，事事成功，飞黄腾达，无往不胜。而其实呢，真实的自我却在物质实境中屡屡失败，最后被送进了疯人院。

我们的阿Q，更是精神幻觉中的驰骋者。他被闲人揪住黄辫子，在壁上碰了四五个响头之后，心里想"我总算被儿子打了，现在的世界真不像样"，于是在精神幻觉中心满意足地得胜地走了。在所有的精神胜利法都不管用之后，便自打嘴巴，"似乎打的是自己，被打的是别一个自己，不久也就是仿佛是自己打了别个一般，——虽然还有些热剌剌，——心满意足的得胜地躺下了"。最精彩的是革命后的精神幻觉：来了一阵白盔白甲的革命党，小D、赵太爷、秀才、假洋鬼子跪下喊饶命，打开箱子来：元宝，洋钱，洋纱衫……秀才娘子的一张宁式床先搬到土谷祠……而其实呢，阿Q在物质实境中屡屡失败，最后竟糊里糊涂地被枪毙了。

与以上典型在性质上有所不同的浮士德，也是周旋于精神幻觉与物质实境之间，正如海涅所说："德国人民本身就是那位知识丰富的浮士德博士，就是那位理想主义者，他凭借精神，终于理解到精神的不足，而要求物质的享受，恢复肉体的固有权利……"①

精神是人区别于动物的根本标志，是物质发展的最高境界。然而，宇宙的一切事物都是二律背反的，精神也逃脱不了二律背反的命运：有积极的一面，可以引导人们逐步科学地认识客观外界的物质实境和自己的主观面貌，使精神与物质、主观与客观相统一，在改造物质世界中提高精神境界；也有消极的一面，可能导致人们误以为精神是游离于物质实境之外的，陷于种种幻觉中，使精神与物质、主观与客观相分裂，产生种种病态心理与病态行为。这绝不是个别现象，而是人类普遍存在的精神弱点。中世纪以神为本位的地球中心说使人们误以为日月星辰是围绕自己旋转的，就是一种精神幻觉。为了打破这种蒙昧，使人类从错误的主观幻觉中挣脱出来，布鲁诺等伟大科学家被宗教法庭判处火刑，献出了自己宝贵的生命。宗教实质也正起源于人类特有的精神幻觉，《圣经》上有句名言：富人进天国，比骆驼钻针眼还难，穷人只消大摇大

---

① [德]海涅：《论浪漫派》，引自董问樵《〈浮士德〉研究》，复旦大学出版社1987年版，第32页。

摆走进去。这岂不就是在现世的物质实境中屡屡失败,于是乎遁逃至精神幻觉中去寻求虚假胜利么?佛教里的刻苦修行以求来世成佛,其实也同出一辙。民主革命时期,"左"、右倾机会主义路线的领导者们,实质上也是陷于这样或那样的主观幻觉中,坚持正确路线的革命者不知要付出多大代价才能使人们从幻觉的迷梦中清醒过来。至于个人,则更加普遍,种种自我吹嘘、自我欺骗、追求虚荣、讲究面子、盲目地追求"高指标"和虚假胜利等,都是不同程度、不同形式地陷入主观幻觉中的表现。哈姆雷特、堂·吉诃德、奥勃洛摩夫、高略德金、阿Q等,不过是在物质实境屡遭失败而逃入精神幻觉的诸多人物中的典型代表,反映了人类易于遁入内心的精神特征。这一弱点对于没有高级精神活动的动物来说是不存在的。人有了高级精神活动,反倒有了这种普通弱点。这也可说是人所独有的精神现象。因此,茅盾说"阿Q相"反映了"人类的普通弱点的一种"[1],是有其道理的。

对于这种精神现象,有识之士早已开始研究。著名儿童心理学家德腊库瓦通过大量研究证明:"儿童的游戏……对于世界是执着也是遁逃;他一方面要征服它,同时也要闪避它;他在这个世界上面架起另一个世界出来,使自己得到自己有能力的幻觉。"[2]其实,这种产生幻觉的本能,不仅儿童有,成人也有,不过变换了成熟的形式而已,要消除这种幻觉,就必须从本能上升到自觉。列宁指出:"在人面前是自然现象之网。本能的人,即野蛮人没有把自己同自然界区分开来,自觉的人则区分开来了。"[3] 所谓"本能的人",实质上就是"前史时代"的人类。这种人"没有把自己同自然界区分开来",极易从本能出发陷入精神幻觉的荒谬迷梦中。"自觉的人",则是从精神幻觉的主观盲目性中超脱出来,达到了精神与物质、主观与客观相统一的自觉境界。人类的先觉者们,都在通过哲学、自然科学、精神现象学、心理学和文学艺术等各种角度启悟人们从"本能的人"上升为"自觉的人",从精神幻觉中清醒过来达到自觉的境界。目前,在世界上日益兴起的禅学,从一定意义上说,就是一种生命之学,启悟人们从种种功名利禄、赏罚毁誉的精神幻觉中超脱出来,合理、健康、愉悦地生存。从塞万提斯到鲁迅,之所以创造出从堂·吉诃德到阿Q这一类精神典型来,也旨在启悟人们摆脱幻觉,"幸福的度日,合理的做人"[4]。陀思妥耶夫斯基曾经这样评价塞万提斯的《堂·吉诃德》:"全世界没有比这更深刻、更有力的作品了。这是目前人类思想产生的最新最伟大的文字,这是人所能表现出的最悲苦的讥讽,例如到了地球的尽头问人们:'你们可明白了你们在地球上的生活吗?你们怎样总结这一生活呢?'那时人们便可以默默地递过《堂·吉诃德》去,说'这就是我给生活作的总结,你难道能因为这个责

---

[1] 茅盾:《读〈呐喊〉》,见《1913—1983鲁迅研究学术论著资料汇编》第1卷,中国社会科学院文学研究所鲁迅研究室编,中国文联出版公司1985年版,第34页,以下简称《汇编》。
[2] 转引自朱光潜《文艺心理学》,《朱光潜全集》第1卷,安徽教育出版社1987年版,第376页。
[3] 列宁:《哲学笔记》,人民出版社1962年版,第10页。
[4] 《坟·我们现在怎样做父亲》,《鲁迅全集》第1卷,人民文学出版社2005年版,第134页。

备我吗？'"① 惺惺惜惺惺，创造精神典型的大作家之间是"心有灵犀一点通"的。他们正是从"到了地球的尽头"的整个人类史的宏观角度，从精神与物质、主观与客观、幻想与现实这个根本性的哲学问题出发，对人类在地球上的生活做了根本性的总结，对人们进行根本的精神启蒙。这正是哈姆雷特、堂·吉诃德、奥勃洛摩夫、高略德金和阿Q等精神典型根本的相通点。鲁迅从创造阿Q这个精神典型，到后期写阿金这个蒙昧颟顸的娘姨形象，都是从根本点上总结中国人的生存方式，启悟他所挚爱的中华民族从精神幻觉的迷梦中觉醒，挣脱出"瞒和骗的大泽"②，敢于正视人生，正视面临的物质实境。这恰恰是一种最深刻最根本的精神启蒙。

四　哲理性精神病态与生理性精神病态

有的研究者，把阿Q定为轻度精神病患者③，不久就有人提出异议，认为这种观点实质上否定了阿Q性格分裂所产生的审美价值。④

提出的异议是中肯的。与阿Q类似的精神典型，从生理上说都是正常、健康的，并非精神病患者。哈姆雷特是装疯，如果真的疯了，那么全部戏剧都失去了意义。其实他不仅生理上没有疯病，而且神志健旺，才华横溢，不愧为一位思想家与雄辩家。堂·吉诃德虽然被周围人们看作"疯子"，甚至被他忠实的侍从桑丘看成"头脑有毛病"，然而在他向大家发了一通高论之后，在场的人又觉得"他对各种问题都识见高明、思路清楚"，生理上很正常、健全。即便是这位"哭丧着脸的骑士"本人，也并不认为自己是真疯，不过是学古代骑士的疯样做戏罢了，因为他对桑丘说过：如果得不到心上人杜尔西内娅小姐的回信，"就要当真的发疯了"。至于奥勃洛摩夫，生理上就更不疯癫了，"他并不比别人愚蠢，他的心地像玻璃一样明亮、洁净，而且高尚、亲切"。"他上过学，见过世面……"，"对于理解高尚思想的乐趣，对于全人类的苦难，也并不隔膜。"高略德金呢，杜勃罗留波夫做过这样的分析："这个人为什么不发疯？只要他还是信守这与世无争的道理……那么这个人就可以继续在先前的知足和平静之中过日子了。可是事情却不是这样：有一种什么东西从灵魂深处上升了，表现为最阴沉的抗议，只有阴沉的抗议才是这位没有多大能耐的高略德金先生能够做到的，——这就是疯狂……"⑤ 这就是说高略德金平时是并不疯狂的，只是"阴沉的抗议"无可压抑地表现出来时才疯狂了。然而也正由于这点，这个典型形象的哲理意味大大削减了。最后分析我们的阿Q，他生理上也是健全的，不仅"割麦便割麦，舂米便舂米，

---

① 转引自巴赫金《陀思妥耶夫斯基诗学问题》，生活·读书·新知三联书店1988年版，第182页。
② 《坟·论睁了眼看》，《鲁迅全集》第1卷，人民文学出版社2005年版，第251页。
③ 林兴宅：《论阿Q性格系统》，《鲁迅研究》1984年第1期。
④ 张静阿：《试谈〈论阿Q性格系统〉一文得失》，《学习与探索》1985年第6期。
⑤ 《逆来顺受的人》，《杜勃罗留波夫选集》第2卷，上海译文出版社1983年版，第494、495页。

撑船便撑船"，"真能做"，而且从思维到语言也都与常人一样，胆子还很小，参与行窃"不但不能上墙，并且不能进洞，只站在洞外接东西"，"里面大嚷起来，他便赶紧跑"。

那么，这些人物是否完全健康，没有病态呢？不是的。如果这样，这些人物同样没有意义了。他们是有精神病态，不过不是生理性的，而是哲理性的，是在精神与物质、主观与客观、幻想与现实的哲理关系上陷于病态。

同是哲理性精神病态，具体的心理趋向又有所不同。堂·吉诃德是主观冒进型的精神病态，正如鲁迅所分析的，本已不是那么古气盎然的时候了，却"偏要行古代游侠之道，执迷不悟，终于困苦而死"。他的精神病态，不在于"立志去打不平"的动机，而在于"打法"，在于"不识时务"①。当主观精神与客观现实完全不符合时，还偏要"在黑夜里仗着宝剑的风车开仗"，结果颠连困苦，是"十分老实的书呆子"②，犯的是思想落后于时代而又主观盲动的错误。从哈姆雷特到阿 Q，却属于内心退缩型的精神病态。哈姆雷特的悲剧，如歌德所说，是"一件伟大的事业担负在一个不能胜任的人的身上"③。也如别林斯基所说："哈姆雷特的分裂是通过认识责任后的软弱来表现的"④。于是只能退缩到内心去，陷于忧郁与踌躇的精神病态。奥勃洛摩夫明白无误地"总喜欢退隐到内心深处，生活在自己所创造的世界里"。冈察洛夫借希托尔兹的心理独白明确指出："这一个奥勃洛摩夫的问题，对他来说，比哈姆雷特的问题还更为深奥。"这说明冈察洛夫创造奥勃洛摩夫这个精神典型的时候，自觉继承了莎士比亚创造哈姆雷特的艺术经验，并且更加深入地刻画了人物的内心退缩型精神病态，以更加浓重的笔墨描绘人物蜷缩于幻觉中的精神活动。高略德金也是退缩进纯精神领域里：装模作样地定购自己根本无力购买的高档商品，把所有的大钞换成小票，以便使钱夹子鼓得高高……在自己虚构的自尊自胜的幻影中寻求自我安慰。阿 Q 的内心退缩型精神病态比以上人物更加鲜明、集中。鲁迅以简劲奇拔之笔力，将这种精神病态写得极为活脱、透辟，以至要挨洋鬼子棒打的时候，阿 Q 就"赶紧抽紧筋骨，耸了肩膀等候着"，退缩到无以复加的地步。挨打后反依靠"忘却"这祖传宝贝的效力而觉得轻松些，将这种精神病态写到了极致。这种内心退缩型精神病态在人类社会是很普遍的。恩格斯说过："在各阶级中必然有一些人，他们既然对物质上的解放感到绝望，就去追寻精神上的解放来代替，就去追寻思想上的安慰，以摆脱完全绝望的处境……几乎用不着说明，在追求这种思想上的安慰，设法从外在世界遁入内在世界的人中，大多数必然是奴隶。"⑤ 鲁迅毕生都在批判这种内心退缩型的奴隶性精神病态。

---

① 《集外集拾遗·〈解放了的堂·吉诃德〉》，《鲁迅全集》第 7 卷，人民文学出版社 2005 年版，第 419、420 页。
② 《南腔北调集·真假堂·吉诃德》，《鲁迅全集》第 4 卷，人民文学出版社 2005 年版，第 534 页。
③ 《莎士比亚评论汇编》（上），中国社会科学出版社 1979 年版，第 296 页。
④ 同上书，第 432 页。
⑤ 恩格斯：《布鲁诺·鲍威尔和早期基督教》，《马克思恩格斯全集》第 19 卷，人民出版社 1962 年版，第 334 页。

这些人物的哲理性精神病态，还表现为"自我意象"的荒谬性。美国著名整形外科医生和心理学家马克斯威尔·马尔兹，通过几十年临床实践和理论研究，发现改变一个人丑陋的面容往往能使他的个性发生突然的、戏剧性的巨变；但也有不少病例在患者手术后仍然有自卑情绪，好像他们还是生着一副丑陋的面孔一样。这使他受到了启发，从中发现了人外在的肉体形象与内在的"自我意象"之间的特殊关系，觉察到"肉体形象的改观本身并不是改变个性的真正关键"，而"自我意象"这副"非肉体的个性的面孔"才是"改变个性的关键"，从而建立了一门新的学科理论——自我意象心理学。"自我意象"所指的是自己对自己的一种认识和评估，马尔兹将它形象地比喻为每个人心中的一幅"心理蓝图"、一帧"自我肖像"。在人心灵眼睛里的这幅"蓝图"和"肖像"，对人思想、情感、行为、举止的影响是很大的。准确的、适当的自我意象，可以增强自我信念，使你增添新的才华和新的活力，扩展自身的潜在领域，发挥蕴含的潜在力量，去战胜困难，夺取胜利。不适当的自我意象，则会使人陷入盲目性：把自己的"图像"看得完美无缺，会踌躇满志；看得丑陋不堪，会自卑自贱。堂·吉诃德把自己的"图像"看得无比崇高，自命为当世英雄，立志打抱不平，于是"只落得闹了许多笑话，吃了许多苦头，终于上个大当，受了重伤，狼狈回来，死在家里，临死才知道自己不过是一个平常人，并不是什么大侠客"[①]。而阿Q则是毫无确定的"自我意象"，忽而妄自尊大，忽而自卑自贱，这全是没有评判事物的客观标准、唯求心灵愉悦和精神胜利所致。鲁迅在回顾自己办《新生》杂志的失败结局时说过："这经验使我反省，看见自己了：就是我决不是一个振臂一呼应者云集的英雄。"[②] "看见自己"，就是从自命英雄或自甘卑贱的精神幻觉中清醒过来，树立正确的"自我意象"。而做到"看见自己"绝非易事，一位名叫勃恩斯的诗人就写过这样的警拔的诗句："啊！我多么希望有什么神明能赐我们一种才能，可使我们能以别人的眼光来审查自我。"堂·吉诃德是临死才"看见自己"的，阿Q则是至死都没看见，混沌一片。这种"自我意象"的荒谬与混沌，实质上也是主观与客观不一致的精神幻觉所致，属于哲理性的精神病态。患生理性精神病态的人是少数，医治这种病是医学家的任务。患哲理性或心理性精神病态的人却相当普遍，很多人终生不悟。疗救这种精神病态，对广大人民进行精神启蒙，则是思想家、文学家和心理学家的职责了。

不仅不能把主人公写成生理上的精神病患者，而且从伦理道德说，不能写成坏人或恶人，而要写成令人同情的善良的人。哈姆雷特、堂·吉诃德、奥勃洛摩夫、高略德金及阿Q，全是陷入哲理性精神病态的善良人，令人深为同情。因为创造精神典型的作家，在这一点上是与鲁迅相通的：小说的"取材，多采自病态社会的不幸的人们中，意思是揭出痛苦，引起疗救的注意"[③]。塞万提斯在《堂·吉诃德》里借主人公的

---

① 《二心集·中华民国的新"堂·吉诃德"们》，《鲁迅全集》第6卷，人民文学出版社2005年版，第361页。
② 《呐喊》自序，《鲁迅全集》第1卷，人民文学出版社2005年版，第439页。
③ 《南腔北调集·我怎么做起小说来》，《鲁迅全集》第4卷，人民文学出版社2005年版，第526页。

口说:"喜剧依照(罗马作家)西赛罗的意见应该是人生的一面镜子、世态的一副模样、真理的一种表现。"莎士比亚同样借哈姆雷特的口说,演戏的目的是"给自然照一面镜子;给德行看一看自己的面貌,给荒唐看一看自己的姿态,给时代和社会看一看自己的形象和印记"。只有写出生理上健全而又令人同情的善良人们的哲理性精神病态,才可能起到这种"镜子"一般的讽世作用,也才可能使读者在产生同情感当中将注意力集中在精神与物质、主观与客观、幻想与现实这个哲学根柢上,受到根本性的精神启蒙,启悟人们从精神幻觉的迷梦中觉醒。否则,如果写成疯子或恶人、小丑,就会使精神典型失去应有的审美价值与认识价值,失去精神启蒙的严肃性质。这也正是鲁迅为什么把阿Q写成一个令人怜悯的落后农民形象的主要原因。

当然,精神典型也并非都是病态、在精神与物质关系上存在误差的。与堂·吉诃德、阿Q这类病态的消极性、讽喻性精神典型不同,浮士德就是健康的,是一种积极性、颂誉性精神典型,表现了一种在物质世界面前自强不息、精进不懈的精神。而但丁《神曲》中的"我",也属于这类精神典型,表现了新旧交替时代的一种克服惰性、以坚强的意志战胜迷惘和苦难,达到真理和至善境界的新型人文精神。尼采的《查拉图斯特拉如是说》中的主人公,实质同样是一种精神典型,表现了一种极大发挥人的潜能的冲创型的"超人"精神。尼采对许多世界文化名人的深刻影响,实质上并不是一种具体的学术传授,而是一种抽象的精神传感,所以在不同时代不同社会不同阶级的人物身上往往会产生完全不同的具体效果。

或者以一种哲理性精神病态的讽喻性典型形象,从消极方面启悟人,教育人;或者以另一种健康的颂誉性典型形象,从积极方面激励人,感化人——正是精神典型社会教育功能的两个方面。

五 精神高于性格

杜勃罗留波夫在《什么是奥勃洛摩夫性格》中,把罗亭等"多余的人"与奥勃洛摩夫列为同一个典型系列,而奥勃洛摩夫是带总结性的、最成功的。是的,在这个"多余的人"的典型系列里,只有奥勃洛摩夫达到精神典型的境界。

就以屠格涅夫笔下的罗亭做对比来说,罗亭的确如克鲁泡特金所说,"得到这种典型的人物的完全的艺术表现",成功地塑造了一种罗亭型的"没有行动,只有空言"的典型性格。[①] 这种典型性格,与莫里哀笔下的悭吝人不同,不是无论对待什么人、在什么情境下都一味"悭吝"的单一的类型性格,而是活生生的、具有多种热情、多种多样性格的艺术典型。他是一个浪漫主义者,一个不切实际而又没有行动能力的人;但是又醉心于公众的利益,不倦地工作,甘于牺牲,为自己的思想而活着。他在爱情面

---

① 引自《屠格涅夫》,贵州人民出版社1987年版,第1页。

前只是退缩，甘心"屈服"，显得性格软弱；然而却正直而不自私，强调自尊自爱，热爱真理，漂泊天涯，最后在巴黎工人起义的巷战中付出了生命，思想境界远远高于胸无壮志、只讲实际的列日涅夫。他确实称得是一个精致、丰满、真实的艺术典型。

不过，罗亭无论如何都算不上是精神典型。

为什么呢？与冈察洛夫笔下的奥勃洛摩夫相比就可以看出差别。冈察洛夫极其细致、深入地描绘了奥勃洛摩夫的精神活动，甚至不惜以整整一章的长篇文字写"奥勃洛摩夫的梦"，写他的幻象境界。这种冗长写法的确使许多读者认为是个缺点，然而却也正是一个特点，如杜勃罗留波夫所说："冈察洛夫才能底最强有力的一面，就在于他善于把握对象底完整形象善于把这形象加以锻炼，加以雕塑。这就是他所以特别不同于同时代俄罗斯作家的地方。"如果奥勃洛摩夫这个题材"落到别的作家身上，就会把它写成另外一副样子了：他可能把它写成50来页轻松而又赏心娱目的文字，可能把它创作成可爱的笑剧，把他的懒汉可能嘲笑一通，可能赞美一阵奥尔迦与斯托尔兹，于是事情就这样完结了。这样的故事无论如何是不会使人厌烦的，虽然它并没有什么特别的艺术意义。可是冈察洛夫却用另外一种方法来进行这个工作"。这另外一种方法，从杜勃罗留波夫的论述中可以归纳为如下三点：（1）追根究底地找出眼前现象的原因，把包围着现象的一切关联都详细而清晰地并且凸出如浮雕地传达和描写出来，"努力把一种在他面前闪过去的偶然的形象提高到典型的地位，赋予它普遍而又持久的意义"。（2）"将自己灵魂里的内在世界跟外部现象的世界交融在一起，能够通过统治着他们的精神的三棱镜来观察全部生活和自然。"（3）不是如有些艺术家那样使一切东西都受造型美的感觉支配，迷离于某一对象的一方面或某一事件的一个瞬间，而是把这一对象转来转去，从四面八方来观察，期待这一现象所有的瞬间的完全显现，然后才从事艺术加工。①

冈察洛夫所运用的这另外一种方法，正是有别于屠格涅夫的塑造精神典型的方法。一言以蔽之，屠格涅夫运用的是一种性格造型式的浮雕艺术，冈察洛夫运用的则是一种精神开掘式的空镂艺术。无论是罗亭的"没有行动，只有空言"的性格，还是奥勃洛摩夫的懒惰和冷淡，都产生于脱离物质实境、向内心世界退缩的精神根柢。屠格涅夫没有揭示出这个根柢，冈察洛夫却特别强有力地深掘出来并且凸出如空镂地传达和描写出来了，因此，奥勃洛摩夫这个典型特别具有精神意蕴。

拿莎士比亚的《哈姆雷特》与可能是该剧题材来源的最初蓝本进行对照，也可以看出精神典型与一般性格典型的差异。莎士比亚写作《哈姆雷特》以前，远在1589年左右，伦敦舞台上出现过一个用同样故事作为题材的悲剧。这个剧本早已失传，可是18世纪在德国发现的德文剧本《杀兄受惩记，一名丹麦王子哈姆雷特》手抄本，据推测可能是根据它修改和缩写而成的。从这个手抄本看出，最初的关于哈姆雷特的悲剧

---

① 《杜勃罗留波夫选集》第1卷，上海译文出版社1983年版，第185、186页。

不过是一出普通的复仇剧,哈姆雷特装疯一点也不像,所谓"极大忧郁"仅是一句空话。而莎士比亚却把这出普通的复仇剧点化成了伟大的社会悲剧,其关键就在于使哈姆雷特的报仇行动有了延宕,对现实的认识和感受极其深刻的莎士比亚,使哈姆雷特说出了那些非常像疯话的痛心话,给他的"极大忧郁"注入了极为深厚的社会内容与精神意蕴,深入揭示了他意志薄弱、脱离物质实境、向内心世界退缩的精神根柢,所以才创造出了哈姆雷特这样一个"不囿于一代而照百世"(本·琼孙语)的不朽的精神典型。

《阿Q正传》这个题材如果落到别的作家身上,也会写成另外一副样子,可能写成轻松而又赏心悦目的文字,可能创作成可爱的笑剧,把阿Q当作无赖汉嘲笑一通,正如鲁迅所担心过的:"将只剩了滑稽。"① 结果不可能有任何意义。20 世纪 30 年代,上海曾有一部笑剧《王先生的秘密》轰动一时,有人称王先生为都市的阿Q。当时就有人撰文尖锐指出,王先生只是"一个小丑,不是某个时代或某个社会的典型。《王先生的秘密》只有趣味性,没有阿Q精神,当然王先生不是阿Q"②。鲁迅写阿Q与冈察洛夫写奥勃洛摩夫有相通处,绝不是表面化地描写阿Q的可笑言行,而是穷根究底地找出这种可笑言行的精神现象,明确概括为"精神上的胜利法",详细而清晰地并且突出如空镂地传达和描写出来,使之升华到精神典型的境界。鲁迅创造精神典型的意识的确较之前人更为自觉、明朗了。

苏雪林在《〈阿Q正传〉及鲁迅创作的艺术》一文中,说阿Q可以和英国梅台斯(今译梅瑞狄斯)的《自私者》(今译《利己主义者》)中的威罗比(今译威洛比)先生"一并流传"。③ 梅瑞狄斯在这部小说中虚构了另一本名叫《利己主义》的宏伟巨著,记载着利己主义的全部原则,主人公威洛比的一切言行和性格都从这些原则出发,受利己主义精神的主宰。这也是精神高于性格的例证。不过,这部小说文体晦涩,全书都是大谜语,因而不易为读者接受,人物精神也未能写透,所以其价值无法与《哈姆雷特》《堂·吉诃德》《奥勃洛摩夫》和《阿Q正传》相比拟了。

黑格尔在《精神现象学》中把浮士德式的追求快乐的精神、堂·吉诃德式的改革家精神及狄德罗《拉摩的侄儿》中所描写的分裂精神放在人类精神现象史的范畴中进行分析,而一般性的人物性格却难于上升到精神现象史的境界。拉摩的侄儿属于一种运用辩证方法塑造的高傲和卑鄙、才智和愚蠢相混合的精神典型,受到从黑格尔到马克思、恩格斯等大思想家的高度评价,认为是无与伦比的杰作。但是可能由于文学形象性较差,对话体的写法不适合多民族的欣赏趣味,所以没有像堂·吉诃德等人物那样普及。黑格尔还把人类的艺术品分为"抽象的艺术品""有生命的艺术品"和"精

---

① 鲁迅:《书信·301013 致王乔南》,《鲁迅全集》第 12 卷,人民文学出版社 2005 年版,第 245 页。
② 尔辑:《〈王先生的秘密〉和阿Q精神》,见《汇编》第 1 卷,中国社会科学院文学研究所鲁迅研究室编,中国文联出版公司 1985 年版,第 1143 页。
③ 《汇编》第 1 卷,中国社会科学院文学研究所鲁迅研究室编,中国文联出版公司 1985 年版,第 1039 页。

神的艺术品"三种。黑格尔认为"抽象的艺术品""还不是一种本质上采取人的形式的存在",仅是具有人的外形的神像。到"有生命的艺术品"阶段,人们对英雄人物的崇拜,还停留在直观的、感性的阶段,或者说,还只是直觉到这些人物的伟大、坚强和美丽。对于这些人物的内心世界及他们与周围人事的复杂关系,他们的历史地位和意义,还来不及思索和消化。因此,还不可能立即把这一切都艺术地再创造出来。而"精神的艺术品"才是真正的高级的艺术品,是在更深的意蕴上和更广阔的历史背景上,去认识、把握和表现上述人物及其复杂的社会关系。这种真正意蕴丰富、深刻的精神艺术品,具有永恒的魅力和价值,凝结和积淀了某一民族精神。黑格尔指出:"对民族精神自身加以纯粹直观,所看见的就是普遍人性。"[①]

类型化和概念化的作品,可以看作是黑格尔所说的"抽象的艺术品";塑造了一般性艺术典型的作品,可以看作"有生命的艺术品";而创造了最成功的艺术典型,其中包括精神典型的作品,则可以看作"精神的艺术品"。因为精神典型不仅反映了饮食男女这种人类共性,更本质的是深入到精神与物质、主观与客观、幻想与现实这个人人面临的哲学根柢中去,表现了人们在这一哲学根柢上的种种精神状态,因而必然具有极大的普遍性。以致屠格涅夫在著名论文《哈姆雷特与堂·吉诃德》中说:"所有的人都或多或少地属于这两个典型中的一个,我们几乎每一个人或者接近堂·吉诃德,或者接近哈姆雷特。"[②] 海涅在《莎士比亚的少女和妇人》中说:"我们认识这个哈姆雷特,好像我们认识我们自己的面孔,我们经常在镜子里看到他,但他却并不如人们所相信的那样为我们所认识。"[③] 阿Q也是这样,茅盾说:"读这篇小说的时候,总觉得阿Q这人很是面熟。"[④] 涵庐(高一涵)也生动地形容了《阿Q正传》刚发表时许多人疑神疑鬼、以为在骂自己的情景。[⑤] 不仅中国人有这种感觉,外国人对阿Q也很面熟。印度作家班纳吉说:"阿Q的特质,他的心理状态,他对自己和别人的鄙视,他对于损伤他的事物的轻易忘怀,他用来安慰自己失败的'精神胜利法',都是被奴役过的国民所共有的。阿Q只是名字是中国的,这个人物我们在印度也看到过。"印度尼西亚作家普拉姆迪亚·阿南达·杜尔说"阿Q的情况是我们自己一般人的情况",鲁迅的伟大"是在于他能够使我们认识到阿Q的情况——我们的情况——和带领我们努力摆脱这种情况,甚至为我们的弟妹和子孙,在地球上,现在、将来和永远地消除这种情况"。危地马拉作家米盖尔·安赫尔·阿里德里亚斯说,美洲的许多民族也都有精神胜利法,这"在我们对压迫者进行斗争的时候,只能妨碍我们看清楚我们的处境,所以

---

① 黑格尔:《精神现象学》下卷,贺麟、王玖兴译,商务印书馆1983年版,第213页。
② 《莎士比亚评论汇编》(上),中国社会科学出版社1979年版,第466页。
③ 同上书,第340页。
④ 茅盾:《通讯》,中国社会科学院文学研究所鲁迅研究室编:《汇编》第1卷,中国文联出版公司1985年版,第25页。
⑤ 涵庐:《闲话》,中国社会科学院文学研究所鲁迅研究室编:《汇编》第1卷,中国文联出版公司1985年版,第172页。

现在是应该把它抛弃的时候了"①。之所以出现这种情况，就在于不论哪个阶级、哪个国度的人们，都无法脱开精神与物质、主观与客观、幻想与现实这个哲学根柢，都或多或少有所错觉和误差。也正因为如此，精神典型作为一个处于一定阶级地位的活生生的具体人物，又具有反映某种人类精神特征的普遍性。还是因为如此，精神典型对人类精神产生特别深刻的影响，令研究者争论不休，歧说纷纭，有永远挖掘不尽的精神意蕴。

何其芳的"共名说"，试图从语义学的角度解决具体人物与普遍精神的矛盾，取得了表层意义的效果，却未能抓住根柢，结果难免被人攻其破绽。因为精神根源于物质，不同的精神根源只能从不同的物质条件和社会关系中去寻找。哈姆雷特的踌躇精神，根源于17世纪封建制度与新兴资本主义之间的矛盾，反映了那个怀疑与沉思的时代里新兴资产阶级的软弱性。堂·吉诃德的主观盲目性，则反映了新旧交替时代迷恋骑士制度的旧绅士阶级的落伍。奥勃洛摩夫的懒惰与冷漠，表现了俄国农奴制度崩溃前夕地主阶级的垂死与没落。阿Q的精神胜利法，恰恰是辛亥革命前后中国落后农民缺乏觉悟、愚昧、颟顸的精神写照，也是1840年鸦片战争以后中国被帝国主义列强打开大门、沦为半封建半殖民地，因而出现的一种失败主义、奴才主义的社会心理，同时也反映了不从上帝或神那里求福，也不求来世幸运，而是退缩到内心去求得虚假胜利的中国道家文化心理特点。鲁迅一再批判的讲究"面子"这一中国精神的纲领，其实也是中国式的陷于精神幻觉、寻求虚假胜利的突出表现。当然，"奥勃洛摩夫不仅是地主，而且是农民，不仅是农民，而且是知识分子，不仅是知识分子，而且是工人和共产党员"②。

我们每个人身上都或多或少有哈姆雷特、堂·吉诃德、奥勃洛摩夫或阿Q的影子。但是这仅是指在精神与物质、主观与客观、幻想与现实这个哲学根柢上的错觉与误差而言，具体的表现形态却要相差十万八千里了。同是精神胜利法，在阿Q与赵太爷身上就反映出完全不同的阶级内容与阶级本质。脱离具体时代、具体阶级、具体物质实境和具体社会关系的超越一切的抽象精神是不存在的。脱离具体历史环境和具体阶级内容，仅从语义学上找所谓"共名"，确实难免要被人说成是抽象的人性论。由此推而广之，仅从生物学与心理学的角度，分析阿Q精神胜利法的哲理与心理内涵，忽视具体的社会历史环境与阶级内容，也是易入误区的。恰当的方法是从具体的社会历史环境与阶级内容出发，逐步上升到对人类普遍精神的分析。

然而，如果僵死地拘泥于某种精神产生的具体历史环境与特定阶级范畴，而忽视它的普遍性，同样也不可能解决具体人物与普遍精神的矛盾，甚至可能钻进更深的死胡同。

采取第三条思路，采用从外向内"寄植"精神的说法，也只能是本末倒置，因为

---

① 《鲁迅先生逝世二十周年纪念大会上的报告和讲话》，《文艺报》1956年第20期附册。
② 《列宁论文学与艺术》（二），人民文学出版社1979年版，第627页。

精神是人所内在固有的，游离于人这一高度发展的物质实体的任何精神都是不存在的。

精神是人的灵魂，是人的性格系统的核心与主导。只有采取从人物形象与性格系统中提取精神特征的思路，才可能有效地解决具体人物与普遍精神的矛盾。当然，精神典型必须具有丰富的多方面的典型性格。阿Q的主要精神特征是精神胜利法，但是绝不仅限于此，如果只孤立地提取精神胜利法这一个主要特征而忽视了整个性格系统与社会历史背景，将不可能全面理解阿Q的典型性，阿Q就会从一个活生生的具体人物变成苍白、无生命力的僵死概念。然而倘若将阿Q的性格系统从质朴愚昧到自轻自贱论述得面面俱到，而唯独忽略了精神，就只能失去主脑。因为，精神高于性格。

六 精神变形与艺术变形

那么，是否只有精神典型才算是最成功的艺术典型，或者最成功的艺术典型只限于精神典型呢？

显然不是的。最明显的实例就是列夫·托尔斯泰所创造的一系列艺术典型。这位世界上最伟大的小说家塑造的安娜、列文、彼埃尔、娜塔沙等丰满、深刻的典型人物，都属最成功的艺术典型之列，然而却都不能算是精神典型。

最主要的原因前文已经说过，因为托尔斯泰或屠格涅夫等一般类型小说描绘的重心是主人公的生平经历、性格发展，而不像陀思妥耶夫斯基等人的作品那样描绘的重心是左右着主人公的那个思想，亦即具体人物本身所具有的心灵深处的思想活动和精神现象。当然，托尔斯泰等作家的作品有大量的篇幅细致描写人物的心理活动，《战争与和平》里写过彼埃尔和普拉东等人物的哲理思考，《安娜·卡列尼娜》结尾处有列文对宇宙本原的哲学疑问，《复活》更充满了哲理议论，然而描绘的重心终归是人的生平经历，而不是精神现象；是一种性格造型式的浮雕艺术，而不是一种精神开掘式的空镂艺术。

另外一个突出的原因就是维柯在《新科学》中所说的"变形"："诗的奇形怪物（monsters）和变形（metamorphoses）起于这种原始人性中的一种必要，即没有把形式或特性从主体中抽象出来的能力。按照他们的逻辑，他们须把一些主体摆在一起，才能把这些主体的各种形式摆在一起，或是毁掉一个主体，才能把这个主体的首要形式和强加于和它相反的形式离开来。把这种相反的观念摆在一起就造出诗的奇形怪物。"[①]人类艺术也是螺旋形上升的，原始文化中处于粗陋状态的变形艺术，后来却在高级的精神艺术品中出现了。不过，并不是没有把形式或特性从主体中抽象出来的能力，而是恰恰相反，这种能力达到了极其高超的程度，以至于能够把某种精神特性从人物主体中抽象出来，上升到一种奇形怪物的诗与哲学交融的境界。这样就造成精神典型与

---

① 维柯：《新科学》，人民文学出版社1986年版，第183—184页。

其他艺术典型的另一区别：托尔斯泰、屠格涅夫等人的小说是一种庄重的正剧，是用正规的手法雕塑庄正的人物典型形象；而陀思妥耶夫斯基等人却是采取变形的艺术手法凸显主人公变形的精神。

这种精神变形与艺术变形的特征主要表现在以下 6 个方面：

人物变形。陀思妥耶夫斯基等作家往往选择"荒唐人"做主人公，陀氏笔下的高略德金及梅思金、拉斯柯尔尼科夫、伊万·卡拉马佐夫等人物，总有"一些可笑的地方"，陀氏甚至认为人没有一点怪僻就毫无价值。而塞万提斯笔下的堂·吉诃德，莎士比亚笔下的哈姆雷特，冈察洛夫笔下的奥勃洛摩夫及鲁迅笔下的阿 Q 等，也都无不有些荒唐、可笑。这是由于作家采取特殊手法把人物身上某种看似怪僻实质包含深厚意蕴的精神特征夸大、变形，漫画化，而且虚幻化了，不是过实、过细的工笔画，而是大写意的哲理漫画。

观念变形。陀氏等作家不仅选择"荒唐人"做主人公，而且着重描绘这些"荒唐人"的有违常规的不正常的思想观念与精神现象。例如，堂·吉诃德的主观主义到了怪诞的程度，阿 Q 的精神胜利法充满了荒谬性。实质上，这种不正常的思想观念与精神现象在人们头脑中是很普遍的，只是程度有所不同，或者只是偶发性的，因而往往是无意识、不自觉的。陀氏等作家却把这种不正常的思想观念与精神现象，这种在精神与物质、主观与客观、幻想与现实这一哲学根柢上的错觉与误差凸显了出来，上升到一种变形的诗学境界，从而使人们警觉、自省，疗救自我的精神病态。

情节变形。为了凸显这些人物在精神与物质、主观与客观、幻想与现实这一哲学根柢上的错觉与误差，作家往往故意虚构一些看似荒唐可笑实质蕴含深厚的情节。例如，堂·吉诃德大战风车，凸显了人物的主观盲目性；阿 Q 与王胡比捉虱子，凸显了人物泯灭美丑界限、一味追求虚假胜利的精神特征。作家选择细节、编织情节时，往往不追求表面的热烈与惊险、曲折，而是力求反映人物的精神特征与心理机制。如鲁迅所说的那样："特别一提，就动人。"[①] 使情节的单纯性、奇特性与意蕴的深厚性、隽永性相统一。

意象变形。从《哈姆雷特》到《阿 Q 正传》，特别是陀思妥耶夫斯基的作品，反复出现的意象是疯狂、疾病、身体的残缺或毒疮恶瘤等，充满阴冷、森严、恐怖的意象与氛围。

结构变形。为了凸显"荒唐人"反常的精神特征，适合变形情节需要，作品结构也违反一般常规，出现了变形：《哈姆雷特》为了凸显主人公的忧郁与踌躇，在戏剧结构中有意进行了延宕，延迟冲突高潮的到来；《奥勃洛摩夫》在整整第一部里竟一直让主人公躺在沙发上，以凸显他的惰性。《阿 Q 正传》前四章集中笔力刻画阿 Q 精神胜利法，待勾勒完毕才让阿 Q 出走，发展故事。

---

① 《且介亭杂文二集·什么是"讽刺"》，《鲁迅全集》第 6 卷，人民文学出版社 2005 年版，第 340 页。

语言变形。所有这些作品的语言都诙谐、诡谲、尖刻、幽默，超越一般语言规范。

美学变形。所有这些作品都具有悲喜剧交融的美学风格，悲中有喜，喜中有悲，令读者发出含泪的微笑，于悲喜交集中获得精神启悟。

推而广之，还有的人物朝着虚幻抽象直至神鬼妖魔的方向变形。鲁迅说过："纵使写的是妖怪，孙悟空一个筋斗十万八千里，猪八戒高老庄招亲，在人类中也未必没有谁和他们精神上相像。"① 从中国古典文学来看，接近精神典型的恐怕只有孙悟空（猪八戒是陪衬人物，暂不论究）。这个神话形象反映了人类的精神力量，在人间不能冲破封建禁锢，就到天上去大闹天宫，在尘世不能实现的人类理想在神话世界充分兑现了。表现出人类精神终归要认识和驾驭物质世界的必胜信心。而诸葛亮这个典型形象虽然成为"智慧"的代名词，说明人的主观精神只要认识与掌握客观物质世界的规律，采取正确行动，就可以出奇制胜、化险为夷，然而终归是过实、过正了，不具备精神典型应有的虚幻抽象的哲学意蕴。贾宝玉和林黛玉的"多所爱"与"多愁善感"作为一种性格特征是很普遍的，但是到底没有达到一种抽象、虚幻的精神境界，形象也是正规、精致、具象的，没有出现变形，所以只能属于成功的艺术典型的一般范围之内，不算是精神典型。

总之，并非所有成功的艺术典型都是精神典型。精神典型只是成功的艺术典型中的一种出现精神变形与艺术变形的分支与变异。

七　创造精神典型的作家条件

什么样的作家才能够创造出精神典型呢？

他们必须兼备大思想家、大学者、大作家三项条件，具有精神哲学与精神诗学交融的素质：既有深厚的生活积累，心中长期孕育着人物的"影像"；又有长期的文化积淀与深邃的哲学头脑，能够将人物的某种精神特征提炼、升华到一种单纯、透明、超越的哲学境界，并以一种独特、怪僻的精神诗学的创造手法凸出如空镂地传达和描写出来。

但是，如前所述，创造了安娜·卡列尼娜、彼埃尔、列文等成功的艺术典型的托尔斯泰，不也兼备大思想家、大学者、大作家三项条件吗，为什么没有创造出精神典型呢？

这里主要的内在原因在于：变异。如精神典型是成功的艺术典型中的一种出现精神变形与艺术变形的分支与变异一样，创造精神典型的作家也是在巨大的精神痛苦的炼狱中出现了特殊的精神变异，是从天才人物中变异出的一种特殊的"鬼才"。

黑格尔在《精神现象学》中对所谓"苦恼意识"进行过极其深刻的分析。他认为

---

① 《且介亭杂文末编·〈出关〉的"关"》，《鲁迅全集》第6卷，人民文学出版社2005年版，第537页。

在奴隶主统治日益腐朽的历史时期,巨大的精神痛苦在自由民和在野贵族等不得势的知识阶层发生了。这种巨大的精神痛苦及怀有这种痛苦的人,黑格尔统称之为"苦恼意识"。"苦恼意识"者由于太清醒,太有思想了,以致看破红尘,厌倦现实的一切,甚至只看历史的否定方面,因而愈发感到苦恼。然而在这种苦恼过程中,知识、思想和智慧也逐步升华,从而产生创造性的精神作品。黑格尔高度重视苦恼意识,把苦恼意识放在人类精神发展的很高层次上加以考察,认为作为观察、认识和显现世界整体的三种思维形式即艺术、宗教和哲学,其中每一部震撼人世的作品和理论体系的产生,无不包含着深沉的苦恼意识的背景。从文艺复兴以来,可以说每一部杰作都蕴含着深深的苦难和磨砺。创造这些杰作的天才们,都是在深沉痛苦和生死磨难的沃土中成长起来的。而创造精神典型的伟大作家们,正是这种"苦恼意识"的最突出的代表。塞万提斯屡陷囹圄,历经磨难,《堂·吉诃德》所写的俘虏的经历,就是他自己的亲身体验。陀思妥耶夫斯基16岁死去母亲,家庭彻底崩溃。两年后,性格冷酷、脾气暴戾的父亲也遇害了。成年后,差点儿在沙皇的刑场上被处死刑,赦免后流放到西伯利亚,在死屋里度过了5年苦役生活。归来后始终受着癫痫病和贫困的威胁。鲁迅也是这样,少年时家庭突遭变故,到亲戚家避难,被讥为"乞食者"。以后是父亲的病和死,受尽侮蔑和刺伤,"从小康人家而坠入困顿"的"途路中","看见世人的面目",被迫"走异路,逃异地,去寻求别样的人们",饱尝民族欺侮,决心弃医从文,以文艺这"善于改变精神"① 的药剂,救治本民族久受奴役的麻痹精神。接着是不幸的婚姻,过着"古寺僧人"的生活,靠高强度的精神劳动——不停地读书、思考、写作和抽烟,度过那漫漫长夜。这些创造精神典型的大作家们就是在这种精神痛苦的炼狱中出现了特殊的精神变异,锻造成一种特异的"鬼才"。

这种变异使他们特别偏重于精神现象的探索。塞万提斯深入研究了骑士小说对人们的精神毒害。陀思妥耶夫斯基身受宗教的精神束缚并把对宗教的精神分析融入自己的创作。鲁迅青年时代就在人类精神的深刻探索者尼采影响下,对精神现象这种"人类生活之极颠"② 进行了极为深刻的研究,召唤"精神界之战士"③,投身于"善于改变精神"的文艺活动。以后抄录《嵇康集》,研究佛教和道教,实质上也是潜心研究精神现象,寻找改变中国人精神的契机。从而发现:"中国根柢全在道教,此说近颇广行。以此读史,有多种问题可以迎刃而解。后以偶阅《通鉴》,乃悟中国人尚是食人民族,因成此篇。"④ 即他的第一篇小说《狂人日记》。这篇小说中所说的"吃人",实质是指人与人之间精神上的相吃。这种发现,关系甚大,影响极深。然而由于狂人形象含有借喻的性质,而且到底是最初之作,有些"逼促",所以狂人形象未能达到精神典

---

① 《呐喊》自序,《鲁迅全集》第1卷,人民文学出版社2005年版,第439页。
② 《坟·文化偏至论》,《鲁迅全集》第1卷,人民文学出版社2005年版,第55页。
③ 《坟·摩罗诗力说》,《鲁迅全集》第1卷,人民文学出版社2005年版,第102页。
④ 鲁迅:《书信·180820 致许寿裳》,《鲁迅全集》第11卷,人民文学出版社2005年版,第365页。

型的高度。就鲁迅的全部小说创作来说，称得上精神典型的，也只有一个阿Q。阿Q的精神胜利法，正是鲁迅多年潜心研究道教这一中国根柢，长期深邃体悟中国人的精神现象，把握住了对中国人进行精神启蒙的最佳契机。

在巨大的精神痛苦的炼狱中产生的精神变异，也使这些大作家们出现了一种狂诞情绪，以变异怪诞之笔，去写变异的"荒唐人"的变异的非正常性思想活动与精神现象，塑造出令人警醒的精神典型。

这种在巨大痛苦中痛定思痛而产生的精神典型，必然内涵深厚，耐人寻味，含义多重，极难把握。

当然，这些作家所创造的艺术典型并不都是精神典型，但是他们对精神典型无疑是最重视的。陀思妥耶夫斯基说高略德金"在自己的社会重要性方面是一个伟大的典型"，"而这个典型是我第一个发现并将其表现出来的"。[①]又说"高略德金高于《穷人》十倍以上"[②]。还曾"声明《两重人格》的思想是他准备贯彻到自己的长期文学活动中的全部思想当中最严肃的思想之一"。[③]《哈姆雷特》则是莎士比亚的中心作品，如赫尔岑所说，"可以看作是他全部作品的典型"[④]。《堂·吉诃德》《奥勃洛摩夫》和《阿Q正传》无疑是塞万提斯、冈察洛夫和鲁迅最重要的代表作。

创造精神典型的大作家，在世界文学史上也寥若晨星。而鲁迅则以阿Q这个高难度、高深度的精神典型，无愧地列入世界第一流大作家之列。仅从这点来说，鲁迅对中华民族的精神贡献就是永远不可磨灭的，就是中国最伟大最深刻的思想家与文学家。鲁迅是永远值得中国人民引以为自豪的。

阿Q等精神典型对中国当代文学影响深远，一些作家立志继承鲁迅传统，要写所谓文化反思小说或文化寻根小说，然而结果并不理想。其主要原因在于当代大多数作家缺乏足够的文化素养、理论功底和哲学头脑，生活积累也不充分，尤其未曾经过精神大痛苦的磨难与锻炼，所以难于从活生生的具体人物身上提取某种精神特征，升华到一种单纯、透明、超越的哲学境界。特别是前几年，还原生活、消解典型的论调甚为流行，连一般的艺术典型都不要了，哪里还谈得上创造难度极高的精神典型呢！巨大的痛苦与磨砺乃是伟大作品问世的精神条件，种种反文化、反理性、拒绝艰苦劳动、急功近利的文化心理只能产生浅薄之作，只有克服这种心理，努力创造有理性、有功底、脚踏实地、埋头苦干、深刻扎实、冷静睿智的精神氛围，大大加强中国当代文学的哲理深度与精神深度，才能促使大作家大作品大艺术的诞生。

然而，在当代作家中也有继承鲁迅传统的不同凡响者，余华就是其中突出的一位。

---

① 引自李春林《鲁迅的〈阿Q正传〉与陀斯妥也夫斯基的〈两重人格〉——兼谈精神胜利法的世界普遍性》，载山东省鲁迅研究会编《〈阿Q正传〉新探》，山东大学出版社1986年版，第224页。
② 同上书，第225页。
③ 同上。
④ 转引自《莎士比亚评论汇编》（上），中国社会科学出版社1979年版，第458页。

他在《虚伪的作品》①一文中公布了自己的文学宣言。作为知音的莫言完全赞同这个宣言，并做了更为精要的转述："故事的意义崩溃之后，一种关于人生的、关于世界的崭新的把握方式产生了。这就是他在《虚伪的作品》中所阐述的：人类自身的肤浅来自经验的局限和对精神的疏远，只有脱离常识，背弃现状世界提供的秩序和逻辑，才能自由地接近真实。"②

这个宣言代表了20世纪世界文学中一种全新的写作态度和思维方式。而这种全新的文学流向，在中国，正是由鲁迅作品特别是《阿Q正传》所开创的。20世纪末期，余华和莫言重新感悟了它，并当作文学宣言公之于世。余华的感悟可能并不来自鲁迅，而是首先得自于对卡夫卡、博尔赫斯等现代主义作家作品的潜心阅读。但是当他从世界顶尖的现代作家那里获得启悟，又回归到鲁迅这里时，就由衷地产生了认同，鲁迅"是本世纪最伟大的作家之一，他的名字应该和卡夫卡、马尔克斯、普鲁斯特放在一起，他与博尔赫斯是20世纪小说家中最有学问的两个"③。

从余华提供的新视角出发进行思考，对鲁迅所开创的20世纪中国文学的新的写作方式会做出怎样的理解？对阿Q这一不朽典型的形成奥秘又会做出怎样的阐释？

要回答这些问题，就须搞清楚余华对真实的理解。余华在宣言中说："我的所有努力都是为了更加接近真实。"然而，他关于文学基本规则的见解是反常规的，他的"接近真实"是"背弃现状世界提供的秩序和逻辑"的。

常规认为，"接近真实"就须精细地描述人物的外貌和周围环境。余华不以为然，反而认为："20世纪的作家是不会再去从事这种无效劳动，而是去抓住最主要的事物，也就是人的内心和意识。"其实，在20世纪中国文学中实现这种叙述变革的正是鲁迅。他的《阿Q正传》就没有"津津乐道地去描述人物身上穿着什么衣服"等，而是单刀直入地"抓住最重要的事物，也就是人的内心和意识"，集中刻画阿Q的精神胜利法。环境描写也没有"屋子靠窗的地方放着什么"等琐碎交代，而是淡笔勾勒，朦胧模糊。未庄很像是陀思妥耶夫斯基《卡拉马佐夫兄弟》中托名"畜栏"的外省小城，是一种寓言化、象征性的精神环境。而在这种模糊、淡化的背景中，阿Q的精神特征与内心活动却鲜明地凸显出来了。

常规认为，"接近真实"就须竭力塑造人物性格。余华更不以为然，挑战道："事实上我不仅对职业缺乏兴趣，就是对那种竭力塑造人物性格的做法也感到不可思议和难以理解。我实在看不出那些所谓性格鲜明的人物身上有多少艺术价值。那些具有所谓性格的人物几乎都可以用一些抽象的常用语词来概括，即开朗、狡猾、厚道、忧郁等。显而易见，性格关心的是人的外表而并非内心，而且经常粗暴地干涉作家试图进一步深入人的复杂层面的努力。因此我更关心的是人物的欲望，欲望比性格更能代表

---

① 《虚伪的作品》，载《我能否相信自己》，人民日报出版社1998年版，第158页。
② 《清醒的说梦者》，载《会唱歌的墙》，人民日报出版社1998年版，第212页。
③ 《余华说：一辈子也赶不上鲁迅》，《鲁迅研究月刊》1998年第11期。

一个人的存在价值。"对文学具有超俗悟性的余华,竟然无意中进入了阿Q典型研究的深层次,并道出了真谛。阿Q的复杂性格与精神胜利法的关系问题,是鲁迅研究争论的深层焦点之一。阿Q的性格是复杂的,确如有的学者所论析的那样,是一个多极对立的系统。然而,精神胜利法是这一性格系统的核心机制与哲学中枢,起到了对性格的"内控"作用。精神高于性格。倘若把阿Q的性格论述得面面俱到,却忽视了精神胜利法的主要作用,就会本末倒置。诚如余华所言:"性格关心的是人的外表而并非内心。"只注意性格,就会妨碍作家"进一步深入人的复杂层面",塑造出更深刻、更具普泛性、超越性的人物形象,也会阻碍研究家的视线,不能挖掘出人物更深层的内涵。更深层的是什么呢?在这里,余华说的是"欲望"。在同文的前段,又称为"精神"。认为"对于任何个体来说,真实存在的只能是他的精神","人只有进入广阔的精神领域才能真正体会世界的无边无际"。其实,余华说的"欲望"和"精神"是一个意思。阿Q就是因为充满了处处当胜利者的欲望,而在现实中又处处受挫,所以只能退回内心,求得精神上的胜利。这种欲望和精神的两难处境,造成了他外表上的多极对立的复杂性格。鲁迅历来把改变中国人的精神当作"第一要著",倾全力刻画阿Q的精神胜利法,才使阿Q成为与堂·吉诃德、哈姆雷特、奥勃洛摩夫等世界级文学形象相通的偏重反映人类精神现象的变异性艺术典型。也正因为如此,阿Q才以其怪诞而深邃的恒久魅力,始终引人注目,发人深省,具有永远说不尽的无穷底蕴。倘若鲁迅不是"深入人的复杂层面",倾全力刻画阿Q的精神胜利法,而热心于愚昧、狡猾等性格描写,就不会出现阿Q这一不朽典型了。作家余华也正是由于悟出了精神高于性格的价值与意义,自《十八岁出门远行》以来,一直苦苦追寻人的精神,探索人的精神,雕塑人的精神,取得一个又一个突破性的成果。

常规认为,"接近真实"就须遵循"现状世界提供的秩序和逻辑"。余华仍不以为然,在文学宣言中反其道而行之,不仅不遵循,反倒公开宣布"背弃",断言道:"任何新的发现都是从对旧事物的怀疑开始的。人类文明为我们提供了一整套秩序,我们置身其中是否感到安全?对安全的责问是怀疑的开始。"余华又在整体性思维方式上与鲁迅不谋而合了。鲁迅之所以知人论世,总是比别人深刻一层,思维方式上的原因之一就在于能够对旧中国的一整套秩序发出"从来如此,便对吗"的大胆怀疑,"脱离常识,背弃现状世界提供的秩序和逻辑",从而"自由地接近真实"。余华也正是在"关于现实是否真实的哲学探究"中体悟着虚伪与真实之间的悖论:形式是虚伪的,本质却十分真实;形式是真实的,本质却十足虚伪。因为在常理和经验的局限中,虚伪与真实往往是颠倒的。所以余华偏偏要冲破局限:"常理认为不可能的,在我作品里是坚实的事实;而常理认为可能的,在我那里无法出现。"执意要在形式上"虚伪的作品"中表现本质的真实。而《阿Q正传》又恰是这样的作品,不仅未庄子虚乌有,阿Q与王胡比捉虱子等细节在常理看来也是不可能的,当时就有囿于常理中的短视者提出过批评。然而,从精神实质上思考,却不能不承认其中包含着坚实的事实,辛辣地嘲讽了的确存在的某些中国人一味盲目追求精神胜利的可耻现象。这种虚假的荣耀和胜利不是还被现代一些人刻意追求着吗？囿于常理是不可能理解《阿Q正传》这种拔俗之作的。同样，要理解余华创造的许三观，也必须从不同于常规的20世纪新的写作方式出发。

余华继续在探索中前进。他的《在细雨中呼喊》，对人类成长过程中的各种生命体验的刻画简直达到了极致，但是由于人物过多，未能雕塑出更为突出的形象。到了《活着》，就开始发挥"狠劲"，集中笔力雕刻一个人物——富贵，终于实现了突破。富贵承继并凸显了阿Q的乐天精神，说明我们中国人这几十年以至几千年是如何熬过来的，是怎样乐天地忍受着种种苦难，坚忍地"活着"的。正是本根于这种精神，阿Q才不致发疯或自杀，富贵也没有跟随他所有的亲人去死，中华民族也才坚韧不拔地顽强延续了五千年。诚如余华在他那篇文学宣言的结尾所说："一部真正的小说应该无处不洋溢着象征，即我们寓居世界方式的象征，我们理解世界并且与世界打交道的方式的象征。"《活着》称得上是一部"洋溢着象征"的真正的小说，富贵乐天地"活着"的精神正是一种"寓居世界方式的象征"。他具有一定的典型性，但是与阿Q相比差距甚大。其中症结在于：鲁迅对阿Q的精神胜利法这种"与世界打交道的方式"，主要采取的是批判的态度，深刻揭示了其负面的消极作用，让人引以为鉴，克服自身类似的弱点。余华对富贵乐天地"活着"的精神主要采取的是赞颂的态度，对其负面的内在消极因素缺乏深掘。中肯的批评往往比正面的歌颂更深刻，对中华民族也更为有益。余华在他的第三部长篇小说《许三观卖血记》中就对中国人"活着"的方法、简言之"活法"进行了深入的揭示与严酷的批判。这部小说绝不能简单地看作是"主题重复"，轻易下这种断语，只能表明评论者的浮浅。深一层去看，就不难得出这样的结论：《许三观卖血记》是《活着》的深化，是余华朝前迈出的一大步，作家是通过许三观这个典型形象，从与阿Q既同又不同的另一个更为具象、更为残酷的视角，批判了中国人"求诸内"的传统心理与精神机制。所谓"求诸内"，就是拒斥对外界现实的追求与创造，一味向内心退缩，制造种种虚设的理由求得心理平衡和精神胜利。儒、道、释之所以在中国能实现"三教同源"，原因之一是这三教都有"求诸内"的心理渊源，合流之后更加重了这种趋向，长期积淀为一种顽固的心理定式与精神机制，铸成中国人的一种弱点。鲁迅对此进行了多年的深刻探究，他之所以创造阿Q，用意之一也在于要把退回内心以求精神胜利的普遍现象集中在一个人物身上，予以戏剧化的演示，让人们在笑声中肃然省悟自身类似的弱点，逐步克服。而余华笔下的许三观，则是血淋淋地展示了另一种更为残酷的"求诸内"——抽卖身内的鲜血以求自己和亲人的生存与发展。这种"与世界打交道的方式"，真是令人毛骨悚然，于惊骇和恐惧中联想得很多。造成许三观屡屡卖血的主要原因是时代环境，在禁绝商品经济的极"左"年代，人们除了卖血没有其他任何获得工资以外收入的途径，所以只能这样可悲地"求诸内"。然而在改革开放、经济繁荣、不必以卖血为生的时期，许三观还是坚持卖血，并为自己的血已卖不出去而哭泣,就形象地说明"求诸内"这种"与世界打交道的方式"已经成为他自身的心理定式与精神机制,非常难于扭转。像许三观这样的中国人是很多的。当然,不见得每个人都在真的卖血,而那种一味强调节俭,把自己的生活费用压缩到最低点,以极少的碳水化合物维持生命的"活法",岂不是一种变相的更为普遍的"卖血"? 他们对内只能出卖自身的鲜血,对外又要求绝对平等:"当他的生活极其糟糕时,因为别人的生活同样糟糕,他也会心满意足。他不在乎生活的好坏,但是不能容忍别人和他不一样。"然而,"遗憾的是许三观一生追求平等,到头来却发现:就是长在自己身上的眉毛和屌毛都不平等。所以他牢骚满腹地说:'屌毛出得比眉毛晚,长得倒是比眉毛长。'"① 许三观这时已经对自己"理解世界并且与世界打交道的方式"表示怀疑了。我们也通过这一形象联想和省悟到:如果不从根本上纠正中国人"求诸内"和追求绝对平等的致命弱点,将心理定式与精神走向扭转为求诸外,在建设中求生存,竞争中求发展,中国的改革开放事业就不可能成功,或者暂时成功了还会被巨大的惯性拉回老路。这就是许三观的内涵意义,是这个典型形象给予我们的哲学启悟。

因此,许三观的典型意义明显高于富贵。之所以产生这样的效果,原因之一是余华在创造典型时更为合"度"了。所谓"度"就是分寸感,合"度"就是把握好人物的褒贬程度与臧否分寸。鲁迅对阿 Q 是充满同情的,并没有完全贬斥。然而正因为如此,就反倒会哀其不幸、怒其不争,对阿 Q 身上的精神胜利法等病症更为痛恨,采取了以批判为主的态度,也就是说贬大于褒,否多于臧。倘若不合"度",缺乏分寸感,变成以欣赏为主,褒大于贬,臧多于否,阿 Q 就会失去警戒作用。相反,如果完全批判,彻底否定,连乐天气象与"真能做"的劳动者的淳朴都没有了,成了流氓和惯偷,阿 Q 也会离我们远去的。所以,"度"实在是创造典型的一大要素与准则,绝对不可忽视。余华的《许三观卖血记》比《活着》深化之处,正在于对许三观"求诸内"负面消极性进行了异常深刻的批判,却又没有采取贬斥、嘲笑的态度,令人从许三观的失败和固执中感受到他是位既可悲又可爱的人。这种褒与贬、臧与否、赞美与批判之间的合"度"与互渗,使许三观这个典型形象深含哲理意蕴。笔者认为,余华笔下的许三观,是中国文学中最为接近阿 Q 的典型形象,很有些"精神典型"的意味。

八 结语

总之,阿 Q 典型性研究中的困惑,主要是阿 Q 作为特定阶级的活生生人物的具体性与阿 Q 精神胜利法反映某种人类精神特征的普遍性之间的矛盾。要解决这个矛盾,需要提出一个新的概念——精神典型。精神典型与"思想性的典型"不同,不是将某种精神从外向内地"寄植"于人物形象,而是从活生生的具体人物形象中提炼出一种

---

① 《许三观卖血记》韩文版自序,南海出版公司 1998 年版。

带普遍性的人类精神特征，升华到一种深刻、透明、超越的哲学境界。哈姆雷特、堂·吉诃德、奥勃洛摩夫、高略德金和阿Q及浮士德等世界文学中的著名人物都属于精神典型。精神与物质、主观与客观、幻想与现实的关系问题，是每个人都面临的根本性的哲学问题，精神典型主要从各个不同角度反映了人们在精神幻觉与物质实境之间的种种状态。处于错觉与误差状态的，是一种哲理性精神病态，而不是生理性精神病态。患有这种精神病态的主人公，从伦理上说也是善良、引人同情的，只有这样才能达到精神启蒙的效果。同是哲理性精神病态，心理趋向又有所不同，堂·吉诃德属于主观冒进型精神病态，哈姆雷特、奥勃洛摩夫、高略德金和阿Q属于内心退缩型精神病态。这类病态人物，是消极性、讽喻性精神典型。而在精神幻觉与物质实境之间处于健康状态的浮士德等人物，则是积极性、颂誉性的精神典型，表现了一种人类面对物质世界自强不息、精进不懈的精神。精神高于性格，是人的灵魂、性格系统的核心与主导。将阿Q性格系统论述得面面俱到，而忽视了精神胜利法，就失去了主脑。创造精神典型的作品，是黑格尔所说的"精神的艺术品"，意蕴丰富、深刻，积淀了某一民族精神，从中可以看见普遍人性，所以主人公才使人们感到似曾相识，对人类精神产生特别深刻的影响，令研究者争论不休，歧说纷纭，有永远挖掘不尽的精神意蕴。然而这种在精神与物质关系上所表现的人类普遍精神，在不同时代、不同条件、不同民族、不同阶级的不同人物身上，又会有千差万别、多种多样的不同表现，包含不同的民族内容、阶级性和社会内涵。脱离具体的社会历史环境，单纯从生物学与心理学的角度研究阿Q精神胜利法，可能进入误区，正确的方法是从具体的社会历史环境出发，逐步上升到对人类普遍精神的剖析。并非所有成功的文学典型都属于精神典型。精神典型是成功的文学典型中的一种出现精神变形与艺术变形的分支与变异。创造精神典型的作家不仅兼备大思想家、大学者、大作家三项条件，而且在巨大的精神痛苦的炼狱中出现了特殊的精神变异，属于在世界文学史上也寥若晨星的"鬼才"。

世界文学视野中的鲁迅杂文

中国社会科学院文学研究所　张梦阳

世界文学视野是鲁迅研究实现突破的关键视角，从这个视角去观察问题。鲁迅研究中的一些疑难，随着视野的扩大，有望得到拓展性的解决。本文试从这个视域出发，重审鲁迅杂文的文学属性问题。

一

鲁迅杂文的文学属性问题，是鲁迅研究的学术疑难之一。长期以来，一些论者竭力排除鲁迅杂文的文学属性，将其拒之于文学殿堂之外，从而贬低了鲁迅在世界文学史上的地位。[①] 因此，很多鲁迅研究家一直都在殚精竭虑、苦心解疑，努力从"文艺性的论文""理论的形象化""理趣"、逻辑思维和形象思维的结合、"社会相"类型形象、"情、理、趣的融合"、情感态度、艺术特质、艺术构思等多角度阐释和概括鲁迅杂文的文学属性。[②] 经过几代学者的探讨，取得了很大进展。

但是，一种文体的出现与形成，绝非一个国度或民族独具的孤立现象，而是内隐着深层的人类文化学机制，带有人类的普遍规律。人类的一切表达形式、交流方式在文学当中无不可以找出自己相应的类别。文体的发生与演变折射着人的生活方式及人对自身与世界的理解模式与表达手段。文学中的各种文体，说到底，是人类在各种环境中不同生存状态的审美呈现，情感心态的表现形式，生命体验的物化形态，为了以

[①] 如夏志清在《中国现代小说史》中认为鲁迅后期专写杂文是"创作力的衰竭"的表现。司马长风在《中国新文学史》中这样评价鲁迅的杂文："散文方面，《野草》和《朝花夕拾》为美文学创作留下了不朽的篇章，可是他自从加入'左联'之后，他不但受所载之道的支配，并且要服从战斗的号令，经常披盔带甲，冲锋陷阵，写的全是'投枪'和'匕首'，遂与纯文学的创作大不相干了。"

[②] 瞿秋白的《鲁迅杂感选集》序言提出"文艺性的论文"说、徐懋庸的《鲁迅的杂文》提出"理论的形象化"说、朱自清的《鲁迅先生的杂感》提出"理趣"说、唐弢的《鲁迅杂文的艺术特征》提出逻辑思维和形象思维的结合说、刘再复的《论鲁迅杂感文学中的"社会相"类型形象》提出"社会相"类型形象说、甘竞存的《略论鲁迅杂文的情、理、趣》提出"情、理、趣的融合"说、许怀中的《论鲁迅杂感文学中的情感态度》作为"社会相"类型形象说的补充提出"情感态度"说、闫庆生的《论鲁迅杂文的艺术特质》提出"艺术特质"说、王献永的《论鲁迅杂文的艺术构思》提出"艺术构思"说。详见拙著《鲁迅杂文研究六十年》，浙江文艺出版社1986年版。

不同的方式表达和交流不同的思想情感而形成的不同的话语秩序与文本体式。所以，考察某种文体的属性与特征时，不能仅限于一个国度或民族的狭窄范围，而应做一次人类学的回归①，在不同国度的文学比较、文体辨析中寻觅某种文体发生与发展、形成与演变的共性与差异，从文体发生学的人类学根源上阐释、分析某种文体的属性及其文化意味。只有这样，才能从根本上解疑。

因此，对鲁迅杂文文学属性的考察，应该拓展视野、抓住根本，运用比较文学的方法，从不同国度相类似的杂文文体的比较研究中解决内含的学术疑难。

在世界散文史上，中国散文、英国随笔、日本小品堪称三座高峰②。特别是英国随笔，世所公认为英国文学的瑰宝，文学殿堂的珍品，文学属性无可置疑。而排除鲁迅杂文文学属性的论者，又多是英国文学造诣颇深、非常推崇英国随笔的人士。如果以英国随笔这一文体出现、发展、形成、演变的历史及其文学属性、艺术特征作为参照系，对鲁迅杂文进行一番比较研究，将会是一件极有意义的工作，其论证也会富有无可辩驳的说服力。

当然，鲁迅一再表示过："英文的随笔小说之流，我是外行，不能知道。"③"我不解英文，所以于英文书店，不大知道。"④ 他反对把中国的小品文写成一种英国式的论文体。⑤ 鲁迅杂文与英国随笔之间，的确没有直接的渊源关系，不像梁实秋、林语堂尤其是梁遇春的散文那样，受到英国随笔的明显影响。因此，鲁迅杂文与英国随笔的比较研究，应是一种平行比较，不能牵强附会地发掘其中的影响。而这种平行比较，反倒更有益于发现杂文、随笔这一类文体本身所具备的属性、特征及其形成规律。

为文的道理如同做人，尽管语言表达不同，文道都是相通的。法国比较文学著名学者艾金伯勒在其专著《比较文学中的危机》里提出，比较文学就是"人文主义"，主张把各民族文学看作全人类共同的精神财富和相互依赖的整体，而比较文学正是促进人们相互理解、有利于人类团结进步的事业。他认为："文学的比较研究，甚至那些相互之间没有影响关系的文学的比较研究也会对当代艺术的复原作出贡献。"例如，关于毫无联系的诗的结构的比较分析就会帮助我们发现诗歌或小说本身必须具备的特性。美国比较文学著名学者韦勒克也认为比较文学是一种没有语言、伦理和政治界限的文学研究；它的目的是从国际的角度来研究一切文学，因为一切文学创作和经验都有统一的一面，因而存在着从国际角度来展望建立全球文学史和文学学术这一遥远的理想。它的研究范围既包含历史上的渊源和影响，又包含"历史上毫无关系的语言和风格方

---

① 文体学研究的人类学的回归一说，见于陶东风的《文体演变及其文化意味》，云南出版社1994年版。本文受陶书和童庆炳先生的《文体与文体的创造》（出版社同上书）一书启发甚大，特此说明并致谢。
② 见拙文《季羡林畅谈世界散文》，载《散文世界》1985年第9期。
③ 《书信·27112 致江绍原》。
④ 《书信·280725 致康嗣群》。
⑤ 增田涉：《忆鲁迅》，见《1913—1983鲁迅研究学术论著资料汇编》第2卷（以下简称《汇编》），中国文联出版公司1985年版，第584页。

面的现象"。"研究中国、朝鲜、缅甸和波斯的叙事方法或抒情方式,同研究与东方的偶然接触——如伏尔泰的《中国孤儿》——一样名正言顺。"①

二

美国著名的文化人类学家莱斯利·怀特指出:"一切人类行为都是在符号使用中产生的。正是符号把我们的猿类祖先转变成人,赋予他们以人性。只有通过使用符号,全部人类文明才得以产生并获得永存……一切人类行为皆由使用符号而构成,或依赖于它。人类的行为是符号行为;符号行为是属人的行为。符号就是人性之全体。"② 以这种人类文化学的眼光观察文学艺术史上的文体演变,就会得出这样的看法:文体作为按照一定的话语秩序形成的文本体式,实质上是人类在一定的生存环境中为了表达对自身与世界的理解、互相进行交流,而从事的一种符号的编码方法与体式。这种编码活动,扎根于人类的生存环境和精神需求,蕴含丰富的文化意味,反映出作者独特的精神结构、体验方式、心理状态、思维方法和其他社会内涵、时代精神。因而,特定文体编码活动的最后操纵者,是所处时代的总体文化背景。一旦时代环境发生变化,既定的文体范型与语言体式就会与时代精神、社会心态失去对应性,产生矛盾与悖逆。于是,旧体难出新意,遁而作他体,文体的符号编码活动就必然出现变革,产生新的文体范型与语言体式。

英国随笔和鲁迅所开创的中国现代杂文,都是各自历史时代文化母体中孕育出的骄子。

英国早期散文受到古罗马拉丁散文风格的重大影响,到了16世纪,尚不能摆脱西塞罗式与色尼加式的古典模式,艰涩吃力、穷蹙紧迫,特别是大多英国散文家所学习的西塞罗式,讲究对仗,雕琢音韵,"追求词语过于内容"(培根语),完全不能适应实际表达的需要。造成这种文体现象的重要原因,是所处时代的总体文化背景。当时是封建贵族王朝统治,与中国的骈文相类似,这种讲究对仗、音韵的古典模式,不过是对皇权阿谀奉承、献媚取宠的手段和贵妇小姐竞相仿效的文字游戏,并不旨在表达思想感情,因而这类文章的符号编码活动就只能如后来一位随笔家所说:"翻文字跟斗……明明一个字能说清的事却硬要用三个字!"③

这时,一股清风吹进了英国散文文苑。17世纪初,随笔文体的鼻祖——蒙田的 *Essais* 被译成英文,引入英国,冲击了古罗马拉丁散文的僵化模式,给英国散文注入了活力。这种活力,绝不仅仅表现在文体形式方面,最主要的是体现为一种自由人格,一种抒写个性的人文主义思想。从一起始,随笔这种自由文体就是作为人类自由思想的

---

① 转引自乐黛云《比较文学与中国现代文学》,北京大学出版社1987年版,第4、5页。
② L. A. 怀特:《文化的科学》,中译本,山东人民出版社1988年版,第22页。
③ 转引自王佐良《英国散文的流变》,商务印书馆1994年版,第16页。

载体而出现的,是人类在自由的生存环境中自由表达自身感受与生命体验的一种文学符号的编码方式与话语体式。

英国第一个写作随笔的,是文艺复兴时期著名思想家培根。1597年,即蒙田首次刊行 Essais 之后17年,其英译本问世之前6年,培根在英国第一次以 Essays 为书名出版了他的论说文集。培根的随笔,探究人生,谈论哲理,论证严密,简约、隽永,但是由于官吏身份的束缚与思想、人格的局限,使他并未能汲取蒙田的精髓,以开放、自适的文体从容表达坦诚、率真的思想。所以,有人不把培根当作英国随笔的开山。

开英国社会批评随笔先河的杰作,其实应是大诗人弥尔顿的《论出版自由》。此论气格高迈,文字庄严,侃侃而谈,雄辩有力,颇有杂文味道。这篇文章没有出自散文家之手,而竟是一位诗人所作,也未见有什么参照。透过这个现象,可以证实这样的论点:不同的文体是人类在不同的生存环境中所采取的不同的表达方式与文本体式,具有诗人气质与才情的人,在受压迫而又不便直说的环境中以政论方式表达情感时,就可能赋予政论以诗的素质,采取一种政论与诗交融的变体形态与杂糅形式。

这种变体形态与杂糅形式要成气候,造声势,就必须有物质载体与传播工具——报刊。英国随笔正是伴随报刊文学的兴起而盛行的。

1704年,《鲁滨孙漂流记》的作者、著名作家笛福创办了英国近代第一份期刊《评论报》。此后,为适应资产阶级启蒙主义运动的需要,定期报刊如雨后春笋般涌现出来,其中最著名的是斯梯尔创办的《闲话报》及斯梯尔与艾狄生合办的《旁观者》报。报上的文章大多数是两位办报者写的,艾狄生写得多些,散文艺术也优于斯梯尔。他们就像在伦敦咖啡馆里与绅士们谈闲天那样,用悠闲的絮谈笔法,冷眼观潮的"旁观者"身份,议论时事,评说社会,大到宇宙万物,小至个人细节,无所不谈,没有顾忌。用艾狄生自己的话说,是要"使教育有趣,消遣有用","用才智活跃道德,用道德陶冶才智",以议论为主,夹以写人、叙事、绘景、抒情,使随笔这一自由文体趋向成熟。因此,许多英国随笔选本是以《闲话报》与《旁观者》报上的文章为开端的。

不久,出现了一位继往开来、起枢纽作用的大家——创作《格利佛游记》,即《小人国与大人国》的斯威夫特。无论是在性格、气质,还是在文学风格上,斯威夫特和鲁迅这两位不同国度、不同时代、相距甚远的作家都息息相通,极为相近。五四时期由周作人翻译的斯威夫特名篇《育婴刍议》,针对爱尔兰穷人儿女过多而又无力养育的迫切问题,模仿当时一些献策者的口吻,温文尔雅、娓娓动听地提出了一个小小的建议:把爱尔兰穷人的婴孩儿,除"留种"者外,一律卖给英国地主贵妇做餐桌上的食物!文雅的外衣裹的竟是这样无比残酷的建议!这种惊世骇俗、极为厉害的反讽与冷嘲,从反面证明爱尔兰地主和他们的英国主子们是真正的"吃人"者!这和鲁迅在《狂人日记》中把四千年历史概括为"吃人"一样,是作家对剥削制度进行长期深刻观察之后,向剥削者发出的"诛心之论"。斯威夫特的《扫帚把上的沉思》《各种题目随想》等,往往能够从一件微不足道的小物件生发出一大篇富于哲理的议论,由小见大,诙谐、冷峻，颇有杂文味道。他的思想的尖锐性与艺术的高超性，在艾狄生之上，而直承弥尔顿《论出版自由》的优秀禀赋，进一步证实：这类尖锐、泼辣的杂文、随笔，实在是兼备哲理与诗情的才人，在专制重压下进行抗争的文学变体。国度虽然不同，文道却是相同的。所以，鲁迅在《小杂感》中引用了英国哲学家约翰·穆勒的格言："专制使人们变成冷嘲。"

18世纪后半叶，随着英国资产阶级革命的发展与疆界的扩张，英国随笔家的视野更加拓展。哥尔斯密已经不像艾狄生那样仅仅是咖啡馆里的"旁观者"，而是以"世界公民"的眼光观照英国社会生活，因而文体也随之自由舒展，洒脱有趣，遣词精当，感情真挚。如深谙英国随笔的中国现代散文家梁遇春所说，他的代表作《世界公民》"不单是洋溢着真情同仁爱，并且是珠圆玉润的文章"，令人"百读不厌"。①

然而，已经大为开阔的文体模式，仍然容纳不下新思想新感情的狂潮。18世纪末，法国大革命的风暴席卷欧洲，震荡着英国，进入19世纪，浪漫主义运动如春潮般汹涌澎湃，英国随笔发展到巅峰状态，节制与匀称让位于感情泛滥与慷慨放言，句子短了，韵律急促了，文章却长了，春水也似滔滔不绝，刊登在比报纸容量大得多的杂志上，手笔可以大为伸展。这时出现了浪漫派四大随笔家：兰姆、赫兹里特、李·亨特、德·昆西。他们心胸豁达开放，想象之翼自由驰骋，再也不愿拘泥于任何封闭式的文体模式，怎么有利于抒发自由民主的思想感情就怎么写，开创出从容自如的新文体。他们的读者群，也由绅士阶层转为中下层的社会平民和普通人。

总之，英国随笔这种自由文体产生的外部条件有3点：第一是时代环境，需要政治的松动与思想的解放，如周作人所说："它的兴盛必须在王纲解纽的时代。"② 第二是物质载体，需要有报刊等现代传播工具。第三是读者对象，需要有读者群，读者的层次与性质决定了文章的气格与体式。

而这3点，也正是鲁迅所开创的中国现代杂文产生的外部条件：第一是五四文学革命的催生与宣传新思想的需要；第二是《新青年》等报刊的创办；第三是青年知识分子读者群的需求。

当然，也有不同的地方。其一是英国随笔在17—19世纪经历了200年的漫长缓进过程，鲁迅所开创的中国现代杂文却是在五四前后三四年间迅速形成的。其二是英国随笔的主要读者对象是英国绅士，最低也是都城市民，所以主要倾向是温文尔雅、"费厄泼赖"；鲁迅杂文的主要读者对象是进步青年，以激烈抨击黑暗现实为主，反对"费厄泼赖"的绅士风度。社会环境与读者情趣不同，正是鲁迅反对把中国的小品文写成英国式论文体的重要原因之一。

尽管有这些不同，却都离不开这样一条规律：文体编码活动的最后操纵者，是所处时代的总体文化背景。

---

① 吴福辉编：《梁遇春散文全编》，浙江文艺出版社1992年版，第437页。
② 周作人：《近代散文抄》（沈启无编）序，北平人文书店1930年版，第1页。

三

　　一种文体的产生，除了外部条件之外，还有文体自身运动的原因，要具备适宜的民族气质的陶冶与文学土壤的培育，经历长期的积累与演化。

　　为什么蒙田的随笔在法国本土没有繁衍滋长，反而在英国的文苑中开花结果呢？这与英国人的民族气质、思维方式、生活脾性有关。英国人不像德国人那样好建立庞大的体系、做系统化的高论大著，也不像法国人那样热情奔放、爱写江河般汹涌恣肆的长诗浩歌，他们往往随随便便、悠闲自得，在咖啡馆里慢饮着一杯咖啡，就一事一物发发议论，时不时闪烁幽默与睿智的光彩，而这正与随笔这种自由文体的特性相合。于是，人、文相得，互促互进，自然结出硕果了。

　　英国人的这种思维方式，恰恰与中国人有相通之处。巴人在《论鲁迅的杂文》一书中这样概括"中国学者文人的思维法则的直觉性质"："一、抽象思维的学术文字极少。思想大都为肆应外物而发。二、偶有若干抽象的思维，但是片断的零碎的，不能融会贯通，自制一哲学体系。三、思想之表现形式，大多为偶感性质的记述；因之，又极注重于文辞藻饰。"所以，中国文化传统的表现形式以散文为主，运用的"是那种现实性、感应性、形象性的手法"，而鲁迅为了促发民族的觉醒，也只有继承这种手法，"以自己的前进见地应于外物而有所感悟的片言只语，去感悟他们，使他们前进"[①]。这正是鲁迅杂文这一文体产生的民族文化根源。在这一点上，与英国随笔产生的民族缘由很有相通之处。诚如深谙中外文化底蕴的季羡林先生所说，为什么世界散文中以中、英、日三国为最发达呢？这恐怕是与各国的民族性、思维方式、生活习俗密切相关的。在人类文化史上，这是很值得认真研究的一种历史现象。[②]

　　即使是中、英这样适合散文发展的国度，散文的起始也迟于韵文。远古的诗歌，是人类在丛林里、大海边、高山上宣泄情感的呼叫，是口头的；散文则是用来讲道理、记事、翻译宗教经典等，是书面的，要等书面文字形成一个体系才能出现。特别是重在抒写个性、表现自我的随笔式自由文体，更要在经历人的觉醒、自我意识复苏、文体舒展解放的漫长过程之后，才能逐步形成。

　　先祖们曾在古希腊神庙上镌刻着一句对后人的提醒："认识自我。"然而，人们总不肯研究自己，很难认识自我。所以，几乎所有的大思想家们都在不断地重复和深化先祖的提醒，敦促人们认识自我。蒙田随笔的真正价值也正在于此：是认识自我的最佳启蒙读物。当然，蒙田也并非生来就悟此真谛的，他同样经过了艰难的历程。蒙田最早的一些试笔之作不过是些古罗马哲学家语录的拼盘儿，用他自己的话说是"镶嵌"。幸运的是他及早从缠身的公务中退出来，隐居在自己那座圆形塔楼的一间内室里

---

① 《汇编》第3卷，中国文联出版公司1985年版，第279—281页。
② 见拙文《季羡林畅谈世界散文》，载《散文世界》1985年第9期。

幽然独处，静心地读书、思考。这时，他感受到了"完全属于我们自己的，完全自由的，旨在实现我们真正的自由，就像是无妻、无子、无物、无仆的那种情景"。① 在这种闲逸的生活中，他终于"彻悟我们天性的最深奥部分"②，明白"世界上最大的事莫过于知道怎样将自己给自己"③。"真正的哲士，是自己幸福的主人。"④ 他之所以写随笔，是因为这种自由文体与自己的禀性甚相得，就像鞋子刚好适合自己的脚，可以信马由缰地任意挥洒，"陶然于自己的天性之中"⑤。他写的是自身的生命体验，努力"将自己的面貌呈现来"⑥，"从本质上深入考察自己"⑦。宗旨也在于帮助读者认识自己，挣脱形形色色的奴性状态，"懂得自己作自己的主人"。诚如法国卓越的文学批评家居斯塔夫·朗松所说："人们读《随笔集》，与其说是为了从中探索作者真实的思想，毋宁是为了帮助自己弄清他自己的倾向。"⑧

英国最卓越的随笔家们，从蒙田随笔中所寻求的，也正是这种"帮助自己弄清他自己的倾向"，力求认识自己，确定表达自己个性的最佳体式。17世纪的英国，曾经出现过两本刻意模仿蒙田的作品，这就是考莱的《随笔集》和邓普尔的《杂谈集》。然而却并不十分成功。真正成功，被视为蒙田嫡系作家的则是19世纪的兰姆，兰姆的随笔，形式上与蒙田迥异，不是富裕的闲逸者的悠然漫谈，而是苦苦挣扎于繁重公务中的小职员的唠叨絮语，连兰姆自己也承认："这些文章写得粗糙——只是一批未经琢磨的急就之作——再披上一层古老句式、陈旧词藻的华丽外衣，显得矫揉造作、令人生厌。"不过，兰姆又转而断言："它们要不是这样写，也就不能算是他的文章了。"⑨ 因为这正是表达他自己个性的最佳体式。蒙田所开创的随意文体的真谛，就是弄清自己的倾向，将自己的富有个性的风貌充分呈现来。模仿形式，难得要领；悟其真谛，方获真传。兰姆不愧为获得蒙田真传的最大的随笔家，他虽师宗蒙田，却能自铸伟辞，文风跌宕，亦庄亦谐，谐谑之中包藏辛酸，显出"含泪的微笑"，悱恻缠绵，诙谐幽默，隽永耐读。

为什么蒙田和兰姆能够以几本随笔集获得世界性的文学声誉，以个人的平凡经历赢得跨时空的普遍共鸣？贴在蒙田书房里的古罗马喜剧作家泰伦修的一句箴言可以回答这个问题："我是人，我认为人类的一切都与我血肉相关。"蒙田由此认为，正如泛称的栎树并不存在、它体现在每一棵栎树当中一样，"每一个人身上都完整地体现着人

---

① 转引自［英］P.博克《蒙田》，孙乃修译，中国工人出版社1985年版，第77页。
② ［法］米歇尔·蒙田：《蒙田随笔》，梁宗岱、黄建华译，湖南人民出版社1987年版，第220页。
③ 同上书，第129页。
④ 同上书，第190页。
⑤ 同上书，第132页。
⑥ 同上书，第239页。
⑦ 同上书，第240页。
⑧ 转引自［美］拜尔（Peyre, H.）编《方法、批评及文学史——朗松文论选》，徐继曾译，中国社会科学出版社1992年版，第157页。
⑨ ［英］兰姆：《伊利亚随笔选》，刘炳善译，生活·读书·新知三联书店1987年版，第264页。

之所以为人这个本质"①,"体现出人类形态的完整模式"②。人最了解的莫过于自己。如果能够把自己整个赤裸裸地描画出来,深刻、细致地写出自己独特的生命体验,也就必然体现出了人类的本质与完整的形态,使与自己血肉相关的其他人产生普遍的共鸣。蒙田的《论闲逸》之所以跨越时空、令不同时代、不同国度的人们百读不厌,就在于它适应了人们越来越强烈的企盼从俗务中解脱、优游闲逸以度余生的心理。而兰姆的《退休者》,则力透纸背地刻画出退休者如释重负的自在心情,令今天的龟勉从公、孜孜到老、终于获释的退休者们心生同感。《穷亲戚》又将穷人的窘态描写得细腻入微、入木三分,至今使同样境遇的人备感世态炎凉。越是写出自己的个性,越是会具有普遍性,这简直是文学创作中的一条定律,则更是随笔写作的精义。与兰姆并称英国浪漫派随笔四大家的其他三位,也都以自己独特的个性卓然鼎立:赫兹里特气势磅礴,如大河流泻;李·亨特生机盎然,情趣横生;德·昆西汪洋恣肆,进入潜意识的诗境。蒙田这种抒写自己个性的传统一直贯穿到20世纪,富有才情的英国女作家弗琴尼亚·吴尔夫这样总结道:"谈论自己,追踪自己的各种行为,描出灵魂的整幅地图,包括重量、色彩、圆周线,混乱的、变化多端的、不完美的灵魂——这艺术只属于一个人:蒙田。"③

从蒙田随笔英译本开风气之先,到出现兰姆等完全成熟的英国随笔家,竟经过了200年的历程。其间发生了英国工业革命的种种变迁,积累了从培根到艾狄生、斯梯尔、斯威夫特、哥尔斯密、约翰逊等众多作家的写作经验,才在法国大革命的推动下,伴随着人的觉醒、自我意识的复苏,实现了文体的舒展解放,使重在抒写个性、表现自我的随笔式自由文体形成气候。这是多么漫长而艰难啊!

中国的散文传统更加源远流长,重在抒写个性、表现自我的随笔式自由文体的形成也更为艰难缓慢。从现有材料看,三千年以前写于商代的《尚书·盘庚》等篇章就已是最初的散文。以后春秋战国的诸子百家,汉初司马迁的"史家之绝唱"④,魏晋时期的清峻文章,一直到唐宋八大家的传世杰作,都是上乘的散文。然而似乎都摆着架子、拘着套式,纵然到了宋代,出现了苏东坡等人的随意小品,却总不能成气候。经历两千余年的曲曲折折,到了17世纪上叶,才在晚明人文主义思潮催促中,涌现出公安、竟陵派小品,成为文坛主流。晚明小品作家们,主张"独抒性灵,不拘格套",冲溃了模拟古人的陈腐樊篱,吹来一股清新之气。试与19世纪出现在英国的浪漫派随笔做一番比较,就会发现中国晚明小品与英国浪漫派随笔这两种不同国度、不同时代、毫无关联的文学现象之间,在文体运动内在机制中竟有着惊人的相似之处:都是在人

---

① 《方法、批评及文学史》,中国社会科学出版社1992年版,第146页。
② [英] P. 博克:《蒙田》,孙乃修译,中国工人出版社1985年版,第86页。
③ 王佐良:《英国散文的流变》,商务印书馆1994年版,第233页。
④ 鲁迅:《汉文学史纲·第十篇 司马相如与司马迁》,《鲁迅全集》第9卷,人民文学出版社2005年版,第435页。

的觉醒、自我意识复苏的思想运作中实现了文体的舒展解放、自由随意。

也正由于这个原因，当经历了清代的严厉镇压与残酷统治，文人思想僵化凝固时，重在抒写个性、表现自我的随笔式自由文体也就随即灭绝了。直到20世纪初五四文学革命爆发，思想解放的洪流冲决了古文的禁锢，实现了白话文的语言体式变革与人的自我意识的复苏、觉醒，这种随笔式自由文体才应运重生。

所以，鲁迅所开创的中国现代杂文，与英国随笔一样，都是在外部条件与内部机制共趋成熟的情况下，适应本国的民族气质与文学积累应运而生的一种特殊文体。

四

这种特殊文体具有哪些特质？它算不算文学作品？算的话，文学属性表现在哪里？这一系列问题，不仅是中国学术界研究鲁迅杂文时遇到的疑难，也同样是英国文坛讨论英国随笔时总要产生的困惑。

英国散文的历史没有中国久远，对随笔这一文体的理论探讨却早于中国，有许多值得借鉴之处。

1916年出版的一本《英国随笔》（*The English Familiar Essay*）在前言中开宗明义做出这样的界定："或许没有人能够否定这种说法，Essay的定义既不能广泛包括散文的各种不同类型，又不能非常严格地区分Essay的特性，使之与其他比较短的文章区别开来。试去看一看洛克的《人类悟性论》、兰姆的《论烤猪》、麦考莱的《华伦·哈斯汀斯》、卡莱尔的《关于彭斯的随笔》和安诺德的《美与智之融合》，就会发现这些多样的文学作品不属于任何单式的统一的文体，然而却被通称为Essay。因为人们习惯地感觉到这些作品具有这样一种明晰的共性：Essays的作者不涉及公事或系统性的思想资料，而是以个性化的坦诚的态度面对他们的题材和读者，抱以随便的亲密的态度，关心日常生活的样式和伦理，倾注个人的感情和经验。因此，Essay应该有一个更为明确的限定——或许最好称之为Familiar Essay。"[①]

而早在1903年，一本大部头的《英国随笔家》（*The English Essayists*）就在扉页上印了赫兹里特的一段话，对Familiar Essay做了极为形象的描绘："它不论述矿石或者化石，也不研究植物的特性或者行星的影响，它也不涉及信仰的形式或者哲学的体系，不热衷抽象虚悬的精神系统；然而，它与男人和女人的世界有着密切的关系，记录他们的行动，追溯他们的动机，抓住他们的念头，描述他们个人的和无穷领域里的所有追求，嘲笑他们的荒唐，揭露他们的悖谬，'像给大自然照镜子一样，反映时代的变迁与主潮，形势与困厄'；细致入微地表现我们的服饰、面貌、思想和行为；显现我们自己的真正面貌：是什么样的，又不是什么样的；在我们面前演出人类生活的全部戏

---

① 笔者译自 *The English Familiar Essays*, By William Franx Bryan and Ronald S. Crane, 1916, printed in the United States of America。

剧。……它是最好、最自然的课堂……探求人类生活究竟是什么样的,已经成为什么样了,今后应该是什么样。"①

以上界定,本身就是英国随笔味儿的——不故作高深大论、系统辨析,只是随随便便说几句,宽宽泛泛画几条线,就非常明晰、极富趣味地谈清楚了。

对以上界定可以做这样的概括:Essay,即英国随笔的第一特质是说理,是思想者的识见,属于一种论文。然而,其中所要表达的识见是个人的,而非公事的;是片断的,而非系统性的;是个性化的,而非公式型的;是为了与读者进行交流,而非旨在教训。因而,作者须"以个性化的坦诚的态度面对他们的题材和读者,抱以随便的亲密的态度,关心日常生活的样式和伦理,倾注个人的感情和经验"。也就是说汲取趣味性、形象性、抒情性等文学性质,以使得群众便于接受自己的思想和识见。所以,随笔是一种多类文体交叉、渗透而成的特殊文体,一种理论与文学杂交的变体形态与杂糅形式,是人类进入近代、自我意识觉醒时为了自如地表达对自身与世界的理解、自由地互相交流而采取的一种个性化的符号编码方式与随意性的文学写作体例。它应该算是文学作品,但是属于文学中的亚类,其文学属性主要表现为理趣。

以这种界定考察蒙田和英国的随笔,就会得出完全相宜的结论。蒙田是一位大思想家。而他把自己的文集谦虚地命名为 *Essais*,其法语原意为"尝试""试笔",也就是说尝试性而非正式性地反省自我、独抒己见。这种不拘形式的尝试性随意态度与深邃、博大的思想相糅合,正是蒙田随笔文体形成的基础。蒙田的 *Essais* 引入英国以后,译为 *Essays*,英语原意也为"尝试""试笔",并有论说文的意思。艾狄生在《〈旁观者报〉的宗旨》中明确表示:"苏格拉底把哲学从天上带到了人间。我不自量力,愿意让人说我把哲学从私室、书库、课堂、学府带进了俱乐部、会议厅、茶桌、咖啡馆之中。"② 实质上就是要实现哲学的世俗化、文学化。形式上采取文学随笔的表达方式,骨子里仍然是一位具有独立思考精神的哲学家和思想家。后来,英国随笔日益朝着个性化、亲切感方面发展。以前的选本收有麦考莱、卡莱尔等学者的鸿篇大论,以后则不收了,严格限定在 Familiar Essay,即亲和随笔之内。到了浪漫主义时期,兰姆等四大随笔家摆脱理性主义约束,任直感,师造化,更加重了文学才情的分量,登上了艺术高峰。然而,思想仍旧是他们的灵魂。为什么后来许多刻意模仿兰姆的人,画虎不成,反而类犬,失其真挚,得其絮叨,以失败告终?就在于缺乏兰姆那种独特而深刻的思想。《伊利亚随笔》记述的是这位古怪而奇特的人生哲学家的生命体验,没有思想、灵魂空虚者岂能模仿!梁遇春说:"国人因为厌恶策论文章,做小品文时常是偏于情调,以为谈思想总免不了俨然;其实自 Montaigne 一直到当代,思想在小品文里面一向是占很重要的位置。"③ 实为中肯之言。谈思想而毫不俨然、反倒富有情调、幽默可

---

① 笔者译自 *English Essayists*, By Robert Colhrane, 1903, printed in Edenpurgh。
② 《英国散文选》上册,刘炳善译注,上海文艺出版社1985年版,第35页。
③ 吴福辉编:《梁遇春散文全编》,浙江文艺出版社1992年版,第555页。

亲,当是随笔的精义。

英国随笔引入中国,是在五四文学革命时期。1918年4月,胡适在《建设的文学革命论》中谈到国外有不少散文样式值得借鉴,其中包括蒙田和培根开创的随笔。后来,傅斯年在《怎样写白话文》中讨论散文问题时说:"以杂体为限,仅当英文的Essay一流。"最早引进"Essay"这一英文名词,却没有译成相对的中文。1921年6月,周作人首次将"Essay"译为"论文",在著名文章《美文》中指出:"外国文学里有一种所谓论文,其中大约可以分作两类。一批评的,是学术性的。二记述的,是艺术性的,又称作美文。这里边又可以分出叙事与抒情,但也很多两者夹杂的。这种美文似乎在英语国民里最为发达,如中国所熟知的爱迭生,兰姆,欧文,霍桑诸人都做有很好的美文,近时高斯威西,吉欣,契斯透顿也是美文的好手。读好的论文,如读散文诗,因为他实在是诗与散文中间的桥……在现代的国语文学里,还不曾见有这类文章,治新文学的人为什么不去试试呢?"周作人这段有名的话很值得琢磨。把"Essay"译为"论文",对批评的学术性的essay还为合宜,对记述的艺术性的essay就不甚相符了。然而他不仅前边这样说,后边又强调"读好的论文,如读散文诗",意思非常确定。这启悟我们认识到:essay是以"论"为第一特质的,即便是偏重记述的艺术性的essay,里面夹杂叙事与抒情,也仍然是以"论"为灵魂的。在这篇文章中,周作人突出的是记述的艺术性的essay,把这种文章"称作美文"。而近两年之后,即1923年2月,他在《文艺批评杂话》中又说批评的学术性的论文"写得好时也可以成为一篇美文,别有一种价值"。可见周作人不仅开始介绍essay时强调了"论"的特质,而且后来更加扩展了这一观点。以后他在《语丝》上译介的斯威夫特的《婢仆须知》《育婴刍议》和蔼理斯的《随想录》等,都属于批评的学术性的essay,他本人的文章也大多应划为这一类。

而专攻英国文学的梁遇春、方重、毛如升等人则把"essay"译为"小品文",并做了长篇大论概述其发展与演进。胡梦华是将其限定为"familiar essay",译为"絮语散文",并在1926年3月的《小说月报》上发表了以此为题的专论。据现任香港翻译中心主任的前伦敦大学教授卜立德先生言,这其实是美国出版的一本《英国随笔》(*The English Familiar Essay*)引言的节译。不过,胡梦华还是有眼光的,他抄的这篇引言,至今在英国随笔研究论著中仍是第一流的。[①] 但是,胡梦华把familiar essay译为"絮语散文"是欠准确的。因为散文在英文中应是prose,是与韵文相对的广义的散文,essay则应是prose当中的一个分支,一个限定更为狭义的散文文体。总之,无论怎样翻译,以上所有研究者在文章中都肯定essay是以论为主的,只是"从来没有根据系统判断事情,总是执着个体来理论"[②]。

虽然鲁迅一再表示他对英国随笔是外行,仍然通过日文翻译,对essay做了极为精

---

① 详见拙文《卜立德与中英散文比较研究》,载《散文世界》1988年第8期。
② 吴福辉编:《梁遇春散文全编》,浙江文艺出版社1992年版,第56页。

彩的介绍："如果是冬天，便坐在暖炉旁边的安乐椅子上，倘在夏天，则披浴衣，啜苦茗，随随便便，和好友任心闲话，将这些话照样地移在纸上的东西，就是 essay。兴之所至，也说些以不至于头痛为度的道理罢。也有冷嘲，也有警句罢。既有 humor（滑稽），也有 pathos（感愤）。所谈的题目，天下国家的大事不待言，还有市井的琐事，书籍的批评，相识者的消息，以及自己的过去的追怀，想到什么就纵谈什么，而托于即兴之笔者，是这一类的文章。在 essay，比什么都紧要的要件，就是作者将自己的个人底人格的色彩，浓厚地表现出来……其兴味全在于人格底调子（personal note）。"这段名言译自厨川白村的《出了象牙之塔》，堪称对英国随笔特征做了最为精辟的概括。由于原作本身的精妙，加上鲁迅译笔的生动和他巨大的影响，中国读者简直是通过这段译文了解英国随笔特点的，其印象比其他专门家的长篇大论要强烈得多。

值得特别提出的，是译文中厨川白村对 essay 译法的见地："有人译 essay 为'随笔'，但也不对。德川时代的随笔一流，大抵是博雅先生的札记，或者炫学家的研究断片那样的东西，不过现今的学徒所谓 Arbeit 之小者罢了。"因此，鲁迅在后文中把兰姆的 *Essays of Elia* 译为《伊里亚杂笔》。

这里的"杂笔"中的"杂"字极耐人寻味！

这个"杂"字既反映了厨川的日文原意，也渗透了鲁迅对 essay 的理解。虽然鲁迅自谦"不解英文"，其实还是略知一二的，从中可以体味出他对 essay 的理解，认为其中有"杂"的意味。而这个"杂"字，正是英国随笔与鲁迅所开创的中国现代杂文之间重要的相通处。

然而"杂笔"一词还是不合历来的习惯。中国古代文体名称中有"随笔""杂文"，而无"杂笔"。"随笔"之称始于南宋洪迈，他有《容斋随笔》十卷，清代梁绍壬承其名有《秋雨庵随笔》八卷，俞樾有《春在堂随笔》十五卷，"随笔"之称遂沿用至今，有随笔而录、杂谈琐语的性质，有时也称之为"笔记"。纵然将 essay 译为"随笔"，有厨川所说的弊端，即往往容易忽略其杂与论的特质，而朝着小机灵、小摆设方面理解，但终归表达了其随意的特征，相对来说还是比较合适的。所以后来大多沿用了"随笔"一说。

无论沿用什么名称，都无法否认 essay 与鲁迅所开创的中国现代杂文属于相近的文体。试以英国文坛对英国随笔的界定衡量鲁迅杂文，其文学属性就会是不言而喻的了：鲁迅杂文毫无疑义是"以个性化的坦诚态度面对他们的题材和读者"的，是"抱以随便的亲密的态度，关心日常生活的样式和伦理，倾注个人的感情和经验"的，是汲取趣味性、形象性、抒情性等文学性质，主要以理趣体现其文学属性的。这些标准实在是太低了，鲁迅杂文不仅完全达到了，而且有很多篇章的文学成分远远超过了这个横竿，以至于使中国学术界在为鲁迅杂文的文学属性做辩解时，制定了一些高难度的标准。

"社会相"类型形象说即是其中一例。这一理论确实非常有力地论证了鲁迅一部分杂文的文学成就，并提出了与典型形象有所区别的类型形象概念，对其特征做了详尽的辨析，丰富了文学理论的宝库。但是也留下了理论漏洞，会使人反问到：那些塑造了"社会相"类型形象的鲁迅杂文固然应该进入文学殿堂，而更多的鲁迅杂文并没有这样做，只是富有趣味地谈论了自己的思想和识见，那么这些篇章是否应该排除在外呢？事实上，倘若以"社会相"类型形象为标准衡量蒙田和英国的随笔，结果就更加不堪了。蒙田随笔朴素自然、耐人寻味，令人感到理趣的魅力，然而并没有什么塑造了"社会相"类型形象的篇章，因为蒙田在"致读者"中就已声明：他所描画的就是他自己。倘若一定要寻找人物形象的话，就是树立了作者的主体形象，作者本人作为一个"人间产物"体现出了人类形态的完整模式。英国随笔中虽然有奥佛伯里的《人物记》和约翰·厄尔的《人物世界》等盛行于17世纪后半叶的人物随笔，兰姆的随笔中也刻画过穷亲戚、扫烟囱的小孩等异常生动的人物形象，对众生世相做了入木三分的评说，可是以"社会相"类型形象的标准衡量，能达标者也甚寥寥。不仅随笔这一文体如此，其他许多种文体，例如抒情诗、叙事散文等，也不能以是否塑造了人物形象当作文学属性的检验标准。虽然塑造人物形象特别是典型形象，是文学创作的重要任务，但是绝非所有的文学作品都要这样做，文学还有其他意义，不能一律化。倘若真以是否塑造了"社会相"类型形象作为能否进入文学殿堂的标准的话，蒙田随笔和大多数英国随笔都要被拒于大门之外了。这当然是其崇拜者们不会答应的。他们会以自己的界定来衡量，以个性化、随意性、趣味性这三把尺子做鉴定，全力维护蒙田和英国随笔的文学属性，绝不会同意将这些引以为豪的世界文学瑰宝拒于门外。不过，这样一来也就自然驳倒了将鲁迅杂文排除在文学殿堂之外的种种说法，因为鲁迅杂文是远远高于西方界定的随笔的文学标准的，当然更不应被排除在外，同样是世界文学的瑰宝。

我们在这里并不想评说二者的高低，只是力图进行科学的探讨，以共同的标准再次确定这样的观点：鲁迅杂文与英国随笔，同是一种理论与文学杂交的变体形态与杂糅形式，是人类进入近代、自我意识觉醒时为了自如地表达对自身与世界的理解、自由地互相交流而采取的一种个性化的符号编码方式与随意性的文学写作体例。

五

鲁迅杂文与英国随笔的共同性质，决定了二者在文体运动中出现了一些共同规律与共同特征。

因为要旨都在于真诚地坦露自己的个性，与读者自由交流，所以必然都反对各种陈套与伪饰，实现语言体式的明白与自然。五四文学革命前期，胡适在《文学改良刍议》中提出改良文学应从"八事"入手，即须言之有物，不模仿古人，须讲求文法，不作无病之呻吟，务去滥调套语，不用典，不讲对仗，不避俗语俗字。同时，正面主张书面语与口头语相接近，要求以白话文学为"正宗"。鲁迅当然是坚决支持胡适的

"八事"的，他的杂文正是最好的实绩之一。有趣的是，在英国散文的发展过程中，也出现过反对陈套与伪饰的运动，提出过类似的主张。19世纪初叶，浪漫主义运动的倡导者们就把18世纪约翰逊、吉朋的风格套式当成了攻击目标。诗人、理论家柯尔律治在一次演讲中指出："这种风格的要素是一种虚假的对仗，即简单声韵的对比，此外则热衷于拟人化，把抽象的变成了有生命的，加上牵强的比喻，奇特的短语，片断的韵文，总之什么都有，就是没有真正的散文。"① 凡是旨在表达自己真实个性与识见的文学家，无不要求实现语言的纯洁、自然，清除种种的赘疣。鲁迅在总结创作经验时强调说："不生造除自己之外，谁也不懂的形容词之类。"② 赫兹里特在《论平易的文体》一文中也这样说："我从未生造过什么单词，也不曾毫无根据地给哪个单词添加什么新的意义。""作为一个作家，我竭力使用那些普普通通的字眼和那些家喻户晓的语言结构，正像假如我是一个商贩，我一定使用大家通用的度量衡器具一样。"③ 从符号学的角度看，鲁迅和赫兹里特都是旨在使用世所公认的最平易、自然的符号，以便与他人和社会自如、通畅地交流思想感情。中国语言文字在五四时期实现了从文言到白话的转变。英语则早在16世纪就已完成了从古英语到近代化的转换，16世纪以后变化不大，但是也在文明化的过程中，去掉过去的芜杂、粗鲁、怪僻、土气、岛国狭隘性等等赘疣，从不规则、不雅洁走向规范化。中英两国文学运动中的相同主张之间当然并无任何直接联系，而是人类在以语言文字表达思想感情、进行符号编码活动当中共同的机制和需求所形成的，是文体运动所呈现的普遍规律。

在这种普遍规律的内在运作之下，鲁迅杂文与英国随笔这两种相近的文体呈现五点共同特征：闲、随、杂、散、曲。

闲。蒙田和英国随笔家们都爱自称"闲人"，甚至赞美"懒惰"，颂扬"流浪汉"，宛若遗世独立、超然物外的闲云野鹤。蒙田在《自画像》中坦然宣称："我性爱悠闲，而且十分喜欢无拘无束，我是有心要这样做的。"④ 他的随笔集的宗旨就是"闲话家常，抒写情怀"⑤。英国随笔家更是以"闲"自诩，斯梯尔创办的报刊直称《闲话报》，约翰逊则更直接地称为《闲散者》。兰姆的随笔艺术登上峰巅，他对"闲"的颂扬也达到极处。如梁遇春所说："兰姆最赞美懒惰，他曾说人类本来状况是游手好闲的，亚当堕落后才有所谓工作。"⑥ 他在《退休者》中还以拥有闲暇的"暴发户"自居，声言要气气那些黾勉从公的人。兰姆之后最富才情的随笔家亚历山大·史密斯对于闲散的流浪汉更是赞扬备至，认为："流浪汉对于许多事情的确有他的特别意见。""一点流浪汉的

---

① 转引自王佐良《英国散文的流变》，商务印书馆1994年版，第97页。
② 《二心集·答北斗杂志社问》，《鲁迅全集》第4卷，人民文学出版社2005年版，第373页。
③ 《英国散文选》上册，刘炳善译注，上海文艺出版社1985年版，第208页。
④ [英] P. 博克：《蒙田》，孙乃修译，中国工人出版社1985年版，第20页。
⑤ 同上。
⑥ 吴福辉编：《梁遇春散文全编》，浙江文艺出版社1992年版，第55页。

习气都没有的人是没有什么价值的。"甚至说"天才是个流浪汉"①。大作家斯蒂文森竟还作过一篇文章:《为闲人一辩》,劝告人们"学一学闲人对于生活的全面认识,分享一下他的生活艺术"②。在人们的印象中,鲁迅是最赞成勤奋的,他一定反对"闲"吧?恰恰相反,鲁迅对这种"闲"是非常肯定的。他在《忽然想到》(二)中说道:"外国的平易地讲述学术文艺的书,往往夹杂些闲话或笑谈,使文章增添活气,读者感到格外的兴趣,不易于疲倦。但中国的有些译本,却将这些删去,单留下艰难的讲学语,使他复近于教科书。这正如折花者,除尽枝叶,单留花朵,折花固然是折花,然而花枝的活气却灭尽了。人们到了失去余裕心,或不自觉地满抱了不留余地心时,这民族的将来恐怕就可虑。"这一思想是贯串鲁迅毕生的,临终前不久写的《"这也是生活"……》中又强调说:"删夷枝叶的人,决定得不到花果。"批判了那种主张吃西瓜时也联想到国土被割碎的言论,认为:"战士的日常生活,是并不全部可歌可泣的,然而又无不和可歌可泣之部相关联,这才是实际上的战士。"战士,也须有余裕和闲暇。即便是战斗,鲁迅也主张进行"壕堑战","战士伏在壕中,有时吸烟,也唱歌,打纸牌,喝酒,也在壕内开美术展览会,但有时忽向敌人开他几枪。"③ 1927年,创造社主将成仿吾如是说,"鲁迅先生坐在华盖之下正在抄他的小说旧闻",这是一种"以趣味为中心的文艺","后面必有一种以趣味为中心的生活基调","这种以趣味为中心的生活基调,它所暗示着的是一种在小天地中自己骗自己的自足,它所矜持着的是闲暇,闲暇,第三个闲暇"④。其实,成仿吾歪打正着,从激进主义的视角看出了鲁迅风格的一面——从容余裕,富有趣味。倘若像成仿吾先生年轻时那样"摆着一种极左倾的凶恶的面貌,好似革命一到,一切非革命者就都得死,令人对革命只抱着恐怖"⑤,连读书、欣赏文学艺术时也发生一种压迫和窘促之感,还有什么文学,有什么人生乐趣呢?"革命是并非教人死而是教人活的"⑥,文学须教人感到活的乐趣,而并非教人产生死之恐怖。所以,这种"闲",正是鲁迅杂文与英国随笔相通的精义所在。正因为如此,鲁迅所开创的中国现代杂文的"任意而谈,无所顾忌"的特征,与蒙田随笔"闲话家常,抒写情怀"的特色不谋而合。究其实质,他们所赞美的"闲",并非懒惰。他们实际上都是极其勤奋的,兰姆忙中偷闲,于公务劳作之余写出警世之作;斯蒂文森仅活了44岁,却著作等身,全集达二三十卷;鲁迅更是在不长的一生中,做出了多少人多少代都不可能完成的业绩。他们之所以赞美"闲",实质上是为了挣脱道统和教条的束缚,获得精神的自由与创作的灵气。因为"人一旦事务缠身,便失其灵性"(兰姆语)。"一个人如果过分用功读书,那就会像老故事里讲的,他就很少有时间思考。""一走出

---

① 吴福辉编:《梁遇春散文全编》,浙江文艺出版社1992年版,第92、101页。
② 同上。
③ 《两地书·二》,《鲁迅全集》第11卷,人民文学出版社2005年版,第16页。
④ 《三闲集·序言》注释[16],《鲁迅全集》第4卷,人民文学出版社2005年版,第10页。
⑤ 《二心集·上海文艺之一瞥》,《鲁迅全集》第4卷,人民文学出版社2005年版,第304页。
⑥ 同上。

书斋就跟猫头鹰似的，脸上带一副古板的呆相","总显得干巴巴、木呆呆，或者像是害着消化不良症"，没有"闲人"那种智慧，那种幽默和雍容大度的风范。（斯蒂文森语）这一点，与尼采是相通的。尼采就鄙薄学者"愚钝式的勤勉"，靠别人的思想度日，"扼杀一切教养和高尚趣味"，任凭真实的"自我"迷失在刻板而无创造性、"无精神性"的"劳作"中，让自己的头脑变成一个跑马场，任别人的思想的马匹蹂躏一通。他坚决走"自己的路"，宁死不做自己不感兴趣的工作。作为真正的思想家、哲学家，他向往闲暇，以便自由地从事创造，玩味自己的思想，说出非他不能说出的话，"以谐谈说出真理"，"在十句话中说出旁人在一本书中说出的东西"。① 人太正经，难于治世。这些大家生性都不太"正经"，因为他们总要冲决种种的奴役和束缚，独创地表现自己的个性。于事者迷，旁观者清。从俗务琐事的羁绊中超脱出来，拉远距离，从旁观的"闲人"角度冷眼观察周围世态，反倒容易清醒、客观，有利于兑现先祖们在古希腊神庙上镌刻的那句提醒："认识自我。"中国古代的所谓"懒道人""拙叟""痴翁"以至老庄禅宗之类，也都与这种"闲人"同源。"闲"，实在是人类智者的共性，写好杂文、随笔的第一要旨。这种"闲人"的素养乃是这种随意性文体的基础和灵魂。

随。既为"闲人"，就必随意。蒙田的随笔，随意挥洒，信马由缰，旁征博引，澎湃无涯。英国随笔家们也是越写越随便，越自如，越得随笔之妙谛。如深谙英国随笔的梁遇春所说："一个作家抓着头发，皱着眉头，费九牛二虎之力作出来东西，有时倒卖力气不讨好，反不如随随便便懒惰汉的文章之淡妆粗衣那么动人。"② 因为"随随便便"正是随意性文体的重要特征。鲁迅是非常注意这个特征的。他在《自选集》自序中自称是"在散漫的刊物上做文字，叫作随便谈谈"。在《怎么写》中又强调说："散文的体裁，其实是大可以随便的，有破绽也不妨。"但是，人们往往总是自觉或不自觉地把散文这种随意性文体强纳入所谓正轨。中、英文学史上都有这种现象。18世纪上半叶，由于艾狄生、斯威夫特等人的努力，英国随笔形成了一种平易、随便的风格。然而到了下半叶，大学问家约翰逊博士却极力把英国散文拉入对仗句、圆周句的套式，追求肃穆，向往堂皇，结果如柯尔律治批评的那样，失去了"真正的散文"。以后浪漫派随笔家们克服了这一弊病，努力发扬随随便便的风格，按照随意性文体的固有规律写作，使"真正的散文"又回来了。纵然他们各有破绽，例如兰姆古腔古调，赫兹里特显得噜苏，李·亨特任意跑题，德·昆西枝蔓冗长，然而由于他们随意地表现了自己的个性，所以将随笔艺术推向辉煌的高峰。中国的随意性文体也是这样，仿佛总要被一股无形的习惯力量拉入正轨，圈入种种八股套式，失去随便的特征。有识见的评论家和创作家们总在不断地敲响警钟，努力使散文回到随意自然的状态中来。

杂。如前文所述，鲁迅把 Essays of Elia 译为《伊里亚杂笔》，表现了他对"杂"的

---

① 见周国平《尼采——在世纪的转折点上》，上海人民出版社1986年版，第68、241页。
② 吴福辉编：《梁遇春散文全编》，浙江文艺出版社1992年版，第20页。

钟爱。而这也正与兰姆相合,兰姆极喜爱杂著,视 17 世纪上半叶的两部奇书——伯尔顿的《忧郁的剖析》和布朗的《一个医生的宗教观》为"枕中之秘",潜心学习。伯尔顿是一位牧师,他原计划写一部分析治疗忧郁症的医学论著,结果旁征博引、杂收并蓄,写成了一部富有文学趣味、广博知识和深刻哲理的随笔体杂著。布朗是一位医生,有科学知识,又充满诗人的想象,经常冥想死亡与身后的问题,因而也把《一个医生的宗教观》写成了一部奇特的杂著。他的《流俗的谬误》《瓮葬》《居鲁士的花园》等其他著作也同样内容驳杂、情调诙谐。如已故英国文学专家杨周翰先生所说:"他的文字形象化(逻辑思考不严密);想象奇特而突兀,使人惊喜;行文曲折,信笔所至,很像浪漫派(他很受浪漫派的推崇);他的文字隐晦而多义,又古色古香;他善于用典(这与他博学有关);他的情调幽默、挑逗、微讽。总之,他的散文是具有诗意的散文。"[1] 这种驳杂的风格对兰姆的随笔产生了极深的影响。兰姆喜爱的其他杂著还有沃尔顿的《垂钓全书》,书中有各种钓鱼的知识,还穿插着歌谣和小故事及关于河流、河边旅店、各种人物的描写,文字清澈、畅达如汩汩流水,所采取的对话体也令人感到自然、亲切。另外兰姆喜爱的泰勒、富勒等也都以文章驳杂、令人目不暇接著称。这种杂色,正是随意性文体的本色,其鼻祖蒙田就开了色彩驳杂、索隐怪诞的先河。梁遇春在评论近代传记学大师斯特刺奇时曾对这种杂色做过非常精彩的描摹:"他所画的人物给我们一个整个的印象,可是他文章里绝没有轮廓分明地勾出一个人形,只是东一笔,西一笔零碎凑成,真像他批评 Sir Thomas Brawne(布朗)的时候所说的,用一大群庞杂的色彩,分开来看是不调和的,非常古怪的,甚至于荒谬的,构成一幅印象派的杰作。"[2] 这种"杂色"是随意性文体到达很高境界时所呈现的一种特色。鲁迅杂文是具有这种"杂色"的:是一种文体的"杂",以论为灵魂,而杂糅进诗、小说、戏剧等多种文体的素质;是一种内容的"杂",上至宇宙,小至苍蝇,东拉西扯,无所不谈;是一种色调的"杂",赤、橙、黄、绿、青、蓝、紫,浓烈的,淡雅的,鲜明的,阴暗的,形形色色,驳杂搭配,而自成一体、别具一格。失去了这种"杂",也就失去了随意性文体的本色,这是这种特殊文体的特殊需要。正因如此,鲁迅并不主张在所有文体中都掺入"杂色"。他说过:"在考辨的文字中杂入一点滑稽轻薄的论调,每容易迷眩一般读者,使之失去冷静,坠入彀中。"[3] 但是,对于杂文、随笔这类自由文体,却又非"杂"不可。倘若一定剔除"杂"质,追求净化,予以"定型",如鲁迅所反对的那样,"要受'文学制作之体裁的束缚';内容要有所不谈,范围要有限制",那就只能"是'制艺',普通叫'八股'"[4]。

　　散。"闲人"随意杂谈的文章,自然会是"散"的。不仅形散,而且神也散。只有

---

[1] 杨周翰:《十七世纪英国文学》,北京大学出版社 1985 年版,第 153 页。
[2] 吴福辉编:《梁遇春散文全编》,浙江文艺出版社 1992 年版,第 229 页。
[3] 《华盖集续编·关于三藏取经记等》,《鲁迅全集》第 3 卷,人民文学出版社 2005 年版,第 404 页。
[4] 《集外集拾遗补编·做"杂文"也不易》,《鲁迅全集》第 8 卷,人民文学出版社 2005 年版,第 417 页。

神散了,才能自然呈现形态上的散。如果只从形式上求散,神髓却促迫拘谨,放不开,散不来,就只能是东施效颦,适得其反。钱谷融先生认为散文的"散"字,可以解为散淡的"散",并以《空城计》中诸葛亮的一句唱词作为诠释:"我本是卧龙冈散淡的人。"这算是抓住了散文的真义①。只有首先成为散淡的"闲人",透破功、名、利、禄、权、势、尊、位的束缚,忘掉赏罚毁誉,摒弃私心杂念,才可能保持自己的本真,不为种种虚饰伪装、陈套教条所扭曲,使精神活动臻于优游自在、无挂无碍,进入空明、虚静之境。静则空,"空则灵气往来",灵感之君方能登堂入室,创造潜能才涓涓涌出,随意杂谈、逞心而言的真心话,才能化为散文的形态,显现出散淡美。刚刚故去的大诗人艾青在《诗的散文美》中认为,由欣赏韵文到欣赏散文是一种进步。韵文有雕琢、虚伪和人工气的弊病,散文却有不修饰的美,不需要涂抹脂粉的本色,充满了健康的生活气息。欣赏散文美之所以困难,在于人们只有进入高境时才能悟其之美。好比学习书法,初学时欣赏楷书,讲究字与字之间行距的平衡与匀称,喜欢一种对称美。入境后才渐悟行草和散章的妙处,明了非对称美的神韵。例如林散之的书品,似乎就有一种特殊的非对称性的散淡美。这是升华到哲学、美学高境时呈现的一种更为高妙的美的形态。日本禅学大师铃木大拙的一些高见,也可以使我们触类旁通,得到启悟。他在《禅与日本文化》中说,"闲寂"渗入日本人文化生活的深处,进入这个深处,达到禅境,透过形式寻求精神实体的存在,就会发现不完整的形式和有缺陷的事物更能表达精神,非对称性其实是日本艺术的一大特征。对称能产生出优美、庄严、厚重的感觉,但也能导致形式主义和抽象概念的堆积。而非对称性却能表现空寂、孤远、娴静的美。②

由此我们不禁联想到中、英、日三国散文发达的原因,想到三国散文在发展中都经历着克服对称性而追求非对称性的过程,冲决简单化的对仗、押韵的樊篱而进入散文美的境界。英国语言学家萨丕尔在赞扬汉语简练的同时,说英语"东倒西歪的表达方式自有它的美处"③,这种东倒西歪的美,正是一种非对称性的散文美,是随意性自由文体的要义。蒙田的随笔,挥洒自如,巧横闲枝,开创了散淡美的先例。传入英国后,第一个效法的培根,放不下官吏的架子,写得过于拘谨,缺乏散淡美。倒是兰姆佩服的伯尔顿和布朗,无意中成了散淡的专家。而兰姆也正发扬了这一优长,于苦涩的微笔中透出别具风味的散淡。由于过去的片面宣传,鲁迅有时给人以横眉立目、剑拔弩张的错觉,其实他的杂文,特别是那些最为优秀的篇章,例如前期的《论雷峰塔的倒掉》《春末闲谈》《灯下漫笔》《杂忆》等,后期的《病后杂谈》《我的第一个师父》《半夏小集》《"这也是生活"……》《女吊》等,都透出一种悠远、深沉的散淡

---

① 钱谷融:《真诚、自由、散谈——散文漫谈》,载《艺术人真诚——钱谷融论文自选集》,华东师范大学出版社1995年版,第247页。
② 见铃木大拙《禅与日本文化》,生活·读书·新知三联书店1989年版,第17—23页。
③ 转引自童庆炳《文体与文体的创造》,云南出版社1994年版,第235页。

美，于不经意中谈出深刻的哲理。与那些离得过近、说得过碎的《华盖集》中的某些篇章相比，要升华多了。徐懋庸在《鲁迅的杂文》中说鲁迅的后期杂文全无"私事"，由"匕首"变为"大炮"，当为中肯之评。① 散淡，并非不识人间烟火，不问世事，而是站得高远，俯瞰世界，举重若轻，以一当十，有如超脱于云天之上朝生满荷花的湖面上洒雨，雨点纷纷扬扬滴落于荷池，荷叶上水珠滚滚，漪润中旋涡点点，构成一种特有的散淡美。

曲。金圣叹有言："文章之妙，无过曲折。诚得百曲、千曲、万曲，百折、千折、万折之文，我纵心寻其起尽，以自容与其间，斯真天天之至乐也。"② 随意性文体虽然随意、散淡，却绝不可直陋，须在曲折表达方面下刻意的功夫。传记《蒙田》的作者 P. 博克说道："像佛洛依德那样，蒙田把自己看成一个孤独的自我探索者，是一个'充满荆棘之路的开拓者'，是进入'曲折坎坷的心灵和探入内心的黑暗深处'的先锋。"③ 心路的曲折，造成了文路的曲折，在看似闲枝蔓生、东拉西扯的文体中隐含着深邃的构思、委婉的表达。所以后人说"蒙田是一位惨淡经营的文体家，他把内容的独创性和形式的独创性融合在一起。"④ 兰姆更是把文章的曲折发展到极致，如鲁迅所译厨川白村谈 essay 的文章所说："一眼看去，虽然仿佛很容易，没有什么似的滔滔地有趣地写着，然而一到兰勃的《伊里亚杂笔》那样的逸品，则不但言语就用了伊利沙伯朝的古怪的辞令，而且文字里面也有美的'诗'，也有锐利的讥刺。刚以为正在从正面骂人，而却向着那边独自莞尔微笑着的样子，也有的。那写法，是将作者的思索体验的世界，只暗示于细心的注意深微的读者们，装着随便的涂鸦模样，其实却是用了雕心刻骨的苦心的文章，没有兰勃那样头脑的我们凡人，单是看过一遍，怎么会够到那样的作品的鉴赏呢。"⑤

例如《梦幻的孩子》，兰姆明明是两次恋爱失败，独身苦了一辈子，但是他在哥哥约翰去世的刺激下，怀念少年时代的恋人，竟产生一段奇想，写他和恋人所生的一对儿女在听他讲述过去的故事，把对后代的挚爱与对外祖母、哥哥的回忆交织在一起，产生出一种非同寻常的感情升华，然而读者从中加倍感到兰姆内心的深切悲痛。鲁迅的杂文更是极尽"曲笔"之妙，他反复强调杂文造语"须曲折"，自己的文章就沉郁顿挫、吞吐抑扬、跌宕多姿。特别是临终前不久写的《我的第一个师父》《女吊》等，更是迂徐阐缓、顿挫有致，令人产生"一弹再三叹，慷慨有余哀"之感。"看似寻常最奇崛，成如容易却艰辛。"鲁迅谈自己的写作艰辛时说过："人家说这些短文就值得如许花边，殊不知我这些文章虽短，是绞了许多脑汁，把它锻炼成

---

① 《汇编》第 2 卷，中国文联出版公司 1985 年版，第 795 页。
② 贾文昭主编：《中国古代文论类编》（上），海峡文艺出版社 1990 年版，第 696 页。
③ P. 博克：《蒙田》，孙乃修译，中国工人出版社 1985 年版，第 83 页。
④ 同上书，第 115 页。
⑤ 《鲁迅译文集》第 3 卷，人民文学出版社 1958 年版，第 116 页。

极精锐的一击,又看过了许多书,这些购置参考书的物力、和自己的精力加起来,是并不随便的。"① 那么,既说随意性文体要随随便便、散淡为之,不要"抓着头发,皱着眉头,费九牛二虎之力"来作,又说要倾以"雕心刻骨的苦心",此间矛盾该如何解释呢?蒙田早就做过很好的回答。他说他实行的是"人工自然化",而那些"写得过于微妙,过于做作"的人们"却是搞自然人工化","离通常的、自然的用法太远"。② 这里所说的"人工自然化"与"自然人工化",揭示了随意性自由文体与矫揉造作文体之间的区别,前者的苦心旨在使文体"自然化",不留斧凿痕迹;后者却是使原本自然的材料"人工化",显出造作之气。鲁迅在《汉文学史纲》中论《古诗十九首》时说:"其词随语成韵,随韵成趣,不假雕琢,而意志自深,风神或近楚《骚》,体式实为独造,诚所谓'畜神奇于温厚,寓感怆于和平,意愈浅愈深,词愈近愈远'者也。"这正道出了随意性文体及所有本色作品"人工自然化"的奥秘。为什么鲁迅杂文与英国随笔在文体运动中出现了上述共同规律与共同特征?要回答这一问题,就要回到开头所说的文体研究的人类学回归上去。因为随意性自由文体是人类为了真诚地坦露自己的个性、互相自然交流而形成的一种文学体式,所以必然反对各种陈套与伪饰,必然如斯威夫特所说的那样,"把恰当的词放在恰当的位置上"③,用兰姆的话来说就是"从容于自适"④。这样,这类文体也就必然呈现闲、随、杂、散、曲五种形态特征。

六

1931年9月,英国文学专家张若谷先生发表了《鲁迅的〈华盖集〉》一文,第一次从 essay,即随笔的文体发展角度评论了鲁迅杂文,用"嬉笑怒骂"概括其风格,"弯弯曲曲"总结其措辞,认为这"代表绍兴师爷派的一种特殊性格",并分冷嘲、警句、滑稽、感愤这4点赞扬了有些人评价不高的《华盖集》。而全文阐发的核心观点是:"与其当鲁迅先生是小说作家,毋宁说他是随笔作家的更来得恰当。"⑤

该文发表后,反响不大。于是鲁迅逝世近四年以后,即1940年夏季,张若谷先生又在《中美日报》的"集纳"上发表了《写文学随笔》一文,再次重复强调了自己的观点。结果引起大哗,有人以《活张若谷仍在曲解死鲁迅》为题撰文抨击。巴人在《论鲁迅的杂文》序说中开篇即引录了这两篇文章,认为两文都使他啼笑皆非,都是对鲁迅的曲解。⑥

---

① 转引自许广平《欣慰的纪念·鲁迅先生的写作生活》,见《鲁迅回忆录》,北京出版社1999年版,专著上册第376页。
② [法]米歇尔·蒙田:《蒙田随笔》,梁宗岱、黄建华译,湖南人民出版社1987年版,第298页。
③ 王佐良:《英国散文的流变》,商务印书馆1994年版,第72页。
④ 王佐良等主编:《英国文学名篇选注》,商务印书馆1983年版,第775页。
⑤ 《汇编》第3卷,中国文联出版公司1985年版,第268、269页。
⑥ 同上。

其实，这是一桩鲁迅研究学术史上应予重新评价的公案。张若谷的文章纵然有措辞欠准之处，然而对鲁迅并无恶意，并且从自己具有英国文学素养这一优势地位出发，对鲁迅最突出的成就做出了中肯的评价。

当然，鲁迅无疑是一位卓越的小说作家，他是中国现代小说之父，现代小说从他手中开始又在他手中成熟，他的中篇小说《阿Q正传》是能列入世界小说名著之林的少数几篇中国现代小说之一，而且可以毫无愧色地列在首位。所塑造的阿Q典型，则可以说是唯一能立于世界文学典型画廊的中国近代文学人物形象。这都是无可否认的事实，是值得中华民族引以为荣的。但是，应该实事求是地承认：倘若仅以小说作家的身份在世界文坛上排名次，鲁迅自然无法与托尔斯泰、陀思妥耶夫斯基相比，也不能与巴尔扎克比肩，甚至与狄更斯、司汤达、福楼拜、雨果及短篇小说大家莫泊桑、契诃夫等也都难于相比。一个民族，正确认识本民族的文化伟人，给予恰当的定位，是一件非常艰难而痛苦的事情。人们往往喜欢单纯地从民族感情出发，把本民族的文化伟人定在最高位，使他们在所有领域都坐在首席，仿佛只有这样才能舒心。然而，文学地位是由客观实绩奠定，不以人的意志为转移的，我们不能因为鲁迅是中国作家，小说又在文学中占有重镇，就把鲁迅列在世界小说大家的一流行列。

实际上，根本不必进行这种比附。鲁迅从最突出的才能特质来看，与其说是小说作家，毋宁说是随笔作家更来得恰当①。而且随笔文学对于一个民族的影响并不亚于小说，中国民族文化本来就是以散文为正脉的。

鲁迅逝世后，另一位英国文学专家叶公超教授在梁实秋主编的北京晨报《文艺》周刊上发表了一篇题为《鲁迅》的纪念文章②，立刻受到左翼文化人的反驳，李何林先生还专门写了《叶公超教授对鲁迅的谩骂》③一文予以批判。现在看来，这种批驳从政治思想上说是事出有因的。不过，事过境迁，冷静思考，就会感到叶文并非全是谩骂，而是反映了英美派自由知识分子的一种鲁迅观；所言也并非全是谬误，专精英国文学，尤喜英国随笔的叶公超教授，从自己的学养出发，对鲁迅的文学成就做出了肯定性的评价："鲁迅最成功的还是他的杂感文，十四册中，除掉谩骂，嘲戏，以及零星小品之外，还有委实耐读的文章在。"在许多论者否定鲁迅杂文文学价值的情况下，对世界文学的瑰宝——英国随笔颇有研究的叶公超教授能够做出这样的论断，不能不说是有着学术良知的，同时也证明鲁迅杂文的文学成就委实使专精随笔的专家耐读。至于"谩骂、嘲戏，以及零星小品"一语，也不必过于苛求。因为这只是他的次要感觉。事实上，收入鲁迅14册杂文集及后来的集外集中的文章，并非全是典范的杂文，有的属于

---

① 鲁迅的《阿Q正传》等影响最大的小说，时常夹有杂文味道。他计划要写的反映4代知识分子的长篇小说，据冯雪峰回忆，也要"带叙带议论，自由说话"，实现"长篇小说的严格形式的解放"，"变成为社会批评的直剖明示的尖利的武器"（详见《汇编》第2卷，中国文联出版公司1985年版，第878页）。总之，鲁迅最突出的才能特质是杂文写作。

② 《汇编》第2卷，中国文联出版公司1985年版，第662页。

③ 同上书，第234页。

论文,例如《艺术论》译本序;有的属于译文,例如《现代电影与有产阶级》;有的则属于一般性的通信和报纸材料的存览,甚至是一时的游戏之作。我们在研究鲁迅杂文文学属性问题时,应该把这一类文章剔除在外,留下"委实耐读的"典范的杂文进行学术探讨。这样做,不仅不有损鲁迅的整体形象,而且有益于鲁迅文化精粹的传播与研究。

叶公超在评价鲁迅杂文特点时,有中肯之见,也有欠准之处。他说:"鲁迅根本是个浪漫气质的人。有人曾拿他和英国讽刺家斯伟夫特相比。他们确有相同之处,但在气质上他们却很不相同。我们的鲁迅是抒情的,狂放的,整个自己放在稿纸上的,斯伟夫特是理智的,冷静的,总有正面的文章留在手边的。斯伟夫特回到爱尔兰之后,在那种绝望的心境中还能写出 A Modest Proposol(即《育婴刍议》)那样冷静的讽刺;他若实有驾驭自己的能力,能在一篇讽刺的文章里维持着和平与冷静的氛围,还能在讽刺中露出笑来。鲁迅没有他的遏制力,没有他那徘徊于纯粹讽刺中的持久性;换句话说,鲁迅在文章里是比较容易生气,动怒,因此也就容易从开头的冷静的讽刺而流入谩骂与戏谑的境界。这是鲁迅不及斯伟夫特的地方,也就是使他的讽刺小说失败缘因之一。但鲁迅有一种抒情的文字,常夹杂在他的小说与杂感中的,却是英国的斯伟夫特所没有的。"叶公超关于鲁迅不冷静的观点显然是错误的。早在1925年,张定璜就在《鲁迅先生》一文中指出:"鲁迅先生的医学究竟学到了怎样一个境地,曾经进过解剖室没有,我们不得而知,但我们知道他有三个特色,那也是老于手术富于经验的医生的特色,第一个,冷静,第二个,还是冷静,第三个,还是冷静。"[①] 这三个"冷静"早已成为鲁迅研究史上的经典之评。1929年,同样专精英国文学的林语堂,也称鲁迅为"现代中国最深刻的批评家",使青年们见到了"充分的成熟性和'独到处',充分的气魄和足以给他们仰望的巍然的力量。力量是产生于真确的见解,而真确的见解则是由于知识和艰苦的世故中之'磨练'"。鲁迅"深湛的年老的中国学者",是从极复杂、极艰难的境况中出来的,"他深知中国人的生活及其生活法","透彻地明了中国的历史"[②]。总之,深刻、冷静、老练,深知中国人的历史与现状,对中国人的民族气质与生活状况做了最为透辟的解剖,这是对鲁迅早已形成的定评,叶公超公然与之相违,显然是不正确的。当然,人皆有七情六欲,鲁迅也常常动怒,但大多怒出有因,这是他疾恶如仇、具有血性的表现,他固然也有人所共有的弱点,却绝非如叶公超所说是什么"流入谩骂与戏谑",事实上,无论是讽刺的深度、成熟性,还是涉及的广度与作品的数量,鲁迅都超过了斯威夫特。而从叶公超所说的斯威夫特所没有的抒情文字来说,鲁迅又足以与擅长抒情的英国浪漫派诸家媲美。鲁迅能像兰姆那样娓娓动人地倾诉刻骨铭心的生命体验,人生世态,却无兰姆式的絮叨与琐屑;能像赫兹里特那样文思体势,磅礴如潮,却比赫氏更为凝重、节制;能像李·亨特那样趣味横生,构

[①]《汇编》第1卷,中国文联出版公司1985年版,第86页。
[②] 同上书,第441页。

想奇妙,却比亨特博大沉雄;能像德·昆西那样具有敏锐、深邃的心理洞察力,却不像他那样有枝蔓冗长之病。

散文作为人类自由表达识见和情感的随意性文体,在发展过程中出现了三股分流:一股是"评他",即鲁迅所说的社会批评与文明批评,触角主要伸向外宇宙,从而延伸为杂文;一股是"述己",即主要侧重叙说自己的人生体验、抒发个人的思想感情,触角主要伸向内宇宙,从而发展为正宗的艺术散文或抒情小品;一股是"诗化",更多地汲取诗的素质,但又不押韵,保持散文的语言体式,形成散文诗。当然,这三股分流并不是绝对的,时有相互的交叉与渗透,但是以一股为主。鲁迅不愧为近代中国最伟大的文体家,在散文的三股分流中都起到了开创作用,并都创造出了极品:"评他"的杂文有堪称史诗的14本杂文集及其补遗在,不必多言;"述己"的艺术散文有《呐喊》自序、《朝花夕拾》诸篇和晚年拟题为"夜记"的《我的第一个师父》《女吊》等焕发着恒久的魅力;"诗化"的散文诗,则一本《野草》就前无古人、后无来者了。在世界散文史上,有哪一位作家能有鲁迅这样的成就,能对本民族和全人类的灵魂有如此深广的影响呢?

称鲁迅为世界散文史上的第一大家,当是没有疑义的。

对《鲁迅〈故乡〉阅读史》的阅读与思考

重庆师范大学文学院　张全之

日本学者的鲁迅研究在中国产生了重大影响。继"竹内鲁迅"在20世纪80年代广为人知之后,陆续涌现出的鲁迅研究专家像丸山升、伊藤虎丸、丸尾常喜、北冈正子、藤井省三等都在中国享有盛誉。他们的著作被翻译到中国后,都会引起中国学者的极大关注,以至于有些学者沿用"竹内鲁迅"的说法,继续给日本学者加冕,相继出现了"丸山鲁迅""伊藤鲁迅""丸尾鲁迅"等称号。且不说这种"顺势加封"的方法是否科学、恰当,单是这种思路就值得深思。日本学者的鲁迅研究,有他们自己的学术传统。尤其是重视史料、偏于考据的严谨学风和立足东亚、吸纳西学的理论视野,给中国鲁迅研究者带来很大启发。但同时也应该看到,自竹内好以来的日本鲁迅研究,也有值得我们反思的地方。但就目前来看,中国鲁迅研究界缺乏这方面的反省。全面考量日本学者的鲁迅研究,不是本文的任务,这里重点要谈的是对《鲁迅〈故乡〉阅读史》的一点思考。

作为日本学者研究鲁迅的名作,《鲁迅〈故乡〉阅读史》最早于2002年由新世界出版社出版。正如译者所言,该书出版后"学界反映良好,不止一家大学的中文系将其列入学生的阅读书目",而且"印数三千册,很快售罄"[①],可见其影响之大。2013年,南京大学出版社推出新版本,使该书的影响进一步扩大。

毫无疑问,这是一本优秀的学术著作。作者对史料的细致爬梳,尤其是对民国语文课本上有关《故乡》内容的精细分析和对一些回忆材料的巧妙征用,给人留下深刻印象。在分析民国时期知识阶级对《故乡》的阐释时,作者以"事实的文学"和"情感的文学"为考量尺度,梳理出两套阐释体系,清晰地反映了《故乡》在知识分子视野中的双向流布。这部分的分析不仅显示出了非凡的学术功力,也给人带来很大启发。但正像一切优秀著作总难做到尽善尽美一样,该书也留下了重要缺憾,概括起来就一句话:局部分析十分精彩,但整体构架存在瑕疵。以下将从3个方面进行分析。

---

① [日]藤井省三:《鲁迅〈故乡〉阅读史——现代中国的文学空间》,董炳月译,南京大学出版社2013年版,引文见"新版校订说明"。本文所引该书,均为此版本,不再一一注明。

一 为什么是《故乡》

从第一眼看到这本书，就一直有一个困惑：为什么是"《故乡》"阅读史，而不是《阿Q正传》《狂人日记》《孔乙己》或鲁迅其他作品的阅读史？无论是探求"现代中国的文学空间"，还是考察中国文学中的"民族国家想象"，《故乡》并不是一个好的案例。对此作者正文中没有给出答案，只是在"中文版序"中有过一番解释："通过分析中国人对鲁迅文学作品的阅读方法，梳理这一阅读史，对20世纪的中国文学进行社会史式的考察不是可能的吗？如果确如美国人类学家本尼迪克特·安德森所论述的，出版资本主义促使人们进行着国民国家的'想象'，那么以对鲁迅的阅读历史为切入口，则完全可以描绘出在中华民国和中华人民共和国这两个共和国的建设过程中文学所扮演的神秘角色——当时我这样想。但是，分析作为一个整体的'鲁迅文学'是怎样被阅读的这件工作实在是我难以胜任的，因此我把研究对象限定在鲁迅的代表作之一、长期以来被许多中学教材收录的短篇小说《故乡》上。"[①] 不难看出，作者选择《故乡》不是因为这篇小说本身的内涵与价值，而是因为"长期以来被许多中学教材收录"，这显然不是从问题出发也不是从文本出发做出的选择，不免使人愕然。事实上，鲁迅作品长期被中学教材收录的，不止《故乡》一篇。《故乡》被选入教材，原因是很容易理解的：作品对童年生活的回忆充满童趣和诗意——无论是雪天支起竹匾捉鸟雀，还是海边月光下看守西瓜的场景，都适合孩子们阅读；文章结尾关于"希望"的那段著名的论述，也能够给孩子们带来有关人生问题的思考；而作品对"圆规"的戏谑性描写宛如一幅漫画，让人在审美愉悦中体会到事态的炎凉。所以，在鲁迅的《呐喊》《彷徨》中，《故乡》是最适合孩子们阅读的作品之一。但这些特征与作者要讨论的"现代中国的文学空间"和"国民国家想象"是没有多少关系的。与《故乡》相比，反映辛亥革命的《阿Q正传》《药》和反映"张勋复辟"的《风波》可能更适合作为个案拿来讨论这些问题。当然，作者可以辩解说，入选中学教材，至少读者众多，影响更大，其引发的"国民国家想象"也更有普遍性。但这样的解释是无力的。因为在教学过程中，教师和学生关注的重点是字、词、句和文章的谋篇、结构、描写等问题。如该书中提供的材料显示的那样，特级教师于漪一直难以忘记的是"年轻的黄老师教《故乡》一文时的眼神。他穿着长衫，戴着金丝边眼镜，文质彬彬。讲到少年闰土出现在月下瓜田美景之中时，他眼睛睁得大大的，放出异样的光彩"。[②] 显然，这段在鲁迅作品中极为少见的风景描写，触动了教师的心灵，也感染了学生，与之相比，闰土是不是小偷之类的问题，就显得微不足道了。

[①] ［日］藤井省三：《鲁迅〈故乡〉阅读史——现代中国的文学空间》，董炳月译，南京大学出版社2013年版，"中文版序"第3页。

[②] 同上书，第57页。

在这样的教学过程中，所谓"现代的中国文学空间"和"国民国家想象"根本不见踪影。但这不影响作者将这堂语文课跟当时的时代背景结合起来进行分析和发挥："于漪难以忘怀的黄先生讲授《故乡》的风景是出现在1941年前后日本人占领下的上海民立女子中学。她的国语老师穿的长衫也是清初至民国时期的服装"，"在众多中国人迫于日本的侵略不得不逃离故乡的民族危难时期，阅读《故乡》无论对于任课教师还是对于成了难民的于漪及其同学来说，大约都有一种特殊的感受"①。这自然是合理的猜测，但据此并不一定能得出与"国民国家想象"有关的结论。相对于《故乡》而言，同样长期入选中学语文课本的《最后一课》（都德原作，胡适翻译）可能更能激发与家国有关的情感和想象。

《故乡》七十多年来被阅读的历史，一方面，被外在的环境和意识形态所左右；另一方面，也与《故乡》这一文本的开放性、含混性和歧义性有关。所以在考察、辨析"阅读史"的时候，要根植于文本分析，从外部和内部寻找《故乡》被改写、被重构的复杂原因，才能说清楚在相同的时代条件下，在众多作品均遭遇被改写、被重构的命运时，《故乡》仍有其特殊性和唯一性。这样的研究，对《故乡》才有意义。就像讨论一棵树的长势时，不能只着眼于土壤、气候等外部条件，还要着眼于"这一棵树"的内在肌理，才能对这一特定的研究对象做出切合实际的分析。但很显然，作者没有这样做。这就使我们困惑的问题始终没有得到解决：为什么是《故乡》的阅读史，而不是其他作品？《故乡》的特殊性表现在哪里？《故乡》被重构、被改写，与其他作品有什么不同？这些疑问，暴露了该书在构思和写作中留下的巨大漏洞。

二 《故乡》阅读史与"现代中国的文学空间"

该书的副标题"现代中国的文学空间"是一个颇为诱人的理论装饰，笔者很想知道它的具体含义，但在整本书中也没有找到作者对这一概念的界定，只是在"代译后记"中见到了译者对这一概念的运用："……而恰恰是这部最小的文学史，以20世纪中国文学的空间为背景，涉及了许多大文学史未曾涉及或较少涉及的学科领域。"② 这里"20世纪中国文学的空间"成为"背景"，而不是作者要探讨的核心概念，这有点让人吃惊。关于"文学空间"的概念，莫里斯·布朗肖在《文学空间》一书中有过丰富的论述，但藤井省三先生对这一概念的使用，显然跟布朗肖大不相同。在"引言"中我们大致看出点端倪："本书的写作是为了考察人们阅读《故乡》这一在20世纪的中国被不断重构的文本的历史，同时也是一种描述70年间以《故乡》为坐标的国家意识形态框架的尝试。换言之，这里讲述的是一个映在《故乡》这一文本生成过程中的

---

① [日]藤井省三：《鲁迅〈故乡〉阅读史——现代中国的文学空间》，董炳月译，南京大学出版社2013年版，第58页。
② 同上书，第197—198页。

现代中国文学的生产、流通、消费和再生产的故事。"① 笔者猜测，作为副标题的"现代中国的文学空间"就是指满足这个"生产、流通、消费和再生产"的"空间"。那么这个"空间"到底是什么样子？从《故乡》的阅读史来看，这个"空间"发挥了怎样的作用？作者从中又能发现怎样富有启发性的问题？但很遗憾，这一切均无答案。笔者猜测，作者可能有这样一个野心：通过《故乡》这一个案的考察，寻找现代中国文学空间的演化轨迹及其对读者阅读产生的引导或制约作用。但相对于"现代中国的文学空间"这一庞大的概念而言，《故乡》这一文本的支撑力是不够的，就像在鼻子尖上建造大厦一样，他通过一个短篇小说的命运，去把握"现代中国的文学空间"这一庞大的结构，显然力不从心。谁能通过一个小人物的命运，去把握一个时代的复杂格局？谁能通过一勺汤来推断一口锅的大小和形状？所以，这一问题最后只能不了了之，给读者留下一个巨大的问号。

事实上，"现在中国的文学空间"并非一个整体，也不是铁板一块，它是一个复杂多变，且经常被分隔为无数单元的空间形式。《故乡》就是在这样一个难以做简单描述的空间中被阅读、被重构的。这一空间中，有意识形态的力量，也有文人自身释放出来的自由意志，更有传统与现代交会时闪耀出的光芒。所以从《故乡》的阅读史来看这一广袤的空间，倒不如从这一空间的复杂性来考察《故乡》的命运。

"现代中国的文学空间"作为副标题，是作者的神来之笔，有点"神龙见首不见尾"的神秘和玄妙，让读者坠入五里云雾之中。对一部学术著作而言，这种"留白"式的做法是值得商榷的。

三 《故乡》阅读史与"国民国家想象"

藤井先生借用安德森《想象的共同体》的理论框架，将"《故乡》阅读史"看作是一个构建"国民国家"想象的过程，所有论述均以此为鹄的展开，形成了一个"两面"支撑"一点"的论述结构。所谓"两面"就是《故乡》阅读史的两个部分：专业文人对《故乡》的阅读和中学语文教学对《故乡》的阅读，"一点"就是"国民国家想象"。但细读该书，便不难发现，这样一个看似严谨的论述结构，实际上处于分离状态，"两面"无法支撑"一点"，结果就使"国民国家想象"这一核心点处于悬置状态。

作者之所以借用安德森的理论作为论述的基点，基于这样一个前提："从十九世纪末至二十世纪初，中国不仅落后于欧美各国，甚至落后于明治日本，必须进行国民国家建设。鲁迅是一位在文学领域承担创造'想象的共同体'（本迪尼克特·安德森语）任务的知识分子。"② 这两句话的第一句是对的，最后关于鲁迅的论述明显有问题。安

---

① ［日］藤井省三：《鲁迅〈故乡〉阅读史——现代中国的文学空间》，董炳月译，南京大学出版社2013年版，第2页。
② 同上书，第10页。

德森在《想象的共同体》中论述的是"民族"（是 nation 而不是"国家" state）的存在形式。他要强调的是，"民族"是"一种特殊类型的文化人造物"[①]，它是 18 世纪以后人们想象出来的一种意识形式，之所以强调其"想象性"，是"因为即使是最小的民族的成员，也不可能认识他们大多数的同胞，和他们相遇，或者甚至听说过他们，然而，他们相互连接的意象却活在每一位成员的心中"[②]。18 世纪以后，随着资本主义的发展，语言、文学（尤其是小说）和报纸等媒体，成为维系这种想象的重要手段。安德森非常聪明地避开了历来有关民族问题的冗长争论，将这一纠结百端的概念推向意识形态领域，的确让人豁然开朗。但问题是，这一"想象的共同体"是否可以人为地"创造"？"民族"借助语言、文学和报纸存在于人们的想象中，人们是否可以通过文学创作，在人们的意识中"创造"民族这一想象的形式？或者说，"民族"是一种想象的形式，人们是否可以通过创造"想象"来创造"民族"这一"共同体"？将安德森的理论倒置过来，问题是否可以成立？这显然是需要论证的。否则简单地倒置安德森的理论，总让人觉得就像根据一顶帽子去制造一个头颅一样荒唐。对一个落后的国家来说，人们渴望一个强大的民族国家，使自己摆脱屈辱，这是"理想"还是"想象"？《故乡》的结尾，鲁迅对"希望"的表白，就一定指向了"国民国家想象"？其实了解鲁迅的人都知道，鲁迅自留日时起，就高举"掊物质而张灵明，任个人而排众数"的旗帜，反对"轻才小慧之徒"妄谈革命与建国的构想，斥之为中国文化的"偏至"。在"尼采""施蒂纳"等极端个人主义的影响下，他始终将"个人"置于一切政治、社会组织之上。所以，有关"国民国家想象"的问题，在鲁迅这里始终是被排斥的。在晚清，自梁启超《新中国未来记》开始，开启了新小说的"乌托邦"创作传统，但鲁迅始终未被感染。到五四时期，鲁迅对群体性的政治活动始终怀有戒备心理，所以认为鲁迅承担着"创造""国民国家想象"的任务，是很难成立的。

　　从作者提供的材料来看，民国时期教科书对《故乡》注释、课后习题的设计，都是为了让学生更好地理解作品，并不指向"国民国家想象"这一宏大主题；而一些回忆材料显示，教师在课堂上讲授这篇课文时，学生往往被文章优美的描写和动情的文字所感动，与"民族国家想象"也扯不上干系。在民国时期的文人笔下，《故乡》无论是反映了人与人之间的"隔膜"，还是农村经济的"破产"，无论是批评《故乡》结尾的那段文字为"蛇足"，还是从这段文字中感受到作者对未来的"希望"，都是"见仁见智"的常态，从中很难看出"国民国家想象"的痕迹。1949 年以后，特别是"文革"时期，鲁迅尽管是允许被阅读的作家，但教材为了凸显鲁迅"革命家"的一面，只编选那些批判性、战斗性强的文章，而像《故乡》这样带有一些感伤情调的作品，自然会在被排斥之列，这没有什么好奇怪的。像《故乡》这样被排斥的作品数量众多，

---

①［日］藤井省三：《鲁迅〈故乡〉阅读史——现代中国的文学空间》，董炳月译，南京大学出版社 2013 年版，第 4 页。
② 同上书，第 5—6 页。

《故乡》并无特别之处。

　　从《故乡》研究史来看,"阶级观念"一直影响着这篇作品的阅读,其具体表现在三个问题上:"我"是否就是鲁迅、杨二嫂是小市民还是农民、闰土是不是小偷。由于"我"带有明显的小资产阶级的情调,所以阶级斗争极为敏感的年代,人们不愿意将伟大的革命家鲁迅与"我"等同起来;杨二嫂在小说中明显是个负面人物,所以当"农民"被看作是最革命的阶级的时候,杨二嫂的农民身份很容易给农民抹黑,便将她推到"小市民"一边;同样,闰土作为被压迫阶级的一员,是中国最革命的阶级,所以他"偷碗碟"一事常常被否认。在这一系列的争议中,都可以看出,阶级观念对这篇作品阅读过程的影响。特别是1949年以后,一个独立的国家已经建立,人们融入"翻身做主人"的狂喜之中,但这种阶级意识变得更为强大,影响着所有人的阅读,更深刻地影响着中学语文教学。不只是《故乡》,不只是鲁迅,就连屈原、杜甫、李白、关汉卿、曹雪芹等古代文学作家的作品,都被强行按压到阶级论的水槽中接受"新"的阐释。所以说,《故乡》的问题并非个案,是一个时代的病症。而这种阶级斗争的理论,从民国时期影响着文人的创作与阅读,到20世纪60年代成为主流意识形态,与"国民国家想象"还有很远的距离。

　　有位批评者指出:

　　　　读过该书的人大概都有一个共同的感觉,即此书让我们认识到了鲁迅文学在阅读传播过程中的政治工具性,但未提供太多关于《故乡》和民族国家本身的新认识。打个简单的比方,藤井省三让我们认识到了"A和B"的某种关系,但对我们认识"A"和"B"本身似无推进,换句话说,如果改成《孔乙己》或者其他作家作品的阅读史,似乎也可得出"文学曾经位于'国民国家想象'的核心位置"的观点。[①]

　　究其原因,就在于,作者提供的史料和相关分析,与"国民国家想象"之间没有"必然性"和"唯一性"的关联,是一种先入为主、处于悬置状态的理论外套。其实没有这件外套,这本书也自有其引人入胜之处。这就说明,一种外在的理论,如果与研究对象之间没有构成血肉相连的"亲密"关系,无论这理论多少高深,多么玄妙,都是没有意义的。

　　除了上述问题外,书中还有一些颇为费解的文字,如在"引言"中作者写道:

　　　　这篇小说(指《故乡》——引者注)的出现不仅标志着鲁迅的文学创作进入了成熟期,而且标志着中国开始了本质意义上的现代化。这样说是因为:在当时

---

① 孙海平:《评〈藤井省三鲁迅故乡阅读史〉》,《中国现代文学研究丛刊》2014年第4期。

的中国，由于清末以来欧化、产业化的发展，教育、文化方面各种制度的原型基本形成，进入发展新阶段的体制已经确立。以大学为主体的高等教育机构的现代化，学生数量的迅速增加，女大学生的出现，都推动着以这些新兴知识阶层为作者、读者、编辑出版者的新闻出版业的迅猛发展。①

《故乡》不仅不是鲁迅创作成熟的标志，而且跟后面列举的种种社会、文化现象好像也没有什么密切关系，它更不可能"标志着中国开始了本质意义上的现代化"。

再如：

> 如同第一章第一节已经论述的，《故乡》作为一个文本，在《新青年》上问世之前已经经历了接受、变异或者流通、再生产的过程。②

查阅第一章第一节，我们发现，作者论述的是鲁迅《故乡》的创作受到了契诃夫《省会》的影响，没有说明鲁迅的《故乡》在发表之前经历了怎样的流通过程。就目前我们掌握的有关《故乡》的材料，也不能支撑这一说法。类似让人费解的段落还有多处，不知原文如此，还是翻译的问题。

自然，笔者无意否定这本书的价值，相反，在笔者每年指导教育硕士研究生的时候，这本书是笔者指定的必读书。笔者认为，除掉"国民国家想象"这一唬人的理论外套，将这本书作为"中学语文教学史研究"类的著作，还是很有参考价值的，尤其对那些研究鲁迅作品教学的学者来说，该书丰富的史料和精到的微观分析，是很值得借鉴和思考的。

---

① ［日］藤井省三：《鲁迅〈故乡〉阅读史——现代中国的文学空间》，董炳月译，南京大学出版社 2013 年版，"引言"第 1 页。
② 同上书，第 59 页。

牧领话语与鲁迅再解读

中山大学 朱崇科

从某种意义上说,我们无论如何强调鲁迅存在的丰富性和复杂性都不为过,尤其是,他的思想中混杂了古今中外诸多转型期的灵魂碰撞、抵牾、交融,而结合其丰富的人生阅历与晚清民国波诡云谲的现实转换,他的回应、创设,乃至偏执都往往出人意表、沸沸扬扬。唯其如此,他也招致了当时和后来相当繁复而长久的人事非议和学术误读。①

毫无疑问,采取单一视角或坚持相对纯粹的思路来解说鲁迅当然也往往问题重重,若缩小范围,单单考察基督教与鲁迅的遭遇,持有此信仰的学者往往会对鲁迅加以评头论足,而某些观点仿佛是一种预设——鲁迅思想的不完满、以恶抗恶、缺乏形而上笃定救赎等。有论者指出,"鲁迅精神正是他所批判的国民性自身,不挪开它,中国精神就不会有光明的未来……鲁迅思想在他所处特殊的时期,在政治层面的运用上,产生了一定的公义作用;但其思想本质,是绝不可以成为'民族魂'的。"②

笔者以为,鲁迅的世界性包含是五彩缤纷的,易言之,作为具有国际影响力的 20 世纪最重要的灵魂人物之一,他和西方的思想文化,比如基督教的遭遇既是事实,同时又是(再)解读鲁迅的上佳进路。为此,这就要求我们视野开阔、心态平和,既要考虑到鲁迅的独特性,又要发掘新的可能性,即使回到鲁迅和基督教的关系层面,更应该深化剖析、另辟蹊径,而非单纯宏大叙事,"鲁迅对于基督教的两种倾向,一是赞成的倾向,我们称之为希望阶段,是对基督教中的一些合理思想的肯定、保留;二是否定的倾向,我们称之为绝望阶段,是对基督宗教的毫不留情的激烈抨击"③。有些观点甚至粗糙固化。

毋庸讳言,作为灵魂的拯救者和引领者本身必须要经历过深沉而痛苦的精神挣扎,作为 20 世纪最苦的灵魂之一,鲁迅的牧领人角色独特性和进路也值得认真关注。为

---

① 简单的说明和例证可参房向东《鲁迅:最受污蔑的人》,上海书店出版社 2000 年版;陈漱渝主编《一个都不宽恕:鲁迅和他的论敌》,人民日报出版社 2010 年版等。
② [加拿大] 区应毓等:《中国文学名家与基督教》,九州出版社 2010 年版,第 89 页。
③ 周红:《希望与绝望——论鲁迅的基督教观》,《哈尔滨职业技术学院学报》2007 年第 2 期。

此，本文力图考察牧领话语与鲁迅的复杂纠缠。

一 牧领话语：简述与剖析

毋庸讳言，本文中提及的牧领话语严格说来异常繁复，不仅历史源远流长，而且从空间构成上又可能混杂了东西方不同的文化源流，很难在一时之间廓清。为此，本文更多依据法国思想家福柯（Michel Foucault，1926—1984）在《安全、领土与人口》（上海人民出版社 2010 年版，钱翰、陈晓径译。下引只标注页码）的相关叙述为基础，进行简述和梳理，并略加分析。

在福柯的论述中，牧领其实更是被纳入有关治理（gouvernement），尤其是"对人的治理"谱系中的重要阶段和不可替代的层面之一。有论者指出，"从基督教会对人的治理到现代政府的治理是一个连续体，从希伯来的东方传统到近现代的政府组织方式之间有某种根本的一致性。对人的治理不是希腊罗马的传统，而是希伯来的牧领制度进入欧洲教会之后逐渐在基督教会内部形成的。"[①] 而结合福柯的论述，我们可以把牧领话语简单分成两个层面：一是牧领制度（侧重精神）；二是牧领权力（更侧重组织管理）。二者之间当然互有交叉，此处更强调侧重的差异。

（一）牧领制度

如前所述，福柯是把牧领制度放在治理问题的谱系学上加以处理的，而在描述 16 世纪的治理问题时，他提到了牧领学说（pastorale）的"整个主题"——"灵魂和行为的治理问题"（第 75 页）。而依照福柯的推断，治理术恰恰是从古老的基督教牧领模式"出发诞生的"（页 93）。

耐人寻味的是，福柯没有故步自封，而是同样将视野投向了东方寻找对人进行管理的源头。其中他对牧领制度有关良心灵魂指导的形式加以分析：（1）不同时空实践的多样性，如犹太王国中，"完满的正面的牧领关系，主要是神与人的关系。这是一种宗教关系，其来源、根基和完成都是在神对其人民的权力之中"（页 108）。（2）牧领的权力基本上是一种善意的权力。（3）牧领权力是一种个人化的权力，其中有一个著名的牧羊人的悖论：一方面，牧羊人应当看护全体，也要看护每一只羊；另一方面，为了整个羊群牺牲自己，为了每一只羊牺牲整个羊群，福柯认为，"这绝对是基督教的牧领问题的核心"（页 111）。

随着时间的推移，福柯认为，主要从 3 世纪开始构建并发展的基督教牧领制度开始发生质的变化，而不当被视作是希伯来或东方有关主题的移植或延续。与之前的模式不同的是，基督教想使牧领主题更繁复，而同时变成了一个巨大的"制度性网络"，基督教牧领制度和之前的最大区别在于"创建了引导、指引、带领、率领、控制和操

[①] 钱翰：《译者的话》，福柯：《安全、领土与人口》，上海人民出版社 2010 年版，第 1—2 页。

纵人的艺术……从古代社会的结束直到现代社会的开端,没有哪个文明,没有哪个社会比基督教社会更强调牧领"(页143)。

接下来福柯更从"总的抽象的纯理论定义"来考察牧领制度,深入挖掘了与其相关的3个基本要素的独特而又深切的内涵。(1)拯救。福柯敏锐剖析了其间牧羊人与羊群之间的复杂关系:①这些关系并非总体性的,它们整合在一起而又奇怪的具有分配性;②分析责任原则;③完全即时的转移原则;④牺牲的倒转原则;⑤转换的对应原则。除此以外就是(2)律法要素。所谓"纯粹的服从机制",牧羊人是负责并治疗灵魂疾病的医生,这种服从的关系是:①"个人对个人的服从";②"是没有目标的"。整体而言,牧领制度内,是一个普遍化的服从领域,其中包括作主本身。(3)真理要素。包括:①教育指导的日常行为;②指导精神。基督教的精神指导亦有其特征:①不是自愿的;②不因具体情况而有,而是长期存在;③强调和固定对另一个人的依赖(页155—158)。而在此强化和发展中,"基督教牧领的特殊性和本质在于它是通过功德和罪孽的经济学、绝对和全面的服从机制、隐秘的灵魂的真相之生产这些环节来运转的。福柯的结论是,牧领勾勒和构建了将于16世纪发展起来的治理术的前奏。"①

(二)牧领权力

从严格意义上说,牧领制度对精神方面的强调、指导、引领亦可视为一种(更为有效的)牧领权力方式。而实际上,牧领权力的角色合法性和强化确实与牧领制度息息相关。

福柯通过文献分析指出了在古代希腊文学思想中及古典政治文学中执政者≈牧羊人角色对应的复杂性、阶段性和争议性。而在福柯看来,牧领的真正历史,其作为对人们施加影响的"权力特殊类型,在西方世界中只是在基督教以后才开始"(页128),而同时正是在基督教会中,牧羊人主题成为相对独立的主题,也在牧领制度中成为制度化的关系。虽然牧领权力和政治权力相对分开,但它们之间也有一系列的相互影响、支撑、接替和冲突。

耐人寻味的是,福柯也没有忽略牧领制度受到的反抗、冲击和相关危机。他特别进行了例证,如从军、秘密结社、医学异端等。福柯用"反引导"这个词进行界定,并指出凭借应对"反引导",牧领制度实现了一系列转变,包括宗教性的权力。福柯也指出反牧师斗争(也是反牧领制度)的不同形式,如苦行、社团、神秘主义、《圣经》问题、末世信仰等。当然,这些相对"边界性的元素",也曾经被教会收编或利用过。正是在这样的相互反动中,宗教改革发生,相关革命亦进行,但不论怎样,牧领权力却是更全面的掌控个人及引导者的生活,"扩大虔诚的引导,增强精神控制,强化个人及其引导者的关系。牧领从来没有发挥过这么重要的作用,从来没有像现在这样掌控着物质生活、日常生活及个人的世俗生活。牧领负责起一系列的问题,关乎物质生活、

---

① 莫伟民:《权力拯救灵魂?——福柯牧领权力思想探析》,《复旦学报》2011年第5期。

财产和儿童教育的问题,所以,这就是宗教牧领制度在精神层面和世俗生活上的强化"(页202)。

毋庸讳言,更广泛的牧领话语远比上面的简述复杂,就连福柯本人也深切意识到这一点,但作为一个重新解读鲁迅的孔道,这样的切入点似乎又绰绰有余。当然,更直接而关键的问题是,鲁迅和牧领话语如何遭遇?我们如何借此突破瓶颈,继续深入探勘鲁迅。以下主要从两个层面展开论述,牧领话语与鲁迅的契合,以及相关话语的限制。

二 牧领与鲁迅的契合

和牧领有直接关系的文章是鲁迅的《一点比喻》:"这样的山羊我只见过一回,确是走在一群胡羊的前面,脖子上还挂着一个小铃铎,作为智识阶级的徽章。通常,领的赶的却多是牧人,胡羊们便成了一长串,挨挨挤挤,浩浩荡荡,凝着柔顺有余的眼色,跟定他匆匆地竞奔它们的前程。"在这段著名的描述中,山羊的形象特别引人注目,虽然牧人的角色一闪而过,但在鲁迅的心中,打头的山羊却是知识分子的象征,"人群中也很有这样的山羊,能领了群众稳妥平静地走去,直到他们应该走到的所在。"易言之,某种意义上说,山羊其实更是牧领人的角色。

从宏观层面思考,鲁迅的书写和牧领精神不乏契合之处,比如其拯救,更准确地说是启蒙功能,从精神层面说有其"善心"的追求。但同时毫无疑问,鲁迅与牧领制度更有不少差异,比如灵魂治理(或救赎)的原则性和具体实践操作远比不上基督教牧领制度复杂和精细。

(一)精神救赎:立人与国民性改造

在笔者看来,牧领与鲁迅书写的精神契合之处就是"对良心的指引",同时牧领人却也为此付出了巨大牺牲。比如小说中屡屡对启蒙者/革命者的弘扬与再现,《药》中的夏瑜、《铸剑》中的黑衣人、《非攻》中的墨子、《理水》中的大禹,无论如何,他们都是一群为公众谋福利、除天害、解忧愁的民族脊梁。

相较而言,置身于晚清民国时空的鲁迅身上难免打上中国的印迹,亦比相对理论化和空疏的牧领话语接续了更多中华"地气"。鲁迅终生是强调"立人"理念的,同时亦为改良国民性不遗余力。结合牧领话语,我们不难发现,鲁迅其实对牧领者的合法性与身份进行了深入思考——如果无法找到一个全能而神圣的基督(第一个牧人),那么实际上的牧领人作为先驱亦应该有各自的先锋性和所长。如人所论,与尼采和而不同的是,其实鲁迅更强调对后起的生命的尊重与扶持,"鲁迅是把生物进化论和尼采的生命哲学结合起来用于批判旧伦理的。既和尼采一样指出传统礼教危害个性生命,又和尼采不同而更重视'后起的生命',认为'更有意义'"[①]。

[①] 刘福勤:《尼采的反基督对鲁迅伦理观的影响》(上篇),《鲁迅研究月刊》1995年第5期。

《狂人日记》中的狂人其实更是介乎尼采所言的"超人"与"末人"中间的中西结合的先驱者形象,① 他指出了"吃人"文化的卑劣性并对灵魂救赎提出了自己的应对方法,"救救孩子!"《长明灯》中的疯子同样是清醒的咆哮者,《头发的故事》更强调对中华民国现代性新纪元的铭记与镌刻,《药》中除了颂扬夏瑜的牺牲精神以外,也灌注了"天下为公"的新理念,《采薇》中也侧面表达了对坚守气节的同情。

但同样需要指出的是,这些牧领人亦有自己的缺点,毕竟他们都是历史进化链条上的中间物而非无所不能的神或其代表者。比如在狂人和耶稣之间也还是有本质的差异的,有论者指出,"狂人救世的路是宽广的,可选择和有进退的,其救世的相对性、暂时性和投机性随时为他设立逃生之路,随时诱他放弃拯救。耶稣救世的门是窄的,那路是难走的。以世俗解放者的眼光看,实际上,狂人这样的脚步走多条路的拯救者的有进有退正是耶稣那样的永恒拯救者没有退路的原因,狂人的苟活正是耶稣必死的原因。"②《起死》中其实更是鲁迅对灵魂救治者——庄子的戏谑式调侃,超越时代的凌空蹈虚思想有时无法应对或抹杀历史现实语境对人的镌刻。同样,《阿Q正传》中的男主角阿Q身上也可以折射出当时所谓革命的不彻底性、妥协性、排他性和软弱性。《风波》中的政治治理者其灵魂本身就是过时的意识形态凭借,可以理解,现代性的大事更替到了这里就变成了可有可无,甚至成为宵小打击报复异己的小风波了。③

毋庸讳言,正是因为把单一而无所不能的神或上帝置换成了集体而有缺憾的牧领人群体,那么可以想见,鲁迅"立人"的结果和预期亦与基督教牧领有所不同。如前所述,基督教牧领制度,灵魂治理与指引其实更是在羊只和牧人之间建立更全面的依赖关系,而鲁迅小说或作品中的精神救赎却更多是为了启蒙,让个体人觉醒并重塑自我,在此基础上建立相对理想的"人国"——更多是和而不同、众声喧哗、多元并存的组织机构。当然,考虑到牧领的效果,鲁迅更强调儿童、青年的重要性也是题中应有之义了。④

(二)反引导及其文体实践

牧领话语中有"反引导"的实践历史,在鲁迅创作中,也有类似的现象。但是,仔细说来,这里的反引导更多是一种守旧式抗拒。易言之,中国文化的超稳定结构⑤对于无论是被引导者还是引领人都是巨大的羁绊和束缚,这也是鲁迅会往往将创作中心偏向国民性改造问题并加以大力批判的要因。毫无疑问,这种批判至少指向了两个层面——被引导的庸众和引领人。

《阿Q正传》其实作为鲁迅的经典作品,简单而言,它更是鲁迅对庸众劣根性的集

---

① 具体可参拙文《论鲁迅小说中的癫狂话语》,《中山大学学报》2008年第4期。
② 刘青汉:《人的救世与基督的救世》,《鲁迅研究月刊》2004年第4期。更丰富的论述可参刘青汉《跨文化鲁迅论略》,人民出版社2008年版。
③ 可参拙著《鲁迅小说中的话语形构:"实人生"的枭鸣》,人民出版社2011年版,第143页。
④ 同上书,第65—87页。
⑤ 具体可参孙隆基《中国文化的深层结构》,广西师范大学出版社2011年版。

中展示和正面主攻，而颇难理解和争议不断的小说《伤逝》毋宁更是对生活在鼎革之际的新人逐步被现实吞没的悲剧式侧击。限于主题关联，我们更多考察引领者身上残存的反引导元素。

简单而言，牧领人身上的反引导元素主要有两个面向：①旧势力的根深蒂固与；②新元素的稚嫩羸弱。《孔乙己》《白光》毋宁更呈现政治管理阶层借用知识操控的悲剧性结果；《祝福》中的"我"是个懦弱的帮凶；《幸福的家庭》中更是耽于中国特色的新式幻想的空中楼阁；《肥皂》《高老夫子》更多是对伪善者的辛辣讽刺和批判。相对复杂些的是《离婚》，旧派的势力七大人和"新"势力——假洋鬼子沆瀣一气，成为击败本土反抗者爱姑的共谋者，而留洋者原本是为取经后做牧领人的；《端午节》中奉行"差不多主义"的羸弱的方玄绰却借新文化的象征物——胡适的《尝试集》作为武器来对抗并压迫妻子。

鲁迅在《华盖集·这个与那个》一文中说："孤独的精神的战士，虽然为民众战斗，却往往反为这'所为'而灭亡。"值得反省的是，新元素的脆弱也显而易见。《孤独者》中最令人心痛的悲剧就是革命者向自己的革命对象低头并在其麾下乞食，《在酒楼上》道出了人生命定循环中的可悲挫败。简单而言，单单指责旧势力的强大是不客观的，我们亦应看到引领者作为出身于旧阵营的时代局限性印迹和新元素自身的单薄乃至不堪一击。《一件小事》自然有多种读法，此处我们其实更可视为鲁迅对引领者元素的补充式强调。

三 套不住的鲁迅：牧领话语及其限制

毫无疑问，鲁迅的复杂性远超一般人的估计，甚至是某些知名学者，如刘小枫教授等。刘教授对鲁迅的理解新颖独到，自有其引人注目之处，但往往也有剑走偏锋之嫌。他喜欢对鲁迅思想下断语，"据说鲁迅的思想特色是'杂'，在我看其实是'阴冷'。"[①] 而实际上，"阴冷"只是鲁迅的一面，内在的热切一如火鸦，这绝非一般读者可以轻易感知的。而从文本书写的表现形态看，鲁迅往往有所保留，不愿把内心的黑暗面，如鬼气和毒气轻易传染给年轻人，这个举动和考虑本身也是热的表现。简而言之，鲁迅自有其复杂性，无论是文本创新，还是思想驳杂，很难一语道尽。而牧领话语尽管是探勘的利器之一，但也有其限制，毕竟，它也只是从一个层面观照鲁迅。

（一）"恶"的偏执

刘小枫曾经如此比较式评价陀思妥耶夫斯基和鲁迅各自的洞见，"陀思妥耶夫斯基的洞见是：启蒙理性没有消除神性与人性的紧张关系，他仍然有对上帝的绝望信念；

---

① 具体可参刘小枫《拯救与逍遥》（修订本），上海三联书店2001年版，第332页。

鲁迅的洞见是：既然恶是生命世界的事实，必须且应该称颂恶，不可相信、祈告神圣的东西，除了人的生命权利，一切价值都是虚假的，它们帮助历史的恶扼杀生命。"①正是因为站在基督教立场，刘小枫其实对陀氏与鲁迅的高下之分其实早见分晓，甚至有先入为主之感。②

除此以外，刘小枫也指责鲁迅思想救赎中的以恶抗恶，"肩起黑暗的闸门导致心灵的黑暗这一结果，已经包含在其前提之中：黑暗的闸门是由一颗黑暗的心肩负起来的……鲁迅说要救人，也许要救的是自己灵魂的阴冷。可是，除了鬼魂的自我刻画、冷嘲和热讽，鲁迅找不到别的东西来滋养灵魂。"③

针对上述两个论断，其实我们也可以提出两种质疑进行因应：①鲁迅的思想中是以偏执的以恶抗恶作为主流吗？②以恶抗恶的辩证：鲁迅如何回应基督精神？

无疑在很短的篇幅内缕述鲁迅思想中是否是以恶抗恶作为主流是艰难的，也是不可能的任务，我们只能撮要概述。从鲁迅的小说创作中我们不难发现鲁迅对民族脊梁与实干苦干精神的弘扬，如《故事新编》里面对女娲、大禹等人的不吝赞美，《一件小事》中对人力车夫的实干精神和敢于承担的鼓吹，以及热心以各种方式为逝去的英雄立言和致敬，如秋瑾、徐锡麟等，这自然不是以恶抗恶。散文书写中，不管是《朝花夕拾》还是杂文中的抒情散文系列，都可呈现鲁迅对故乡、对人性、对文化习俗等温情脉脉的叙述。④即使是相对沉郁晦涩的《野草》，亦有反抗绝望的正能量，而其大量的杂文中亦不乏对专制、黑暗、现实和历史的有力挞伐，其驳杂似乎远非以恶抗恶可以概括。或者我们亦可以说，鲁迅直视自己的阴暗面，社会的专制、黑暗令人窒息时恰恰也部分清理乃至升华了这些恶，至少他以相当清醒和坚决的姿态走向不确定的希望、积极和未来，从此视角看，鲁迅在与恶的斗争中也提防、转化甚至升华了恶。

需要指出的是，鲁迅在牺牲精神和精神启蒙上有和上帝哲学契合的一面，但鲁迅的悲剧性在于，他却只能扎根民间，不能利用上帝的神通脱离苦海，他深切感受到各色苦难，也因为其和广大民众感同身受而本身又是优秀作家的敏感反应却更让他痛苦不堪，这或许是他会呈现负面情绪的内在原因，"而对于鲁迅个人的悲剧来说，他奉行了上帝的哲学，然而却没有上帝的威权，尽管他摆脱了'奴'的位置，但他仍只是'人'而已，故而便会处处'碰壁'、绝望"⑤。

---

① 刘小枫：《拯救与逍遥》（修订本），上海三联书店2001年版，第328页。
② 高旭东就指出，"刘小枫终于把谜底道破了，原来一个艺术家伟大不伟大，仅仅是看他相信不相信上帝"。具体可参高旭东《中西文学与哲学宗教：兼评刘小枫以基督教对中国人的归化》，北京大学出版社2004年版，第299页。坦白说，高此书对刘的有关鲁迅论述的反驳并不特别深刻和具有说服力，意气成分不少，但有些观点却又是类似的偏执而一针见血的。
③ 刘小枫：《拯救与逍遥》（修订本），上海三联书店2001年版，第338页。
④ 具体可参赖建珍、郑家建《仰看流云：重读〈朝花夕拾〉》，海峡文艺出版社2011年版。
⑤ 白浩：《基督品格的萌生——从鲁迅到巴金对中国文化人格革命的意义》，《现代中国文化与文学》2011年第2期。

正如某些论者泛泛批评鲁迅的世故却看不到鲁迅的童真，即使在多疑精神中也包含了对人，尤其是青年的高度信任和牺牲精神，即使青年们屡次伤害他甚至提出了不少非分要求（比如所谓的义子廖立峨）。在《我们现在怎样做父亲》一文中，鲁迅说，"所以觉醒的人，此后应将这天性的爱，更加扩张，更加醇化；用无我的爱，自己牺牲于后起新人"。

以恶抗恶观点总结的偏执恰恰是忽略了鲁迅内心深处的积极能量。其明知不可为而为之的勇猛，其不懈的韧性战斗，其反抗绝望的决绝姿态，其坚持对个体人性的尊重精神始终如一，这一切都远远超过了简单地以恶抗恶的概括。但同时毋庸讳言，鲁迅自有其深刻了解却又难以根除的阴暗面（darkness）[①]，这是鲁迅思想的不可或缺的组成部分之一，我们要客观面对，但这绝非主流和全部，不可片面夸大。

（二）恶的辩证

我们同样也可结合鲁迅有关代表性文本（如《铸剑》《复仇》（其二）等）继续深入分析鲁迅思想中恶的微妙辩证。

（1）《铸剑》：复仇的阴冷与狂欢。对《铸剑》的解读，刘小枫明显有其片面性，他把黑衣人说的愤激之词（"仗义、同情那些东西，先前曾经有过，现在却都成了放鬼债的资本，我心里没有你所谓的那些，我只不过要给你报仇！"）当成是鲁迅的世界观和思想倾向。而实际上，这个黑衣人是一个非常复杂的形象。他实际上是复仇之神，他有心帮助眉间尺复仇、铲除暴力和强权，方法却与众不同，比如直接索要眉间尺的宝剑和人头，而眉间尺却又奇怪地高度信任他。黑衣人的那番话其实是在眉间尺要感谢他时说出来的，其风格就是干净利索、个性独具，也不采用世俗的语汇来抒发内心情感。

这当然只是故事的一面。故事的另一面，是当眉间尺的头颅与王头在鏖战中因为经验不足而落了下风后，黑衣人坚定地以自刎加入，这种以自己的生命复公仇，这种决绝的无私的巨大牺牲难道是恶吗？更有趣的是，他们携"头"抗暴的狂欢性——既有暴力凶残的战斗，又有温情脉脉的互助合作，甚至或多或少带上了些许性的意味（这在歌谣中有所呈现）。而整篇小说在风格上也因此带有一定的狂欢色彩[②]，这何以见得是以恶抗恶呢？

（2）《复仇》（其二）：大痛苦与大牺牲。有论者犀利地指出，鲁迅对基督教呈现和尼采不同的暧昧性，"他也有内在的紧张，但紧张之因并非基督教文化及其道德伦理的氛围压力。对于基督教和尼采的反基督，他只作为西方文化现象来考察。他不像反中国礼教那样反基督，仍把耶稣作为'人之子'来看，在'趋无限绝对之至上'精神

[①] 相当精彩的论述可参 Hsia Tsi-An（夏济安），*The Gate of Darkness: Studies on the Leftist Literary Movement in China*, Seattle and London: University of Washington Press, 1971。

[②] 具体可参拙著《张力的狂欢——论鲁迅及其来者之故事新编小说中的主体介入》，上海三联书店 2006 年版中编。

上面更与基督精神一致。他对于复杂多面的基督教文化史及其现状，反应也是复杂多面的"①。在《复仇》（其二）这篇精致改写《新约》中耶稣钉死十字架故事后的文本里，鲁迅强调和添加了新的元素。在原文本中更多是叙写故事，并未深入细描耶稣面临羞辱和钉杀的心理状态，但很重要的是，这一改写背后亦承载了更加复杂的意义，有论者指出，"取材于四福音书的《复仇》（其二）给了我们一个战士。这是因为如鲁迅所说，血管里流出的总是血，鲁迅是个革命者，所以他仰慕的是战士，而不是超人，对他所写的早期战士的某些'超人'气，他采取了分析的态度"②。

需要指出的是，耶稣所受到的屈辱、敌意和切切实实的钉杀是让读者通过鲁迅刻意铺染的文字都感到寒意逼人的，鲁迅也让耶稣真切感受到这种复杂的苦楚。一方面，吻合基督教不同时期的以暴易暴（如犹太教里面著名的"以眼还眼"说法，《旧约圣经》里的《申命记》与《出埃及记》都曾提及）的历史传统和习惯说法的，作为神之子，又是连接人神的中介，他必然要赎罪，而人类的恶与罪越宏大，却又越显示出救赎的必要及对他伤害深重的必然性；另一方面，这种复仇亦是作者指向以色列人的，鲁迅把神之子变成了人之子，虽然耶稣不能仇视，但同时这种作者介入的复仇态度却让读者感受到耶稣的伟大牺牲和灵魂高度，他才是真正的不可替代的牧领人，如李何林所言，"鲁迅则增加了他的'悲天悯人'的精神的描写，一再重复地赞扬他的这种精神，塑造了在这一篇作品中耶稣的英雄形象"③。

结语：从某种意义上说，以牧领话语再解读鲁迅更是一个尝试和开始，在两种相对丰富和驳杂的思想存在之间找寻一种深切关联并不容易，但它们之间既有契合，又有逸出和差异，还有更丰富的可能性。值得反思的还有，我们在直面复杂灵魂时的剖析态度、切入视角可以千变万化，平等对话和理解之同情却不可或缺，否则，以一种即使再高深却又可能偏执的理论硬套鲁迅却未必显得高明有效，后顾者必须回到历史语境才能让新意迭出站得住脚。

---

① 刘福勤：《尼采的反基督对鲁迅的影响及鲁迅有关的特殊性》（下篇），《鲁迅研究月刊》1995 年第 6 期。
② 闵抗生：《尼采的"超人"基督与鲁迅的"人之子"》，《徐州师范学院学报》1989 年第 3 期。
③ 李何林：《鲁迅〈野草〉注解》，陕西人民出版社 1981 年版，第 59 页。

第二辑

解答

鲁迅的"娜拉"到底怎么了

尼赫鲁大学　陈　霞（Usha Chandran）

19世纪著名戏剧家易卜生的代表作《傀儡家庭》（1879）在世界许多国家和文化中都被改编后重新搬上舞台。剧本的最后一场戏中，女主人公娜拉终于意识到自己是丈夫的傀儡，于是她离开了丈夫和3个孩子，大声关上门离开家。其实她觉悟了，在她的一生中，她一直只是丈夫装点门庭的饰物。她甚至把自己比喻成傀儡，从小就是父亲的玩偶，结婚以后又成为丈夫的玩偶。

易卜生的现实剧作对中国和亚洲其他地区的影响颇为深远。可以说在20世纪20—30年代的中国，易卜生是最受关注的西方作家。[①] 在五四运动时期，娜拉成为中国妇权运动的代名词。因此，在20世纪初，权利意识开始觉醒的"娜拉"对中国人有很大的影响。1914年，《傀儡家庭》第一次在中国上演，成为中国人最早开始了解的西方戏剧。[②] 到了1935年，娜拉已经风靡整个中国戏剧舞台。剧中，"娜拉"为了提高自我意识，选择放弃作为"娃娃"的安全生活，通过这个人物，易卜生为世界各地深陷此类境地的无数女性发声。因此，娜拉可以被称为现代女性的母亲。

20世纪初，《傀儡家庭》对中国文学产生了深刻影响。易卜生的娜拉是西方的英雄行为，但在中国文学中，娜拉则被改编成适应中国政治和社会条件的一个人物，说明了易卜生在中国被广泛接受程度之高。娜拉的形象还受到五四运动时期的历史与社会背景的影响，文学作品对娜拉这个人物的不同描述说明了中国在20世纪对妇女问题的不同态度和看法。可以说，"娜拉热"对20世纪上半叶中国的新文化运动和妇女解放运动起到了积极的推动作用。茅盾在其《从娜拉说起》（1938）一文中说道："易卜生的剧本《娜拉》（《玩偶之家》）对于中国妇女运动很有关系。《娜拉》被介绍过来以前，《新青年》已经谈到妇女运动，但是《娜拉》译本随'易卜生专号'风行以后，中国社会上这才出现新的女性。妇女运动从此不再是纸面上一个名词。如果我们说：

[①] 这是语言学和斯堪的纳维亚研究院，奥斯陆大学在"各文化接受的易卜生"研究项目报告的观点。该项目的目的是探讨易卜生的作品如何在不同文化之间传播的各个方面。该项目没有把文化构思为国家，而集中在中国、印度和孟加拉国相应易卜生作品的制作。http://www.hf.uio.no/iln/english/research/projects/ibsen-cultures/index.html.

[②] He Chengchou, *Henric Ibsen and Modern Chinese Drama*, Norway: Oslo Academic Press, 2004, p.27.

五四时代的妇女运动不外是'娜拉主义',也不算是怎样夸张的。"①

鲁迅也受到娜拉的深刻影响。在鲁迅的短篇小说《伤逝》中,鲁迅描述了一个中国式的娜拉,即子君。因为故事女主人公的行为很像娜拉,这部短篇小说经常被认为是《傀儡家庭》的改编本。

在《伤逝》中,男主人公涓生(故事的男主人公也是第一人称)把子君描绘成一个现代、自由和独立的女子。他很敬畏她,觉得她比自己更坚决和坚定。子君勇敢地声称,"我是我自己的,他们谁也没有干涉我的权利"②。如典型的"娜拉"式行为一样,她离开叔叔家跟涓生一起生活。涓生是五四时期的学者,他跟子君讨论西方"现代"的思维,以及他对易卜生、泰戈尔、雪莱等现代作家的深刻钦佩。不过,随着故事的发展,在涓生的叙述中,我们发现,与现实生活渐渐消磨了他对子君的爱意和钦佩,而且子君对妇女自由和独立的崇高哲学也渐渐地被澌灭。生计也成问题,涓生面临养活两个人的压力,最终表示他已经不爱她了。他给子君一个建议说,为了一个新的未来与避免一起被毁灭,唯一希望就是她应该离开家。在易卜生"娜拉"的勇敢决心的深刻影响下,他敦促子君应大胆地离开家,继续向前迈进。有一天,他回家发现子君不见了,原来她跟她的父亲一起走了。不过一段时间后,有人告知,她已经死了。故事最后表现了他对整个事件的遗憾和内疚,同时他又极力希望忘掉此事,开始新的生活。

鲁迅选择男主人公为故事的第一人称,这一选择使子君被沉默,因此关闭了她成为易卜生的"娜拉"的所有可能性。子君从一个大胆追求自由的女性到软弱依赖的普通家庭主妇,而最终变得冰冷、怨恨、愤懑,这些背后的情感历程都完全被鲁迅忽略。她放弃全部,全心全意和涓生一起开始新的生活,但进入日常生活和家庭的现世,她渐渐感觉到世俗琐碎之空虚,结果她选择在生活的虚无中进一步消失自己,终于导致她走到生命的尽头。不过,鲁迅没有给她表达这些情感的发言权。在小说中知识分子阶层对女性角色的矛盾定位和复杂心理在男主人公身上得到了很好的体现。小说同时也探讨了知识分子鼓吹妇女解放的内在动因和自我意识。20世纪初,中国男性知识分子对现代性的孜孜追求与他们对西方思想的诠释和接受密不可分,他们希望能用这些西方现代思想取代中国当时陈腐的封建社会。

但是鲁迅把全部的注意力从娜拉(子君)转变到托瓦(涓生)的身上,还有他们之间的关系,这一点引起了我们对 Butler 说的"性别表演"(gender performative)③(Butler 认为,表明自己性别的过程就是一个表演的过程)的想法 ④。但是,鲁迅选择

---

① Mao Dun, On A Doll House, Pearl River Daily, April 30, 1938, Quoted in Tam Kwok-kan, Ibsen in China: Reception and Influence, Urbana, Illinois: University Microfilms International, 1984, p. 258.

② 鲁迅:《鲁迅经典大全集》,外文出版社2012年版,《伤逝》1925年10月21日,第114—122页。

③ Judith Butler calls gender as "performative". Butler, Judith, Sex and Gender in Simone De Beauvoir's "Second Sex", p. 40, Yale French Studies, No. 72, 1986, pp. 35-49.

④ Sanderson Victoria, (2010) Performing the Chinese Nora - Male-constructed Nora figuresin Lu Xun's - Regret for the Pastand Mao Dun's - Creation, p. 38.

赋予《伤逝》一个男性的叙述视角，来制造"娜拉"的"形象"，好像暗示着易卜生的"娜拉"解决不了中国子君的问题。易卜生的"娜拉"是有意识地离开家，她意识到自己应该把自己教育到自我意识的程度，而鲁迅的"娜拉"是在绝望的状态跟父亲一起离开家。鲁迅也许认为易卜生的娜拉是"妇女的浪漫理想化的形象"，但他相信她（易卜生的娜拉）不能最终解决问题。鲁迅说过，"因为易卜生是在做诗，不是为社会提出问题来而且代为解答"。① 其实他最大的疑问是娜拉离开家后怎么了。

鲁迅在北京女子高等师范学校文艺会上发表《娜拉走后怎么样》时说："但娜拉毕竟是走了的。走以后怎样？易卜生并无解答；而且他已经死了……然而娜拉既然醒了，是很不容易回到梦境的，因此只得走；可是走了以后，有时却免不掉堕落或回来……人生最苦的是梦醒了无路可以走。做梦的人是幸福的；倘没有看出可走的路，最要紧的是不要去惊醒她。"② 鲁迅极为关心娜拉离开家后的未来。他急于探索娜拉的选择，特别是在当时固守传统价值观的中国。在这个背景下必须注重的是《伤逝》里的转折，子君不像娜拉，她离开家后极可能自杀结束了自己的生命。鲁迅为何给子君死亡的命运？据鲁迅，因为娜拉已经从她的梦中惊醒，她只能离开，但离开后，她难免不堕落或回来。他指出，"从事理上推想起来，娜拉或者也是只有两条路：不是堕落，就是回来。因为如果是一匹小鸟，则笼子里固然不自由，而一出笼子，外面便又有鹰，有猫，以及别的什么东西之类；倘使已经关得麻痹了翅子，忘却了飞翔，也诚然是无路可以走。还有一条就是饿死了，但饿死已经离开了生活，更无所谓问题，所以也不是什么路。"③

好像鲁迅对妇女离开家后自己工作生活并无任何信心。他认为妇女最好继续做梦而留在家里，反正她们没有别的办法。他指出，"其实，在现在，一个娜拉的出走，或者也许不至于感到困难的，因为这人物很特别，举动也新鲜，能得到若干人们的同情，帮助着生活。生活在人们的同情下，已经是不自由了，然而倘有一百个娜拉出走，便连同情也减少，有一千一万个出走，就得到厌恶了，断不如自己握着经济权之为可靠。"④ 鲁迅的娜拉也离开家了，但面临了死亡的命运——第三个选择，鲁迅把它归为牺牲的选择，是个"例外的娜拉"⑤。在这个意义上，鲁迅决定给他的娜拉中国社会所能接受的命运，以及更适合中国女性的特点。他决定结束子君的生命，因为在他个人的理解范围内，任何情况下子君都没有解放的希望。此外，通过这方式，子君或许会

---

① 鲁迅：《娜拉走后怎么样》，第240页，在1923年12月26日，北京女子高等师范学校文艺会讲，《鲁迅经典大全集》，外文出版社2012年版，第240—242页。
② 同上。
③ 同上。
④ 同上。
⑤ 鲁迅说，然而上文，是又将娜拉当作一个普通的人物而说的，假使她很特别，自己情愿闯出去做牺牲，那就又另是一回事。他接着说，只是这牺牲的适意是属于自己的，与志士们之所谓为社会者无涉。鲁迅：《娜拉走后怎么样——1923年12月26日在北京女子高等师范学校文艺会讲》，《鲁迅经典大全集》，外文出版社2012年版，第240—242页。

为自己赢得一个纯洁女人的名号。他注意到,"据时下道德家的意见,来定界说,大约节是丈夫死了,决不再嫁,也不私奔,丈夫死得愈早,家里愈穷,他便节得愈好。烈可是有两种:一种是无论已嫁未嫁,只要丈夫死了,她也跟着自尽;一种是有强暴来污辱她的时候,设法自戕,或者抗拒被杀,都无不可。"①

因此,我们可以看出,鲁迅关注的不是妇女通过"娜拉"形象的觉醒,而是她们觉醒以后的命运。这些"娜拉们"到底去哪儿了?她们怎么了?鲁迅并不相信,这样的"觉醒"可以使一个女人的生活变得更好。他对妇女通过正当手段实现经济独立的能力心怀悲观。

但在几乎所有直接或间接的有关妇女的作品中,我们都可以看到鲁迅用文字猛烈谴责中国传统文化,特别是贬低女性地位的想法。他认为中国妇女遭受了不公对待。他指出,"第一,在家应该先获得男女平均的分配;第二,社会应该获得男女相等的势力"。同时强调,为了争取这些权利存在斗争的需要。不过,他表示他想不到什么斗争方式,他说:"可惜我不知道这权柄如何取得,单知道仍然要斗争。"作为一个思想家,他对解决妇女问题的无能为力也许是造成他失望的关键原因。事实上,对中国社会的深刻理解使他预见到,这场斗争将会比政治权利的斗争更艰难、更残酷,他指出,"或者也许比要求参政权更要用剧烈的战斗"②。因此,值得注意的是,虽然鲁迅强烈反对男女之间的不平等,但是为何他却对妇女的"娜拉"形象没有任何的信心?下面本文就这一点进行探讨。

鲁迅对妇女经济独立的可能性持悲观态度,或许有两个原因;第一,他对保守传统的中国社会允许单身女性通过正当的方式赚钱没有信心;第二,他不相信大多数女性有自己赚钱生活的胆量或能力。鲁迅在所有有关妇女的杂文中对中国人的态度表达过深深的幻灭感。他的悲观情绪来自他个人对中国人的保守态度的刻板信念,而且,他暗示娜拉的形象将永远不会在中国单身生存。在演讲中他主要关注的是妇女的经济自由,他说:"所以为娜拉计,钱——高雅地说罢,就是经济,是最要紧的了。自由固不是钱所能买到的,但能够为钱而卖掉。"③ 不过,我们相信,也许鲁迅的关注主要是选择离开家的女性的经济自由,而一旦她们出来工作,这些问题都会迎刃而解,他却对五四运动后妇女解放运动的影响下女性在服务业工作的新趋势表示不满。很明显,他是为职业女性被男性嘲弄而觉得不安。他说:"他们从闺阁走出,到了社会上,其实是又成为给大家开玩笑,发议论的新资料了。"④ 鲁迅往往责怪的是女性;

---

① 鲁迅:《我之节烈观》,第236页,在1918年6月,《鲁迅经典大全集》,外文出版社2012年版,第235—239页。
② 鲁迅:《娜拉走后怎么样》,第241页,在1923年12月26日,北京女子高等师范学校文艺会讲,《鲁迅经典大全集》,外文出版社2012年版,第240—242页。
③ 同上。
④ 鲁迅:《关于妇女解放》,第346页,在1933年10月21日,《鲁迅经典大全集》,外文出版社2012年版,第346页。

"受害者"自己挑起这样的行动,而不是责怪"犯人",这透出了他对妇女有一种典型的宗法保护主义态度。正因为是如此"保护主义"态度的存在,一方面保护,而另一方面却致残妇女。因此这个态度使得鲁迅无法对"娜拉"的未来有任何乐观估计。

然而,鲁迅对中国妇女获得经济自由以后的命运也心存疑虑。他质疑,一个经济自由的人就能确保自由吗?他说:"在经济方面得到自由,就不是傀儡了么?也还是傀儡。无非被人所牵的是可以减少,而自己能牵的傀儡可以增多罢了。因为在现在的社会里,不但女人常作男人的傀儡,就是男人和男人,女人和女人,也互相地作傀儡,男人也常做女人的傀儡,这决不是几个女人取得经济权所能救的。"① 这使得我们注意到日常生活中父权制和社会阶级的问题,无论是男性还是女性,在家庭和社会结构之内他们都处于被控制的地位。鲁迅指出,妇女问题不是少数妇女实现经济权利就能解决的,而且这不能视为真正的解放。他认为必须要考虑这些变化是真正还是表面上的,因为如果一只笼子里的鸟已经被关得麻痹了翅膀,忘却了飞翔,也诚然是呜呜噜可以走,但它的地位也不会改变。② 他强调,除非女性赢得与男性同样的经济权利而实现平等,否则这一点是不可能实现的,因为,"他们虽然到了社会上,还是靠着别人'养';要别人'养',就得听人的唠叨,甚而至于侮辱……在没有消灭'养'和'被养'的界限以前,这叹息和苦痛是永远不会消灭的"③。

因此我们发现,即使鲁迅是一个改革者,但与20世纪初其他男性改革者一样,他也认为,女性应拥有更多的教育与自由走出家门的权利,不过这些应该是传统主义模式框架内的性别角色,目的是让她们做好母亲、好妻子,而对建设一个现代民族国家做出贡献。④ 以男性为主的知识阶层采取了"娜拉"作为一种文学修辞。反对压迫的娜拉形象的传播一方面反映了中国现代社会价值反对封建价值,但另一方面指向的是不让女性追求西方潮流的个人自由化。她们提倡的两性平等的观念应是——为了男性,或者是为了救国,但并不是为了女人自己。

因此,在意义上跟易卜生的娜拉产生偏差的子君,在男性知识精英的煽动和引导下离开家。《伤逝》是一个男性知识分子讲述的故事,从而他也控制了故事的性别话语。男性知识分子主张中国的社会价值观和性别角色的现代化,不过在文学中,他们不得不将妇女束缚在男性所定义的现代化标准之内。有学者指出,五四运动期间的妇女解放运动完全称不上妇女独立运动。相反,它是作为爱国斗争的本质要求

---

① 鲁迅:《娜拉走后怎么样》,第242页,在1923年12月26日,北京女子高等师范学校文艺会讲,《鲁迅经典大全集》,外文出版社2012年版,第240—242页。
② 鲁迅:《关于妇女解放》,第346页,在1933年10月21日,《鲁迅经典大全集》,外文出版社2012年版,第346页。
③ 同上。
④ Sudo, Mizuyo, Concepts of Women's Rights in Modern China (Translated by, MichealG. Hill), Gender and History, Special issue on translating Feminism in China, Vol. 18, No. 4, November, 2006, pp. 472–489.

的结果而诞生的。事实上，直至五四运动之后的新文化运动时期，妇女问题才得到了充分讨论。①

一个世纪以来，长期的妇女解放斗争使中国妇女获得经济、政治和社会权利，但真正的平等仍然远离绝大多数中国女性。然而，实现实质性的"平等"绝非易事，因为理想中的"平等"跟妇女性别或生理特性的矛盾冲突无处无时不在。世界各地妇女运动的经验表明，理想中的男女平等时时处处都跟性别差异有冲突。在谈到建立男女平等时，鲁迅指出了男女和同性之间的生物和生理的差异。他说："自然在生理和心理上，男女是有差别的；即在同性中，彼此也都不免有些差别，然而地位却应该同等。必须地位同等之后，才会有真的女人和男人，才会消失了叹息和苦痛。"② 性别差异的这种理解是20世纪80年代开始的第三浪女权主义的主要特征之一。③ 现代女权主义除了性别差异，"差异"的理念也包括不同的社会经验的承认、男女之间的差异，女性之间或男性之间的差异，而且男女在社会的特定存在的差异的解构主义模式。④ 有趣的是，鲁迅对性别差异的观察属于20世纪世界女性主义研究的主要方面之一。不过他对性别关系、妇女选择等问题的看法，使他仍然归属于以男性为中心的具有性别歧视属性的中国传统社会。

从另外一个角度来谈，回溯鲁迅对中国的娜拉所做的预测，即使在21世纪也能遇到。其中最突出的是，经济自由并不能完全解放妇女。妇女只要依靠男人"养"，她们就将继续成为男人手中的傀儡。许多研究表明，尽管中国女性走出家门独立工作已有六十多年的历史，但她们仍然是次要收入者。男女工人之间的平均收入差距甚至在21世纪也相当突出，⑤ 因此，女性仍然被男性"养"。

鲁迅透过深刻的观察认为，中国是很难改变的。尽管中国有过翻天覆地的改变，可是有关女性的传统观点仍然存在。鲁迅预测，"可惜中国太难改变了……不是很大鞭子打在背上，中国自己是不肯动弹的。我想这鞭子总要来，好坏是别一问题，然而总要打到的。但是从哪里来，怎么地来，我也不是能确切的知道"。⑥ 也许早在1949年，鲁迅提到的那根鞭子就已经真的打在中国的背上，但是即使现代中国在经济、政治和社会方面都处于巨大的转型期，但传统社会和文化所定义的妇女性别概念继续将女性

---

① 李小江：《夏娃的探索》，河南人民出版社1988年版，第150—156页。
② 鲁迅：《关于妇女解放》，第346页，在1933年10月21日，《鲁迅经典大全集》，外文出版社2012年版，第346页。
③ 第三浪女权主义包括不同女权主义者互相讨论的问题是，有些认为男女之间有差异，而另一些认为男女之间没有本质上的差异，并主张性别角色是由于社会条件而形成的。History and Theory of Feminism, http://www.gender.cawater-info.net/knowledge_base/rubricator/feminism_e.htm.
④ Berrett Michele, The Concept of "Difference", Feminist Review, No. 26, Summer, 1987, pp. 29—41.
⑤ 按照妇女绿皮书，在城镇就业女性收入和男性收入的比例为75%，《妇女绿皮书》，谭琳主编，蒋永萍、姜绣花副主编：《中国性别平等与妇女发展报告》，全国妇联妇女研究所、社会科学文献出版社1995—2005年版，第49页。
⑥ 鲁迅：《娜拉走后怎么样》，第241页，在1923年12月26日，北京女子高等师范学校文艺会讲，《鲁迅经典大全集》，外文出版社2012年版，第240—242页。

置于从属男性的地位。中国为期一个世纪的大规模政治,经济和社会变革并没有导致传统观念的性别角色和性别关系的转变。

  尽管如此,起源于五四运动的中国妇女解放运动促使更多的中国妇女走出家门,开始就业,并带来了妇女的经济自由。改革开放以后妇女解放运动的重点转向自我意识,类似于"娜拉式"的自我意识。因此,鲁迅给中国娜拉的选择已经被多次误读。中国的娜拉们从20世纪到21世纪一直在走出家门寻求解放,不懈地从事妇女解放斗争。但正如鲁迅所言,"……这(即为得到男女平等的斗争)也许比要求参政权更要用剧烈的斗争"。①

---

  ① 鲁迅:《娜拉走后怎么样》,第241页,在1923年12月26日,北京女子高等师范学校文艺会讲,《鲁迅经典大全集》,外文出版社2012年版,第240—242页。

"他的哲学都包括在他的《野草》里面"
——论哲学视角下的《野草》研究

惠州学院中文系 崔绍怀

一 引言

鲁迅学习和研究哲学的时间可以追溯到他早年日本留学时期。许寿裳在《鲁迅先生年谱》中写道:"二月,由江南督练公所派赴日本留学,入东京弘文学院。课余喜读哲学与文艺之书,尤注意于人性及国民性问题。"虽是课余阅读哲学书,但对课内学语言学西医具有一种形上的指导作用。研究哲学的重要意义,是为了变得智慧,这有助于鲁迅找到思维上和生活上的出路。摆脱生存的危机,对自由意志的追求,这是鲁迅哲学的精髓。鲁迅说他的哲学都在《野草》里,其用意一在于说明自身作为一个个体生存的境遇,用意二在于指涉无形的文化带给他的影响。就哲学主题视角下鲁迅《野草》研究发展历程现状的描述,张蓓和王颖仅从"反抗绝望"的人生哲学、"怒其不争"的"立人"哲学、深藏不露的"爱"的哲学[①]三方面着眼于20世纪80年代中期以来近三十年的鲁迅《野草》的哲学研究,做了简略的梳理和论述,尚未将更多的重要著述纳入这一研究视野中。因此本文试图围绕最初的《野草》哲学探索、《野草》哲学研究的曲折发展、《野草》哲学研究的继承与创新3方面予以论述,以期较为完整地反映其大貌。

二 最初的《野草》哲学探索

20世纪上半叶逐渐引人注目的是,研究者对于《野草》哲学问题的探讨。如鲁迅的"由她去罢""我不愿去""我不愿住"及"我不愿意"等语,至少表明了他对待人生的

[①] 张蓓、王颖:《鲁迅〈野草〉的哲学主题研究》,《文学教育》(上)2011年第4期。

哲学态度。对此，我们有必要梳理和分析此时研究者是如何探索《野草》哲学世界的。

（一）鲁迅哲学：口头传述和书面记录

1. 口头传述："《野草》是周先生的哲学"

与鲁迅其他作品相比，高长虹倾向于研究《野草》的内涵。"王品青一类人常反复传述：《野草》是周先生的哲学，我认为它是一种写意的象征主义的散文诗，在当时，鲁迅对于他的这种厌世主义是并不讳言的，他有时候，把这叫作是同自己的生命战斗。我想批评《野草》的时候，比想批评《呐喊》的时候要多一点，不过到我写出文章来，已经是在上海《狂飙》周刊的时候了。"① 虽然这是1940年写的评论，但从个人主观态度讲，以《呐喊》为研究的参照物，高长虹对《野草》的研究确实下了更多的功夫。他认识到了《野草》中的象征主义，《野草》属于散文诗的体裁，《野草》中鲁迅流露的厌世情绪及鲁迅"同自己的生命"进行战斗的坚韧与执着。《野草》虽有"这种厌世主义"的阴影，但鲁迅一直在反抗这阴影，一直在致力于走出这阴影。这是《野草》字里行间所蕴藏的真义。能构思并表达文本深藏的真义，这与研究者对鲁迅分析问题的来龙去脉、探究问题时追本溯源的挖掘和把握大有关系。

就《野草》是鲁迅的哲学这一观点而言，从高长虹的记载看，其实王品青是最早的口头传述者。从鲁迅日记看，由于王品青与鲁迅的交往较多，因此听说和转述鲁迅自陈哲学的这一观点是可能的、可信的。这也很可能与高长虹是在20世纪40年代转述的，而章衣萍1925年就发表了该观点有关。王品青口头转述，如无高长虹的记录作为佐证，真就变成口说无凭了，而章衣萍则是笔录下来。这恐怕是后来学者更为关注章衣萍转述这一观点的原因。毕竟口说的早已销声匿迹，而记载下来的文献资料则有"章"可循。后来研究者不了解王品青转述的原因，很可能是这先入为主的观念在作怪。

2. 书面记录："他的哲学都包括在他的《野草》里面"

《野草》在《语丝》上刚一发表，便发出奇光异彩。初期有关《野草》哲学主题的评论，主要呈现为肯定性的评论，持明显的肯定态度。由于一些研究者和鲁迅或直接来往成为一个实际的"在场"者，或以书信方式间接联系，然而他们对于《野草》的研究，从其价值看，都留下了初期探索者的足迹。只不过有或直接或间接的区别而已，如王品青、章衣萍等。

在报纸上公开发表文章，最早对《野草》哲学主题进行书面评论的是章衣萍。他在《古庙杂谈》（五）中说：

"这种争斗我也看得够了，由他去吧！"鲁迅先生说。

"由他去吧！"是鲁迅先生对于一切无聊行为的愤慨态度。我却不能这样，我不能瞧着鸡们的争斗，因为"我不愿意！"

---

① 高长虹：《高长虹文集下卷》，中国社会科学出版社1989年版，第512页。

其实"我不愿意"也是鲁迅先生一种对于无聊行为的反抗态度。《野草》上明明的说着,然而人们都说"不懂得"。

我也不敢真说懂得,对于鲁迅先生的《野草》。鲁迅先生自己却明白地告诉过我,他的哲学都包括在他的《野草》里面。①

章衣萍围绕三方面对《野草》做出了评论:一是《野草》中包含"鲁迅先生对于一切无聊行为的愤慨态度",二是《野草》中包含"鲁迅先生对于一切无聊行为的反抗态度",三是《野草》中包含了鲁迅先生的全部哲学。章衣萍与鲁迅的这番对话,借助于《影的告别》《我的失恋》等具体诗篇,切合了《野草》的精神内核,直指鲁迅本人的哲学思考,也深刻地影响着后来的研究者。

(二) 一分为二地看问题

1. 对"两个我"的判断

辩证统一,蕴含哲理。张翼人的《野草》研究论文,并不深奥难懂,且能用辩证和发展的眼光看问题,读来颇受启发。如《有生——读〈希望〉》写道:"而对于生的拒绝呢?那不能,这个你自己也晓得,虽是有一个影曾在你心上盘旋过,但你绝对不会跟上它。"② 这里,张翼人一方面看到了鲁迅既不拒绝生又不会追随死亡的阴影,而另一方面《我们》却提出了"生是否是可以否定的"问题,并对此超越职守代鲁迅做出了"可以"的应答。可见他对《野草》的认识是不断发展变化的。水至清则无鱼,人至察则无徒。《虚伪》一文说:"因为同是两个紧张的情绪,所以觉得是自欺,觉得是虚伪了,实在是因为一刹时有两个我分裂的缘故。"③ 对一个人的自我与他我进行了一分为二辩证的剖析,看到了一个人的外我与内我,看到了一个人的两面世界。此文浅近的语言中确实是充满丰富的人生哲理,也蕴藏深刻的辩证哲理的。基于此,笔者认为,张翼人是最早对鲁迅人格、灵魂做出较为翔实、深入剖析的研究者。这弥补了高长虹"入于心"说未能展开的不足。

2. "悲观哲学"和反"悲观哲学"研究

《野草》文本蕴含的内容是丰富多彩的,有明艳的色调,有欢快的情思,有阴暗的心理,有灰黑的图案等,各有不同。但这是鲁迅积极情绪、消极情绪,乐观心态、悲观心态,肯定进步、否定倒退的具体表现。在 1930 年 2 月 10 日《拓荒者》第 2 期上,钱杏邨的《鲁迅——〈现代中国文学论〉》认为,鲁迅"以他的悲观哲学为基调而写成的散文集《野草》(1926),便蒙着阴郁的灰色的封面在《彷徨》刊行之后继续出现了"④。研究者看到了《野草》中流露着的悲观伤感情绪,又并不止于

---

① 章衣萍:《古庙集》,北新书局 1929 年版,第 18 页。
② 张翼人:《给鲁迅》,经纬书局,民国二十四年九月。
③ 同上。
④ 钱杏邨:《鲁迅——〈现代中国文学论〉》,载《拓荒者》1930 年第 2 期。

此。"然而,鲁迅是始终不曾陷于颓废消沉。他始终是含着同情于一切被封建势力所摧毁所压迫的人们的眼泪,伤感的无目的的意识的和旧势力抗斗,因为他有一颗热爱人类的心。"①

钱杏邨对《野草》哲学的分析,反映了鲁迅的大悲与大爱。但为人处世待人接物时,鲁迅尽力掩盖自己骨子里的悲凉,而努力显示一种积极的姿态和温暖的情怀,为的是避免负面影响。很可能是因为钱杏邨体会到了这样的意味,因而做出了相应的判断。

(三)哲学思辨:变与不变

对"真实"的超越。聂绀弩的《略谈鲁迅先生的〈野草〉》一文,主要略论了《野草》的反传统的思想内容、象征的艺术实质、自辛亥革命以来北洋军阀混战帝国主义入侵的社会环境、作者鲁迅在个体思想发展中其散文诗集所体现的枢纽价值及其在"整个中国文化思想"中的文化地位等。该文开篇即提出具有哲学思辨形而上这样带抽象性质的观点,"对于鲁迅先生的《野草》,却实在感到了颤栗的",因为"《野草》中间所表示的绝望,是真实的绝望以上的绝望;表示的憎恨,是真实的憎恨以上的憎恨;而他所看见的黑暗,也是真实的黑暗以上的黑暗;所感到的寂寞,更是真实的寂寞以上的寂寞"②。看来,《野草》的内容确实震撼了聂绀弩等不少读者。

变与不变。论文中,"生而不知如何生,死而不知如何死,生不如醉,死不如梦,而人类的恶鬼则高踞在这些活的尸骨,死的生命上饕餮着人肉的筵席"③是生与死的对立,是鲁迅通过《野草》批判现实生活中人们生不是生死不是死的尖锐批判,是鲁迅对生与死的哲学思考。"现在重读《野草》,觉得他固然确有不变的东西,但也确有不妨称之为变的东西。《野草》就是旧的世界观发展到极致,走到绝境,碰到现实的壁上所爆发出来的灿烂的火花……什么是他的不变的东西呢?战斗精神和悲天悯人的情操。"④ 聂绀弩认为鲁迅不变的就是"战斗精神和悲天悯人的情操"。笔者认为,不变的是鲁迅与生俱来的那些固有的本性,是鲁迅一贯的风格,是鲁迅一直持有的情怀。变化的就是鲁迅面对现实状况表现出来的思考,面对黑暗便反抗黑暗,面对虚无便反抗虚无,面对压迫便反抗压迫,面对无望便反抗无望。这种变与不变的对比,同样是鲁迅对现实的关注与哲学思考。

聂绀弩道出了鲁迅内心隐藏的真正的绝望、憎恨、黑暗、寂寞,尽管鲁迅的物化表现与此相反。对《野草》进行了富于理性意识的研究和思考,聂绀弩做出的断语,今天看来仍有新意。但是,《野草》是在新与旧碰撞中诞生的"灿烂的火花"。这反映了鲁迅是旧与新或过去与未来的"中间物"的角色。鲁迅自身即是一种"变的东西",体现了一种牺牲精神。聂绀弩认识到了鲁迅《野草》的精神内核,因而能表达较为实

---

① 钱杏邨:《鲁迅——〈现代中国文学论〉》,载《拓荒者》1930年第2期。
② 聂绀弩:《高山仰止》,人民文学出版社1984年版,第24页。
③ 同上书,第26页。
④ 同上书,第27页。

质性的内容。但是,"不变的东西"是不是仅有"战斗精神和悲天悯人的情操"而再别无其他了呢?这是值得进一步思考和探讨的问题。

所以,从思想层面关注《野草》的哲学问题,是20世纪20—40年代《野草》研究最值得讨论的话题。研究者用思想的火花探索着《野草》文本深处的哲学问题,对于散文诗中有关消极形象如何表现国民劣根性的阐述,对生命意识和生存环境问题的思考等,反映了个人对《野草》理性意识的把握。可以这样说,研究者们重视《野草》的哲学问题或其理性色彩,是和《野草》文本自身蕴含的哲学思想分不开的。如聂绀弩的《略谈鲁迅先生的〈野草〉》就富于深刻的哲理思考。整体看来,这一时期作为《野草》哲学主题研究的探索期,确实对后来的《野草》哲学研究影响深远,为日后取得较大成绩做出坚实的铺垫。因此直到今天,哲学话题仍然被众多《野草》研究者讨论,毕竟鲁迅对人自陈过《野草》是自己的哲学这样的问题。人们追逐于这样的哲学问题,自然就更执着了。

三 《野草》哲学研究的曲折发展

20世纪60年代前期《野草》哲学研究论文的数量虽然不多,但质量较高,如冯雪峰、王瑶的研究。他们的论文表现出的扎实、有序、深入的哲学分析,是值得我们重视的。20世纪60年代后期到改革开放前,李何林、杜一白的《野草》哲学研究具有代表性。

(一)马克思主义哲学与革命哲学研究

1. 马克思主义哲学因素的挖掘

在鲁迅研究方面,冯雪峰的《论〈野草〉》是1949年中华人民共和国成立后影响较大的论文,具有鲜明的马克思主义特色。

冯雪峰是马克思主义学者,自然用马克思主义学说评论文学作品。在这篇论文中,尤其是论文的后半部分不止一次论及这样的立场。冯雪峰对《野草》的评价:一是他研究《野草》的战斗精神和反抗精神等特点,在他给《野草》分成的三类作品中,除第一类作品既体现健康的、积极的、战斗的精神,但也有悲观的因素[①]外,在其他作品中,研究者也时常从不同角度揭示《野草》的战斗性与革命性。如"可以说都是尖锐的讽刺作品"[②]的第二类作品中的《这样的战士》就较为明显。二是研究者以人民性的视角研究《野草》文本。实际上《野草》中的枣树、傻子、战士、过客、老妇人等,都是某一类人或人民的代表。而《野草》中鲁迅的个人主义形象性,也对立于人民性。三是研究者用马克思主义唯物辩证法研究《野草》时期的鲁迅思想。作为马克思主义者,冯雪峰精通马克思主义学说。他在分析鲁迅的世界观时说:"这是作者前期的大家所说的进化论思想中革命的方面,也是唯物主义的部分。但是,作者当时所掌握的这

---

① 冯雪峰:《论文集》(下),人民文学出版社1981年版,第360页。
② 同上。

样的辩证法有它的片面性，而且一方面又是同他的世界观中的唯心主义的思想相结合着的。作者当时还不是一个辩证唯物主义者。"① 鲁迅的前期有进化论思想，其中包含马克思主义的意识，这种说法不错。最终能顺利地接受马克思主义学说，这与鲁迅先前具有的上述"意识"有密切关系。而鲁迅与部分马克思主义者的接触，以及翻译有关马克思主义的著作，这还是外因，不过这种外因有可能加快其内因的迅速变化、迅速发展等。

2. 革命哲学的考量

外国学者别尔查·克列布索娃的《鲁迅和他的〈野草〉》是从革命哲学角度研究《野草》思想的。这是一篇演讲稿。别尔查·克列布索娃先后介绍研究鲁迅的材料来源和工作方法、分析《野草》、述及研究鲁迅的中外作家应该互相合作的问题等内容。② 第一部分交代了选题原因、研究过程、研究特点、研究的主要问题及其结论等。其中，研究者关注的重点有二：一指《野草》究竟是彻底革命的还是悲观主义的？二指鲁迅的全部作品都充满革命思想还是1927年后其作品才具有革命思想？其结论是，"鲁迅的主要问题是一个社会问题，是革命问题，而不是什么从自我出发的颓废的个人主义或者个人的病态表现……革命就是鲁迅的基本精神，由这种精神创造出来的作品，在他生活的任何一个阶段都是有一致的革命性的。"③ 自《野草》发表以来，就曾经有人认为，这部散文诗集表达了鲁迅个人的空虚、颓废、感伤、病态等情绪，这种虚无的消极态度，这种灰暗的心理阴影，一直支配着鲁迅的灰色生活。但随着《野草》研究的不断深入发展，越来越多的研究者认识到了这种评论的偏颇性和片面性。于是又从此一极走到了彼一极，出现了另一种的极端，即如别尔查·克列布索娃只看到了《野草》的革命性一样。《野草》确实蕴藏丰富的战斗精神和革命因素，但这不是《野草》的全部。实际上，应把这两种极端的看法做综合考察，这样才不至于偏激。

(二) 斗争哲学或战斗哲学的研究

1. 突出鲁迅对人道主义的批判

在《论〈野草〉》中，王瑶就鲁迅对人道主义的态度做了清晰的说明，并区分了人道主义和个人主义、个人主义和集体主义之间的关系。"鲁迅的所谓人道主义，实质上是一种不妥协地进行反抗斗争、彻底改变人民群众的被压迫地位的思想，是有丰富的革命内容的。"在这里，研究者说得明白，鲁迅眼中的"人道主义"就是鼓动受压迫者站起来反抗，就是投身于英勇的斗争中去，就是革敌人的或压迫阶级的命。"所谓人道主义"是鲁迅对人道主义的否定，也是研究者对人道主义的否定。鲁迅是现实主义者，是英勇的战斗者，绝不会被资产阶级所鼓吹的人道主义所迷惑。王瑶在《鲁迅研究的

---

① 冯雪峰：《论文集》(下)，人民文学出版社1981年版，第377页。
② [捷克] 别尔查·克列布索娃：《鲁迅和他的〈野草〉》，《文艺报》1956年第20期增册 (总第166期)。
③ 同上。

指导性文献——学习毛泽东同志关于鲁迅的论述》中说:"我们现在要说的是鲁迅从来不是人道主义者,不仅他的后期,前期也同样不是。把鲁迅说成人道主义者,是对鲁迅的歪曲。不管前期或后期,鲁迅都是革命者,在认识和实践上都是强调斗争的。"这是王瑶1976年10月在厦门鲁迅逝世40周年及鲁迅在厦门大学任教50周年纪念大会上的讲话。这个表述,与王瑶在《论〈野草〉》中关于鲁迅眼中人道主义的论述是不矛盾的,是一致的。只不过一个是含蓄的表述,一个是更直接的表述而已,即"鲁迅从来不是人道主义者"是简洁明了、浅显易懂的命题。这个变化说明:在20世纪60年代,王瑶写《论〈野草〉》的时候,极"左"的政治气候是不容人说真话的。而在中国无产阶级"文化大革命"中,鲁迅的作品虽被允许阅读,但其实已经沦为林彪江青反革命集团实施阴谋政治的工具,加之王瑶巧用纪念鲁迅之机,得以表达"鲁迅从来不是人道主义者"这一想法,才显得天衣无缝。

2. 突出鲁迅现实的与战斗的精神和追求

王瑶写《野草》中的梦是为了突出鲁迅现实的与战斗的精神和追求。瞿秋白在《鲁迅杂感选集》序言中说:"鲁迅从进化论进到阶级论,从绅士阶级的逆子贰臣进到无产阶级和劳动群众的真正的友人,以至于战士,他是经历了辛亥革命以前直到现在的四分之一世纪的战斗,从痛苦的经验和深刻的观察之中,带着宝贵的革命传统到新的阵营里来的。"[1] 很明显,鲁迅在现实的战斗生活中不断成长和进步,思想上的飞速发展,也同样反过来影响着和指导着他的创作活动和进步的革命活动等。虽然白色恐怖等严酷的现实窒息着、制约着鲁迅,但在白日梦中,鲁迅仍然表达着自己生命不熄、战斗不止的理想。王瑶说:"为什么写梦变成《野草》中表现方式的一个显著特色呢?首先,当然是如作者自己所说,'那时难于直说,所以有时措辞就很含糊'。是因为处于言论不自由的环境下的不得已办法。其次,这些文章是作者痛苦地进行思索和自我解剖的结果,他正是为了记录他在思索中的矛盾和感触才写下来的;这些感触都是思想深处的折磨自己灵魂的思绪,是只能在独自思索中产生的,其本身就属于抒情咏怀性质的诗的意境,因此用梦的形式来表现不只可以增加诗意,收到'言有尽而意无穷'的艺术效果,而且也正表现了它与黑暗现实的某种对立的性质。"[2] 这表明鲁迅所处的社会生活环境是不自由的,至少言论就不自由。"难于直说",这是现实。但鲁迅还要面对这样的现实,因此就写梦,在梦中尽情地表达自己的战斗思想,在睡梦中是尽兴的,醒来后就失却了这份"尽情"的展示,即不自由。现实中不能说的话不能做的事情,都可以拿到梦中去实现,在梦中表现一个真我。现实是黑暗的,是污浊的,是虚假的。统治者和当权者的"头上有各种旗帜,绣出各样好名称……头下有各样外套,绣出各式好花样",没有"好名称"和"好花样"者,自然是被压迫者,他们除了与现实的对立为主,还能有什么呢?

---

[1] 瞿秋白:《瞿秋白作品》,时代文艺出版社2004年版,第325页。
[2] 王瑶:《鲁迅作品论集》,人民文学出版社1984年版,第137页。

（三）"文化革命"氛围下的选择

1. "折中"与夹缝中求生存的哲学立场

李何林在"《鲁迅研究》（铅印）（1959级用）"① 中说："《野草》的主导思想倾向还是积极地反抗战斗，讽刺和批判，只是在这积极的因素里，有时有一些消极失望和空虚之感。"② 而在1963年发表的《略论〈野草〉的思想和艺术》一文中，他的观点有略微变化。"《野草》的主导思想倾向还是积极地反抗战斗，讽刺和批判，只是在这种积极的因素里面，有时有一些消极的悲观失望和空虚之感。"③ 事实上，此处增加了"悲观"一词，比"消极"情绪又深入了一步，"但《野草》究竟有灰色暗淡的调子，不少地方存在着黑暗势力的重压"④ 则说出了较为实质性的内容，而这"主导思想倾向"，在《野草》研究史上是从来没有过的。从《野草》文本出发，他发掘了散文诗所蕴含的"反抗"精神、"战斗"精神、"讽刺"手段、"批判"目的、"积极"思想、"消极"思想、"灰色暗淡的调子""黑暗势力的重压"等。他的这些研究，既不违背当时社会意识形态的要求，也符合那个特殊时代的特殊的社会环境，因此能得以存在下去。否则，他本人和他的《野草》研究成果，很可能随时遭遇不测。在此基础上，1975年《鲁迅〈野草〉注解》（修订本）一书的开篇，将该观点发展到了一个新的高度。在《〈野草〉产生的社会背景与其思想倾向和艺术特点》中，他提出了有新变化的下列观点。（1）"《野草》的主导思想倾向也是积极地反抗战斗，讽刺和批判，只是在积极的因素里面，有时有一些消极的空虚失望和黑暗的重压之感，这是作者思想的另一个侧面，也是他'解剖我自己'，努力要摆脱或克服的思想，是作者勇于自我革命而'解剖'出来的思想。"⑤（2）"但《野草》究竟有灰色暗淡的调子，不少地方存在着黑暗势力的重压。"⑥（3）"我们还要向《野草》学习它的批判孔孟之道的精神：它所向往和歌颂的，无不和孔孟之道相反；它所揭露和批判的，无不直接间接和孔孟之道有关。"⑦ 与《略论〈野草〉的思想和艺术》中的观点相比，《鲁迅〈野草〉注解》（修订本）中的观点变化有三，一是删除了曾经补充上来的"悲观"，又恢复到"《鲁迅研究》（铅印）（1959级用）"的原来面貌上。这并不是一种历史的倒退，而是主观方面希望回归到《野草》的本色研究，但鲁迅骨子里是悲凉悲壮的。《野草》有消极的因素也有悲天悯人的情怀，研究者希望鲁迅昂扬、奋勇、亢进、积极、乐观的思想情感多一些，以适应时代需要，因此删削了"悲观"。但删削了"悲观"实际上就是删削了鲁迅内心痛苦的经历。很显

---

① 田本相：《谈李何林先生的〈野草〉研究——为纪念何林先生百年诞辰而作》，《鲁迅世界》2000年第3期。
② 同上。
③ 李何林：《略论〈野草〉的思想和艺术》，《新港》1963年第10期。
④ 同上。
⑤ 李何林：《鲁迅〈野草〉注解》，陕西人民出版社1975年版，第4页。
⑥ 同上书，第6页。
⑦ 同上书，第7页。

然，这种痛苦的经历无论如何都是除不掉的。因此不该删削"悲观"一词。二是分析了鲁迅"有时有一些消极的空虚失望和黑暗的重压之感"的原因，即在自我解剖中，鲁迅是有消极思想阴影的。1926 年 11 月 11 日，鲁迅在《写在〈坟〉后面》一文中说："我的确时时解剖别人，然而更多的是更无情面地解剖我自己，发表一点，酷爱温暖的人物已经觉得冷酷了，如果全露出我的血肉来，末路正不知要到怎样。"①这表明，如果把"解剖我自己"所得出来的消极结果完全暴露出来，"我"无法预知自己的人生"末路"将会悲惨到什么样地步。1927 年 9 月 4 日，鲁迅在《答有恒先生》中也是如此。三是李何林挖掘了《野草》中批判孔孟之道的文字。这是"文革"阴影的反映。如李何林对《风筝》《过客》《立论》《这样的战士》《聪明人和傻子和奴才》等注解中，都不同程度地批判了孔孟之道。这在表面上也迎合了当时批林批孔的政治倾向，尽管批林批孔目的不纯别有用心。但更为主要的是，这是时代环境影响的结果。

2. 矛盾哲学的探讨

杜一白的《〈野草〉讲析》（选载）以毛泽东思想，即"矛盾着的两个方面中，必有一方面是主要的，他方面是次要的"②作为讲析《野草》的总的指导思想。这样的指导原则影响了后来许杰等人的《野草》研究。

讲析《野草》表现了主次关系的研究。在毛泽东思想指导下，研究者认为，"《野草》就其思想的主导倾向来说，就其中作品的大部分内容来说，是积极的、战斗的、革命的"③。如《题辞》《秋夜》《好的故事》《过客》《失掉的好地狱》等。如《题辞》在思想上，这种主导倾向十分明显。虽然一白认为"天地有如此静穆，我不能大笑而且歌唱。天地即不如此静穆，我或者也将不能"④等语含有"太多的失望与愤怒，太多的痛苦与悲哀"及"但这毕竟不过是激愤之言而已"⑤的低沉情绪。研究者评价鲁迅及《题辞》时说："他的情绪的主调是乐观的，振奋的，这篇《题辞》，既是他对国民党反动派血腥暴行的愤怒抗议，也充满对革命的热情呼唤，同时也是他决心抛弃痛苦与失望，更加大踏步地向前进军的誓词。"⑥认为《题辞》中具有那种过于乐观的主调，这与"文化大革命"时期过于狂热的社会环境密切相关。当时，与天斗与地斗与人斗的政治豪情是中国历史上前所未有的。这自然也影响到鲁迅作品研究。实际上，这种观点早已存在，只不过林彪、"四人帮"等反革命集团为攫取政治权力利用了那狂热的一面而已。而早在 1952 年 1 月 10 日的《文艺报》上，孙机就批评了曾经出现过的这种盲目的乐观。"雪苇同志对于《题辞》所作的分析，完全歪曲了鲁迅先生当时的

---

① 鲁迅：《鲁迅全集》第 1 卷，人民文学出版社 2005 年版，第 300 页。
② 转引自一白《〈野草〉讲析》（选载），《辽宁大学学报》1973 年第 2 期。
③ 同上。
④ 鲁迅：《鲁迅全集》第 2 卷，人民文学出版社 2005 年版，第 163 页。
⑤ 一白：《〈野草〉讲析》（选载），《辽宁大学学报》1973 年第 2 期。
⑥ 同上。

态度。《题辞》并没有一丝浮泛的感情,也未尝有盲目的认为大革命就要胜利了的不实际的乐观。正相反,革命当时是处在低潮,鲁迅先生的生命都极其危险,反革命的当政者随时在侦察他的行动,来决定杀他或不杀。鲁迅先生这时的心情是悲愤,憎恶,反抗而痛苦的。"[①] 笔者认为,孙机对写作《题辞》时鲁迅处境的认识还是妥帖的。这篇《题辞》,实是鲁迅进步思想的宣言,是其对黑暗的反抗,表达了他鲜明的思想立场。而讲析《秋夜》时,杜一白虽然论述了鲁迅周围存在着异常黑暗、极端反动的势力,但仍强调,"这篇散文诗的基调是积极、乐观、健康的,它虽然在个别地方流露了某种淡淡的哀伤,而主要精神却是一种召唤战斗的启示"[②]。这里,似乎是有意缩小了《秋夜》中的阴暗面,而偏向乐观论述的痕迹是明显的。其实,《秋夜》中的枣树是孤独苦闷的战斗者的形象,则是被较多研究者认可的。

因此,何者为主?何者为次?主与次之间的关系究竟怎样选择、怎样把握才更得体?研究者不能不考虑这一点。

四 《野草》哲学研究的继承与创新

古今中外的多种材料、多样视角、新颖方法介入《野草》思想艺术研究中,这极大地丰富了研究著述的内涵,而且提高了研究质量。1982年,孙玉石在《〈野草〉研究五十年》(下)的结尾说:"鉴赏高度的艺术作品必须有高度的美学眼光。我们相信,随着研究者和广大读者艺术鉴赏力的提高,《野草》研究必然呈现磅礴深入的前景。"时隔4年,闵抗生深有同感地说,"《野草》研究有着广阔的领域。就《野草》自身而言,思想、艺术、风格、语言都还有许多有待深入挖掘的宝藏;《野草》与世界文学的关系、它与鲁迅其他创作的联系、它在中国现代文学中的地位及具体的影响、《野草》与当前的散文创作等,虽有文章论及,但都不够深入,缺乏系统;从哲学、美学、心理学的角度对《野草》作深层次的研究还是空白或几乎是空白"[③]。结合下文,从20世纪80年代直至今天茂盛的《野草》研究著述中,孙玉石和闵抗生的判断无疑是正确的。

(一)勾勒伟大灵魂的哲人形象

1. 发现章衣萍的"哲学"记录

站在哲学高度反映深沉的理性思索,凸显《野草》思想内容方面的理论意识。毕竟,鲁迅对人说过自己的哲学都在《野草》里。通过阅读旧报刊,孙玉石在《野草》研究中成为对章衣萍这一记录的发现者之一。有了这样的发现,才开启了后来《野草》哲学研究更加广阔的疆域,才赢得了异常丰富多彩的研究成果。的确,《野草》文本写

---

① 孙机:《对雪苇〈野草〉的〈题辞〉的意见》,《文艺报》1952年第1期。
② 一白:《〈野草〉讲析》(选载),《辽宁大学学报》1973年第2期。
③ 闵抗生:《把〈野草〉研究推向探入的一点意见》,《鲁迅研究动态》1986年第10期。

得深刻，富于深邃的哲理，孙玉石对此进行哲学层面上的理论探索才成为可能。对诗意和哲理主题的分析，体现在"把诗情和哲理织进构思的蓝图""诗情的语言和诗意的对话"等相关章节的宏观研究和微观研究中。"实际上，鲁迅在新的一年到来时写下的这篇《希望》，已经远远超出了一般对青年消沉的不满和批评，而蕴含了更深远的思想和心境。"[1] 解读《希望》如此，对《影的告别》《雪》《好的故事》等散文诗的解读也都充满了这种哲学思考。

2. 人生哲学与生命意识研究

（1）人生哲学内涵与战斗哲学内容的论述

在《野草》研究中，这一时期最新颖的研究现象是关于《野草》哲学问题的探索。李希凡、李玉昆、汪晖等研究者对《野草》的人生哲学、反抗哲学、辩证哲学等进行了探索和研究。他们拓展了《野草》哲学研究的空间，此时又进一步扩大了《野草》哲学主题的研究领域。

①人生哲学的三种类型

1980年，李万钧的《论〈野草〉的外来影响与独创性》一文认为鲁迅的《过客》有明显的人生哲学痕迹。[2] 尽管是简略的交代，但研究者提供了有价值的信息，这对研究《野草》的人生哲学是有帮助的。对于这个问题，研究者至少表明了一个立场：《野草》里含有人生哲学的因素。1982年，李希凡在《一个伟大寻求者的心声》一书中也曾经较早地论及了《野草》的人生哲学这一问题。在研究《求乞者》《过客》《风筝》时，我们可以从李希凡不同角度的论述中概括出他要表明的3种人生哲学。一是不妥协的人生哲学。李希凡从《求乞者》中看到了鲁迅的态度：决不向黑暗妥协；从《我的"籍"和"系"》一文中，看到鲁迅明示了自己"信守的不妥协的人生哲学"[3]。这意味着鲁迅绝不向黑暗社会求乞，彻底与黑暗社会决裂。二是爱与憎的人生哲学。"就是'过客'的痛苦跋涉而又不愿接受布施所蕴蓄深沉的爱与憎，不也形象地反映了鲁迅爱与憎人生哲学的个性特征吗？"[4] 从过客的人生经历中，研究者总结了鲁迅赋予过客的主要情感。一部剧作，也是一篇散文诗，它所表现的爱憎之情，同样寄托了鲁迅的情感指向。研究者视其为鲁迅人生哲学的个性，其道理应在此。三是自我解剖的人生哲学。"鲁迅的爱憎分明的人生哲学，也强烈地渗透着他的'纯洁而赤诚'的童心世界。真的、善的、美的，永远像火焰一样照耀着他前进的道路；而假的、恶的、丑的，哪怕是他自己心灵和行为上的偶然的缺失，他也决不宽容和忘却。"[5] 从对鲁迅在《风筝》中所表达忏悔之情的解读中，研究者表述了鲁迅深深地自责，深刻地解剖自己的内容。

---

[1] 孙玉石：《〈野草〉研究》，中国社会科学出版社1982年版，第51页。
[2] 李万均：《论〈野草〉的外来影响与独创性》，《文艺论丛》（第11辑），上海文艺出版社1980年版，第230页。
[3] 李希凡：《一个伟大寻求者的心声》，上海文艺出版社1982年版，第29页。
[4] 同上书，第64页。
[5] 同上书，第128页。

这样的解读看起来似乎没有什么问题，但散文诗中的"我"到底是不是鲁迅呢？鲁迅究竟是要表达忏悔之情呢，还是要表达"无可把握的悲哀"之情呢？这不能不让我们反思和追问。

②由人生哲学到战斗哲学

1985年，李玉昆的《鲁迅〈野草〉中的哲学思想》一文，是较早的较为系统地研究了《野草》中的人生、战斗、辩证哲学思想的论文。

李玉昆认为，鲁迅"为民族和下一代的解放，自己愿意承担最大的负荷和付出最大的牺牲"及"永远前进，不求'布施'，不求报酬"[①]等都是《野草》的人生哲学内容；而鲁迅"与敌人同归于尽""至死不宽恕敌人，死不放下武器"和"对于黑暗的压迫从不退让"[②]等则是《野草》的战斗哲学内容；鲁迅"清楚地看到了事物的对立的存在，从对立物的一面看到另一面，并且往往是从消极的方面看到积极的方面""从对比、对立中观察事物，每每将自己的思想深化到哲学中去"及"通过艺术的形式揭示事物的规律"[③]等属于《野草》的辩证哲学内容。李瑞山早在1982年发表的《〈野草〉的精神特质与美学风格》[④]与李玉昆的这篇论文，都论及了《过客》中反映鲁迅人生哲学这一点。他们产生共鸣的原因，就在于都认识到了《野草》蕴含人生哲学的因素。1988年，李玉昆的《论〈野草〉的"绝望的抗战"思想》一文，实则是对其前文所涉及的《野草》中战斗哲学即"绝望的抗战"的进一步具体论述。李玉昆认为，"绝望的抗战"思想的实质是"在斗争、追求、前进中义无反顾，'反抗绝望'"，是"医治中途落荒的苦药，是杜绝失望、消沉、颓废的防护甲"，是"建立在'希望'和'胜利信念'基础上的"，是"以悲观作不悲观，以无可为作可为"[⑤]等。其中，我们能明显看到李玉昆在李万钧研究的基础上，又对《野草》人生哲学、战斗哲学等问题有新的发展性认识。

③"人生哲学体系"的提出及"无可把握的悲哀"

有人说汪晖是第一个研究《野草》人生哲学的人。这样的判断有过于绝对化的嫌疑。从上面的论述中，我们已经看到：很早就有一些研究者论及了《野草》的人生哲学。这是事实存在，是不容忽视的。但是，如果说汪晖是较为全面、较为系统论述《野草》人生哲学的人，则是完全可以的。1987年，汪晖发表的《论〈野草〉的人生哲学》，采取新颖的、富于逻辑意义的思想体系的方法研究《野草》的人生哲学。他说："我对《野草》的研究不是就具体篇章作现实性的还原，以说明这些文字在鲁迅生活中、在当时的现实状况中体现怎样的意义（这当然是绝对必要的），而是把《野草》

---

① 李玉昆：《鲁迅〈野草〉中的哲学思想》，《河北师范大学学报》（社会科学版）1985年第3期。
② 同上。
③ 同上。
④ 李瑞山：《〈野草〉的精神特质与美学风格》，《南开学报》（哲学社会科学版）1982年第4期；李玉昆：《鲁迅〈野草〉中的哲学思想》，《河北师范大学学报》（社会科学版）1985年第3期。
⑤ 李玉昆：《论〈野草〉的"绝望的抗战"思想》，《河北师范大学学报》（社会科学版）1988年第4期。

当作一种思想性著作、一种完整的人生哲学体系去阐释。"① 很明显，汪晖研究《野草》的起点高于篇章意义层面，这是立足于《野草》的宏观整体性，重视对《野草》进行思想层面和哲学层面的研究，因而具有抽象价值。

赋予《野草》人生哲学以新颖的内涵。如《野草》阐释了人生中"无家可归的惶惑"，人如无根的浮萍在四处流浪，如影、过客等现实经历就是如此。再如汪晖认为鲁迅对死后的无法把握的悲剧状态的体验，显示了鲁迅对中国社会加于死者的种种歪曲的憎恶，更表达了一种"唯'黑暗与虚无乃是实有'"的人生感受。② 《死后》中"我"死后所遭遇的痛苦经历，实是人活着时候的痛苦经历。人们"对死后的无法把握"，实则是人们对现实生活的无法把握。在《死后》的社会大背景下，人们生存于痛苦的深渊中，人们痛苦地挣扎，实是人们反抗痛苦、反抗绝望的手段。还有，人死后常常遭受周围其他人的恶意攻击，难于把握的现实黑暗等，都表明了鲁迅的切身感受。研究者抓住这样的细节深入论述，确实洞见了鲁迅一针见血揭露的国民劣根性，足见其对鲁迅、对《野草》的认识是深刻的。

当然，《野草》中还有许多丰富的哲学思想，如希望哲学、死亡哲学、生命哲学、中庸哲学、奴才哲学、爱情哲学等。在这些方面，还有待更多研究者进行深入研究。

（2）"生命意识"与"冲决黑暗的努力"

生命意识虽然需要依靠内心体验，但它是涉及生命本原的哲学问题。《野草》的生命意识虽然述及鲁迅的内心体验，但它属于生命哲学范畴，自然研究生命哲学问题。

1988年，刘新华的《〈野草〉的生命意识与超越精神》一文批评了一些研究者仅从认识论的片面角度研究《野草》，提出了从"内心体验和对人生的哲学沉思"的"视点观照《野草》，对这部散文诗集所表现的生命意识和超越精神作某些探讨"③ 这样的哲学命题。该文是较早论述《野草》生命体验问题的且较有影响的力作，对其后的研究者影响较大。刘新华认为《野草》是鲁迅"生命体验的世界，而不仅是一种对于现实的认识反映"，是"充满人生哲理意味的象征形象"；④《野草》表现着鲁迅"强烈的生命意识"和"丰富的生命之感"，其中的"生命意识"包括生命的抗争意识、生命的矛盾意识（黑暗与光明的矛盾、绝望与希望的矛盾、理想与现实的矛盾）等；⑤《野草》"体现了生命自身的超越精神"（它包括"精神对于现实的超越和精神对于自身的超越"两种形式）⑥。刘新华还强调"对于《野草》中某些思想感受，以及表现这些思想感受的形象、意象，应该放置在生命、人生这个大范围来理解，不应该仅仅限

---

① 汪晖：《反抗绝望——鲁迅及其文学世界》，河北教育出版社2000年版，第257页。
② 同上书，第268页。
③ 刘新华：《〈野草〉的生命意识与超越精神》，《山东师范大学学报》（人文社会科学版）1988年第5期。
④ 同上。
⑤ 同上。
⑥ 同上。

于作者对于革命的认识";如该文认为《野草》中出现的"路"就是"'生命之路''人生之路',而并非是具体的'革命出路'"①。同时,刘新华等人还把西方的"意识流"或"生命之流"引入《野草》研究中,为《野草》研究开辟了新领域。刘新华未必是改革家,但就《野草》的生命意识问题在当时的《野草》研究发展进程而言,其可谓是大胆"拿来"、合理化用、敢于创新的先行者。其不可多得的论述,如"意识流"或"生命之流"的介入,确实给人留下了深刻的印象。

1989年,孙舒民的《黑暗与冲决黑暗的努力》一文论述了鲁迅在《野草》中流露的人生意识。该文认为《野草》是"鲁迅展现心灵世界的作品,它更集中渗透了鲁迅的人生意识,从而使它秉有了更丰富的人生内涵"②,其内涵包括"人生即荒原""人生即怪诞""人活着,就要做这种超越人生的努力"这些内容。孙舒民过于强调了鲁迅在《野草》中流露出的虚无思想与消极的"人生意识",是这篇研究论文的不足。虽然研究者也有"意识"地表现鲁迅"冲决黑暗的努力"这一面,但鲁迅内心世界中的消极情绪和积极情绪之间存在的激烈的矛盾斗争却是一个事实存在,这是《野草》的"人生内涵"要义中所无法回避的事实存在。

所以,自《野草》诞生以来,鲁迅曾对王品青、章衣萍、王独清等人说起他的哲学都包含在《野草》中。将这视为研究鲁迅及解读《野草》的指针,是很好的依据。但是,有相当长的一段时间,或受社会政治大环境的影响,或受研究者个人认识的影响,这并未受到人们的重视。本时期,一些研究者越来越深刻地认识到《野草》哲学的价值所在,在原有研究基础上,重启或强调《野草》的哲学主题是十分必要的。当时,《野草》的人生哲学或其生命意识等哲学问题,便成为部分研究者关注的焦点。今天看来,越来越多的研究者纷纷加入这一研究中。这确实表明了《野草》哲学主题乃至其人生哲学思想的重要性,同时也符合人们对鲁迅自评《野草》的认识和接受是需要一个时间过程的。

(二)扩大宏观研究和微观研究的空间

1. 解读视角与解读方式的变化

自《野草》诞生以来,一些研究者常从社会学角度介入散文诗文本,并一度占据统治地位。改革开放政策实施以来,这种局面有所改变。在《野草》研究中,在还有一定市场的社会学解读中,哲学研究角度逐渐崭露头角,有时甚至出现在社会学角度解读中。而20世纪90年代以来关于《野草》哲学研究论文的数量和质量,较此前十余年来说都大有提高,社会学解读为人所诟病,哲学解读有意脱离社会学解读而变得独立起来。

(1)涉足《野草》哲学世界的不同视角

《野草》哲学研究之所以得到重视,这与研究者研究意识的变革和研究视野的扩大密不可分。实际上,诸多表现此论题的论文在揭示《野草》哲学意蕴时,有的从存在

---

① 刘新华:《〈野草〉的生命意识与超越精神》,《山东师范大学学报》(人文社会科学版)1988年第5期。
② 孙舒民:《黑暗与冲决黑暗的努力——〈野草〉中鲁迅的人生意识窥观》,《语文学刊》1989年第4期。

视角介入,有的从人生视野介入,有的从死亡角度介入等。

　　叶世祥、庞沁文、王乾坤等研究者批评了《野草》的社会学研究视角,坚持哲学研究视角。从社会学角度研究《野草》,作为一条研究途径无可厚非,但把它作为解读《野草》唯一的研究途径,就明显地存在问题了。叶世祥对此说:"《野草》的魅力根本不是现实社会层次上的自我解剖,而是在于它那形而上层次上对人与世界之谜的本体反思,对生存、死亡、价值、意义等问题的哲学感悟。"① 研究者选择认识问题的切入点,确立评判价值的标准,思考人生本体困惑、人生本体价值、人生本体意义等,作为《野草》哲学研究范畴而言,都有广阔的探索空间。庞沁文、王乾坤等人则主张从生命意识或生命哲学角度研究《野草》。② 看起来,在这时,《野草》的哲学确实进入了更多研究者的视野中。从研究者抓住《野草》中的死尸、死者、野蓟等抗争和求生存的反应,就表明了他们对《野草》生命哲学的解读和把握是妥当的。

　　从存在主义角度切入《野草》的宏观研究。解志熙从形上的角度认为《野草》一方面是对(人生的)黑暗与虚无的深刻体验,另一方面则是对这种黑暗和虚无的绝望的抗战,而叶再春坚持"读《野草》不应该只满足于其现实的单一层面,而更应该由其现实的层面切入其中关于一些形而上的思考,诸如死亡、存在等等"③。从中我们能看出研究者关注了《野草》精神层面的问题。这是一种抽象意义上的孤独沉思。陈锦标则说:"在急需找到又尚未找到这种现实物质力量和新的哲学认识工具的《野草》时期,他无可避免地产生孤独、荒诞、神秘等独特的社会人生感受。"④ 同样是写《野草》的人生哲学,解志熙与陈锦标所选择的情感角度各不相同,表明《野草》对他们的情感的影响也各有不同,但他们较早地关注了《野草》的哲学问题则是极为可取的。

　　对《野草》各篇散文诗新颖的微观解读。叶世祥对《这样的战士》《雪》《死火》《过客》《题辞》的新解,不论从语言形式还是思想内容的赏析方面,都给人留下了深刻的印象。"就是退一步讲,这个无物之阵被你捣毁了,新生的世界代替了腐朽的世界,你又能保证新生的世界就会给你带来崭新的幸福吗?"⑤ 这虽然是叶世祥对《这样的战士》发出的评论,但笔者认为这更适合于评论《失掉的好地狱》。当天神、魔鬼、人类走马灯似的下台又上台之后,世界变得越来越好吗?答案是否定的。"人生价值这个问题没解决,任何拯救都只是暂时的,幸运如江南雪也终将成为不知道算什么。"⑥

---

　　① 叶世祥:《于无所希望中得救——鲁迅〈野草〉新解》,《温州师范学院学报》(哲学社会科学版)1990年第1期。
　　② 庞沁文:《〈野草〉的生命意识新探》,《山东社会科学》1994年第2期;王乾坤:《鲁迅的生命哲学》,人民文学出版社1999年版,第308页。
　　③ 解志熙:《彷徨中的人生探寻(上)——论〈野草〉的哲学意蕴》,《鲁迅研究月刊》1990年第9期。叶再春:《鲁迅之"存在"——〈野草〉评析》,《江西教育学院学报》(社会科学版)1999年第1期。
　　④ 陈锦标:《论〈野草〉诗魂独特的社会人生感受》,《集美师专学报》1991年第1期。
　　⑤ 叶世祥:《于无所希望中得救——鲁迅〈野草〉新解》,《温州师范学院学报》(哲学社会科学版)1990年第1期。
　　⑥ 同上。

人的价值取向决定其发展方向,这是人生的根本问题。江南雪这一形象虽然"滋润美艳之至",但由其所做成的雪人的结局是冰是水还是雪水混合物呢?然而它只能"成为不知道算什么"的。这一悲剧的发生,在于这雪人没有明确的人生目的。"你敢说走出冰谷烧完而死比冻死在冰谷里就更有价值吗?"① 究竟何者最有价值?这取决于死火是选择"烧完"还是选择"冻灭"的生命态度。而冻灭在冰谷中是死火消极无为、跳出冰谷烧完自身是死火积极上进追求的这种解读,不过是我们以意为之的一种阐释方式而已。而叶世祥的解读能给人较为广阔的思索和启迪。"鲁迅先生在形而上的冥思中追寻到这样的意义:走下去,这就是意义。"② 过客的生命在于不停息地走,走的过程是过客的价值取向,之所以高于其结果,就因为过客并不以结果为重。这作为鲁迅的人生探求之路,完全表现在《野草》文本中。研究者关注这一点,是因为抓住了鲁迅欲表现的人生哲学主题。"语言(不是言语)并不能解释一切,任何在形而上冥思中长驱直入的哲人也许都面临一种宿命般的危险:无法言说。"③ 笔者理解,"形而上冥思"即抽象难解,就是叶世祥自己所说的"晦涩玄奥"一语。"无法言说"表面指羞于诉说或难于启齿,实质上不在于说不出来,而在于说出的所谓"有价值"的话是毫无意义不起任何作用的话。说了也白说,白说莫不如沉默。所以鲁迅说:"当我沉默着的时候,我觉得充实;我将开口,同时感到空虚。"叶世祥论文的语言风格,以及后来王乾坤《鲁迅的生命哲学》的语言风格,明显受到存在主义哲学的影响,都有一种显在的思辨色彩。

从死亡哲学角度切入《野草》。吴小美说:"这是鲁迅人生思考、个人体验的悲剧性展现,是他生死哲学的集中概述,其中所反映的鲁迅生死观的本质特征就是牺牲与反抗,受难与复仇的悖论式共存。"④ 面对生存,鲁迅以积极的热情投入火热的现实生活中。面对必然的死亡,鲁迅同样以积极乐观的态度毫无惧色且勇敢地走去。写入《野草》中的这种辩证哲学,在被研究者纳入研究视野时,表明了鲁迅的生存体验对吴小美等人的影响。这种深刻的认识,是研究者们对《野草》做出的很有价值的研究。"生与死及其价值和意义是鲁迅思考最多感知也最深刻的大问题,它构成了《野草》精神心理结构最重要的内容之一。"⑤ 然而李玉明看到鲁迅"未对'死'作哲学上的沉思",并一贯坚持从心理学视角研究《野草》文本。这是其与他人不同之处。但辩证地看问题,则他是和其他研究者一样,都对《野草》的死亡话题达成了共识,只不过李玉明是从死亡意识视点进入《野草》死亡哲学话语世界的。肖同庆、贺天舒等人⑥也就

---

① 叶世祥:《于无所希望中得救——鲁迅〈野草〉新解》,《温州师范学院学报》(哲学社会科学版)1990年第1期。
② 同上。
③ 同上。
④ 吴小美、肖同庆:《反抗死亡:牺牲与拯救——论鲁迅生死观的个性色彩》,《兰州大学学报》(社会科学版)1994年第3期。
⑤ 李玉明:《从自我否定中走向新生——论鲁迅〈野草〉的死亡意识》,《山东社会科学》1996年第2期。
⑥ 肖同庆:《超越死亡:受难与复仇——鲁迅生死观论》,《鲁迅研究月刊》1992年第12期;贺天舒:《鲁迅面对死亡——由〈野草〉说开去》,《语文月刊》1998年第4期。

这一角度阐明了他们的认识。

总体看,这一时期从哲学角度研究《野草》的论文明显增多,质量也大有提高。究其根本原因,大多数研究者确实打开了《野草》哲学之门,走进了《野草》的哲学世界,并且用自己的身心体察《野草》文本,认识自然就会深刻得多。

(2) 探索新的哲学解读方式

随着思想解放的持续深入和不断发展,人们的意识形态也日趋开放。研究者对《野草》的解读和分析方式日益变得多元化。

其一是意识或意识流方式的介入。王乾坤切合文本实际对枣树与天空的关系做出了下述解释:"枣树不可能制天于死命,不过这个结果对它无关紧要,关键是这样想了、这样刺了。"[1] 以往的解释都注重枣树的社会学价值,人为因素的色彩较浓重。这里却从心理想象的角度深入枣树的意识世界中,抛却了人为的外界因素,枣树表现了自己的思想和行动。不同时期的研究者研究枣树的视点判然有别。无独有偶,日本学者木山英雄对枣树等意象进行了与众不同的解读:"存在于围绕枣树之诸种表象间的不是流动着的'夜色'情调,而主要是作者的观念意识。"[2] 王蒙采用意识流的手法解读了《雪》文本,木山英雄也采用了这种手法解读了《野草》中的部分散文诗篇。笔者认为,木山对《秋夜》中枣树等意象的解读,结合周围的社会环境和自然环境,意识流动形成的路向将一些相关意象联合起来,融为一体,因而比孤立地解读枣树更能给人以广阔的思维空间。这些意象就不是孤立的存在物了,而是与周围世界有各种不同的联系。因此,那种将意象与外物割裂开来的解读固不可取。庞沁文认为《野草》的"生命的自由意识除了表现为追求自由的意识外,还表现为向上意识、燃尽意识、求美意识、独立意识等"[3]。意识反映了生命的内在流动和变化。不同的意识行动,表明了不同的生命追求。庞沁文看到了鲁迅在《野草》中的生命哲学,每一个意象,每一个意境,都折射着鲁迅的生命意识。此外,姚光义、徐麟、杨胜刚、郭运恒等研究者[4]也论及了《野草》的生命意识。其中郭运恒的《鲁迅的生命意志与"虚妄"说——〈野草〉精神蠡测》明显继承了徐麟的《论鲁迅的生命意志及其人格形式》的部分观点,但其论文中的"空间构架上的韧性强度"和"时间向度上的弹性力"又明显地超越了后者。

其二是线性逻辑思维方式的介入。钱理群围绕人生哲学角度从"过去"—"现在"—"未来"的历史纵向考察《野草》,从"敌人(反对者)""爱我者""群众"

---

[1] 王乾坤:《鲁迅的生命哲学》,人民文学出版社1999年版,第318页。
[2] [日] 木山英雄:《〈野草〉的诗与"哲学"》(中),赵京华译,《鲁迅研究月刊》1999年第10期。
[3] 庞沁文:《〈野草〉的生命意识新探》,《山东社会科学》1994年第2期。
[4] 姚光义:《〈野草〉本体特征初探》,《镇江师专学报》(社会科学版)1991年第1期;徐麟:《论鲁迅的生命意志及其人格形式》,《文艺理论研究》1996年第5期;杨胜刚:《〈野草〉中鲁迅个体生命意识传达及其现代性》,《柳州师专学报》1996年第3期;郭运恒:《鲁迅的生命意志与"虚妄"说——〈野草〉精神蠡测》,《许昌师专学报》(社会科学版)1999年第1期。

的现时横向关照《野草》。① 其新颖之处在于幽默风趣深入浅出无人问津的演讲方式，演讲的语言简洁易懂，内容平易近人，内涵丰富，普及性强。如钱理群开篇便用鲁迅的《我要骗人》解释其"所想"与"所说"之间存在亦真亦幻的情况，使得鲁迅为此时而矛盾时而焦虑等。这种将纵横观照结合起来围绕散文诗作品抓住鲁迅心理变化关注鲁迅人生思索的演讲与论述方式，是一种行之有效的将作家作品很好结合在一起的研究方式，引起读者的重视也是很正常的。吴小美、肖同庆说："此间所折射的是先觉者由'神之子'（遭离弃放逐）→'人之子'（遭嘲弄、杀戮）→'鬼之子'（复仇意识）的蜕变线索。"② 这里，研究者表达了《复仇》（其二）中耶稣直至最终的复仇过程。以箭头式的公式标示着《野草》中人物形象情感的发展过程，这种逻辑形式并不多见。而且，在《野草》研究中，提出"鬼之子"这样的说法，这还是第一次。王乾坤以此种方式说明了希望和绝望之间的关系。"这种状态当然是以失望、绝望为经验中介，而呈现为这样一个推进序列：希望→绝望→无所谓希望与绝望的澄明。"③ 王乾坤借用了《故乡》中的希望哲学来解读《希望》中的"绝望之为虚妄，正与希望相同！"同时坚持这种绝望并不是"真绝望"。于是，诞生了上述的"推进序列"。田刚在关注《野草》的文体方式时说："从《野草》个人色彩浓厚的语言表达中探视到鲁迅的哲学观、然后从其哲学观中来观照《野草》独特的文体特质，则不失为一条探讨《野草》文体语言的新颖可行的思路与方法。"④ 这里，研究者从"陌生化"的角度强调了《野草》散文诗的文体。实际上，从《野草》文体到鲁迅创作风格，田刚都进行了深入研究。"就《野草》来看，不管是它的精神，还是它的语言形式不但与浪漫主义无关，而且是有力地反浪漫主义的。"⑤ 结合上下文，笔者认为这就是田刚笔下《野草》"感性非现实"的具体表达。其形其神，都反映了鲁迅重视散文诗语言的理性和脱俗。读《野草》，我们能感受到其中蕴含着大量的东方文化和欧风美雨等信息。田刚虽然坚持《野草》具有"反浪漫主义"倾向，但忽视《野草》的浪漫主义风格则是不应该的。章立明从形式感和文化编码两个层面考察《野草》的表现意义，运用符号学知识解读《野草》。⑥ 这实际上就是从形式入手，研究《野草》文本的内容。研究者兼顾文本的形与质是可取的。笔者认为鲁迅选取声音符号和画面色彩等可感的具象形式，并以这些具象形式反映《野草》文本抽象的内涵，是有利于揭示《野草》隐秘的深意的。

2. 枣树和过客的哲学

本时期，研究者不同程度地关注了《野草》中的《秋夜》《希望》《雪》《风筝》

---

① 钱理群：《走进当代的鲁迅》，北京大学出版社1999年版，第256—273页。
② 吴小美、肖同庆：《反抗死亡：牺牲与拯救——论鲁迅生死观的个性色彩》，《兰州大学学报》（社会科学版）1994年第3期。
③ 王乾坤：《鲁迅的生命哲学》，人民文学出版社1999年版，第325页。
④ 田刚：《论〈野草〉的诗情结构和文体创造》，《陕西师范大学学报》（哲学社会科学版）1995年第3期。
⑤ 同上。
⑥ 章立明：《〈野草〉意义的符号学解读》，《思想战线》1998年增刊。

《墓碣文》《立论》《颓败线的颤动》等具体篇目的微观研究。其中，关于《秋夜》和《过客》的研究论文最多。

就《秋夜》研究而言，多数研究者仍然坚持战斗哲学视角，认为枣树具有一种韧战精神。但也有一些研究者由《秋夜》生发开去，另辟蹊径，独抒新见，进而论及《野草》。如汪晖、孙玉石等学者探索《野草》文本蕴含丰富的人生哲学、生命哲学的观点。在邓小平南方谈话后，人们的思想意识随着社会主义市场经济体制改革的快速发展而加快了吸收外来文化的速度，运用诸多角度研究《野草》变得可能和可行。

而对《过客》的研究，研究者或以存在主义哲学为视角，或以生命哲学为视角，或以比较文学研究为视角，或以阐释学为视角而分别展开探讨。其中，王家平的《永世流浪的"过客"境遇——鲁迅对精神探索者生存方式与悲剧命运的体认》、黄悦的《面向坟的筹划——鲁迅〈过客〉的文本解读》[1] 等研究论文既有深度又有广度，都表现了过客对生命的积极探索，但前者重在认识过客空无的存在价值，而后者强调"理解者假如不能先设法将自身中任何意义上的防线撤除，使自身参与到理解活动之中，就无法真正理解"[2] 过客的行走。笔者认为，坟是人生的终点，但不是过客追求的目标。过客前行的动力源是"声音"，关注的是走完坟之后的境地。超越坟实际上就是超越实在的肉身，升华为精神层次抽象意义的永恒理想。过客的"永恒"在遥远的未来，所以他奋力前行。还有，林斤澜的《过客》[3] 是对鲁迅《过客》的"改作"而成的新剧作，运用现代白话语言，行文语言通俗晓畅，明白易懂，充满机趣揶揄戏谑味道，富有人生哲理，启发人们思考人生的价值或意义何在等。

研究者偏重于研究《秋夜》的原因，与其入选中学语文教材关系密切。但《过客》并未选入教材中，为什么还有如此多的研究论文呢？一与《过客》在《野草》散文诗集中的地位有关。《过客》是《野草》中的代表篇章。二与人的情感、态度、价值观有关。在中国改革开放的历史演进中，人们都在追求个人利益的最大化和自身价值的充分实现。过客在行走中实现了自身的价值，这种"走"让过客获得了探索未来未知人生道路的乐趣，自然乐于"走"下去。三与快节奏的市场经济生活有关系。人生天地间，如一匆匆过客，加之市场经济生活紧张繁忙，过客成了人生群像中忙忙碌碌者的典型类型。所以《过客》很容易成为研究者关注的焦点。

3. 本时期《野草》哲学研究的启示

其一是抓住散文诗哲理的切入点，以点带面，帮助读者理解《野草》的哲学。

---

[1] 王家平：《永世流浪的"过客"境遇——鲁迅对精神探索者生存方式与悲剧命运的体认》，《河北师范大学学报》（社会科学版）1998年第4期；王家平：《永世流浪和"过客"境遇——鲁迅对精神探索者的生存方式与悲剧命运的体认》，《鲁迅研究月刊》1999年第2期；黄悦：《面向坟的筹划——鲁迅〈过客〉的文本解读》，《鲁迅研究月刊》1999年第3期。

[2] 黄悦：《面向坟的筹划——鲁迅〈过客〉的文本解读》，《鲁迅研究月刊》1999年第3期。

[3] 林斤澜：《过客》，《花城》1993年第2期。

一些研究者集中笔墨，对《过客》给予了较多的关注。虽处散文诗集的中间位置，但有人说《过客》是《野草》中的压轴之作。从《过客》的篇幅体裁、艺术形式、思想内容等方面看，这种说法并不为过。解志熙从存在主义哲学的角度，解读《野草》时便论及了《过客》中3个人物形象各自所持的人生哲学。"死亡贯穿于作为现存在的人生过客的全部生命过程中：过去，现在和未来。从这个角度看，死亡对于现存在的人来说就是已经发生，正在发生和将要发生的事。"[①] 存在与死亡既是矛盾的又是伴生的。研究者抓住了鲁迅笔下过客等前进形象的这一内涵而展开论述。我们能看出《过客》中的老翁、过客、女孩都在走向死亡，只不过死亡的时间不同罢了。"其'声音'之意义到底是极其渺茫。这亦是《过客》作为创作的不佳之处。"[②] 对老翁来说，这"渺茫"的"声音"毫无意义。而对过客来说，并非如此，因为一方面是"前面的声音"时刻"催促我，叫唤我，使我息不下"，另一方面是"我"时刻"倾听"着"前面的声音"。这双方面已经建立了某种精神联系，因此"渺茫"说在过客这里是不成立的。木山英雄认为这是《过客》的"不佳之处"，这是失之于偏颇的。过客现在正走向"死亡"，并欲超越象征"死亡"的坟墓而继续前行。女孩将来也终会走向"死亡"。坟，确如有的学者所言，就是死亡的归宿和人生的终点吗？"可是在过客前面除了墓地之外没有任何别的目的物，而且在过客身上也没有所谓的神之力。"[③] 坟地是一个具体的标的。而"前面的声音"是一个抽象的标的，这是木山英雄所忽视的驱动过客前行的"神之力"，致使出现上述片面的论述。但木山英雄的可贵之处在于提出了"因听到声音便呼应前行，这种过客的行动怎样可能持续下去"[④] 之类的问题。笔者认为这关键在于过客具有坚持就是胜利和坚决前行的牢固信念。过客并不想止于坟。坟是现实世界的产物。现实世界无论怎样，对过客来说是虚无的是荒诞的，都不属于他。因此，过客极力反抗虚无。行走，就是过客的存在，就是过客的生命意义所在，就可能获得希望或安全。这也可以说成：走就是活着，活着就是走。而不走，就是不能生存不能存在，即死亡或灭尽。王乾坤说："这就是过客对人生在世的图景的理解。对这种生存处境的体验与意识使过客获得了一种超越的推动，那就是'走'。"[⑤] 走向坟又超越坟，这表达了过客不满现实的存在和追求未来美好理想的存在。"《野草》的哲学本质是一种精神的生存哲学，其中集中阐释的死亡主题并没有导向虚无和绝望，正如过客渴望获知'坟以后还有什么'一样，希望是在于'走'的过程本身的。"[⑥] 然而，过客一直走不出现实的存在，这是他的悲剧所在。

研究者对《希望》《影的告别》《颓败线的颤动》《秋夜》等散文诗关键词、关键

[①] 解志熙：《彷徨中的人生探寻（下）——论〈野草〉的哲学意蕴》，《鲁迅研究月刊》1990年第9期。
[②] ［日］木山英雄：《〈野草〉的诗与"哲学"》（下），赵京华译，《鲁迅研究月刊》1999年第11期。
[③] 同上。
[④] 同上。
[⑤] 王乾坤：《鲁迅的生命哲学》，人民文学出版社1999年版，第328页。
[⑥] 肖同庆：《超越死亡：受难与复仇——鲁迅生死观论》，《鲁迅研究月刊》1992年第12期。

句的解读,给人丰富的启迪。徐麟主要以《希望》为例围绕希望的形上问题,生存论问题,虚妄的存在、荒谬和不可判定性3个意义层面论述了鲁迅的生命意志及其人格形式等。在谈论虚妄时,徐麟说:"也许,人们都会从直觉上感受到'虚妄'一词的消极性,也很容易因其否定了希望和绝望,而把它约等于'虚无'。其实这是一个重大的误读,因为之恰恰是对'虚无'的否定。"① 虚无就是无,根本不"约等于"包含具有3个意义层面的虚妄,徐麟抓住了这一点,对它们进行了哲学意义的区别。徐麟的判断是正确的。我们从语言文字的角度,能对"虚无"和"虚妄"二词做出区别;从文学的角度还能做出区别。木山英雄也选择从关键词角度切入《影的告别》《秋夜》《求乞者》《希望》《颓败线的颤动》等散文诗,抓住关键词以揭示文本精神实质。如"寂寞""荒凉""明暗"之境"死""就会""无地""然而"等。② 也有研究者采取抓住关键句的方式来解读《野草》的。如钱理群将鲁迅《秋夜》中"秋后要有春"与英国诗人雪莱的"冬天来了,春天还会远吗"③ 这两句诗文,联系起来做出的阐释,具有启发性。从中我们至少可以获得中外文学作品之间有某些联系这样的信息。而《秋夜》中的"冬虽然来,而此后接着还是春"一句,不是与雪莱的诗句形式上更相近吗?钱理群是应该不会拒绝这一更为直接的比较的。

其二是重视表现鲁迅《野草》的哲学内涵。反抗黑暗,坚持韧战。"三一八事件之后逃往厦门的倒是鲁迅,但是,那样激烈地挥笔谴责之后,若是真的固执于一己之死的终极意义,那么,他当很难容许自己以'逃走'之自由的吧。"④ 用韧性战斗的哲学来理解上述木山英雄的话当是准确的。保存实力,是为了将来积蓄战斗的力量。而无谓的牺牲或手无寸铁的请愿,只能损失战斗力量,将无力继续与敌人战斗下去,无法取得将来的胜利。立足现实,生存探索。"人只有全身心地投入现在的每个瞬间,才能获取真实的存在。"⑤ 影不愿去天堂地狱和未来的黄金世界,死火不愿停留在冰谷中冻灭,过客不愿回到过去等,都表明鲁迅致力于关注现实生活的严肃态度。解志熙关注《野草》的现世情怀,进入现实世界而思考现实存在的一切,对《野草》进行这种存在主义哲学研究的范式是可取的。但"人的生存的无奈,无依托,无归宿"⑥ 同样是现实存在的严峻问题,个人的力量太渺小了,连自己都把握不了,何谈把握现实?钱理群注意到了这一点,犹如《风筝》中"无可把握的悲哀"一样,个人有时是不得已处于尴尬与困境之中的。现实是残酷无情的。

其三是表明研究含《野草》在内的鲁迅作品的立场。坚持生命哲学立场。钱理群、

---

① 徐麟:《论鲁迅的生命意志及其人格形式》,《文艺理论研究》1996年第5期。
② [日]木山英雄:《〈野草〉的诗与"哲学"》(中),赵京华译,《鲁迅研究月刊》1999年第10期。
③ 钱理群:《走进当代的鲁迅》,北京大学出版社1999年版,第262页。
④ [日]木山英雄:《〈野草〉的诗与"哲学"》(下),赵京华译,《鲁迅研究月刊》1999年第11期。
⑤ 解志熙:《彷徨中的人生探寻(下)——论〈野草〉的哲学意蕴》,《鲁迅研究月刊》1990年第9期。
⑥ 钱理群:《走进当代的鲁迅》,北京大学出版社1999年版,第266页。

王乾坤就《野草》的生命哲学①进行了广泛而深入的研究,展现了鲁迅的苦闷、彷徨、反抗、战斗、进取的生命历程。此外,日本学者木山英雄认为《野草》"作为稀有的散文家或自由自在之专栏作家的诗,与义无反顾不惜前行之战士的哲学"②,构成自己的研究立场及其论文《〈野草〉的诗与"哲学"》的主题。鲁迅对诗的感性认识与哲学的理性认识有怎样的内在联系,是木山英雄所关注的问题。实际上,鲁迅散文诗《野草》抒发的情感中蕴含着丰富的哲学思想,如揭露黑暗现实流露的憎恨情感中表达的反抗哲学,批判无聊看客时表现出来的复仇哲学,唤醒消沉青年时的希望哲学等。研究者对《野草》生命哲学历程的把握和分析,表明了他们对鲁迅生命世界发展变化的日益关注。

所以,不论是数量还是质量,20世纪90年代以来《野草》哲学研究论文与此前10年相比确实是继续发展了。此前10年,这方面论文数量虽少,但还是有一个相当的覆盖面,其缺点在于只是点到而已,尚不深入。此时则不同,有扩大开来的发展趋势。如关于《野草》人生哲学、生命哲学、死亡哲学等的论述,就不再是点到而已或一篇两篇的局面了,而是有众多论述。尤为不同的是,有关《野草》哲学的研究方式,有的研究者采用线性逻辑思维方式,演绎了《野草》的哲学内涵。其新颖而别开生面的解读形式,确实有利于读者理解和接受《野草》的哲学思想。

(三)新世纪开拓哲学研究的新疆域

1. 深广忧愤的哲学思考

与20世纪七八十年代相比,21世纪之初研究者对《野草》哲学的研究既有继承又有发展,表现出了诸多不同之处。这时,诞生了重视《野草》哲学研究的著作,这是此前所没有的;而且孙玉石、钱理群、赵小琪等人进一步深化并发展了此前的相关研究成果。

(1)《野草》包含了鲁迅的全部哲学

① "现实的与哲学的"

早在1982年,孙玉石便出版了在鲁迅研究界很有影响的《〈野草〉研究》一书。1996年,他的24篇系列论文《现实的与哲学的——鲁迅〈野草〉重释》在《鲁迅研究月刊》上连载。之后,依《野草》各篇顺序,逐篇按照先原文后重释的编排体例,于2001年9月由上海书店结集出版,仍以系列论文初名作为书名。

对《野草》进行重释的目的很明确:普及性和超越性。孙玉石在《致〈鲁迅研究月刊〉编者的信》(代序)中说:"我想我现在做的是鲁迅作品的普及的工作。"时下,中学语文教材中鲁迅作品的篇目越来越少,很不利于对鲁迅及其作品进行持续和深入的研究。为了能让更多人不断了解博大精深、晦涩难懂的鲁迅思想及其作品,鲁迅研

---

① 钱理群:《走进当代的鲁迅》,北京大学出版社1999年版,第21—39、256—273页;王乾坤:《鲁迅的生命哲学》,人民文学出版社1999年版,第301—341页。

② [日]木山英雄:《〈野草〉的诗与"哲学"》(上),赵京华译,《鲁迅研究月刊》1999年第9期。

究者有必要积极寻求普及的途径。编写"普及性的讲义",为了让大学"本科三、四年级的日本学生能听得懂,每堂课前,我要用电脑打好讲义,上课时发给他们"①,孙玉石和其他一些鲁迅专题教学工作者完成的编资料和教授课程这两项工作,实际上是很有利于鲁迅及其作品的普及的。笔者认为,运用通俗易懂简洁明了的语言解读《野草》,就容易达到普及的目的。如李何林的《鲁迅〈野草〉注解》和石尚文、邓忠强的《〈野草〉浅析》,就是极好的关于《野草》的入门书。

转变研究视角,超越自己和他人的《野草》研究成果。一是孙玉石超越自己的《〈野草〉研究》,变"社会现实的层面"为如下的新视角,即"鲁迅的生命或人生哲学的体验,离不开他对于他所生存的社会现实的关注和经历;鲁迅的现实生活感受,到他的象征性的艺术创造中又努力去挖掘哲学思考的深层内涵。现实的与哲学的,在《野草》中是很难分开的"②。即使没有章衣萍和许寿裳转述鲁迅说他的哲学都在《野草》里这样的话,我们迟早也会发现《野草》包含了鲁迅的全部哲学。关注实人生是鲁迅立足于现实的表现,其作品深刻地反映社会现实,加之在《野草》中流露的关于人生或生命的哲学思索,都渗透在《鲁迅〈野草〉重释》中,得到了很好的融合。实际上,这不难看出孙玉石对《野草》及其各篇要旨理解的深入和研究视野的拓宽。就各篇而言,如《题辞》中所包含的鲁迅的人生哲学就是与他的现实的真实感觉分不开的"③。就全书而言,"《野草》更为深刻的现实的和人生的哲学在于:在黑暗与光明,失望与希望,生与死,实有与虚无的诸多矛盾之间,以一个坚忍不拔的战士的胸怀,和一个大智者孤独的心境,进行他的绝望的抗战。这才是鲁迅《野草》所包含的生命哲学的精髓"④。这样的观点,在这部著作中可谓是信手拈来。二是张梦阳认为"这本《重释》是迄今为止最好的一本《野草》解释性读本,与《〈野草〉研究》一起,合为孙氏《野草》学著作的双璧"⑤。这可看出该书在解读方面的突出地位。

②"诗之思考"与爱情哲学研究

2002年,由日本放送大学教育振兴会出版的木山英雄教授的《〈野草〉解读》一书,分12章解读了《野草》中的18篇散文诗。赵京华选译了其中的6章,有《影的告别》《求乞者》《复仇》等10篇散文诗,连载于2004年第2、3期《鲁迅研究月刊》上,在收入《文学复古与文学革命——木山英雄中国现代文学思想论集》时删除了《希望》和《过客》两篇中译。

---

① 孙玉石:《现实的与哲学的——鲁迅〈野草〉重释》,上海书店出版社2001年版,第5(代序)、297页。
② 同上书,代序第3页。
③ 同上书,第10页。
④ 同上书,第122—123页。
⑤ 张梦阳:《论孙玉石的〈野草〉研究及〈重释〉》,《绍兴文理学院学报》2002年第4期。

关注"诗之思考"的方法。这是木山英雄对始于 1963 年《野草》诗与哲学①探索的延续和超越。鲁迅对人说，他的哲学都包括在《野草》里面了。木山英雄发现这一重要观点后，在当时和后来都进行了较为深入的研究，认为《影的告别》和《求乞者》中的"黑暗"与"虚无"是一种抽象化的观念。"通常难以被视为诗的这种观念性与《秋夜》中所见带着幻觉视力的强烈的生命感觉，是怎样相互关联着而展开了《野草》的诗之思考的呢？"②即是说，抽象和具象是怎样有机地结合在一起？这是木山所关注的。在《秋夜》中的不断经历春秋轮回的枣树反抗异常黑暗虚无缥缈的夜空，不就是这种"诗之思考"吗？在这一方法指导下，围绕《野草》木山继续探讨了复仇的主题、希望与绝望的主题、梦的主题等，所论述的关涉生命和死亡体验等问题，都是研究者深入思考《野草》的结晶。

爱情哲学研究。从生活史角度解读《死火》，就不仅仅只将《死火》定位在鲁迅与许广平之间爱情的单一层面上，还在于"如果将《死火》这一表现的层面与作者的恋爱事实过于简单地等同视之，那将会忽略掉另外一些东西的"③。爱情说作为《野草》研究的一个观点未尝不可，而将《野草》绝对化地局限在爱情说上仍是片面的认识。鲁迅也好，任何人也好，难道终生都围绕着爱情生活而别无他求吗？很显然，木山英雄对此问题所做出的一分为二的判断是较有说服力的，防止了片面性。笔者认为，木山等外国文学研究者的细读，一方面，反映了外国文学研究自身的特性，即细读是理解的"中间物"，是沟通不同国度读者的基础环节，是必不可少的；另一方面，反映了外国文学研究者、翻译者本人深入细致扎实有序的研究面貌。甚至可以说，后者是更为重要的，他们只有做出清晰的文本翻译，各自国度的读者才能有效地接受外国文本。

所以，《〈野草〉解读》在细读成为显著特色时，也显示了它的宏观研究是薄弱的。全书 12 章对《野草》中的 18 篇散文诗的解读，都是以微观研究呈现出来的。因而，缺少对《野草》全书的宏观把握，则是其研究的不足之处。

③"自己对人生哲理的思考"

2006 年，由复旦大学出版社出版的《吴中杰评点鲁迅诗歌散文》一书，吴中杰从哲学角度评点了鲁迅散文诗《野草》。

首先是"鲁迅把这些消极情绪和深沉的思考如实地表达出来，是真诚的态度的表现，这才是他深刻的地方"④。对《影的告别》《希望》《墓碣文》《颓败线的颤动》等的研究，有人认为这几篇散文诗充满了虚无色彩，是鲁迅虚无主义思想的明显表征。实际不然。这样的研究者忽视了鲁迅"绝望的抗战"的精神实质。周作人、高长虹等人对鲁迅的一

---

① [日] 木山英雄：《〈野草〉的诗与"哲学"》（上、中、下），赵京华译，《鲁迅研究月刊》1999 年第 9—11 期。
② [日] 木山英雄：《〈野草〉解读》（节选六章），赵京华译，《鲁迅研究月刊》2004 年第 2 期。
③ 同上。
④ 吴中杰：《吴中杰评点鲁迅诗歌散文》，复旦大学出版社 2006 年版，第 156 页。

些想法和做法的不解，都是鲁迅写《颓败线的颤动》的触发点，由触发点生发开去，深入挖掘人性的阴暗面，血淋淋地露出国民劣根性，进而唤醒麻木的民众。在作品中写了虚无思想，是对现实生活中的虚无有所思考，实是为了不虚无。没能看出这一层意思，便只能做出不完整的判断。这是不可取的。吴中杰看到了这一点，因此做出的判断具有辩证的眼光。"鲁迅并非一个虚无主义者，他始终在切实地思考社会的出路问题。"① 关注现实，反映现实，这是鲁迅及其作品的人生目标。评点《影的告别》中的虚无思想，是为表现鲁迅认真思考和积极追求"实人生"目标服务的。

其次是鲁迅在散文诗《野草》中，"主要通过诗的意象来表达自己对人生哲理的思考"②。一是对野草、枣树、雪等自然意象的哲理研究。"《题辞》的意义，却不仅在于对'地火'的呼唤，还有更深层的对于过去和未来，生存和死亡的感悟。"③ 野草、乔木的覆灭，蕴藏深意。笔者认为，鲁迅在这里主要谈《野草》时期创作苦闷心情的结束，包括《题辞》在内，以《题辞》为其终结的标志。这意味着"新生"的开始。《秋夜》的后三段，由小飞虫到猩红的栀子花，由猩红的栀子花再到弯成弧形的枣树等，"这很有意识流的味道，但也并非随意而流，它使得后半篇对于小青虫的描写不致与描写枣树的前半篇脱节，而这种连接，是以作者的思绪为线索的，所以也由作者的思绪转回到小青虫身上来"④。体会到从小飞虫又要遭小孩拿竹竿击打结满果实而弯成弧形的枣树的构思，这实际上是吴中杰在研究《秋夜》写作思路的问题。对《秋夜》做这样的研究，是较为新颖的。但笔者认为更重要的是，这其间蕴含着"年年岁岁花相似，岁岁年年人不同"的深邃哲理。鲁迅对南国雪与北国雪的描写，"意不在褒贬，而是借雪的各种景象，抒发自己的人生感怀"⑤。虽然柔能克刚，但雪生南北方，不就是如同人生天地间一样吗？二是对死火、血、奴才等人间意象的哲理研究。"从《野草》的具体写作情境看，把'死火'看作作家内心矛盾的象征，则更为恰当。"对于留在冰谷冻灭与冲出冰谷烧完存在矛盾的抉择，死火决定烧完。这与鲁迅面对绝望而反抗绝望，知其不可为而为之的选择，实为一致。在《淡淡的血痕中》，鲁迅的"思考已更深一层，从血的现实上升到哲理层面"⑥ 了。对造物主、良民、猛士的形象、性格、人生观的清晰判断和深刻思索，具有启示性。"在表现奴才性格的过程中，作者同时还写了两个相关人物：聪明人和傻子。这两个角色，既对奴才性格起衬托作用，同时又有其独立价值。"⑦ 聪明人的空话与傻子的动手砸窗洞之间是鲜明的对比，这种对比又烘托出奴才精神世界的空虚。具有"中间物"意识的聪明人的地位是无人能替代的，

---

① 吴中杰：《吴中杰评点鲁迅诗歌散文》，复旦大学出版社 2006 年版，第 175 页。
② 同上书，第 155 页。
③ 同上书，第 164 页。
④ 同上书，第 170 页。
⑤ 同上书，第 204 页。
⑥ 同上书，第 277 页。
⑦ 同上书，第 270 页。

奴才与傻子各据人生两极的状态也是十分明显的。因此，他们的人生价值就是做目前正在做的事情。此外，《野草》的梦篇系列、鲁迅对生死的认识等，都充满哲学思考。

再次是"任何哲学都是现实的产物，鲁迅的哲学更是与现实社会紧密相连"[①]的。王瑶研究《野草》，曾突出鲁迅现实的与战斗的精神和追求。孙玉石在《现实的与哲学的》一书中，对鲁迅立足于现实生活积极战斗的精神进行了哲学探讨，并认为《野草》中现实的与哲学的思绪常常交织在一起，这是较有见地的认识。吴中杰很可能受到了王瑶、孙玉石这种观点的影响，而产生同感。"正因为鲁迅的人生哲学表现在他的立身行事，表现在各类文字中，所以，只有全面理解鲁迅思想，兼读鲁迅小说、杂文、书信等各类文字，才能真正理解他的散文诗。"[②] 吴中杰将《野草》置于鲁迅思想及其作品的视野下予以评点，这对"恢复鲁迅的本来面目"[③] 是大有好处的，能给读者原汁原味的感觉。

最后是"《野草》所表现的是在强大黑暗势力面前，有着沉重压抑感的反抗思想"[④]。在夜空、老翁、冰谷、无物之物、无物之阵、屠杀者的陪衬下，枣树、过客、死火、战士、猛士等反抗者的形象被突出出来，但在如同地狱一般的现实世界中，他们只能循着"前面的声音"艰难行进。"鲁迅当时对于中国的前途并不乐观，他把自己所从事的社会斗争说成是'绝望的抗战'者，即此之故也。"[⑤] 结合《野草》时期鲁迅思想实际，吴中杰作出的评点是准确的。这种抓住关键问题给出恰当的评点，笔者认为是有利于对作家作品进行深入研究的。

④ "我的哲学都包括在《野草》里面"

2006年，长江出版社出版了傅德岷、包晓玲的《鲁迅诗文鉴赏辞典》。其中，《野草》鉴赏的体例由原文、注释、鉴赏这三部分构成。就鉴赏部分文字而言，鉴赏文首先鉴赏思想内容，后鉴赏艺术风格，思路清晰层次分明，语言简洁易懂明白晓畅，实实在在是一篇篇文质兼美的小品文或散文诗。

对哲学与社会现实人生的思索，是鉴赏文的重要特色之一。首先是对《野草》哲学的鉴赏。"鲁迅是非常珍爱《野草》的，当《语丝》刚发表十篇时，他曾对作家章衣萍说：'我的哲学都包括在《野草》里面。'这对于我们理解《野草》深刻的哲学意味，提供了一把钥匙。"[⑥] 有人说鲁迅仅凭借一部《野草》就足可以不朽。在笔者看来，这评价或许有些"失当"，但这表明了《野草》所取得的艺术成就至少是不一般的。事实上，鲁迅所主张的战斗哲学、希望哲学、生存哲学、复仇哲学等，所批判的市侩哲学、中庸哲学、奴才哲学、虚无哲学等，都包孕在《野草》中。如对《腊叶》

---

① 吴中杰：《吴中杰评点鲁迅诗歌散文》，复旦大学出版社2006年版，第157页。
② 同上书，第223页。
③ 同上书，第378页。
④ 同上书，第157页。
⑤ 同上书，第237页。
⑥ 傅德岷、包晓玲：《鲁迅诗文鉴赏辞典》，长江出版社2006年版，第10页。

的鉴赏，看到鲁迅"通过病叶，阐明自己体味的人生哲理：生命的衰老和死亡是自然界的客观规律，作为一个革命者只能把自己的生命献给战斗的事业，而不应在斗争中过分珍惜和保存自己"[①]的认识，则表明这种鉴赏确实是抓住了鲁迅惜时奋进严肃认真的生命态度。重视生命哲学，对于培育人本化、人性化的环境，促进人本化、人性化的发展，笔者认为将起到一种推动作用。对《风筝》《死后》《这样的战士》《一觉》等的鉴赏，都论及了鲁迅对这种人生哲学的思考和行动。其次是对《野草》所涉社会现实人生的思考。如对《风筝》《聪明人和傻子和奴才》等的鉴赏，就具有社会意义。"鲁迅批判自己，正是在同自己身上旧思想的因袭进行斗争。他的自我解剖，从某种意义来说，也就是解剖社会。"[②] 这是对《风筝》意义的鉴赏。很显然，研究者将文本中的"我"视为鲁迅。在现实生活中，鲁迅并未因放风筝而体罚过弟弟。且周建人已经说过散文诗中的"小兄弟"不是他了，自然这里的"我"也就不是鲁迅了。所以，笔者认为，那种将"我"视为鲁迅的观点是不确切的。但实际上，"我"是当时社会某一类人的典型代表，具有社会意义。研究者指明了这一点，是有眼光的，也具有批判意义。

（2）生命哲学与人生哲学研究

本时期，研究者撰写的论文以谈论《野草》的生命哲学、《野草》的人生哲学等论题居多。无论是过去和现在，还是将来，这都是一个有价值的问题，值得我们持之以恒地研究它。有时候，这些论题常常融于一体。

①生命哲学研究

关注生命意识实际是关注命运关注现实的表现。孙玉石的《孤军奋战者的精神世界》与《鲁迅〈野草〉的生命哲学和象征艺术》,[③] 实际是对《〈野草〉研究》和《现实的与哲学的》两书思想观点的承传和继续，甚至是发展。仅就哲学视角来看，同一研究者对《野草》的不断探索和不断收获，足以说明《野草》是一座难以采尽的矿藏。看孙玉石对《野草》生命哲学分为韧性战斗的哲学、反抗绝望的哲学、向麻木复仇的哲学、关于爱憎和宽恕的哲学[④]等几种类别，说明他把握住了章衣萍关于《野草》哲学的转述。这种分类，对方便于读者了解《野草》中生命哲学包含的内容是有好处的。

从对有和无的深刻认识而介入《野草》生命哲学世界，这反映了钱理群辩证研究的特点。《人间至爱者为死亡所捕获》围绕着"反抗，爱与死"[⑤]，自然谈及了《野草》中的爱与恨、生与死等矛盾与困惑的生命哲学。这其实也是鲁迅对自身生命哲学的思

---

① 傅德岷、包晓玲：《鲁迅诗文鉴赏辞典》，长江出版社 2006 年版，第 136 页。
② 同上书，第 92 页。
③ 孙玉石：《孤军奋战者的精神世界》，《文学报》2003 年 3 月 20 日第 3 版；孙玉石：《鲁迅〈野草〉的生命哲学和象征艺术》，《鲁迅研究月刊》2005 年第 6 期；孙玉石：《谈谈鲁迅〈野草〉的生命哲学》，《语文建设》2009 年第 1 期。
④ 孙玉石：《鲁迅〈野草〉的生命哲学和象征艺术》，《鲁迅研究月刊》2005 年第 6 期。
⑤ 钱理群：《人间至爱者为死亡所捕获》，《鲁迅研究月刊》2003 年第 5 期；钱理群：《与鲁迅相遇——北大演讲录之二》，生活·读书·新知三联书店 2003 年版，第 17 页。

考。《文本阅读：从〈朝花夕拾〉到〈野草〉》便写道："如果你仅仅看见承担黑暗的鲁迅，而看不到这承担后面的'坦然''欣然''大笑'和'歌唱'，你就不能真正理解《野草》。"① 这里，一方面，看现实生活中的鲁迅；另一方面，看心灵世界中的鲁迅。因为鲁迅的所思所想常常是深刻的，常常超出平常人的思维。他笔下的"有"和"无"常常具有辩证和抽象意义。钱理群抓住了鲁迅及其《野草》文本的丰富性和复杂性，这无疑是准确的。否则就会出现各执一词的偏颇与片面。

其他研究者论《野草》生命哲学。如张园的《诗化的生存体验——〈野草〉意象解读》认为："鲁迅以'野草'的生命意象表达了他对'走'的践履哲学和人格独立的现代价值诉求。"② 过客在现实中不断向前走的形象，将其看成是鲁迅追求个体生命独立和自由的形象并不为过。只不过过客自己独自前行，而鲁迅是不断地影响身边的青年、朋友、同事等共同前行。这是鲁迅式的进步形象与过客一类形象的根本区别。由过客的"走"、战士的"举起了投枪"、猛士的出现等，庄伟杰运用身体叙事艺术研究《野草》的生命哲学。探索极富个性的身体叙事艺术，实际上是鲁迅贡献给我们的奇特景观。③ 在《野草》中，鲁迅以身体书写方式为突破口，对诸多形象进行了精神与肉体的书写，传达了身体书写的价值。还有，王景科、崔凯璇、孟冬梅、侯慧庆、丁纯、傅湘莉④等研究者，都从散文诗文本出发细致地论述了《野草》的生命哲学。他们恰当的分析，都是符合《野草》生命哲学精神实质的。

②人生哲学内涵新解

傅德岷等研究者排除障碍化解难点，清楚了然地论析了《野草》的人生哲学。"在《野草》中，鲁迅用诗的激情、诗的形象来展示自己生命力受到旧世界黑暗闸门的压抑而迸发出来的忧愤深广的思考，以及自己内心世界丰富复杂、尖锐深刻的矛盾和斗争，渗透着他'路漫漫其修远兮，吾将上下而求索'的人生哲理的探索。"⑤ 这反映了一种人在旅途人在路上积极进取艰难前行的精神。细细品读《野草》，我们是能读出这些丰富的内涵的。而傅德岷就此所做的深入浅出的论述，对于普通读者理解《野草》的人生哲学是很有参考价值的。

傅德岷的研究对启发读者、研究者深入思考《野草》的人生哲学是大有好处的。

---

① 钱理群：《文本阅读：从〈朝花夕拾〉到〈野草〉》，《江苏社会科学》2003年第4期；钱理群：《鲁迅作品十五讲》，北京大学出版社2003年版，第139页；钱理群：《与鲁迅相遇——北大演讲录之二》，生活·读书·新知三联书店2003年版，第290页。
② 张园：《诗化的生存体验——〈野草〉意象解读》，《鲁迅研究月刊》2002年第4期。
③ 庄伟杰：《身体穿越黑暗现场寻找灵魂的出口——鲁迅〈野草〉的生命哲学与传达意图之探究》，《名作欣赏》2007年第3期。
④ 王景科、崔凯璇：《论鲁迅、史铁生独语中生命哲学之异同》，《山东社会科学》2004年第11期；孟冬梅：《寻找在黑暗中绽放生命的方式——论鲁迅在〈野草〉中的自我救赎》，《牡丹江教育学院学报》2008年第3期；侯慧庆：《探析鲁迅〈野草〉中的生命之力》，《文学教育》(上) 2009年第11期；丁纯：《论〈野草〉的生命哲学思想》，《广州大学学报》(社会科学版) 2008年第1期；傅湘莉：《反抗绝望与绝望的抗战——论〈野草〉的生命哲学》，《安徽文学》(下半月) 2008年第6期。
⑤ 傅德岷：《鲁迅〈野草〉的人生哲学》，《涪陵师专学报》2001年第1期。

究竟什么是《野草》的人生哲学呢？这同样是我们想要进一步了解的问题。王兵一方面认为，"从枣树意象群的共同特性上看，鲁迅力图表达的是'以永不停滞的姿态，冲破有限的禁锢，探索永恒的真理'的人生哲学思想"，另一方面认为"'路漫漫其修远兮'更多体现的是奔赴永恒理想之路的永无止境，而'吾将上下而求索'则更多体现的是探索领域和途径的广阔无垠"[①]。很可能是受人启发，王兵对《野草》人生哲学内涵的研究有了如此的"突破与超越"。虽然是用引文解释《野草》人生哲学的内涵，但这并不妨碍人们的理解。定义语言简洁干脆，确实增加了这一内涵的厚度。从反抗和进取的视点上看，这种理解是可以接受的。

此时，也有人对《野草》人生哲学的不同解读观点进行了批判。在具有总纲性质的《"现实的"与"哲学的"——关于〈野草〉的争辩》一文中，认为《野草》的哲学是"人生诚理"的吴康，批评了孙玉石的《野草》研究、汪晖的《野草》人生哲学、李欧梵存在主义视角下的《野草》人生哲学等看法。就如何走出当前《野草》研究困境的问题，吴康仍坚持王富仁提出的"首先回到鲁迅那里去！"的观点。提出"他们都没有从根本上问一问，这个形而上学的哲学又是从何而来，它立根于何处？是什么赋予它如此绝对的至高无上的意义？"等问题后，吴康给出了"我们必须追问或沉思鲁迅对诗与哲学的理解"[②]这样的回答。通过对前人《野草》哲学研究得失的梳理，在当下的研究视域中试图对《野草》哲学进行重新界定，这种研究意图确实可嘉。实际上，此前木山英雄的长篇论文《〈野草〉的诗与"哲学"》（诗与"哲学"）和专著《〈野草〉解读》（"诗之思考"）就已经对上述吴康的问题做出了回答。但吴康从《摩罗诗力说》中提炼出"人生之诚理"作为生存或存在视角下《野草》的哲学，这是对木山英雄《野草》研究的超越。在这一视角下，吴康关于《野草》研究的系列论文[③]陆续发表于《鲁迅研究月刊》上，但都是围绕"诗与思，诗歌与哲学"[④]而展开的微观解读。

其他研究者论《野草》的人生哲学。如皇甫积庆、刘骥鹏、叶橹、古大勇等人，[⑤]结合鲁迅复杂的人生经历，结合鲁迅各种形式的作品，进入《野草》具体文本中，研究其人生哲学。如皇甫积庆运用历史"中间物"意识研究《野草》中所表现的人生态度，就反映了鲁迅所扮演的悲剧角色这一事实。而古大勇在论述鲁迅与存在主义关系时认为："《野草》中所谓'孤独个体'的生存体验却不具备本体论意义，亦不能理解

---

① 王兵：《论〈野草〉人生哲学的突破与超越》，《鲁迅研究月刊》2008 年第 2 期。
② 吴康：《"现实的"与"哲学的"——关于〈野草〉的争辩》，《中国文学研究》2008 年第 1 期。
③ 吴康：《作为希望追寻的绝望——〈野草〉解读之一》，《鲁迅研究月刊》2008 年第 3 期；吴康：《朝向世内生存者的绝望——〈野草〉解读之二》，《鲁迅研究月刊》2008 年第 7 期；吴康：《深置于自身的绝望——〈野草〉解读之三》，《鲁迅研究月刊》2008 年第 8 期。
④ 吴康：《"现实的"与"哲学的"——关于〈野草〉的争辩》，《中国文学研究》2008 年第 1 期。
⑤ 皇甫积庆：《"中间物"、复仇及"油滑"——〈野草〉〈故事新编〉的传记学解读》，《绍兴文理学院学报》2001 年第 3 期；刘骥鹏：《郁结与释放——从作者的人生困境与心理语境中把握〈野草〉意蕴》，《鲁迅研究月刊》2008 年第 5 期；叶橹：《人生体验的灵魂投射——析〈雪〉》，《名作欣赏》2004 年第 4 期。

为本体论意义上的世界的普遍状态，而更多地体现为鲁迅本人的内心体验与人生哲学。"① 虽然具有存在主义作品共有的特征，但从文本具体情况看，古大勇认为《野草》并不是存在主义作品，而是反映个人心灵与人生哲学内容的作品。

对《野草》人生哲学的准确理解与合理概括，这表明研究者对鲁迅及其作品有着较为深刻的认识，且能融会贯通，用鲁迅解读鲁迅，因而容易看到本色鲁迅的精神风貌。

（3）《野草》与西方哲学思潮关系的研究

21世纪初，鲁迅的话题仍然是中外文学研究中的一个热门话题。大量使用西方哲学研究的成果，成为研究《野草》中一个亮点。

① 《野草》与西方现代主义关系的研究

赵小琪、李朝明等人的一系列论文论述了《野草》的超现实主义倾向、后现代主义显征、狂欢化色彩等内容，主要显示了3方面特点。第一，关注《野草》中的潜意识与梦等超现实的组合形式。"尽管反抗绝望也是《野草》梦中意义圆圈中的一环，但虚无才是《野草》这个圆圈中的核心之环，它既是选择反抗绝望的依据，又为《野草》梦的运动提供了第一动力。"② 在鲁迅那里，虚无与反虚无是矛盾和伴生的。《影的告别》《求乞者》和《墓碣文》是《野草》中虚无色彩最为浓重的散文诗，于是有人说鲁迅是虚无主义者。显然这种认识是片面的。影与人的诀别，是不可能的事情。研究者虽并未完全论及上述内容，但认识到了这一点，因此才能看到鲁迅在矛盾思想中解剖自己，坚持前进。第二，坚信《野草》显示了鲁迅怀疑的眼光。赵小琪"力图从对本体存在、历史客观性、连续性的怀疑的角度，依循《野草》创作的实际，探寻《野草》中的后现代主义显征"，对《野草》中"存在的根本性怀疑使鲁迅怀疑各种存在的形式"③。考察其对《这样的战士》《求乞者》《过客》《立论》等散文诗的充分论述，都表明研究者坚信鲁迅以怀疑的态度看待世间存在物是有依据的。据赵小琪的论述，从墓碣石的脱落，我们能推断出这意味着历史记载的不可靠性。因为无论力求怎样的客观记录和客观描述，各朝各代的史官毕竟是有血有肉有思想感情的人，当个人的主观倾向性表现在所记载的史料中时，他们笔下所谓的"客观记录客观描述"就不得不让人怀疑了。从这个意义上看，官修的正史与民间的野史出入很大，显然这与修史者个人思想情感的倾向性是大有关系的。第三，重视挖掘和表现《野草》文本的开放性特征。"面对《野草》，没有人能够发明一个解密的公式，但每一个人又都能寻找到与己相关的内涵，接受到来自过客、求乞者，或者死火的生命信息。任何给《野草》

---

① 古大勇：《对于"存在"的东方体验与言说——浅论鲁迅与存在主义》，《乐山师范学院学报》2004年第8期。
② 赵小琪、李朝明：《〈野草〉的超现实主义倾向——〈野草〉超现实组合形式论》（上），《鲁迅研究月刊》2002年第11期；赵小琪、李朝明：《〈野草〉的超现实主义倾向——〈野草〉超现实组合形式论》（下），《鲁迅研究月刊》2002年第12期。
③ 赵小琪：《〈野草〉中的后现代主义显征》，《天津社会科学》2004年第1期。

提供标准答案的企图，都将受到鲁迅本人的否定。"① 这告诉我们《野草》的内涵是丰富多彩的，坐实式研究是违背鲁迅创作意图的，用开放的眼光研究《野草》是必不可少的。在《〈野草〉的狂欢化色彩》②和《现象学视野中〈野草〉的意义生成》等论文中，赵小琪对《野草》中的反抗行为及其带来的开放世界进行了广泛深入的探讨。这种探讨很好地彰显了研究者和读者对《野草》文本的开放性认识。

就西方现代派对《野草》的影响看，宾恩海与赵小琪的研究路向大体一致。围绕主题与形式，从"鲁迅《野草》所指涉的众多精神命题与西方现代主义文学的空幻、绝望、死亡、荒诞等基本主题有相当大的共同性，其艺术形式上的象征意味、非实指性、哲学品格的追求与西方现代主义文学的典型外部特征也惊人地相似"两方面认识《野草》与西方现代派的关系，表现了宾恩海于21世纪初对《野草》文本"虚空"说与生命意识研究③的深化或提升。此前，不少研究者较多地探讨了屠格涅夫、波特莱尔、安特莱夫、厨川白村等外国作家作品对鲁迅的影响，归纳了《野草》苦闷、忧郁、孤独、反抗的情感和象征、隐喻、暗示等艺术的风格。这些研究成果给后人带来诸多启发，如《野草》的黑暗与反黑暗、虚空与反虚空等。对这一看法，宾恩海既是受益者也是坚持者。对于《野草》研究方法究竟虚一点好还是实一点好抑或虚实结合为好等争论问题，有人认为过于"避实就虚"是不可取的。而王乾坤认为只有鲁迅的"避实就虚"才能进入《野草》的形上语境。以《影的告别》为例，"影向黑暗而沉没，不是走入没落的虚无，不是无可奈何的完结……这种虚无化正是反虚无，因为在这种虚无化中，一种新的肯定诞生了"④。王乾坤既看到了影的虚无，也看到了影在反抗虚无。这样来认识影的形象，实质上是较为全面的。结合鲁迅自身看，这反映出王乾坤把握住了鲁迅的精神实质。此外，也有与赵小琪、宾恩海、王乾坤等研究者持不同意见者，如孔见，站在作家立场上评论鲁迅，观其文，其所做出的论断多有片面之处。"随时都可能丧失个体生命的鲁迅，常常孤独面对无边的虚空。他的革命激情背后，隐蔽着虚无主义的底色，他激扬的文字中间有大哀存在。"⑤从虚无的一面看，这固然不错。但从反虚无的一面看，就看出偏颇了。随着《野草》的发表与出版，这种论调早在20世纪20年代末即已出现。为此，鲁迅曾予以反驳，并且冯雪峰指出了"这种论调"的错处。孔见确实重复地提出了久已过时、广遭非议的片面认识。作为学术研究的大忌，就是不了解学术史和偏见。显然这都是不足取的。

还有一些研究者论述了鲁迅文学与西方现代派文学之间的关系。李春林对这种关

---

① 祝勇：《〈野草〉：夜晚的哲学》，《书屋》2006年第9期。
② 赵小琪：《〈野草〉的狂欢化色彩》，《天津社会科学》2007年第4期。
③ 宾恩海：《鲁迅〈野草〉的现代主义因素探析》，《思想战线》2006年第5期；宾恩海：《"风沙中的瘢痕"：分析鲁迅〈野草〉的"虚空"》，《广西大学学报》（哲学社会科学版）2001年第1期；宾恩海：《论鲁迅〈野草〉的生命意识》，《北方论丛》2006年第3期。
④ 王乾坤：《"我不过一个影"——兼论"避实就虚"读〈野草〉》，《中国现代文学研究丛刊》2007年第1期。
⑤ 孔见：《于无所希望中得救——鲁迅未能完成的革命》，《天涯》2006年第5期。

系做出了较为系统的考察:"鲁迅文学中的现代主义与西方现代派文学不独是平行关系,而且是同源关系。"① 以实证主义、唯意志论、精神分析学说作为源头,以创作《野草》这样的现代主义作品的鲁迅为一个流向,另一流向是卡夫卡、伍尔芙、乔伊斯、普鲁斯特、艾略特等,他们成为西方现代派主要代表作家。对这一问题的清晰梳理,李春林给我们明确了鲁迅与西方现代派的同源关系。总的来看,这种考察是正确可靠的。但笔者所指出的是:《野草》是中西合璧的产物,无论如何是抹不掉中国传统文化影子的,西方现代派作品充满了颓废、荒唐、虚无、绝望等情绪,这是其一。其二,单说对性本能的描写与表达,《野草》等鲁迅的作品是隐晦的,而西方现代派是直露的。其三,鲁迅的《野草》对西方现代派作家作品虽有继承,但更多的是超越。与李春林观点大体一致的阎真认为:"鲁迅在20年代,就相当深入地表达了贝克特在50年代所表达的生命哲学命题,他那种内心体验的敏锐性,是同时代作家不可企及的,也是令人惊叹的。"② 通过比较,研究者想要表达鲁迅具有预见性和超前性的意图确实达到了。从鲁迅的作品中,我们也能认识到这一点,当旁观者看热闹的时候,鲁迅即已预料到了结果,在别人发现结果时,鲁迅却从这一结局先行进入另一个新的开端中了。而就鲁迅与贝克特是如何接受生命哲学命题的根源这一问题的探讨,阎真未能如李春林一样做出清晰梳理和确切考察,这是遗憾的。其实简略提及或点到为止,即可不留遗憾。

"运用脑髓,放出眼光,自己来拿!"在创作方法或更新思想的途路中,这是有益的环节,甚至是不可或缺的重要环节。按照自己的判断,鲁迅积极吸收西方现代主义研究成果进入自己的创作中,表达自己的独特认识。这同样启发了其他鲁迅研究者。古大勇认为:"《野草》的创作方法从总体上来说,应是表现主义和象征主义的二相融合。"③ 对刷新思路而言,西方现代主义作家作品的翻译、接受和研究,与《野草》研究融于一体,赵小琪、李春林等鲁迅研究者显示了这样的才华和智慧。

② 《野草》与人本主义、存在主义关系的研究

人本主义即人本学,是关注人的具有唯心主义色彩的学说。但鲁迅在《野草》中既关注了心理意义也关注了生理意义上作为个体的人,将这样的人放置在具体的历史环境和社会生活中予以考察,表现他们的社会性价值。有的研究者对此进行了论述。

看张娟选取生存本质、生死辩证、自由人格、爱恨体验等问题,④ 对《野草》的人本主义哲学进行论述,表明研究者是有意识挖掘《野草》中人本学因素的。对生命意

---

① 李春林:《鲁迅与世界现代主义作家作品》,《鲁迅研究月刊》2001年第1期。
② 阎真:《〈野草〉:对现代生存论哲学母题的穿透》,《鲁迅研究月刊》2003年第12期。
③ 古大勇:《在表现主义的潜冲与暗滋下——〈野草〉创作方法新论》,《淮北煤炭师范学院学报》(哲学社会科学版)2005年第1期。
④ 王吉鹏:《鲁迅作品内部比较·人本解读·文体研究》,吉林人民出版社2004年版,第353—388页。

义的追问，《野草》做出了独特的解答，"鲁迅的发现却是指向虚无的，这种充满了现代性的对人的生存本质的认识，体现出了异质于中国传统文化的现代人的现代性视角"①。而对反抗绝望反抗虚无的论述，意味着研究者抓住了《野草》的精神实质。论述各个问题，尽可能围绕散文诗文本展开，比起先验论或先入为主的研究模式，这里的论述自然是贴切和得体的，毕竟突出了人的价值或人的意义。而吴丹从寓言色彩、叙述形态、抒情手段、诗化语言等问题，②对《野草》文体的研究，实际上也涉及了存在主义艺术中的一些形式技巧等问题，即使用荒诞、讽喻等艺术形式表达焦虑、绝望、死亡、恐惧等思想内容。

有的研究者虽从人本学视角来研究《野草》，但看其表述的生死爱恨等内容，多与存在主义哲学有着密切的联系。

从存在主义哲学视角解读《野草》的研究论文中，郜元宝《〈野草〉别解》的论述较为新颖深刻。从《野草》英文译本序所回避的起笔，接着论述了《题辞》是忏悔"过去的生命"这一内容，这两方面足以概括郜元宝的观点："《题辞》努力显明的，正是另一半《野草》对'过去的生命'的言说。倘若英译本序是说可说者，对难说者与不可说者保持沉默，《题辞》则接着正文继续说那难说者与不可说者，而这正好可以帮助我们追问何为鲁迅的'过去的生命'及鲁迅对待这'过去的生命'的复杂态度。"③ 这意味着《野草》英文译本序所涉及的《我的失恋》《复仇》等8篇散文诗不难理解，余下的16篇散文诗是"难于直说"的；《野草》英文译本序说可说的，余下的16篇说不可说的；《野草》英文译本序谈现在，另16篇谈过去。在对比之中，我们不难看出鲁迅的用意：《野草》究竟以何种方式存在为好？加之《文化偏至论》《摩罗诗力说》《破恶声论》等文言论文的介入，使得这篇论文的内容无论从深度还是从广度上说，在同类论文中都属上乘之作。但更为主要的贡献，笔者认为是该文给出了另16篇散文诗的大体定位。但是，和古大勇一样，还有研究者认为《野草》不是存在主义作品，如王景科、崔凯璇等。"不同于史铁生的生命哲学直接受到西方存在主义思想的影响，并且通过自身生存境遇和存在主义思想达到了契合，鲁迅先生对人的存在命题有着超前的超越性理解。"④ 毕竟存在主义哲学代表萨特和加缪的作品晚于《野草》，但鲁迅、萨特和加缪可能具有同源关系。这在前面已有所论述。所以王景科等人所坚持的"超越性"的观点，是值得怀疑的。我们必须如李春林那样做出清晰的梳理后，再提出"超越性"的观点才能更使人信服。

围绕存在的焦虑，研究者对生存哲学进行了论述。"《野草》表现了作者生存的焦虑和意义的怀疑，生命依据的缺失、虚空、绝望、毁灭、荒诞和死亡等现代主义的基

---

① 王吉鹏：《鲁迅作品内部比较·人本解读·文体研究》，吉林人民出版社2004年版，第353页。
② 同上书，第550—584页。
③ 郜元宝：《〈野草〉别解》，《学术月刊》2004年第11期。
④ 王景科、崔凯璇：《论鲁迅、史铁生独语中生命哲学之异同》，《山东社会科学》2004年第11期。

本主题。"① 将《野草》与生存、生命的主题有机结合起来进行分析，阎真自然能得出切合散文诗文本的相关认识。这样的见解来源于对它们之间本质联系的准确把握。在阅读分析中，我们是能思索出上述内容的。透入心髓的探索，这种焦虑与怀疑反映了鲁迅的思想冲突。"焦虑是一种意识，《野草》的焦虑不是病理性焦虑，而是文化的焦虑，是生存压力下人格结构与伦理道德之间难以协调的意识冲突，是现实世界与经验世界的矛盾冲突。"② 李骞在充分论述后得出文化焦虑与意识冲突这样精当的论断，来自对鲁迅内心世界"自我"焦虑者形象的合理把握，来自对《野草》文本中鲁迅矛盾思想的深刻认识。所以，对《野草》哲学的论述进行研究，我们获得的启示是多方面的。一是从翻译情况看，21世纪初期，关于西方现代派诸多作家作品迅速介绍到中国来，这些外文的中译本得到了广泛应用，为拓展《野草》哲学研究空间，确实发挥了很大作用。二是就《野草》哲学研究成果看，分量重有学术价值的著述明显增多。如《现实的与哲学的——鲁迅〈野草〉重释》《〈野草〉解读》《吴中杰评点鲁迅诗歌散文》《鲁迅诗文鉴赏辞典》等著作及孙玉石、赵小琪、宾恩海、吴康等人的论文，当是多年的研究所得。三是研究者无法摆脱当下社会主流意识形态的影响，但其著述尽可能地接近鲁迅和《野草》。不少的研究成果表现了这样的倾向：还鲁迅及其《野草》以本色面目。四是对《野草》精神实质的体会、理解和把握是比较到位的。例如能一体两面地认识《野草》文本内容等。五是对外来哲学流派过度引用，或对《野草》的过度诠释，甚至有抬头的趋向，这是值得我们警惕和注意的。

2. 永不停息的哲学探索

荆有鳞曾说过经过十余年的思索，鲁迅才创作出了《过客》这一诗剧。若不是出于艺术价值的考虑，单以鲁迅深厚的文学功底和驾驭文字的能力而言，瞬间成文一挥而就绝非难题。而对于《过客》等《野草》散文诗篇的写作却表现了鲁迅自己的审慎态度，并向人肯定了自己的《野草》技术并不算坏。从这个意义上说，虽不是末篇，但把《过客》作为《野草》的压卷之作，或许是出于这精心构思的原因。而关于《过客》文本微观研究的成果是丰富多样的。

其一是对过客与鲁迅关系的探讨。

有的研究者认为过客就是鲁迅形象的化身。从行动上说，他们认为过客具有坚持着"走"下去的毅力。"明知前路是坟而偏要走"是他们唯一的生存方式，反抗绝望是他们所信奉的生命哲学。③ 古大勇确实抓住了过客的精神内核，而做出了上述得其要领的论述。从挖掘人物个性特征而言，他们概括了过客的鲜明形象。"在我们看来，狂狷、特立独行的过客，其实就是鲁迅'自我'；岂止是'自喻'，更是一种艺术抒情的

---

① 阎真：《〈野草〉：对现代生存论哲学母题的穿透》，《鲁迅研究月刊》2003年第12期。
② 李骞：《存在的焦虑：论〈野草〉的生存哲学》，《文学评论》2007年第6期。
③ 古大勇：《〈过客〉、鲁迅"自我"与〈呐喊〉〈彷徨〉中主观性人物形象》，《合肥教育学院学报》2001年第1期。

自我言说。"① 吴周文、刘恋从"精神界之战士"这一形象基点出发，将鲁迅与过客沟通起来，他们都具备抽象意义上的某一类型的人物性格特征。

而李莉、刘彦荣、刘高峰、范美忠、史久兴②的论文，也不同程度地论及了过客与鲁迅之间的关系。实际上，胡风和李欧梵很早就将过客与鲁迅之间的等值关系做出了判断。

其二是关于《过客》中"走"的哲学的研究。

过客的最终目的地绝不是坟地，而是走过坟地之后的未知世界，抑或是"前面的声音"发出之地。就过客坚持"走"的哲学来说，一些研究者关注了这一点。"《过客》最主要的思想价值就是'向前走'，而在现实人生中，唯有'向前走'是最难的。"③ 单元抓住重现实重过程重行动的特点，体现了过客的人生选择与价值追求。过客面对的仅有一条似路非路的痕迹，我们姑且名之为"路"，此处毫无坦途或光明大道而言。但作为先驱者，于无路处踏出一条痕迹，开路是其要务。为此，郭亚明认为"变革社会、改良人生、完善自我，成为先驱者人生哲学中不可分割的三个方面"④。在这里，坚持走下去的内涵和意义变得具体和明朗了。实际上，这就是诸如过客这一类先驱者形象坚定立足于并执着现实人生过程的反映。

本时期，鲁春梅、方维保、吴翔宇⑤等研究者对《过客》进行研究的论文，多论述其或人生哲学、或生命哲学、或存在主义哲学等主题。但有的论文明显承袭了孙玉石《现实的与哲学的——鲁迅〈野草〉重释》一书的观点与思路，因而缺乏新意。此外，也有的研究论文在读过之后，令人不知其所云。

五　结论

1. 《野草》的哲学意蕴是深广丰富的

《野草》的哲学起源始于何处？《野草》的哲学底蕴是什么？《野草》的哲学本质是什么？诸如这一类问题，我们无法回避。从众多的《野草》哲学研究著述看，鲁迅隐含在《野草》中的哲学意蕴是深广丰富的。究其根源，鲁迅毕竟深受东西方的政治、

---

① 吴周文、刘恋：《关于生命的哲学思考——重读鲁迅的〈过客〉》，《常州师范专科学校学报》2003年第5期。
② 李莉：《灵魂在暮色中前行——从〈过客〉看鲁迅的精神特质》，《重庆教育学院学报》2004年第1期；刘彦荣：《离间与聚结——〈过客〉的意义生成系统》，《创作评谭》2004年第10期；刘高峰：《行走反抗虚妄——鲁迅散文诗〈野草·过客〉论略》，《重庆工学院学报》（社会科学版）2007年第3期；范美忠：《〈过客〉：行走反抗虚无》，《作文新天地》（初中版）2007年第5期；史久兴：《鲁迅与"过客"形象的精神比较》，《安徽文学》（下半月）2009年第10期。
③ 单元：《重读〈过客〉——兼与李天明、胡尹强先生商榷》，《咸宁师专学报》2001年第5期。
④ 郭亚明：《活着——鲁迅〈过客〉解析》，《语文学刊》2004年第8期。
⑤ 鲁春梅：《反抗绝望——鲁迅〈过客〉解读》，《语文学刊》（高教版）2007年第7期；方维保：《作为象征主义诗剧的〈过客〉及其文学史地位》，《淮北职业技术学院学报》2007年第4期；吴翔宇：《论〈过客〉的"存在"命题建构与意义生成》，《中国矿业大学学报》（社会科学版）2008年第1期。

经济、文化、哲学等，如西方的托尔斯泰、果戈里、尼采、拜伦、波特莱尔等，日本的夏目漱石、厨川白村、森鸥外等，中国的儒道佛，等等的影响。因此，《野草》或隐或显地反映了人生哲学、生命哲学、死亡哲学、统治哲学、奴才哲学、斗争哲学、处世哲学、市侩哲学、苦难哲学、诗化哲学、希望哲学、虚无哲学、夜晚哲学、文化哲学、老庄哲学、修辞哲学、艺术哲学、时间哲学、爱情哲学等。其表现角度可谓琳琅满目、多种多样。可见《野草》蕴含的鲁迅的思维方式、行事准则、精神追求、人际往来、伦理关系等内容，都是研究者表现其深刻哲学思想的重要切入点。

2. 《野草》的哲学研究发展历程明显受社会意识形态影响

研究者由自《野草》诞生之初的研究，较为关注散文诗文本中的战斗意识、抗争意识、虚无意识等，直至改革开放以来一直到当下，而较多地关注文本的现代意识、生命意识、危机意识、人生意识、色彩意识、死亡意识、颓败意识、复仇意识、原罪意识、历史意识、"自戕"意识、忏悔意识、"历史中间物"意识、孤独意识、黑夜意识、灵魂意识等，这充分表明《野草》哲学研究的发展是与时政当局、时事形势、社会形态的发展紧密联系在一起的。随着改革开放的到来，在外国文艺思潮、哲学思潮的影响下，《野草》哲学主题世界的多元视角便应运而生。可见文化政策的紧与松制约着《野草》哲学的发展。很显然，《野草》的哲学研究既要适应形势的需要，更要努力寻找合适的表达手段来表现其本质的哲学内涵，而后者则是更为重要的。

3. 《野草》哲学研究的意义到底是什么

对鲁迅而言，自说其哲学都在《野草》里。毕竟《野草》记录了鲁迅生活、工作、学习的复杂多变经历，艰难探索和追求的实践。也因为生与死、爱与恨、实与虚、真与假、易与难、人与兽、主与奴、天使与魔鬼、傻子和聪明人等，都是鲁迅在《野草》里探讨的重要哲学话题。对鲁迅研究者而言，我们或可这样说，理解了《野草》里的哲学，也就理解了鲁迅的哲学。或说，研究《野草》里的哲学，是研究鲁迅哲学的最重要的组成部分。至少可以这样说，在《野草》完成之前的鲁迅的哲学都在《野草》里。对普通读者而言，哲学可以解决人类生存困惑的问题。读《野草》，熟悉《野草》里的哲学，可以对照自身或拿镜自照，进而发现自己的各种"瓶颈"问题，并及时解决，完善自身。对一个民族而言，愿不愿意思考《野草》里的哲学命题，实际上是敢不敢于正视、揭批和去除民族劣根性的问题，是愿不愿意创新和发展的问题。

鲁迅编辑之哲学建构

中央编译出版社　冯　章

> 只要春风吹到的地方，到处都是轻轻的绿草。
> 情愿做绿草，等着地下的燃烧
> ——艾青

鲁迅是一位卓越的作家、翻译家，更是自成一派"别立新宗"的编辑出版家（世有三个伟大之高论，本文在此不揣冒昧抛出"三个家"，即作家、翻译家和编辑出版家[①]）。他自从1907年9月留日时筹办期刊《新生》（因故未出）到1936年10月离世总计约30年，参与编辑、主编和指导过20多种知名报刊，例如《越铎日报》《新青年》《语丝》《莽原》《奔流》《朝花》《未名》《萌芽》月刊、《波艇》《文艺研究》《前哨》《译文》等；开办、参与"未名社""朝花社""三闲书屋"等7个出版社。编辑出版了十多套四十多册丛书：《乌合丛书》《未名丛刊》《未名新集》《科学的艺术论丛书》《奴隶丛书》《艺苑朝华》《版画丛刊》《朝花小集》。此外他还编辑了数种单册图书如《萧伯纳在上海》《中国新文学大系·小说二集》，《草鞋脚》（合编）及《海上述林》（上下册）等。校勘《嵇康集》《唐宋传奇集》等多种古籍。

这些书报刊立意"唯在益人"，内容新颖，封面版式大气简洁，插图丰裕精美，编审加工质量高，"别立新宗"可以说形成了鲁迅的编辑哲学[②]。即使在今天也有许多方

[①] 有论者称不要给鲁迅戴帽子了，说他的帽子很多了，要求给鲁迅脱帽。确实，如果不是鲁迅的帽子一定要脱掉，但是鲁迅固有的本来就有的，甚至鲁迅自己承认的帽子那是脱也脱不掉的。鲁迅在《三闲集》（《鲁迅全集》第4卷，人民文学出版社2005年版，第181—189页）之后"鲁迅译著书目"之下收录了他自己1921—1931年作为作家和翻译家，创作和翻译的32种书刊，足以说明鲁迅应该戴创作家和翻译家的帽子。不仅如此，鲁迅接着写到，"译著之外，又有所校勘者，所纂辑者，所编辑者，所选定，校字者，所校订、校字者，所校字者"共计30种。古籍校勘、编纂、编辑刊物、选定和校对等都是编辑。由此不难断定，鲁迅自己很是喜欢这顶"编辑出版家"的帽子的。

[②] "哲学"作为一个学科是分为多个层次的，第一层是哲学理论，纯粹的世界观的分析。第二层是分支学科，就是对自然界、思维和人生等领域的思考而形成的自然哲学、思维哲学（例如逻辑学）和人生哲学等。第三层即对某一具体学科或方面的产生、发展和规律问题的本质研究就构成应用哲学，例如对政治问题的规律和本质的基本探讨，就构成政治哲学，研究教育的本质和规律就是教育哲学，还有科学哲学、法哲学、历史哲学、语言哲学、医学哲学、宗教哲学等。编辑（出版）哲学（Editorial Philosophy）就是研究编辑出版的发生、发展和本质规律的应用哲学。

面是我们编辑人员学习的典范,值得我们深入地探讨和研究。下面,我们就鲁迅编辑哲学的几个特征给予诠释。

一 "留些空白""夹杂些闲话或笑谈"是"时代精神的表现之一端"

时代精神是什么?德国著名哲学家黑格尔指出:"时代精神是一个贯穿着所有各个文化部门的特定的本质或性格,它表现它自身在政治里面以及别的活动里面,把这些方面作为它的不同的成分……哲学并不站在它的时代以外,它就是对它的时代的真实的知识……哲学也可以说是超出它的时代,即哲学是对时代精神的实质的思维,并将此实质作为他的对象。"[①] 据此,可以说编辑哲学就是对编辑这个文化部门的本质的思维思考。鲁迅在《华盖集·忽然想到二》由图书的留白谈到"读书之乐",以至于人生、民族,并上升到"时代精神"——"校着《苦闷的象征》的排印样本时,想到一些琐事——我于书的形式上有一种偏见,就是在书的开头和每个题目前后,总喜欢留些空白,所以付印的时候,一定明白地注明。但待排出寄来,却大抵一篇一篇挤得很紧,并不依所注的办。查看别的书,也一样,多是行行挤得极紧的。"[②] 留白一般指书画艺术创作中为使整体作品画面、章法更为协调精美而有意留下相应的空白,留有想象的空间。比如画国画需要留白,艺术大师往往都是留白的大师,方寸之地亦显天地之宽。南宋马远的《寒江独钓图》,一只小舟,一个渔翁在垂钓,整幅画中没有一丝水,而让人感到烟波浩渺,满幅皆水。给人以想象之余地,如此以无胜有的留白艺术,具有很高的审美价值,正所谓"此处无物胜有物"。

鲁迅对大多数中国的图书的版式没有留空,行与行之间、篇与篇之间挤得紧紧的表示不满。他自己明确的在书稿上标出书的开头,题目的前后要留空白,但是出版社编辑仍然不按照标示去做,这使鲁迅先生很不高兴。笔者猜测可能是出版社为了节约版面,降低成本和定价,虽然本意是让读者花更少的钱购买图书,但是忽略了图书的美观和可读性。

所以鲁迅在该文继续指出:"较好的中国书和西洋书,每本前后总有一两张空白的副页,上下的天地头也很宽。而近来中国的排印的新书则大抵没有副页,天地头又都很短,想要写上一点意见或别的什么,也无地可容,翻开书来,满本是密密层层的黑字;加以油臭扑鼻,使人发生一种压迫和窘促之感,不特很少'读书之乐',且觉得仿佛人生已没有'余裕','不留余地'了。"中国、外国有一些较好的书前后都有空白的插页,天地头也比较宽,读者可以在上面写一些感悟。而当时的新书大多数没有插页,天地头很短,因此图书看起来不美,阅读不快乐,使读者感到压迫,于是就没有

---

① [德] 黑格尔:《哲学史讲演录》第1卷·导言乙,贺麟、王太庆等译,商务印书馆1959年版,第60、61页。
② 《鲁迅全集》第3卷,人民文学出版社2005年版(以下引用不在标出),第15页。

了读书的快乐，没有了"读书之乐"谁还读书买书，因此先生坚决反对。论述到此，那么可以说鲁迅只是具有一般的编辑出版想法；而笔者认为鲁迅之所以能够形成他的"编辑出版哲学"就在于他不仅看到图书的不留白使人少了读书的乐趣，更为重要的是"仿佛人生已经没有'余裕'"，"在这样'不留余地'空气的围绕里，人们的精神大抵要被挤小的"。由此可见"留白"是一个编辑问题，更是一个读书快乐、人生问题、人的精神问题和民族精神。

图书中讲些笑话，人们阅读时更有兴趣，也可以喘口气，与留白有异曲同工之妙，"外国的平易地讲述学术文艺的书，往往夹杂些闲话或笑谈，使文章增添活气，读者感到格外的兴趣，不易于疲倦。但中国的有些译本，却将这些删去，单留下艰难的讲学语，使他复近于教科书。这正如折花者：除尽枝叶，单留花朵，折花固然是折花，然而花枝的活气却灭尽了"，"人们到了失去余裕心，或不自觉地满抱了不留余地心时，这民族的将来恐怕就可虑"。

上述的那两样（留白和夹杂笑话），固然是比牛毛还细小的事，"但究竟是时代精神表现之一端，所以也可以类推到别样"。编辑技术体现了哲学上的"时代精神"。由此可知，留白和夹杂笑话不仅是编辑和读书的问题，更是一个体现人生、民族和时代精神的哲学命题。我们说鲁迅的编辑思想比一般编辑理念层次要高，鲁迅的编辑思想应该成为"编辑哲学"的原因正在于此。大哲学家黑格尔说"哲学就是时代精神的表现"，我们说，鲁迅的编辑哲学就是编辑出版的图书要让人读得快乐、人生要有余欲、人的精神要广大。

鲁迅不仅是这样论述的，更是实践着自己的编辑出版哲学。例如，1909年鲁迅和他的二弟周作人翻译编辑出版的《域外小说集》（东京初版本）"装订均从新式，三面任其自然，不施切削"，即所谓毛边书。印刷上也是天宽地阔，多留空白，"纸之四周，皆极广博，故订定时亦不病隘牺"[1]，《域外小说集》略例。

二 把插图"视之为生命"的编辑美学观

许慎《说文解字》序说"著于竹帛谓之书"[2]，学者李零认为这里的"书"指的是文字[3]。从起源上看文字和图像时同源的，《说文解字》的书名，许慎这样解释："仓颉之初作书也，盖依类象形，故谓之文。其后形声相益，即谓之字。文者，物象之本；字者，言孳乳而浸多也。"康有为对此进行了详细的解释："文字之始，莫不生于象形。物有无形者，不能穷也，故以指事继之。理有凭虚，无事可指者，以会意尽之。若谐声假借，其后起者也。转注则刘歆创例，古者无之。仓沮创造科斗虫篆，文必不多，

---

[1] 《鲁迅全集》第10卷，人民文学出版社2005年版，第170页。
[2] （汉）许慎：《说文解字》（影印），中华书局1963年版。
[3] 李零：《简帛古书与学术源流》，生活·读书·新知三联书店2007年版，第48页。

皆出象形,见于古籀者,不胜偻数,今小篆之日、月、山、川、水、火、草、木、面、首、马、牛、象、鸟诸文,必仓颉之遗也。匪惟中国然,外国亦莫不然。近年埃及国掘地,得三千年古文字,郭侍郎嵩焘使经其地,购得数十拓本,文字酷类中国科斗虫篆,率皆象形。以此知文字之始于象形也。"① 由此可见,文字和图像本来是不可分离的,"图书"本来就是"图"和"书(文字)"珠联璧合、水乳交融不可分割的。这就是图书的本质,也是鲁迅认为的最好的书。

鲁迅从四五岁起直到生命结束,一直酷爱美术图画,喜爱有插图的图书,常常为自己的和别人书刊插入精美的图片,如在他主编的期刊《奔流》《朝华》《萌芽》月刊,编辑的图书《士敏土之图》《死魂灵百图》等都插有精美的木刻版画。简直把图画插图视为生命,当作他的精神家园。

他在《朝花夕拾·阿长与山海经》深情地回忆道:"在我们聚族而居的宅子里,只有他(鲁迅的远房的叔祖——作者注)书多,而且特别。制艺和试帖诗,自然也是有的;但我却只在他的书斋里,看见过陆玑的《毛诗草木鸟兽虫鱼疏》,还有许多名目很生的书籍。我那时最爱看的是《花镜》,上面有许多图。他说给我听,曾经有过一部绘图的《山海经》,画着人面的兽,九头的蛇,三脚的鸟,生着翅膀的人,没有头而以两乳当作眼睛的怪物……可惜现在不知道放在那里了。"②

这位叔祖很懒,小鲁迅也不敢让他去找,又没有钱去买,书店离家很远,所以时常念叨这本"人面的兽,九头的蛇"书。她的保姆阿长看着孩子这么喜欢,就利用休假给小鲁迅在大街上买了一套。当她给鲁迅时,鲁迅回忆道:"我似乎遇着了一个霹雳,全体都震悚起来;赶紧去接过来,打开纸包,是四本小小的书,略略一翻,人面的兽,九头的蛇……果然都在内。"鲁迅是多么的喜欢。不!可以说是发自内心的狂热的喜爱,这种狂爱几乎影响了他的一生,形成了他爱美术爱插图书的信仰。

这套插图本的《山海经》,虽然纸张粗糙发黄、图像不清、画的技术很差,几乎全部使用直线画图,把动物的眼睛画为长方形,但是在鲁迅看来"这四本书,乃是我最初得到,最为心爱的宝书"。

"此后我就更其搜集绘图的书,于是有了石印的《尔雅音图》和《毛诗品物图考》,又有了《点石斋丛画》和《诗画舫》。《山海经》也另买了一部石印的,每卷都有图赞,绿色的画,字是红的,比那木刻的精致得多了。这一部直到前年还在,是缩印的郝懿行疏。木刻的却已经记不清是什么时候失掉了。"鲁迅不仅收集中国插图的书,而且花费更多的周折千方百计地寻觅外国的版画。例如,他通过在苏联的朋友曹靖华,用宣纸换来了苏联的版画家冈察洛夫等人一百多幅原版木刻原画,他总是担心毁掉、失去和被战火烧毁,"在我,是觉得是比失了生命还可惜的"③,图画比生命更重

---

① 康有为:《广艺舟双楫》,中国人民大学出版社2010年版,第1页。
② 《鲁迅全集》第2卷,人民文学出版社2005年版,第253—254页。
③ 《鲁迅全集》第7卷,人民文学出版社2005年版,第436页。

要啊！所以他精选了59幅画作自费印刷，制作成图书，这样就可以使更多的"青年艺术学徒和版画爱好者"学习。

如果说早期鲁迅主要是喜爱美术酷爱插图书，那么后来他则更有意识地运用和分析插图的作用。他在《"连环图画"辩护》（1932年）深有体会地说道："书籍的插图，原意是在装饰书籍，增加读者的兴趣的，但那力量，能补助文字之所不及……这种画的幅数极多的时候，即能靠图像，悟到文字的内容。"[1] 这是一段鲁迅论述插图的作用之经典名句，笔者以为鲁迅指出了图书中插图的3种重要的功能。

第一，书籍的装饰。也就是鲁迅在《译文》创刊号前记中说的"也与文字无关系的"。

第二，增加读者兴趣。正像鲁迅所说"文字之外，多加图画。也有和文字有关的，意在助趣"[2]。

第三，依靠插图"悟到文字的内容"，当然前提条件是图画必须是很多。比如《死魂灵》是世界文学名著，翻译为中文版本，并且与阿庚的《死魂灵百图》对照阅读，那么果戈里描写一百多年以前俄国中流社会的情形，如"闺秀们的高髻圆裙"，3匹马拉的篷车，舞会上插在多臂烛台上的蜡烛，则历历在目[3]。

质朴大方雅致的设计观。鲁迅不仅酷爱插图之美，而且追求图书之装帧精美。插图质朴、朴素是鲁迅书刊封面的典型特质。有些封面插图如《铁流》就是直接从苏联借用过来的。鲁迅自己设计的30多个封面及请别人为自己图书设计的封面都是这样的，除了书名和作者题签外，不着一墨。这其中有部分也是从国外的书刊借鉴而来。他一生设计的书刊封面、扉页和装帧中，有自己题写封面书名、有请别人如陶元庆题写或画封面画，自己再进行大小、位置和颜色设计，也有些翻译书籍直接采用原书插图来设计封面。五四前后世界上图书报刊封面设计花样越来越多，但当时我国的书刊设计相对保守。正是在这样新旧转折的情况下，鲁迅开始探索书籍的设计。

三 "错字颇多，实在对不起读者"有错必纠的严谨校对观

《左传》曰："过而能改，善莫大焉。"中外哲人非常重视反省自己的言行，当然对自己的文章著作也要查错纠错。鲁迅也经常认真仔细地审校检查书刊的错误，有错必改。对读者负责，不欺骗读者是鲁迅的编辑一贯的思想，因此有错误一定要向读者说明。我们认为"有错必改"是鲁迅编辑哲学的一个重要特征。做过书刊编辑的人都知道错误实在是难免的，甚至还会出现严重的错误，例如北新书局出版《小猪的故事》一书，曾引起了民族纠纷，"既起回民之愤怒，又导汉人之轻薄"，最终该局被政府关

---

[1]《南腔北调集》第4卷，人民文学出版社2005年版，第458页。
[2]《鲁迅全集》第8卷，人民文学出版社2005年版，第415页。
[3]《鲁迅全集》第6卷，人民文学出版社2005年版，第460页。

闭。鲁迅认为这是编辑责任心不强的结果，他严肃地批评说："彼局有编辑五人，而悠悠忽忽漫不经心，视一切事如儿戏，其误一也。"① 作者阅读了数十篇研究鲁迅编辑出版的论文，几乎没有一篇论述此问题。这其实不符合鲁迅先生有错必改的编辑哲学。

1925年7月，鲁迅为更正《莽原》第10期的错误专门写作了一篇启事，发表在第12期上。

> 第十期《莽原》上错字颇多，实在对不起读者。现在择较为重要的作一点正误，将错的写在前面，改正的放在括弧内，以省纸面。不过稿子都已不在手头，所以所改正的也许与原稿偶有不合；这又是对不起作者的。至于可以意会的错字和标点符号只好省略了。第十一期上也有一点，就顺便附在后面。
>
> 【1925年】七月三日，编辑者
>
> 第十期《弦上》：诗了（诗人了）为聪明人将要（为聪明人，聪明人将要）基旁（道旁）《铁栅之外》：生观（人生观）像是（就是）刺刃（刺刀）什么？感化（什么感化？）窥了了（窥见了）完得（觉得）即将（即时）集！（集合）《长夜》：猪蓄（潴蓄）《死女人的秘密》：那过（那边）奶干草（干草）狂飚过是（狂飚过去）那么爱道（那么爱过）那些住（那些信）正老家庭的书椁单，出的（正如老家庭的书椁里拿出的）如带一封（如一封）术儒（木偶）《去年六月的闲话》：六日，日记（六月的日记）《补白》：早怯（卑怯）有战（有箭）很牙（狼牙）打人脑袋（打人脑袋的）不觉事（不觉得）《正误》：刃割（剌刃）
>
> 第十一期《内幕之一部》：中人的（中国人的）枪死鬼（抢死鬼）《短信》：近于流（近于下流）下为（为）为崇（尊崇）。我把上面的错误统计了一下，约有32个错字、别字、漏字、多字，以及标点符号的错误。两篇不长的文章，出现这么多的错误应该是非常严重的错误。鲁迅先生敢于公开自己的错误，这是多么可贵的精神。这在当下的出版界几乎是不可能的。

鲁迅对自己翻译的一部书的错误也进行了公开的改正，这在我们现在的出版界恐怕也是很少见的，至少笔者做职业的图书编辑21年来未见过，从这方面更可以表现出鲁迅的坦诚和勇敢。鲁迅在《〈致近代美术史潮论〉的读者诸君者》一文中介绍了编译出版此书的宗旨和基本内容之后，非常诚恳地指出：还有一些误字，是要读者自行改正的。现在举其重要者于下：

甲　文字

页　行　　　误　　　正

---

① 鲁迅：《书信集·致许寿裳》。

XX	五	樵探	樵采
11	十二	造创	创造
14	一	并永居	而永居
23	八	Autonio	Antonio

等等（本文省略）

我们从以上的勘误表中可以看出，不仅有中文文字的错误，错字、别字，字序颠倒，而且有许多外文的错误。字母写错最多，把"a"误写为"e"，"e"误写为"c"，"u"误写为"n"，"w"误写为"u"，有的多一个字母，有的少一个字母，还有部分是重音符号位置排错，少数的字母大小写搞混，极个别的另行时字母后边没有加断字线。七八十年前鲁迅有的错误，我们现在的编辑仍然在继续，因此我们不厌其烦地把这些错误列出来，就是引以为戒的。鲁迅先生为我们做出了"有错必改"的榜样，提醒我们现在的编辑少犯错误，对读者负责。

鲁迅先生非常劳累说道："抄完校勘表，头昏眼花，不想再写什么废话了，就此'带住'，顺请文安罢。"

上面的话是鲁迅对自己翻译图书的审校改错，下面的例子是鲁迅审改曹靖华翻译的《铁流》一书情况。他在《铁流》编校后记中遗憾地说道：

当第一次订正表寄到时，正在排印，所以能够全数加以改正，但这一回却已经校完了大半，没法改动了，而添改的又几乎都在上半部。现在就照录在下面，算是一张《铁流》的订正及添注表罢：

一三页二行"不晓得吗！"上应加："哑，发昏了吗！"。一三页二〇行"种瓜的"应改："看瓜的。"一四页一七行"你发昏了吗?!"应改："大概是发昏了吧?!"

三四页六行"回子"本页末应加注："回子"是沙皇时代带着大俄罗斯民族主义观点的人们对于一般非正教的，尤其是对于回民及土耳其人的一种最轻视，最侮辱的称呼。——作者给中译本特注。三六页三行"你要长得好像一个男子呵。"应改："我们将来要到地里做活的呵。"三八页三行"一个头发很稀的"之下应加："蓬乱的。"

四三页二行"杂种羔子"应改："发疯了的私生子。"四四页一六行"喝吗"应改："去糟塌吗。"四六页八行"侦缉营"本页末应加注：侦缉营（译者：俄文为普拉斯东营）：黑海沿岸之哥萨克平卧在草地里，芦苇里，密林里埋伏着，以等待敌人，戒备敌人。——作者特注。四九页一四行"平底的海面"本页末应加注：此处指阿左夫（Azoph）海，此海有些地方水甚浅。渔人们都给它叫洗衣盆。——作者特注。四九页一七行"接连着就是另一个海"本页末应加注：此处指黑海。——作者特注。五〇页四行"野牛"本页末应加注：现在极罕见的，差不多已经绝种了的颈被□毛的野牛。——作者特注。五二页七行"沙波洛塞奇"本页末应加注：自由的沙波洛塞奇：是乌克兰哥萨克的一种组织，发生于16世纪，在德尼普江的"沙波罗"林岛上。沙波罗人常南征克里木及黑海附近一带，由那里携带许多财物回来。沙波罗人参加于乌克兰哥萨克反对君主专制的俄罗斯的暴动……

四 "取今复古，别立新宗""别求新声于异邦"的创新观

鲁迅编辑创新有着自己的目标、方法和做法。

首先，对刊物的名称反复思考精心选择，体现出创新的理念，例如，1907年在日本筹备的杂志就称为《新生》，这是借用文艺复兴时期意大利著名诗人但丁的一部诗集的名字。鲁迅自己解释说，其立意就是"新的生命"①。对鲁迅个人来说，刚刚选择弃医学文是一个新的开端，同时他也希望做出"新文艺"，复兴和开创中国的新的文艺文化。

其次，名称创新只是开始，更重要的是内容要有新意。他和刘半农、孙伏园等人在1924年11月创办《语丝》。他强调其办刊宗旨是："任意而谈，无所顾忌，要催促新的产生，对于有害于新的旧物，则竭力加以排击。"② 鲁迅在该刊物上发表了具有新意的小说《高老夫子》《离婚》；散文《论雷峰塔的倒掉》《说不出》《论睁了眼看》；散文诗《野草》等。1925年4月24日，鲁迅又亲自主持创办的《莽原》周刊（后改为半月刊）问世，作为《京报》第五种附刊发行。在创刊之前鲁迅作《莽原出版预告》刊登在《京报》，明确地阐释了该刊的目的："中国现今文坛（?）的状况，实在不佳，一缺少的是'文明批评'和'社会批评'，我之以《莽原》起哄，大半也就为了想由此引些新的这一种批评者来……继续撕去旧社会的假面。"③ 对旧的文化旧的社会给予批评，才能为新的文化新的文艺的创立开辟新的空间。

"别求新声于异邦"，不仅在办刊物要有新的理念新的思路、破旧立新，编译图书也是如此。1909年，鲁迅和二弟周作人共同编译《域外小说集》，他亲自撰写的该书序言明确表示，他们编译《域外小说集》就是为使"异域艺术新宗，自此始入华土。使有士卓特，不为常俗所囿，必将犁然有当于心，按邦国时期，摘读其心声，以相度神思之所在"，"采用外国的良规，加以发挥，使我们的作品更加丰满"，对"异域的新宗"要加以发挥和改造，才能产生新的作品④。鲁迅的第一部白话小说《狂人日记》

---

① 《鲁迅全集》第1卷，人民文学出版社2005年版，第439页。
② 《鲁迅全集》第4卷，人民文学出版社2005年版，第168页。
③ 《鲁迅全集》第11卷，人民文学出版社2005年版，第64页。
④ 《鲁迅全集》第6卷，人民文学出版社2005年版，第50页。

从名称到创作手法都是借鉴果戈里的小说,在思想上承继尼采并应用在分析中国的人性和社会。他翻译完夏目漱石回忆老师的文章以后,就仿着写了《藤野先生》一文。另外,像从翻译《小约翰》到写作了《从百草园到三味书屋》等,当然鲁迅主要是借鉴外国作品的思想、语言形式、风格、技法来创作中国人自己作品诠释自己的内容。编译翻译作品在鲁迅编辑出版的书刊中有很大的比例,几近一半。他对翻译作品的编校极为认真——"我在过去近十年中,费去的力气实在也并不少,即便校对别人的译著,也真是一个字一个字地看下去,决不随便放过,敷衍作者和读者的,并且毫不怀着有所利用的意思。"① 据不完全统计,在鲁迅编辑出版的丛书中,翻译外国文艺文化作品占有相当大的分量。他自己翻译作品的总量不下 250 万字,其中包括日本、苏联和俄国、法国、英国、奥地利、德国、西班牙、芬兰、荷兰、波兰、捷克、匈牙利、罗马尼亚、保加利亚等 14 个国家,110 多位作家 240 多种的作品和著作。

"取今复古,别立新宗","择取中国的遗产,融合新机,使将来的作品别开生面也是一条路"。鲁迅对几百种古籍的收集整理校勘考订,其目的在于吸收古代优秀文化遗产,为诠释当代的社会和人性问题提出自己的想法,创作出更好的标新立异的作品。从 1909 年开始直到去世二十多年,他整理编辑了可以使人"观风俗知得失"的《古小说钩沉》(辑录了唐代以前的古小说《青史子》《裴子语林》《郭子》等 36 种,生前未单行出版)和《会稽郡故书杂集》("编而成集"有关会稽郡的名人、历史和地理的著作《会稽先贤传》《会稽典录》《会稽后贤传记》等 8 种,鲁迅为每本书做了序言)。"废寝辍食,锐意穷搜"而得的《小说旧闻钞》,花费 18 年心血,认真严谨地校勘《嵇康集》,先后墨校朱校十余次,并且做序、考、著录考、逸文考和跋等 5 篇文字。历经 10 年,小心谨慎、用许多善本辑校成了 8 卷本(唐人作者卷、宋人作者 3 卷)的《唐宋传奇集》,并且作《稗边小缀》一万五六千的考证文字。

鲁迅校勘古籍非常严谨认真,对当时一些人胡删乱改、胡乱标点古书的现象,给予严肃的批评——"印书本是美事,但若自己于意义不甚了解时,不可便以为是错的,而奋然'加以纠正',不如'过而存之'或倒是并不错。"所以"望勿'纠正'"②,以免误导和欺骗读者。

鲁迅通过办报刊翻译校勘古籍,编辑出版了许多新的作品,也丰富了自己的写作技巧;而且培植、扶掖了很多新的年轻编辑人才和创作翻译人才。作为《语丝》当年的年轻编辑川岛多年以后回忆说,先生对杂志的形式、内容和稿件处理读给予具体的详细的指导,比如在第一期(创刊)上如何表现出刊物的面貌来,"第二第三第四期在稿子质量方面应该如何安排;遇到好的稿子多时,不要在一期中挤满","防备在稿荒时可以拿出来应用",还要注意陌生作者、关注那些人订阅。③ 正是鲁迅的有效帮助,

---

① 《三闲集》,北新书局初版(中央编译出版社 2012 年影印)。
② 《鲁迅全集》第 1 卷,人民文学出版社 2005 年版,第 432 页。
③ 赵家璧等:《编辑生涯忆鲁迅》,河北教育出版社 2000 年版,第 209 页。

才培养了许多新的、优秀的书刊编辑。至于通过办刊出书译书鲁迅更是发现和培养了大批的年轻的具有创新性的作者。因为中国要有"新的真正的文艺",必须要有"冲破一切传统思想和手法的闯将",尽管他们现在是"新的,年轻的,没有名的",但是"希望就在这一面"。他帮助张天翼改稿并发表,给"无派而不属于任何翼"的徐诗荃抄稿且极力推荐,为在邮局工作的业余译者孙用的译作出资制版,直到他逝世前三天,还在为年轻的译者曹靖华写《苏联作家七人集》的序言。为了培养新人,鲁迅真是呕心沥血,死而后已。

鲁迅编辑哲学有着较为完整的体系,我们不妨将之概括为一个目标(唯在益人、益新人)、两个路径(外在路径,即版式装帧上留白和多加插图;内在路径,即在内容上的创新和新人的培植)和调节机制(对文字内容知识方面的纠错改错)。

五 对受众高度负责的"作者读者观"

作为编辑一方面要对作者译者负责,另一方面也必须对读者负责。"作者读者观"涵盖的内容是极为广泛和多方面多层次的,例如上面论述的几个观点都是使作者的思想得到完美的呈现,使读者体验读书的乐趣和美感,在此节我们着重强调鲁迅序跋文字对作者写作意图、篇章结构布局的准确的表达和引导读者对作品作者的理解和解读。2005年版《鲁迅全集》第10卷收集鲁迅译文译著序跋120篇文章。字数有十多万字,这个篇数和字数无论是在当时,还是在现在都是非常巨大的。不仅是量上的,而且在质上都是具有很高的水准的。许多序跋极准确地概括和表现了原作的思想观点。有些序跋是为自己的译作写的,更多的是为年轻的译者的作品精心撰作的。鲁迅许多精彩深刻的思想、命题、概念和句子都是首先表现在这些"辨言""序言""略例""杂识""译者附记""译者附识""附""引言""小引""小序""题记""前记""后记""译者的话"等之中的。这是编辑家的一个创作型的作品,也是高水平编辑家的基本功。

"今之中国"与"世界大势"
——鲁迅的日本写作与中国现代性

上海交通大学人文学院　符杰祥

鲁迅的世界观念与现代意识，应该说在南京新式学堂开始接触西学的时候就有所孕育了，但真正眼界大开，开始以一种世界眼光和现代意识来思考中国问题的，应该是在他留学日本的时期。以对鲁迅的现代意识产生决定性影响的进化论为例，周作人回忆说，鲁迅在南京读书的时候虽然也"看了赫胥黎的《天演论》"，"但是一直到了东京，学了日本文之后，这才懂得了达尔文的进化论"，"明白进化学说到底是怎么一回事"。[①] 鲁迅从 1903 年写作《斯巴达之魂》《说鈤》《中国地质略论》，到 1907 年、1908 年相继发表《人之历史》《摩罗诗力说》《科学史教篇》《文化偏至论》《破恶声论》（未完），篇篇可谓大文章，个个皆是大题目。在这一系列长文中，鲁迅对于现代中国问题的思考虽然还不能说非常成熟，但确乎已经成形了。在这个意义上，日本学者伊藤虎丸的观点是有道理的，"把鲁迅的留学时期单单看作'习作'时代是不够的，毋宁说是已经基本上形成了以后鲁迅思想的筋骨时期"[②]。无论在回国后的现实挫折中思想发生了怎样的转变，内心产生了多大的动荡，鲁迅在这些文章中所建构的基本命题却从来没有改变过。这些命题，在他后来所汲取的新的思想学说那里，是更加丰富了，而不是削弱了；是更加稳固了，而不是动摇了。反过来说，鲁迅留学时期的理论构想虽然没有经历过后来那样血肉交融的现实碰撞，但也正因为没有遭遇过像回国后的十年沉默与最后十年那样的左右冲突，鲁迅才会有相对集中的时间与相对从容的心态，对中国的现代性问题形成一种比较完整的理论构想吧。从这方面说，鲁迅留日时期的"现代"思想，对鲁迅思想的形成与文学活动的发生是有着一种原点意义的。

一　"今之中国"与"世界大势"：鲁迅现代意识的发生

对于鲁迅留日时期的"现代"思想，长期以来形成了两种似乎已成定论的说法。

[①] 周作人：《鲁迅的青年时代》，止庵编：《关于鲁迅》，新疆人民出版社 1997 年版，第 431 页。
[②] [日] 伊藤虎丸：《明治 30 年代文学与鲁迅》，《鲁迅、创造社与日本文学》，北京大学出版社 2005 年版，第 223 页。

其一是从阶级论的政治意识形态出发，认为鲁迅对富国强兵、立宪民主的现代化学说持绝对否定的态度，因为其代表了地主阶级、资产阶级的"反动"与"虚伪"云云。其二是随着新时期启蒙主义思潮的高涨，鲁迅的"立人"思想被重新发现，并被视为"超越"富强学说的一种现代性思想的明确表达。"立人"思想的重新阐释是对既往意识形态论的反拨，也更合乎鲁迅思想的实际，因而获得了当代更多学者的认同。但人们似乎没有注意到，这两种看似截然相反的话语系统在判断上有一点是一致的，亦即鲁迅是反对富强学说的。不同之处只在于，前者着眼于阶级问题，后者着眼于物化问题。这就带来了新的疑问：首先，在鲁迅所处的"今之中国"？"现代"意味着什么？而鲁迅自己又是如何理解"现代"的，并赋予了其怎样的思想意义与文化意涵？其次，鲁迅的现代性批判是建立在一种什么态度上的？是否意味着对现代化学说的否定？而富强民主的现代化学说何错之有？最后，"立人"思想与富强学说在鲁迅那里究竟是一种怎样的关系？是否如人们所想象的那样是相互否定与排斥的？遗憾的是，这些问题的思考在许多方面至今仍是空白和模糊的，鲁迅现代意识的真正内涵及其发生的内在理路自然也就无从展现。

早在1904年发表的《尼采氏之教育观》一文中，王国维就提出过"现代文化"的概念；但"现代"意义的真正凸显，始自五四新文化运动时期。在随后的1927年，柳克述在所著《新土耳其》一书中偶尔将"现代化"与"西方化"并提，到了20世纪30年代初，"现代化"一词就公开出现在天津《大公报》的文章标题上。蒋廷黻在1933年5月的《独立评论》上发表《知识阶级与政治》一文，明确提出了"知识阶级的人应该努力作现代人，造现代人"，则被史家视为现代化问题讨论的端始。[①] 这种从词语概念来梳理历史的方法有自己的道理，但立论也显得过于拘牵。没有出现"现代"一词，并不意味着缺乏对现代化问题的关注与思考；而即使出现了"现代"一词，也并不意味着对现代化问题的关注与讨论就由此开始了。根据英国学者雷蒙·威廉斯的词源考察，"现代"首先是一种"此刻""现在"的时间观念，其次才是"改善"之类的现代化含义。[②] 在留日时期的文章中，鲁迅大量使用的是这样一些着眼于"现在"的概念："居今之世""于今之世""今日之文明""近世文明""为今立计""中国在今""今之中国""生存于二十世纪""二十世纪之新精神""二十世纪之国民"，诸如此类，立足"现在"的现代性意识和救亡图强的现代化意图都非常显著，这和鲁迅在五四后的《在现代中国的孔夫子》《现代史》等文章中所使用的"现代"概念，在含义和用意上也都是相同的。实际上，直到五四时期，学人还喜欢沿用"今""古"这样的概念来讨论"现代"问题。李大钊在这一时期由讲义、讲演辑录而成的《史学要论》中，

[①] 蔡乐苏主编：《中国思想史参考资料集·晚清至民国卷》（下编），清华大学出版社2005年版，第434、436页。

[②] ［英］雷蒙·威廉斯：《关键词：文化与社会的词汇》，生活·读书·新知三联书店2005年版，第308、309页。

同时收有《"今"与"古"》和《唯物史观在现代史学上的价值》这样的文章，就是一个明显的例子。

就像雷蒙·威廉斯在词源意义上所揭示的那样，西方国家现代意识的悄然而生，也是从18世纪法国著名的"古今之争"开始的。① 在"现代"的时间观念的基础上，后来相继派生出"现代化""现代性"这样一些语词。在一般意义上，"现代化"常用来指称政治、经济、工业、社会发展等各项技术指标，富强民主是其基本目标；"现代性"则是用来解释启蒙运动以来的理性主义、自由思想与批判精神，反思是其基本特性。不过，正像"现代化"与"现代性"在词源意义上的互相牵扯，相对清楚的分析方式也只是为了理论阐述的方便，不可能有一个截然清楚的划分。基于国势萧条的危亡现实，鲁迅对"今之中国"所面临的"世界之大势"的现代化诉求是认同的，但对于其中的种种"恶声"又是持批判态度的，这同时表现出了一种现代性思想的萌芽。鲁迅态度的复杂性，意味着仅以"现代化"或"现代性"的一面来分析其现代意识是不够的，而包含多重意义的"现代"观念，也许才可以充分容纳或完整说明鲁迅现代思想的复杂意涵。

"今""今日""近世""二十世纪"这样强调"现在"的概念，并不必然显示一种思考"现代"问题的结果，但至少表明了鲁迅着眼于"现在"的一种态度。伊藤虎丸曾对鲁迅"既不依靠过去的一切（现成的主义、体系、制度等），同时也不依靠未来的一切（纲领、蓝图、'黄金世界'之类），只依靠现在"的"自觉的态度"给予了高度的赞赏，认为这正是一种真正的"近代"精神。② 所谓"风雨如磐暗故园"，鲁迅所处的"今之中国"内忧外患、积弱积贫，"现代化"自然无从谈起，但在现代化成果与问题俱为显著的异域日本，却不妨获得一种"洞达世界之大势"的现代性体验。当身处异域的现代性体验、民族忧患的现代化焦虑一经与深具诗性气质的思想者个体相互碰触，属于鲁迅的一种独特的"现代性态度"就逐渐萌生了。从这方面说，鲁迅在现代化还处于民族国家的想象时期便能注意到西方世界诸多的现代性问题，具备一种"反求诸己"的现代性态度，看似超前，但也绝非偶然。因为在福柯看来，"现代性"不是一个"历史时期"，而是一种对待"现在"的"态度"。所谓"态度"，福柯将其视为"与当代现实联系的一种关系模式，一些人所做出的自愿选择，归根到底，它指一种思想和感觉的方式，也指一种行为方式，这种行为方式同时标志着一种归属关系并将自己显示为一种任务，无疑，它有点像希腊人所称的社会的精神气质(ethos)"。也就是说，现代性是一种认知"现在"的"思想和感觉的方式"，一种从"精神气质"出发的意志选择。而"现代性态度"（attitude of modernity）的内涵就在于："关注现在""自由批判现在""对改变现在负有责任"。③ 显然，鲁迅留日时期的文章具备

---

① 周宪：《审美现代性批判》，商务印书馆2005年版，第70页。
② 伊藤虎丸指出，"在日本，一般是把'近代'这个词作为具有人类解放、光明的、肯定的意义加以接受的，而且认为'近代'与'现代'是连续的，较少有人意识到或主张将其作明确的区别"。参见伊藤虎丸《鲁迅、创造社与日本文学》，北京大学出版社2005年版，第7、122页。
③ 福柯：《什么是启蒙》，汪晖、陈燕谷主编：《文化与公共性》，生活·读书·新知三联书店1998年版，第430页；译文同时参照余虹《艺术与归家》，中国人民大学出版社2005年版，第205、206页。

了这一思想特质。

二 "新学"与"新精神"：鲁迅现代性批判的独特指向

文章中大量出现与"今"相关的词汇，并不能完全说明鲁迅属于一种怎样的"现代性态度"，真正的问题是：鲁迅与自己所处的"今之中国"，建立的是一种怎样的"联系"，体现的是一种怎样的"精神气质"与"态度"？同是面对"今之中国"与"世界之大势"，当时的思想界就产生了各种不同的主张，有"抱守残缺"而坚持复古的，有"言非同西方之理弗道，事非合西方之术弗行"而要求西化的；同样是主张向西方学习，有"竞言武事"的，也有"制造商估立宪国会之说"的。[①] 鲁迅注意到，在当时主张向西方学习的各种"新学"中，无论是革命的还是调和的，是着眼于政治还是经济的，即使存在不同的分歧，其用意都是一样的，这就是"革前缪而图富强"。正是因为这一点，鲁迅初来日本时和这些人并没有什么分别，对这些现代化学说也都是认同的。用断辫发、易服饰和"我以我血荐轩辕"的自题诗句来表明心志的青年鲁迅，最早写的几篇文章所张扬的就是这一时期非常普遍的民族救亡精神。《斯巴达之魂》的直接背景是留学生组织义勇队抗俄侵华事件，悲歌慷慨，血气昂扬。该文主旨是以斯巴达武士的"复仇""血战""决死"精神砥砺国民，"贻我青年"，属于"竞言武事"的一种。《中国地质略论》痛心中国"失败迭来，日趋贫弱"，西方列国"强种鳞鳞，蔓我四周，伸手如箕，垂涎成雨"，而发出"救之奈何"的锥心呼告。文中说，文弱的科学家"实涵有无量刚劲善战之军队"，而煤炭"与国家经济消长有密切之关系，而足以决盛衰生死之大问题者也"。这样期待"工业繁兴，机械为用"的思路可以归为科学救国、实业救国一路，也正是鲁迅后来在《文化偏至论》中所批判的"以富有为文明""以路矿为文明"。而在留日后期的《破恶声论》中，鲁迅更是将"革新武备，振起工商，则国之富强，计日可待"视为一种需要批判的"恶声"，这多少让人困惑与不解，也带来了一连串的疑问：其一，鲁迅虽没有"计日可待"的乐观，但"国之富强"的现代化梦想，不正是他一直所期冀的吗，又有何"恶"可言呢？其二，鲁迅对于现代化学说的不满究竟是为了什么？所不满的到底又是什么？其三，从1903年开始写作的《斯巴达之魂》，到1908年未能完篇的《破恶声论》，这五年期间到底发生了什么？又是什么让鲁迅的思想发生了看起来如此之大的转折？而这一切，对鲁迅来说又意味着什么？

也许是鲁迅后来卓越的文学成就影响了思考问题的方式，人们总是急于从他的早期文本里寻找所谓"超前"的理论结果，而对制约这一结果如何发生的主体态度及其中的复杂性缺乏必要的梳理与耐心的分析。从表面上看，鲁迅前后几年的态度近乎一

[①] 鲁迅：《坟·文化偏至论》，《鲁迅全集》第1卷，人民文学出版社2005年版，第44、45页。

种自我否定，似乎完全抛弃了自己过去所宣扬的富国强兵学说。但问题绝没有这么简单。鲁迅在弃医从文后，《摩罗诗力说》已被学界视为态度"转变"的一篇标志性的文章，但就是在这篇文章中，鲁迅特别称颂了摩罗诗宗拜伦的"图强"精神，对匈牙利的爱国诗人裴多菲"为爱而歌，为国而死"同样进行了热烈的赞美。据日本学者北冈正子考证，在鲁迅所介绍的几位摩罗诗人当中，"与鲁迅后来关系最密切的"就是裴多菲，而鲁迅在选取材料时舍弃了别的部分，特别突出了其"为荣誉的死去战斗"的报国精神和"民族战士"的形象。[①] 鲁迅在文中引用裴多菲的自白说，"吾今得闻角声召战，吾魂几欲骤前，不及待令矣"，不正是鲁迅在1903年所极力颂扬的"斯巴达之魂"吗？在《科学史教篇》一文中，鲁迅一开始就大力赞扬"科学之进步"带来"人间生活之幸福，悉以增进"的景象："自然之力，既听命于人间，发纵指挥，如使其马，束以器械而用之；交通贸迁，利于前时，虽高山大川，无足沮核；饥疠之害减；教育之功全；较以百祀前之社会，改革盖无烈于是也。"

鲁迅在这里所描绘的，不正是国人的一种普遍的"富强"梦吗？而在最后的《破恶声论》中，鲁迅所批判的"崇侵略"等思想，不也是以富国强兵为设想的基本前提吗？在鲁迅留学后期的文章中，《文化偏至论》对"以富有为文明""以路矿为文明""以众治为文明"之类的现代化学说批判可谓是最激烈的了，但事实上，鲁迅指出的全是这样的问题：其一，"有学于殊域者"，"假力图富强之名，博志士之誉"，或"借新文明之名以大遂其私欲"，"志行污下"；其二，"未识其所以然"，对"所谓新文明者，举而纳之中国"，"馨香顶礼"而盲目"横取"；其三，"曰惟物质为文化之基也"，"曰惟多数得是非之正也"，由"惟"而"偏"。从肯定与否定的两方面看，鲁迅并没有断然否定现代化学说的意思，其中的富强思想仍为鲁迅所坚持，他所列举与批判的不过是人的主体精神与态度问题。这就是说，鲁迅并不认为富强学说自身有什么问题，而是认为推行这些学说的人在精神态度上出现了严重的问题。因此，富强学说之"恶"亦不在"国之富强"的诉求本身，而在于发出"恶声"者的主体精神与思想态度。在这些意图正确的新学背后，鲁迅发现新学的主张者"其术其心，违戾亦已甚矣"：要么贪图名利，自私虚伪；要么缺乏主体的能动精神，"心夺于人，信不由己"；要么"惟"一种观念为是，出现"至伪而偏"的恶果。换言之，这些"稍稍耳新学之语"者仰慕"新学"，却毫不具备相应的"新精神"。正是出于这样的问题考虑，鲁迅意识到了精神问题的"根本"重要性，指出"内部之生活强，则人生之意义亦愈邃，个人尊严之旨趣亦愈明，20世纪之新精神，殆将立狂风怒浪之间，恃意力以辟生路者也"，[②] 继而提出了"根柢在人""首在立人""尊个性而张精神"的系列观念与主张。

[①] 北冈正子：《摩罗诗力说材源考》，北京师范大学出版社1983年版，第181、192页。
[②] 鲁迅：《坟·文化偏至论》，《鲁迅全集》第1卷，人民文学出版社2005年版，第55—56页。

三 "立人"与"图富强":鲁迅现代思想的特殊内涵

学界目前比较流行的看法是,鲁迅提出自己的立人思想是为了取代富强学说。立人思想在鲁迅那里的确具有一种特殊意义,但如果就此把它夸大为对于富强学说取而代之的"超越"意义,笔者不能同意这样的看法。首先,鲁迅曾明确批评"皇皇焉欲进欧西之物而代之"的取代性思维,即使立人思想与富强观念因为各自相对的独立性而存在着相互冲突的地方,在基本目标等方面也同时存在着许多一致性,鲁迅不可能陷入要立人还是要富强之类二选一的假命题,重新回到自己所批评的那种"简陋"的思维模式中。事实上,鲁迅留日后期的文章仍坚持了富国强兵的思想,并没有因为提出"立人"思想而放弃民族富强的基本目标。直到30年后,鲁迅对"老新党们"当年的"图富强"理想仍然充满了敬意,他赞赏说:"'老新党们'的见识虽然浅陋,但是有一个目的:图富强。所以他们坚决,切实;学洋话虽然怪声怪气,但是有一个目的:图富强之术。所以他们认真,热心。"[①] 其次,鲁迅提出"立人"观念时寥寥数语,既没有做出完整而详细的说明,也没有构建任何相关的理论阐释体系,其用意显然也不在于构建新的学说。更为重要的是,"立人"思想与富强学说在鲁迅那里不是互相否定与排斥的关系,而是孰为根本与枝叶的问题。"立人"思想与富强学说往往被现在的学人视为两种截然对立、互不相容的话语系统,而忽略了它们同属"现代"观念的一面。对鲁迅的"今之中国"来说,富国强兵的现代化观念是一种从民族危机出发的迫切要求,置身于其中的鲁迅即使认识到立人的问题具有怎样的重要性,也不可能不顾现实,完全忽视富强学说的历史合理性。鲁迅之所以对"兴业振兵之说"表示不满,用他自己的话说,问题只在于此二事"亦非本柢而特葩叶",而所谓的英雄志士"则仅眩于当前之物,而未得其真谛"。所以,鲁迅的忧虑是,"举国惟枝叶之求,而无一二士寻其本,则有源者日长,逐末者仍立拔耳"。在鲁迅这里,"尊实利可,摹方术亦可",他并无反对之意,所真心期望的,只在于"能播将来之佳果于今兹,移有根之福祉于宗国者"[②]。事实上,鲁迅此后与尼采等西方哲学家的个人主义、意志论相遇,不是由此消泯了自己的民族救亡思想,而是在新的精神文化层次上强化了自己的民族危机感。伊藤虎丸将鲁迅这一时期的思想称为"文化民族主义",就是注意到了看似相互冲突的个人主义与民族主义在鲁迅思想中的融合性,也更合乎鲁迅思想的实际。

富强学说与立人思想的本末关系,在鲁迅这里已经很明确地指出来了。在此基础上,鲁迅认识到二者在"今之中国"所存在的"倒果为因"、本末倒置的严重问题。在他看来,物质与制度方面的文明成就与现代化学说是一种显而易见的成果,而培养这一成果的主体精神与现代性思想则如深埋于地下的根,意义重要而难以见识,亦即

---

① 鲁迅:《准风月谈·重三感旧》,《鲁迅全集》第5卷,人民文学出版社2005年版,第325页。
② 鲁迅:《坟·科学史教篇》,《鲁迅全集》第1卷,人民文学出版社2005年版,第33、34页。

"欧美之强,莫不以是炫天下者,则根柢在人,而此特现象之末,本原深而难见,荣华昭而易识也"①。因此,作为成果的现代化学说容易眩人耳目,作为根本的现代性思想则容易被人忽略;而如果忽视精神基础的问题,现代化学说再怎么动人,也不可能得以真正实现。所谓"根本且动摇矣,其枝叶又何侲焉"②,鲁迅的真实意图即在于此。基于正反两方面的认识,鲁迅所得出的基本结论是:"盖末虽亦能灿烂于一时,而所宅不坚,顷刻可以蕉萃,储能于初,始长久耳。"③ 由此可知,鲁迅提出"立人"的目的并不是要拒绝富强民主的现代化学说,而是认为新学"所宅不坚",要为其"储能于初"。遵循鲁迅"储能于初"的运思逻辑,"其首在立人,人立而后凡事举"便是一个顺理成章的理论结果。

另外,鲁迅的"立人"思想毕竟不是在一种抽象而孤立的语境中发生的,它不可能脱离民族救亡的现实语境与"图富强"的时代主题,也不可能放弃"生存两间,角逐列国是务"的救亡动机与强国意图;而"立人"之后"人国既建"的宏大构想,也是以中国"乃始雄厉无前,屹然独见于天下"为基本目标的,终究没有跳出现代化的思想视野与观念范畴。④ 显然,在"图富强"方面,鲁迅和自己同时代的人并没有什么区别,不同之处只在于,他注意到了被时代普遍忽略或严重忽视的人的精神问题,并对其"根本"意义给予了特别的强调。概言之,鲁迅所发现的真正问题是,"今之中国"有现代化学说,而无现代性思想;有"新学",而无"新精神"。在这个意义上,鲁迅批判涌入国内的种种现代化思潮,与其说是在否定富强民主的现代化观念,不如说是在揭露种种现代化思潮中现代性思想的普遍缺失;鲁迅提出"立人"的主旨,与其说是与富国强兵的现代化学说划清界限,不如说是为现代化学说建立合乎现代需要的精神根基。也因此,在同代人为西方世界已显现出的耀眼的现代化成果而激动于富强的"新梦"时,鲁迅以自己个人在日本的现代性体验发现了西方世界发达的物质文明带来的"精神渐失""性灵黯淡"的现代性问题,并以此来反观中国的国民精神,从而走上了一条追求"个人尊严"与追问"人生意义"的启蒙之路。在这里,"求古源尽者"的鲁迅所汲取的是西方思想家立足于20世纪"世界之大势"的"方来之泉",所关注的是"个人意志""内部之生活"与"人生之意义"的问题。所以,"立人"虽是出自《论语》的最古老的汉语词汇,却被鲁迅创造性地赋予了审美现代性的意涵,从而避免了像梁启超那样在西方文明的"新梦"破灭后,转而退回到精神文明优越论的国粹主义的"旧梦"中来。

近代中国在救亡图存的压力下,并不乏形形色色的现代化理论,也不乏种种瞩目于高端形式的现代化设计,但最欠缺的恐怕还是像鲁迅这样的一种自觉关注精神基础

---

① 鲁迅:《坟·文化偏至论》,《鲁迅全集》第1卷,人民文学出版社2005年版,第56—57页。
② 鲁迅:《集外集拾遗补编·破恶声论》,《鲁迅全集》第8卷,人民文学出版社2005年版,第26页。
③ 鲁迅:《坟·科学史教篇》,《鲁迅全集》第1卷,人民文学出版社2005年版,第35页。
④ 鲁迅:《坟·文化偏至论》,《鲁迅全集》第1卷,人民文学出版社2005年版,第56、57页。

问题的现代性思想，以及反复强调"内省诸己""反观诸己"的自我反思的现代性态度。诚如有学者所指出的，"长期以来，中国知识界总是喜欢在现代性的侧面问题上来回兜圈子，而遗忘其地面或基础问题。也就是说，知识界关注的焦点总是在于现代性的看起来最急迫的方式问题上，而忽略了更基本的地面层次的问题"。他还引用《文心雕龙》"振叶以寻根，观澜而索源"的语句说，"应当透过表面的枝叶去寻找深埋于地底的根子，或者从波澜的微妙起伏直探其原初的源头活水"[①]。其实，鲁迅早在留日时期就开始意识到基础问题的重要性，此后也一直在做着"寻根"与"索源"的思想启蒙工作。不是要"超前"，而是要"寻根"；不是要"超越"富强民主的现代化观念，而是要"回归"立人为本的现代性精神；不是要创造一种新的观念学说，而是要建构一种新的精神态度。笔者以为，这才是鲁迅思考"今之中国"问题的独特之处与真正价值。

---

① 王一川：《中国现代性体验的发生》，北京师范大学出版社2001年版，第21页。

鲁迅小说文体创造的先锋性

湖南工业大学文学与新闻传播学院 甘智钢

鲁迅小说无疑是具有世界性的珍贵文学遗产。在考察鲁迅小说世界性成就时，研究者一般将焦点集中在其思想内容和艺术技巧方面。鲁迅小说从其思想内容而言，与国际现代潮流始终保持着同一方向，有些甚至达到了国际前列。如渗透于鲁迅小说中的生命哲学、与国民性密切相关的理想人性的探讨、无产阶级文学理论与创作等，不仅表现了鲁迅对自由、平等、民主、科学等人道主义的信仰，而且对如何达成这种信仰的途径，进行了堪称世界一流的思考。王乾坤先生《鲁迅的生命哲学》[1]等对此有很好的描述，兹不赘述。

也许正是鲁迅思想的先进性，使他能够洞察西方小说艺术技巧的奥秘，看清潜藏在技巧层面下与生存密切相关的生命感受所产生的决定性意义。实质上任何艺术技巧的创新无一不是生命新感受的结晶。鲁迅小说正是从生命感受的角度正确地理解了小说的新技巧，所以能够左右逢源，毫不费力地将一些新技巧全面有机地融入其小说之中，达到了不可思议的成熟。鲁迅小说足以成为当时国际小说艺术技巧方面一流水平的标本。

值得注意的是，总结鲁迅小说的国际性成就，如果仅仅局限于思想内容和艺术技巧层面，恐怕还不够完整。事实上，从当时中国现代文学的现状来看，小说作为一种文学文体，还是一个全新的、有待开拓的概念。文体从来就是文学自觉的标志，也是文学创作成就的主要标尺之一。因此，有必要从小说文体的角度观测鲁迅小说，对其取得的成就予以总结。从鲁迅小说研究现状而言，这也是一个目前较为忽略而实际上甚为复杂的问题。本文即拟以鲁迅小说文体创造的先锋性为题，进行初步的讨论。

一

鲁迅小说文体创造的先锋性，首先表现在小说文体观的确立上。短篇小说是中国

---

[1] 王乾坤：《鲁迅的生命哲学》，人民文学出版社1999年版。

现代文学发生之初,显现了新文学运动的实绩,产生了较大影响的文体之一。从学术的角度看,由于短篇小说文体并非新文学作家们的原创,因此,新文学运动中短篇小说的创作实绩,亦应是文体观念的产物。从笔者所接触的现代文学史料来看,新文学运动之初,对什么是短篇小说,由于视角的不同,就有了一些不同的意见。最早且甚有影响的恐怕是胡适在1918年5月发表的《论短篇小说》[①]一文,这是他1918年5月在北大国文研究所的一篇演讲稿。胡适从短篇小说的文体角度,抓住艺术手法、人物、情节(细节)、时间等几个因素系统地论述了他的短篇小说观,这在当时是极有见地的。但胡适的短篇小说观并非其创造,不过是西方短篇小说理论的概括介绍。因此,胡适短篇小说观的贡献主要在于向当时中国移植了西方短篇小说理论,并对中国现代短篇小说创作提出了自己的意见。由于胡适在中国文学运动中的地位,从此以后,他的短篇小说文体观就成了现代中国小说理论和创作的主流观念。

鲁迅生前并未写过"小说概论"之类的大作,也从未对他钟爱的短篇小说文体进行过界定,并且他对当时流行的小说概论之类亦不以为然。当时的鲁迅似乎是一个小说文体观的"不同政见者",从他的《中国小说史略》等关于中国小说的一系列学术研究及创作实践来看,鲁迅对短篇小说文体的确有着自己独特的见解。

鲁迅的短篇小说观到底具有怎样的内容,笔者以为下面几段话是十分重要的。

1935年,鲁迅写过一篇《论讽刺》的文章,其中一段说道:

> 我们走到交际场中去,就往往可以看见这样的事实,是两位胖胖的先生,彼此弯腰握手,满面油晃晃的正在开始他们的攀谈——
> "贵姓?……"
> "敝姓钱。"
> "哦,久仰久仰!还没有请教台甫……"
> "草字阔亭。"
> "高雅高雅。贵处是……?"
> "就是上海……"
> "哦哦,那好极了,这真是……"
> 谁觉得奇怪呢?但若写在小说里,人们可就会另眼相看了,恐怕大概要被算作讽刺。[②]

鲁迅的这段话揭示了小说文本与现实之间的一个重要的关系,小说是对现实的转换,同时它又是一种超越,而这种超越不是通过科学研究式的途径,仅仅是靠讽刺,即审美来完成的,鲁迅对小说的认识,在此已经显示出了与胡适不同的思维走向、发

---

① 《胡适文集》第2卷,北京大学出版社1998年版,第104—114页。
② 《鲁迅全集》第6卷,人民文学出版社1981年版,第277页。

展趋势，鲁迅跳出了小说技巧的框框，而将其视为人类思维的运动，从而一下抓住了小说的实质：小说是文体化了的生活形式。

下面几段话，则从史的角度，对他的短篇小说文体观进行了具体而微的说明：

> 六朝时之志怪与志人底文章（指小说——引者注），都很短简，而且当作记事实，及到唐时，则为有意识的作小说，这在小说史上可算作是一大进步，而且文章很长，并能描写得曲折，和前之简古的文体，大不相同了。这在文体上也算是一大进步。（《中国小说史略·中国小说的历史的变迁》）[1]

> 六朝人小说，是没有记叙神仙或鬼怪的，所写的几乎都有是人事，文笔是简洁的，材料是笔柄，谈资；但都好像很排斥虚构……
> 唐代传奇文章就大两样了；神仙人鬼妖物，都可以随便驱使；文笔是精细、曲折的，至于被崇尚简古者所诟病；所叙的事，也大抵是有首尾和波澜，不止一点断定的谈柄；而且作者往往故意显示着这事迹的虚构，以见他想象的才能了。
> 但六朝人也并非不能想象和描写，不过他不用于小说这类文章，那时也不谓之小说。例如阮籍的《大人先生传》，陶潜的《桃花源记》，其实倒和后来的唐代传奇文相近；就是嵇康的《圣贤高士传赞》（今仅有辑本），葛洪的《神仙传》，也可以看作唐人传奇文的祖师的。（《且介亭杂文二集·六朝小说和唐代传奇文有怎样的区别？》）[2]

这几段话，虽是围绕中国古典小说的形象问题来谈短篇小说的，但它实际上表明了鲁迅对短篇小说文体的一些看法，鲁迅认为，小说的发展经历了一个记实人实事到虚构想象来生成形象的过程，因此记实和虚构想象实质上都有是一种塑造形象的手段或技巧。记实人实事可以创作出小说，虚构想象可以创作出小说，关键是不能脱离小说的内构即形象的塑造。同理鲁迅还说明了小说的简短与曲折，也即情节的少与多，缺乏与丰富，简单与曲折之间的关系。他虽然承认小说情节的丰富曲折是"一大进步"，但是他也承认情节少而简的小说也依然可以成为小说。从这里我们看到鲁迅对小说文体认识的一个重要特点，他并不像胡适那样拘泥于西方的概念，他是从历史的视角来理解小说，所以在小说内层面上，他认为小说的内核是形象问题，其他记实与想象，情节的丰富与单薄等都不是小说文体本身的核心表现，这是从小说史的发展中得出的正确结论。

综合上述分析，我们可以将鲁迅的短篇小说文体观概括为如下几句话：小说是人类思想运作的产物，它以塑造形象为中心，是对现实生活中人的行为、思想的审美活动。小说的核心问题主要不在于其故事性（情节）或者历史性（环境），而是围绕塑造

---

[1] 《鲁迅全集》第9卷，人民文学出版社1981年版，第313页。
[2] 《鲁迅全集》第6卷，人民文学出版社1981年版，第323页。

人物形象，从现实到文本的审美转换与超越。

在这个意义上看，经典文学中强调富有因果联系，或巧合的情节，只不过是加工转换的一种方式，在小说中，仍存在另一种转换，这就是从小说内部表现出的对人的情绪的尊重，由于突出人的趣味、情绪，导致了小说中淡化情节，或者反情节的另一种格式。鲁迅紧紧抓住了"转换"一字，可以说是抓到了小说的本质，扩大了小说的表现力，是一种更为成熟的文体观。在此，我们看到了中国现代文学在短篇小说文体观方面对西方观念的超越，对本国古典传统的继承和总结。这正是鲁迅小说文体创造先锋性的首要表现。

二

鲁迅小说文体创造的先锋性其次表现在对小说虚构论的突破上。虚构和写实对现代小说文体而言，似乎一开始就有着某些分歧，当时一般较为公认的看法，是将小说定义为作家的虚构世界，同时从形象、情节、环境三要素来进行认识，以区别于其他文学文体（这也是目前较为公认的看法）。但在现代文学史上，作家的创作实践似乎有所不同，鲁迅的《鸭的喜剧》，直接用真人真事创作，并且将之命名为小说，表现出浓厚的叛逆色彩。

《鸭的喜剧》创作于1922年10月，后收入《呐喊》集中。这篇小说应该说是鲁迅自己较为看重的文本。可以一例说明：鲁迅晚年应上海天马书店之约，出版了一部《鲁迅自选集》，他从《呐喊》集中选了5篇，即《一件小事》《孔乙己》《故乡》《阿Q正传》《鸭的喜剧》，由此看出作者对《鸭的喜剧》的某种偏爱。

《鸭的喜剧》以当时住在鲁迅八道湾故居的俄国盲诗人爱罗先珂为主人公，描写了主人公住在北京的寂寞和为了驱赶寂寞，养育蝌蚪、小鸭的故事。周作人《鲁迅小说里的人物》（八二爱罗先珂）中明确指出："《鸭的喜剧》是写俄国盲诗人爱罗先珂的。"[1] 如果我们将有关爱罗先珂的史实与鲁迅的《鸭的喜剧》进行对读，确实可以看到鲁迅的这篇小说几乎就是原封不动地的现实生活的记录。据此我们有理由认为，《鸭的喜剧》对小说虚构论提出了质疑，它的出现迫使我们正视有关"虚构"理论的普遍性和适用性。

鲁迅为什么认定描写真人真事的文体也可归入"小说"之类呢？笔者认为，这正是鲁迅文体创作先锋性的突出表现。他在《中国小说史略》中，揭示了中国魏晋志人小说写实与虚构的有趣现象，他说："晋隆和（三六二）中，有处士河东裴启，撰汉魏以来迄于同时言语应对之可称者，谓之《语林》，时颇盛行，以记谢安语不实，为安所诋，书遂废。（详见《世说新语·轻诋篇》）"[2] 这是谈魏晋南北朝小说与写实的关系，

---

[1] 参见周作人《鲁迅小说里的人物》，上海出版公司1954年版，第129—132页。
[2] 《鲁迅全集》第9卷，人民文学出版社1981年版。

在当时小说是否写实,成为小说是否成功的一个主要标志。鲁迅的这个判断确实抓到了中国古典笔记小说追求真实或者力图变虚为实的倾向,实际上当时刘义庆的《世说新语》就是描写真人真事的杰作。

当然鲁迅也看到虚构对小说的必要性,因此,他对当时的想象、虚构作品进行了认真的甄别,提出了陶潜之《桃花源记》等"咸以寓言为体,文词为末""而无涉于传奇"的看法,从而区分了其与志人小说的文本特征,可以说是极有见识的。

魏晋南北朝小说何以重纪实而轻想象,这当然有中国文化观念的影响。如重现世人生的态度及实践理性的内在制约等,但更为重要的是与当时的时代背景有关。魏晋乃反叛经典的觉醒时代,怎样才算是觉醒,如何使觉醒成为可能,这是魏晋人所面临的难题。这个难题首先在世家豪族之间得到了初步的解决,即以玄谈或行为作为互相磨砺、品评鉴别人物的手段,以不断扩大人的可能性,探究人的无限潜力,达到自我完善。正因为如此,意识到身边实有的人所能达到的人生境界,并将其作为一种理想记叙下来,以标示人生的方向,使自己得到人性的发展,这恐怕是当时志人小说风靡一时的内在动力。由于小说关涉着真正的人生行动,它旨在为人生提供可资借鉴的言行,因此偏向于以真实作为根基,而排斥虚构,否则小说就毫无意义和价值。这大概是魏晋《世说新语》类小说崇尚真人真事的主要原因吧。

魏晋关于小说真实的价值观,用我们今天的观点来看,其局限性是明显的,虚构当然也应成为小说的手段。但是,我们也应该看到历史上强调真实的内在理由,它表明了魏晋时代对小说文体内核的深刻把握。在他们看来,小说不过是人类思维围绕人对现实选择并加以转换的审美行为,这才是小说的本质规定性。笔者以为这就是中国传统小说的内核之一,也是中国小说观念的"神韵"所在。

《鸭的喜剧》的出现,不仅充分表述了鲁迅对中国传统小说观的深刻理解和认同,而且也恰当地表述了鲁迅对中国传统小说文体观的继承,显现出鲁迅思想深处与中国传统文化精神的某种一致性。

从小说的情节中,我们可以清楚地看出,小说的叙述意图,并不在于讲述一个完整的故事,仅仅是为了表达某一种人生情态,具体地说是,小说试图通过爱罗先珂在北京的"寂寞",含蕴地标示出热爱生活、"喜动""爱好热闹""鼓动自由"的另一种进步人生。在这种视觉下,小说的取材是否真实、情节是否曲折等,确已无关重要,它所直接导向的是聚焦于人物的审美活动。鲁迅小说的这种写法,极得魏晋小说的神韵。在五四这个人的觉醒时代,鲁迅不断地从身边的人事中发现人生,颂扬或者褒贬,用小说将其表述出来,这恐怕就是鲁迅坚决地将其归入小说的原因吧。

观照当代西方文坛小说发展动态,似乎更能体现鲁迅在文体创造中的先锋性。20世纪60年代,西方尤其是美国出现了一种被称为"非虚构小说"(Nonfiction)的小说文体,这是一种以小说形式描写真人真事的文学体裁。1966年,美国作家杜鲁门·卡波特在出版《冷血》一书时,冠以"非虚构小说"的副题,此书以小说的形式真实地描述了一件轰动全国的凶杀案，从而开创了一种新的文学体裁。卡波特认为，这种文学作品的特点在于把事实的可靠性、影片的直接性、小说的深刻性和自由性、诗歌的精密性糅合在一起。此后，许多作家纷纷仿效卡波特的写作手法，使这种文学作品风行一时，至今不衰。[①]"非虚构小说"与《鸭的喜剧》在真人真事方面的一致性，是否意味着中西文化在各自内部对小说某个特质不约而同的认同，是否预示了小说发展的某种可能性？是否更能说明中国古典小说在世界文学中的独特性？这也许值得我们密切关注。但有一点可以肯定，鲁迅小说对虚构论的突破，的确站在当时的世界前沿，至少领先西方小说界几十年。

三

鲁迅小说文体创造的先锋性最后还表现在成功地引进其他文学文体，进一步丰富了小说文体的表现力。艺术是相互渗透与变异的。就文学体裁来说，诗与散文交媾便有了散文诗，诗与戏剧结合产生了诗剧，诗、散文与小说相融形成诗化小说、散文体小说。文体间相互渗透的结果，便产生了新的文体写作形式，比如散文诗、诗剧。阅读鲁迅小说文本，我们会发现鲁迅小说糅合了多种其他文体特征，使鲁迅小说形成多种文体的杂交，具有某种边缘性，呈现独特的文体风格。比如鲁迅小说借鉴融合了戏剧文体的特征，他从小说创作一开始，就在小说中从景物描写、场景设置、人物刻画、故事发展等方面自觉不自觉地融进了戏剧因素。其突出表现在小说《起死》中。1934年年底，鲁迅译了西班牙 P. 巴罗哈的《少年别》，他在译者附记中说：这是一篇"用戏剧似的形式来写的新样式的小说"，"因为这一种形式的小说，中国还不多见，所以就译了出来"，接着他写了戏剧历史小说《起死》，表现出一代大家在文体上的创新。

鲁迅在小说中糅合其他文体的创造性行为，更加突出地表现在鲁迅小说杂文化现象中。鲁迅是杂文文体的原创者，鲁迅小说具有某种杂文特征，是学界的共识。鲁迅小说杂文化现象简单地说，是指在鲁迅小说中出现的具有杂文文体特征的那些内容。换句话说就是指在鲁迅小说中出现的篇幅短小，大部分游离于小说叙述和表述之外，针对现实时事予以讽刺批评的具有杂文文体特征的小说创作行为。试举两例说明：

　　①老人男人坐在矮凳上，摇着大芭扇闲谈，孩子飞也似的跑，或者蹲在乌桕树下赌玩石子。女人端出乌黑的蒸干菜和松花黄的米饭，热蓬蓬冒烟。河里驶过文人的酒船，文豪见了，大发诗兴，说："无思无虑，这真是田家乐呵！"（《风波》）[②]

---

① 金哲等主编：《当代新术语》，上海人民出版社 1988 年版，第 395 页。
② 《鲁迅全集》第 1 卷，人民文学出版社 1981 年版，第 467 页。

注：文豪的出现与大发诗兴，与小说叙述无论从思想上、形式上都无甚关系。但其与表现鲁迅的生命感受有关。这个例子的特点在于句子形式表现完整，且以较为独立的形式出现。这在鲁迅小说中还很少见。鲁迅小说杂文化现象，在更多的情况下，是以一种融入的方式表现出来的。

②总而言之，这一篇也便是"本传"，但从我的文章着想，因为文体卑下，是"引车卖浆者流"所用的话，所以不敢僭称……《阿Q正传·第一章序》①

注：该段话中，短语"引车卖浆者流"，系引用林纾（1982—1924）攻击白话文用语，林纾1919年3月致蔡元培信中说："若尽废古书，行用土语为文字，则都下引车卖浆之徒所操之语，按之皆有文法……据此，则凡京津之稗贩均可用为教授矣。"鲁迅1931年3月3日给日本山上正义的校释中说："'引车卖浆'，即拉车卖豆浆之谓，系指蔡元培氏之文。那时，蔡元培氏为北京大学校长，亦系主张白话文者之一，故亦受到攻击之矢。"鲁迅在小说中特别突出地引用当时时文中的短语，以示其讽刺，这是鲁迅小说杂文化很典型的做法。

由上例可见，鲁迅小说杂文化现象实质上是杂文文体在小说文体中的有机融入。它隐藏渗透在小说叙述中，大部分情况下或寥寥数字，或一个句子，篇幅短小，点到为止，不尽余兴，不加发挥。在神韵立意上可视为具体而微的杂文。它与文本叙述虽有关联，但实质并无密切关系。其在小说叙述中具有某种独特的表意功能。鲁迅小说杂文化现象具有指向现实的方向性。其方法是摘取现实中的言论或行为予以批评。其审美基调倾向于讽刺幽默。

鲁迅小说杂文化现象是对小说艺术有节制的反叛。从小说艺术本身来看，鲁迅小说杂文化现象的确属非小说倾向。这在一些讲究小说艺术技巧，囿于成规的理论家和小说家眼里，因为它或多或少有碍于小说的统一格调，无疑是一种杂质，至少是不可取的。但是小说创作实践说明，小说创作并无成法。鲁迅小说杂文化现象只是以很短的篇幅插入个别小细节之中，而且采用了与小说叙述有机融入的方式，因此，它并未对小说叙述产生破坏力。相反还产生了某种溢出文本之外的情趣，使小说显得机智灵活。实际上鲁迅小说杂文化现象不仅未削弱小说的表现力，恰恰相反，它增加了小说本身的魅力。这可以从鲁迅小说阅读者那里得到证明。因此，我们可以据此判断，鲁迅小说杂文化现象是对小说有节制的反叛。鲁迅在小说中不由自主地掺入杂文笔法，而又以对立统一的方式，良好地维护了小说的均衡，它正符合小说创作有成规又不囿于成规的辩证法。这也是可以从世界小说史上得到有力证明的。许多经典小说都存在着对小说成法某种突破的现象，远如塞万提斯的《堂·吉诃德》，近如卡夫卡的

---

① 《鲁迅全集》第1卷，人民文学出版社1981年版，第487—488页。

《变形记》等。因此，鲁迅小说杂文化现象由于在分寸把握上的正确使用，首先是值得充分肯定的。

　　从小说叙述本身来看，鲁迅小说杂文化现象丰富了鲁迅小说的表现活力。鲁迅小说杂文化现象——都是针对现实具体事物和言行而发的，它不仅突出体现了作者关注现实的倾向，也是小说艺术世界中现实具象的真实溢出。这样鲁迅小说杂文化现象就将小说的虚拟世界与现实世界沟通、联系起来，它们之间相互映衬、相互对照，形成了小说表意上的强大张力，造成了小说叙述内部的有序和紧张分歧。通过杂文化，鲁迅在小说中也因此获得了一个虚构与现实的平衡点，开辟了一条艺术与人生互通的暗道。总之，杂文化赋予了鲁迅小说一种奇妙的功能和面貌，丰富了小说的内涵，增强了小说的情趣，因此，鲁迅小说杂文化现象，可以进一步理解为小说文体上的创新和贡献。

　　上述三个方面突出体现了鲁迅小说文体创造的先锋性。其中鲁迅小说文体观起到了决定性的作用，由于鲁迅小说文体观继承了中国传统文学的精华，于此可以看到中国传统文化对鲁迅和现代小说的影响，中国传统文化是鲁迅小说文体创造的源泉。鲁迅小说文体观是一种极为成熟、先进的文体观，即使在今天，也是具有世界水平的。在此基础上，鲁迅一直站在小说文体创新的前沿，他有力地突破了小说虚构论，成功地引进其他文学文体，进一步丰富了小说文体的表现力。鲁迅小说在文体创造上取得的成就，不仅是中国文学的骄傲，也是世界文学的骄傲。认识鲁迅在小说文体上的先锋性，对重新评估鲁迅小说，更好地建设当代文学等，无疑是极有意义的。

《故事新编》中的黑色幽默文学现象

绍兴鲁迅纪念馆　顾红亚

1936年1月,由上海文化生活出版社出版的《故事新编》,收录了鲁迅在1922年至1935年间创作的短篇小说8篇,在这一小说集中,不同于鲁迅的其他两部小说集《呐喊》《彷徨》,以现实题材作为创作的素材,而是运用神话传说为创作素材,以古代人物作为小说的主人翁,运用幽默、讽刺的手法,以古讽今,以古喻今。把古今传统、文化、人物有机地融合在一起,把历史浓缩于一点,创造了一个前无古人后无来者的独特的作品形象。尤其值得关注的是,这部小说集,与诞生于20世纪60年代的美国黑色幽默文学流派的某些艺术特征有非常相似之处。

将非传统式的英雄作为作品的主角

黑色幽默文学流派作品中塑造的人物,与传统意义上的文学作品中人物不同,这些人物的形象不再高大,人物精神世界也趋于平庸,人物的言行往往使人感到既可笑又辛酸。像《第二十二条军规》中塑造的主人公尤索林,为了自身安全,千方百计寻找能够逃避飞行的机会,甚至不惜以谎称疯了作为代价,最后驾机逃到了瑞典;《第五号屠场》中的毕利则是个对敌无害、对友无益的精神分裂症患者;《万有引力之虹》里的斯洛索普儿时就曾有荒诞的经历:被作为性条件反射的实验对象,成人后又卷入寻找火箭及相关秘密的荒唐的任务中,这几部黑色幽默文学的代表作中的主人公都不是传统意义上高大全的形象,呈现在读者面前的都是些胆小、猥琐的人物。在《故事新编》中,鲁迅同样塑造了多位这种非传统式的英雄作为作品的主角。

后羿射日和嫦娥奔月两个神话故事表达的一直是中国传统中对英雄人物的赞美和对爱情悲剧的同情。而在鲁迅的《奔月》中,这两个正面人物被完全予以了颠覆。传说中为民除害的英雄后羿脱去了笼罩在他身上的光环,完全成了一个普通人:每天要惴惴地忍受妻子的唠叨、向妻子赔着小心,为没有能力给妻子带来更好的享受而自责,曾在为民除害中发挥了重要作用的强大的臂力沦为射杀乌鸦的能力;而嫦娥这个美丽又善良的英雄妻子也完全成了一个唠唠叨叨的妇人形象,为着以前能够吃到很多山珍而现在只能天天对着乌鸦炸酱面而怨声连连，最终因无法忍受这种清贫的生活而独自吞食仙药，弃曾经带给她无数荣耀和锦衣玉食的丈夫而去。两个曾经带给中国人许多美丽遐想的人物完全成了最普通不过的世间凡人，每天纠结于日常的生活琐碎之事中。曾经引起无数人流泪的爱情悲剧却原来只不过是蒙在世人面前的一块遮羞布。

战国时期著名的思想家、政治家墨子，其"兼爱""尚贤""非攻""节用"思想代表着普通劳动者的愿望和理想，在人们的意识里，长期作为一个为民请命的形象出现，但在《非攻》中，他的为民请命无情地被所要保护的人给践踏。为了宋国人民不被战争所吞噬，墨子一方面不畏强权亲自拜见楚王，利用自己的智慧成功劝说楚王放弃了夺取宋国的主张；另一方面让他的弟子们也积极做好各种应战准备，以防万一劝说楚王不成功，也能够使宋人在战争中不至于一败涂地。当墨子在楚国达到了他的这次出行目的，并使公输般也接受了他的"非攻"理念后回到宋国，一进入宋国的地界，迎接他的不是夹道欢迎的人群，而是搜检和被募捐救国队募去了破包袱的礼遇，更不是宋人感谢他的使他们免于战争的赞美声，而是执戈的巡兵的呵斥声：一个本应得到尊崇的为民请命的英雄，得到"民"们的如此对待，实属悲哀和无奈。

尤其使人感到凄凉和心酸的是，《铸剑》中的宴之敖者和黑衣人，为了除去荒淫残暴的王，甘于以牺牲自己作为代价，最后与王同归于尽，但他俩非但没有得到应有的同情和纪念，更遑论尊重和敬仰了。当最后由于无法分辨出哪个头是王的，而无奈把三个头一起合葬时，"几个义民很忠愤，咽着泪，怕那两个大逆不道的逆贼的魂灵，此时也和王一同享受祭礼"①，认为他俩是逆贼，不配得到与王者一样的礼遇。这一场景不由得使人想起了《药》中的夏瑜。

在《故事新编》中如此塑造这些非传统式的英雄，源于鲁迅长期对中国社会、历史的观察和思考下得出的沉痛教训：在中国，无论是在历史还是现实中，那种"振臂一呼应者云集的英雄"②都是无法生存的。《奔月》中的后羿、《非攻》中的墨子、《铸剑》中的宴之敖者与黑衣人，他们都是为了群众的利益而与大自然、强权做斗争，非但得不到群众的衷心爱戴，反而受到谩骂、欺凌和痛斥，其实质是，人类的生活其实一直是受到外来力量的压迫的。鲁迅感到中国的历史本来就是一部吃人的历史，在中国推翻一个皇帝是件容易的事情，而要根除人们心中的奴性是件长期的、艰巨的任务，无论是历史上所谓的英雄，还是普通老百姓，都受着异化力量的压迫，这就是社会的本质。所以，他给后羿安排的是妻子吃了仙药弃他而去，墨子受到搜检、募去包袱的礼遇，宴之敖者与黑衣人更是付出了生命的代价的结局，以一种深沉的、毫不留情的笔调震撼着人心，理智地写出了在当时的境遇下人们是无法找到出路的，无论其为英雄还是普通群众。

---

① 鲁迅：《铸剑》，《鲁迅全集》第 2 卷，人民文学出版社 2005 年版，第 451 页。
② 鲁迅：《呐喊》自序，《鲁迅全集》第 1 卷，人民文学出版社 2005 年版，第 439—440 页。

以独特的叙事方式来整合作品文本

《故事新编》中的诸篇小说，与鲁迅的现实主义小说集不同，其叙事方式非常独特，不但事件发生的时空互相交错，就是人物的语言也是古今杂糅。

最近在银屏上穿越剧很流行，其实早在鲁迅的《故事新编》中，他就已把一些古代人物穿越到了现代。《理水》一篇，如果把大禹替换成一个现代人物的名字，其他一点也不改动，阅读者也丝毫不会感到有一点突兀之处。遗传学家、考据学专家、小品文学家、家谱研究者，这些人物是万万不会在大禹那个时代出现的，只有到了近代，随着分工的越来越细才出现这么多的专门研究某一领域的学者专家的。再比如新闻、考察大员们对水患进行考察，又如专门教育学龄前儿童的幼稚园等，这些词语背后所代表的含义在还未有阶级出现的舜禹时代显然是不可能出现的。至于给文化山上的学者们带去各种物品的奇肱国飞车，更是19世纪末20世纪初才出现的新型交通工具飞机的代名词。显然，鲁迅只是将大禹治水这一神话故事作为他写作《理水》的"因由"。① 在《第五号屠宰场》中，库特·冯内古特则采用一种"时间旅行手法"，使主人公毕利在过去、现在、未来三个空间中能够自由地穿梭，一会儿置身于"二战"时期战俘群中，一会儿看到了盟军对德国德累斯顿进行大轰炸，一会儿又被外星人带往特拉法马铎星球。正如作者说的，"让他人给混乱以秩序，我则给秩序以混乱"。所有这些手法的运用，其实就是为了突出整个世界，乃至宇宙都充满着战争的阴影，每个人每时每刻都有被送往战争这个"屠场"的危险。

同样，《起死》中吹着哨子的巡警，《非攻》中的募捐救国队，那不活脱脱是一幅20世纪30年代上海滩上才能出现的景象吗？公输般门口挂着的"鲁国公输般寓"的木牌，想必在春秋战国时期是不太可能会有人那么雅致的，鲁迅无疑也是从现代把它移植了过去。后羿生活的年代应该是原始社会，但在《奔月》中，鲁迅把后羿安排成了一位仆役成群的封建大家庭男主人。"太太"这一称谓虽然古已有之，但却有严格的特定指向，不是随随便便可以叫的，只有到了民国初年，这一称谓才不受限制地大肆泛滥了，所以说，作为原始社会人物的后羿无论如何是不会直接叫嫦娥"太太"的。

除了时空的交错外，《故事新编》在人物话语上，也有着种种杂糅之处。最令人捧腹的就是，当墨子劝说成功楚王不再攻打宋国后，公输般认为是墨子导致他的才能无法施展，对此说了这么一句话"饭碗敲碎了！"那不是现代人在失去赖以生存的工作时才会有的话语吗？

奇肱国飞车上的人与文化山上的学者们，双方的交流全是时髦的外语，而当考察

---

① 鲁迅：《故事新编》序言，《鲁迅全集》第2卷，人民文学出版社2005年版，第354页。

员向大禹介绍百姓的吃食方面时，那所谓的"榆叶里面是含有维他命 W 的；海苔里有碘质，可医瘰疬病。两样都极合于卫生"。非受过一定的科学知识教育的现代人是不可能吐出上述话语的。同样是在《理水》中，当大家一致推举头有疙瘩者作为代表去见官，认为他曾有见过官的经验，而他不肯时，纷纷指出他应该舍弃"利己的个人主义"，为公益做出牺牲。从这些古人口中吐出具有浓郁现代气息的话语，看后并未使人觉得突兀或不妥，相反，刚一看到有一种令人捧腹大笑的欲望，而笑过后则陷入深深的思考中。

  《故事新编》这种时空交错与语言的杂糅使得历史和现实有机地融合在一起，并由此揭示出了隐藏在作品表面下的深层内涵："试将记五代，南宋，明末的事情的，和现今的状况一比较，就当惊心动魄于何其相似之甚，仿佛时间的流驶，独与我们中国无关。现在的中华民国也还是五代，是宋末，是明季。"①

  黑色幽默文学作家们在其作品中的语言与传统文学作品的或华丽、或简捷的语言风格不同，也非常具有标新立异的特征，或者拖沓冗长，或者重复含糊，是一种既是幽默的又是黑色的语言风格，看后发出的笑声是含着辛酸的泪水的。正如《第二十二条军规》的作者海勒所说的："我要让人们先敞怀大笑，然后回过头去以恐惧的心理回顾他们所笑的一切。"

以表面的荒诞喜剧色彩来表现深刻的主题

  在当代美语中，catch—22 是一个非常流行的词语，它就源自于《第二十二条军规》。这条军规规定，只有疯子才可以不用执行驾机轰炸的任务，但它同时又规定，停止飞行必须由本人提出申请，而本人有能力提出申请的，就证明这个人不是疯子。这一军规的实行，使得人们陷入了一个死循环的怪圈而无力自拔，最后被这个怪圈所吞噬。像《第二十二条军规》中的军医丹尼卡，为了冒领飞行津贴，把自己的名字写在了麦克沃斯飞行行列上，当麦克沃斯驾机自杀后，丹尼卡的名字也随之被注销了，虽然他还活着，并到处求助为自己申辩，说明他还活着这一事实，但"证明他阵亡的材料却像虫卵一样迅速繁殖，而且无可争辩地互相证实"，到最后连他自己也确信已经死了。《故事新编》中也同样存在着这样一个怪圈。最典型的就是《起死》的结尾，骷髅追着巡士要衣服：他没有衣服就无法赶路，必须讨要到衣服遮体，而巡士给了他衣服自己就不能见人了，两个人就重复于一个讨要一个不能给这么一个怪圈之中。这也就是鲁迅所说的"讽刺文学是能死于自身的故意的戏笑的"②。

  鲁迅的《故事新编》就是以表面的荒诞喜剧色彩来塑造人物，构建作品的情节结构，由此表现作品深刻的主题的。鲁迅说过"悲剧将人生的有价值的东西毁灭给人看，

---

 ① 鲁迅：《忽然想到》（四），《鲁迅全集》第 3 卷，人民文学出版社 2005 年版，第 17 页。
 ② 鲁迅：《〈中国新文学大系〉小说二集序》，《鲁迅全集》第 6 卷，人民文学出版社 2005 年版，第 253 页。

喜剧将那无价值的撕破给人看。讥讽又不过是喜剧的变简的一支流"①。在《故事新编》中，鲁迅运用了古今杂糅的写作手法，在古人古事的情节背景下，融入了现代人的一些话语和现代人的做法，也即他自己所说的"油滑"的讥讽手法，以这种手法塑造了《故事新编》中的众多人物和情节。在一种好玩，使人读起来十分有趣的情况下表达了他的深邃思想，"非有天马行空似的大精神即无大艺术的产生"②。《补天》中塑造的满口"子曰诗云"的小东西与讲着白话的女娲的对话情节；由人类母亲塑造出来的人，不但没有承继本来的单纯率真本性，反而在腰间挂上了十几条布片，并指责女娲"裸裎淫佚，失德蔑礼败度，禽兽行。国有常刑，惟禁"，使读者在忍俊不禁的情况下，引起深深的思考：人类历史本来是单纯率真的，但在封建社会的王权压迫下，浓厚的封建意识深深地浸淫着人们的心灵和头脑，并由此产生了这样的现象，不能不说是人类的悲哀。

以表面的荒诞喜剧色彩来表现作品的深刻主题同样也表现在《理水》中。"文化山"上各种人物口中吐出的一连串的外文、古文，以及对大禹究竟是个人还是条虫，做着激烈的讨论，并以家谱和研究成果来作为他们的论证依据，展示在读者面前的是一个混乱的、荒诞的、可笑的场面。而对究竟推举谁去见水利局官员的描写，以及头有疙瘩者在见过官后的言行，无疑是揭示出了中国社会普通百姓对官的那种矛盾心理：既怕见官，又觉得能被官召见是件无比荣耀的心态。大禹考察水患回到京都，在水利局官员们举办的宴会上，放荡无忌地将那双长满栗子一般老茧的脚底对着水利局的大员们，那个喜剧的画面是如此明显：大禹和他手下经过实地查看，明白了该如何才能更好地治理水患，而其他水利局官员们沉浸于给灾民们举办"奇异食品展览会""时装表演""募捐"等自认为很好的主意中。

《起死》以《庄子·自乐》中的"庄子起骷髅而活"展开故事情节。以庄子复活了骷髅而反被骷髅追着要衣服、点心的可笑情节，批判了正是庄子的无是非观才导致他惹上了是非，完全颠覆了传统中的庄子形象。《采薇》中则以小丙君嘲讽了"为艺术而艺术"的文人。所有这些，都是鲁迅为了"借古事的躯壳来激发现代人之所以应憎恨与应爱"③。这种荒诞喜剧色彩手法的运用，使得创作空间无限扩大，能够容纳丰富的内涵，同时形成了对历史的消解。而其深层内涵则是古今一律，历史一直没有多少改变：今天就是过去的重演，未来就是现在的翻版。人们一直重复着"暂时做稳了奴隶的时代"和"想做奴隶而不得的时代"。④

鲁迅的《故事新编》和黑色幽默文学流派虽然出现于不同时间和不同国度，但它们两者都是以夸张、滑稽的手法揭露和批判了人类所生存的这一社会现实的黑暗面，促使人们在笑声过后进行深刻的反思。

---

① 鲁迅：《再论雷峰塔的倒掉》，《鲁迅全集》第1卷，人民文学出版社2005年版，第192—193页。
② 鲁迅：《苦闷的象征》引言，《鲁迅全集》第10卷，人民文学出版社2005年版，第257页。
③ 茅盾：《玄武门之变》序，山东文艺出版社1984年版。
④ 鲁迅：《灯下漫笔》，《鲁迅全集》第1卷，人民文学出版社2005年版，第225页。

论新文学(化)中的父权批判和父亲形象塑造
——以鲁迅等为中心的考察

山东师范大学文学院 贾振勇

历史上有不少话题，经过后来者的不断参与和加工，往往变得复杂而混乱，不仅失去了本来面目，而且还被后来者的立场和观念所绑架。回到问题的原点，是正本清源、直陈其事的佳径。比如，在现代中国文化史和文学史上，"父亲"这一称谓及其涵盖的意义集群，如何成为时代意识之焦点，文学家们在作品镜像世界建构父亲形象面临怎样的情感与理智的冲突，迄今未得到准确而有效的清理和评估，甚至陷入简单化、概念化和模式化的阐释语境。更有甚者，新文化先驱对"父亲"及传统家庭伦理道德的批判，被视为缺乏科学和理性精神的偏激、片面之举，进而导致中国传统文化被连根斩断。新文化先驱在一些人眼中，也仿佛成了中国文化沦落的罪魁祸首。但是，无论在精神观念层面还是行为实践层面，问题及其后果，是这样清晰而简单吗？

一 从"初始经验"到"实质部分"

法国学者们在研究人类家庭史时，曾提及一个至关重要又难以深究的"初始经验"问题："一个人在成为自我之前，是某某的'儿子'或某某的'女儿'……一个人总是在一个'家庭'中出生，别人通过'家姓'来辨认这个人，然后这个人才会从社会方面来说成为另外一个什么人。到处都一样，孩子最初学会的词是'爸爸'和'妈妈'：这两个词的意义对他们来说是那样重大，因为这指的是他的父亲和母亲。"[①] 这个"初始经验"之所以难以深究，是因为要追求客观、公正和全面的话，就要追根究底到人类及家庭的起源等这些人类学家们迄今也众说纷纭的领域。由于我们对人类及家庭历史的较为准确和清晰认识，基本上开始于成文的历史；由于在中国成文历史时代，"父亲"这一形象已经成为家长制家庭的核心，那么这个"初始经验"就不仅仅是一种

---

① [法]安德烈·比尔基埃等主编：《家庭史》（一），袁树仁等译，生活·读书·新知三联书店1998年版，第15页。

来自自然天性和血缘亲情的印象和感觉，而且还是"父亲"形象得以社会化和制度化的一个起始支点。正如恩格斯所说："父亲、子女、兄弟、姊妹等称谓，并不是简单的荣誉称号，而是一种负有完全确定的、异常郑重的相互义务的称呼，这些义务的总和便构成这些民族的社会制度的实质部分。"① 那么，本文所论述的"父亲"这一称谓，主要着眼点就是，它构成了怎样的中国社会及文化的"实质部分"？这个"实质部分"和"初始经验"构成怎样复杂的关系？是发展和升华还是背离和扭曲了"初始经验"？而不仅仅是囿于其理论言说层面所呈现的含义。

谈论这个问题，不能不简略提及"父"这个词的语义和修辞起源。至于"父"和"爸"在上古时代是否同音，是否有书面语和口语的应用差异，由于和论题关涉不多，暂且不论。按照语言学家的考证，在中国成文历史上被视为文字起源的甲骨文中，"父"的字形，乃右手持棍棒或石斧之形状，翻译成今天的意思，大致就是手里举着棍棒或石斧等器械管教、教训子女的人，这个人当然就是一家之长。这个含义也被以后的诸多文献所沿袭乃至发挥，比如《易》所谓"父者，子之天也"，比如《仪礼》所谓"父，至尊也"，比如《说文》所谓"父，家长举教者"。"父亲"这一称谓的语义和修辞起源，为它以后在中国社会及文化中的功能和作用，奠定了某种规定性。中国传统社会及文化向来讲究正名，所谓"名不正则言不顺，言不顺则事不利"。然而，名正未必能够导致言顺、事利，问题的根本更在于名实是否相符。所以，对于"父亲"这一称谓及其功能的辨析，既要看以往人们怎么说，更要看怎么做，也就是它构成了中国传统社会关系总和中怎样的"实质部分"，这一"实质部分"又发挥了怎样的实际效应，造成了怎样的社会后果。由于儒家文化在中国传统文化结构中具有的无可匹敌的地位和作用，由于在现代文化史和文学史上作为被批判对象的传统文化主要以儒家文化为代表，故本文所谓的传统文化主要是指儒家文化。

《家庭史》这部著作在研究中国的家庭演变史时，用了一个标题："中国，家庭——权力的中继站"。这个标题可谓一针见血点明了家庭在中国社会及文化结构中承上启下、勾连内外的轴心作用。而在家庭这个权力中继站里面，父亲毋庸置疑地居于领导者和命令者的权威地位，执掌家庭事务的大权。将"父亲"的轴心作用和权力挂钩甚至等价视之，自然在语义表达上不周全、不严密，但笔者认为抓住了问题最为关键的节点。当然，传统典籍尤其儒家典籍中有不少可做反证的言论，也有不少学者通过重新理解和阐释经典而加以否定。比如当代新儒家的代表杜维明教授，在《自我与他人：儒家思想中的父子关系》中认为："那种将父亲视为一个社会化的人、一个教育者、因而是权力主义实施者的观点，如果不算错误的话，也是很肤浅的。的确，儒家的儿子是不允许对父亲表达反抗情绪的，但是，如果把儿子由于长期受压抑而对父

---

① ［德］恩格斯：《家庭、私有制和国家的起源》，中共中央马克思恩格斯列宁斯大林著作编译局译，人民出版社1972年版，第26页。

亲采取报复行为说成是现代社会和传统儒家社会的中心问题，那是错误的。"①

在儒家思想实现现代转化层面上，杜教授的观点自然有其价值和意义。但是回顾历史事实，也就是直面中国社会及文化的"实质部分"，我们不能不看到历史的铁血战车，不但不按人的意志和愿望前行，还总是踏着模糊的血肉横冲直撞。从理论观念及言说层面来看，应当承认，在早期典籍特别是儒家典籍中，的确存在大量强调"父亲"形象的自然天性、血缘亲情和社会义务的大量言论。比如《尚书》所谓"于父不能字厥子，乃疾厥子"；《左传》所谓"君义，臣行；父慈，子孝；兄爱，弟敬，所谓六顺也"；《荀子》所谓"从道不从君，从义不从父，人之大行"；《孟子》所谓"仁之于父子也，义之于君臣也，礼之于宾主也，知之于贤者也，圣人之于天道也，命也，有性焉，君子不谓命也"。当然最为人熟知的，还是《论语》所谓"君君，臣臣，父父，子子"。总体来看，这些有关父亲形象、父子关系的言论，一言以蔽之："父慈子孝。"毫无疑问，这些言论也是今天一些学者致力于实现传统创造性转换的重要原始资源和基本立论支点。就其言论初衷而论，其合情合理性毋庸多言，但是问题关键在于：这么合情合理的言论，何以转化为"父为子纲"？何以成为权力和宰制的依据？何以成为阻碍中国社会及文化发展的压抑性力量？

大约一百年前，陈独秀就已经看到："今之尊孔者，率分甲乙二派：甲派以三纲五常为名教之大防，中外古今，莫可逾越；西洋物质文明，固可尊贵，独至孔门礼教，固彼所未逮，此中国特有之文明，不可妄议废弃者也。乙派则以为三纲五常之说，出于纬书，宋儒盛倡之，遂酿成君权万能之末弊，原始孔教，不如是也。"② 如今甲派早已不成气候，乙派却日益壮大，其基本观点和陈独秀所说并无二致：原始儒家和被专制政治所利用之儒家是两码事，需要区分、需要取其精华去其糟粕。问题的要害在于：为何诸子百家中独独儒家成为中国传统社会的官方哲学？应当说，早期儒家思想体系和理论观念中的确存在很多迄今依然闪光的人文价值资源，这也是现代新儒家能够开陈出新的原始支点。但是，早期儒家是在野的民间学术，基本是按照学术自身的发展逻辑来展现的；其最富创造力、想象力和批判精神的特点，恰恰是在未被视为制度基础和意识形态的时代出现的。更为重要的是，"诸子蜂起，百家争鸣"的目的，在很大程度上并不在于学术自身的发展与完善，而是有着鲜明而强烈的世俗政治目标和现世政治理想，儒家的现世政治诉求尤为显著，文献典籍中有大量言论明确昭示出这种功利追求和价值取向，无须一一罗列举证，正如陈独秀所言："其学说之实质，非起自两汉唐宋以后，则不可争之事实也。"③

"父亲"形象从"父慈子孝"转化到"父为子纲"，也就是从自然天性、血缘亲情

---

① ［美］杜维明：《儒家思想新论——创造性转换的自我》，曹幼华、单丁译，江苏人民出版社1996年版，第129页。
② 陈独秀：《宪法与孔教》，《五四运动文选》，生活·读书·新知三联书店1959年版，第51—52页。
③ 同上书，第52页。

的"初始经验"转化到典章制度化、意识形态化的"实质部分",或者说"父权"的理论化、观念化、规范化及强制性,就鲜明展现了传统文化尤其是儒家文化何以从富有原创精神的学说发展为专制政治的金字招牌和护身符。在这个转变过程,有两部文献起了重要作用。一是《孝经》,其"父子之道,天性也,君臣之义也","君子之事亲孝,故忠可移于君"之说,将本源于天性和血缘的父子关系,与现世政治架构和功利目的紧密联系在一起。二是董仲舒的《春秋繁露》,当然还包括继承董仲舒政治哲学价值取向的《白虎通义》,最核心观点就是流毒迄今不绝的"三纲五常"。其"父尊子卑""父者,子之天也;天者,父之天也;无天而生,未之有也","天子受命于天,诸侯受命于天子,子受命于父,臣妾受命于君,妻受命于夫;诸所受命者,其尊皆天也,虽谓受命于天亦可","父者,矩也,以法度教子,子者孳孳无已也"等相关言论的影响力和辐射力,不但早已远远越出了学术范畴,而且借助于政治权力乃至神学的支撑,上升为王朝的官方哲学;不但压抑了"父慈子孝"的天性和血缘诉求,而且使"父为子纲"获得了来自政治、法律和行政诸层面的强力支持和保障。自此之后,经过历代专制政治者及既得利益获得者的不懈努力,"父权至尊"作为中国社会及文化的"实质部分",开始展示出广泛、强大而持久的威力。

正如马克思那句名言所说:"理论在一个国家的实现程度,决定于理论满足这个国家的需要的程度。"[①]"父慈子孝"上升为政治、法律层面的"父为子纲",上升为官方哲学和意识形态钦定的"父权",根源就在于它最大限度地适应了专制政治的需要:在本源于血缘关系自然形成的家庭模式中突出"父权",其主要目的是为以君权为核心的社会政治模式提供天然支撑;在家庭伦理道德层面强调"父权",其必然逻辑结果就是在社会和政治层面上要拥护君权。父权与君权的起承转合、合纵连横关系,正如有学者所看到的:"君权至上是核心,决定着儒家文化的理性思维和价值选择的主导方向;父权至尊是君权至上的社会保障机制,为维护君权提供社会心理基础;伦常神圣则贯穿其中,成为维系君权与父权的中介,使君父之间形成价值互补。"[②]父权和君权需要相互依靠和相互支撑的诉求,导致家庭成为整个王朝体系的权力中继站,父亲成为这个中继站的"站长",就顺理成章了。《论语》早就有言:"其为人也孝弟,而好犯上者,鲜矣;不好犯上,而好作乱者,未之有也。君子务本,本立而道生。孝弟也者,其为仁之本与!"所谓"以孝治天下"的最终目的,无外乎要依靠父权来实施稳定家庭的措施,以家庭的稳定来赢得社会的稳定,从而维护君权的神圣、稳固、集中和长久。本来源自民间的自发的学术诉求,经过历代统治者及帮忙与帮闲者的解释和阐发,终成中国社会及文化的"正统"。

在中国传统社会及文化的发展过程中,"父亲"形象从天然血缘关系的"初始经

---

① [德]马克思:《黑格尔法哲学批判》导言,《马克思恩格斯选集》第一卷,中共中央马克思恩格斯列宁斯大林著作编译局编,人民出版社1972年版,第26页。
② 葛荃:《传统儒学的政治价值结构与中国社会转型析论》,《山东大学学报》2007年第6期。

验",转变为典章制度化和意识形态化的社会"实质部分",最终造成了"父权"的一头独大、尾大不掉。"父权"的强调、突出与实施,对中国社会及文化的超级稳定结构,具有举足轻重的作用。通过"父权"的制度化、规范化和强制性,专制政治及其神学基础,通过渗透和改造血缘亲情与日常人伦,不但牢牢控制了人的外部世界,更将人的精神世界、情感世界乃至欲望的世界纳入有利于统治者的轨道上去。一个全面控制人的肉体、言行、思想和情感世界的制度体系和意识形态体系,借助于"父权"的实施,将统治力量"下移"和"内化"到社会组织的最基层细胞中,从而获得了全权掌控全社会的能量。简单说,专制政治的需要和诉求,不但要通过王朝暴力机器和典章制度控制人的举动,而且要通过"父权"的中继作用,烙印在人的灵魂中、融化在人的血液里,使之成为顺民和奴才,从而永葆江山万年、固若金汤。显然,"父权"所构成的中国社会及文化的"实质部分"、所造成的实际效应和社会后果,不但阉割了中国社会及文化系统中那些具有原创精神的原始学说(包括早期儒家)的完整范畴和意义诉求,而且和专制政治沆瀣一气,成为阻碍中国社会及文化前行的最主要的压抑力量之一。能够全面、系统、深刻揭露和控诉作为中国社会及文化"实质部分"的"父权"所造成的实际效应和严重后果的时刻,还要等到五四时代。

二 五四：反对专制的、异化的"父亲"

中国人常说：听其言，观其行。对一种学说、一种理论、一种观念的评价，不能只看其初衷和动机，也不能只看其自我言说和理论构想，看其"是否有价值或有多大的价值或意义"[①]，更要看其踏入社会实践领域后造成的后果，不然过失犯罪就可以不算犯罪了。中国社会自近现代以来衰败沦落的原因，无外乎来自天时、地利、人和诸层面。马克思曾指出，"一个人口几乎占人类三分之一的幅员广大的帝国，不顾时势，仍然安于现状，由于被强力排斥于世界联系的体系之外而孤立无依，因此竭力以天朝尽善尽美的幻想来欺骗自己，这样的一个帝国，终于要在这样一场殊死的决斗中死去"，而且说在这场决斗中这个"陈腐世界的代表是激于道义原则"。[②]"以天朝尽善尽美的幻想来欺骗自己"和"激于道义原则"的评价，无疑入木三分。由于文化是一个国家和民族的软实力，铸就的是一个国家和民族的社会心理、精神品格与动力源泉，在中国社会遭遇生死存亡的历史关头，传统文化尤其儒家文化当然难辞其咎。

无形的历史意志，总是选择它属意的有形的人和事来体现自己前进的步伐；社会的发展与完善，总是借助某些个体的先知先觉来实现自我的建构。从器物层面的变革到制度层面的变革，进而抵达文化层面的变革，既是历史意志不可阻挡的铿锵步伐，

[①] 朱德发：《现代中国文学史书写亟待解决的几个问题》，《山东师范大学学报》2013 年第 1 期。
[②] [德]马克思：《鸦片贸易史》，《马克思恩格斯选集》第二卷，中共中央马克思恩格斯列宁斯大林著作编译局 编，人民出版社 1972 年版，第 26 页。

也是中国社会集体变革意识的累进展现。五四时代，新文化先驱们感应着历史精神的律动，得时代风气之先，在深刻体悟历史发展逻辑的基础上，反思、清理和批判传统文化尤其是儒家文化，本身就是体现历史意志和社会发展需要的必然之举，其大势所趋正如陈独秀所言："自西洋文明输入吾国，最初促吾人之觉悟者为学术，相形见绌，举国皆知矣；其次为政治，年来政象所证明，已有不克守缺抱残之势。继今以往，国人所怀疑者，当为伦理问题。此而不能觉悟，则前之所谓觉悟者，非彻底之觉悟，盖犹在惝恍迷离之境。吾敢断言曰，伦理的觉悟，为吾人最后觉悟之最后觉悟。"① 除了来自历史意志和历史必然性层面的深层动因，五四新文化先驱批判传统文化尤其儒家文化的动因，更来自迫在眉睫的现实危机，比如复辟帝制、孔教入宪等。如果不当头棒喝，其愈演愈烈之后果，恰如陈独秀所言："不但共和政治不能进行，就是这块共和招牌，也是挂不住的。"②

将文化批判与变革的焦点定位于"伦理的觉悟"，显然是切中肯綮，抓住了传统文化尤其儒家文化的深层病灶。在对这个深层病灶进行文化病理分析和切割的过程中，家庭（族）伦理尤其是父权，成为首当其冲的批判对象。尽管晚清时代就有"家庭革命"的呼声，但那时更侧重以言辞的鼓动来获得政治变革的感召力。只有到了五四时代，对家庭（族）伦理的自觉而深刻的批判，尤其是对父权和君权相互支撑、互为保障之真相的揭露，才揭开了传统文化尤其儒家文化温情脉脉的虚伪面纱，将传统文化尤其儒家文化和专制政治沆瀣一气、助纣为虐的本质昭然于天下，使"伦理的觉悟"抵达了中国历史文化的深水区，也使中国文化赢得了一次借助于外来资源实现历史性突围与再造的机遇，为中国的文艺复兴打开了一扇未来之门。

五四时代，对家庭（族）伦理及"父权"批判最为猛烈、最有深度的，当以"五四新文化运动的总司令"陈独秀、"只手打孔家店的老英雄"吴虞和"革命史上的丰碑"李大钊为代表。

陈独秀一出手，不但抓住了传统伦理道德的命脉："儒者三纲之说，为一切道德政治之大原。君为臣纲，则民于君为附属品，而无独立之人格矣。父为子纲，则子于父为附属品，而无独立之人格矣。夫为妻纲，则妻于夫为附属品，而无独立之人格矣。率天下之男女，为臣，为子，为妻，而不见有一独立自主之人者，三纲之说为之也。缘此而生金科玉律之道德名词，曰忠，曰孝，曰节，皆非推己及人之主人道德，而为以己属人之奴隶道德也。人间百行，皆以自我为中心，此而丧失，他何足言？奴隶道德者，即丧失此中心，一切操行，悉非义由己起，附属他人以为功过者也。"③ 而且鲜明地指出了"父权"和"君权"互为表里的命门所在："宗法社会，以家族为本位，而无个人之权利，一家之人，听命家长……宗法社会尊家长，重阶级，

---

① 陈独秀：《吾人最后之觉悟》，《五四运动文选》，生活·读书·新知三联书店1959年版，第17页。
② 陈独秀：《旧思想与国体问题》，《五四运动文选》，生活·读书·新知三联书店1959年版，第92页。
③ 陈独秀：《一九一六年》，《五四运动文选》，生活·读书·新知三联书店1959年版，第10页。

故教孝；宗法社会之政治，郊庙典礼，国之大经，国家组织，一如家族，尊元首，重阶级，故教忠。"[①] 由此，传统文化尤其儒家文化在历史实践领域构成的"实质部分"及其实际的社会历史效应，也就昭然若揭："孔子之道，以伦理政治忠孝一贯，为其大本，其他则枝叶也。故国必尊君，如家之有父。"[②] 也就是说尊父是为了尊君，"忠孝"的最终目的在于维护专制政治体系。

如果说陈独秀对传统家庭（族）伦理道德及"父权"观念的批判，是在对传统文化尤其儒家文化进行整体批判的过程中涉及的子命题；那么吴虞的《家族制度为专制主义之根据论》，则是五四时代专门、系统和全面批判家庭（族）伦理道德观念与专制政治关系的重要文献。在吴虞的眼中，家庭（族）伦理道德观念实乃阻碍中国社会及文化发展的绊脚石："欧洲脱离宗法社会已久，而吾国终颠顿于宗法社会之中而不能前进。推原其故，实家族制度为之梗也。"家（庭）族制度和专制政治合流，其思想精神之根源即在于儒家文化对"孝"的无以复加的推崇："详考孔子之学说，既认孝为百行之本，故其立教，莫不以孝为起点，所以'教'字从孝……盖孝之范围，无所不包，家族制度之于专制政治，遂胶固而不可以分析。而君主专制所以利用家族制度之故，则又以有子之言为最切实。"其形成的社会关系的"实质部分"和产生的实际社会效果，在于家庭（族）伦理道德被社会化、制度化及其体现的强制性："其主张孝弟，专为君亲长上而设。但求君亲长上免奔亡弑夺之祸，而绝不问君亲长上所以致奔亡弑夺之故，及保卫尊重臣子卑幼人格之权。夫为人父止于慈，为人子止于孝，似平等矣；然为人子而不孝，则五刑之属三千，罪莫大于不孝；于父之不慈者，固无制裁也。君使臣以礼，臣事君以忠，似平等矣；然为人臣而不忠，则人臣无将，将而必诛；于君无礼者，固无制裁也。是则儒家之主张，徒令宗法社会牵掣军国社会，使不克完全发达，其流毒诚不减于洪水猛兽矣。"显然，吴虞批判传统家庭（族）伦理道德观念的目的非常明确："夫孝之义不立，则忠之说无所附，家庭之专制既解，君主之压力亦散；如造穹窿，去其主石，则主体堕地。"[③] 亦即批判家庭专制和父权，实乃釜底抽薪之举。

继陈独秀和吴虞之后，被誉为"中国传播马克思主义思想的第一人"的李大钊，开始运用马克思主义理论来分析和批判家族制度及"父权"的成因、变迁及解体。集中体现其理论深度和批判锋芒的，是发表在《新青年》上的文章《由经济上解释中国近代思想变动的原因》。在这篇文章中，李大钊明确指出："中国的大家族制度，就是中国的农业经济组织，就是中国二千年来社会的基础构造。一切政治、法度、伦理、道德、学术、思想、风俗、习惯，都建筑在大家族制度上作他的表层结构。看那二千

---

① 陈独秀：《东西民族根本思想之差异》，《独秀文存》，安徽人民出版社1987年版，第28—29页。
② 陈独秀：《复辟与尊孔》，《独秀文存》，安徽人民出版社1987年版，第112页。
③ 吴虞：《家族制度为专制主义之根据论》，《五四运动文选》，生活·读书·新知三联书店1959年版，第84、85、87、88页。

余年来支配中国人的精神的孔门伦理,所谓纲常,所谓名教,所谓道德,所谓礼义,那一样不是损卑下以奉尊长?那一样不是牺牲被治者的个性以事治者?那一样不是本着大家族制下子弟对于亲长的精神?所以孔子的政治哲学,修身齐家治国平天下,'一以贯之',全是'以修身为本';又是孔子所谓修身,不是使人完成他的个性,乃是使人牺牲他的个性。牺牲个性的第一步就是尽'孝'。君臣关系的'忠',完全是父子关系的'孝'的放大体,因为君主专制制度完全是父权中心的大家族制度的发达体。"李大钊不仅深刻剖析了传统伦理道德及"父权"观念的来龙去脉及恶果,而且鲜明指出了批判家族制度对于思想解放运动的重要价值:今日中国的种种思潮运动和解放运动,均是打破家族制度和孔子主义的运动,"政治上民主主义(Democracy)的运动,乃是推翻父权的君主专制政治之运动,也就是推翻孔子的忠君主义之运动","社会上种种解放的运动是打破大家族制度的运动,是打破父权(家长)专制的运动","中国思想的变动就是家族制度崩坏的症候"。①应该说,李大钊借助于马克思主义理论,使五四时代对家庭(族)伦理道德及"父权"观念的批判,达到了一个历史新高度。

如果尊重历史真相和历史精神的真相,那么陈独秀、吴虞、李大钊等人对家庭(族)伦理道德及"父权"的批判,其剑锋所指在于传统伦理道德尤其是儒家伦理道德和专制政治之关系,在于两者紧密结合造成中国社会及文化之衰败沦落的严重后果。事实上,如果细读这些五四先驱们的文章,不难发现其"伦理的觉悟"之锋芒,主要是针对被专制政治改造和重塑后的传统伦理道德标准及价值尺度,重点并不在于传统文化尤其儒家文化之原始学说本身是否合情合理;其貌似偏激的言辞效力所针对的,是传统伦理道德观念对人伦自然天性的压抑和扭曲,是传统伦理道德观念沦为专制政治的婢女与帮凶;其对"父亲"的批判,是批判压抑和扭曲了血缘亲情的"父权",是批判沦为政治功利工具的异化的父亲形象,而不是批判源于自然天性的家庭及父子(女)亲情。对此,李大钊当年就已经明确加以说明:"孔子生于专制之社会,专制之时代,自不能不就当时之政治制度而立说,故其说确足以代表专制社会之道德,亦确足为专制君主所利用资以为护符也。历代君主,莫不尊之祀之,奉为先师,崇为至圣。而孔子云者,遂非复个人之名称,而为保护君主政治之偶象矣。使孔子而生于今日,或且倡民权自由之大义,亦未可知。而无如其人已为残骸枯骨,其学说之精神,已不适于今日之时代精神何也!故余之掊击孔子,非掊击孔子之本身,乃掊击孔子为历代君主所雕塑之偶象的权威也;非掊击孔子,乃掊击专制政治之灵魂也。"②针对林纾指责新文化先驱"覆孔孟",蔡元培更是实事求是地指出:"则惟'新青年'杂志中,偶有对于孔子学说之批评,然亦对于孔教会等托孔子学说以攻击新学说者而发,初非直

---

① 李大钊:《由经济上解释中国近代思想变动的原因》,《五四运动文选》,生活·读书·新知三联书店1959年版,第347、351、353页。
② 李大钊:《自然的伦理观与孔子》,《李大钊选集》,人民出版社1959年版,第80页。

接与孔子为敌也。"① 又如写出《孔子平议》的易白沙,通过对孔子学说的分析,通过对孔子学说被扭曲、被阉割的事实,最后无奈地感叹:"孔子宏愿,诚欲统一学术,统一政治,不料为独夫民贼作百世之傀儡,惜哉!"② 再如一篇署名隐尘的文章也强调:"夫孔子为时中之圣,苟有不适于时,即使孔子再生,亦当倡改革之论。"③

以陈、吴、李为代表的批判传统家庭(族)伦理道德观念及"父权"的言论,以犀利尖锐之语,打破了当时思想文化界之低沉僵滞的压抑氛围,震撼了当时保守士人之抱残守缺的精神惯性;以雷霆万钧之势,直捣传统文化尤其是儒家文化之根基问题,直抵时人灵魂深处之固有思想观念。其言论引发了当时思想文化界之震动、之恐慌、之反弹,戳到了传统文化尤其儒家文化的痛处,达到了追根究源、指斥时弊的批判目的。即使当今时代,如果细细分析中国社会及文化尤其儒家文化的前世今生,其言论所痛诋之现象、之事务,亦大有借尸还魂之险象;其言论所蕴含之历史正义的光芒,至今也弥足珍贵。新文化先驱们批判的对象和提出的命题,并未因为世易时移而终结,甚至可以说至今依然有着很强的现实针对性。原因很简单,所谓百足之虫死而不僵,历史也不总是呈上升趋势,新文化先驱们批判的对象,总是在新的历史语境中借壳上市。

最近 20 多年来,五四新文化先驱们对传统文化尤其是儒家文化的批判,遭到了强烈质疑、饱受指摘:五四新文化运动的批判,过于简单而粗暴地否定了传统文化尤其儒家文化,是现代激进主义的源头;五四新文化先驱们的言论,过于武断、偏激和刻薄,缺乏科学的态度和理性的精神。比如刘再复教授认为:"五四启蒙者对待孔子儒学缺乏理性,在相当大的程度上带有文化浪漫气息。其缺少理性,一是没有区分儒家原典和儒家世间法(制度模式、行为模式);二是没有区分儒家的表层结构(典章制度和意识形态)和深层结构(情感态度)……这些深层的精神和君权统治、父权统治,以及'文谏死''武战死'等愚忠模式的表层内容完全不同。可是,五四启蒙者未加区分,便笼统地对孔夫子和儒家系统采取一律打倒的态度,这显然太片面、太激烈,也太'革命'。"④ 五四新文化先驱们的言论,在某种意义上说,的确不够学院化、不够理性、不够稳健、不够全面、不够严谨、不够客观。但他们的批判之举,不是书斋里的学理探究,更不是莫谈国事的坐而论道。因为他们所面对的,不但是中国社会及文化的历史沉疴顽疾,还有来自现实的各种专制力量的复活。从学理的视角研判五四新文化先驱们的言论,从学术的视野评价五四新文化先驱的功过得失,自然有其价值和意义,但真理往前哪怕一步都可能产生谬误,仅仅依据所谓学理的和学术的标准来衡

---

① 蔡元培:《致"公言报"并答林琴南君函》,《五四运动文选》,生活·读书·新知三联书店 1959 年版,第 223 页。
② 易白沙:《孔子平议》(下),《五四运动文选》,生活·读书·新知三联书店 1959 年版,第 31 页。
③ 隐尘:《新旧思想冲突平议》,《五四运动文选》,生活·读书·新知三联书店 1959 年版,第 237 页。
④ 刘再复:《"五四"理念变动的重新评说》,《书屋》2008 年第 8 期。

量五四新文化先驱们的正误，不但极有可能抹杀其本意、理想和实际效应，造成南辕北辙之评判效果，甚至在某种程度上令人难以辨别是否指鹿为马。

三 "天性的爱"：鲁迅的独特眼光

在五四时代家庭族伦理道德尤其父权观念的批判中，鲁迅的批判锋芒和思想深度，不但毫不逊色于其他新文化先驱，更以其充满个性的文学家的独特语言形式，直指人心、撼人心魄。如果说，其他新文化先驱对传统伦理道德及父权观念的批判，主要着眼于意识形态的、制度化的、规范化的社会事务层面；那么，鲁迅更侧重于传统伦理道德及父权观念对人的精神的同化、对人的灵魂的腐蚀。如果说，其他新文化先驱主要是从理智的范畴批判传统伦理道德及父权观念，借助理性的力量实现思想启蒙与人性解放之目的；那么，鲁迅不但在理智的范畴有尖锐而睿智的批判，更是将这种批判意识和启蒙精神融入人的经验的、情感的，乃至欲念的隐秘精神层面，从而借助于感性的力量警醒世人。

尤其在《我们现在怎样做父亲》中，鲁迅没有止步于社会制度、规范及意识形态层面，而是深入人的本能和天性的层面，去审视和塑造父亲形象。和其他新文化先驱们理性的、逻辑的、雄辩的言说相比，鲁迅的批判与揭露更为形象、具体、鲜活而生动，比如"就实际上说，中国旧理想的家族关系父子关系之类，其实早已崩溃。这也非'于今为烈'，正是'在昔已然'。历来都竭力表彰'五世同堂'，便足见实际上同居的为难；拼命地劝孝，也足见事实上孝子的缺少。而其原因，便全在一意提倡虚伪道德，蔑视了真的人情"。一句"蔑视了真的人情"，不但显示出鲁迅批判眼光的与众不同，而且也意味着鲁迅将家庭伦理道德及父权观念批判，从人的精神世界的外部关系层面带入人性的深层地带，充分显示了这一批判运动的全面性和深刻性。

鲁迅立论的不同凡响之处在于将出发点定位于人的"初始经验"："我现在心以为然的道理，极其简单。便是依据生物界的现象，一，要保存生命；二，要延续这生命；三，要发展这生命（就是进化），生物都这样做，父亲也就是这样做。"基于这个原点，鲁迅不但鲜明而深刻地指出了"父亲"形象得以安身立命的根源，而且一针见血地点出了传统家庭伦理道德及父权观念扭曲和破坏人的"初始经验"的恶果："自然界的安排，虽不免也有缺点，但结合长幼的方法，却并无错误。他并不用'恩'，却给予生物以一种天性，我们称他为'爱'……便在中国，只要心思纯白，未曾经过'圣人之徒'作践的人，也都自然而然的能发现这一种天性。例如一个村妇哺乳婴儿的时候，决不想到自己正在施恩；一个农民娶妻的时候，也决不以为将要放债。只是有了子女，即天然相爱，愿他生存；更进一步的，便还要愿他比自己更好，就是进化。这离绝了交换关系利害关系的爱，便是人伦的索子，便是所谓'纲'。倘如旧说，抹杀了'爱'，一味说'恩'，又因此责望报偿，那便不但败坏了父子间的道德，而且也大反于做父母的实际的真情，播下乖剌的种子。"更意味深长的是，鲁迅不但将传统家庭伦理道德和父权观念背离人的"初始经验"的荒谬与乖戾之处揭露出来，而且为人伦关系的"初始经验"和"实质部分"结合找到了一个根本支点："此后应将这天性的爱，更加扩张，更加醇化；用无我的爱，自己牺牲于后起新人……觉醒的父母，完全应该是义务的，利他的，牺牲的，很不易做；而在中国尤不易做。中国觉醒的人，为想随顺长者解放幼者，便须一面清结旧账，一面开辟新路。就是开首所说的'自己背着因袭的重担，肩住了黑暗的闸门，放他们到宽阔光明的地方去；此后幸福的度日，合理的做人。'"① 和其他新文化先驱强调、侧重人伦关系的社会属性不同，鲁迅更看到了人伦关系的自然属性和社会属性相结合的根本与基础所在。正是由于有了鲁迅的批判，新文化先驱们家庭伦理道德观念及父权的批判，才构成了一个从人的外部社会层面到人的内部精神层面的完整而系统的价值言说体系。

将来自血缘和自然亲情的"爱"视为父子（女）人伦关系的根本，不但是鲁迅在家庭伦理道德及父权观念批判中的不同凡响之处，而且通过对父亲的审视建构了理论批判和文学创造之间连接点。如果说，面对作为符号的、他者的、专制的、异化的、文化象征的、权力代言人的、社会层面的父亲形象时，现代文人作家们毫无疑问会义不容辞甚至义愤填膺地加以批判、攻击和揭露，这种倾向在中国现代文学作品的镜像世界中比比皆是，比如《终身大事》《斯人独憔悴》《流亡》《咆哮的土地》《家》《雷雨》《憩园》《财主底儿女们》《小二黑结婚》等。可是，当父亲形象落脚于私人领域、落脚于自我的情感世界和生活体验时，现代文人作家内心世界微妙、复杂和犹疑的矛盾状态，则自觉不自觉地流露出来。在这方面，鲁迅是一个典型。他在文化批判领域的一往无前，固然鲜有比肩者；但是，当他将私人的情感和生活体验带入文学创作领域时，所表现出的那种委婉、复杂、微妙和矛盾状态，同样撼人心魄、撄人灵魂。

比如《狂人日记》中的"大哥"形象。按照不少学者的解读，"大哥"是一个"隐形的父亲"形象。如果这个能够成立，那么鲁迅将"大哥"而不是"父亲"作为符号和象征，是偶然为之还是有意回避？其隐含的复杂心理动机就令人深思了。如果说由于这中间牵扯创作心理和文艺发生问题，不能一一坐实，那么《五猖会》《父亲的病》等作品，则鲜明体现了鲁迅在私人的、情感的、记忆的、经验的和心理的层面塑造父亲形象时的复杂心态。如果说《五猖会》中的父亲形象，尤其是"分明如昨日"的那段惊悸和恐惧心理描写，还可以让人联想到"父权"的有威可畏，联想到《红楼梦》中贾政让宝玉背书那段情节，可是作品最后以"我至今一想起来，还诧异我的父亲何以要在那时候叫我背书"结尾，则为我们留下了一个塑造和想象父亲形象的开放艺术空间。如果说《五猖会》中的父亲形象塑造，还寓意着父亲的权威；那么，《父亲的病》则完全将父亲形象落脚于受害者和弱者的层面，尤其是那段包含高度心理创伤

---

① 鲁迅：《我们现在怎样做父亲》，《鲁迅全集》第1卷，人民文学出版社1981年版，第138、130、132—133、133—140页。

的描写:"父亲的喘气颇长久,连我也听的吃力,然而谁也不能帮助他。我有时竟至于电光一闪似的想道:'还是快一点喘完了罢……'立刻觉得这思想就不该,就是犯了罪;但同时又觉得这思想实在是正当的,我很爱我的父亲。便是现在,也还是这样想。"尽管通篇没有述说父爱如何,然而来自自然天性的父子情深却通过一段创伤体验描写展现出来。你可以说鲁迅受传统伦理道德影响为亲者讳、为尊者讳,但在鲁迅记忆深处、情感深处和经验深处,来自天性的人伦"初始经验"却始终居于中心位置。鲁迅在公共领域批判符号化的"父亲"形象时,可以义正词严;但在文学创作领域涉及"父亲"形象时,则有了天壤之别。

这个天壤之别的根本,就在于《我们现在怎样做父亲》里面所说的"爱"。是不是因为这个"爱",导致鲁迅避免对具体父亲形象进行批判,另当别论。但这个"爱",却是鲁迅在文学创作领域建构父亲形象的原始动力。比如藤野先生这一形象,何尝不是鲁迅移情和镜像化处理的一个父亲形象呢?藤野先生对鲁迅所做的那些事情,在通常人际交往中可以说微不足道,何以鲁迅终生念念不忘?又何以对自己父亲的具体父爱事件始终是言说缺席呢?再比如《药》中的父亲形象,你可以上纲上线说鲁迅"哀其不幸、怒其不争",深刻体现了国民劣根性,可是那个卑微的、无能的、懦弱的父亲,对儿子的爱又是多么感人至深、令人痛彻心扉呢?可以说正是一个"爱"字,使鲁迅在塑造父亲形象时,既凸显了现实的、具体的、经验的"父亲"的复杂性和多义性,也凸显了他退回内心世界面对具体的、真实的"父亲"形象时心理感受和情感体验的复杂性与多义性。

四 情感与理智:现代文学家们的敬与畏、爱与恨

这不但是鲁迅在文学创作领域塑造父亲形象时面临的一个个人命题,也是大多数现代作家们在处理父亲形象时所面临的一个公共命题。当年林纾指责新文化先驱"铲伦常"时,蔡元培反驳说:"则试问有谁何教员,曾于何书、何杂志,为父子相夷,兄弟相阋,夫妇无别,朋友不信之主张者?曾于何书、何杂志,为不仁、不义、不智、不信及无礼之主张者?"[①] 事实确如蔡元培所言。如果说,五四新文化先驱对父亲形象的批判,主要集中于理论的、观念的和逻辑的层面;那么,当这种批判锋芒和启蒙精神铺展到文学创作领域,进入具体的、情感的现实层面梳理和再现自身的日常人伦经验时,现代文人们对父亲形象的批判和塑造,则不再那么简洁明了、斩钉截铁了。在面对公共的"父亲"形象时,左右现代作家们心理和情感状态的或许是理智,他们可以本着启蒙的精神、批判的意志,去塑造专制的、封建甚至是凶恶的、残忍的父亲形象;可是当和"自我"的父亲形象发生关联时,现代作家们对于父亲的敬与畏、爱

---

① 蔡元培:《致"公言报"并答林琴南君函》,《五四运动文选》,生活·读书·新知三联书店1959年版,第224页。

与恨又怎能泾渭分明呢？

在实际的生活世界，五四新文化先驱和以后的作家们，在反思、审视和塑造父亲形象时，尽管在理念和总体价值取向上依然持有批判姿态，但具体到自己的生活世界和情感经验，也就是将具体的对于父亲的体验、记忆和想象融入文学世界时，则展示出一种犹豫、复杂和微妙的心态，因为他们根本无法斩断那种来自天然血缘关系的父子（女）亲情。父亲一词中的"亲"字，作为人之"初始经验"本能的那一面，开始展示出天性的能量。一个活生生的例子就是朱自清的《背影》。这篇散文对父爱的描写，确乎感人至深、影响深远，在现代文学一百多年的历程中也鲜有出其右者。且不说作品所展现的那种真挚的、普遍的父爱的感人魂魄之处，即使从文化和伦理道德的观念层面，这篇作品也是一个典型，正如有学者认为："表现了新一代知识者在走上人生道中对传统的转换了的感受和体验：那就是摆脱了传统礼教观念（所以心中可以'暗笑'父亲），回到了真正原本的亲子之爱。"① 更值得我们回味的是，这种回归天性之爱的父亲形象塑造，不仅仅是摆脱了礼教观念的父子天性回归，更是融汇、灌注了情与理、爱与恨、敬与畏的复杂矛盾心态之后的艺术结晶。因为这种体验、这种情怀直接来源于朱自清和父亲朱鸿钧之间的真实父子关系状态。文中所谓"他少年出外谋生，独立支持，做了许多大事。那知老境却如此颓唐！他触目伤怀，自然情不能自已。情郁于中，自然要发之于外；家庭琐屑便往往触他之怒。他待我渐渐不同往日。但最近两年的不见，他终于忘却我的不好，只是惦记着我，惦记着我的儿子"，背后隐含着多少欲说还休的家庭矛盾和父子对抗呢？众所周知，朱自清早在1923年，就以前妻武钟谦和自己的家事为原型写过一篇小说《笑的历史》，以第一人称口吻，描述了一个天真纯洁的少妇在封建专制家庭氛围中，如何从爱笑到不敢笑、不会笑的经历和心理体验。朱自清写这篇小说时有两个背景值得注意：一是五四个性解放、反抗家庭专制的呼声正方兴未艾，二是朱自清和父亲的关系非常紧张。朱自清在塑造那个官场失意、人生潦倒的父亲形象时，控诉父权的专横和霸道自然是应有之义。值得注意的是，小说对父亲形象的塑造与批判却是温婉的，甚至隐含着理解的姿态。这篇小说总体上看，实际上已经蕴含着朱自清塑造父亲形象时在理智与情感所面临的复杂心态。到了《背影》的创作和发表时，批判家庭专制、争取个性解放的时代最强音业已变弱，父子的矛盾也渐趋和解，理性的批判让位于情感的认同，骨肉情深的父子天性在千回百转中终于尘埃落定。感兴趣的读者如果了解朱自清和父亲关系的真实状态，也就能感受到那份浓浓父爱背后的复杂、微妙和忧伤。

总体来看，五四先驱对家庭专制和父权的批判，为日后新文学家们塑造父亲形象奠定了一个基本价值取向，这就是父权的衰落和父亲权威的崩溃。父子（女）关系的二元对立及其象征的现代与传统的矛盾斗争关系，成为现代文学家们一个重要的叙事

---

① 李泽厚：《中国现代思想史论》，安徽文艺出版社1994年版，第222页。

模式。由此,父亲形象塑造的类型化也成为新文学创作的一个主要趋势。这个类型化的第一个表现,就是作为家庭专制代表和文化符码象征的强势父亲形象的塑造,比如胡适《终身大事》中田先生、《斯人独憔悴》中的化卿、田汉《获虎之夜》中的魏福生等。这个类型化的第二个表现,则是在传统专制阴影下忍辱负重、麻木愚昧的弱势父亲形象塑造,比如鲁迅《药》中的华老栓、蒋光慈《咆哮了的土地》中的王荣发、王统照《山雨》中的奚二叔、张天翼《包氏父子》中的老包、老舍《二马》中的老马等。如果说上述两个方面的父亲形象塑造蕴含着较为鲜明的价值取向,那么在不少乡土作家笔下,塑造父亲形象时的饱含的同情和感伤,或者说来自天然血缘的亲情成为叙事基调,比如许地山《落花生》、许钦文《父亲的花园》乃至沈从文《长河》中的父亲形象,这可视为父亲形象类型化的第三个表现。在左翼文学兴盛时代,比如蒋光慈《咆哮了的土地》中的李敬斋、白薇《打出幽灵塔》中的胡荣生等作为阶级敌人的父亲形象,茅盾《春蚕》中的老通宝、叶紫《丰收》中的云普叔、戴平万《村中的早晨》中的魏大叔等作为被压迫者和革命统战对象的父亲形象,尽管在父亲形象的塑造披上了阶级斗争的文化符码,可是父权的没落和父亲权威的崩溃及其现代批判传统的叙事模式,和五四时代并无二致。

但是,总体的价值取向和叙事模式并不能代表文学塑造的全部,更不能揭示现代文学家们塑造的父亲形象的那种暧昧性、复杂性和多义性。传统家庭伦理道德和父权观念,不仅在社会政治层面有着根深蒂固的渊源,而且也是人类的某种本性的认同和投射:"拥有强大权力的人象征着每位父权制下的个体对于全能的幻想,并且充分表达了这些幻想。"[①]当现代作家们接受民主、自由理念熏陶、畅想尊重人权、个性解放和婚姻自由时,自然要义愤填膺地批判封建、专制、蛮横父亲;可是当他们退回私人经验的领地,怀揣着个体的对于父亲的情感记忆时,父亲形象的暧昧性、复杂性和多义性也就浮出水面。比如《家》中的高老太爷,毫无疑问在整体性上是一个黑暗、腐朽、虚伪、残酷和专制的总父亲形象,但高老太爷的临终言善很难说是出于为了人物形象丰满的创作技巧,而是明显透露出巴金在塑造这个人物形象时情感体验的影响与渗透。再比如《憩园》中的杨梦痴,巴金在塑造这个狂嫖滥赌的堕落纨绔子弟型父亲形象时,重点显然不在于批判与揭露,而在于人性的多重性和复杂性,在于满怀着情感倾向来塑造这个堕落的父亲形象。更明显的例子是路翎的《财主底儿女们》中的蒋捷三。这个人物在作者笔下的确是作为一个古板僵化的父亲形象出现的,而且也像封建专制家长那样干涉过儿女们的人生选择和婚姻恋爱。可是在小说的描述中,这个父亲形象不但是充满了隐忍、无奈甚至可怜与可悲,更令人动容的是充满了对儿女的舐犊之情,尤其是为了大儿子蒋慰祖,不惜对悍妇儿媳金素痕委曲求全。这个父亲形象的负面性,反而几乎隐匿不显。因为小说处处以充满同情

[①] [英]乔治·弗兰克尔:《心灵考古——潜意识的社会史》(一),褚振飞译,国际文化出版公司2006年版,第136页。

与感伤的笔触来塑造这个父亲形象。

在新文学史上，对父亲形象最有深度、最富震撼力、最为复杂的当属曹禺及其《雷雨》。在以往的文学史叙事中，周朴园这一形象主要被解读为专制、独裁、倔强、冷酷、自私的父亲形象。尽管随着研究的深入，人们也看到并指出了周朴园这一形象的复杂性和微妙性，比如对鲁侍萍感情的真挚。但是，剧作设置了"乱伦"这个主题，就使自有新文学以来的父亲形象塑造，从外围的社会层面彻底抵达了人性的幽暗地带。可以简单说，不分中外无论古今，乱伦是儿子对父亲权威、对父权最为彻底和最为震撼的颠覆与叛逆。尽管对乱伦现象的描写，在五四时代就已经出现，比如卓呆的《父亲的义务》、庐隐的《父亲》、何一公的《爸爸的儿子》，但将乱伦的深刻性、复杂性推向高峰并足以成为一个时代的艺术标志的，自然还是《雷雨》。由于乱伦情节的设置，周朴园这个父亲形象的复杂性、微妙性和多义性，已经不仅仅局限于社会事务层面、家庭纠葛层面和父子情感层面。这部剧作对父亲形象塑造的深刻和震撼之处在于，是在最原始的人的欲望层面、最天然的血缘亲情方面给予父权和父亲形象的权威以致命的打击。但是，这部剧作显然又不局限于"俄狄浦斯情结"式的潜意识冲毁禁忌的原始冲动与报复，还包含着作者对剧作人物的情感层面的更为复杂的心理投射。众所周知，在曹禺的剧作中，儿子对父亲大多是冷漠的、厌恶的、畏惧的，这当然和曹禺本人的人生经历与体验相关，尤其是在周朴园这一父亲形象身上，作者本人的私人体验显然发挥了作用，比如鲁大海在得知真相后出走而不是斗争到底，是否包含着作者对父亲形象的难以说清的复杂情感体验呢？

总体来看，现代作家们塑造父亲形象时所展现的暧昧性、复杂性和多义性，远远超出了他们在现代终将战胜传统这个理念层面上对父亲形象的定位，其间蕴含的理智与情感、敬与畏、爱与恨的复杂、微妙心态，也进一步丰富和纠正了五四时代启蒙和理性批判精神的单一与锐利。显然，从五四先驱在启蒙精神和理性层面进行父权批判，到现代作家们在延续这一价值趋势又体现出理智与情感、爱与恨、敬与畏的父亲形象塑造过程中，不难发现作为社会的"实质部分"的父权专制终于返璞归真到自然的"初始经验"的父亲形象。正是在这个支点上，现代作家们开启了父亲形象塑造的文学之门。无论现代作家们塑造的父亲形象如何复杂、暧昧和多义，支撑现代作家们塑造父亲形象的，毫无疑问要有赖于父子（女）之间贯通了自然属性与社会属性的"爱"。正如恩格斯所说："在这个时代中，任何进步同时也是相对的退步，一些人的幸福和发展是通过另一些人的痛苦和受压抑而实现的。"[1] 现代的文人作家们明白了父权带来的痛苦与受压抑，明白了真实的父亲又是不可能符号化的，明白了"现在的子，便是将来的父"，尤其是带着来自日常人伦情感体验走入父亲形象塑造的艺术空间时，父亲形象塑造的暧昧性、多义性和复杂性自然也就顺理成章了。

---

① ［德］恩格斯：《家庭、私有制和国家的起源》，中共中央马克思恩格斯列宁斯大林著作编译局编，人民出版社1972年版，第63页。

考诸中国现代文学史的史实，现代文学家们对父亲形象的塑造，自然远不是一个"父权"批判那么简单。尽管有那么多专制的、封建的、无情的、冷酷的、残忍的符号化父亲形象，但当现代作家们从自己的情感世界和生活体验出发，从内心深处审视"父亲"时，他们所面临的是社会的、政治的、文化的父亲形象与自然的、本能的、天性的父亲形象之间那种剪不断、理还乱的复杂纠葛。至于现代作家们在情与理、爱与恨、敬与畏的矛盾体验中，如何表现作为"初始经验"的父亲和作为社会"实质部分"的父亲的差异，如何表现作为符号化的公共领域的父亲形象和作为私人生活体验的情感世界的父亲形象的区分，如何以复杂、微妙、模糊甚至矛盾的笔触去塑造和想象着父亲的形象，则另当专文论述。

阿Q和叙述者的角色履行
——再读《阿Q正传》[①]

韩国国立江原大学中文系 李宝暻

1. 绪论

《阿Q正传》自从20世纪20年代问世以来就被不可胜数的读者、批评家和研究者不断解读,所以似乎很难对其再提出新的看法和观点。因此,目前学术界对有关《阿Q正传》所形成的最普遍的共识仍然是"对国民的劣根性的解剖"或"对辛亥革命/旧民主主义革命的批判"等。虽然如此,所谓"伟大的作品"永远会被一读再读。即使目前这些解释跟《阿Q正传》的主要思想具有明确的关系,可笔者觉得需要再讨论,因为其前提是叙述者(或作者)跟小说中人物相比要站在更高的位置去俯视笔下的主人公,而无法解释鲁迅思想和写作的特征,也就是说多维度的思想之间的"挣扎",不足以思想的矛盾为概括。

晚年的鲁迅在透露说话和写作的困难的文章里曾经以很客观的声音说:"十二年前,鲁迅作的一篇《阿Q正传》,大约是想暴露国民的弱点的,虽然没有说明自己是否也包含在里面。然而到得今年,有几个人就用'阿Q'来称他自己了,这就是现世的恶报。"[②] 当然鲁迅的这番话可能是从把自己称为"阿Q"的荒唐的情况而来的,可笔者越衡量这番话,越觉得不是那么简单。因为在他所说的"现世的恶报"这话里,散发着对他与看客们(也许阿Q)同谋的忏悔之情。笔者当然对已存的解释抱有共鸣,然而再读《阿Q正传》便会强烈地感觉到叙述者跟阿Q之间具有某种共通之处,甚至两者之间的地位关系发生颠倒,特别是从叙述者和阿Q的角色履行(role performance)来看,两者之间的关系表现得颇不寻常。

[①] 这文章的底稿刊登在韩国《中国语文学论集》第48号,这次重新补充修改了。
[②] 《再谈保留》,《鲁迅全集》第5卷,人民文学出版社2005年版,第154页。

2. "正名"或角色履行

叙述者在《阿Q正传》第一章便以第一人称身份告诉读者一些重要的信息。首先是有关叙述者自身的。他说自身"不是一个'立言'的人",因此没有资格写"不朽",而要写"速朽的文章"。虽然决定写"速朽的文章",可叙述者不能马上下笔而颇犹豫了。为什么呢?因为他碰到命名的问题。

> 然而要做这一篇速朽的文章,才下笔,便感到万分的困难了。第一是文章的名目。孔子曰,"名不正则言不顺"。这原是应该极注意的。传的名目很繁多:列传,自传,内传,外传,别传,家传,小传……而可惜都不合。①

叙述者引用《论语·子路》里孔子的话而强调"正名"的重要性。缠绵于正名思想的叙述者在寻索切合自己故事的名字。有关一个人生平的文学体裁已有列传、自传、内传、外传、别传、家传和小传等,可怎么想也不太适合。叙述者在说明这几个体裁都不太适合的原因后接着说:

> 便从不入三教九流的小说家的所谓"闲话休题言归正传"这一句套话里,取出"正传"两个字来,作为名目。②

传统时代"小说家"虽然也是文人的一种,却是不入流的,被排除在"三教九流"的职业圈子之外。叙述者从同样是文人却不被看作文人的"小说家"的套话里发现较适合的词汇。之所以他从小说家的套语中找到题目,是因为自己的文章是"因为文体卑下,是'引车卖浆者流'所用的话"③。既然是卑劣的文体和低级的语言,也就不敢僭称三教九流的写作。他要写的人物是最底层的人,所以就传统观念来看,借"小说家"的套语作为题目可以说切合于孔子的正名思想。

众所周知,反语和讽刺贯穿于《阿Q正传》通篇,鲁迅在上面引用的文章里也尝试对"闲谈"和"正传"进行讽刺性扭曲(ironic twist),文人向来写的"正传"只不过是"闲谈",则不能登台的"闲谈"才是"正传"。这可以说是对正名思想的扭曲,尽管如此,笔者觉得叙述者对命名仍然持有着格外敏感的态度。第一章的内容可以概括为叙述者对自己命名的辩解,因为他相信自己的命名应该要说服读者。

然而,就名字的敏感性来说,阿Q不亚于叙述者。

---

① 《阿Q正传》,《鲁迅全集》第1卷,人民文学出版社2005年版,第512页。
② 同上书,第513页。
③ 同上。

> 他又很鄙薄城里人，譬如用三尺长三寸宽的木板做成的凳子，未庄叫"长凳"，他也叫"长凳"，城里人却叫"条凳"，他想：这是错的，可笑！油煎大头鱼，未庄都加上半寸长的葱叶，城里却加上切细的葱丝，他想：这也是错的，可笑！然而未庄人真是不见世面的可笑的乡下人呵，他们没有见过城里的煎鱼！①

阿Q不像其他的未庄人，去过好几次城里，是一个有见识的人。从信息获得的角度来说，阿Q算是持有一些所谓"知识权力"的。因此他嘲笑乡下人，甚至又"鄙薄"城里人，因为他们常用不恰当的名字。凡事须得谨慎地取"正名"，城里人把"长凳"叫作"条凳"便不能不说是"错"和"可笑"的。

从阿Q对某种语言的禁忌也可看出他对名字的敏感性。阿Q一向把自己看作"完人"，可是对自己头皮上的"癞疮疤"，却有着歇斯底里的反应。

> 这〔癞疮疤〕虽然也在他身上，而看阿Q的意思，倒也似乎以为不足贵的，因为他讳说"癞"以及一切近于"赖"的音，后来推而广之，"光"也讳，"亮"也讳，再后来，连"灯""烛"都讳了。②

阿Q因有癞疮疤而经常被耍弄，所以除了"癞"这词语，"一切近于'赖'的音"和甚至"光""亮""灯""烛"等也都讳。上文所说的"讳"让我们联想到中国传统时代的"忌讳"。传统时代最有代表性的忌讳是对皇帝或尊长不能直接称呼或书写其名。《阿Q正传》的叙述者也把赵秀才称为"茂才"，以避东汉光武帝刘秀的讳。对此，黄卫总（Martin Weizong Huang）曾解释道："叙述者和阿Q都被传统的担子积压。虽然叙述者戏弄地嘲笑阿Q的痴迷于忌讳传统，可他本身〔从忌讳的习俗〕不是自由，不像对自己的假设。"③ 这里值得关注的一点是提出了阿Q和叙述者的类似性。忌讳不是与合理的理性有关，而是要求无条件性和绝对性地履行，因此阿Q碰到庄人"一犯讳，不问有心与无心，阿Q便全疤通红地发起怒来，估量了对手，口讷的他便骂，气力小的他便打"④。

阿Q对名字的敏感性也表现为其对钱太爷的大儿子"假洋鬼子"的敌意。假洋鬼子曾就读洋学堂并留学东洋多年，回到未庄后，"腿也直了，辫子也不见了"。对此，阿Q的反应如下：

---

① 《阿Q正传》，《鲁迅全集》第1卷，人民文学出版社2005年版，第516页。
② 同上。
③ Martin Weizong Huang, The Inescapable Predicament: The Narrator and His Discourse in "The True Story of Ah Q", *Modern China*, Vol. 16, No. 4, Oct., 1990, p. 440.
④ 《阿Q正传》，《鲁迅全集》第1卷，人民文学出版社2005年版，第516页。

[阿Q]偏称他"假洋鬼子",也叫作"里通外国的人",一见他,一定在肚子里暗暗的咒骂。

阿Q尤其"深恶而痛绝之"的,是他的一条假辫子。辫子而至于假,就是没有了做人的资格。①

鲁迅曾对自己当年剪辫子的行为解释过:"归根结底,只为了不便:一不便于脱帽,二不便于体操,三盘在囟门上,令人很气闷。"② 就这解释的字面来看,我们可以得知,辫子与其说是激起跟随民族主义热情的反感的,不如说是不适合现代生活的"羞愧的身体"。鲁迅曾说因有辫子才知道"满汉的界限"③,可是,笔者认为鲁迅知道的倒是"中西的界限",而不是"满汉的界限"。因为他的内心里的确有西方人的视觉。他实在以他者的眼睛看着中国人的身体。接触现代文明的鲁迅将自己的身体看成羞愧的④。钱太爷的大儿子或许也持有如鲁迅一样的想法,剪了辫子以后,走路时腿的姿势也从弯变直了。即使他的外貌和穿着多少有点像西方人,可终究不是西方人,最多也只不过是效仿而已,所以阿Q给他命名为"假洋鬼子","里通外国的人"。最让阿Q难以忍受的是他居然还戴着假辫子。在阿Q的眼里,钱太爷的大儿子只是个"假"冒。因此一看见他,阿Q便会不知不觉地说出来"秃儿。驴……"这辱骂是"阿Q历来本只在肚子里骂,没有出过声,这回因为正气忿,因为要报仇,便不由的轻轻的说出来了"⑤。"秃儿,驴"是阿Q的内心的"真"话,而"假洋鬼子","里通外国的人"则是阿Q取给他的"真"名。

阿Q对名字具有敏感性,可是叙述者对名字却显得怀疑乃至带有几分否定,其曾经以"正传"和"闲谈"来尝试对名字进行扭曲。下面是叙述者介绍阿Q籍贯时的一段文字:

倘他姓赵,则据现在好称郡望的老例,可以照《郡名百家姓》上的注解,说是"陇西天水人也",但可惜这姓是不甚可靠的,因此籍贯也就有些决不定。他虽然多住未庄,然而也常常宿在别处,不能说是未庄人,即使说是"未庄人也",也仍然有乖史法的。⑥

不能把阿Q的籍贯说成"陇西天水"或"未庄",因为这姓赵本不可靠,而且住所也并不固定。然而未庄这名字却颇耐人寻味,字面上的意思是"不曾是村庄的村

---

① 《阿Q正传》,《鲁迅全集》第1卷,人民文学出版社2005年版,第522页。
② 《因太炎先生想起的二三事》,《鲁迅全集》第6卷,人民文学出版社2005年版,第579页。
③ 《病后杂谈之余》,《鲁迅全集》第6卷,人民文学出版社2005年版,第193页。
④ 可以参见拙文《鲁迅的文明批评和身体话语》,韩国《中国语文学》第56辑,第127页。
⑤ 《阿Q正传》,《鲁迅全集》第1卷,人民文学出版社2005年版,第522页。
⑥ 同上书,第514页。

庄"。阿Q多年居住的村庄其实并不曾是村庄,如同韩国学者Kim EnHwa的解释,这意味着在这村庄里从来没有出现过《狂人日记》的狂人盼望的所谓"真的人"①。"未庄"是迄今为止没有存在过的村庄,所以不能为其名。可以说《阿Q正传》不是在叫作"未庄"的村庄里发生的故事,而是在某个不能命名的场地里发生的故事。

此外,叙述者给自己故事里的主人公命名的方式也值得研究。叙述者曾听过庄人叫阿Q的名字,可却不知道怎么去写。叙述者也问过"博雅"的赵秀才,得到的解释"是因为陈独秀办了《新青年》提倡洋字,所以国粹沦亡,无可查考了"②。既然是"秀才",听到便该会写出,因此就赵秀才来说,这个"秀才"的名头也是名不副实。于是叙述者便只好用"洋字"为"阿Q"命名:

只好用了"洋字",照英国流行的拼法写他为Quei,略作阿Q。这近于盲从《新青年》,自己也很抱歉,但茂才公[秀才]尚且不知,我还有什么好办法呢。③

如上所述,叙述者给自己的主人公命名时在意的是在同时代文坛所盛行的两种代表性的潮流:一是从文体改革出发主张废弃汉字而采用"洋字"的《新青年》一派,二是批判《新青年》的"有'历史癖与考据癖'的胡适之先生的门人们"④。叙述者明确地表明用罗马字母为阿Q命名是"只好"的选择,也是为了有意地与《新青年》保持一定的距离,虽然说"这近于盲从《新青年》"。另外叙述者说等不及"国故整理"派的结论,是因为他们为有关阿Q的名字"寻出许多端绪来"的时候,《阿Q正传》"怕早已经消灭了"⑤,此话是为了表明他要跟"国故整理"派也保持一定的距离。叙述者的这种"距离的保持"也流露出对于"正名思想"的批判性态度。叙述者意在说明无论是《新青年》派还是国故整理派,他们都只不过是主张"正名"而已。表面上叙述者显得煞费苦心地给自己的主人公命名,可是实际上命名只是取一个名字而已,因此不如干脆就把主人公叫作"阿Q"。

从小说的每章的题目来看,与每一章的故事内容也并不一致。除了第五章生计问题以外,第二章优胜记略、第三章续优胜记略、第四章恋爱的悲剧、第六章从中兴到末路、第七章革命、第八章不准革命和第九章大团圆都是文不对题。"优胜记略"其实是失败记略,"恋爱"和"中兴"这样的事件也并没有发生过,不但"革命"不像革

---

① Kim EnHwa 在《〈阿Q正传〉:作为一种狂人的世人形象》的结尾提出"我们到底从阿Q住的'未庄'有多远的地方住呢"这疑问。这意味着我们或者仍然住在"未庄"。而他将"未庄"解释为"这名字里含蓄着的是如下:据中文发音是'伪装'(以假装活着的人住的村庄),而据其意思是'不像村庄的村庄'"(韩国《中国现代文学》第39号,第269页)。笔者认为"不像村庄的村庄"这解释也是妥当,可如果我们注意在第9章大团圆里有阿Q觉醒的刹那(这一点笔者下面讨论),可以解释为"不曾是村庄而将来或者会有的村庄"。
② 《阿Q正传》,《鲁迅全集》第1卷,人民文学出版社2005年版,第514页。
③ 同上。
④ 同上书,第515页。
⑤ 同上。

命,而且阿 Q 实际上并没有参加过革命,更别说"大团圆"其实就是以阿 Q 被处死为结局的"大离散"。

从这一点来看,"阿 Q"的名字显得颇耐人寻味,因为在"阿 Q"这名字中叙述者唯一能确定的便是"阿"这一个字。

> 我所聊以自慰的,是还有一个"阿"字非常正确,绝无附会假借的缺点,颇可以就正于通人。①

就"阿"这字,叙述者不怕"通人",可是,众所周知,无论男女老少、身份高低贵贱,"阿"仅仅是附着在名字前面的一个助词而已。也就是说,"阿"跟某一个人的身份特指其实毫无关系。"Q"无论是来自罗马字母中模样接近于留辫子的中国人的发式②,还是跟阿拉伯数字"0"这模样最相似③,都不能特指某一个人。正如"未庄"不是特指一个村庄一样,只要是中国人,便可以称其为阿 Q,因此"阿 Q"可以说是一个不是名字的名字。叙述者选定"阿 Q"为主人公命名想要表达的思想是:在名不副实的这个世界里宁可取"虚空的名字"反倒是"正名"。

"阿 Q"这名字不是特指某一个人,出乎意料,阿 Q 竟充满了履行自己所被赋予的角色的意志。儒家的正名思想是强调语言的"遂行行为(performative act)的层次"。韩国学者 Jeung JaeHyun 说:"名字不只是简单的语言,而是跟实际的行为有等价的关系,因为它是包含价值,引起行为,而且乃至可以与行为看作为等同的。就正名的名分论(将名字解释为沾染于名字的名分、职责和义务,不是简单的语言)是从这名字的遂行行为的层次看更显得明白。"④ 这意味着在儒家思想里"名字"是以赋予自身的角色履行的义务为前提的。可是,《阿 Q 正传》的叙述者正是认识到在现实生活里名分与实际之间的背离而批评名字本身的无价值性,则阿 Q 更要忠实地完成自己的角色履行。

可以说,《阿 Q 正传》从第二章到第九章都是阿 Q 对其角色履行的不断尝试及其失败的历程。第四章"恋爱的悲剧"是关于通过婚姻来生产后代并延续种族这角色履行的故事。阿 Q 的恋爱事件是导致其接踵而来的"第五章生计问题"的根本原因。阿 Q 敢于大胆向吴妈示爱是在受到小尼姑"断子绝孙的阿 Q"的辱骂后而想到"不错,

---

① 《阿 Q 正传》,《鲁迅全集》第 1 卷,人民文学出版社 2005 年版,第 515 页。
② 杜圣修:《论〈阿 Q 正传〉的文体特征及其解读方法》,《鲁迅研究月刊》1999 年第 8 期。
③ 李峰峰:《闲话休题言归正传——论〈阿 Q 正传〉序》,《鲁迅研究月刊》2004 年第 9 期。
④ [韩] Jeung JaeHyun:《从正名思想看儒家的道德语言观念》,韩国《季刊科学思想》2000 年冬季,第 22 页。他对于语言的"遂行行为的层次"以《孟子·梁惠王下》的故事为例子,就是:"齐宣王问曰:'汤放桀,武王伐纣,有诸?'孟子对曰:'于传有之。'曰:'臣弑其君可乎?'曰:'贼仁者谓之贼,贼义者谓之残,残贼之人,谓之一夫。闻诛一夫纣矣,未闻弑君也'。"他将这对话解释为:"为了辩护杀死以邪恶的君子自称的纣王的行为,孟子把他称作'一夫',而不称'君子'。'一夫'或'君子',这名字的选择将革命的合法性要么能证明,要么不能证明。从将他称作'一夫'而不是'君子'的这一刻开始,我们也共同参加杀死纣王的革命。"第 21—22 页。

应该有一个女人，断子绝孙便没有人供一碗饭"①。关于阿 Q 此时的心境，叙述者做了如下解释：

> 夫 "不孝有三无后为大"，而 "若敖之鬼馁而"，也是一件人生的大哀，所以他那思想，其实是样样合于《圣经》贤传的。②

关于阿 Q 的恋爱，叙述者以 "样样合于《圣经》贤传的" 角色履行为其解释。就阿 Q 来说，恋爱也是在践行儒家教训，而不仅仅是一种满足人类天生的欲望的行为。鲁迅在另一篇文章里说："人类因为无后，绝了将来的生命，虽然不幸，但若用不正当的方法手段，苟延生命而害及人群，便该比一人无后，尤其'不孝'。"③ 而且他警告了 "孝" 这角色履行行为倒会导致更为可怕的 "毁到他人"。然而在叙述者的眼里，阿 Q 只是在忠实地履行儒家圣训而已。

不仅 "恋爱"，"革命" 这《阿 Q 正传》的核心话题也是跟作为革命家的角色履行分不开的。

> 他近来很容易闹脾气了；其实他的生活，倒也并不比造反之前反艰难，人见他也客气，店铺也不说要现钱。而阿 Q 总觉得自己太失意：既然革了命，不应该只是这样的。④
>
> 要革命，单说投降，是不行的；盘上辫子，也不行的；第一着仍然要和革命党去结识。⑤

革命党进城后，有了传闻他们动手剪掉人家的辫子，于是把辫子盘在头上的庄人也增加起来了，阿 Q 也是随大溜了。见到盘着革命家发式的阿 Q，庄人的态度开始变为 "客气" 了。然而阿 Q "总觉得自己太失意：既然革了命，不应该只是这样的"，而终于他下了 "和革命党去结识" 的决心。因为就阿 Q 来说，参与革命党是为了成为一个名副其实的革命家的 "第一着"。

阿 Q 对名字患有强迫性神经症（obsession）。按照拉康（Lacan），强迫症病人 "一句话，他是履行自身所被赋予的角色的演员，好像自身已死亡（或装作死亡），牢牢地履行一定数量的行为"⑥。阿 Q 对角色履行的这种强迫症在第九章 "大团圆" 中表现得

---

① 《阿 Q 正传》，《鲁迅全集》第 1 卷，人民文学出版社 2005 年版，第 524 页。
② 同上。
③ 《我们现在怎样做父亲》，《鲁迅全集》第 1 卷，人民文学出版社 2005 年版，第 144 页。
④ 《阿 Q 正传》，《鲁迅全集》第 1 卷，人民文学出版社 2005 年版，第 543 页。
⑤ 同上书，第 544 页。
⑥ ［韩］Hong ZunGi：《黑格儿（Hegel）的主人—奴隶辩证法和拉康（Lacan）：强迫性神经症临床》，韩国《拉康和现代精神分析》2007 年第九卷第二号。

最富有戏剧性。阿Q被冠以打劫赵家的罪名而被捕，他不能签字画押，便只好画个圆圈代替，但阿Q却连圆圈都不能画得圆，只画成"瓜子模样了"①。阿Q感到"羞愧自己画得不圆"②。阿Q的"羞愧"可以说是来自自己不能完成作为犯人的角色履行。因为作为犯人，不会签字，但至少该会画成圆圈。阿Q对角色履行的意志甚至到了临刑之际也没有发生任何的变化。

> 阿Q忽然很羞愧自己没志气：竟没有唱几句戏。他的思想仿佛旋风似的在脑里一回旋：《小孤孀上坟》欠堂皇，《龙虎斗》里的"悔不该……"也太乏，还是"手执钢鞭将你打"罢。③

犯人在游街示众的时候有一个任务，就是要以精彩的唱段来娱乐看客。何况阿Q曾经追求过的吴妈也在围观的人群中，他一定要表现如同好汉一般的骨气。阿Q打算唱"我手执钢鞭将你打"，因为这不是"欠堂皇"，又不是"太乏"。对此，Kim EnHwa解释为"可怕的权力意志，强烈的统治欲望"④。但是笔者认为与其解释为所谓"权力意志"，不如解释为对革命家的角色履行的模仿。既然是革命家，即使面对死亡，也要不为所动地履行自身所被赋予的任务。所以，上面可以看成临刑前的犯人要在生命的最后时刻充足看客的期待，也看成最后要完成革命家的角色履行。也就是说，游街时的阿Q既是一个犯人，更是一个革命家。

不幸的是，尽管阿Q要拼命地履行自身所被赋予的角色，可无一例外地均以失败而告终。恋爱还没开始就遭到失败，参加革命从一开始就被禁止，连一个圆圈都不能画得圆满，最后"竟没有唱几句戏"⑤，便走向了死亡。总之，阿Q对角色履行的尝试只不过是最终导致自己走向毁灭而已。

3. 阿Q和叙述者之间的地位颠倒

正名思想作为儒家的意识形态，正像鲁迅所说的一样，"这就是我们古代的聪明人，即所谓圣贤，将人们分为十等，说是高下各不相同"⑥，目的是让人们忠诚地履行自己所被赋予的角色而其终极目标则是稳定社会等级秩序。《阿Q正传》的叙述者让读者一一目睹发生在阿Q身上的一连串的悲剧，说明即使是社会底层也被灌输了这种导致自己毁灭的角色履行的伦理意识。值得注意的是，叙述者自身对角色履行的强迫性

---

① 《阿Q正传》，《鲁迅全集》第1卷，人民文学出版社2005年版，第549页。
② 同上。
③ 同上书，第551页。
④ [韩] Kim EnHwa，第255页。
⑤ 同上书，第551页。
⑥ 《俄文译本〈阿Q正传〉序及著者自序传略》，《鲁迅全集》第7卷，人民文学出版社2005年版，第83页。

神经症与阿 Q 并没有多大的差异。在这里,我们需要追溯叙述者创作小说的契机。

> 而终于归结到传阿 Q,仿佛思想里有鬼似的。①

叙述者起初不太了解为什么自己没有能力写一篇小说而偏偏要写,最后想到或者自己"思想里有鬼似的"而操纵自己的写作。之所以他想到"鬼",是因为对此不能给予合理的解释。也许他所说的"鬼"是在辛亥革命的旋涡中冤屈而死的阿 Q 的鬼魂,阿 Q 的鬼魂是在被处死 10 多年后才借叙述者的口洗去自己的冤屈。则不是阿 Q,或者是让叙述者替阿 Q 们说出其冤屈的革命的"将令"②,或者是"要画出这样沉默的国民的魂灵来"③的作者内心的声音。

鲁迅把《阿 Q 正传》的作者比喻为"疲牛",做了非常有趣的吐露。下面是《〈阿 Q 正传〉的成因》的一段:

> 但有一种自害的脾气,是有时不免呐喊几声,想给人们去添点热闹。譬如一匹疲牛罢,明知不堪大用的了,但废物何妨利用呢,所以张家要我耕一弓地,可以的;李家要我挨一转磨,也可以的;赵家要我在他店前站一刻,在我背上帖出广告道:敝店备有肥牛,出售上等消毒滋养牛乳。我虽然深知道自己是怎么瘦,又是公的,并没有乳,然而想到他们为张罗生意起见,情有可原,只要出售的不是毒药,也就不说什么了。④

鲁迅说借自己的名义只要不卖毒药,什么事都可以默认,甚至即使自己只不过是一个瘦公牛,也心甘情愿按照主人的命令挤出乳去卖。对这样的态度,鲁迅说自己"有一种自害的脾气"。这意味着鲁迅自身的写作和顺从外面命令的伦理观有着密切的关系。《阿 Q 正传》的叙述者虽然古文熟练,但是他仍然要以"'引车卖浆者流'所用的话"⑤来书写,也是和"疲牛"对角色履行的强迫症有关,因为他要尽力将阿 Q 的话语原原本本地传递给其他中国人。

然而,鲁迅虽然吐露自己是以"疲牛"的态度来写文章,可是《阿 Q 正传》的叙述者却不像"疲牛"一样驯顺地听从主人的话,而要跟主人保持着一定的距离。叙述者介绍自己的主人公是如下:

---

① 《阿 Q 正传》,《鲁迅全集》第 1 卷,人民文学出版社 2005 年版,第 512 页。
② 可以参见鲁迅的告白:"至于我的喊声是勇猛或是悲哀,是可憎或是可笑,那倒是不暇顾及的;但既然是呐喊,则当然须听将令的了。"《呐喊》自序,《鲁迅全集》第 1 卷,人民文学出版社 2005 年版,第 441 页。
③ 《俄文译本〈阿 Q 正传〉序及著者自序传略》,《鲁迅全集》第 7 卷,人民文学出版社 2005 年版,第 84 页。
④ 《〈阿 Q 正传〉的成因》,《鲁迅全集》第 3 卷,人民文学出版社 2005 年版,第 394—395 页。
⑤ 《阿 Q 正传》,《鲁迅全集》第 1 卷,人民文学出版社 2005 年版,第 513 页。

>而我并不知道阿Q姓什么。有一回,他似乎是姓赵,第二日便模糊了。
>
>我又不知道阿Q的名字是怎么写的。
>
>但可惜这姓是不甚可靠的,因此籍贯也就有些决不定。①

作为叙述者的"我"告白自己几乎没有关于自己要讲的人的姓、名字和籍贯的知识。然而,实际上他已持有不少的有关阿Q的信息。他不但目睹阿Q因自己宣扬姓"赵"而时常处于困境,而且常听庄人叫他的名字,还知道阿Q居住在未庄已经颇久。这些说明叙述者确实对阿Q很熟悉,在不远之处经常注视着阿Q。尽管如此,他还是费力地装作自己并不认识阿Q。

叙述者在各个方面均处处显示出自己对阿Q的优越感。他列举有关历史写作的各种知识来吹嘘自己对古文规范的熟稔,提及《新青年》和"国故整理"派来宣扬自己对时下代表性潮流的了解,用罗马字母给自己笔下的人物命名来明确地表明在阶级和文化上与阿Q的不同。那么,可以说"第一章序"表面上是关于小说的题目和人物的名字的辩解,但是字里行间,却是拉开叙述者跟笔下人物之间距离的一个布置。

叙述者以跟阿Q保持距离,来获得操纵阿Q的整个故事的权力。在小说中,值得注意的还有叙述视角的转变。在第一章以第一人称上场的叙述者到了第二章则转变为全知全能视角。这样的转变,让读者觉得叙述者的话语里具有足够的客观性。其实说到"客观性",也就意味着匿伏的叙述者能够全面地操纵整个故事。作者以采用全知视角获得的好处在下面介绍的场合中表现得尤为明显,也就是阿Q在跟"闲人们"打架次次"在形式上打败"后的一段:

>阿Q站了一刻,心里想,"我总算被儿子打了,现在的世界真不像样……"于是也心满意足的得胜的走了。
>
>阿Q想在心里的,后来每每说出口来,所以凡有和阿Q玩笑的人们,几乎全知道他有这一种精神上的胜利法。②

全知的叙述者不但会解读出阿Q内心的话,而且还能借未庄人的口将阿Q的思想命名为所谓"精神上的胜利法"。黄卫总说叙述者的"含有嘲弄的语调是为影响于'保持距离'的手段"③。以创造地位比人物还高的全知叙述者,可以将阿Q的问题解决方式命名为"精神上的胜利法"。就命名权力来说,全知叙述者确实跟第一人称叙述者不同,几乎不受任何限制。

然而,笔者认为在上文应该注意的还是这"精神上的胜利法"的命名主体。其主

---

① 《阿Q正传》,《鲁迅全集》第1卷,人民文学出版社2005年版,第513、514、514页。
② 同上书,第517页。
③ 同上书,第434页。

体既是未庄人,又是叙述者。这意味着叙述者也是未庄居民中的一个,起码在对阿Q的评价上两者之间没有任何差异。从下面一段可以看到全知叙述者如同看客的态度:

> 未庄本不是大村镇,不多时便走尽了。村外多是水田,满眼是新秋的嫩绿,夹着几个圆形的活动的黑点,便是耕田的农夫。阿Q并不赏鉴这田家乐,却只是走,因为他直觉的知道这与他的"求食"之道是很辽远的。①

阿Q因恋爱问题陷入困境而找不到活儿,为了解决生计问题只好离开未庄。村外的水田在叙述者的眼里本该是格外美丽的"田家乐",可是阿Q已"直觉地知道"能"赏鉴"的高等人和要"求食"的自己的处境的截然不同。按照柄谷行人,所谓"风景的发现"主体是与风景疏离(alienated)的现代人②。全知叙述者好像自身站在风景的外面而赏鉴阿Q们的水田生活,他对周围环境漠不关心,因而可以玩赏作为"审美化的日常空间"③的田家乐。在这一点,《阿Q正传》的全知叙述者是一个作为"内在的人"(inner man)的现代性主体。之所以叙述者对阿Q保持着讽刺的态度,是因为有"赏鉴"(appreciate)的态度,而不是"同情"。在这一点上,戴维丝(Gloria Davis)所说的"鲁迅的叙事与其说是关于围绕1911年的事件的'写实'的记录,不如说是以'现代'这镜子看'传统'中国社会问题的解释"④,这种批评可以说是准确妥当。

而且,阿Q是被叙述者命名的。叙述者是将阿Q的故事代为传达的人,同时是给阿Q定名的人,笔者认为,这一点是值得考虑的问题。文盲的阿Q没有手段向公众发言,所以只能被他者定名。在这里不深入探讨斯皮瓦克(Spivak)所说的"底层人能说话吗?"这话题,可明显的是叙述者感觉到自己很难转述阿Q的故事。

> 说也奇怪,从此之后,果然大家也仿佛格外尊敬他。
> 这或者也是中国精神文明冠于全球的一个证据了。
> 不知怎么一来,忽而似乎革命党便是自己,未庄人却都是他的俘虏了。⑤

---

① 《阿Q正传》,《鲁迅全集》第1卷,人民文学出版社2005年版,第531页。
② 我们可以参见柄谷行人的如下的话:"这小说里很明显地露出'风景'与孤独、内面的状态有着非常紧密的联系……也就是说,被没有关心周围的外面东西的'内在的人(inner man)'第一次发现风景的","现代文学的现实主义的确在风景树立了。因为现实主义描绘的是风景或作为风景的人(凡人),可这风景不是原来存在于外面,而是该发现为'作为与人类疏离的风景的风景'"。[日]柄谷行人:《日本现代文学的起源》,[韩]Park Yu-Ha译,(韩国)民音社1997年版,第37、41页。
③ 程世波:《丢失的时间楔子——以〈风波〉为例谈鲁迅的时空体验》,《社会科学研究》2006年第4期。
④ Gloria Davis, The Problematic Modernity of Ah Q, *Chinese Literature*: *Essays*, *Articles*, *Reviews*, Vol. 13, Dec., 1991, p. 64.
⑤ 《阿Q正传》,《鲁迅全集》第1卷,人民文学出版社2005年版,第519、524、538页。

无论翻到《阿Q正传》的哪一页，我们都很容易看到"仿佛""或者""似乎"等模糊性的表述。按照杜胜修对《阿Q正传》里的模糊性词语的调查，"大量使用某些模糊性词语来表现不确定性。有些词使用频率很高，如：似乎23次；有些19次；仿佛13次；大约8次；几乎6次。另外还有：大抵、大概、大半、茫然、渺茫、有一些、差不多、不甚了然等。小说还常用假设句、并列选择句、或然句等表示不确定性"①。杜胜修说作者用这些模糊性词语来"描写阿Q的心态，借此可以反映阿Q的精神世界的麻木，以及他用蒙昧主义的态度来感受、认知世界，这就从更深的层次上暴露出国民的共同精神痼疾"②。

杜胜修的解释也有道理，但是如果从叙述者的角度来看，这种模糊性描述可以说源自于叙述者作为"赏鉴者"，自身已认识到替阿Q发言的局限性。因为，虽然从第一人称叙述视角到全知叙述者视角的转变给叙述者赋予作为代言人的无限权力的，但是在叙事开头的第一人称叙述者的局限性持续影响到叙事的最后③。最明显的是叙述者也如同未庄人不知道阿Q在城里的行径。而且，文中到处频繁出现的圣贤话语也表明了叙述者代阿Q发言的不可能性。鲁迅也对自己的处境如是说："我虽然竭力想摸索人们的魂灵，但时时总自憾有些隔膜。在将来，围在高墙里面的一切人众，该会自己觉醒，走出，都来开口的罢，而现在还少见，所以我也只得依了自己的觉察，孤寂地姑且将这些写出，作为在我的眼里所经过的中国的人生。"④

叙述者虽然感到替阿Q发言并不容易，但却以讽刺性的描绘来显示自己跟阿Q相比在文化和精神上占有的优越地位。然而，出乎意料，与叙述者的意图不同，故事的发展也许归结为阿Q的胜利。下面是在第九章"大团圆"中最富有戏剧性的一个场面：

> 这刹那中，他的思想又仿佛旋风似的在脑里一回旋了。四年之前，他曾在山脚下遇见一只饿狼，永是不近不远的跟定他，要吃他的肉。他那时吓得几乎要死，幸而手里有一柄斫柴刀，才得仗这壮了胆，支持到未庄；可是永远记得那狼眼睛，又凶又怯，闪闪的像两颗鬼火，似乎远远的来穿透了他的皮肉。而这回他又看见从来没有见过的更可怕的眼睛了，又钝又锋利，不但已经咀嚼了他的话，并且还要咀嚼他皮肉以外的东西，永是不远不近的跟他走。⑤

阿Q从赏玩犯人最后表演的看客们的眼睛中看到几年前"在山脚下遇见一只饿狼"的"眼睛"。看客们的眼睛其实比"不近不远的跟定他，要吃他的肉"的饿狼还要凶

---

① 杜胜修：《阿Q正传》，第30页。
② 同上。
③ 黄卫总说如下："以第一人称辩解式的声音开始，这的确削弱通常从第三人称叙述者看到的'好像神一样'的权威——小说里叙述者妥当的享受的。" Martin Weizong Huang, pp. 435 – 436.
④ 《俄文译本〈阿Q正传〉序及著者自叙传略》，《鲁迅全集》第7卷，人民文学出版社1981年版，第84页。
⑤ 《阿Q正传》，《鲁迅全集》第1卷，人民文学出版社1981年版，第551—552页。

恶。他们"又钝又锋利"的眼睛"不但已经咀嚼了他的话，并且还要咀嚼他皮肉以外东西"。看客们"吃人"的欲望远远超过饿狼的本能，甚至要咀嚼人的语言和灵魂。在"这刹那中"，阿Q彻底地与群众疏远而感觉到恐怖和绝望了。看客们"赏鉴"着一个作为"风景"的阿Q，好像在《复仇》里路人们从"俩［两个战士］裸着全身，捏着利刃，对立于广漠的旷野之上""要赏鉴这拥抱或杀戮"①。可是，其疏远和绝望产生意外的力量，即"具有能力崩溃不忍文明的欺骗性和谐"，而且引起"产生孤独性真实这类似于生产性混沌力量的不安（Angst）"来②。阿Q在这一刹那中或者像战士"赏鉴这路人们的干枯，无血的大戮，而永远沉浸于生命的飞扬的极致的大欢喜中"③。上文中的看客们里除了观看阿Q的示众取乐的庄人，还有叙述者以保持距离并站在优越的地位上对阿Q冷笑和侮谑。叙述者冷笑阿Q仍持有"精神上的胜利法"，可这一刹那，阿Q却明察叙述者的性质，他是一个比饿狼还凶狠的咀嚼自己的灵魂和语言的吃人，不只是如同黄卫总所说，在阿Q的眼里叙述者跟假洋鬼子不是两样④。在"大团圆"这一章，发生了阿Q和叙述者之间的地位颠倒，叙述者跟阿Q保持距离的结果与其说使他能看透阿Q的性质，不如说，相反，叙述者却被阿Q暴露出了他的性质。

总之，上文可以说阿Q的最后"一觉"和其思想的飞跃刹那，虽然连"救命"都叫不出来。在这一点上，笔者认为《阿Q正传》的大团圆不是像传统小说里常见以"圆圈"象征的宿命论式的循环。虽然阿Q没画成圆圈，而获得"瓜子"，这"瓜子"显示的就是脱位（dislocation）和解构（deconstruction）的征候。⑤

4. 结语

本文从角色履行的角度来解读阿Q和叙述者之间的关系。《阿Q正传》的叙述者描绘阿Q的悲惨人生，阿Q对"名字"患有强迫性神经症而沉溺于角色履行。叙述者即使对阿Q持有讽刺性的态度，他自身也是沉溺于作为代言人的角色履行而要替没有发言手段的阿Q们发言。可是叙述者的角色履行如同笔下的主人公一样归于失败。因为叙述者作为文人本来不可能成为阿Q的代言人，而且他自身要以距离的保持来显示与阿Q的不同。由于这种叙述者的背离性态度，最后反而被阿Q赤裸裸地暴露出自身作为"看客"的性质，而发生两者之间的地位颠倒。笔者认为，在阿Q觉醒的刹那，鲁迅毫无保留地解剖着作为代言人的作者自身。而且，让在第一章上了当的读者也开始跟着阿Q怀疑叙述者，甚至怀疑作者。就在这一点，可以说《阿Q正传》是一部可

---

① 《复仇》，《鲁迅全集》第2卷，人民文学出版社2005年版，第176页。
② Gloria Davis, p. 272.
③ 《复仇》，《鲁迅全集》第2卷，人民文学出版社2005年版，第177页。
④ Martin Weizong Huang, p. 435.
⑤ 可以参见拙稿《雪的飞行——从罗网脱走》，韩国《中国语文学论集》第19号。

以进入世界文学行列的小说。作者鲁迅写《阿Q正传》意在揭露民众的劣根性和假革命家的虚伪，这不必再说，但笔者要强调的是，鲁迅在《阿Q正传》字里行间所隐藏的是对一个只不过是"看客"而已的作者自身的解剖和暴露。总而言之，鲁迅一边写阿Q的故事，一边在"挣扎"，也就是说，他在《阿Q正传》里的抵抗表面上是与他者（中国人）的战斗，可实际上也与自身战斗着。

《野草》与鲁迅思想的"完型"
——鲁迅思想的分期和后期"转变"问题新论

青岛大学文学院 李玉明

一

海外鲁迅研究界大都也认为鲁迅思想后期发生了转变，但是因其发生了"左转"，所以与国内不同，这个转变大多是被他们否定的（受他们的影响，国内也有学者否定转变后的"左转"的鲁迅），犹如他们否定整个现代中国的"左转"一样，是政治立场上或意识形态上的否定，有时又是双重的否定，对其前期整体性"反传统"的否定与后期红色倾向的否定，这体现了他们的历史观和价值观及其社会变革的渐进式自由主义立场（或身份）。在中国鲁迅研究界，大都认为鲁迅思想有一个前期后期的划分和转变的过程。当然，如何划分，如何转变，学界仍然是众说纷纭；但是新时期30年的鲁迅研究有一个很大的转向，薛毅对这种转向做了一个高度概括性的归纳和评价："80年代以来的解释模式，几乎倒转了传统马克思主义模式。后者把鲁迅分割为前期与后期，把鲁迅的《野草》以及所有与之相关的思想与感情放入他的前期，并且认定是前期中处于次要地位的。这样，鲁迅的杂文构成了鲁迅极为主要的占主流地位的思想与感情世界。而80年代以来，鲁迅的前期后期的分割模式没有变动，但前期的地位远超过后期，甚至是，前期体现了真正的鲁迅，而后期则在很大程度上，成了一个党派的鲁迅，一个思想与艺术两方面都蜕化了的鲁迅。而且，对于前期的鲁迅来说，最能体现真正的鲁迅的，是《野草》。总而言之，《野草》是鲁迅的灵魂之所在，而他的杂文，则是表象的，非本质的。""但是，这两种截然相反的解释模式在思维方式和事实认定上却有着惊人的一致性，只是在价值判断上出现了对立。两者都把《野草》与鲁迅的杂文作为断裂的两极，《野草》之所以值得肯定或之所以值得否定，都因为它是鲁迅的个人主义精神的体现，都因为它与尼采、基尔凯郭尔、安特也夫相关，都因为它表现了孤独、绝望。杂文之所以处于最高位置或之所以地位不高，也因为它是鲁迅党派立场的体现,都因为它与现实斗争产生了紧密的或曰过分紧密的联系。"①

有一个人不同,那就是日本的鲁迅专家竹内好先生,他不认为鲁迅思想有什么转变之说。竹内好提出了一个著名的命题——鲁迅的"回心"说。所谓鲁迅的"回心",是说鲁迅思想有一个成熟或定型的那个时刻,即所谓鲁迅的"形成",或形成鲁迅(鲁迅之为鲁迅的那个东西)的那个关键点。虽然不能完全肯定,或者说无法肯定(因为材料少,而晦暗不明),竹内好还是将这个时刻大体上认定为"沉默十年"即鲁迅在北京教育部任职时期,换言之,在鲁迅参加新文化运动前,鲁迅已经获得了"回心",那个鲁迅就形成了。此后的鲁迅与所谓的思想进步无关,虽然他也有喷涌,但是喷涌而出的总是他自己(无所谓思想进步;喷涌而出的他总是在"涤荡"之后)。竹内好做了这样的概括:"在我的想象当中,这是在黑暗里决定了他'回心'的自我形成作用的反复,就像一根贯穿在他一生当中,使他在不停顿的每次脱皮之后都会回归过来的基轴。在梁启超那里,在幻灯事件里,在三一八事件里,在其他各种场合,他都直面环境,强化着一个文学者的态度。可以说,他是一边和死较量一边持续着生的。这使他在某一时刻超越了死,成了民众的英雄。""如果鲁迅是先觉者,是不会有这种可能的。他不是先觉者。他一次也没明示过新时代的方向……鲁迅的做法是这样的:他不退让,也不追从。首先让自己和新时代对阵,以'挣扎'来涤荡自己,涤荡之后,再把自己从里边拉将出来。这种态度,给人留下一个强韧的生活者的印象……但是他被'挣扎'涤荡过一回之后,和以前也并没什么两样。在他身上没有思想进步这种东西。他当初是作为进化论宇宙观的信奉者登场的,后来却告白顿悟到了进化论的谬误;他晚年反悔早期作品中的虚无倾向。这些都被人解释为鲁迅的思想进步。但相对于他顽强的恪守自我来说,思想进步实在是第二义的。在现实世界里,他强韧的战斗生活,从作为思想家的鲁迅这一侧面是解释不了的。作为思想家的鲁迅总是落后于时代半步。那么,这又该靠什么来说明呢?我认为,把他推向激烈的战斗生活的,是他内心存在的本质的矛盾。"② ——相对于鲁迅的一生,"回心"说也还是一种转变,但是此转变(形成)非彼"转变",差之千里。

笔者认为竹内好的"回心"说法,颇富于启发性,尤其对于国内鲁迅研究界而言,是个值得深思的问题。笔者认为,"回心"是存在的,但是不应该是某一个时刻或某一个点,而应该是一个时期,一个有反复,有矛盾,在否定,否定之否定之间,反复地游移,波动,涤荡,有一个思想的延续,或时间的长度,或反复涤荡的区间。这个时期或区间,笔者认为应该是萌动于1907年前后的"东京四论"、从北京教育部时期始,至"《野草》时期"止,彻底完成或形成,"完型"了。鲁迅之为鲁迅的那个东西在这

---

① 薛毅:《反抗者的文学——论鲁迅的杂文创作》2008年3月31日,http://www.douban.com/group/topic/2879812/。
② [日]竹内好:《近代的超克》,孙歌编,李冬木、赵京华、孙歌译,生活·读书·新知三联书店2005年版,第135、11—12页。

个时期完全定型了。此其一。其二,虽然笔者同意竹内好此后的鲁迅无所谓思想进步一说,但是笔者仍然认为,鲁迅的思想还是有深化和拓展的。——但是在一个定型了的鲁迅的基础上拓展,定型后的鲁迅的基本东西和倾向是作为底色存在的,它吸聚了新东西,但是在底色基础上的吸聚,所以一切并未根本改变,有发展然而无再次转变。比如,死之观念,作为一种基本倾向形成、定型于这个时期,一生也未改变,它是作为底色与鲁迅的其他东西进行组合或"嫁接"的,是以底色作为根柢在其上嫁接并生长出来的,这一组合或"生长"就是笔者所谓深化。再如,鲁迅关于革命、革命与文学的关系,关于革命、新生与死亡之关系,关于马克思主义,关于左翼和左翼文学,关于苏联、苏联诗人及其革命前后的差异等,体现了鲁迅(后期)思想的一些新倾向,属于新东西,这是有变化的和发展的,但是,这种所谓变化和发展是在根柢上的一个"嫁接",并未形成一个新的鲁迅。

笔者认为,鲁迅思想的"完型"其标志就是《野草》的写作。确切地说,在《野草》中鲁迅集中、充分、全面,而且第一次自觉并有意识地反顾了迄今为止的人生道路和启蒙事业、战斗事业,他回过头来看,他在总结什么,整理什么,同时也在确证着什么。《野草》显示出,鲁迅是在一种精神危机中,激发了要执意地、全面地看看自己的冲动(这是一个大矛盾,这个大矛盾已经持续了一段时期了,激荡,搏斗,就是说非起于此时),看清了,不过一副"臭皮囊",还是原来的自己,那条不知始于何时、也看不到结果的人生之途还要走下去;走下去,是那样的困顿和疲惫,——尤其是在没有战绩和结果的情况下,尤其是越往前走、越接近于那个终点——坟——死亡的情况下。然而,人生之意义就附丽于这人生之途上,悲壮而崇高的生命之价值也借助于深深的足迹而得以彰显。这是《过客》所揭示的,也是整部《野草》的主旋律。《野草》与鲁迅思想"转变"的关系,薛毅是注意到了,他下了这样的一个定语:"因此,如果关于鲁迅的'两次觉醒'的命题能够成立的话,那么,也可以说,在20年代中期,存在着鲁迅的新一次觉醒:第一,鲁迅以《野草》和《彷徨》中的一些小说,总结了前两次觉醒所面临的困境;第二,鲁迅以杂文的写作,开启了他的新的追求与写作的可能性,这种新的可能性无法被先觉者与社会、大众的对立图示所能概括,也无法被发现与审视自我作为是传统的一部分这一图示所能解释。以杂文为核心的写作,具体体现出了鲁迅反抗绝望的人生哲学,并由此开创了别一种天地。"① 可以看出,薛毅与笔者的考察角度是有差异的。他认为,此前的鲁迅有两次觉醒,《野草》的写作是一次新的觉醒;而且,鲁迅后期的杂文创作是这次觉醒的"行动"。在笔者看来,《野草》的出现是鲁迅对呐喊时期"所作所为"的怀疑和调整,是重新来看这一段路,是重新确定这一段"人生之途"的有效性,所以还在一个过程里,并非新的觉醒。——但是重新"看",在一定的层面上也可以称之为"觉醒"。因此,并非后期杂文创作是

---

① 薛毅:《反抗者的文学——论鲁迅的杂文创作》,2008年3月31日,http://www.douban.com/group/topic/2879812。

"行动",确切地应该说,前期杂文创作是有效的,迄今为止的杂文创作和其他文化活动是有效的,附丽于这一切杂文创作和编辑、翻译活动背后的启蒙事业也是有效的,这是迄今走过来的一条路,既然确证了它的有效性,那么还要走下去,如此而已。

二

还可以换一个角度来考察鲁迅的"完型"。这种考察必须充分注意鲁迅思想的丰富性、矛盾性和鲁迅思想"完型"的复杂性、个人性特点。"野草时期"作为鲁迅"完型"的终结,是并不彻底的(这是由人的思想的复杂性决定或思想从来都是一个历史过程),它还有反复,还有"余烬",还会"死灰复燃";确切地说,这个始于对辛亥革命的"失望"而开始的"回心",是一个有一定历史长度的"过程",它是完型于"野草时期"及其前后,它必然有反复,必然在短时间内留下某些印记或痕迹,并不是"戛然而止"的。所以,我们考察《野草》之后,鲁迅旋即创作的一些文本,可以看出这种痕迹,它们是"野草情绪"的遗留、反复或"余烬"。——这些文本及其内涵,进一步确认了我们的想法。

那么,《野草》之后,鲁迅创作了哪些文本呢?意义何在呢?据笔者的考察,紧接着《野草》鲁迅写下了三类文本。

第一类:编订杂文集《坟》,并同时写下了在鲁迅思想转变和发展中(只能借用这些概念,含义不同)的两篇重要文献《题记》(1926.10.30)和《写在〈坟〉后面》(1926.11.11)(这两篇文献在研究鲁迅思想转变的论者那里并未引起足够的重视)。笔者首先注意到,《坟》作为一本杂文集,它在编订体例上较为特殊,不仅收录了白话文新作,而且收录了以前留学日本的文言文旧作——科学和文艺论文(非杂文)。一开篇,鲁迅又特别做了一番说明,很有意味:"将这些体式上截然不同的东西,集合了做成一本书样子的缘由,说起来是很没有什么冠冕堂皇的。首先就因为偶尔看见了几篇将近二十年前所做的所谓文章。这是我做的么?我想。看下去,似乎也确是我做的。那是寄给《河南》的稿子;因为那编辑先生有一种怪脾气,文章要长,愈长,稿费便愈多。所以如《摩罗诗力说》那样,简直是生凑。倘在这几年,大概不至于那么做了。又喜欢做怪句子和写古字,这是受了当时的《民报》的影响;现在为排印的方便起见,改了一点,其余的便都由他。这样生涩的东西,倘是别人的,我恐怕不免要劝他'割爱',但自己却总还想将这存留下来,而且也并不'行年五十而知四十九年非',愈老就愈进步。其中所说的几个诗人,至今没有人再提起,也是使我不忍抛弃旧稿的一个小原因。他们的名,先前是怎样地使我激昂呵,民国告成以后,我便将他们忘却了,而不料现在他们竟又时时在我的眼前出现。"为什么编订在这里?为什么这么留恋旧作?一并放在这里,是要做一个"安排""整理"和"告别"吗?暂时告一段落吧,向过去告别吗?鲁迅究竟想告诉我们什么?并且杂文集题名曰《坟》,也大藏深意,有一点"结束"和"告一段落"的意思在里面,就是"埋葬自己""埋葬过去"的意味。而在《题记》中又说:"此外,在我自己,还有一点小意义,就是这总算是生活的一部分的痕迹。所以虽然明知道过去已经过去,神魂是无法追蹑的,但总不能那么决绝,还想将糟粕收敛起来,造成一座小小的新坟,一面是埋藏,一面也是留恋。至于不远的踏成平地,那是不想管,也无从管了。"① "踏成平地",多么决绝而自信的反顾啊!《写在〈坟〉后面》也是在"掘坑",并且说得更明白了:"我的生命的一部分,就这样地用去了,也就是做了这样的工作。然而我至今终于不明白我一向是在做什么。比方作土工的罢,做着做着,而不明白是在筑台呢还在掘坑。所知道的是即使是筑台,也无非要将自己从那上面跌下来或者显示老死;倘是掘坑,那就当然不过是埋掉自己。总之:逝去,逝去,一切一切,和光阴一同早逝去,在逝去,要逝去了。——不过如此,但也为我所十分甘愿的。""我只很确切地知道一个终点,就是:坟。然而这是大家都知道的,无须谁指引。问题是在从此到那的道路。""只是在自己,却还不能毅然决然将他毁灭,还想借此暂时看看逝去的生活的余痕。惟愿偏爱我的作品的读者也不过将这当作一种纪念,知道这小小的丘陇中,无非埋着曾经活过的躯壳。待再经若干岁月,又当化为烟埃,并纪念也从人间消去,而我的事也就完毕了。"② 从上引可以看出,在这些文献中,鲁迅反复谈到或纠结的一个问题就是"死亡",并且是联系自己的人生道路予以探究的;鲁迅关于生死的拷问,尤其是对"死"的这种态度,和《野草》中所揭示的鲁迅的死亡意识完全一致;不仅如此,在这以前没有,在这以后鲁迅也没有像在《野草》和这两篇文献中——它们属于同一个时期——这样集中全面地探究生死的问题,是的,在重病和生命的最后时刻,当鲁迅被死亡所"捕获"时,他集中地谈起了死,但是他谈的是死的具象,没有像现在这样是在形而上层面上和历史运动的层面上拷问生死问题,这时应该称之为"死亡意识",生死问题的背后饱含着深湛的"历史意识"。③

并且,在这两篇文献中还透露了一个信息:鲁迅与"东吉祥胡同的正人君子"(新派人物)的决裂,即鲁迅从所谓新文化和新派人物中分裂了出去,自觉地取着一条新的道路,与他们不同甚或对立冲突的道路,"则就是我一个人也行"的道路,在《题记》中鲁迅这样说:"再进一步,可就有些不安分了,那就是中国人的思想,趣味,目下幸而还未被所谓正人君子所统一,譬如有的专爱瞻仰皇陵,有的却喜欢凭吊荒冢,无论怎样,一时大概总还有不惜一顾的人罢。"④《写在〈坟〉后面》则说,他的杂文使正人君子之类呕吐,不舒服,"还有一种小缘故,先前也曾屡次声明,就是偏要使所谓正人君子也者之流多不舒服几天,所以自己便特地留几片铁甲在身上,站着,给他

---

① 《坟·题记》,《鲁迅全集》第1卷,人民文学出版社2005年版,第4页。
② 《坟·写在〈坟〉后面》,《鲁迅全集》第1卷,人民文学出版社2005年版,第303页。
③ 参见李玉明《论〈野草〉的历史意识》,《文艺研究》2006年第12期。
④ 《坟·题记》,《鲁迅全集》第1卷,人民文学出版社2005年版,第4—5页。

们的世界上多有一点缺陷,到我自己厌倦了,要脱掉了的时候为止"。鲁迅是怎样、是在一种什么样的思想状态下与新派知识分子决裂的呢?这种决裂与鲁迅的思想完型、获得无产者大众的底层的立场有直接关系。不仅如此,《野草》的写作是鲁迅为了"看清我自己"而进行的决绝的自我解剖,但是《野草》是梦境,是象征,鲁迅并没有明示自己的这一创作目的,而在《写在〈坟〉后面》中鲁迅明确地直接地也是唯一一次写下了这样的话:"我的确时时解剖别人,然而更多的是更无情面地解剖我自己,发表一点,酷爱温暖的人物已经觉得冷酷了,如果全露出我的血肉来,末路正不知要到怎样。我有时也想就此驱除旁人,到那时还不唾弃我的,即使是枭蛇鬼怪,也是我的朋友,这才真是我的朋友。倘使并这个也没有,则就是我一个人也行。"① "冷酷"——于浩歌狂热之际中寒,"全露出我的血肉"——抉心自食,"枭蛇鬼怪"——《我的失恋》,"我一个人"——《过客》,这些几乎是《野草》的"翻版"。而且,笔者认为,这一段话是对《野草》创作动机和目的的一个最贴切、最恰当的说明。不仅如此,也是在这篇文献中,鲁迅提出了他著名的"历史中间物意识",据笔者的考察,这种历史意识是鲁迅走出生生死死的悲戚中的"自觉",是作为一部心灵搏斗史的《野草》的基础。笔者认为,凡这些或以上种种,都是可以和《野草》对读的,所谓互文性。之于鲁迅思想的完型,这些文献应该是一个重要的"佐证"。竹内好意识到了,他说:"《写在〈坟〉后面》是1926年他离开北京后在厦门创作的,这段时期是他思想上、生活上都不安定的时期,是过渡时期。那是由他这种内心告白而得到的。然而,因此也在不经意之中表明了鲁迅的根底。所以我将这篇具有代序意义的文章置于卷首。"②这里的关键词是"过渡"亦即转变,尤其是"根柢",是指根本性的东西或人生的生命的大问题,应该予以重视和探究。

第二类:《怎么写》(夜记之一)、《在钟楼上》(夜记之二)等。这两篇杂文分别发表于1927年10月、12月。前者记录了1926年年底前后的、鲁迅住在厦门大学图书馆楼上的心境,这个时间距《野草·一觉》(1926.4.10)的完稿不过半年之多。为什么这么说呢?《写在〈坟〉后面》(1926.11.11)鲁迅记叙了这个情景:"今夜周围是这么寂静,屋后面的山脚下腾起野烧的微光;南普陀寺还在做牵丝傀儡戏,时时传来锣鼓声,每一间隔中,就更加显得寂静。"《怎么写》可能受到了大钟楼周围环境的影响,丛葬,海涛有节奏的拍岸及沉静的寺火,是死寂一般的情景;和鲁迅在暗夜中的独处更直接,在这样的微茫中鲁迅大概又经历了《秋夜》中的情形,他那个自我消泯了,悲哀,沉潜——"我沉静下去了。寂静浓到如酒,令人微醺。望后窗外骨立的乱山中许多白点,是丛冢;一粒深黄色火,是南普陀寺的琉璃灯。前面则海天微茫,黑絮一般的夜色简直似乎要扑到心坎里。我靠了石栏远眺,听得自己的心音,四远还仿佛有无量悲哀,苦恼,零落,死灭,都杂入这寂静中,使它变成药酒,加色,加味,

---

① 《坟·写在〈坟〉后面》,《鲁迅全集》第1卷,人民文学出版社2005年版,第300页。
② 竹内好:《〈鲁迅评论集〉后记》(未译稿),http://www.douban.com/group/topic/9743402/。

加香。这时，我曾经想要写，但是不能写，无从写。这也就是我所谓'当我沉默着的时候，我觉得充实，我将开口，同时感到空虚'"。① 这一写作情景和作者的心绪简直就是《秋夜》的"翻版"；文中除了再次引用了《野草·题辞》这一句诗外，还将自己这种情绪归为"世界苦恼"，我们知道《野草》就是在"人生大苦闷"的情绪的支配下写作的，是"苦闷的象征"。个体与自然乃至宇宙相遇了，生与死、悲哀与苦恼，纠集在了一起。个体的心境在海天之间展开，内心与外界在这种特定的"没有别人"的沉静中，相互交流着，生命被读进风景中去，内部与外部构成了有机的关系，外部的一切都成为生命的展示，两者产生了强烈的共鸣，共同指向遥远的、无限的不可言说的极点。这非常典型地类似于一种象征的美学风格。②

　　《在钟楼上》表面上是拉杂的记事，也没有《野草》情绪的"余烬"之类，但在记事外，开篇引用了勃洛克的话，结尾鲁迅又似乎无意间提到了叶遂宁等及他们的"自杀"，并且做了这样的评论："我因此知道凡有革命以前的幻想或理想的革命诗人，很可有碰死在自己所讴歌希望的现实上的运命；而现实的革命倘不粉碎了这类诗人的幻想或理想，则这革命也还是布告上的空谈。但叶遂宁和梭波里是未可厚非的，他们先后给自己唱了挽歌，他们有真实。他们以自己的沉没，证明着革命的前行。他们到底并不是旁观者。"③ 这似乎是"夫子自道"。在《影的告别》中，"影"选择了自身"沉没"于黑暗中，在自身的沉没中谛听旧世界的偕逝，与他们是一致的；"挽歌""沉没"都有结束的意思，在一定的意义上是一种死亡——精神上的终结；但是，自身的或个人的死亡，却"证明着革命的前行"，死向生转化，在"前行"中生的意义得以附着，死不再是一件悲戚的事情，这是《野草》中鲁迅自己所体验的"死亡意识"。这样说，《在钟楼上》又很特别，以《夜记》之一、之二将两篇贯穿起来，鲁迅的思想、情绪是延续着的。总之，这类文本大体上延续了《野草》的思想和情绪，心境上也颇为相近，甚至"无量悲哀"的佛家气，也承接了《野草》中的语调和气禀。它表明，《野草》作为鲁迅思想和意识的一种"整理"和"总结"，即作为一种"结束"和"完型"，在一定的阶段它还有回潮，还有反复，应该看作是思想意识的一种正常的惯性吧。——然而，这些表现恰恰说明，在此之前，鲁迅经历了一个"整理"和"完型"过程。

　　第三类：回忆性散文《朝花夕拾》的写作。"回忆"从《野草》就开始了，《野草》中出现了许多回忆之境。"回忆"就是一种反顾，在整理着什么，也在沉淀着什么，而以这样的频次反复地回眸故乡，则集中于"《野草》时期"（《朝花夕拾》也在这个时期）。在《希望》中，关于青春的一个意象性传达，就是回忆的，诗中明确

---

① 《三闲集·〈怎么写〉（夜记之一）》，《鲁迅全集》第4卷，人民文学出版社2005年版，第18—19页。
② 薛毅：《反抗者的文学——论鲁迅的杂文创作》，2008年3月31日，http://www.douban.com/group/topic/2879812/。
③ 《三闲集·在钟楼上（夜记之二）》，《鲁迅全集》第4卷，人民文学出版社2005年版，第36页。

说"然而这是许多年前的事了";《雪》以饱蘸情感之笔,复原了江南的故乡的春天,并将自己的青春韶华时光附丽于江南的雪野;《风筝》中则几乎是急切地直抒胸臆了:"我现在在那里呢?四面都还是严冬的肃杀,而久经诀别的故乡的久经逝去的春天,却就在这天空中荡漾了";"我仿佛记得曾坐小船经过山阴道",山阴道乃故乡之地,"记得"或许就是一种回忆吧,——《好的故事》则通篇都是回忆之境,故乡之境了。这四篇散文诗是连续写下的。借助于"回忆",鲁迅在整理、总结着什么,在全面地集中地反顾自己一生的道路,而且这种反顾不限于人生经历(道路),还包括人生形态,附着在这一人生过程中的某些"人生理念",诸如希望、青春、信任、理想等,即在回忆中沉淀下来的东西,那些闪光的美好的人和事,那些于自我的人生始终予以支撑的东西,那些能够带领我冲破,并走出目前阴冷、绝望和黑暗境地的最可宝贵的东西;不是吗?回过头来一看,什么也没有改变啊!——这即是"完成"或"完型"。

《朝花夕拾》为鲁迅1926年所作回忆散文的结集,共10篇。前5篇写于北京,后5篇写于厦门。最初以《旧事重提》为总题目陆续发表于《莽原》半月刊上。1927年7月,鲁迅在广州重新加以编订,并添写《小引》和《后记》,改名《朝花夕拾》,于1928年9月由北京未名社初版,列为作者所编的《未名新集》之一。这10篇散文,是"回忆的记事",比较完整地记录了鲁迅从幼年到青年时期的生活道路和经历。在《小引》中鲁迅说:"我还替他改了一个名称:《朝花夕拾》。带露折花,色香自然要好得多,但是我不能够。便是现在心目中的离奇和芜杂,我也还不能使他即刻幻化,转成离奇和芜杂的文章。或者,他日仰看流云时,会在我的眼前一闪烁罢。"又说:"我有一时,曾经屡次忆起儿时在故乡所吃的蔬果:菱角、罗汉豆、茭白、香瓜。凡这些,都是极其鲜美可口的;都曾是使我思乡的蛊惑。后来,我在久别之后尝到了,也不过如此;唯独在记忆上,还有旧来的意味存留。他们也许要哄骗我一生,使我时时反顾。"[①] 人在一种什么样的心境和状态之下,会回忆和反顾呢,会捡拾心中最珍贵的东西、最怀念的人和事呢,"痛定之后"才有回忆吧;应该是在心绪安定之后,比方说在经历了一个大的矛盾、大的冲突之后吧,是一个经历了痛心疾首般的"炼狱"后的状态吧,在经历了一段痛苦的精神上的和心灵上的大搏斗大洗礼之后,一些东西"滤过了",一些东西确定了,因而一些东西也沉淀了,沉淀之后,显露出来的或浮现出来的应该是生命中和人生中那些最珍贵也最值得纪念和回忆的东西吧!所以,反过来看,《朝花夕拾》的写作正是这种平静、平和心境下的产物,大波大浪之后的平静吧。有趣的是,《朝花夕拾》中也有一个对比性的或暗含的视角:与成人的世界,尤其是与"正人君子"的"新世界"对立的视角,在对于儿时的回忆中,鲁迅总是跳出来,对他眼前的现在的世界发出议论,总是在一种对比中,将儿童纯真而沉静的"旧世界"呈现

[①] 《朝花夕拾·小引》,《鲁迅全集》第2卷,人民文学出版社2005年版,第236页。

来。这一点，钱理群先生做了很精到深刻的分析。

《小引》中谈到文体的杂乱，也很值得注意。人们很容易就发现，鲁迅所特有的"杂文笔法"对他的散文的渗透：在回忆中经常插入对现实中的"名人""名教授""绅士""指导青年"的"前辈"……也就是陈源们的讥讽。这些文字与《华盖集》《华盖集续编》有着更多的精神相通。表面看起来，这都是随手拈来，顺便"刺"它一下，很容易被看作是涉笔成趣的闲笔。其实是一点也"闲"不起来的："闲话"是属于陈源。这些"杂文笔法"是在提醒我们读者：鲁迅整个的思考，《朝花夕拾》里的回忆，始终有一个"他者"的存在：正是这些"绅士""名教授"构成了整部作品里的巨大阴影，鲁迅在《朝花夕拾》里所要创造的"世界"是直接与这些"绅士""名教授"的世界相抗衡的：不仅是两个外部客观世界的抗衡，更是主观精神、心理的抗衡。于是，我们注意到了在《二十四孝图》里的这段话——

在中国的天地间，不但做人，便是做鬼，也艰难极了。然而究竟能有比阳间更好的处所：无所谓"绅士"，也没有流言。

这里提出的"阴间"和"阳间"的对立是能够给读者以惊异感的：由"鬼"组成的"阴间世界"和由"人"——特别是由"正人君子"——组成的"阳间世界"，在鲁迅的记忆里，竟形成了如此鲜明的对比；而鲁迅显然亲近于"鬼"的"阴间"，而疏离，甚至憎恶于"人"的"阳间"，这都是非常特别的。[①]

鲁迅在探寻自己的人生道路，"路漫漫其修远兮，吾将上下而求索"；正是基于《野草》的扪心自问、思索和探求（这一点很关键），比如在《这样的战士》中鲁迅发现了自己与"他们"的尖锐的势不两立的矛盾和冲突，鲁迅认清了古代士人的老路和"正人君子"（新派人物新派知识分子）的新路的"走不通"，他从他们那里分裂了出去，他确认、确立了自己的人生之途：一条具有社会性特征的、以边缘的底层大众的社会立场为出发点的人生之途。在这个意义上，笔者的思路与钱理群先生稍有不同，笔者认为，这不仅是两个世界对立的问题，在鲁迅那里，尤其是对于鲁迅思想的完型具有特殊意义，自此以后，鲁迅不仅与旧派士人决裂（在五四呐喊时期已经完成了），而且又从新派知识分子当中分裂了出去，走上了一条大众的底层的人生之路。这或许就是所谓鲁迅的"思想转变"吧。

也因此，上述三类文本，都在指向一件事情：在这个阶段里，鲁迅"完成了"对于自己的"抉心自食"——执拗地"看清我自己"，完成了关于自我的一系列的"整理"和"调整"，鲁迅思想上的"完型"得以确立。鲁迅思想的"完型"其更根本的

[①] 钱理群：《与鲁迅相遇》，生活·读书·新知三联书店 2003 年版，第 268 页。

意义是指：那是他的外壳一层层脱去，苦苦挣扎、成长而成熟的一个过程！

三

那么，我所谓《野草》是鲁迅思想上和精神上的"完型"，其内涵究竟是什么？可以觉察到，这个"完型"和一般的考察鲁迅思想转变是有差异的，它更指向鲁迅的生命本体，以及在其上所形成的鲁迅的生存哲学，是指关于个体生存的形而上追问，这是攸关生命、人生和人生道路的大问题或基本问题，这个问题解决了，其他诸如学说和思想不过是嫁接于其上的小问题，是根本和枝节的关系问题。具体地说，笔者所指的"完型"有这样几层内涵。

其一，《野草》之所谓"完型"，是指鲁迅在意识上和精神上所经历的一个由大痛苦大分裂到大调整大聚合的心灵炼狱过程，是由自我分裂到自我重铸的一个完整过程，在大整理大调整基础上的某种确证、确定和完成，然而鲁迅究竟确证和确定了什么？又并非什么"大手笔"，或确立了什么更伟大更崇高的目标和使命，却不过是一件极平常的事情：他还得走原来的"路"，还得沿着原来的路走下去。——这是鲁迅经过难熬的痛苦矛盾和巨大的心里搏斗所能够确立下来的一件事情；通过"在路上"或"走人生的长途"，续写着完整的人生过程，并在这一过程中感觉着自我、把握住自我，进而彰显肯定自我。那么，原来的道路是什么呢？就是历来他所做的工作和事情：创作，评论，议论，编书写书，尤其是翻译，他晚年拖着病体、挥汗如雨"硬译"果戈里的大部头《死魂灵》、像普罗米修斯盗火给人间使人间充溢着光明那样、鲁迅认为"于中国有益"的那个翻译。——在各种身份之中，笔者最愿意冠以鲁迅的是战士和翻译家；中国的研究者总是喜欢给鲁迅冠以上许多吓人的大名号，倒是日本鲁迅研究者如竹内好更能体会翻译家背后的鲁迅："鲁迅认为自己工作的本领是翻译。翻译的数量达到他全部著作的一半，而且涉及各个时期。从近代以前在日本留学时代，翻译介绍他所埋头苦读的东欧弱小民族的文学开始，到伴随着 1918 年的'文学革命'他进入文学生涯，直到死都继续着。其倾向也由最初的安特莱夫、迦尔洵、跋佐夫、阿尔志跋绥夫、武者小路实笃（《一个青年的梦》）、爱罗先珂、厨川白村、望·蔼覃，到片上伸、卢那卡尔斯基、蒲力汗诺夫、雅各武莱夫、法捷耶夫、绥拉菲摩维支，以到死中断的果戈里《死魂灵》的翻译而告终。"[①] 走人生的路，这些工作还要做下去；以及继续"强调国民的觉醒和改革的决心"，继续怀抱着启蒙的想法，开拓新的生路；继续造成战线，"布成战阵"，继续战士和"战士的养成"，继续阵地战壕堑战呀，阻击旧社会呀，使新派人物"麒麟皮下露出马脚"呀；办个刊物，加入个社团如朝华社、左联之类，等等。"夜漫漫，路也漫漫。"一句话，鲁迅确定了自己作为"普通人"、最多是一个战

[①] 竹内好：《〈鲁迅评论集〉后记》（未译稿），http://www.douban.com/group/topic/9743402/。

士（两间余一卒）的角色，确立了原来道路的有效性；确立了启蒙和改革的任务，确立了启蒙事业的有效性和改革事业的有效性，一切不过是重新确证和确认而已。1925年3月31日，鲁迅在给许广平的信中写下了这样一段话："我又无拳无勇，真没有法，在手头的只有笔墨，能写这封信一类的不得要领的东西而已。但我总还想对于根深蒂固的所谓旧文明，施行袭击，令其动摇，冀于将来有万一之希望。而且留心看看，居然也有几个不问成败而要战斗的人，虽然意见和我并不尽同，但这是前几年所没有遇到的。我所谓'正在准备破坏者目下也仿佛有人'的人，不过这么一回事。要成联合战线，还在将来。"①

关于这一点，即今后的人生之路，鲁迅在这前后多有考虑，打算；尤其是基本确立了与许广平的关系之后，两人也经常谈论、商讨这个问题，许广平也给了鲁迅很好的意见。以什么为"事业"，走一条什么样的人生之路，是会直接影响到人的日常的世俗的生活的。——这从另一个方面说明，这个时期是鲁迅集中决断的时期。走怎样的生活和人生之路呢？鲁迅1926年11月15日在写给许广平的信中这样说：

> 我又有种感触，觉得现在的社会，可利用时则竭力利用，可打击时则竭力打击，只要于他有利。我在北京是这么忙，来客不绝，但倘一失脚，这些人便是投井下石的，反面〔而〕不识还是好人；为我悲哀的大约只有两个，我的母亲和一个朋友。所以我常迟疑于此后所走的路：（1）积几文钱，将来什么都不做，苦苦过活；（2）再不顾自己，为人们做一点事，将来饿肚也不妨，也一任别人唾骂；（3）再做一点事（被利用当然有时仍不免），倘同人排斥我了，为生存起见，我便不问什么事都敢做，但不愿失了我的朋友。第三〔二〕条我已实行过两年多了，终于觉得太傻。前一条当托庇于资本家，须熬；末一条则颇险，也无把握（于生活），所以实在难于下一决心，我也就想写信和我的朋友商量，给我一条光。②

从中可以发现，这是一个让鲁迅有点苦恼的、需要深思熟虑的问题，"所以我常迟疑于此后所走的路"，而且并非一日，似乎有些时日了。——因为他同时回顾、检视了其前的生活，其中感慨良多。"给我一条光"，指的是听取许广平的意见。虽然"实在难于下一决心"，而且在与他人商量，但是实质上鲁迅已经基本确立了今后的人生之路，那就是第二条，虽然"终于觉得太傻"，但"已实行过两年多了"的人生之路："（2）再不顾自己，为人们做一点事，将来饿肚也不妨，也一任别人唾骂。"第二条和第三条实质上是有些重叠的。这条路就是上面我们所谈到的鲁迅选择的那条路；同时，也是此后十余年（后期）鲁迅所实际的践行的人生之路。1926年11月给许广平的信中又说，"我已决定不再彷徨，拳来拳对，刀来刀当，所以心里也很舒服了"。所以在经

---

① 《两地书》，《鲁迅全集》第11卷，人民文学出版社2005年版，第470页。
② 《书信·261115 致许广平》，《鲁迅全集》第11卷，人民文学出版社2005年版，第615页。

历了诸多挫折之后,他仍然选择了第三条路,即"再不顾自己,为人们做些事,将来饿肚也不妨,也一任别人唾骂"。确立了原来道路的有效性以后,鲁迅矢志不移,沿着这条道路走完了自己的生命之旅。从信中可以发现,这条路表面上没有什么惊人之处,在他人看来也似乎很轻巧,但是鲁迅一路走来,困顿疲惫,像《过客》中的过客一样,走下去非强韧者而不能,其中的苦痛只有亲历者才能体味,所谓"如鱼在水,冷暖自知",实质上却是一条艰难劳顿荆棘丛生的人生长途,鲁迅所谓走人生的长途。

其二,《野草》中所呈现的鲁迅心灵世界更是一个极端自由、具有发散性特征的灵魂,一个"未完成"(在另外的意义上)的开放的心灵,因而也是一个既自主自足又具有无限可能性的思想体系和精神结构。——沉入《野草》的精神世界,这一点是最强烈的,也最容易感觉到的。所以,所谓"完型",并不是说鲁迅解决了确认了所有问题,只是说鲁迅以此为"契机"集中思考了这些基础性、根柢性的问题,集中检视了这些根柢性问题在其生命中和人生选择中的地位和分量,予以重新检验重新确认而已,在这个意义上算得上一个"完型"。也因此,我们说鲁迅以后的思想有拓展有深化,但是无发展,更无所谓"转变"。但是:(一)这并不意味着鲁迅不再汲取任何新东西,产生任何新观念,恰恰相反,这颗开放的心灵自此以后吸收了容纳了诸多新事物;换言之,正是经过《野草》这样一个痛苦矛盾的炼狱般的"洗礼"之后,鲁迅的灵魂变成了一个真正自由的心灵,真正的随心所欲——"随心所欲不逾矩"就是这样获得的,这样一种状态吧,真正的天马行空鲲鹏万里,只是这个心灵比以前更广阔更丰富了。这样一个状态,一个充分自由的心灵状态,为鲁迅思想的"转变"提供了一个"契机",为其接受各种新思想新学说(包括马克思主义)留下了充足的空间,凡是能够带来关于社会和人生新的认识的理论和学说,均有可能被纳入其视域中。"在上海定居后的最初数年里,他继续和左翼革命文学恶战苦斗。他蒙受严厉的批判,最后反而将这些批判变成自己的东西。翻译卢那卡尔斯基、蒲力汗诺夫的作品就是这个时期的产物。他的转变成为问题,也是在这个时期。他转变了吗?由于接受阶级斗争说,从进化论的影子里脱出,从这个意义上说,他转变了。但那不是简单的思想换装意义上的所谓转变。"①(二)也并不意味着鲁迅不再思考和谈论这些"根本性问题",不是的,正因为是这样一种状态——一种集中"决断的"状态,从而无法也不可能彻底解决或有现成的答案的状态,鲁迅此后必定时时浮现,时时遇到,因而也一定要思考、谈到这些问题,更何况这些都是人人经历过的人生和生命本身的问题。——只是以如此集中的、"要有一个解决"的灵魂拷问的方式没有了,不再出现了。即如上面分析的一、二类文本,也只是"余烬",情绪上、精神上的丝丝缕缕而已。探究到底,鲁迅是以这样一个开放的心灵、一个自由的生命状态为基础为底色,吸纳了和汲取了人类思想的诸多新东西,而影响至鲁迅思想的一些调整,影响至他所关注的现实对象和命题的转移,但

---

① 竹内好:《〈鲁迅评论集〉后记》(未译稿),http://www.douban.com/group/topic/9743402/。

从来都不是一个新的"转变"问题。

四

那么,所谓转变后的鲁迅,即后期的鲁迅是如何沿着他一贯的战斗路径前行的呢?或者说,他如何以此时"完型"的基本的世界观和人生观作为理念——笔者认为鲁迅战斗和文本的后面始终有一个基本的理念——继续从事于他的启蒙事业呢?鲁迅是如何在"炼狱"或整理之后再出发的呢?笔者想避开惯常的研究理路和一般的理论归纳,侧重梳理鲁迅与左联或"向左转"的实质是什么的问题。

笔者的一个基本判断是:鲁迅之于"左联",乃是在寻求"联合战线"。鲁迅与左联,实质上是鲁迅与所谓"新派知识分子"的正人君子彻底决裂(主体是胡适派知识分子),确立了"下等人"与"无产者大众"(被压迫者),同时也是"边缘化"的立场之后,与同为被压迫者的"左联"的结合;左翼文艺运动在鲁迅那里首先是"反抗者的文艺"和反抗者的文艺运动。——与左翼文艺战线的联合,这实质上还是鲁迅寻求"联合战线"的想法和做法,在其前鲁迅就是这样做的,这是鲁迅一贯的态度和立场(这一点很重要)。所以,这个事件并非鲁迅"思想转变"的决定因素或标志性事件。在整个前期(约定俗成的用法),鲁迅的文学活动和文化活动是十分丰富、十分繁忙的,其中很重要的一项文化活动就是编辑和出版,借助于这种方式在鲁迅周围集结了一大批青年作者,——对于鲁迅这是其文化活动的很重要的一个方式(左联与此颇接近),鲁迅指导青年,成立各种小团体小集团,如语丝社之类,创办各种小刊物,如《朝花》《语丝》《莽原》之类,希冀在当时的中国造成一条联合战线,展开广泛的社会批评和文明批评,"我想,现在的办法,首先还得用那几年以前《新青年》上已经说过的'思想革命'。还是这一句话,虽然未免可悲,但我以为除此没有别的法。而且还是准备'思想革命'的战士,和目下的社会无关。待到战士养成了,于是再决胜负。我这种迂远而且渺茫的意见,自己也觉得是可叹的,但我希望于《猛进》的,也终于还是'思想革命'"①。另外,在这一思想的统领下,在启蒙事业的基本战略战术层面上,鲁迅又提出许多耐人寻味的思想和要求,比如,在"联合战线"之外,鲁迅尤其重视"战士",鲁迅认为作为一批文化战士,一方面要壮大他们,这是战士的养成,同时战士不能做无谓的牺牲,不能徒手请愿,战士的生命极其珍贵,要加以捍卫和掩护,也因此,在鲁迅那里,阵地式壕堑式的、有掩体的战斗就是必需的。总之,有了战士,战斗和改革就可以持续下去——这种思路和做法是鲁迅联合和加入左联的主要原因,在他是前后一贯的,还是那种联合起来、扎扎实实做点事情的初衷。这是一个方面,也是主因。

---

① 《华盖集·通讯》,《鲁迅全集》第3卷,人民文学出版社2005年版,第26页。

同时，鲁迅一直保持着对自己的"警惕"。鲁迅不愿意做"青年导师"，力辞"思想界权威"这一所谓的桂冠，因为鲁迅不愿意走上一条停滞的僵化的老路，不愿意在这项桂冠之下，变成一个像正人君子"他们"一样的人或知识者。"前三四年有一派思潮，毁了事情颇不少。学者多劝人踱进研究室，文人说最好是搬入艺术之宫，直到现在都还不大出来，不知道他们在那里面情形怎样。这虽然是自己愿意，但一大半也因新思想而仍中了'老法子'的计。我新近才看出这圈套，就是从'青年必读书'事件以来，很收些赞同和嘲骂的信，凡赞同者，都很坦白，并无什么恭维。如果开首称我为什么'学者''文学家'的，则下面一定是谩骂。我才明白这等称号，乃是他们所公设的巧计，是精神的枷锁，故意将你定为'与众不同'，又借此来束缚你的言动，使你于他们的老生活上失去危险性的。不料有许多人，却自因在什么室什么宫里，岂不可惜。只要掷去了这种尊号，摇身一变，化为泼皮，相骂相打（舆论是以为学者只应该拱手讲讲义的），则世风就会日上，而月刊也办成了。"①鲁迅一生写作杂文，我们往往忽略了这一点：杂文写作是鲁迅"论争式"的生存方式，是促使鲁迅不走"老路"、避免陷入保守僵化的一种生命形式。因此，鲁迅的杂文不仅指向他们——知识者，他也指向自己，展开"论争"的鲁迅杂文，也在其内心深处进行自我"论争"：他告诫自己，警惕自己，剖析他人的时候他也将自己"酱"在其中，"煮自己的肉"，"路漫漫其修远兮，吾将上下而求索"，探索新路，避免僵化，使鲁迅思想充满着活力。所以与"正人君子"的决裂，不愿意和他们一样，使得鲁迅获得了底层社会的立场，这个时间就是1925—1926年"女师大风潮""三一八惨案"前后。这个时间也是《野草》主体完成的时间。必须指出，鲁迅"无产者大众"立场的获得是一个很复杂的事情，比方说，与他对高尔基的考察也有关系，他后来曾经这样评价高尔基："我以为两人遭遇的所以不同，其原因乃在高尔基先前的理想，后来都成为事实，他的一身，就是大众的一体，喜怒哀乐，无不相通。"②（两人指高尔基和章太炎，文中鲁迅对二人做了比较，将两人放在一起考察，这本身就很有意味，鲁迅并没把高尔基看得很特别）——如果我们将有这些想法和做法的鲁迅作为一个整体来考察，就会多少体会和理解鲁迅为什么会加入左联，与那些器宇轩昂、充满才子气，尤其是刚刚攻击过他的创造社、太阳社的作家们共处一室了，以我们所熟知的鲁迅的脾性和他特有的"强烈的好恶""明确的是非"的处世衡人态度，他是绝不可能和这些人合作或"苟且"的，那么，鲁迅容忍他们、看取他们的一点是什么呢？要回答这个问题只能从鲁迅前后一贯的思想上和立场上寻求答案。

那么，鲁迅在左联中究竟扮演了什么样的角色或处在一个什么位置呢？笔者认为，在讨论之前先引竹内好的两段话在这里，以助于我们思考。

---

① 《华盖集·通讯》，《鲁迅全集》第3卷，人民文学出版社2005年版，第26—27页。
② 《且介亭杂文末编·关于太炎先生二三事》，《鲁迅全集》第6卷，人民文学出版社2005年版，第566页。

1927年10月，鲁迅大概决定了他一生的亡命生活。在上海定居后的最初数年里，他继续和左翼革命文学恶战苦斗。他蒙受严厉的批判，最后反而将这些批判变成自己的东西。翻译卢那卡尔斯基、蒲力汗诺夫的作品就是这个时期的产物。他的转变成为问题，也是在这个时期。他转变了吗？由于接受阶级斗争说，从进化论的影子里脱出，从这个意义上说，他转变了。但那不是简单的思想换装意义上的所谓转变。这种转变，如孙文的转变不能成为问题一样，在鲁迅也不成为问题。他只是对"四·一二"的牺牲者感到无限的责任，这个无限的责任由于柔石事件加固了。

1930年，以他为主要成员的左翼作家联盟的成立，是重要的事件。但用他的话说，那是防卫性的组织。这期间的事情通过《上海文艺之一瞥》可窥一斑。代表这一时期的文章有许多，但我只留下《为了忘却的记念》而省去其他。[①]

在对20世纪激进主义的清理和反思中，左联、左翼文艺及它的"旗帜"鲁迅成了主要的清算对象。而且，在反思五四、反思鲁迅的旗号下，鲁迅的"转向"也是被大加贬低和否定的。这是新世纪之始的思想景观。现在开始梳理"左翼叙事"了，那么，是文学现象抑或政治现象？历史状况究竟怎样？鲁迅在左联中扮演的角色在今天有什么可资借鉴的意义？也还是歧义丛生。鉴于此，有必要重新辨析鲁迅与左联的关系，或可从中理出真实的历史关系，并发掘一些意义。而且，从切题的角度看，本文也需要探究加入左联的鲁迅与其思想转变的关系。

（一）关于政党和组织问题

这是被视为鲁迅"投降"的问题。因为鲁迅的影响，鲁迅实际上被推举为左联的精神领袖，并被置于盟主的地位（至少成立之初是这样的），这是事实。但是，这是否意味着鲁迅因此而参加了"政党"组织，鲁迅就是左联，左联就是鲁迅？在鲁迅的实际想法里，左联算得上一个什么样的"组织"，鲁迅参加左联又有什么样的动机？

第一，在鲁迅看来，左联算不上一个"政党"组织，只是一个特殊的团体。左联有纲领，然而决议如何被执行无人过问，甚至日常的会议、活动也是疏散的，与后来的"党组织"差距太大。实在没有统一思想、统一行动，更谈不上步调一致。是这样，对外或对一种倾向的批判，可见他们的过激行为和宗派倾向，然而这是极少数后来被文学史树为"骨干"的成员的行为。他们的宗派主义不仅对外，对内也有小圈子，比如对鲁迅，他们从来是反对（虽然曾要求团结鲁迅），这是积怨造成的，与"组织"大多不相干。同样地，鲁迅并未把左联看作一个政党，在其意识里，左联和他参加的自由运动大同盟等其他所谓组织是同等的；因其文化的和文学的倾向和性质，在鲁迅的想法里，左联更为特殊，它首先是一个文学组织和团体，是一个较为特殊的文学团体

---

① 竹内好：《〈鲁迅评论集〉后记》（未译稿），http://www.douban.com/group/topic/9743402/。

而已。

第二，既然并非参加了组织，那么鲁迅参加左联就有一个很实际的想法：寻找联合战线，形成"战阵"，即鲁迅其前和其后一以贯之的做法和思路。一是对旧的事物和现状予以批判，反抗形形色色的压迫和奴役，催促新的产生和生长，还是改革的思路；二是以此为依托，养成战士，还是先前的启蒙主义立场。鲁迅说："当今急务之一，是在养成勇敢而明白的斗士。我向来即常常注意于这一点，虽然人微言轻，终无效果。"① 鲁迅后来不满意于周扬们把持的越来越变味了的左联，曾经说，左联的"大旗"已变成了"吓唬别人"的"虎皮"，"这吓成的战线，作不得战"②。可见鲁迅是多么希望有这样的一个"战阵"。鲁迅曾把五四新文化运动称为"战阵"，并对它后来的惊人分化十分痛心，这条战线的没落甚至成为鲁迅《野草》写作和思想转变的巨大契机。"第二是与创造社联合起来，造一条战线，更向旧社会进攻，我再勉力写些文字。"③ 这是1927 年鲁迅在厦门时的想法，后因郁达夫和郭沫若离开广州而作罢。定居上海后，创造社又要联合他，鲁迅欣然同意，只是那些才子们反戈一击，于是乎演变成鲁迅与他们的所谓"革命文学"大论战。至于左联，其中坚人物是前不久还骂他"落伍"，是"二重的反革命"的创造社、太阳社成员，——鲁迅对他们的态度有怀疑，但是他不计前嫌，仍然与他们为伍，就是有招呼"同路人"的意思在。所以鲁迅之加入左联并非奔什么政党去的或向左转之类。

第三，非政党，然而总是一个团体，所以有的学者认为鲁迅参加左联是有调和，有妥协的。这是确论。鲁迅是反对加入政党的，他对政治性的团体向来就有戒心。1925 年春末，他回答许广平关于参加国民党的询问，就明确说过："如要思想自由，特立独行，便不相宜。如能牺牲若干自己的意见，就可以。"④ 但是鲁迅的妥协并非牺牲个人自由，更非放弃个体独立之精神。而且，一入"组织"，就一定限定了个体精神自由，恐怕并不见得。尤其是 20 世纪 30 年代的语境。《新青年》算是一个团体吧，鲁迅参加了，是自由的吧，然而"听将令"，"遵命文学"，虽然是其自愿的，为鲁迅所愿意遵奉的，也还是一种特殊的要求，一种与其想法有差异的特殊要求，这是否是一种束缚和妥协呢，是否就限制了其个体精神自由了呢。实在也是，从某种意义上说，《新青年》团体和左联作为一个文化组织和文学运动，二者更其相似，然而又有谁出来说，五四新文学运动限制了鲁迅的个体精神自由了呢；而且，妥协与人的个体精神自由的发挥和张扬是一组矛盾，但是也有可能激发人的精神力量和潜能，正是不甘心于这种妥协，反抗这一矛盾和冲突，才使我们看到了鲁迅的精神潜能的深度，才发现了精神上的巨人，同时也使我们得以进一步思考所谓组织和团体及其与人的关系问题。鲁迅

---

① 《书信·340609 致杨霁云》，《鲁迅全集》第 13 卷，人民文学出版社 2005 年版，第 147 页。
② 《答徐懋庸并关于抗日统一战线问题》，《鲁迅全集》第 6 卷，人民文学出版社 2005 年版，第 557 页。
③ 《两地书》，《鲁迅全集》第 11 卷，人民文学出版社 2005 年版，第 161 页。
④ 同上书，第 62 页。

之参加左联,以及和左联形成了这样一种特殊的关系,恰恰为我们提供了一个认识左联/左翼文学、共产党/无产阶级政党及其文学等的重要而基本的参考,甚或就是一个前提。

(二) 关于文学与革命、知识分子与革命问题

退一步说,是否参加了团体、组织或政党并非最紧要的。重要的是,当所谓团体和组织一旦形成"党见",压抑甚至侵犯了成员个人的权利和自由,能否保持自己的信念和独立思考,能否予以反抗,这些是更为关键的和重要的。鲁迅在今天之被大为诟病,不仅与把鲁迅和左联绑在一起有关,还与左翼文学的一些专用词语有关,这也是需要清理和辨析的。在整个左联时期,鲁迅都坚持了自己一贯的独立观察和思考,对许多问题的认识完全基于自己独立的判断。那么,从鲁迅与左联、左翼文学关联最直接的几个问题入手,对此予以分析,应该更能见出鲁迅的真实思想。鲁迅加入左联,但是他说自己从不曾读过《资本论》,1933年11月15日在《致姚克》信中说:"即如我自己,何尝懂什么经济学或看了什么宣传文字,《资本论》不但未尝寓目,连手碰也没有过。然而启示我的是事实,而且并非外国的事实,倒是中国的事实……"[①]鲁迅说是创造社逼他读了几本有关唯物史观的书,"以史底唯物论批评文艺的书,我也曾看了一点,以为那是极直截爽快的,有许多暧昧难解的问题,都可说明"[②]。为了回击那些年轻人,鲁迅也要搞清马克思主义究竟是怎么回事。于是,鲁迅翻译别人介绍马克思主义的书,尤其是翻译了几种苏俄的文学理论和作品。这说明了两个问题:一是鲁迅是通过文学接受马克思主义理论的;二是这种接受是初步的,不完整不系统的。所以这就带来了一个实际的状况:鲁迅对于文学与革命、知识分子和革命等的认识和阐释,一方面,掺进了他关于马克思主义基本原理的一知半解;另一方面,他固有的观察和经验、固有的世界观和人生观仍然起着基础性的作用。换言之,马克思主义基本原理只是加深了鲁迅对这些问题的认识,使得他的认识披上了一层马克思主义色彩,然而却不是充分完整的马克思主义。因此,引起矛盾和混乱是情理之中的,然而正是这些矛盾显示了鲁迅的独立观察和异质性存在。

比如,关于文学与革命,鲁迅是赞成甚至主张革命的,但是更多的时候他的革命等于"不满意于现状"或改变现状;革命或避免不了暴力,但是革命并不等于暴力,"革命是教人活而非教人死的"[③]。"文艺催促旧的渐渐消灭的也是革命(旧的消灭,新的才能产生),而文学家的命运并不因自己参加过革命而有一样改变,还是处处碰钉子……所以以革命文学自命的,一定不是革命文学,世间那有满意现状的革命文学?"[④]鲁迅正是在这个意义上认识革命、文学和革命、知识分子和革命的关系的。鲁迅突出

---

① 《鲁迅全集》第12卷,人民文学出版社2005年版,第496页。
② 《鲁迅书信集》(上),人民文学出版社1976年版,第194页。
③ 《二心集·上海文艺之一瞥》,《鲁迅全集》第4卷,人民文学出版社2005年版,第304页。
④ 《集外集·文艺与政治的歧途》,《鲁迅全集》第7卷,人民文学出版社2005年版,第118—119页。

和强调的是文学家的超前性,与他对知识分子的理解是一致的。

比如,文学和宣传的关系及鲁迅的文艺观。作为文学功能的宣传一项,是革命文学及其倡导者十分看重的,而且无论马克思主义是否有这一内容,他们从苏联那里贩来,统统放在马克思主义的篮子里。这自然引起了鲁迅的注意。这一时期鲁迅的文艺思想是出现了一些新的质素(鲁迅的文艺观在这个时期也有了新的变化,但鲁迅关于文学的本质的整体把握没有改变)。鲁迅以大量的文字和论述,力排关于文学的庸俗化主张,这些论述形成了鲁迅与左联、左翼文学更大的分歧,甚至于与老朋友瞿秋白的意见相冲突。当左联讨论文艺大众化的时候,鲁迅提出,要为大众的命运而呐喊,但不做大众的留声机器;"迎合大众",这样下去,"可要成为大众的新帮闲的"。这是鲁迅的新观察:以洋场上海为代表的现代都市文明正日益影响知识分子的批判性立场。鲁迅曾经揭示了传统知识分子扮演"官的帮忙、帮闲"的历史角色,而现在,在20世纪30年代一切都商业化、大众传媒笼罩一切的现代社会,以及将"大众"神圣化的时代新潮中,现代知识分子面临着新的危机:有可能成为"商的帮忙帮闲"与"大众的帮闲"。鲁迅对形形色色的帮忙、帮闲文人的批判确实是显示了他在现代中国知识分子群体中的叛逆性的,在1926年前后确立了"无产者大众"立场的鲁迅,却始终保持着对"媚众"的警惕和独立的批判立场。那么,支撑着这种批判立场背后的"理念"是什么?我们不能在此时的鲁迅身上寻找,我们只能回到"野草时期"的鲁迅才能得到解释。

比如,阶级性问题。瞿秋白著名的关于鲁迅"从进化论进到阶级论"的论断,把鲁迅死死地钉在阶级论上;鲁迅也有著名的《三闲集》序言,但鲁迅只是说:"以救正我——还因我而及于别人——的只信进化论的偏颇。"在研究者反复的引述中,似乎鲁迅彻底否定了进化论,只信阶级论。与其他方面相比,鲁迅的阶级论理论更显生硬,更笼统。他说,贾府里的焦大也不爱林妹妹的,石油大亨哪里知道北京街头捡煤渣老婆子的辛酸;有时候,鲁迅从他人那里搬来的痕迹十分明显:"在我自己,是以为若据性格感情等,都受'支配于经济'(也可以说根据于经济组织或依存于经济组织)之说,则这些就一定都带有阶级性。但是'都带',而非'只有'。"① 表面上很能自圆其说,实质上机械、粗糙而笼统,甚至就是"教条主义"。——说明了什么,这些东西在鲁迅那里从来都没有扎下根,没有化为他的血液,一旦离开这种论辩式文字,鲁迅对历史和现实特有的、独立的、一贯的观察和判断就成为其思想的主体,形成鲁迅的那个鲁迅并没有任何改变。作为一个独立的现代知识分子,不是哪一种理论所能够装得下或者覆盖得了的,鲁迅尤其如此。从鲁迅对农民起义领袖们的看法,就可以看出他没有用阶级斗争的学说解释历史。鲁迅接受阶级论而没有抛弃进化论,20世纪30年代,他还为进化论"连名目也奄奄一息了"而叹息就是证明。②

---

① 《三闲集·文学的阶级性》,《鲁迅全集》第4卷,人民文学出版社2005年版,第128页。
② 李新宇:《鲁迅:中国现代知识分子话语的基石》,《鲁迅研究月刊》1998年第5、6、7期。

(三) 关于鲁迅与左联问题

关于鲁迅与左联问题。这方面的资料的整理和搜集近年来已经可以了，但是二者之关系及其意义并未自明。加入左联，鲁迅做了妥协，但这种妥协并非把自己消泯在所谓集体主义里，恰恰相反，鲁迅坚持着他的独立人格和知识分子独立的话语立场。鲁迅十分清楚左联成员的构成，也对他们之联合他保持着清醒和警惕，并且始终以自己的方式、尽可能地影响着左联的走向，在今天看来，左翼文学还有扎实的作家作品呈现于世（柔石等），鲁迅的指导和影响有大作用。在左联成立大会上的讲话，鲁迅就直接公开地表达了与左联纲领的不一致。没有人"审定"他的讲话稿，鲁迅完全从自己的认识出发，漫谈了几个他当时认为作为一个文学团体左联应该注意的问题，这些问题显示了鲁迅的思想高度和预见性，这种认识在鲁迅也是前后一贯的，而且，鲁迅并没有忘记顺带"刺"一下创造社、太阳社里的"革命文学家"。这些是鲁迅真实的思想，一以贯之的批判锋芒并没有削减，特立独行的人格操守愈益突出。有左翼文化团体的代表参加的、祝鲁迅50寿辰座谈会上，鲁迅仍然批判了他们。思想的分野是巨大的。同时，鲁迅仍然按照自己的理解，不避讳自己的真正的无产阶级立场，坚定地宣称与受苦的大众一道，反抗形形色色的压迫；高扬左翼文学的旗帜，"左翼文艺现在在和无产者一同受难，将来当然也将和无产者一同起来"[1]，在反抗文化"围剿"和各种有害倾向的过程中，开辟革命文学的道路。当柔石等左联五烈士被杀之后，鲁迅愤怒了，他为美国的一个左派杂志写文章，第一句就是："现在，在中国，无产阶级的革命的文艺运动，其实就是唯一的文艺运动。"[2] 这样的态度，这样的反抗，有什么可大加"讨伐"的呢？即使在今天，同样是可宝贵的人格精神。还是鲁迅固有的"抵抗"，——借用竹内好的话说，鲁迅投入左联，在其中激荡，但是"激荡"之后挣扎而出的还是他自己！

妥协当然是有代价的。鲁迅与左联领导人的分歧越来越大，左联内部的矛盾和冲突日益加深，凡这些都给鲁迅带来了极大的痛苦。鲁迅努力引导着左联的方向，但由于思想认识和基础的不同，他们之间的差异很大；日益严重的小集团利益和宗派主义，压抑并打击着作风不同者，思想相异者，对鲁迅而言，这更是不可忍受的压迫，对他的独立的知识分子立场构成了威胁，所以他开始反抗团体和组织之于个人权利的侵害；由于纠缠在人际关系中，这种反抗更其艰难，他承受了更多的痛苦，而其根源则是现代知识分子的独立人格与集团的矛盾。"敌人不足惧，最令人寒心而且灰心的，是友军中的从背后来的暗箭；受伤之后，同一营垒中的快意的笑脸。因此，倘受了伤，就得躲入深林，自己舐干，扎好，给谁也不知道。我以为这境遇，是可怕的……"[3] 后来，萧军要加入左联，鲁迅明确表达了自己的想法："三郎的事情，我几乎可以无须思索，

---

[1] 《二心集·黑暗中国的文艺界的现代》，《鲁迅全集》第4卷，人民文学出版社2005年版，第295页。
[2] 同上书，第292页。
[3] 《书信·350423 致萧军萧红》，《鲁迅全集》第13卷，人民文学出版社2005年版，第444页。

说出我的意见来,是:现在不必进去。最初的事,说起来话长了,不论它;就是近几年,我觉得还是在外围的人们里,出几个新作家,有一些新鲜的成绩,一到里面去,即将在无聊的纠纷中,无声无息。以我自己而论,总觉得缚了一条铁索,有一个工头在背后用鞭子打我,无论我怎样起劲的做,也是打……真常常令我手足无措,我不敢对别人说关于我们的话,对于外国人,我避而不谈,不得已时,就撒谎。你看这是怎样的苦境?我的这意见,从元帅看来,一定是罪状……"① 这就是论者所概括的鲁迅"横站"的尴尬,他感觉到自己在年轻的革命者面前又成了新的奴隶,而且他知道这不仅是个人的问题。被利用被控制被放逐之感,和鲁迅在《野草》中的体察的一致的,只是代替高长虹之流的是周扬们。可见鲁迅的妥协是有底线的,那就是不能妨害个体之自由,不能剥夺像他这样的真的知识分子话语立场。本来就是一个貌合神离的处境,现在更无法维持了,结果只能是分裂。分裂之后,是更坚决的斗争,鲁迅更坚定自己的主张,更维护人格的独立,鲁迅与周扬们的"两个口号"的大论战不可避免。"他的转变是不成为问题的,只要比较一下《小杂感》和晚于它九年的《半夏小集》就能明了。这时的论争也有和九年前革命文学论争相似的凄怆,《答徐懋庸并关于抗日统一战线问题》是其代表。他在病床上,率领少数人与文坛的强大势力作对手,毫不让步。甚至可以说为了创作《答徐懋庸并关于抗日统一战线问题》他的死期提前了。如果只是看这篇文章,虽然觉得有刻薄的倾向,但却可以看到鲁迅一方的态度,可是,大势却不在鲁迅一边,民众对抗日统一战线的期望的激情,是最迫切的事情,当时无论假以怎样的道理,都不允许少数异党存在。然而鲁迅进行了反驳,也不得不反驳,这是为什么呢?"② 这种分裂的意义,在笔者看来和发生于1926年前后的鲁迅与"正人君子"的决裂是同样的,个人的自由和独立,战士的立场和态度,此时的鲁迅所秉承的这一切与《这样的战士》的"战士"并无二致,只是战斗的对象发生了变化而已。

也实在是,鲁迅与左联的联合、妥协、冲突、反抗、斗争等复杂的关系,昭示出诸多深刻的意义。这是今天更应该总结和汲取的思想资源。在与左联的矛盾关系中,使鲁迅感受到了新的问题,出现了新的他认为值得警惕的趋向。"元帅""工头""奴隶总管"出现在集团内部,这是团体内部一种新的奴役关系,是反抗奴役的、以革命自诩的人们所制造的,所以鲁迅的斗争是反抗双重的奴役关系。他知道这种反抗的意义,也知道这一反抗的处境和结果。他说成仿吾如果真如列宁那样获得大众,他的下场可知;③ 1936年,和冯雪峰(冯将鲁迅定位为同路人)闲聊,鲁迅突然用玩笑式的语气说:"你们来了,还不是先杀掉我?"冯雪峰愕然瞠目:"那怎么会呢,那怎么会呢……"④ 这几乎是多年后罗稷南向毛泽东所提问题的翻版。钱理群在考察了鲁迅

---

① 《书信·350912 致胡风》,《鲁迅全集》第13卷,人民文学出版社2005年版,第543页。
② 竹内好:《〈鲁迅评论集〉后记》(未译稿),http://www.douban.com/group/topic/9743402/。
③ 《鲁迅书信集》(下),人民文学出版社1976年版,第1029页。
④ 转引自王晓明《鲁迅传》第十八章,上海文艺出版社1993年版。

对于共产主义的态度时，曾有如下论断：这是一个极其重要的理论上的飞跃。鲁迅因此有了一个非常伟大的发现：共产主义运动的目标和实践之间存在着巨大反差：共产主义运动目标是争取人的彻底解放，但其实践结果却产生了新的奴役关系。我们认识到这一点至少要到"文化大革命"结束，而鲁迅比我们早了几十年。[①] 鲁迅参加左联，"向左传"，"左"倾，促使鲁迅全面思考了无产阶级革命和文学问题，全面思考了团体与个人、集体主义与个人主义关系问题。这些思考是宝贵的思想资源，我们不应该再视而不见了。凡这些，都是鲁迅思想中新的因素，我们理应予以掘发和研究；但是就作为底色的整体的鲁迅世界观和人生观而言，这些思想是一些显层次的问题，并未带来其底色的质的改变。这些人生和生命中基本的东西，鲁迅借助于《野草》的写作已经完成了。

结合以上具体的探讨，许多问题变得比较明了。下面，在方法论层面上再辨析两个问题——这也是力图回答"左翼文艺运动是如何发展的"等学术前沿问题。

（四）一个是关于"左翼和革命"等问题

鲁迅关注这些问题，并发表了一些关于左翼、革命和无产者大众的意见，因此被视为思想上发生了"转变"。比如，鲁迅明确地说过这样的话：

一，苏联的存在与成功，对于你怎样（苏维埃建设的十月革命，对于你的思想的路径和创作的性质，有什么改变）？——（记者问，引者注）
……
一，先前，旧社会的腐败，我是觉到了的，我希望着新的社会的起来，但不知道这"新的"该是什么；而且也不知道"新的"起来以后，是否一定就好。待到十月革命后，我才知道这"新的"社会的创造者是无产阶级，但因为资本主义各国的反宣传，对于十月革命还有些冷淡，并且怀疑。现在苏联的存在和成功，使我确切的相信无阶级社会一定要出现，不但完全扫除了怀疑，而且增加许多勇气了。但在创作上，则因为我不在革命的旋涡中心，而且久不能到各处去考察，所以我大约仍然只能暴露旧社会的坏处。——（鲁迅答，引者注）[②]

这段话只是表明鲁迅关注这些问题，表明一个新的倾向；即便如此，这里关键的一句是"所以我大约仍然只能暴露旧社会的坏处"；而且是一种问答方式，即预先设置了三个有关苏联的问题而不是其他；而这一切均与鲁迅的人生观等基本信念的转变构不成对等关系。如果一个作家和思想者因其注重某些问题的探索而被视为思想转变，那么，许多作家一生将有许多次"翻着跟斗"的转变，"年四十而知三十九年非"，或如鲁迅讥讽太阳社创造社的有些人一夕之间"奥伏赫变"（德语，转变之意）。笔者认

---

① 钱理群：《话说周氏兄弟》，山东画报出版社1999年版。
② 《且介亭杂文·答国际文学社问》，《鲁迅全集》第6卷，人民文学出版社2005年版，第19页。

为，重要的不仅在于鲁迅这个时期集中地关注了这些新问题，而是鲁迅对于这些问题的认识，尤其是他对这些问题的态度、判断和分析，以及他看待这些问题的出发点和角度。鲁迅将这些问题置于一个什么样的意识基础之上，他看待这些问题的视角与其前他把握问题的方式有什么变化？这种差异足以使其变换了把握和分析现实的、历史的和人生的问题的基点？换言之，鲁迅考察这些问题是否仍然以个体为单元、以个性自觉为基本出发点？比如，在前期，鲁迅对未来"黄金世界"的质疑。鲁迅前期思想的一个特点是对"黄金世界"的否定。这一思想明确地提出，是1920年10月翻译俄国虚无主义作家阿尔志跋绥夫的长篇小说《工人绥惠略夫》。阿尔志跋绥夫曾经借了他所写的小说，质问过梦想将来的黄金世界的理想家，因为要造那世界，先唤起许多人们来受苦。他说："你们将黄金世界预约给他们的子孙了，可是有什么给他们自己呢？"而在关于无产者大众革命的性质和目标等问题的考察中，鲁迅又质问道：倘不能实现目标、达不到目的，便怎样？革命要人活而非要人死，但是革命需要牺牲，有牺牲，便怎样？不能"获得大众"，或你面对"这样的大众"，便怎样？"大众"没有义务请你大诗人"吃面包"，便怎样？凡这些，都统一于鲁迅特有的"人的观念"和"现在"观念，统一于鲁迅殊异的执着的韧性的现实性态度。他对这些问题的认识仍然建立在他关于"立人"思想的基础之上，他是从"个性之自觉"的维度探讨上述诸问题的，革命和其他新学说包括马克思主义都是手段，是促进"人"（大众）的发展的手段。这些此时出现的新学说新观念是以鲁迅根柢性基础性的"人的观念"和生存哲学为土壤而被"嫁接"过来的，因此可以说，后期的鲁迅思考了许多新问题，然而却没有"质"的飞跃，从这个意义上说，无所谓鲁迅的思想"转变"。关于一个人的真正问题——真正的人生问题解决了（或告一段落了），那么，它就会作为一种基础性的形态而延续下去，并发挥根本作用的吧。也因此，后期的鲁迅在左翼文学、马克思主义和无产者大众这一崭新的课题之外，作为主体的鲁迅仍然延续了他前期的"社会批评和文明批评"（杂文创作），这是鲁迅后期文学活动不可割裂的两翼，是有机统一的。不然的话，难道后期的鲁迅运用了两套话语，一套左翼话语，一套社会话语（以社会者身份而展开的社会批评话语）？比如，在《沙》中乃为社会话语，鲁迅仍称群众为"小民"，而非"无产者""大众"等左翼话语（《南腔北调集》）；而鲁迅又明明在《二心集》序言里写道："只是原先是憎恶这熟识的本阶级，毫不可惜它的溃灭，后来又由于事实的教训，以为惟新兴的无产者才有将来，却是的确的。"这样的左翼话语，如何解释？将鲁迅肢解了，才会呈现两个相反的鲁迅，然而这已经不是一个稍微客观的鲁迅了。

（五）第二个需要辨析的问题是：鲁迅"被利用"的问题

在这里，就关涉一个问题，即如何把握并阐释鲁迅与重大事件的关系问题。鲁迅与左联的关系问题，说得轻一点，我们夸大了左联在鲁迅思想中和整个人生道路中的地位和作用，说得重一点，鲁迅被利用了，不仅毛泽东利用了鲁迅，意识形态话语利用了鲁迅,阐释者有意无意间也利用了鲁迅(至少在鲁迅与左联、鲁迅与马克思主义这个问题上),在一个意识形态层面上机械简单地对鲁迅的"思想转变"下了一个判断。关于为什么"鲁迅反而更易于被体制内所利用的问题?"(谢泳提问的)笔者的回答是:巧合或偶然,"阴差阳错"地毛泽东提倡"读点鲁迅";阴差阳错地毛泽东在新中国成立前关于鲁迅说了几句话,最要紧的几句话是:1937年10月,毛泽东在纪念鲁迅逝世周年的大会上做演讲,说到中国有两位"圣人"。他说:"鲁迅在中国的价值,据我看要算是中国的第一等圣人。孔夫子是封建社会的圣人,鲁迅是现代中国的圣人。"①——一定要注意:是新中国成立前说的话,在那样一种相对宽松的政治和思想条件下,这些话并没有特别的意义,非"锻炼周纳""微言大义",也并非"最高指示";看到了没有,这时的毛泽东还肯定了孔夫子。然而,新中国成立后情况就逆转了,随着毛泽东政治地位的确立,随着毛泽东思想和对毛泽东个人崇拜的登峰造极,和毛泽东主席新中国成立前说过的"任何一句话"一样,毛泽东关于鲁迅的那些话旋即变成了"最高指示",这没有什么大惊小怪的,毛泽东主席新中国成立前的任何一句话都成为我们解释历史和现实的"指南针!"人们为什么独独拿鲁迅说事呢?!——莫非提问者缺乏常识和逻辑吗?尤其是,在毛泽东思想和马克思主义的绝对权威和一元化之外,还需要树立一个意识形态权威,一元化之外还要有一定的多样性(有限度的)。于是,新中国成立前毛泽东主席关于鲁迅说了那样的话,鲁迅就顺理成章地被"嫁接"了过来。就这样,和《野草·死后》中鲁迅所(恶魔般)预言的一样,鲁迅在死后完成了"华丽的转身",被"祭"上了神坛(鲁迅说,孔子死后也完成了"华丽的转身",头上的高帽子大得吓人)。——"猛人"被"小人"包围而面目全非的命运、避免不了被"异化"的命运,鲁迅又一次"像求乞者"一样,这一切又戏剧化地"布施"给了他(注:这一情况并非孤证。同样情况也发生在老报人赵超构身上,不过,赵超构的情况正好相反——赵超构是新中国成立前在《延安一月》中适时地客观地评价了宣传了毛泽东和延安,在当时产生很大影响。新中国成立后赵超构因此成为毛泽东的座上宾,多次宴请、召见,引为布衣之交,1957年"反右"时,在《文汇报》和《新民晚报》那个著名事件中毛泽东提前约见赵超构,赵超构和《新民晚报》由于及时认识到了错误得到"宽大",而《文汇报》受到更大冲击)。当然,也有必然的成分。关于"鲁迅被利用"的问题,笔者认为,至少还有这样几个方面:(一)就和在《野草》中我们所看到的,鲁迅是一个"多层次的结构",鲁迅是丰富的、复杂的,又是整体的。然而毛泽东只取一点,只取己需,只抽取"说明"和"佐证"自己的东西,这时是被利用了;(二)抓住这一点,乱解释,胡联系,本来就脱离了"整体",现在就更与其无关了;(三)强加给鲁迅的东西,这与(二)有关,但是更多的时候与鲁迅无关,纯属无中生有,属于彻头彻尾的利用;(四)非"鲁迅指向不明确",恰恰

---

① 《毛泽东文集》第2卷,人民出版社1993年版,第43页。

相反，他们所用的东西，鲁迅的指向十分明确，是故意曲解歪曲。作为意识形态话语这样"框定"鲁迅是有历史原因的，而作为研究者拘囿于此，则不免缺乏"知人论世"。在过去的历史语境下，人们过分看重作家自身以外的表层因素，习惯于工具理性的思维逻辑，甚至于就用实用逻辑、权力话语将它置于闹剧的境地。而这恰恰是鲁迅力图反省的所在。伊藤虎丸在《鲁迅与日本人》的结语中有这样一个总结性的分析：鲁迅在后来的中国虽然被偶像化了，但这也决不意味着鲁迅提出的方向在中国成为主流，并且已被实现。鲁迅的"个人主义"，即使现在，对于中国人来说也仍旧是一个当代性的问题。换句话说，鲁迅提示给今天的，是看似迥然不同的日本近代和中国近代的共同课题。又说：至少不能把鲁迅提出的"掊物质，张灵明，任个人，排众数"这种"真正的个人主义"（每个民众确立起"个"的主体性的思想），只是简单地看成对中国封建主义的批判，是今天已经过时了的近代资产阶级思想，是鲁迅晚年因接受马克思主义而克服掉的东西。[①]

[①] 伊藤虎丸：《鲁迅与日本人》，河北教育出版社2000年版，第172页。

《孔乙己》:在文学史书写中的变迁

山东师范大学文学院 李宗刚

鲁迅在现代中国文学史上是一个不可或缺的重要存在,对其作品的解读自然也就是文学史书写的重要任务。《孔乙己》作为鲁迅创作于1918年冬的短篇小说,尽管只有三千字,却是鲁迅自己很喜欢的作品,其不仅反映了鲁迅早期的某些思想,而且还在鲁迅的全部小说中占有极其重要的地位。所以,在不同版本的现代中国文学史中,大都有相当的文字对该作品加以解读。如果把《孔乙己》置于文学史书写的变迁中,我们便会发现,对《孔乙己》的文学史书写,正是从一个侧面反映了鲁迅研究由注重外部研究到注重内部研究的转变,具有"典范"的"标本"价值和意义。下面试以大陆学者王瑶、刘绶松、唐弢、王富仁、钱理群、严家炎及海外学者夏志清、司马长风的有关《孔乙己》的文学史书写作为考察对象,梳理出不同时期的文学史书写所特别凸显的内容,从而借"一斑"而窥文学史书写的"全貌",找寻到支配文学史书写变迁的某些内在规律。

一

《孔乙己》这篇短篇小说,能够在文学史书写中获得清晰的呈现,还是肇始于20世纪50年代大陆出版的现代中国文学史,其有代表性的文学史著作是王瑶的《中国新文学史稿》[1]和刘绶松的《中国新文学史初稿》[2]。

王瑶无疑是新中国成立后曾经主讲过"中国新文学史"课程的代表性学者,尤其是在朱自清去世、沈从文黯然离开大学讲台的情形下,王瑶便是在大学从事文学史书写和教学的重要学者了。王瑶的《中国新文学史稿》最早曾于1951年出版刊行,其在1951年撰写的"初版自序"中就这样说过:"本书是著者在清华大学讲授'中国新文学史'一课程的讲稿","1950年5月教育部召集的全国高等教育会议通过了'高等学校文法两学院各系课程草案',其中规定'中国新文学史'是各大学中国语文系的主要

---

[1] 王瑶:《中国新文学史稿》,新文艺出版社1951年版。
[2] 刘绶松:《中国新文学史初稿》,作家出版社1956年版。

课程之一"①。由此说来，王瑶的中国新文学史书写具有一定的奠基色彩。其间，尽管一些内容也"由作者加以修正和补充"，但在王瑶于 1952 年修订的"史稿"中，《孔乙己》并没有获得充分的凸显。在该书第三章"成长中的小说"中，王瑶在第一部分专门分析了"呐喊和彷徨"，却没有专门的话语来解读《孔乙己》。王瑶先是对《狂人日记》进行了一番解读，然后就过渡到了《阿 Q 正传》中，这也是其解读的重点所在。王瑶在用了大量的篇幅解析了阿 Q 这一形象之后，又突出了《一件小事》之于鲁迅的意义："鲁迅先生是极富于自我批评的精神的……《一件小事》所写的'惭愧'与'自新'就是具体的证明。"② 由此出发，王瑶便自然地过渡到了鲁迅小说中的农民形象的解读上，并从正面肯定了作为农民阶级一员的闰土和爱姑等形象："《呐喊》中一般的农民的典型是闰土和爱姑，闰土的坚韧，爱姑的倔强，是本质地画出了朴实善良的农村中之可宝贵的性格。"所以，王瑶在分析了《故乡》的结尾后指出："这是对'新的生活'寄予了现实的恳切的希望，仅只三十年，这希望在今天完全变成了事实。"③ 显然，王瑶在此突出了闰土和爱姑等农民形象，而遮蔽甚至遗忘了孔乙己等知识分子形象，尽管孔乙己是身负精神创伤的知识分子，具有对封建科举制度"控诉"与"否定"的某些作用，并且，其身上绝无子君、涓生那种"小资产阶级思想"。这种文学史书写表明 20 世纪 50 年代知识分子已经从社会文化的中心向边缘过渡，其在文学史中已经大不如农民形象那般备受推崇，这主要根源于知识分子的"资产阶级"和"小资产阶级"思想感情，已经处于被否定的状态，而农民作为一个"革命"的阶级，政治上获得了特别推崇。至于农民形象所体载的国民劣根性，则部分地处于被遮蔽被遗忘的状态，这正是政治意识形态视阈下农民形象的真实"影像"，尽管这已经离鲁迅塑造农民形象的初衷相去甚远——简直可以说是南辕北辙。但作为接受了思想改造的知识分子，还是在文学史的书写中，收敛起了自己的启蒙主义文化立场，皈依了新的主流意识形态。

当然，王瑶的《中国新文学史稿》也经历了一个不断修订的过程。经过修订后于 1982 年重版的史稿，则从凸显农民的"宝贵的性格"，开始转向了对知识分子孔乙己形象的关注。王瑶在再版的史稿中便这样认为："短篇小说《孔乙己》以简练的现实主义笔触，描写了一个深受孔孟之道毒害的下层知识分子可悲可怜的一生，对封建科举制度戕害人们精神的罪恶，提出了有力的控诉。"④ 在此，王瑶突出了孔乙己作为一个人，其"可悲可怜"的一面，这根源于其"深受孔孟之道"的毒害，而"孔孟之道"之所以能够使天下的读书人惨遭荼毒，则正是植根于体现国家意志的"科举制度"。如果科举没有作为一种"制度"被纳入国家"制度"中，如果科举没有对"孔孟之道"的推崇，那所谓的"深受孔孟之道毒害"也就失却了附丽。显然，王瑶在修订后的史

---

① 王瑶：《中国新文学史稿》，新文艺出版社 1951 年版，第 1 页。
② 同上书，第 84—85 页。
③ 同上书，第 86 页。
④ 同上书，第 98 页。

稿中,对孔乙己这一形象的解析,尽管凸显了孔乙己悲剧的政治性内涵,但较之早期的遮蔽来说毕竟是"重见天日"了,这是否意味着,孔乙己作为一个受否定的知识分子形象,开始了其漫长的"原罪"历程。

如果说在王瑶的文学史书写中,着力凸显了"封建科举制度"在孔乙己悲剧中的作用,那么,刘绶松则从阶级属性上对孔乙己进行了新的解读。这表明刘绶松的文学史初稿呈现向主流意识形态话语揖让的某种迹象。刘绶松更多地聚焦于孔乙己阶级身份的确认上,并通过对其阶级身份的确认,进一步指出了其所蕴含的阶级属性。刘绶松由此出发,确认了《孔乙己》是"一篇暴露封建社会罪恶的作品。主人翁孔乙己是辛亥革命前后的受封建地主迫害的贫苦知识分子的典型。他无能而怯懦,有着不少的缺点,但他是善良的……通过这个人物,鲁迅猛烈地打击了冷酷无情的封建社会和在封建社会里横行霸道的丁举人之类的地主豪绅"[1]。在此,刘绶松一方面着重强化了孔乙己受"封建地主""迫害",另一方面又着重凸显了孔乙己在物质生活上的"贫苦"和本性上的"善良",这就使孔乙己的"知识分子"形象更多地被政治上的"迫害"、经济上的"贫苦"和本性上的"善良"这三个元素所涵盖。因此,从阶级属性的二元对立思维模式来看,被"封建地主""迫害"的"贫苦""善良"的知识分子,必然是值得我们同情的"同路人"。如此一来,孔乙己的悲惨命运,也就被自然地提升到了对"封建社会"和"地主豪绅"的"打击"上。当然,刘绶松在此以"打击"来概括孔乙己对"封建社会"和"地主豪绅"作用,尽管显得有些夸大其词,但还是较为贴切地反映了20世纪50年代人们惯常的思维模式。至于以后被武汉大学中文系中国现代文学教研室的同人修订为"抨击"[2]一词,则中和了暴烈的火药味,显示出20世纪70年代末思想解放对既有文学史书写上的偏颇进行了必要的"修饰"。至于刘绶松在"字里行间"感受到那种"弥漫着半封建、半殖民地社会的冷郁阴暗的气氛"[3],则显得大而无当了,尤其是"半殖民地社会"的"冷郁阴暗",在作品《孔乙己》中实在是难觅踪迹。显然,刘绶松的这种"感知"表明了20世纪50年代的知识分子经过一系列的"思想改造",已经逐渐地失却了自我话语的能力,文学史书写者的话语乃至思想,已经部分地被主流意识形态话语所置换。由此我们可以发现,刘绶松初稿中有关《孔乙己》的文学史书写,是植根于毛泽东的阶级论基础之上的,而丰富复杂的现代中国文学史,则被演绎为诠释和证明毛泽东有关阶级论的例证。按理说,这样的文学史书写,在嗣后的政治运动中,应该没有任何可以值得质疑的方面,但遗憾的是,这在"文革"时期,也遭受到了严厉的批判,刘绶松本人则"横遭林彪、'四人帮'的迫害"[4]。

---

[1] 刘绶松:《中国新文学史初稿》,作家出版社1956年版,第58页。
[2] 同上书,第42页。
[3] 同上书,第58页。
[4] 武汉大学中文系现代文学教研室:《修订再版书后》,见刘绶松《中国新文学史初稿》(下),人民文学出版社1979年版,第727页。

王瑶和刘绶松的文学史,基本上代表了大陆20世纪50年代文学史书写的高度。相对于大陆稍晚一些时期,海外学者夏志清于1961年出版了《中国现代小说史》、司马长风则在香港于1975年出版了《中国新文学史》①。他们站在各自的文化立场上,对《孔乙己》做出了不同于大陆学者的解读。

夏志清在其文学史书写中,先是简要概述了孔乙己的一生,然后是这样"抽象"地"提升"出孔乙己的悲剧意义的:"他的悲剧是在于他不自知自己在传统社会中地位的日渐式微,还一味保持着读书人的酸味。"② 在此,夏志清突出了孔乙己的精神世界和外在世界的不对称性在其悲剧中的作用,凸显了孔乙己所处的社会,已经是一个与"传统社会"渐行渐远的社会,而此时的孔乙己并没有清醒地意识到这一点,还是一味地恪守着"传统社会"的价值观念,到头来只能使自己身处社会的夹缝之中,无法找寻到精神泊靠的港湾。这使孔乙己不仅在肉体上处于居无定所的漂泊状态,而且在精神上还处于无所依傍的荒原状态。至于孔乙己的"阶级属性"以及类似的"科举制度"等抽象的政治术语,则完全地被遮蔽了。

与夏志清的文学史书写相似的是身居香港的司马长风的文学史书写。司马长风在其《中国新文学史》的第二编第八章中,专门以"鲁迅小说——一枝独秀"为题,对《孔乙己》等小说进行了较为全面的分析。他指出:"在新文学诞生期寥寥可数的小说作家当中,值得特别说明的作家不外鲁迅、汪敬熙、冰心、叶绍钧这几个人。真正成功的只有鲁迅一个人。"在鲁迅的《呐喊》所选的小说中,"《孔乙己》和《药》都是佳作,都以相当短的篇幅,写出了气氛,写活了人物,充分表达了主题"。《孔乙己》"写一个破落的读书人,走向他可悲的末路。他虽然已成村民取笑的对象,可是仍还保持读书人的矜持,对儿童少年仍有几分'有教无类'的胸怀。这三者交织在一起,读来每感笑中有泪,泪中有笑"③。显然,司马长风在此对孔乙己这一形象的解读,描述多于概括和提升,其所凸显的是孔乙己尽管已沦为"破落"的读书人,尽管也受到村民的取笑,但他依然保持着读书人的"矜持"。在这里,司马长风没有从中看到丁举人等地主的"迫害"及科举制度的罪恶,显示出了迥异于大陆学者的文学思维路径。

由此我们可以看到,夏志清和司马长风身在海外,其在解读《孔乙己》时尽管也被意识形态所左右,但其色彩不像大陆那样浓郁。他们在此用较为中性的话语,对其蕴含的人生意义进行了解读,指出了孔乙己在文化剧变时期所表现出来的自我文化认同上的"酸味"和"矜持"等特点,至于孔乙己这一形象所蕴含的政治价值和意义,则处于缺失的状态。这表明了海外学者在文学史书写中,往往凸显了生活化、世俗化的一面,而对政治性则持有一种抵触的态度——这种抵触以致"恶屋及乌"。显然,这是另一种意识形态隐藏其中的结果。

---

① 司马长风:《中国新文学史》,(香港)昭明出版社有限公司1980年版。
② [美]夏志清:《中国现代小说史》,刘绍铭等译,复旦大学出版社2005年版,第27页。
③ 司马长风:《中国新文学史》(上卷),(香港)昭明出版社有限公司1980年版,第106页。

二

随着20世纪80年代思想解放的深入,现代中国文学史的书写开始进入了一个新的历史时期[1],其主要的标志是学人逐渐剔除了"四人帮"推行的"左"的思想的影响,逐渐地使文学回到了本体上来,其最有代表性的学者是唐弢、严家炎、王富仁等"老中青"三代学者。唐弢在其主编的《中国现代文学史》[2]中,认为"孔乙己是一个没有'进学'的老童生,贫困潦倒,封建社会一方面以'万般皆下品,唯有读书高'的思想培育了他的自尊的性格,另一方面又给他以最冷酷的待遇,使这种性格不断地受到现实生活的蹂躏和践踏","作品通过人物的行动抨击了封建制度,同时也暗寓着对这种性格的鞭挞……从这些流露着同情的描写里,进一步反衬出科举制度对他精神的戕害。孔乙己的没落是必然的"。著者又进一步分析道,《孔乙己》"点出封建制度怎样扭曲一个人的性格"[3]。唐弢在此尽管也把孔乙己形象看作是对"封建制度"的抨击,是对"科举制度"的控诉和否定,但更多的还是观照了孔乙己的主体精神世界,模糊了孔乙己的阶级身份,用更为中性的术语"老童生"来概括孔乙己作为读书人的特殊身份,指出他是这个"封建社会"的牺牲品——社会所赋予他的思想,并没有导引着他的人生走向光明,反而使他成为这种思想的牺牲者。因此,孔乙己的没落,正隐含着中国社会在数千年来未有之大变局中,客观世界的剧变与人的精神世界的惰性所产生的深刻矛盾。这正如黑格尔所说的那样:"我们这个时代是一个新时期的降生和过渡的时代。人的精神已经跟他旧日的生活与观念世界决裂,正使旧日的一切葬入于过去而着手进行他的自我改造……成长着的精神也是慢慢地静悄悄地向着它新的形态发展,一块一块地拆除了它旧有的世界结构。"[4]但遗憾的是,孔乙己因为没有"跟他旧日的生活与观念世界决裂",随之完成"自我改造",其结局是最终成为被"拆除"的"旧有的世界结构"。孔乙己的悲剧,正是这大变动时代中因恪守既有的落后的文化认同所造成的深刻悲剧,表明了新旧时代正处于艰难的"嬗变"之中。从这样的意义上说,唐弢在此凸显了孔乙己没落的必然性,较之以前的文学史书写凸显"科举制度"的罪恶来说,意味着研究者开始把人置于"中心位置"上,人的主体性开始得到张扬。因此,唐弢除了对那种宏大的政治命题依然有着深深的情结外,还悄悄地置换进了对个体命运的关注等现代人文情怀,这种对具体历史情景中的个体命运沉浮的关注,未尝不可以看作"文化大革命"对人的主体性的否定再否定,属于文学史书写上的"拨乱

---

[1] 朱德发:《四大文化思潮与现代中国文学关系辨析》,《山东师范大学学报》2011年第4期。
[2] 严家炎在该书的第三册中则和唐弢并列为主编,由此可以看到,20世纪80年代的文学史书写,第二代学者还没有完全浮出历史地表,他们似乎还被第一代学者的巨大身影所遮蔽。尽管如此,这并不标明他们没有"在场"。
[3] 唐弢主编:《中国现代文学史》(一),人民文学出版社1984年版,第98—99页。
[4] [德]黑格尔:《精神现象学》(上卷),贺麟、王玖兴译,商务印书馆1987年版,第7页。

反正"。

在 20 世纪 80 年代思想解放运动中,除唐弢之外,还有一些学人,在文学史书写的主潮中,以专题研究的形式,对《孔乙己》进行了一定的观照。这可以看作文学史书写的一个有益补充,这自然地垫高了文学史书写的基点。其代表性的研究学者是王富仁。王富仁站在启蒙主义的文化立场上,把鲁迅的《呐喊》《彷徨》纳入"思想革命的一面镜子"中,凸显了鲁迅作品在"思想革命"中的价值和意义。具体到《孔乙己》这部短篇小说,王富仁则凸显了由此所显示出来的"思想革命"的价值和意义,着力从其封建等级观念出发,掘发了其所隐含的主题:"在《孔乙己》中,似乎存在着两个互相平行的主题:一是由科举制度对孔乙己的思想毒害,揭露科举制度的罪恶;二是由咸亨酒店的酒客对孔乙己的残酷戏谑,表现封建关系的残酷实质。实际上,这两者都统一于一个更根本的主题意义,即暴露封建等级观念的极端残酷性",孔乙己"仍不肯脱下长衫","极力维护着自己读书人的体面,其思想根源都是封建的等级观念","周围人对他进行残酷戏谑的内在心理根据,在于他实际沦落到了比他们更低的社会等级上,在于他的言行与他的实际卑贱地位的极端不协调性","正是这种等级观念,将似乎对立的双方——孔乙己和周围群众——在思想性质上联系了起来,把两个似乎平行的主题扭结在了一起"。① 显然,王富仁从思想革命入手,在《孔乙己》中发掘出来的自然不再仅仅是以往的"科举制度的罪恶",而是推进到了"封建等级观念"上。对"封建等级观念"的特别凸显,表明了 20 世纪 80 年代重续五四启蒙主义文化传统,尤其是重续"反封建"主题,已经成为"文化反思"后的自觉文化选择。因此,王富仁在此把孔乙己和周围群众都纳入一个需要重新启蒙的行列中来,这显示了新的文学史书写,已经挣脱了既有政治权力的干预,开始了向文学本体和文化启蒙回归的艰难历程。

当然,如果说唐弢于 20 世纪 80 年代进行的文学史书写,还带有起承意味的话,那随之而开启的则是以钱理群等为代表的第三代学者的文学史书写实践。1977 年恢复研究生教育之后,钱理群、吴福辉等青年学者相继进入北京大学,他们一方面秉承了北大的优良文化传统,另一方面又亲炙了王瑶等老一代学者的人格熏染和学术启迪,在前辈学人的文学史书写基础上,于 1987 年出版了代表其文学史书写新高度的《中国现代文学三十年》。但受其体例的影响,《孔乙己》仅仅被纳入其中的一个论题之下,进行了有限度的阐释:"为了充分地展开'改造国民性'的主题,鲁迅在作品中十分注意对无意识'无主名'的'杀人团'的描写。在鲁迅笔下的悲剧人物毫无例外地都面对着一大群不觉悟的有名无名的群众……在《孔乙己》里,鲁迅干脆避开正面描写孔乙己被毒打,而集中笔力渲染酒店掌柜对孔乙己不幸遭遇的冷漠反应。"② 尽管寥寥数笔,但已经埋下了他们十多年后的修订本有所深化与拓展的"伏笔",显示了他们融文化批

---

① 王富仁:《中国反封建思想革命的一面镜子》,中国人民大学出版社 2010 年版,第 39—40 页。
② 钱理群、吴福辉、温儒敏、王超冰:《中国现代文学三十年》,上海文艺出版社 1987 年版,第 61—62 页。

判于文学史书写实践中的某些端倪。

三

世纪之交，文学史书写经过了20世纪80年代的喧哗后，进入了一个"重写文学史"的阶段。现代中国文学史上那些曾经被低估了的文学流派、文学思潮和作家作品，得到了较为全面的梳理，这为文学史书写实现突破奠定了坚实的基础。这种情形表现在《孔乙己》的文学史书写实践则是钱理群、王富仁和严家炎等学者对《孔乙己》的重新言说上，这给世纪之交的文学史书写带来了新气象。

钱理群等学者经过多年的学术积淀，其于1998年出版的修订本《中国现代文学三十年》中，在诸多方面获得了突破性进展，这种情形同样体现在对《孔乙己》的解读中。钱理群等人从"被看/看"的模式出发，认为"在这个模式里，作为被看者的孔乙己（知识分子）的自我审视与主观评价（自以为是国家、社会不可或缺的'君子'，'清白'而高人一等）与他（们）在社会上实际所处的'被看'（亦即充当人们无聊生活中的'笑料'）地位，两者形成的巨大反差，集中反映了中国知识分子地位与命运的悲剧性与荒谬性"[①]。应该说，钱理群在此对前人的解读有一定的推进，其从新的模式中看到了孔乙己所体现出来的"中国知识分子地位与命运的悲剧性与荒谬性"，便淡化了孔乙己与科举制度之间的关联性，更多地从当时知识分子，尤其是经过"文化大革命"炼狱般生活的知识分子的人生体验出发，强化了孔乙己作为知识分子，其社会地位的沦落与人生命运的悲剧，特别是身处荒谬社会依然执着于自我作为知识分子的担当，其所具有的悖论与荒谬。在此情景下，当代知识分子把孔乙己当作"一面镜子"，这便超越了唐弢、王富仁等学者的启蒙主义文化立场上的解读，深深地烙上了由其所生活的时代而获得的某种现代性体验的印记。

王富仁虽然一直未能和钱理群等学人那样，矢志于文学史书写实践，但其在鲁迅研究上却是一直在用力的重要学者之一。时过境迁，十几年后，王富仁又把目光落到了《孔乙己》这一文本上，这便是他于2000年撰写的《鲁迅小说的叙事艺术》[②]一文。虽然不属于我们所说的严格意义上的文学史书写，但却是我们探讨《孔乙己》在文学史书写变迁中无法绕开的。该文从西方叙事学的视点，对鲁迅小说的叙事艺术进行阐释，其中对《孔乙己》也有着较为详尽的"解码"，并深蕴着强烈的主体色彩。王富仁在此文中"只以一个读者即解码者的身份对鲁迅《孔乙己》的信息转换成"其"能够理解的意义，并以此感受鲁迅小说之能够被不同时代的读者按照自己的方式进行理解的奥秘"[③]，

---

① 钱理群等：《中国现代文学三十年》（修订本），北京大学出版社1998年版，第34—35
② 王富仁：《鲁迅小说的叙事艺术》，《中国现代文学研究丛刊》2000年第3、4期。该文后收录《中国反封建思想革命的一面镜子》（中国人民大学出版社2010年版），这可见出王富仁对该文的特别偏爱。
③ 王富仁：《中国反封建思想革命的一面镜子》，中国人民大学出版社2010年版，第444页。

指出了"我们把孔乙己作为一个受到科举制度毒害的知识分子,这当然是一种解码方式,但这样的人已经在我的时代消失了。通过这种编码形式我已经无法把孔乙己编织进我的感受中,无法使他在我的情感世界中占据一席之地"。"但是,他的那种'满口之乎者也'的话语形式,我却仍然随时随地都能够找到它的对应物。""由此,我感到我和与我类似的一些中国知识分子都像孔乙己。"[1] 王富仁正是从新时期中国知识分子的文化境遇出发,对孔乙己产生了"感同身受"的情感认同,并在此基础上,还对孔乙己的"偷书"行为所显示出来的"反抗强者"的意味,进行了深入的阐发,这贯通了孔乙己与当代知识分子在不同的历史境遇中所遭遇的相似命运。由此说来,王富仁在此站在弱势群体的文化立场上,对"丁举人"之类的强者存在的合理性和合法性进行了质疑。从某种意义上说,王富仁正是承继了鲁迅的文化批判精神,并借助鲁迅及其文本这一"符码",实现了对现实社会生活的积极参与。从这样的意义上说,任何历史都是当代史的命题,任何的文学史自然也就是当代文学史,这样的解读,无疑极大地开拓了文学史书写的无限可能性。尽管到目前为止,类似于王富仁这种解读模式的文学史还没有"横空出世",即便是有,恐怕也多被看作离经叛道,从这样的意义上说,王富仁的这篇皇皇长文能够在《中国现代文学研究丛刊》上刊出,不能不说是对既有文学研究模式的极大颠覆。

如果说王富仁在新世纪以来对《孔乙己》的解读彰显了主体的思想情感的话,那么,严家炎等学者的文学史书写,则依然把启蒙的文化情怀融汇到学理之中,这便是其主编的《二十世纪中国文学史》[2]。参与该部文学史书写的专家,基本上都是具有影响力的一流学者,正如该书扉页所标示的那样:本书"可以说集国内近代文学和现当代文学研究之大成、是多方面协同研究所取得的重要成果……提出了诸多富有开创性、启发性的论点"。我们以此对照其对《孔乙己》的解读,便可以发现此言非虚。严家炎对《孔乙己》的解读,较之以前的解读,其突出特征是凸显了鲁迅对国民性的批判精神:"作者既揭示了科举制度愚弄和戕害读书人的悲剧,也鞭挞了孔乙己自己的病态性格,更痛心于麻木无聊的人们竟以观赏他人的不幸为乐的冷漠和残忍。小说着力写了酒店内外人群先后三次故意用孔乙己肉体或心灵的创伤来取笑他、折磨他的情景,委实令人颤栗,又发人深省。"[3] 这样的解读,显示出著者一方面继承了前人对《孔乙己》解读中的合理性内容,另一方面还发展并深化了既有的解读,强化了鲁迅对国民性的批判精神:酒店内外的人群,其人生尽管也是悲剧的,但他们在孔乙己这样的沦落人面前,则通过欣赏孔乙己人生的不幸,消弭了自我精神上的痛苦,这正是鲁迅对国民性批判应有的题中之意。这样的解读,相对于钱理群从"被看/看"的模式所做的解读,更接近于文本本身。

---

[1] 王富仁:《中国反封建思想革命的一面镜子》,中国人民大学出版社 2010 年版,第 450 页。
[2] 严家炎主编:《二十世纪中国文学史》,高等教育出版社 2010 年版。
[3] 严家炎主编:《二十世纪中国文学史》(上册),高等教育出版社 2010 年版,第 177 页。

四

  我们通过现代中国文学史对鲁迅的《孔乙己》这一文本书写的历时性分析，可以发现，文学史的书写者，以一种超越前人、超越自我的姿势，努力地拓展着对《孔乙己》认知的深度与广度，并从中获得具有当下价值和意义的阐释。孔乙己这一形象，从王瑶一度被农民形象所遮蔽，到刘绶松的文学史书写中又被纳入阶级的框架中，意味着20世纪50年代的文学史书写，已经逐渐地远离了文学研究对象本体所具有的特质，开始了"被提升""被概括"的痛苦历程；与大陆的文学史书写相左，20世纪六七十年代的海外学者，则对《孔乙己》进行了世俗化、生活化的还原。大陆学者文学史书写上的政治化与海外学者文学史书写上的世俗化，显示了大陆与海外文学史书写相互区别的"政治立场"，具有相互制衡的"矛盾对立"的某些意味，表明了当时冷战造成的东西方两大阵营，是如何潜在地影响了文学史的书写实践。值得欣慰的是，这种情形，到了20世纪80年代开始出现了转机，文学史的书写者开始逐渐地回归到了《孔乙己》的本体中——这未尝不可以看作王富仁在当时所提的"回到鲁迅"口号在文学史书写实践上的体现。正是在这样的"回归"中，孔乙己这一形象身上所肩负的艰巨政治使命，开始逐渐地弱化；与此同时，从"文化大革命"动乱中走过来的一代知识分子，其所经历的艰难人生，也使他们没有了足够的底气来嘲笑孔乙己——相对来说，孔乙己的悲惨遭遇，比那些投湖自杀、上梁自尽的知识分子，也难说悲惨到哪里去了。他们从孔乙己这一形象中，不期而遇地发现了同为知识分子的自我的某些影子。至于世纪之交，知识分子在经济社会中日益被边缘化，孔乙己的人生及其生存境遇，又成为知识分子"浇胸中块垒"的"酒杯"，当代学人在渗透着无奈的言说中，发现了孔乙己超越"科举制度"等显现层面的局限，洞察到知识分子共有的人文情怀，显示出一种更为决绝的文化姿态——毫不妥协地肩披着那件标志着知识分子身份的"长衫"，尽管这"长衫""又脏又破"，甚至与当时社会生活格格不入。伴着新世纪的第一个十年渐行渐远，《孔乙己》这一文本，也开始退去了其所肩负的诸多使命，向着本体回归，这便是《孔乙己》作为一个优秀的文本，尽管其阐释的空间是如此之大，但其主要方面恐怕还是凝聚着鲁迅的国民性思考的精华，其中既有对科举制度作为封建制度所显示出来的"吃人"的一面，这可以看作鲁迅对其《狂人日记》的吃人主题的自然延伸；同时，这还可以看作鲁迅有关国民性思考的载体；尤其是当文学史书写者把围绕在孔乙己身边的"看客"特别地予以凸显时，便意味着处于社会转型的当下，从根本上改造"看客"的文化心理，依然是文化重铸的艰巨使命。所有这些情形都清晰地表明，《孔乙己》依然处在"被"文学史不断地重新书写的历史链条中，并因此显示出文学史书写变迁是如何潜在地受制于时代语境整体规范这一基本规律。

鲁迅的"多疑"及其界定

中国传媒大学文学院 刘春勇

鲁迅先生的多疑早已是一个不争的事实,但如何看待和评价这一事实却历来颇多争议。

本文尝试对鲁迅的多疑做一个详细的界定。其步骤如下:一归纳:通过前人的研究及笔者自己所找的例证,归纳出鲁迅多疑的类型;二比较:通过比较辨析鲁迅的多疑、一般的怀疑和怀疑论三个容易混淆的概念来界定多疑,并以此界定来检验笔者所归纳的多疑类型且甄别之,从而最终对鲁迅的多疑做出界定。

一 鲁迅多疑的类型

关于鲁迅多疑的界说历来纷纭,文章颇多,但笔者认为至今在谈论这一问题上有三个文本绕不过,即钱理群先生的《心灵的探寻》[1]、王晓明先生的《无法直面的人生——鲁迅传》[2]和日本学者尾崎文昭先生的《试论鲁迅"多疑"的思维方式》[3]。这三个文本对人们理解鲁迅的多疑影响至大,至今无出其右。但这三个文本又各自有其致命的弱点,或者误导,或者不能概括清楚鲁迅的多疑,从而导致了对这一问题的理解与界定的混乱,甚而竟导致了我们对鲁迅本身理解的困难。因此,厘清鲁迅的多疑,并对之做出准确的界定迫在眉睫。钱文的弱点在于他混淆了鲁迅的多疑与笛卡儿意义上一般怀疑主义的关系,将笛卡儿意义上一般怀疑主义误认为是鲁迅的多疑,从而误导了人们对鲁迅多疑的看法,甚至在某种程度上也影响了他对于鲁迅解读的深度。王文则滑入到另一个极端,他将鲁迅的多疑误解为消极虚无的怀疑论,从而将鲁迅解读得过于虚无化,而忽略了鲁迅"强力"的一面。钱与王对于鲁迅多疑的解读表面上看似相反,但实际上是一枚硬币的两面,这枚硬币就是20世纪80年代流行于中国大陆的启蒙思潮,钱取的是其开首,取其怀疑一切的气概与勇气;而王则取其末端,是启蒙

---

[1] 钱理群:《心灵的探寻》,河北教育出版社2002年版。
[2] 王晓明:《无法直面的人生——鲁迅传》,上海文艺出版社1993年版。
[3] [日]尾崎文昭:《试论鲁迅"多疑"的思维方式》,孙歌译,《鲁迅研究月刊》1993年第1期。

没落时的哀叹与绝望,因此他笔下的鲁迅面貌亦是绝望而虚无的。其实看看两本专著的写作背景就会一目了然,钱著写作于20世纪80年代中前期,正是启蒙潮涨之时,因之"兼济"而豪迈;而王著作于20世纪八九十年代之交,正是启蒙潮落之时,因之"独善"而虚无。这也正是我们今天从两位先生处读到的鲁迅的两种面貌,而无论哪一种面貌,其绘画之始其实都是与对多疑的理解有莫大关系的。三者之中较客观公允的则是尾崎文昭先生的《试论鲁迅"多疑"的思维方式》,这篇文章是迄今为止研究鲁迅多疑问题的最为难得的一篇佳作。但其中对多疑的界定与论述亦非无懈可击。在文章中,尾崎先生将鲁迅的多疑思维方式分为三种类型:定向否定深化型"多疑"思维方式、往复否定型"多疑"思维方式和往复深化型"多疑"思维方式,并且做了详细的分析与论证。但其弱点有二:其一,根据他的论述,所谓定向否定深化型"多疑"其实质就是笛卡儿意义上一般怀疑主义,也就是钱理群先生所界定的鲁迅的多疑,其实通过后面论述我们将知道这完全是一种误解;其二,尾崎先生的三种类型并不能囊括鲁迅先生的全部多疑,从尾崎先生的论证来看,他所谓的多疑的三种类型都有同一种特征,那就是在这三种类型的多疑当中,鲁迅是能意识到自己的多疑的,而实际上,鲁迅有些时候的多疑是在他意识不到的情况下发生的。譬如1926年7月他在北京《世界日报副刊》上连续发表的《马上日记》中所记载的在齐寿山家因苹果而引起多疑[①]的一件小事情可以证明他当时对自己的多疑是毫不自觉的。再譬如在著名的关于"杨

[①]《马上日记》在"六月二十八日晴,大风"的下面有这样的记载:

又想了十秒钟,只好决计去访C君,仍在大毒日头底下的尘土中趱行,这回总算一路无阻,到了。打门一问,来开门的答道:去看一看可在家。我想:这一次是大有希望了。果然,即刻领我进客厅,C君也跑出来。我首先就要求他请我吃午饭。于是请我吃面包,还有葡萄酒;主人自己却吃面。那结果是一盘面包被我吃得精光,虽然另有奶油,可是四碟菜也所余无几了。

吃饱了就讲闲话,直到五点钟。

客厅外是很大的一块空地方,种着许多树。一株频婆树下常有孩子们徘徊;C君说,那是在等候频婆落下来的;因为有定律:谁拾得就归谁所有。我很笑孩子们耐心,肯做这样的迂远事。然而奇怪,到我辞别出去时,我看见三个孩子手里已经各有一个频婆了。(卷三,第317页)(按:本文所引鲁迅原文均出自人民文学出版社1981年版《鲁迅全集》,且用随文引,下同)

又据该文注解(20),C君"指齐宗颐(寿山)。据《鲁迅日记》一九二六年六月二十八日载:'晴。……往信昌药房买药。访刘半农不值。访寿山。'"(卷三,第320页)齐寿山是当时鲁迅在教育部的同事,应该说是仅次于许季市的好朋友了。对于齐寿山与鲁迅的关系,蔡元培先生曾经有过这样的描述,"先生在教育部时,同事中有高阳齐君寿山,对他非常崇拜,教育部免先生职后,齐君就声明辞职,与先生同退。齐君为人豪爽,与先生的沉毅不同;留德习法政,并不喜欢文学,但崇拜先生如此,这是先生人格的影响"。(蔡元培:《记鲁迅先生轶事》,载《鲁迅回忆录》(散篇)(上册),鲁迅博物馆、鲁迅研究室、《鲁迅研究月刊》选编,北京出版社1999年版,第101页)又这篇文章是写于1926年的6月底,距离鲁迅先生南下不到两个月的时间。《鲁迅日记》1926年7月6日记载:"……下午往中央公园,与齐寿山开始译书。"(卷十四,第606—607页)《鲁迅年谱》第二卷记载:"下午往中央公园,与齐寿山开始翻译荷兰作家望·蔼覃所作长篇童话《小约翰》。"并且从即日起一直到他离京南下之前的大约一个多月的时间里,先生的日记里几乎是隔一两天就有"往中央公园"的记载,可见鲁迅先生与齐寿山见面之频繁及关系之密切。然而对于即使关系如此之密切,且性格如此之豪爽——教育部免鲁迅之职,齐寿山与许季市愤然退职——的齐寿山君,鲁迅先生也还是"情不能自已"地"疑",而况疑又是吃面包与苹果之小事,这自然不免让人觉得鲁迅多疑了,而爱与崇仰先生的人不免也"可怜"他了。显然,在这篇文章中鲁迅先生并没有自觉到他的多疑。

树达"君的袭来的事件中鲁迅对于自己的多疑亦是不自知的①。虽然整个"'杨树达'君的袭来"事件（包括《辩正》与公开信）可以安放在尾崎所谓的"往复深化型'多疑'思维方式"中，但单就《记"杨树达"君的袭来》而言，这其中鲁迅近似神经质的多少有点病态的多疑是尾崎所谓多疑的三种类型所不能包含的。《马上日记》也是这样。既然如此，如果要给鲁迅的多疑一个清晰的界定，只能重新洗牌。

现在我们将尾崎的多疑的三种类型及其代表篇目和我们提到的几篇多疑的篇目排列出来，寻求重新洗牌。

A 组：尾崎文昭先生所分的"多疑"的三种类型及其代表篇目，如下：

（1）否定深化型：《狂人日记》正文

（2）往复否定型：《自言自语》序言

（3）往复深化型：《狂人日记》与"序"、《故事新编》和《过客》

B 组：鲁迅先生对"多疑"的自觉与不自觉，篇目如下：

（1）不自觉：《记"杨树达"君的袭来》《马上日记》

（2）自觉：《无题》《一件小事》

B（2）中的《无题》和《一件小事》这两篇文章的写作背景与用意大抵相同，表达的都是鲁迅对于自己"怀疑人类"思想的否定，从而意识到自己个性的多疑，并最终在自我否定中看到人类的希望。B（2）中的多疑其实是鲁迅"自我质疑"的一种，大致相当于尾崎文昭所说的往复深化型"多疑"思维方式。综合 A、B 两组来看，"疑"，作为谓词，其主词一定为鲁迅或相当于鲁迅，那么，我们现在来看看"疑"的宾词。按尾崎的界定，A（1）的宾词是他者，表现为对一切外于己的存在的怀疑，如《狂人日记》中狂人之"疑"。A（2）虽然是在对陶老头子进行反复否定，其实是作者在反复进行自我否定，所以宾词应该为自我（所谓主体）。A（3）中举的《过客》的例证是为了说明往复深化型"多疑"的思维方式是一种指向自身的，"对于自己所拥有并依据的全部观念与心情""都要加以'多疑'的审视"，"不可扼止地对自己的现存方式进行多层次的否定"②的思维方式。因而"多疑"的宾词自然是自我了。至于《故事新编》中的小说则都是"小说结构性自我否定，它的构造基本上与往复深化型的'多疑'思维方式相同，据此我们可以将这种情况理解为'多疑'思维方式在小说创作中作为小说结构表现出来的结果"③。根据尾崎先生的这种提法，我们也可以将《故事新编》中的"小说结构性自我否定"作为鲁迅世界中大的"自我否定"的一部分处理，将这其中"多疑"的宾词看作是"自我"。而《狂人日记》中的"序"对正文的关系也可以看作这种情况。再来看 B 组，B（1）中"多疑"的宾词显然是他者。B（2）中的多疑，如前所述，是鲁迅"自我质疑"的一种，因此，其"多疑"的宾词当

---

① 见《记"杨树达"君的袭来》和《关于杨君袭来事件的辩正》两篇文章。
② ［日］尾崎文昭：《试论鲁迅"多疑"的思维方式》，孙歌译，《鲁迅研究月刊》1993 年第 1 期。
③ 同上。

然是自我了。如此笔者可以按照"多疑"的宾词对鲁迅多疑的类型进行重新洗牌：

1．"疑"—他者，包括：

（1）"疑"的结果正确，也就是判断正确，所谓"果然如此"，《无题》中"疑"店员防止"我"偷东西，结果"果然如此"。或者"当然如此"，在对外物"疑"之前，已有一套既成的评判标准，所以每"疑"必对，如钱理群先生对"多疑"思维解释中所举的《我之节烈观》中的各种角度与层面的"疑"即属这一种。尾崎先生所列举的《狂人日记》中的层层怀疑与层层否定也属此例。所以这一项中的"当然如此"相当于尾崎的"否定深化型'多疑'思维方式"。

（2）"疑"错了。如《记"杨树达"君的袭来》对少年判断的错误，又如《无题》中对店员要强辩的疑心的落空，以及《一件小事》中对人类皆不可救药的判断的受挫，都属此例。

（3）"疑"的结果正确然否未知。如《马上日记》中无谓的"多疑"。

2．"疑"—自我，包括：

（1）往复否定型"多疑"思维方式，如《自言自语》序言。

（2）往复深化型"多疑"思维方式，这种类型的"多疑"除了包括尾崎文昭原有的阐释内容外，笔者还要明确另外一种属于此类型的"多疑"思维方式，即"'疑'（我之疑—他者）"，简称"疑'我之疑'"，用一句话说就是，对我的怀疑的自我质疑，也就是鲁迅对自己有限性的清醒认识，即《呐喊》自序中所谓"决不能以我之必无的证明，来折服了他之所谓可有"（卷一，419页）。按理说这一类型也在尾崎所阐释的"不可扼止地对自己现存方式的多层次的否定"[①] 的范围之内，但由于"疑'我之疑'"与我们论文的主旨密切相关，故此单提出来，以示重要。具体到篇目，属于尾崎原有的为《过客》《故事新编》等，属于"疑'我之疑'"型的有《一件小事》《无题》和《呐喊》自序等。

以上的归纳只是界定的初步工作，到底什么是鲁迅的多疑还有待进一步甄别。

二 多疑与主体生成的关系

在展开这个问题之前，先来考察一下"多疑"与主体生成之关系。

当我们谈到主体时，我们毋庸置疑的是在谈论一个现代的问题，因为主体是一个代表现代本质的词语[②]，正因为如此，我们不能用诸如"李白作为一个主体""李贽是

[①] ［日］尾崎文昭：《试论鲁迅"多疑"的思维方式》，孙歌译，《鲁迅研究月刊》1993年第1期。

[②] "由于古希腊人不把自身看作凝视着客体的'主体'，即希腊人并不把事物'客体化'，因此，他们尚未是'主体'。中世纪哲学家也不把世界看作人类的对象，认为世界是上帝的创造，连人类也是上帝所造，因此，中世纪也没有真正意义上的'主体'。'主体'是近代的产物。""笛卡儿哲学标志着'主体'的崛起和近代'自我'的觉醒。"语见莫伟民《主体的命运》，上海三联书店1996年版，第1—2页。

一个可以大写的主体"这样一些表达,当我们说"现代性主体"时,其实也犯了重复的错误。主体最初出现在笛卡儿那里,"我思故我在"(Cogito, ergo sum)为主体奠定了坚实的基础,而从某种意义上说,现代哲学就是主体哲学,这也就是为什么黑格尔说,有了笛卡儿的"我思故我在",哲学才踏上真正意义上的大陆①。对笛卡儿来说,"我思"就是主体的全部,"我思"是一个绝对的开端。除了"我思"是确定的之外,世界其余的部分都是值得怀疑的,因此,"笛卡儿主张哲学的第一要义是必须怀疑一切,即抛弃一切假设。De omnibus dubitandum est [怀疑一切],抛弃一切假设和规定,是笛卡儿的第一个命题"②。但笛卡儿的"怀疑一切"并没有怀疑论的意义,也就是说它不是为怀疑而怀疑,以怀疑为目的。相反,笛卡儿的"怀疑一切"的真正目的是为了寻找可靠的东西,寻找世界的确定性,因此,他所怀疑的是过去一切不可靠的成见与假设,尤其是宗教的假设。正是这种怀疑一切与重新寻找世界的确定性规定了现代之本质:"人通过向自身解放自己来摆脱了中世纪的束缚。"而主体的生成正是在这样一个进程中进行的。但"决定性的事情并非人摆脱以往的束缚而成为自己",也不是在于人成为主体,"而是在人成为主体(Subjekt)之际人的本质发生了根本变化"。这种本质的变化即是"人成为存在者本身的关系中心","一切存在者以其存在方式和真理方式把自身建立在"③ 人之上。这样,世界便成了图象④,存在者整体成为人把捉和掌握的对象。⑤ 在这个时代,作为主体的人力求"成为那种给予一切存在者以尺度和准绳的存在者"⑥,并且按照自己的尺度与标准改造一切存在者(客体、对象,甚至是被物化的人)。

那么,五四以来中国社会的现代进程是不是这样的呢?其实这个问题的答案在许多关于五四的习惯性描述中早就存在,譬如,"五四是一个'人的发现'的时代""五四是一个怀疑一切的时代""五四是一个重估一切价值的时代""五四是一个启蒙的时代""五四是一个不同于封建社会的新时代",等等。而事实上,五四时期中国社会的现代进程也正是沿着"怀疑一切"和"寻求确定性"两条路径前行的,中国现代的主体也就是在这个进程中逐渐生成的。这两条路径具体操作起来就是对中国传统文化的批判和思想启蒙。典型的代表人物即是胡适、陈独秀、周作人和鲁迅。周作人在《人的文学》中指出关于"人"的真理的发现和女人与小儿的发现都是很晚近的事,⑦ 他说,"我所说的人

---

① [德]海德格尔:《黑格尔与希腊人》,载《路标》,孙周兴译,商务印书馆2001年版,第505页。
② [德]黑格尔:《哲学讲演录》(第四卷),贺麟、王太庆译,商务印书馆1978年版,第66页。
③ [德]海德格尔:《世界图象的时代》,孙周兴译,载《海德格尔选集》(下卷),孙周兴选编,上海三联书店1996年版,第897页,以上三处引文皆与此同。
④ 同上书,第899页。另第897页,孙周兴的注释中说,"'世界图象'(Weltbild)在日常德语中作'世界观'或'宇宙观'。联系海德格尔下面的讨论,我们取更为字面的直译'世界图象',意味着人的表象活动把世界把握为'图象'。"
⑤ 同上书,第918页。
⑥ 同上书,第904页。
⑦ 周作人:《人的文学》,载《艺术与生活》,河北教育出版社2002年版,第9页。

道主义……乃是一种个人主义的人间本位主义","个人爱人类,就只为人类中有了我,与我相关的缘故。"① 在做了这种确定之后,周作人将文学区分为"人的文学"和"非人的文学"两种,他认为中国古典的《肉蒲团》和《九尾龟》是非人的文学,法国莫泊桑的《一生》和俄国库普林的《坑》是人的文学,② 而中国现在亟待建立的是人的文学。显然,周作人评判存在的尺度和准绳是已经作为存在者关系中心的主体"我",而"我"是以人道主义为基石的。胡适的主体(我)是建构在实验主义的大厦上的,"我谈政治只是实行我的实验主义……我谈白话文也只是实行我的实验主义"③。这个"我"成为评判一切的尺度,怀疑一切,"什么东西都要拿证据来,大胆的假设,小心的求证。这种方法可以打倒一切教条主义、盲从主义,可以不受人欺骗,不受人牵着鼻子走"④。这几乎可以看作是"我思"的标准范本,并且胡适丝毫不去怀疑"我思"的前提的确定性,他的学生唐德刚后来不无悲哀地指出:"胡适之先生一生反对'被人家牵着鼻子走',可是在这篇自述里,我们不是也看到那个才气纵横的青年胡适,一旦碰到安吉尔、杜威二大师,便'尽弃所学而学焉',让他两位'牵着鼻子走'吗?"⑤ "胡公虽然一辈子鼓励人家怀疑,他自己却不大愿意人家对他底思想有所'怀疑'。"⑥ 同他们相比,鲁迅先生好像有点与众不同,王晓明先生曾经这样指出:"鲁迅是以一种非常独特的方式,加入五四那一代启蒙者的行列的,这独特并不在他的战斗热情比其他人高,也不在他的启蒙主张比其他人对,他的独特是在另一面,那就是对启蒙的信心,他其实比其他人小,对中国的前途,也看得比其他人糟。"⑦ 这实际上指出了五四启蒙得以凭借的确定性在遭遇到鲁迅时发生了动摇。情况也确实如此,在这场战斗中,其他人如胡适丝毫没有对这个确定性产生过怀疑,对他来说,这完全是主体对客体的一场战争,是一场降妖伏魔的"人妖"之战,最后的胜利一定会到来。而鲁迅却在未战之前对主体的正当性起了怀疑,也就是说他没有像胡适那样将主客体如此分明地划开,而是在客体中看见了自我,在自我之中看见了客体。"夏济安认为:与鲁迅比较,胡适就浅薄得多,后者虽然认为故纸堆中藏着吃人的妖怪,却自信有降妖伏魔的本领,并不像鲁迅那般看到妖怪已经附在自己的身上。"⑧ 造成这种不同的,正是鲁迅的多疑。正是他的多疑,使得他比胡适看得更深,他的敏锐的目光投向了更远的地方,他发现那个"确定性"("我思")的背面不是基石,而是松软的泥土。这个发现使得他非常悲哀,他何尝不想寻找一块可以依靠的基石呢?他又何尝想让妖魔附身,何尝不想做

---

① 周作人:《人的文学》,载《艺术与生活》,河北教育出版社2002年版,第11页。
② 同上书,第12页。
③ 胡适:《我的歧路》,载《胡适作品集》(9),远流出版公司1986年版,第67页。
④ 胡适:《就任"中央研究院"院长典礼致词》,载《胡适作品集》(25),远流出版公司1986年版,第88页。
⑤ 《胡适的自传》(胡适英文口述,唐德刚译校注),载《胡适哲学思想资料选》(下),葛懋春、李兴芝编辑,华东师范大学出版社1981年版,第93页。
⑥ 同上书,第95页。
⑦ 王晓明:《无法直面的人生——鲁迅传》,上海文艺出版社1993年版,第59页。
⑧ [美]孙隆基:《历史学家的经线》,广西师范大学出版社2004年版,第262页。

一个干干净净没有"吃"过人的孩子呢？可是他把这一切看得那么清楚，他不能够欺骗自己。他以一个文学家的直感将他所看到的曲折而含混地写出来或者吞进心里，这就是那些悲哀的文字、那些行走在"呐喊"缝隙里边所谓的"太黑暗的思想"。可是他又怀疑起来，他同样不能确认他所看到的就是松软的泥土，而不是基石，即"决不能以我之必无的证明，来折服了他之所谓可有"（卷一，419 页），于是他获得了行动的原动力，"呐喊"起来，可是悲哀依然挥之不去，他并没有就此完成从悲观到乐观的转变。所谓"两负变作一正，于是我获得了对人生更乐观的态度"[①] 其实只是一种说辞而已。我们显然不能将之与黑格尔的"否定之否定"的辩证运动等同起来。辩证运动通过起点、进展、过程和返回的进程，最终达到的是一个绝对的行动之源，也就是绝对主体[②]，在抵达这个终点后，不会再有犹豫与彷徨，而是充满自信与乐观。辩证法在"自身的返回"中包含着"末世论"的期待，它的着眼点是未来的"绝对时刻"而不是现在，所以总是充满希望，而希望处于"要来"之中。总的来说，这是一种乐观主义哲学。鲁迅的所谓"两负变作一正"虽然也能使他获得行动之源，但其底蕴不是"要来"之希望，而是对"绝望"的反抗，它的着眼点是现在而不是未来，而且即使"两负变作一正"，也还是处于"疑"之中的，以悲观为其基调。那么，在这反复的"疑"——多疑——当中，主体生成表现为一种什么样的情况呢？下面我们以鲁迅的"希望话题"与《狂人日记》中的"吃人"为例进行阐释：

首先来看看"希望话题"。在《呐喊》自序中有这么一段文字：

> 是的，我虽然自有我的确信，然而说到希望，却是不能抹杀的，因为希望是在于将来，决不能以我之必无的证明，来折服了他之所谓可有，于是我终于答应他也做文章了，这便是最初的一篇《狂人日记》。从此以后，便一发而不可收，每写些小说模样的文章，以敷衍朋友们的嘱托，积久了就有了十余篇。（卷一，页 419）

这段文字照例是曲折而含混的，"我虽然自有我的确信"，这里的"确信"到底是指什么呢？从后面的行文看，肯定不是指"希望"，而应当是指"必无"（必，显然是确信的一种表达），从上下文的语境来看，"必无"的宾词应该是"希望"，也就是"我的确信"是指我对希望的否定，而"决不能以我之必无的证明，来折服了他之所谓可有"显然又对"我对希望的否定"构成否定，然后作者说希望是有的，于是"答应他也做文章了"，但后文的"敷衍"二字却又对否定之否定之后得到的希望进行了解构，作者到底还是对"希望"心存疑虑。我们可以将这段话用命题与等式的形式表达

[①] 綦：《鲁迅的眼睛》，载《1913—1983 鲁迅研究学术论著资料汇编》（第一卷），中国社会科学院文学研究所鲁迅研究室编，中国文联出版公司 1986 年版，第 1064 页。原载《北辰报》1935 年 1 月 23 日。

[②] ［德］海德格尔：《黑格尔与希腊人》，载《路标》，孙周兴译，商务印书馆 2001 年版，第 506 页。

出来，从中可以窥出"疑"与主体的曲折关系。其解法分为两步：

1. 步骤一：

（1）命题Ⅰ：我疑"希望之有"

解题："希望之有"是钱玄同们的"我思"，是五四启蒙的确定性，这是现代普遍的根据与基础，是一般主体（Subjectum）①。因此，命题可以转换为：我疑一般主体。设 A = 我疑一般主体。

（2）命题Ⅱ：我疑 A

解题：因为 A = 我疑一般主体，所以，命题转换为：我疑"我疑一般主体"。命题中有两个"疑"，是双重否定，转换成一个肯定：我不疑一般主体。

（3）结论：我肯定一般主体。表达确信，"希望之有"。

（4）余论：然而作者又说，"以敷衍朋友们的嘱托"。既然作者肯定一般主体，答应写文章以启蒙，这应该是一项严肃而神圣的事情，态度应该积极才对，而"敷衍"显然是一个缺乏确信的消极之词。这两相对照看来显然是矛盾的，但正是这种矛盾构成了鲁迅"两负变作一正"同黑格尔的"否定之否定"的辩证运动的区分。也就是说鲁迅即使在表达某种希望与确信时其心态也不是乐观的，而仍是处于"疑"之中。另外也应该看到，"敷衍"与确信"必无"相比，确实前进了一些，而正是这构成了鲁迅的行动之源。但总的来说，"敷衍"对"我肯定一般主体"构成了反讽效果，即使不对"我肯定一般主体"构成绝对否定，也至少从程度上降低了"肯定"的语气，从某种程度上说，敷衍 + 我肯定一般主体 ≈ 我疑一般主体。

2. 步骤二：

（1）命题Ⅰ：我疑"希望之有"

解题：鲁迅说，我"自有我的确信"。上文讲过，"我的确信"即是希望之"必无"，也就是我对"希望之有"的怀疑，即我疑"希望之有"。因此，命题可以转换成：我的确信。而我的确信 = 我思 = 主体（Subjekt），在这里"我思" = "鲁迅思"，于是命题Ⅰ可以说是鲁迅主体的表达。设 B = 命题Ⅰ。

（2）命题Ⅱ：我疑 B

解题：因为 B = 命题Ⅰ，而命题Ⅰ最终的表达是：主体。所以，命题Ⅱ可以转换为：我疑主体。

3. 合解：我疑主体。

这个结论或许多少有点让人吃惊，因为如果继续沿着这个结论往下推论的话，甚

---

① 这里借用的是海德格尔的术语，海德格尔认为笛卡儿的"我思故我在"中的"我思"（主体）是一个抽象的纯粹的概念，是一个泛称的"我"，不涉及具体的"自我"，因此海德格尔称之为一般主体（Subjetum），而且 Subjetum 这个词原始意思是"根据""基础"之意，而泛称的"我"也正构成了现代之根据和基础。海德格尔称作主体的词语是 Subjekt，指具体的"自我"。见海德格尔《世界图象的时代》，孙周兴译，载《海德格尔选集》（下卷），孙周兴选编，上海三联书店 1996 年版，第 920 页的孙周兴译注。

至可以得出"鲁迅疑现代"这样一个命题。那么,这是鲁迅所愿意的吗?其实从情感上讲,鲁迅是非常不情愿这样的。笔者前面说过,他何尝不想寻找一块可以依靠的基石呢?但从理智上讲,他的直感告诉他这些都是无可奈何的事情,因为他不能欺骗自己,尤其是不能欺骗他人。他的情感与理智上的两难处境伴随他终生,直到晚年他写《我要骗人》其实还是在宣告,他在对待这件事情上是多么的无可奈何,他声嘶力竭地喊着要骗人,其实还是在向世人宣告,"我做不到!"而《狂人日记》正是宣告他这种复杂情感的开端,从这个意义上说,《狂人日记》标志着一个真正鲁迅世界的诞生,而不仅仅是他的第一篇白话小说。我们常常讲《狂人日记》是第一篇反封建的檄文,而且这也是我们通常所理解的《狂人日记》的意义所在。这种理解相当于尾崎文昭先生所分析的否定深化型"多疑"思维方式的那一部分。但是真正使《狂人日记》成为一篇"有意味的形式"却是在另外两个地方,其一是其序文对正文的否定,其二是作为反封建斗士的狂人竟然发现自己也参与了"吃人"。这相当于尾崎先生所分析的往复深化型"多疑"思维方式那部分。序文对正文的否定,尾崎先生称作为"小说结构性自我否定",其实是对作为主体的狂人的否定。而发现自己参与"吃人"则更直接是对主体的否定,这种否定是通过主体的否定性存在者的附身来实现的,也就是夏济安先生所说的,鲁迅在自己身上看见了妖魔。这种发现使得鲁迅非常痛苦,以致产生了类似于基督教的原罪感。

三 鲁迅的多疑与怀疑主义和怀疑论的区别

多疑[①]、一般的怀疑和怀疑论三者都属于"疑"——怀疑的范畴。一般的怀疑即我们通常所说的怀疑,多疑和怀疑论则是怀疑范畴中非通常概念。在哲学上,一般的怀疑的典型是以笛卡儿的"我思"为基础的"怀疑一切"的近代怀疑主义。怀疑论则可以上溯到希腊化时期哲学上的怀疑派[②],这一派也可以称为怀疑主义,为了与笛卡儿式的近代怀疑主义区别开,笔者沿用黑格尔的用语称之为"怀疑论"。关于一般的怀疑与怀疑论,黑格尔在《哲学史讲演录》中说得很清楚:

> 他首先从思维开始,这是一个绝对的开端。他认为我们必须从思维开始,因而声称我们必须怀疑一切。笛卡儿主张哲学的第一要义是必须怀疑一切,即抛弃一切假设。De omnibus dubitandum est[怀疑一切],抛弃一切假设和规定,是笛卡儿的第一个命题。但这个命题并没有怀疑论的意义;怀疑论是为了怀疑而怀疑,以怀疑为目的,认为人的精神应当始终不作决定,认为精神的自由就

---

① 其实前面应该加一个定语"鲁迅的",但为了方便起见,我们在全文皆简称"多疑"。
② 它的代表人物是皮浪、蒂孟和阿塞西劳斯。见[英]罗素《西方哲学史》(上卷),何兆武、李约瑟译,商务印书馆1981年版,第297—304页。

在于此。与此相反，笛卡儿的命题却包含着这样的意思：我们必须抛开一切成见，即一切被直接认为真实的假设，而从思维开始，才能从思维出发达到确实可靠的东西，得到一个纯洁的开端。在怀疑论者那里情形并非如此，他们是以怀疑为结局的。①

怀疑论是以怀疑为结局的，它"提供不出任何积极的东西（哪怕是在纯知识的领域内）"②。而相反，笛卡儿的"怀疑一切"的真正目的是寻找确实可靠的东西，寻找世界的确定性。因此，这种怀疑是以"我思"为根基对以往的习俗或旧有观念进行质疑。一句话，怀疑论的尽头"站着"的是虚无，而笛卡儿式的近代怀疑主义的基础则是实有。

那么，多疑与二者的区别是什么呢？

首先来看看多疑与怀疑论的区别。这两个概念很容易混淆，将这两个概念弄混淆的典型著作是王晓明的《无法直面的人生——鲁迅传》。王晓明先生认为，鲁迅先生独特的"毒奇"眼光源于他的多疑，而多疑**"道路的尽头，就站着虚无感"**③。"它（虚无感）虽然包含着对战胜黑暗的悲观，但它同时又怀疑在黑暗之外还有其他的价值，倘若天地之间只有黑暗是'实有'，这黑暗也就不再是黑暗了。因此，**你一旦陷入这样的虚无感，就会迅速失去行动的热情，牺牲也罢，反对也罢，都没有意义，人生只剩下一个词：无聊。**"④ 从引文中的黑体字来看，王晓明先生显然是从怀疑论的角度来理解多疑的。其实，多疑与怀疑论的差别就在一纸之间，其共同点在于二者的时间观非常相似，它们都是执着于目前/瞬间，认为未来捉摸不定，但对于目前/瞬间的态度却截然不同，怀疑论者是抱着享受的态度，"为什么要忧虑未来呢？未来完全是无从捉摸。你不妨享受目前"⑤。由于这种享受的态度，怀疑论者就完全建构在"虚无"之上，"失去了行动的热情"，"怀疑主义是懒人的一种安慰，因为它证明了愚昧无知的人和有名的学者是一样的有智慧"⑥。正因为如此，黑格尔才说，"他们是以怀疑为结局的"。换句话说，怀疑论者只是疑，而从来不决断。这正是鲁迅所批判的一种态度：

>……中国的人民是多疑的。无论那一国人，都指这为可笑的缺点。然而怀疑并不是缺点。**总是疑，而并不下断语，这才是缺点**。我是中国人，所以深知道这秘密。其实，是在下着断语的，而这断语，乃是：到底还是不可信。但后来的事

---

① [德] 黑格尔：《哲学讲演录》（第四卷），贺麟、王太庆译，商务印书馆1978年版，第66页。
② [英] 罗素：《西方哲学史》（上卷），何兆武、李约瑟译，商务印书馆1981年版，第304页。
③ 王晓明：《无法直面的人生——鲁迅传》，上海文艺出版社1993年版，第80页。
④ 同上书，第81页。
⑤ [英] 罗素：《西方哲学史》（上卷），何兆武、李约瑟译，商务印书馆1981年版，第297页。
⑥ 同上。

实,却大抵证明了这断语的的确。**中国人不疑自己的多疑**。(卷六,486 页)

鲁迅先生对中国人的批判完全可以用到怀疑论者身上,怀疑论者便"总是疑,而并不下断语",并且"不疑自己的多疑"。同怀疑论者相反,鲁迅是疑自己的多疑的,并且鲁迅先生的多疑的最终结局并不是怀疑而是一种决断,换句话说,鲁迅先生的多疑并不是建构在"虚无"之上的,而是在"虚无之咬"的瞬间做出了决断①,尽管这决断有些迂回曲折。前面笔者列举过《呐喊》自序里面的"决不能以我之必无的证明,来折服了他之所谓可有"的层层怀疑与否定来证明了鲁迅的这种决断。这里笔者再举一关键例子来证明这一点。

……至于对于《晨报》的影响,我不知道,但似乎也颇受些打击,曾经和伏园来说和,伏园得意之余,忘其所以,曾以胜利者的笑容,笑着对我说道:"真好,他们竟不料踏在炸药上了!"

这话对别人说是不算什么的。但对我说,却好像浇了一碗冷水,因为我即刻觉得这"炸药"是指我而言,用思索,做文章,都不过使自己为别人的一个小纠葛而粉身碎骨,心里就一面想:

"真糟,我竟不料被埋在地下了!"

我于是乎"彷徨"起来。

……

但我的"彷徨"并不用许多时,因为那时还有一点读过尼采的 Zarathustra 的余波,从我这里只要能**挤**出——虽然不过是**挤**出——文章来,就**挤**了去罢,从我这里只要能做出一点"炸药"来,就拿去做了罢,于是也就**决定**,还是照旧投稿了——虽然对于意外的被利用心里也耿耿了好几天。(卷四,页 167—168)

这是鲁迅多疑的一个典型例证,但他始于多疑,却并不是终于多疑——"彷徨"其实是一种多疑心态的诗意描述——而是"挤",这个"挤"字非常关键,其实就是决断,"于是就**决定**,还是照旧投稿了"。笔者在此只是列举此例,以示与怀疑论者的区别,至于鲁迅如何在多疑中做出决断,是笔者后面要解决的问题。与怀疑论者消极"享受"目前/瞬间不同的是,鲁迅对每一个瞬间是积极承担的,在每一个瞬间"肩起黑暗的闸门",正因为如此,鲁迅就不像怀疑论者那样完全不忧虑未来,而是实实在在地在忧虑,只是他所肩起/开启之门不是在"要来"的"末世论"期待之中,而是在"过去与未来之际"(卷二,页 159)每一次碰撞的瞬间。

那么,多疑与一般的怀疑的区别是什么呢?鉴于一般的怀疑范畴的宽泛,笔者将

---

① [德]海德格尔:《尼采》(上卷),孙周兴译,商务印书馆 2002 年版,第 289 页。

这个问题转换为多疑与一般的怀疑的典型——笛卡儿式的近代怀疑主义的比较。实际上，关于它们的区别，笔者在上一节已经谈到一些。其中最为典型的例证就是鲁迅的核心多疑①与胡适的怀疑之比较问题。胡适的怀疑实质上就是笛卡儿式的怀疑主义，它是以主体的"我思"这种确定性为前提的，其真正目的是为了寻找可靠的东西，寻找世界的确定性。从表面来看，这种建立在主体"我思"确定性基础上的怀疑是一种"合理"的怀疑，其怀疑的提出是"合乎常理"的、自然的，而不是非"合理"的、突兀的，也就是说，它是建立在**自信**之上的"果断"。而鲁迅的核心多疑，从表面上看，则是"多余"的怀疑，是"不合乎常理"的、突兀的，其怀疑的提出给人一种"无根无据"的感觉，并且似乎是一种远离**自信**的"犹疑/游移"。从深层来看，它是建立在对主体"我思"确定性的怀疑的基础上的，即是尾崎文昭先生所谓的"往复深化型'多疑'"思维方式。当然，无论如何，这只是鲁迅众多类型多疑当中最为核心的一种，现在的问题是，其他类型的多疑符不符合这种两项规定呢？让我们再回过头来甄别前面的归纳项吧。

四 甄别与界定

1. "疑"—自我，包括两项：往复深化型"多疑"思维方式和往复否定型"多疑"思维方式。前者即笔者所说的鲁迅的核心多疑。现在看看后者符不符合笔者上面的两项规定。尾崎文昭先生为此举的例子是《自言自语》序言，"例如可以看一下《野草》的原型《自言自语》（收入《集外集拾遗补编》）的序文：陶老头子的话为人所讨厌，谁都不想听——却也有点意思的——不过写出来一看却又毫无意思——不过既然写出就姑且留下吧——不过即便留下它又怎样呢？就这样在肯定与否定之间不断地往复"②。《自言自语》发表于 1919 年八九月间，正是所谓启蒙时期，但从本篇来看，鲁迅却丝毫没有启蒙者应该有的"自信"，相反却到处表现出"犹疑/游移"的心态，对陶老头子的话的反复肯定与否定其实是鲁迅对作为启蒙者自身根基之"疑"的外露。由此看来，往复否定型"多疑"思维方式是符合那两项规定的。

2. "疑"—他者，包括：

（1）"疑"的结果正确，也就是判断正确。有两种情况：

a. 所谓"果然如此"。最佳的例子是鲁迅的那句名言："……我总觉得我也许有病，神经过敏，所以凡看一件事，虽然对方说是全部打开了，而我往往还以为必有什么东西在手巾或袖子里藏着。但又往往不幸而中，岂不哀哉。"（卷十一，页

---

① 鲁迅的核心多疑即是尾崎文昭先生所谓的"往复深化型'多疑'思维方式"，因为同尾崎先生一样，我的论文的核心就是建立在对这种类型"多疑"的分析上的，并且笔者认为在鲁迅的众多类型的"多疑"中，这种"多疑"是最具意义的，因此，为了方便起见，不妨称之为"鲁迅的核心多疑"。

② [日] 尾崎文昭：《试论鲁迅"多疑"的思维方式》，孙歌译，《鲁迅研究月刊》1993 年第 1 期。

632—633）所谓"不幸而中"即是"果然如此"。"我往往还以为必有什么东西在手巾或袖子里藏着"的"疑"是"无根无据"的一种"没来由"的直觉，我们找不出任何征兆——如笛卡儿式的怀疑有强有力的征兆那样——去"疑"手巾或袖子里藏着什么，甚至是鲁迅自己也不能确定，所以他才说"我总觉得我也许有病，神经过敏"，这样说自己实际上是对主体的一种否定，是一种"不自信"的"犹疑/游移"。虽然是疑他者，但在深层上还是对主体"我思"确定性的怀疑。

b. 或者"当然如此"。在对外物"疑"之前，已有一套既成的评判标准（确信），所以每"疑"必对，如钱理群先生对"多疑"思维解释中所举的《我之节烈观》中的各种角度与层面的"疑"即属这一种。从钱先生的解释来看，"多疑"在他那里是可以拆开为"多"和"疑"两个词的，前者是副词，可以换成"多层面地""多角度地""多侧面地"，后者是动词，所接的宾语都是与主体相对的客观存在。所有的"疑"都是以主体所认为"正确"的某种观念为前提的，而且每"疑"必对。从某种意义上说，这只是对怀疑主义的解释。所谓"多层面地""多角度地""多侧面地""疑"实际上是许多笛卡儿意义上的怀疑主义的叠加，如果按照钱理群先生的解释这种也称作"多疑"，那么是与我们前面理解的"对主体'我思'确定性的怀疑"的多疑截然不同的。

（2）"疑"错了。这种类型的"疑"其实是（1）a"果然如此"的反面，即"我往往还以为必有什么东西在手巾或袖子里藏着"，然而没有猜中。其具体分析同(1) a，如《记"杨树达"君的袭来》对少年判断的错误等。因此，这一项"疑"也是符合我的预设的。

（3）"疑"的结果正确然否未知。如《马上日记》中无谓的"多疑"。从这个具体事例来看，鲁迅对于"苹果"的"疑"其实是"多余"的、"没有缘由"的和"不可理喻/不合理"的，大体上也是符合笔者前面的预设的。

从上面的综合分析来看，鲁迅各种类型的"多疑"是符合笔者的公设的，即（1）从表面上看，是"多余"的怀疑，是"不合乎常理"的、突兀的，其怀疑的提出给人一种"无根无据"的感觉，并且似乎是一种远离自信的"犹疑/游移"；（2）从深层来看，它是建立在对主体"我思"确定性的怀疑的基础上的。而这里面有一项是例外的，即（1）b"当然如此"，也就是说，钱理群先生所界定的"多疑"是唯一不符合我的公设的。从上面的分析来看，钱先生的"多疑"实际上是多个笛卡儿意义上的怀疑主义的叠加，是建立在主体"我思"确定性基础上的"疑"，因此，按照多疑和笛卡儿式的怀疑主义的区分，我们将此项貌似"多疑"的"疑"排除在鲁迅的多疑之外。

除此外，笔者对尾崎文昭先生的"定向否定深化型'多疑'思维方式"还要做一些说明。笔者在上一小节中说过，尾崎先生所列举的这种思维方式其实和钱理群先生界定的多疑的内涵大抵是相同的。所谓"定向否定"实际上是以主体"我思"的确定性为根基的新观念替代先前的旧有观念。其实质是在启蒙范畴之内的怀疑主义。因此，这种所谓的"多疑"思维方式也不符合我们对鲁迅多疑的公设,应该排除在多疑概念之外。但问题并不是这样简单,尾崎先生为"定向否定深化型'多疑'思维方式"所举的例证是《狂人日记》的正文,从文本表面看,确实是"多疑"的典型文本,早在20世纪30年代,苏雪林就以此证明鲁迅的多疑,"他的多疑出乎寻常情理之外……《狂人日记》闻狗吠则以为对他吠……虽是描写狂人心理,也就是我们作家自己性格的流露"[①]。但伊藤虎丸先生却对《狂人日记》的正文有另外的一种定论,"鲁迅留学时期从事的评论和翻译的文学活动(相当于《狂人日记》中的狂人要求人们改心换面的呼吁),即我称之为'启蒙文学'或'预言文学'"[②]。实际上,伊藤先生是从文本的深层来做这种界定的,即他认为《狂人日记》正文是属于主体"我思"范畴内的启蒙文学。很明显,这里出现一个悖论,按照我们的公设,一个文本既然属于主体"我思"范畴的启蒙文学,就不应该表现出"多疑"特征,而一个表征"多疑"的文本也不应该属于主体"我思"范畴的启蒙文学,可是《狂人日记》正文却偏偏包含了这种悖论,甚至可以说,尾崎文昭先生的术语"定向否定深化型'多疑'思维方式"本身就是一个悖论式的表达。那么,如何来判定《狂人日记》正文呢?笔者认为应该从文本的深层来做判定,即它在本质上属于主体"我思"范畴的启蒙文学,只不过在表面上它借用了"多疑"的外衣而已。综上所述,尾崎文昭先生的"定向否定深化型'多疑'思维方式"仍然应该排除在多疑概念之外。

至此,笔者可以得出多疑的定义:多疑相当于竹内好先生所说的象征鲁迅"回心"[③]的那种东西,是鲁迅世界得以诞生的标志,它是鲁迅先生打量世界时,据以评判存在的一种否定性的思维方式,这种思维方式主要是以一种文学家的直感(而非理论家的系统逻辑)的形式显露出来,并且带有某种"含混"的意味,在行文上造成不同程度的曲折与迂回,从表面上看,它是"多余"的怀疑,是"不合乎常理"的、突兀的,其怀疑的提出给人一种"无根无据"的感觉,并且似乎是一种远离自信的"犹疑/游移",从深层来看,它是建立在对主体"我思"确定性的怀疑的基础上的,它包括"疑—他"和"疑—我"两种类型,"疑—他"是对此在(海德格尔语)以外的存在的评判;"疑—我"则是此在对自身所拥有并依据的全部观念和心绪加以审视,是"不可扼止地对自己的现存方式进行多层次的否定"[④]。

[①] 苏雪林:《论鲁迅的杂感文》,载《1913—1983鲁迅研究学术论著资料汇编》(第二卷),中国社会科学院文学研究所鲁迅研究室编,中国文联出版公司1986年版,第723页。原载《文艺》(月刊)(湖北武昌)1937年3月15日第四卷第三期。
[②] [日]伊藤虎丸:《鲁迅、创造社与日本文学》,孙猛等译,北京大学出版社1995年版,第151—152页。
[③] [日]竹内好:《鲁迅》,李心峰译,浙江文艺出版社1986年版。
[④] [日]尾崎文昭:《试论鲁迅"多疑"的思维方式》,孙歌译,《鲁迅研究月刊》1993年第1期。

鲁迅小说与戏剧的关系研究概论

云南师范大学职业技术教育学院 孙淑芳

一 问题的提出

很多学者都认识到,要想深化对鲁迅的认知,就要在研究方法上大胆创新。陈鸣树曾在《从方法论的角度谈鲁迅研究的创新》一文中认为:方法的自觉意识对于鲁迅研究的创新具有重要的意义。张梦阳在《日本鲁迅研究对我们的启示》一文中更是恳切地指出,"要推动鲁迅研究前进,就一定要'从思想方法开始进行变革'",不能再做奴隶式的思考。[①] 综观国内外鲁迅研究,众多方法论的运用,诸如社会学方法、比较文学方法、马克思主义方法、"文化—心理"方法、科学实证方法等,使人们对鲁迅的认识不断得以深化,并使鲁迅研究不断得以推进。然而,在鲁迅研究的众多方法中,跨艺术研究方法的运用基本上还处于萌芽阶段。就鲁迅小说而言,跨艺术研究显然是在传统的鲁迅小说研究(就小说研究小说)之外开辟了一条新的路径。

比起将鲁迅小说"作为小说"研究的成果来,从"非小说",特别是从戏剧及其艺术的角度研究鲁迅小说的成果,在国内外可谓"凤毛麟角"。除少量论文和一部略有涉及的学术专著外,专门研究这一问题的著作迄今仍未出现。在少量论文中,具有代表性的论文有:施军的《借鉴 融合 创新——鲁迅小说创作中对戏剧手法的运用》,朱晓镜的《鲁迅小说的戏剧因素》,汪晖的《戏剧化、心理分析及其他——鲁迅小说叙事形式枝谈》,胡辉杰的《从目连戏看鲁迅和他的文本世界》,刘家思的《论绍兴目连戏对鲁迅艺术审美的影响》,日本丸尾常喜的《祝福与救济——在鲁迅的"鬼"》等。这些论文可以分为两大研究类型:一种是以戏剧艺术的"某种"特征来观照鲁迅小说,如前三篇论文,主要从小说与戏剧两种艺术形态之间渗融的角度,发掘鲁迅小说通过对戏剧艺术有意或无意的借鉴如何丰富了自身的表现力,进而彰显了独特的艺术魅力,

---

[①] 张梦阳:《日本鲁迅研究对我们的启示》,《光明日报》2006 年 8 月 1 日第 10 版。

其基本的结论是:"鲁迅小说具有戏剧化的""某种"特征;一种是在鲁迅小说中考察戏剧艺术的"痕迹",如后三篇论文,主要从绍兴目连戏这种特殊的戏剧及文化对鲁迅及其小说影响的角度展开研究,其得出的结论则是鲁迅小说(还有散文、杂文等)的思想内容和艺术的特色中,都有明显的目连戏影响的"痕迹"。

以上研究成果取得了不可忽视的成就,但也存在一些明显的缺憾,并留下了一些有待继续深入研究的内容与问题。存在的缺憾主要有三个方面:一是研究的"框架"较为狭小。其表现为:主要从戏剧艺术的"某一方面"或某种戏剧,如目连戏方面研究鲁迅小说与戏剧的关系,没有建构"综合"研究的框架。二是论述不够集中、深入、系统。论文类的多数成果,并没有专注于鲁迅小说的分析,还涉及了鲁迅的杂文、散文和诗歌等,如此的结果就分散了论述的力量,使得对鲁迅小说与戏剧关系的分析和论述,往往未能深入,并显得有些零散。三是研究方法的生硬性,即往往机械地用戏剧艺术的某种规范"比附"或硬性地"套"鲁迅小说的艺术技巧。留下了应该研究却没有研究的内容和问题:一是鲁迅小说的内容与戏剧关系研究方面,如鲁迅小说的人物及色彩语码与戏剧的关系,迄今为止的此类成果,很少涉及这些内容,至于其中所包含的思想与杰出的艺术匠心等问题,更没有展开条分缕析。而此内容与问题又恰恰是论述鲁迅小说与戏剧关系的重要内容与问题。二是鲁迅小说的艺术手段与戏剧关系研究方面,如运用戏剧艺术手段塑造人物形象、戏剧式内外结构等内容及这些内容中所包含的种种价值问题。三是戏剧类型方面,之前的研究成果多着重于民间戏曲,特别是目连戏与鲁迅小说的关系,而极少关注、研究像"话剧"这种从国外引进的戏剧形式与鲁迅小说的关系问题。而事实上,鲁迅小说在艺术和思想上与从国外引进的话剧这种戏剧是存在着一定程度上的借鉴和影响关系的。四是之前的成果虽然研究了作为语言艺术的鲁迅小说与作为表演艺术的戏剧在"艺术规范"上可以相容的问题,却忽视了两者"艺术效果"异曲同工的问题。

本研究在价值上,一方面,提供了研究鲁迅小说与戏剧关系的一种较为新颖的模式,即"语言艺术规范—戏剧艺术效果"的研究模式,更有利于深入研究作为现代语言艺术典范的鲁迅小说的独特面貌和杰出价值,并进而追踪鲁迅小说巨大思想容量和艺术感染力的"别种艺术"的根源;另一方面,不仅将推动鲁迅小说研究向"跨艺术"方面的深入发展,而且这种研究思路和方法,还能形成一种示范效应,推动类似研究,如中国古代小说与戏剧艺术关系的研究,等等。从戏剧艺术的视角研究鲁迅小说所形成的观点,不仅在一定意义上丰富了中国小说诗学,特别是小说戏剧化理论的内容,而且也为中国当下小说的发展,乃至繁荣今天的小说创作提供了可资借鉴的艺术思路与范式,也为小说的戏剧改编提供了重要参照。

二 鲁迅与戏剧的关系及其戏剧艺术素养

作为一名具有超强吸收能力和创造能力的艺术大师的鲁迅,在创作小说之外,还以多种方式进行了戏剧艺术活动。从鲁迅的有关戏剧方面的著述来看，鲁迅所从事的戏剧活动并不算少。这些活动包括观看戏剧演出、翻译绍介外国戏剧、开展戏剧批评、购买戏剧书籍、进行戏剧研究等。鲁迅与戏剧的关系不仅不能说疏远，还可以称得上是密切。

（一）观看戏剧演出。鲁迅的戏剧艺术素养除了与他所受的西方教育有关，也是和他生活环境中的戏剧氛围分不开的。鲁迅的青少年时期是在浙江绍兴度过的，家乡绍兴自古即发达的戏剧给了鲁迅沁入骨髓的文化熏染。绍兴每年都会定期有"迎神赛会""社戏"，还经常上演"大戏"和"目连戏"等，这些都给鲁迅留下了美好而深刻的记忆。从绍兴走出后，鲁迅虽然没有机会再看家乡戏，但其仍然处于戏剧的环境之中。鲁迅在日本留学期间经常去看歌舞伎，其鬼戏中的角色、情节与中国的极为类似。1912 年鲁迅到北京任职，据教育部官制，鲁迅所在社会教育司司掌范围有"关于文艺音乐演剧等事项"，因此他经常有机会考察新剧，即早期现代话剧。在其日记中就明确记录了 15 次观看新剧。另由于鲁迅在北京的一些大学里任教，所以学生演剧也常邀请鲁迅观演指导。这种戏剧生活环境在其作品中也时常映射出来，《弟兄》中的寓客会深夜唱着京剧《失街亭》——"先帝爷，在白帝城……"回归寓所。《幸福的家庭》里假想这一幸福家庭主人所爱看的书是英国王尔德著的四幕剧《理想之良人》。

生活在戏剧环境中的鲁迅，一生中到底看过多少戏剧是无法精确统计的，但从鲁迅 1912—1936 年的日记来看，有观剧记载的共 24 次；至于青少年时期在家乡所看的戏虽没有明确记录，但根据鲁迅饱含深情而生动细致叙写家乡戏的专章，如《社戏》《女吊》《无常》《五猖会》来看，家乡戏已经构成了鲁迅民间文化生活的重要组成部分。鲁迅除了看过中国旧戏外，也看过中国新剧和外国戏剧。对于京剧的观看记载有两次。鲁迅观看京剧的次数确实稀少，但他对京剧的批判也最多，这其中的原因后面再进行探讨。鲁迅离开绍兴后主要观看的是新剧和外国戏剧，日记中所记鲁迅看的最后一场戏是 1935 年 11 月 3 日在上海"夜同广平往金城大戏院观演《钦差大臣》"①。

由以上概述可见，鲁迅的一生尽管时断时续，但始终没有远离戏剧舞台的近距离观演，这就使鲁迅对中国的戏剧现实情形一直有着颇为清醒而深刻的认识。对于广义戏剧中的三大类：话剧、歌剧、戏曲，鲁迅均观看过。就歌剧而言，鲁迅不仅在北京看过外国的歌剧，"我到第一舞台看俄国的歌剧，是四日的夜间，是开演的第二日"②。也在上海看过中国的歌剧，"饭毕同观影戏于百新［星］戏院"③ 观看了中华歌舞专门学校演出的歌剧《大葡萄仙子》《万花仙子》。可以说鲁迅对戏剧的内容和形式从整体上来说是有一定程度的了解的。

（二）翻译绍介外国戏剧。作为新文化运动的主将，鲁迅也有意识地将寻求救治中

---

① 《鲁迅全集》第 16 卷，人民文学出版社 2005 年版，第 560 页。
② 《鲁迅全集》第 1 卷，人民文学出版社 2005 年版，第 403 页。
③ 《鲁迅全集》第 16 卷，人民文学出版社 2005 年版，第 40 页。

国旧戏的良方转向国外戏剧的翻译和绍介，以期改革在当时仍占统治地位的中国旧戏的审美规范，但鲁迅十分注重剧作的思想内容。鲁迅的外国戏剧译著有两部：一是日本武者小路实笃的戏曲——《一个青年的梦》；二是俄国 V. 爱罗先珂的童话剧——《桃色的云》。鲁迅校订过的外国戏剧译著也有两部：一部是俄国 L. 安特来夫（安德烈夫）的戏曲著作，李霁野译的《黑假面人》；另一部是苏联 A. 卢那卡尔斯基（卢那察尔斯基）的戏曲著作，柔石译的《浮士德与城》。俄国安德烈夫的剧本鲁迅推荐的还有两部：《往星中》和《人的一生》。关于苏联卢那察尔斯基的其他剧作，鲁迅不仅翻译了《解放了的堂·吉诃德》的其中一幕，而且为这一剧本的中译本写了"后记"，"庆幸"此剧作的出版使"中国又多一部好书"①。鲁迅介绍的外国戏剧家除以上提到的外，还有易卜生、罗曼·罗兰、果戈里、萧伯纳。鲁迅不仅亲自翻译外国戏剧，他还十分重视绍介他人关于外国剧本的译作与国内的剧作，为它们尽力提供广泛传播的平台。

（三）开展戏剧批评。鲁迅的戏剧著述中主要是戏剧批评，有专章也有散论。对于中国传统旧戏，鲁迅都用了比较多的专章进行评述，但对少时所看的家乡戏往往是不由自主地情溢笔端，而对京剧则是毫不留情地加以讽刺和批判。对于从西方引进发展尚未成熟的中国话剧，鲁迅虽然保持缄默，基本上不发表意见，实则抱以宽容、支持并寄予厚望的心态。

对于在绍兴所看的旧戏，鲁迅每每回忆起来总是充满了深情的眷顾。鲁迅在他的三篇文章中向读者展示了家乡戏里所塑造的三种人物形象，描画得栩栩如生、入木三分，评论中流露出肯定和赞美。具有人情味的"无常"，敢于复仇的"女吊"，极富讽刺力量的"二丑"是鲁迅记忆最为深刻也最为喜爱的绍兴戏中的三种形象，这三种形象寄寓了绍兴人民的地域文化精神。鲁迅对家乡戏的情有独钟，从他专章叙写观看绍兴民间戏剧的演出情景，如《社戏》《五猖会》和一些散论来看，主要体现在以下几个方面：一是环境充满乡野气息，轻松自由。二是戏剧表演的民众性、娱乐性。鲁迅对家乡戏记忆之深刻直接影响到了他以后的研究和创作。他在《朝花夕拾》后记中记载了自己在研究全国各地关于"无常"画像时，家乡戏中的"无常"印象对于学术研究中定式思维的影响。鲁迅生活在一个戏剧的环境中，每天都有戏剧在上演，他小说中的人物也如此。鲁迅常将家乡戏写入其小说作品中，作为小说的背景或人物的行动。

鲁迅对于京剧的批判，将矛头直指当时中国京剧最为著名的代表人物——梅兰芳。对梅兰芳的批判并非对其个人的批判，而是对其所代表的整个京剧艺术的批判。京剧在鲁迅看来不仅成为当时唯一能代表中国文化的精髓而四处巡演，它也成为唯一能上得台面用来招待外宾的大餐。在《坟·论照相之类》《花边文学·略论梅兰芳及其他》（上）、《花边文学·略论梅兰芳及其他》（下）、《且介亭杂文·脸谱臆测》等文中，鲁

---

① 《鲁迅全集》第 7 卷，人民文学出版社 2005 年版，第 425 页。

迅专门发表了对京剧艺术及梅兰芳的评论。鲁迅对京剧的批判主要集中在以下4个方面：第一是男人扮女人；第二是"雅"而不"俗"；第三是脸谱属于象征艺术；第四是剧场环境的拥挤和嘈杂。鲁迅对京剧作为国粹根深蒂固在国民的心理十分愤慨，他认为京剧艺术几乎就是变态的艺术，违反人性、违反自然的艺术，是毫无美感、毫无活力的艺术。

鲁迅对中国话剧批评虽说极少，但并不是没有。鲁迅在《日记·壬子日记》中记录了1912年6月11日前往天津考察新剧，对所观剧目的评价："夜仍至广和楼观新剧，仅一出，曰《江北水灾记》，勇可嘉而识与技均不足。"[①] 鲁迅对这一新剧简要的评价可以说是切中了当时的话剧。然而鲁迅对由西方引进发展尚不成熟的中国话剧，特别是学生演剧，总的来说还是持较宽容的态度，基本上对剧的演艺不发表意见。

（四）购买戏剧书籍，进行戏剧研究。鲁迅在其日记记录购买的书中也有一些戏剧书籍，鲁迅购买的戏剧书籍涵盖古今中外，种类样式比较齐全。不管这些书籍鲁迅是否都存留给自己并都阅读过，但可以肯定的是他对这些书籍是了解的。它们对鲁迅戏剧理论与知识的丰富无疑起着十分重要的作用。谈起鲁迅的学术研究著作，我们知道有《中国小说史略》《汉文学史纲要》，然而在其全集中也散见其对戏剧进行的严谨细致的研究。鲁迅阅览胡适所作论文《五十年来中国之文学》后，与之探讨有关戏曲书中《西游》的一些问题并给了胡适有关方面的意见。鲁迅还收集了全国各地有"无常"画像的书籍，仔细研究了这些画像，发现与小时候所见书中和戏中印象深刻的"无常"形象并不相同。鲁迅有关戏剧方面的研究不限于此，但都体现了鲁迅一贯求真务实的学术品格。特别是对于戏剧的研究，他更是慎而又慎，"我以为不能据缺笔字便确定为某朝刻，尤其是当时视为无足重轻的小说和剧曲之类"[②]。

通过以上对鲁迅所从事的与戏剧相关活动的梳理，我们可以看出鲁迅与戏剧有着相当密切的关系：鲁迅生活中有戏剧，作品中同样有戏剧，他不仅生活在戏剧的环境中，他的作品中也时时展现出戏剧的生活背景来；鲁迅了解戏剧、关心戏剧，他还对戏剧的发展和学术研究做出了重要的贡献；鲁迅对不同形式的戏剧褒贬不一，其实这种态度蕴含着他独特的戏剧价值观，也渗透着他的人生价值取向。丰富的戏剧艺术素养使善于"拿来"创新和具有融会贯通艺术悟性的鲁迅，自觉或不自觉地将自己这方面的艺术感受融入自己的小说创作之中，从而使小说具有戏剧艺术的审美效果。

三　鲁迅小说与戏剧艺术的关系

鲁迅与戏剧的关系，是探讨鲁迅小说与戏剧关系的主体性参照，也是探讨鲁迅思想与艺术修养的重要内容。本研究基于"语言艺术的规范与戏剧艺术的规范"及"语

[①]《鲁迅全集》第15卷，人民文学出版社2005年版，第5页。
[②]《鲁迅全集》第3卷，人民文学出版社2005年版，第407页。

言艺术的规范与戏剧艺术的效果"两个模式，根据两种艺术相同或相似的美学效果，综合而尽可能深入地探讨鲁迅小说与戏剧的关系。我们将构筑一个较为完整的研究框架，从鲁迅小说的人物、语言、结构、艺术手法、精神等方面，探索戏剧艺术为鲁迅小说所增加的新的特质和美学品格，由此透视鲁迅小说对戏剧艺术卓有成效吸收的特点和主体原因，更全面地认识鲁迅在中国现代文学艺术史上所具有的超强的吸收能力和创造能力。在研究方法上，为鲁迅小说的研究另辟蹊径，从一个新的视角，即"非小说"的视角来诠释鲁迅小说。

（一）鲁迅小说的思想、人物与戏剧的关系。鲁迅小说的主要思想可以概括为：启蒙、反封建、改造国民性及立人。这些思想的来源虽然十分广泛，但与戏剧也有不可忽视的关系，如家乡戏剧中所表现的"报仇雪恨"的精神；易卜生戏剧的个性意识等，都是鲁迅小说深邃思想的重要来源，具有不可忽视的意义与价值。鲁迅小说的人物与戏剧的关系有两种：一种是直接关系，一种是间接关系。直接关系大致有4种方式：看、唱、演、谈，由此也构成了4类角色，即看戏者、唱戏者、演戏者和谈戏者。这些人物与戏剧的联系方式虽然不同，其角色虽然各异，但鲁迅都别具匠心地通过他们与戏剧的关系灌注了丰富而深刻的内容，形成了厚重而峭拔的思想与艺术的意义。那些与人物密切相关的戏剧和唱词的选择，不仅紧扣人物的身份、处境，而且还直接呈现出人物的心理、思想与情感倾向，从而使戏剧的原初含义与经过现实语境过滤后的新的含义形成巨大的张力，生动而深刻地完成了对人物的立体、多面的塑造。鲁迅小说人物与戏剧的间接关系，主要表现在鲁迅塑造人物的艺术手段上。鲁迅小说中人物以其鲜明的个性、强烈的艺术感染力，丰富了世界文学的人物画廊，给读者留下了深刻的印象，这在很大程度上得益于鲁迅对戏剧艺术手段的借鉴。鲁迅将矛盾冲突这一戏剧性巧妙地融入人物的塑造中，大大丰富了小说自身的表现力。但是鲁迅更注重人物内在的戏剧性，他通过人物之间矛盾对立的关系，人物思想逻辑的非正常性与荒谬性，人物命运的突转和讽刺性对照，充分表现人物的内在矛盾及人物深层的精神世界，并在戏剧性的冲突中自然天成地揭示人物鲜明的性格，展示人物普遍处境的戏剧性。戏剧性艺术手段的运用使鲁迅小说获得了更快、更直接、更强烈的艺术效果。

（二）鲁迅小说的艺术与戏剧艺术的关系。这是研究的重点，研究的内容主要包括4个方面。

一是鲁迅小说的叙事与戏剧的叙事。①叙事时距与戏剧的演述时距。戏剧总是在固定空间与固定时间中表演的，这就要求戏剧的叙事与表演必须时距高度集中，这是戏剧演述的特点，而鲁迅小说的叙事时距正有戏剧的这种特点。那些故事时间很短的小说姑且不谈，即使是故事时间跨度很长的小说，如《故乡》，其叙事的时间也很集中。鲁迅小说能在很短的篇幅中包容丰富的内容，除了别的原因之外，借鉴戏剧艺术的叙事经验不能不说是一个重要的原因。②叙事的时态与戏剧的表演时态。戏剧作为表演的艺术，其时态一般是现在时。鲁迅小说对传统小说叙事模式突破的一个重要方面，就是建构了与戏剧一样以"现在"为核心的叙事时间体系，其基本的方式就是将过去、未来一起纳入现在中展开叙事，如《祝福》，其价值取向与情感态度也始终具有现在性。

二是鲁迅小说的结构与戏剧的结构。鲁迅小说中情节结构的设置是十分巧妙的，分为外部情节结构和内部情节结构，这与西方戏剧的内外结构特点以及由此带来的效果是相似的。戏剧内外结构的功能侧重不同，外结构重在组织情节、安排场面；内结构重在创设主题立意。鲁迅小说外部结构具有西方戏剧"三一律"的特征：时间、地点、情节统一，也具有"三一律"结构所形成的审美效果：线索清晰、表达凝练、故事整一。这正是鲁迅小说"短小精悍"的艺术魅力之一。而鲁迅小说的内在结构个性鲜明，内蕴的展开匠心独运，与西方戏剧的内在结构一样，具有主题、情境、意象创设的开放性特征，如《药》《非攻》等。同时，鲁迅小说这种戏剧化的内、外结构又是有机统一的，内部情节结构以外部情节结构为存在的形式，外部情节结构靠内部情节结构彰显内蕴，内部情节结构的阔大时空使小说突破了外部情节线的封闭结构昭示着小说的深层意蕴，外部情节线的封闭结构正是内部情节线的原因。正是这种统一赋予了鲁迅小说多样的神采与无穷的魅力，这一独具匠心的结构是对中国传统小说结构的重大突破。

三是鲁迅小说的表现手法与戏剧的艺术手法。鲁迅小说在表现手法上对戏剧艺术的借鉴，主要体现在鲁迅小说的"无背景"方法与鲁迅小说的"油滑"手法两个方面。鲁迅在《我怎么做起小说来》一文中曾说，他小说的背景设置与中国旧戏的背景设置一样，都崇尚"虚空"。这种追求，使鲁迅小说与中国戏剧一样，常常不去大段地描绘风月，而注重构造象征性的环境，特别是具有精神内容的文化环境，形成意味丰厚的审美效果。鲁迅的小说有时也会写自然环境，但这些自然环境要么是精神化了的象征环境，如《狂人日记》中的"月夜"；要么是渗透了某种文化内涵的社会化了的环境，如《风波》中的"农家乐"。并且，对于这些精神化与社会化了的环境，鲁迅很少静态描绘，而是像戏剧一样，通过人物的活动等进行动态的展示，并在展示的过程中完成对人物心理、性格的揭示及思想主题的表达，这在其现代小说与历史小说中均是如此。鲁迅小说的"油滑"手法，固然得益于鲁迅多方面的艺术素养，但从直接的关系来说，则是鲁迅借鉴戏剧特别是民间戏剧审美特征的成功尝试。这可以从两个方面看出：①"油滑"与中国戏剧中丑角的关系。鲁迅在《二丑艺术》《大观园的人才》等文中曾多次谈到戏剧中的"丑角"，丑角的基本特征就是油滑。如果将鲁迅首次使用"油滑"手法塑造的《补天》中的"古衣冠的小丈夫"与戏剧中的丑角放在一起进行比较，我们就会发现，两者所使用的艺术手法及所产生的艺术效果是十分类似的。②"油滑"与戏剧的间离效果。首先，鲁迅小说常常像戏剧一样运用喜剧人物形成间离效果，其基本方式是让古人说今话，在"古"与"今"的跨越中形成间离效果；其次，鲁迅小说也常常通过叙述者与读者之间的戏剧化关系构成间离效果。

四是鲁迅小说的语言与戏剧的关系。鲁迅小说中与戏剧密切相关的语言主要是人物话语和色彩语码。鲁迅小说的人物话语基本上采用戏剧式直接展示的方法,因而具有一种客观性、生动性。人物的话语也明显地体现出戏剧话语的特点——不仅显示人物的性格,更具有很直观的动作性。鲁迅小说中具有动作性的人物话语,不仅指向人物的生存状态,更指向人物的精神状态。首先,人物对话的动作性。戏剧,尤其是话剧中人物的对话与小说中人物对话的一个重要区别是具有动作性,鲁迅小说人物的对话多具有话剧人物对话的动作性,如《长明灯》《奔月》等,这些具有动作性的对话具有两个作用,一是在动态中揭示人物的性格并进而揭示人物的精神特征;二是展示人物与人物之间的意志冲突与内心冲突,推动情节的发展,凸显主题的意义。其次,个人独白——人物内心话语表达的动作性。在鲁迅小说中,个人独白被作为展现人物内在的精神世界和实现"心理分析"的有效方式之一,具体表现为直接内心独白、戏剧式独白和静止三种。如果说前两种独白相当于戏剧中的有声独白,那么静止也就相当于戏剧中的无声独白。鲁迅除了善于运用动作性强烈的"有声独白"展现人物深层的精神世界之外,还运用富于动作性的"无声独白"——静止来表现人物丰富、复杂的心理活动。

鲁迅小说语言另一个十分重要的特色就是具有强烈的色彩感,这主要表现在色彩语码,即颜色词的广泛使用上。色彩语码的运用不仅涵盖了六大基本颜色范畴,而且具体到低层次范畴上可谓是丰富多样、精细入微。可以说,鲁迅小说简直就是一个色彩斑斓的艺术世界,其色彩语码包含了广博、深沉的隐喻、象征意义。鲁迅小说广泛运用色彩语码,不仅与鲁迅个人所具有的很高的美术修养有关,更与其所参与的戏剧艺术审美实践活动密不可分。鲁迅少儿时期所接触的绍兴地方戏给其留下了深刻记忆,并对鲁迅后来的艺术审美产生了强劲的影响,形成了最为持久的审美心理定式。从鲁迅小说中色彩语码的整体运用情况来看,鲁迅着力凸显了白、黑、红三种颜色。这三种颜色是绍兴地方戏中角色装扮上惯用的颇具特色的色彩搭配,鲁迅充分借鉴了绍兴地方戏关于颜色的隐喻化认知思维方式,以及艺术审美经验和艺术形式,在这些色彩语码中赋予了自己独特的精神观念,形成了其极具个性的颜色隐喻化认知形式,更好地发挥了小说语言在表现主题意蕴、塑造人物形象上的强大功能。

小说与戏剧之间的相互借鉴与渗透是艺术发展的历史事实与必然逻辑。整个欧洲小说在其发展演变过程中,戏剧对小说的渗透无处不在;中国小说和戏剧在长期的历史发展中也一直存在着密不可分的关系,不仅戏剧和小说之间的互相改编屡见不鲜,而且艺术手法上的相互借鉴也有案可稽。鲁迅小说作为"海纳百川"般的艺术杰作,其对戏剧艺术的借鉴和汲取正是其"纳新"的一个重要源泉,也是构筑其艺术世界的重要一维,而关于鲁迅小说与戏剧关系的研究,从学术史的角度看,还只是刚刚起步。因此,这一论题所包含的内容与问题,随着理论的不断丰富和人们认识的不断发展,必将不断被发现,也将不断地得到研究。

论金石碑拓对鲁迅篆隶书法的影响
——以《石鼓文》《五凤刻石》及《曹全碑》为例

陕西师范大学文学院、西安交通大学城市学院艺术系　孙晓涛

当前，众多学者围绕鲁迅展开了全方位、多侧面的研究，"在史料发掘和文本分析，在启蒙文化剖析和作家精神结构透视，在哲学方式和文体学阐释，在地域文化因缘和学术史脉络等起码八个方面都取得了长足的进展和可观的深入"[①]。而有关"鲁迅与艺术"的研究，已成为"鲁迅学"研究中的热点，其中，"鲁迅与书法"就是众多学者较为关注的一个课题。鲁迅深谙书法艺术，精篆隶楷行草诸体，书法风格种类丰富。鲁迅没有专门的文章来论及书法，日常也很少谈及书法，在为数不多涉及书法的文章中，也主要是论及硬笔书写的"便当"。这样，就给我们深入研究鲁迅的书法艺术，带来了一定的困难。目前，在探究鲁迅书法的文章中，大多停留在对鲁迅书写事实的追忆、鲁迅书法艺术现象的描述和对鲁迅书法作品资料整理汇编的层面上；而对鲁迅书体的研究，则更多的是集中在鲁迅楷行草书上，而忽视了对鲁迅篆隶书法的研究。鲁迅痴爱金石文物，在金石碑拓的收藏上不遗余力。鲁迅在对大量碑刻拓片进行研究的同时，拓片中所蕴藏的字形图案的变化、字形线条的粗细等丰富书法艺术信息无疑也会对其审美与书写审美产生重要影响。因此，探讨鲁迅的篆隶书法，金石学是绕不开的话题。

一

金石学的发展由来久矣，实质上就是中国考古学的前身，它是"研究中国历代金石之名义，形式，制度，沿革；及其所刻图像之体例，作风；上自经史考订，文章义例，下至艺术鉴赏之学也"[②]。其中，"金"是"以钟鼎彝器为大宗，旁及兵器、度量衡器、符玺、钱币、镜鉴等物，凡古铜器之有铭识者皆属之"；"石"是"以碑碣墓志为大宗，旁及摩厓、造像、经幢、柱础、石网等物，凡古石刻之有文字图象者，皆属之"[③]。

---

① 杨义：《鲁迅与中国文化的现代启示》，《文学评论》2006年第5期。
② 朱剑心：《金石学》，文物出版社1981年版，第3页。
③ 同上。

这些金石碑刻上所承载的特定图像信息、文献资料及书法艺术等方面的资料，集历史价值与艺术价值于一体，极其珍贵，故历来是文人墨客竞相收藏与研究的对象。

鲁迅对文物有着特殊的敏感，不遗余力地去搜购文物，除出于对研究古文化的需要外，当与他年轻时喜读金石方面的书籍有一定的关系。据周作人回忆，鲁迅在逢新年出城拜岁回来的船上以看书来打发枯燥的时光，"那时放在'帽盒'中的带去的大抵是'游记'或'金石存'，后者原刻石印本，很是精致"①。《金石存》15卷，是清代金石学家和朴学家吴玉搢所编撰的一部有关篆隶的金石著作，书中收录金石文字达148种。鲁迅在教育部主管博物馆事业期间特别留意文物，最感兴趣的莫过于收藏碑石拓片。1912—1913年，鲁迅收藏以古籍图书为主，碑拓数量不是太多；1914年，鲁迅研读佛经，以收藏佛经为主；从1915年起，鲁迅开始大量收购金石拓片，经常光顾琉璃厂，帖贩也常跑到鲁迅家里去推销碑石拓片。鲁迅的花销也由最初的一二百元猛增到四百多元，1916年更增至近五百元，购求到一千一百多张拓片。鲁迅大量购求拓片的时间大致集中在这几年，他还购买到清末民初金石大家陈介祺、端方等收藏过的拓片。此后几年，鲁迅在金石拓片上的花费，随着经济开销的紧张而急剧减少。周作人就曾记载帮助鲁迅买金石文物的事情，他说，"我在绍兴的时候，因为帮同鲁迅搜集金石拓本的关系，也曾收到一点金石实物……金属的有古钱和古镜，石类的则有古砖，尽有很好的文字图样"②。

为收集拓片，鲁迅还亲自动手拓碑。鲁迅眼光独具，别人不注意的一些碑刻，他能发现其中的价值。因此，鲁迅收藏的文物种类较为广泛，有碑帖、汉画像、古钱币、版画、书画篆刻等，在数量上虽然无法与一些大收藏家相比，但鲁迅收藏的文物门类众多，这是一些收藏家们所无法相比的。鲁迅所藏的石刻拓片数量，上海鲁迅纪念馆王锡荣统计有"四千二百一十七种五千九百余件"③，而北京鲁迅博物馆夏晓静统计有"历代金石拓片5100余种，6200余张"④。鲁迅收藏的同时，还进行研究，碑拓研究是鲁迅学术生涯中的重要组成部分。鲁迅使用清代乾嘉学派的治学方法去整理碑拓资料，校勘古籍，纠正了一些古代典籍中的错误。在整理古小说的过程中，鲁迅编写了《说目》《明以来小说年表》《采录小说史料目录》等书目，这充分显示了鲁迅学术造诣的深厚。

据周作人回忆，鲁迅的抄碑校勘的方法是"先用尺量定了碑文的高广，共几行，每行几字，随后按字抄录下去，到了行末便画上一条横线，至于残缺的字，昔存今残，昔缺而今微存形影的，也都一一分别注明"⑤。鲁迅在抄碑上下的功夫是惊人的，鲁迅亲自抄录了"《秦汉瓦当文字》《小蓬莱阁金石文字》（部分）、《唐风楼金石文字跋尾》《百砖考》《陶斋藏秦汉瓦当文字目录》《罗氏群书》《汉石存目》《直隶现存汉魏六朝

---

① 李宗英、张梦阳：《六十年来鲁迅研究论文选》（上），中国社会科学出版社1982年版，第173页。
② 周作人：《知堂回想录·金石小品》，安徽教育出版社2008年版，第197页。
③ 王锡荣、乔丽华选编：《藏家鲁迅》引言，上海文化出版社2009年版，第1页。
④ 夏晓静：《鲁迅的书法艺术与碑拓收藏》，《鲁迅研究月刊》2008年第1期。
⑤ 周作人：《鲁迅的故家·抄碑的方法》，人民文学出版社1957年版，第201页。

石刻录》(摘自《畿辅丛书》)、《汉碑释文》《越中金石记目录》《越中金石刻目录》《泉志》,等等"①。鲁迅在进行大量严谨的校勘与抄碑书写的同时,对碑刻上面的文字研究兴趣也愈发浓厚起来,并对中国文字的发展也有了较为清晰的认识,鲁迅曾设想撰写《中国字体发展史》,后因故而没能完稿。

在鲁迅遗存的大量墨迹中,以行草书写为主,没有发现纯粹的篆隶作品,这是一个值得探讨的现象。鲁迅喜好使用的工具"金不换",笔头较小,适合书写小字,在进行大字书写时就不占优势。1935年5月,鲁迅因友人求写字幅一事而致信杨霁云,说"没有写过大字,所以字愈大,就愈坏"②。鲁迅如实地评价了自己的书写,他的确不擅长大字书写。鲁迅一些大幅作品中的枯笔现象,当与他所使用的毛笔笔头小、蓄墨量少密切相关。鲁迅虽没有专门练习过书法,但慕其书法求字的人还是很多。鲁迅在给章廷谦的信中说:"看我自己的字,真是可笑,我未曾学过,而此地还有人勒令我写中堂,写名片,做'名人'做得苦起来了。"③ 这或许是鲁迅不堪于周围朋友求字的打扰,而说的自谦之语。其实,鲁迅的艺术天赋从小就彰显出来,他的朋友许寿裳说:"鲁迅的爱好艺术,自幼已然,爱看戏,爱描画,中年则研究汉代画像。"④ 鲁迅接受过旧式私塾教育,塾师寿镜吾先生书画造诣深厚,对幼年的鲁迅来说应当有一定的影响。事实上,鲁迅对自己的书写是很自信的。1927年,鲁迅手抄司马相如《大人赋》送给朋友川岛时就曾说:"不要因为我写的字不怎么好看就说字不好,因为我看过许多碑帖,写出来的字没有什么毛病。"⑤

清末民初著名书法家康有为在《广艺舟双楫》中引用扬雄的"能观千剑,而后能剑;能读千赋,而后能赋"的话来主张书法家应多增加见识,广泛地收集碑帖用于临习。康有为曾说:"千碑不易购,亦不易见……得百碑亦可成书。然言百碑,其约至矣,不能复更少矣。"⑥ 刘勰《文心雕龙·知音》中亦有"操千曲而后晓声,观千剑而后识器"的论述。意在论述广闻博见的重要性,说明只有通过实践,进行大量的类比,才能认识事物,进而掌握其规律。鲁迅收藏有大量碑刻拓片,已超过康氏所论述的收集碑刻的数目,鲁迅在进行学术研究的同时,碑帖中所蕴含的不同种类的丰富书法艺术风格亦开阔了其眼界,鲁迅所言"看过很多碑帖,字不会写坏"⑦ 的自信是可以理解的。

二

鲁迅早年在三味书屋读书之余,描摹绣像小说中的画像,训练了鲁迅的造型能力,

---

① 顾农:《鲁迅与碑刻文字》,《贵州大学学报》(社会科学版)1992年第2期。
② 《鲁迅全集》第13卷,人民文学出版社2005年版,第466页。
③ 《鲁迅全集》第12卷,人民文学出版社2005年版,第45页。
④ 许寿裳:《亡友鲁迅印象记》,人民文学出版社1953年版,第37页。
⑤ 川岛:《关于鲁迅手书司马相如〈大人赋〉》,载《鲁迅研究资料》(3),文物出版社1979年版,第322页。
⑥ 康有为:《广艺舟双楫·购碑第三》,中国书店1983年版,第6页。
⑦ 川岛:《关于鲁迅手书司马相如〈大人赋〉》,载《鲁迅研究资料》(3),文物出版社1979年版,第322页。

为鲁迅后来摹写碑刻带来了极大的便利，打下了坚实的童子功底。鲁迅幼时所形成的抄书习惯，一直影响终身。鲁迅抄书，乐此不疲，从抄古文奇书开始，用工整匀称的小楷，顺着《康熙字典》所列的古字一一抄写，后来抄录课本、古籍、《唐诗叩弹集》《小学入门》《地质学浅说》等。鲁迅"大量的抄书，反复的挥毫，虽不类于临习古帖，然对毛笔性能的掌握，用笔技巧的熟练，犹如庖丁解牛，游刃有余，解决了书法以'用笔为上'的第一要义"①。查检鲁迅遗存的书法作品，篆隶风格的墨迹书写数量很少，更难发现鲁迅单独用篆隶书字体书写的大幅篆隶书法作品。通常，我们更多的是从鲁迅的行草书法艺术中去品味鲁迅书法作品中所蕴含的篆籀气息。事实上，鲁迅在篆隶字体的研究上花费了很多精力。据夏晓静统计，鲁迅存有汉代碑拓 130 余种，"共抄录校勘了 100 种，有 9 种使用了篆书，88 种隶书"②。

汉代许慎的《说文解字》一书，根据文字的形体，创立了 540 个部首，将 9353 字分别归入 540 部。《说文解字》用六书学说，系统地阐述了汉字的造字规律，书中体例是先列出小篆，如果古文和籀文不同，则在后面列出，然后解释这个字的本义，再解释字形与字义或字音之间的关系。学习《说文解字》，可以熟悉古代文字的字源、变化及发展规律，有利于书法家的篆书创作。鲁迅早年在日本东京师事章太炎学习《说文解字》，"大约继续了有一年少的光景"③。鲁迅用心记录了听课笔记《说文解字》（26 页半，记于 1908 年日本东京，存绍兴鲁迅纪念馆）、《说文解字札记》（18 页，记于 1908 年日本东京，存北京图书馆）④，鲁迅还收藏有章太炎著的训诂类的书《小学答问》⑤。尤其值得注意的是"鲁迅的治学方法与书法大格局的定型与章氏之间的师承关系"⑥。如果说，鲁迅研究古文字及金石碑刻，在辑佚、校勘、考证、目录等方面与清学有一定关系的话，其中介当为章太炎。此外，鲁迅还非常重视收藏与《说文解字》相关的书籍资料⑦。

---

① 赵雁君：《鲁迅书法论》，《绍兴师专学报》1991 年第 3 期。
② 夏晓静：《鲁迅的书法艺术与碑拓收藏》，《鲁迅研究月刊》2008 年第 1 期。
③ 周作人：《知堂回想录》，香港三育图书文具公司 1980 年版，第 215 页。
④ 北京鲁迅博物馆编：《鲁迅手迹和藏书目录·其他》（内部资料）1，北京鲁迅博物馆编 1959 年版，第 79 页。
⑤ 北京鲁迅博物馆：《鲁迅手迹和藏书目录·小学类·训诂》（内部资料）2，北京鲁迅博物馆编 1959 年版，第 2 页。
⑥ 赵雁君：《鲁迅书法论》，《绍兴师专学报》1991 年第 3 期。
⑦ 据北京鲁迅博物馆：《鲁迅手迹和藏书目录·小学类·文字》（内部资料）2，一书第 2 页至第 4 页中所统计的鲁迅收藏与《说文解字》相关的文字学书籍资料有：许慎著的《说文解字》（十五卷）四册，其中，第一册有"鲁迅"印；清莫友芝著的《仿唐写本说文解字木部笺略》，清同治三年（1864），曾国藩安庆刻本，一册，有"会稽周氏收藏"印；清吴大澂著的《说文古籀补》，十四卷、附录一卷，清光绪二十四年（1898）重刻本，（二册）及吴大澂书写的《吴清卿书说文解字建首》，民国 9 年（1920），影印本，一册；清王绍兰著《说文段注钉补》，十四卷，清光绪十四年（1888），萧山胡氏刻本，八册，第一册有"会稽周氏收藏"印；清姚文田、严可均合著的《说文校议》，十五卷，清同治十三年（1847），归安姚氏重刻本，五册；石一参著的《说文匡郶》，民国 20 年（1931），上海商务印书馆石印本，一册；丁佛言著的《说文古籀补补》，十四卷、附录一卷，民国 13 年（1924），北京商务印书馆石印本，四册。

鲁迅藏有秦代李斯的小篆《秦泰山刻石》①，对我国现存最早的石刻文字《石鼓文》也信加关注。石鼓在唐代发现于陕西的天兴县（今凤翔县），后因战乱一度失散。北宋寻到时，已失去一鼓，经寻访后重又获得，但已非原貌，被人"剜以为臼"成为杵件了。后来，《石鼓文》从陕西迁到北宋都城汴梁（今河南开封市）。北宋亡时，金人把石鼓运到北京，现藏于北京故宫博物院。《石鼓文》因其刻石外形似鼓而得名，亦称猎碣或雍邑刻石，无具体镌刻年月，具有重要的文献及书法艺术价值。《石鼓文》是集大篆之成，开小篆之先河，在书法史上起着承前启后的作用。它比金文规范、严正，但仍在一定程度上保留了金文的特征，它是从金文向小篆发展的一种过渡性书体。《石鼓文》中的字体多取方形，体势整肃、端庄凝重、笔力稳健，石与形、诗与字浑然一体，充满古朴雄浑之美。石鼓文被历代书家视为习篆书的重要范本，有"书家第一法则"之称誉。石鼓文对书坛的影响以清代最盛，如著名篆书家杨沂孙、吴昌硕就主要得力于石鼓文而形成自家风格的。《石鼓文》拓本十枚就是鲁迅较早收藏一批碑刻拓片中的一种。1912年6月25日，鲁迅在日记中记载："午后视察国子监及学官，见古铜器十事及石鼓，文多剥落，其一曾剜以为臼。中国人之于古物，太率尔尔。"②翌日，"上午太学守者持来《石鼓文》拓本十枚，元潘迪《音训》二枚，是新拓者，我以银一元二角五分易之"③。1915年3月6日，鲁迅的日记中还有前往琉璃厂买"《金石契》附《石鼓文释存》一部五本"的记录。鲁迅亲眼见过石鼓原物，根据拓片上面的文字形状和原物上残缺的一样，判断这些拓片"是新拓者"，就果断地买了下来。鲁迅在重订《寰宇贞石图》时，第一册目录上的第一份著录的就是《石鼓文》。关于《石鼓文》的刻制年代，学界有多种不同的说法。鲁迅把它断代为"周"，并在题下写有小字注："十石，在京师国子监。"④

鲁迅对古文字方面的书籍资料也较为关注。据《鲁迅手迹和藏书目录2》（内部资料）⑤统计，鲁迅收藏有《金文续编》《钟鼎字源》《古籀拾遗》《古籀余论》《两周金文辞大系图录》《历代钟鼎彝器款识法帖》《钟鼎款识》《敬吾心室彝器款识》《奇觚室吉金文述》《殷周青铜器铭文研究》《殷周青铜器铭文研究》《秦汉金文编》《金文余释之余》《两周金文辞大系考释》《金文丛考》《秦汉瓦当文字》等大量的篆籀方面的图书资料。鲁迅重视《秦汉瓦当文字》的摹本，《鲁迅日记》中记录了当时抄写的详细情况："'从稻孙借得《秦汉瓦当文字》一卷二册，拟景（影）写之（3月19日）'；'夜景写《秦汉瓦当文字》一卷之上讫，自始迄今计十日（3月29日）'；'晚景写《秦汉

---

① 北京鲁迅博物馆：《鲁迅手迹和藏书目录·艺术类·书画》（内部资料）2，北京鲁迅博物馆编1959年版，第27页。
② 《鲁迅全集》第15卷，人民文学出版社2005年版，第7页。
③ 同上。
④ 《鲁迅大全集》第29卷，长江文艺出版社2011年版，第5页。
⑤ 《鲁迅手迹和藏书目录》（内部资料）2，北京鲁迅博物馆编1959年版。

瓦当文字》一卷之下讫，计十二日（4月12日）。'"① 鲁迅对秦代刻石如此用心，他在篆书书写方面也有很深的造诣。1934年，鲁迅就用篆书字体给友人韦素园墓碑题写了"韦君素园之墓"（图1），这是目前所能够发现鲁迅书法中篆字较多的一幅作品。此件作品，用笔圆润、凝练厚重，鲁迅也不全是用篆书笔法书写，尤其是在一些笔画的起笔上，如"韦""墓"字。我们还能从鲁迅抄校碑拓的字迹中欣赏到鲁迅篆书的书法魅力，鲁迅还用篆书抄写了《禅国山碑》（图2）。《禅国山碑》为三国时期重要碑刻之一，笔多圆转，继承了周秦篆书的遗意，书风淳古秀茂、体势雄健。鲁迅的篆书抄写，没有亦步亦趋原碑书风，也不斤斤拘泥于篆书的起笔藏锋及转折处运笔圆转，但鲁迅仍然按照字形的结构抄写了此碑，这属于书法练习中的实临，鲁迅的抄写瘦劲挺拔，规整有致，已成自家风貌。鲁迅有时会篆楷兼用抄碑，如鲁迅抄写的《群臣上酬刻石》篆额（图3）中的"赵""酬""北"字，以及"上"字笔画的修饰部分。该碑原拓中的"廿二年八月"等篆字，鲁迅则用楷书字体进行了抄写。鲁迅还用古文、小篆、隶书抄写了《三体石经尚书残字》（图4）。

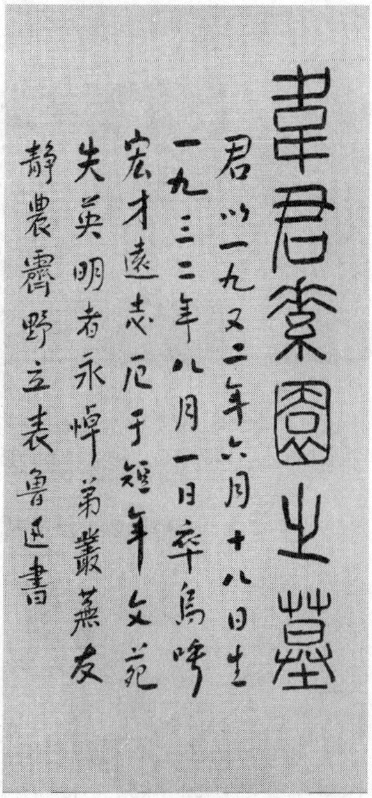

鲁迅收藏有大量的东汉金石碑额拓片。碑额篆书字数虽然不多，但因其部位显著，常在庄重神圣的场合中使用，故刻写精良。其中端庄方整一路的阴刻有

图1　鲁迅1934年书法《韦素园墓记》

《张迁碑》碑额（图5），篆字进行了变化处理，结字紧密，造型扁方，上下顾盼照应，寓动于静，寓圆于方，开合挪让富于变化，为汉碑篆额中具有装饰美的代表；阳刻有《白石神君碑》碑额等，其碑额规整成方形，类似印章文字，是典型的汉篆，带有明显的装饰性。

鲁迅精于设计，善于借鉴古文字的字形用于设计中。1911年，鲁迅把金文文字夸张变形，为其所绘的植物标本册设计"火鸟"字样（图6）。1917年，鲁迅受蔡元培的委托为北京大学设计了校徽（图7），校徽采用了中国传统的瓦当形象，鲁迅用类似《石鼓文》的篆书风格书写了"北大"二字，并把"北大"二字的线条做了变形处理，上下排列，这与汉碑碑额中的篆字字形的变化有异曲同工之处。北京大学现在所使用的校徽标志，就是在鲁迅先生设计的北大校徽图案基础上丰富和发展而来的。此外，

---

① 《鲁迅全集》第15卷，人民文学出版社2005年版，第164、165、167页。

鲁迅在给许广平的书信中还多次使用变形了的金文线条，作"小白象"① 图案（图8）。

图2　鲁迅抄《禅国山碑》（局部）及《禅国山碑》原拓（局部）

三

隶书是萌生于战国初期的一种书体，成熟并兴盛于汉代。隶书字体的出现适应了庄重场合的使用，被定为汉代官方使用的正体文字。汉代刻石书法极为丰富，碑刻上所存的书体主要有汉金文、汉代隶书、汉代石刻、汉代砖瓦文等。鲁迅对汉代隶书碑刻情有独钟。鲁迅藏有《汉石存目》《汉碑释文》《隶韵》《隶释》《两汉金石记》《分隶偶存》《汉碑征经》《汉碑经义纪略》等大量的关于汉代碑刻的金石学著作②。在鲁迅的秦汉碑帖收藏中，所存数量最多的也是汉碑碑拓。西汉隶书石刻虽形构已脱去篆书遗意而完全隶化，但刻工在雕刻石碑中仍沿用篆书之法，无明显波磔。西汉碑刻本来就不多见，鲁迅所藏的西汉名碑拓片非常珍贵，计有7种③：《群臣上酬刻石》《甘泉山刻石》《鲁王泮池刻石》《麃孝禹碑》《朱博残石》《坟坛刻石》《莱子候作封刻石》。鲁迅对所收藏的拓片都做了细致准确的记录，如他在抄写《群臣上酬刻石》时，就用双行小字对此碑刻进行了标注："摩厓刻。高五尺二寸，广四寸。一行，十五字，

---

① 1926年，鲁迅应好友林语堂的邀请，去厦门大学任教。后来与学校当局闹得很不愉快。林语堂为此说鲁迅在那里好像一头"白象"。这在英语里有"珍贵而又摔不掉的包袱"的含义，所以后来许广平把鲁迅称为"白象"，鲁迅也以此自称，在书信里多次画上一头小象。转自山水《鲁迅的艺术世界》，《中华文化画报》2010 年第12 期。
② 见《鲁迅手迹和藏书目录》（内部资料）1、2，北京鲁迅博物馆编1959 年版。
③ 北京鲁迅博物馆、上海鲁迅纪念馆编：《鲁迅辑校石刻手稿》，上海人民美术出版社1986 年版。

篆书。左方有唐人题名七行，字数不等，正书。"① 东汉时期，隶书碑刻数量最多。鲁迅收藏的东汉碑刻拓片有93种②，其中，较为经典的隶书名碑有：《三老讳字忌日记》《鄐君部掾开通褒余道刻石》《祀三公山碑》《裴岑纪功碑》《杨孟文颂》《封龙山颂》《孔宙碑》（碑阴）、《史晨飨孔子庙碑》《衡方碑》（并阴）、《史晨祀孔子奏铭》《西狭颂》《杨淮表》《鲁峻碑》（并阴）、《尹宙碑》、《白石神君碑》（并阴）、《曹全碑》（并阴）、《张迁表》等。鲁迅收藏的东汉碑刻拓片几乎囊括了隶书的所有风格。端庄平正、法度严谨一路的碑刻有《乙瑛碑》《鲁峻碑》《白石神君碑》《史晨碑》等，此脉碑刻，体现了正统儒家的审美趣味，充满了理性色彩；挺峻流丽、清劲秀逸一路的碑刻有《礼器碑》《尹宙碑》《孔宙碑》《曹全碑》等，这一路的碑刻，在讲究法度的基础之上，各具个性，展示了汉隶雅丽精巧一派的典型风貌；质朴高华、雄浑沉厚一路的碑刻，为汉碑阳刚的一极，在汉碑中数量较多，鲁迅收藏有《裴岑纪功碑》《衡方碑》《张迁表》等；恣肆雄放风格为主调的另类碑刻，多以摩崖刻石和偏远地区的碑刻为代表，鲁迅收藏的有《杨孟文颂》《封龙山颂》《西狭颂》等拓片。

此外，鲁迅还收藏有大量的汉代砖瓦铭文。汉砖瓦铭文的主要书体是具有装饰趣味的篆书和隶书，汉末少数刻画砖铭中还可以看到当时流传的章草、今草和行书，文字装饰变形丰富，多取小篆、缪篆和鸟虫篆，或典雅优美，或雄健朴厚。此

图3 鲁迅抄《群臣上酬刻石》（局部）与《群臣上酬刻石》原拓（局部）

---

① 见本论文附图三，鲁迅抄《群臣上酬刻石》（局部）。另见《鲁迅大全集》第22卷，长江文艺出版社2011年版，第1页。
② 北京鲁迅博物馆、上海鲁迅纪念馆编：《鲁迅辑校石刻手稿》，上海人民美术出版社1986年版。

类汉砖,民间工匠书刻者居多,少拘束,多创造,形式上表现出一种自然的装饰美,文字笔画灵动新奇而不失古意。这些砖瓦铭文,有先写而后刻的,也有直接刻画的,因砖质硬度的差异和刻画者不同,刀痕笔画的粗细、强弱、曲直,而形成了不同的书法风格。

图4　鲁迅抄《三体石经尚书残字》(局部)与《三体石经尚书残字》(局部)

《鲁王泮池刻石》,又名《五凤二年刻石》《鲁孝王刻石》,简称《五凤刻石》,是我国西汉时期重要的碑刻,立于西汉宣帝五凤二年(公元前56年)。这块刻石原为西汉孔庙前大殿的竣工基石,隶书,阴刻,高38.4厘米,宽73.6厘米,现藏于孔庙碑廊。石侧刻有铭文三行,前两行,每行4字,后一行5字,计13字:"五凤二年,鲁世四年六月四日成。"《五凤刻石》是并不多见的西汉时期著名碑刻之一,历来为众多金石学家和书法家所推崇。明赵崡《石墨镌华》云:"西汉石刻传者极少,此字简质古朴。"清翁方纲《两汉金石记》谓其"浑沦朴古,隶法之未雕凿者也"。清方朔《枕经金石跋》云:"字凡十三,无一字不浑成高古,以视东汉诸碑,有如登泰岱而观傲莱诸峰,直足俯视睥睨也。字在篆隶之间。"从书法艺术的角度来看《五凤刻石》,其结体宽博,书风亦篆亦隶,用笔有圆有方,是篆书向隶书过度的书体,从字形上看已脱去篆书遗意而完全隶化,但无明显波磔。鲁迅特别重视西汉时期的《五凤刻石》拓片,《鲁迅日记》中记载有鲁迅两次购买《五凤刻石》的

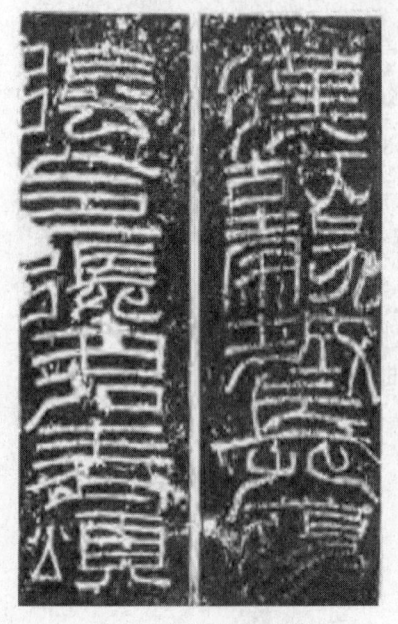

图5　《张迁碑》篆额

详细记录：1915年5月30日午后，鲁迅"往留黎厂买《张敬造像》六枚，一元五角。又《李夫人灵第画鹿》一枚，一元；《鲁孝王石刻》一枚，五角，疑翻刻也"①。同时，《鲁迅书账》中也有"五凤二年石刻一枚○·五○"②的记录。鲁迅在1916年3月12日的日记中有"往宜古斋置孔庙汉碑拓本一分十九枚，三元；《赵芬残碑》二枚，《正解寺残碑》四枚，各一元"③的记录。《鲁迅书账》中记载有鲁迅该天购买"孔庙汉碑拓本十九枚"的一份详单："曲阜孔庙汉碑拓本十三［二］种十九枚三·○○：鲁孝王刻石并题记二枚；乙瑛碑一枚；谒庙残碑一枚；孔谦碣一枚；孔君碣一枚；礼器碑并阴侧共四枚；孔宙碑并阴二枚；史晨前碑一枚后碑一枚；孔彪碑并阴二枚；熹平残碑一枚；孔褒碑一枚；汝南周君碑并题记二枚。"④ 鲁迅的《五凤刻石》拓片抄件有五页，计九面。鲁迅用双行小字题注了此刻石的情况："石高一尺五寸，广二尺三寸。三行，行四或五字，隶书。在山东曲阜孔庙同文门西。"⑤ 鲁迅按照原石字形录出正文后，并抄录了金人高德裔发现此件刻石时加刻的题记，鲁迅在文后注明："行书十一行。"同时，鲁迅还抄录了《金石文字记》《曝书亭集四十七》《竹云题跋》《潜研堂金石文字跋尾》《两汉金石记七》《金石萃编五》《艺风堂金石目一》等金石著作中近2000字的有关该碑刻的校勘文字。民国期间，坊肆间碑刻拓片的翻刻本流行，鲁迅初次购得《五凤刻石》拓片后，在没有确定把握的情况下，就在日记中对此拓片做了"疑翻刻"的说明。

《曹全碑》，全称《汉郃阳令曹全碑》，是我国东汉时期重要的碑刻，立于东汉中平二年（185年）。碑高253厘米，宽123厘米。此碑篆额佚失无存，碑身两面均刻有隶书铭文，碑阳20行，满行45字；碑阴分5列，每列行数字数均不等。明万历初年，该碑在陕西郃阳县旧城出土。在明代末年，相传碑石断裂，人们通常所见到的多是断裂后的拓本。1956

图6 鲁迅设计"火鸟"

图7 鲁迅设计北大校徽

---

① 《鲁迅全集》第15卷，人民文学出版社2005年版，第173页。
② 同上书，第203页。
③ 同上书，第220页。
④ 同上书，第261页。
⑤ 《鲁迅大全集》第22卷，长江文艺出版社2011年版，第25页。

年移入陕西省西安博物馆碑林保存。查检《鲁迅日记》,鲁迅有3次购买《曹全碑》的记录。第一次买的是有正书局影印本的《曹全碑》,鲁迅在1914年12月30日的日记中写道:"午后至留黎厂……有正书局买……《黄小松藏汉碑五种》一部五册,一元二角。"①《黄小松藏汉碑五种》指的是著名汉碑《石门颂》《礼器碑》《西狭颂》《曹全

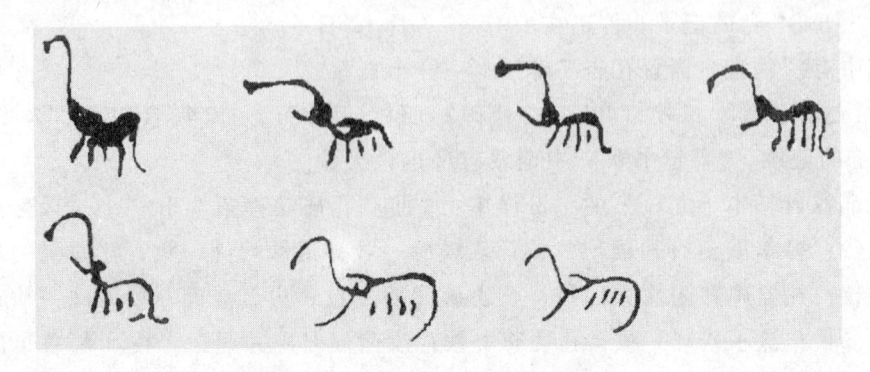

图8 鲁迅书写的"小白象"图案

碑》和《张迁碑》。第二次是1918年3月11日的日记载记:"陈师曾与好大王陵专拓本一枚。又同往留黎厂买杂拓片三枚,一元。又《曹全碑》并阴二枚,二元。"② 第三次是1923年2月28日,鲁迅"至庆云堂观簠斋藏专拓片,价贵而似新拓也。买《曹全碑》并阴二枚,皆整张,一元五角。"③ 以上三次购买的《曹全碑》花销,鲁迅在书账中也都分别做有记录④。

图9 鲁迅隶书《戏彩娱亲》

由于《曹全碑》的文字较为完整,鲁迅校碑所参考的一些金石著作中都没有收录《曹全碑》,可能无须校正的缘故吧。鲁迅在抄写《曹全碑》时,对此碑情况做了详细记录:"碑高七尺五寸,广三尺六寸八分,二十行,行四十五字。碑阴题名五列,首列一行,次列二十六行。第三列八行,第四列十七行,第五列四行,均隶书。在陕西郃阳孔庙。"⑤《曹全碑》在汉隶中独树一帜,是保存汉代隶书字数较多的一通碑刻。《曹全碑》不仅是一份重要的金石文献资料,也是汉代秀逸一路隶书中的杰出代表作品之一,以风格秀逸多姿和结体匀整而著称,为历代书法家推崇备至。清万经评《曹全碑》云:"秀美飞动,不束缚,不驰骤,洵神品也。"清孙

---

① 《鲁迅全集》第15卷,人民文学出版社2005年版,第173页。
② 同上书,第321页。
③ 同上书,第462页。
④ 同上书,第153、351、494页。
⑤ 《鲁迅大全集》第22卷,长江文艺出版社2011年版,第272页。

承泽评云："字法遒秀，逸致翩翩，与《礼器碑》前后辉映，汉石中至宝也。"鲁迅抄写的《曹全碑并碑阴》手稿为楷书，隶意浓重。鲁迅对拓片中的磨泐损失的"因"字，用"□"代之。据肖振鸣考证，鲁迅收藏的《曹全碑》拓片，"现在鲁迅博物馆中只存两件，而且无碑阴。《黄小松藏汉碑五种》及他购买的另外两件，现已不存"①。

四

从鲁迅多次购买、抄校《五凤刻石》及《曹全碑》拓片，我们可以感受到鲁迅对这两块汉碑的重视程度。《五凤刻石》与《曹全碑》是汉碑中的精品，鲁迅朝夕与这些蕴含丰富隶书书法艺术的拓片打交道，鲁迅的文字书写受到隶书风格的影响是很正常的。可见，郭沫若评价鲁迅书法"融冶篆隶于一炉"，并非虚妄之言。

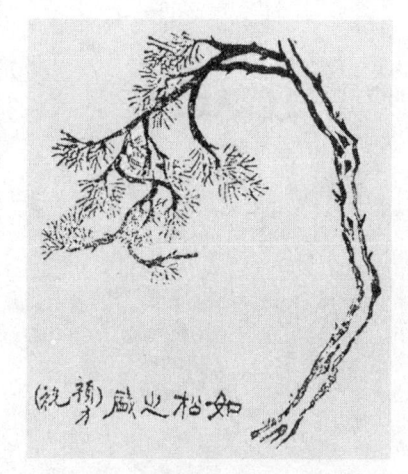

图10 鲁迅隶书"如松之盛（预才祝）"

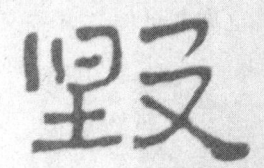

图11 鲁迅隶书题写《毁灭》（1931年）

目前虽未发现鲁迅书写的大幅隶书作品，但在一些绘画的题名和书籍的题签上可以领略到鲁迅书写的不同风格的隶书字体样式。鲁迅用隶书为自己所绘制的"二十四孝"之"老莱娱亲图"题写了"戏彩娱亲"四字诗题（图9）；为国画《如松之盛》②题写了"如松之盛（预才祝）"款识（图10）；鲁迅还用隶书字体题写了《毁灭》《准风月谈》《版画选集》《海燕》等书名（图11、图13）。从鲁迅这些屈指可数的隶书墨迹中，我们能够探究到鲁迅隶书艺术特点的"蛛丝马迹"。

---

① 肖振鸣：《鲁迅藏汉曹全碑拓片考》，《鲁迅研究月刊》2011年第12期。
② 国画《如松之盛》是否为鲁迅所画，学界中有争议。倪墨炎的文章《〈如松之盛〉不是鲁迅的作品》（上海《文汇报》，2008年8月19日《笔会》），列举了八大理由，论定此图不是鲁迅画的作品。顾农的文章《〈如松之盛〉仍有可能是鲁迅作品》（《博览群书》2010年第9期）认为：倪墨炎的八条理由虽然持之有故，却未必能确立，并分别阐述了自己的观点，得出结论：《〈如松之盛〉（预才祝）》这幅画确有可疑之处，尚须认真研究，但不必断然否定它有可能是鲁迅的作品。

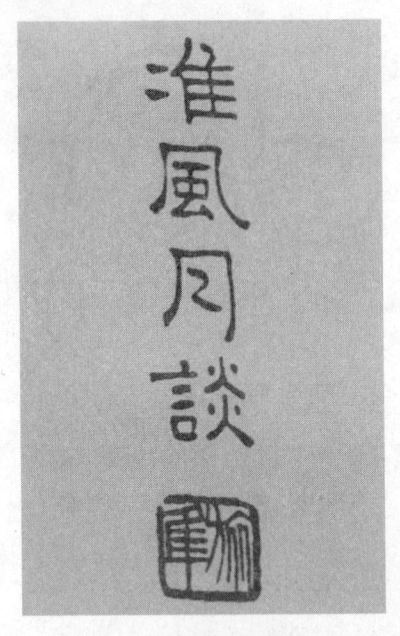

鲁迅隶书圆润大气，线条遒劲，有力度感。鲁迅的隶书吸取了篆书的藏锋起笔、中锋行笔的运笔方法，同时，泯去了汉碑隶书装饰性的波磔笔画特征，形成了具有鲁迅自家风貌的隶书风貌。可以看出鲁迅隶书对《五凤刻石》等一路汉碑隶书的借鉴学习。相较创新而言，继承传统就相对容易多了。鲁迅并不排斥"旧事物"，鲁迅的隶书书写也有类似汉碑隶书波磔笔画较为规整一路的书法特征，如鲁迅用隶书为杂志《十字街头》题写的刊名（图14）。

结语

鲁迅一生须臾没有离开过毛笔书写，虽间或也使用硬笔进行书写，但总的看来，在鲁迅所留存的大量墨迹中的书写都是用毛笔进行的。鲁迅用"金不换"牌的小毛笔书写了大量的书稿、诗词、日记等内容，创造了精彩纷呈的书法艺术。从这种意义上说，鲁迅的一生是书写的一生。随着时代的发展，社会的进步，也许鲁迅的"某些文章的意义

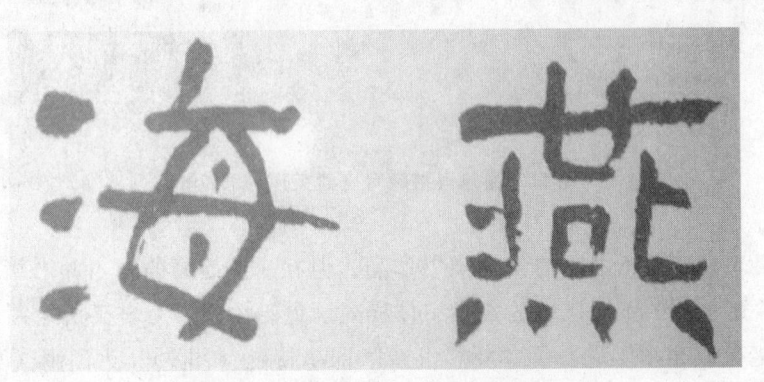

图12 鲁迅隶书题写《准风月谈》（1934年）

鲁迅隶书题写《海燕》（1936年）
图13 鲁迅用隶书题写的书刊名

会因时过境迁而消失，但他的墨宝墨迹却可以继续成为文物宝物而为后人所珍惜和使用"[①]。虽然，鲁迅的篆隶书写在其大量的墨迹中显得微不足道，但正是因为有了这些篆隶书法字体墨迹的存在，我们可以从中感受到鲁迅的睿智与善于借鉴。鲁迅从收藏的金石碑拓中，采用"拿来主义"的方法，把篆隶书法风格的神采融会于无形，贯通

---

① 李继凯：《论鲁迅与中国书法文化》，《华中师范大学学报》（人文社会科学版）2010年第3期。

于他的楷行草书的书写中，从而别开生面，写出了自家书法风貌，而被人们誉为"鲁体"。当前，书坛的"展厅效应"与书法的产业化的发展，并没有使书法艺术的创作产生更多的面貌，书法风格却渐趋于雷同。而艺术中的"趋同"现象将会严重阻碍书法艺术的良性发展。因此，从这个意义上说，发掘鲁迅深厚的艺术文化遗产，关注作为书法家的鲁迅，回顾鲁迅的篆隶书法艺术，对于当前的书法学习与创作来说应具有极为重要的启示意义。

图14　鲁迅隶书题写《十字街头》（1932年）

莫言与鲁迅的家族性相似

吉林大学文学院 王学谦

近年来，学术界注意到莫言与鲁迅之间的精神联系，甚至有人将鲁迅、莫言看成是一个文学谱系，但是，当人们分析这种精神联系的时候，要么停留在莫言的言论、叙事表层，要么拘泥于一些小的细节和局部，缺乏对两者叙事风格的深刻理解。叙事风格不是技术性的小东西，而是人生观和世界观的呈现。这种基于人生观、世界观的叙事风格才是把两者联系起来的重要区域，只有在这里才能看出他们之间最深切的共鸣和交汇。

如果我们把文学区分为理性与生命这两种叙事类型的话，鲁迅与莫言大体上都可以纳入生命叙事这种类型之中。借用维特根斯坦"家族性相似"的概念来说，他们都属于生命文学的大家族成员，都属于那种刚性生命叙事的一脉。在五四以来的新文学中，周作人是柔性生命叙事大家族的先驱，废名、沈从文、史铁生、汪曾祺、阿城、迟子建等大致都属于这一家族成员。和柔性生命叙事大家族相比，鲁迅所开创的刚性生命叙事家族也许并不算发达，但也并非毫无声色，莫言、张承志等应该是其中的佼佼者。正如每一个大家族成员不可能完全相同一样，他们各有自己的风格，却又血脉相连，具有刚性生命叙事大家族的家族性相似。他们都是激烈的主观主义者和个人主义者，都强调自我内心体验，蕴含着火焰般的激情、力量，散发着浓厚的存在主义气息。他们的文学谱系是激进浪漫主义—现代主义—后现代主义。和鲁迅构成或远或近的亲缘关系的是尼采、叔本华、斯蒂纳、克尔凯郭尔，也包括日本的厨川白村，是拜伦、雪莱、普希金等被称为魔鬼的最激进的浪漫主义诗人，还有中国的老庄、阮籍、嵇康等。尽管道家文化在其漫长的流变中不断被弱化以至于固化为静谧、安逸的田园心态，却仍然会露出犀利的目光和凶狠的牙齿。在五四新文化运动之后，鲁迅在道家文化精神中注入了刚性的河水。对莫言构成巨大影响的是20世纪80年代中期的先锋文学及其文化氛围。他在先锋文学的浪潮中站到了文坛的高处，成为引人注目的青年作家。当年的"拉美文学大爆炸"和马尔克斯的《百年孤独》对于莫言等一批中国小说家极具魅惑力。拉美的魔幻现实主义是西方现代主义文学的拉美化，它的西方根源是浪漫主义、现代主义的诸多潮流。这样看来，莫言与鲁迅算得上是同饮一条河水，他们的文学精神也相互回应、共鸣。

一

鲁迅和莫言都喜欢用那些狂野的异端的甚至是邪恶的意象或令人震惊的修辞，来暗示自己的文学身份或文化身份。这是他们那种激烈的个人主义的思想的显现。在他们的价值天平上，把自己混同于他人，让自己消失在人群中是最不堪忍受的庸俗和耻辱。有价值的个人，是不断选择、创造自己的人，而不是生活在预先规划、布置好的世界之中。他们必须从这个清晰、透明的世界出走。他们相信如果不戴上凶狠的面具，就不能把自己从人群中分离出来，就不能让自己从严严实实的日常经验世界的枷锁中挣脱出来，就不能把自己从深厚而黏稠的传统中解放出来。他们都不是文学大军里的一员，满足于集群的潮流性的行动，而是游击队员，喜欢从浩浩荡荡的队伍中逃离出来，独往独来，单兵鏖战，开拓新的属于自己的战场。他们胸前徽号的图形和色彩非常相似乃至相同。

鲁迅说："非有天马行空似的大精神即无大艺术的产生。"① 假如用天马比喻鲁迅的话，鲁迅应该是那种黑色天马，鬃毛迎风飞舞，在黑夜的"野草"、莽原上奔驰。鲁迅酷爱猫头鹰，喜欢以这种"不祥之鸟"暗示自己的文学身份。他宁可以猫头鹰的姿势在夜空里孤独地遨游，在森林里穿梭、怪叫，也不做笼中的画眉鸟。鲁迅把猫头鹰画成"爱情比翼鸟"，一个猫头鹰，里面是一对相视的恋人。② 他给自己第一部杂文集《坟》设计的封面就有一只猫头鹰，蹲在"坟"的上方，睁一只眼闭一只眼，藐视人间。鲁迅甚至还有猫头鹰的外号，"他在大庭广众中，有时会凝然冷坐，不言不笑，衣冠又一向不甚修饰，毛发蓬蓬然，有人给他起了个绰号，叫猫头鹰"③。鲁迅呼唤猫头鹰的文学，"只要一叫而人们大抵震悚的怪鸮的真的恶声在那里"④。和这个猫头鹰同样引起恐怖感的是神话中的刑天。鲁迅不太喜欢悠然恬淡的陶渊明，却喜欢那个吟诵"刑天舞干戚，猛志固常在"的有些狞厉的陶渊明，喜欢那个迷狂而大胆地写下《闲情赋》的开怀放肆的陶渊明。鲁迅讨厌被驯化的家畜，喜欢野性的动物，"野牛变成了家牛，野猪变成了家猪，狼成为狗，野性是消失了，但只是使牧人喜欢，于本身并无好处"⑤。在《孤独者》中，魏连殳悲愤交加，发出了狼一般的嚎叫。瞿秋白说鲁迅是一只狼。鲁迅登上文坛的第一声"呐喊"是狂人的凄厉咆哮。他喜欢把自己的激情和思考变成傻子、疯子（《长明灯》）的荒唐梦呓，把一团和气的庸常人生撕成碎片。在

---

① 鲁迅：《译文序跋集·〈苦闷的象征〉引言》，《鲁迅全集》第10卷，人民文学出版社1981年版，第232页。
② 上海鲁迅纪念馆中国美术家协会上海分会编：《鲁迅与书籍装帧》，上海人民美术出版社1981年版，第88页。
③ 沈尹默：《鲁迅生活中的一节》，《鲁迅回忆录》（散篇上册），北京出版社1999年版，第248页。
④ 鲁迅：《集外集·"音乐"》，《鲁迅全集》第7卷，人民文学出版社1981年版，第54页。
⑤ 鲁迅：《而已集·略论中国人的脸》，《鲁迅全集》第3卷，人民文学出版社1981年版，第414页。

《聪明人和傻子和奴才》中，那个傻子才敢于砸破墙壁开一扇窗户。他酷爱杂文，即使被看成是浪费自己的才华，也在所不惜。他嬉笑怒骂皆成文章，怒气冲天，顶盔戴甲，横眉冷对千夫指，却又诙谐、幽默，像个英勇的"战士"，也像胆大妄为的顽童。"也有人劝我不要做这样的短评。那好意我是很感激的，而且也并非不知道创作之可贵。然而要做这样的东西的时候，恐怕也还要做这样的东西，我以为艺术之宫里有这么麻烦的禁令，倒不如不进去；还是站在沙漠上，看看飞沙走石，乐则大笑，悲则大叫，愤则大骂，即使被沙砾打得遍体粗糙，头破血流，而时时抚摩自己的凝血，觉得若有花纹，也未必不及跟着中国的文士们去陪莎士比亚吃黄油面包之有趣。"① 他心目中的知识分子理想是勇敢追求"真实"的精神，这种真实不是"正人君子"的"公理"，而是个人的体验、见识。"要是发表意见，就要想到什么说什么。真的知识阶级是不顾利害的，如想到种种利害就是假的，冒充的知识阶级。"② 他讨厌那种和事佬式的性格，强调知识分子应该爱憎分明，不仅有表达爱的勇气，更应该有表达憎的力量。这里有一种知识分子的自觉承担，同时，也是一种巨大的诱惑，他们仿佛被那种无限的东西所吸引，不得不向这种无边的海域奔去。直到生命的最后时刻，他依然拒绝回到岸边，依然强硬地扭过头去：一个都不宽恕。

莫言最初的那几篇创作，沐浴在"文革"之后文学解放的日神光辉之下，是20世纪80年代初期文学大合唱中小到听不见的声音。进入解放军艺术学院以后，伴随着文学动向的变化、调整，尤其是先锋文学、寻根文学浪潮的涌动，他忽然顿悟，终于找到了自己。从1985年到1986年，他连续抛出《白狗秋千架》《枯河》《透明的红萝卜》《红高粱家族》等作品，猛然转身挣脱日神的光辉扑向酒神的暗夜，在酒神的大地和天空东奔西突，狂歌曼舞，尽情翱翔。

在刚到军艺的时候，莫言雄心勃勃、激昂慷慨，指点江山。在一篇题为《天马行空》的作业短文中，他把文学看成是"天马行空"的"天才"的创造，而冲破日常经验的罗网的"想象力"正是天才的重要标志之一。"创作要有天马行空的狂气和雄风，无论在创作思想上，还是在风格上，都必须有点邪劲儿。敲锣卖糖，咱们各干一行。你是仙音绕梁，三月绕梁不绝，那是你的福气。我是鬼哭狼嚎，牛鬼蛇神一齐出笼，你敢说这不是我的福气吗？"③ 有的时候，他也会羡慕那种人见人爱、霞光万道、祥云朵朵的天马，"有两缕袅袅上升的轻烟，有无数匹曲颈如天鹅的天马，整幅画传达出一种禅的味道：非常静谧，非常灵动，是静与动的和谐统一。是梦与现实的交融。这才是好天马呢"④。但是，上帝却只能让他变成一匹野性难驯的天马，在闪电雷鸣、狂风

---

① 鲁迅：《华盖集·题记》，《鲁迅全集》第3卷，人民文学出版社1981年版，第4页。
② 鲁迅：《集外集拾遗补编·关于知识阶级》，《鲁迅全集》第8卷，人民文学出版社1981年版，第190页。
③ 莫言：《"旧"创作谈"批判与"新创作"谈》，《怀抱鲜花的女人》，中国社会科学出版社1993年版，第339页。
④ 同上。

骤雨里咆哮、奔腾，在浩浩荡荡的高粱地里穿梭，"往上帝的金杯里撒尿"，"因为我知道我半是野兽半是人，所以我还能往前走，一切满口仁义道德的好作家们，其实都是不可救药的王八蛋。他们的'文学'也只能是那种东西"①。更有意思的是，莫言也曾以猫头鹰自许，他在给自己散文集作序的时候，说自己的散文是猫头鹰的叫声：一只鸟蹲在树上叫，是为了寻求知音，"一个写了文章发表的人，其实也是一只蹲在树上鸣叫的鸟。猫头鹰叫声凄凉，爱听的不多，但肯定还是有爱听的。画眉鸟声婉转优美，爱听的很多，但肯定还是有不愿听的。我的这本集子，基本上可以认定为是猫头鹰的叫声，喜欢我的就买，不喜欢我的，白送给你你也不会要"②。有一次，莫言又变成了一只更凶悍的九头鸟，"我以为各种文体均如铁笼，笼着一群群称为'作家'或者'诗人'的呆鸟。大家都在笼子里飞，比着看谁飞得花哨，偶有不慎冲撞了笼子的，还要遭到笑骂呢。有一天，一只九头鸟用力撞了一下笼子，把笼内的空间扩大了，大家就在扩大了的笼子里飞。又有一天，一群九头鸟把笼子冲破了，但它们依然无法飞入蓝天，不过飞进了一个更大的笼子而已"③。撞击铁笼的冒险和狂喜，一直是莫言心灵的巨大涡流。他迷恋那种来自生命深处的暴烈、彪悍的激情，有那种"狼"性，就是面对孩子和他们的父母，他也大胆地宣称，孩子应该"像狼一样地反叛"，"我崇拜反叛父母的孩子"，"我几乎绝对地怀疑父母的教育能使人变好或者变坏，《三字经》所谓'窦燕山，有义方，教五子，名俱扬'，其实含有不少胡说八道的成分。我崇拜反叛父母的孩子。我认为敢于最早地举起反叛义旗的孩子必定是乱世或者治世英雄的雏鸟。一般来说，伟大人物的性格里一定有反叛的因素，在成为英雄之前，首先要成为叛逆"④。前几年，莫言说自己更想成为歌德而不是贝多芬，这里有年龄的原因，也有他的中国式的智慧，在人前他更喜欢低调、柔和，否则就要吃尽苦头。可是，他的创作表明，他迄今为止还是贝多芬，正如他成不了那种像天鹅般的天马，他很难变成古典主义的晚年歌德。⑤"天才"是很难驯服的。尽管《蛙》内敛了很多，但是，那种强硬、尖利的锋芒还在。他敢于对计划生育这种敏感题材进行个人化的艺术处理。莫言装疯卖傻，以傻子的智慧与世界对话，就如同鲁迅喜欢狂人、疯子一样。在一篇题为《读鲁迅杂感》的随笔中，他说："其实，即使是在'文革'那种万民噤口、万人谨行的时期，无论在民间还是在庙堂，还是有人可以口无遮拦、行无拘谨，这些人是傻子、光棍或者是装疯卖傻扮光棍。譬如'文革'初期，人们见面打招呼时不是像过去那样问答，'吃了吗？——吃了'，而是将一些口号断成两截，问者喊上半截，答者喊下半截。譬如问者喊：'毛主席——'，答者就要喊：'万岁！'一个革命的女红卫兵遇到我

---

① 莫言：《旧"创作谈"批判与"新创作"谈》，《怀抱鲜花的女人》，中国社会科学出版社1993年版，第344页。
② 莫言：《写给父亲的信·猫头鹰的叫声——〈莫言散文〉自序》，春风文艺出版社2003年版，第129页。
③ 莫言：《马蹄》，《会唱歌的墙》，作家出版社2005年版，第133页。
④ 莫言：《像狼一样的反叛》，《家教博览》2001年第8期。
⑤ 莫言：《优秀的文学没有国界——在法兰克福"感知中国"论坛上的演讲》，《上海文学》2010年第3期。

们村的傻子，大声喊叫：'毛主席——'，傻子恼怒地回答：'操你妈！'女红卫兵揪住傻子不放，村子里的革委会主任说：'他是个傻子！'于是就像什么也没发生一样。"①

二

作为激烈的个人主义者，他们都沉迷于自我的心灵之中，他们的心灵都既强硬、勇敢，又犀利、敏感，充满躁动、不安，像威力巨大的暗流、旋涡，不断掀起狂涛巨澜，汹涌着狂暴不羁、疾风暴雨般的激情、意志和力量。这种力量同时也是怀疑主义洪流，他们自信而强大，相信自己的心灵力量远远胜于相信外部世界，对于理性世界，他们永远投去轻蔑、怀疑的目光，就像尼采不断抨击苏格拉底一样，他们总是以否定、嘲讽理性世界的愚蠢为乐事。在他们看来，那些稳定、流行、传统、主流的长期不变的大大小小的规范、原则，都是形迹可疑的，往好处说，充其量也仅仅是一座温室，一个临时搭建起来的驿站，无论你怎样巧夺天工，也不过是人工的小技巧，是一个小世界；往坏处说，在大多数情况下，它们仅仅是束缚人的枷锁或虚妄的欺骗，是应该质疑、颠覆、摧毁的。他们的激情和力量就是对这种存在物的对抗、攻击。生命之树常绿，枝繁叶茂，目不暇接，概念永远是苍白而空空荡荡的。他们的生命世界是无限的多样的，是纷飞的碎片，燃烧着各种可能性和无止息的冲突，是个体生命腾飞的天空，也是无可克服的悲剧性存在。如果不将那些条条框框爆破，就无法行动，就不能上路，不断突破、超越或永远奔走在路上的强劲冲动在激励、鼓舞着他们，就如同鲁迅的"过客"一样，仿佛被一种神秘的声音所召唤、诱惑。没有必须停靠的海岸线和陆地，这与其说是朝向某个目的地的航行，毋宁说是无止境的自由漂泊。

因此，有两个区域是他们叙事的重点对象：一个是强悍而孤独的个人主义英雄，其性格往往带有恶魔性的因素；一个是"吃人"的混沌无边的世界。这两个区域有时在一篇作品中同时出现，构成一个生命世界的全景图像，有时则仅仅出现一个区域。在更深层的意义上，这是他们对世界、人性和人生的理解。因此，两者黏连，相互衬托，相得益彰。

《狂人日记》呈现了鲁迅生命叙事的基本结构，也是鲁迅叙事的强劲动力。鲁迅的创作，就其主导性因素而言，都是《狂人日记》这一基本结构的不断重写或改写，并由此形成了鲁迅叙事独特意味。《狂人日记》绘制了一幅生命世界的全集图像，包含着上述的两个重点叙事对象：一方面是强悍的狂者，强悍的个人英雄的隐喻，一方面是无法克服的生命悲剧，是无边的生命世界的隐喻。强悍的个人英雄狂人掀翻"仁义道德""吃人"的盛宴，同时，也打开了潘多拉的匣子。《狂人日记》的灵感来自鲁迅的

---

① 莫言：《读鲁迅杂感》，《会唱歌的墙》，作家出版社2005年版，第124页。

历史阅读，"……偶阅《通鉴》，乃悟中国人尚是食人民族，因此成篇。此种发见，关系亦甚大，而知者尚寥寥也"①。鲁迅的理性目的显然带有五四时代普遍的启蒙自觉即对传统文化的反思和批判："意在暴露家族制度和礼教的弊害。"② 然而，家族制度及其礼教"吃人"，这种所指显然并不牢靠，它仍然是一个能指。家族制度及其礼教与吃人之间的必然性因果关系，根本无法遮蔽生命存在的悲剧性。如果说专制理性是"吃人"的，那么，清除家族制度及其礼教，"吃人"的悲剧就会消失，和谐的永恒理性就会照亮人间？其实不然，"救救孩子"的犹豫而绝望的呼声似乎已经做出了否定性的回答。既然没有永恒理性的和谐，所有的人都是吃人者也是被吃者，"吃人"无法从人间彻底清除，那么，人的存在本身就是悲剧。因此，"吃人"在鲁迅那里，除了启蒙意义上的所指之外，还缠绕、纠结着另一种令人尴尬、绝望的所指，世界是不可言说的，人是难以规定的动物，人的存在包含着无可避免的悲剧，不同的个体生命之间和个体生命与社会之间的相互冲突、对抗，世界充满着苦难和不幸，并不存在着一个"人的解放"的光明未来。由此，鲁迅让自己的叙事航船驶向了摇曳不定的生命世界，在这个世界之中，人和事或许和启蒙有所关联，但又绝对不是启蒙所能够解释的。鲁迅的这种基本结构——强悍的个人英雄与混乱无序的世界的对抗，在鲁迅的诸多篇章中都有所呈现。鲁迅的觉醒者叙述，呈现的是觉醒者与社会大众的对立，这种模式可以看作是《狂人日记》从内心向现实题材的扩散。英雄在合理化之后，被纳入社会总体性之后，也被弱化，丧失了英雄的心灵强度，变成了现实的有血有肉的文化精英。社会总体性变得异常强大，众人的内心、意志如同无边无际的大海，把精英全部淹没。这里涉及的不仅是理性的观念的问题，同时，也涉及人的恶性、人的孤独本性等复杂因素。在鲁迅的杂文中，隐藏着一个具有激情、狂放的英雄气概的书写者的形象，面对混乱芜杂的世态人心。在《野草》中这种结构获得了更充分的显现。一方面是混乱的世界，另一方面却是"过客"式的英雄。

鲁迅曾经说自己写小说的目的是"揭出病苦，引起疗救的注意"，然而，当你进入他的小说世界的时候，你立刻就会发现，这些作品指给人们看的疾病，大都是无法治愈的，是人生永远的伤口，是生命世界的本然性存在。他说，中国社会历来只是两个时代的循环：暂时做稳了奴隶的时代和想做奴隶而不可得的时代，要创造第三样的时代：人的时代。可是，人的时代在哪里？他自己并没有信心，他倒是更坚定地相信：没有黄金世界或大同世界，"将来"也不过是人们自欺欺人的方法而已。"倘使世上真有什么'止于至善'，这人间世便同时变了凝固的东西了。"③ 在鲁迅那里，日神的光辉往往是星星点点的，像灰烬里的火星，忽明忽暗，总是给人以即将熄灭的微弱之感。"'将来'这回事，虽然不能知道情形怎样，但有是一定会有的，就是一定会到来的，

---

① 鲁迅：《书信·180820 致许寿裳》，《鲁迅全集》第11卷，人民文学出版社1981年版，第353页。
② 鲁迅：《〈中国新文学大系〉小说二集序》，《鲁迅全集》第6卷，人民文学出版社1981年版，第239页。
③ 鲁迅：《而已集·黄花节的杂感》，《鲁迅全集》第3卷，人民文学出版社1981年版，第410页。

所虑者到了那时，就成了那时的现在。然而人们不必这样悲观，只要那时的现在比现在的现在好一点，就很好了，这就是进步。"① 你看，他总是把调子压得非常低，只要那时比现在"好一点，就很好了"。面对这种苦难，鲁迅经常流露出叔本华式的忧郁、焦虑和同情心，他试图以启蒙的亮色来清除这种晦暗的体验，但是，更具有鲁迅风度的却是那种尼采式强悍：直面惨淡的人生，正视淋漓的鲜血。狂人的梦呓就是"反抗绝望"的高声呐喊，这种"反抗绝望"并非要重建历史秩序和回到"人的解放"的宏大叙事，而是酒神精神的，它仅仅是为了个体生命的强悍，为了那诱人的反叛。

莫言的《红高粱家族》则体现出莫言叙事的基本结构，此前和后来的其他作品，都可以看作是这一基本结构的聚集、改写、扩展或重写。尽管《红高粱家族》和《狂人日记》在文体和外貌上差别很大，但是，其精神实质却非常相似，只是它的调子和色彩比《狂人日记》更明亮一点，是红色的底子，夹杂着黑色、灰色、紫色。而《狂人日记》则是深紫色，夹杂着星星点点的红色、灰色、蓝色。就像《狂人日记》的叙事存在一个狂者的激情呼喊和人的苦难、悲惨的生命悲剧的二元对立一样，《红高粱家族》也是这种二元对立结构：一方面是残酷的战争，死亡、苦难、残杀、荒凉、尸横遍野，野狗啃食人的尸体，另一方面则是强悍的酒神式草莽英雄。它首先颠覆了我们通常的历史理性——那些不证自明的历史记忆和历史认识，把历史推向一片迷茫混沌的地带，让生命世界裸露出它的胸膛。它是一种退化论历史观，祖孙三代，是一代不如一代的"种的退化"，和卢梭"高尚的野蛮人"、尼采的浪漫主义历史观如出一辙，从而消解了"人的解放"的宏大叙事。余占鳌的队伍、冷支队和胶高大队这三种力量有合作，但更有刀枪相见的拼杀。他们各自按照自己的欲望、意志和利益行动，没有哪一个更能代表所谓历史的方向。偶然性变得格外重要，不是偶然之中存在着必然，偶然就是偶然，这暗示了历史的混乱无序。高粱酒之所以成为远近闻名的优质酒，不是来自技术的先进、高超，也不是由于获得了某种秘密配方，而是爷爷往酒篓里撒了一泡尿。任副官是英雄豪杰，却死于擦枪走火。在《战友重逢》中，钱英豪及其战友并不缺少英雄素质，却死得无声无息。英雄需要机缘。战斗场面极为血腥、残酷。硝烟弥漫、脑浆迸裂、肠子在地上流淌，肢体横飞、尸体的腐臭被极力渲染。为了减轻队员的痛苦，余占鳌开枪打死身负重伤的队员。敌我双方即使举手投降，也可能被对方劈死或刺死。家狗变成了成群的野狗到处游荡，吃人的尸体，引发人与狗的大战。人吃狗补充营养，猎狗扒皮替代防寒的冬装。人的尸体——国民党人、共产党人、日本人、农民与狗的尸体一同被埋葬在"千人坟"。"我发现人的头骨与狗的头骨几乎没有区别，坟坑里只有一片短浅的模糊白光。像暗语一样，向我传达着某种惊心动魄的信息。光荣的人的历史里掺杂了那么多狗的传说和狗的记忆、狗的历史和人的历史交织在一起。"② 人的历史记忆是难以理喻的存在。然而，这种血腥、残酷的战争和充满

---

① 鲁迅：《两地书·四》，《鲁迅全集》第 11 卷，人民文学出版社 1981 年版，第 20 页。
② 莫言：《红高粱家族》，解放军文艺出版社 1987 年版，第 240 页。

纷争、冲突的世界，同时，也是英雄的用武之地。余占鳌、戴凤莲没有主流社会通常的谨慎、聪明，没有传统的和世俗社会的道德禁锢。他们自由自在，放荡不羁，敢作敢为，敢爱敢恨，快意恩仇，生命的激情和冲动，就如同险峻的高山、奔腾咆哮的激流。"高密东北乡无疑是地球上最美丽、最超脱最世俗、最圣洁最龌龊、最英雄好汉最王八蛋、最能喝酒最能爱的地方。生存在这块土地上的我的父老乡亲们，喜食高粱，每年都大量种植……他们杀人越货，精忠报国，他们演出过一幕幕英勇悲壮的舞剧，使我们这些活着的不肖子孙相形见绌，在进步的同时，我真切感到种的退化。"① 中国传统的江湖气的英雄好汉被打造成带有浓厚的浪漫主义、尼采式的"超人"气质的英雄，就像拜伦笔下的海盗一样。

三

莫言与鲁迅都有很强烈的英雄"情结"。在他们的生命叙事中，英雄是重要的一部分，如果没有英雄甚至英雄崇拜，刚性生命叙事几乎难以成立。他们拆除了历史理性的樊篱，融化了时间，让历史朝向无限的空间，把历史变成了生命的舞台。这舞台没有确定的边限，没有现成的光明大道，没有可以依靠栏杆或扶手，也没有方向标，个人也无法预知自己要走向哪里，但是，人只能依靠自己的勇气和力量进行选择，在没有路的地方，开拓出路来，所以个人英雄成为他们叙事的重要对象。他们笔下的那些个人英雄无论外形具有怎样的差异，必不可少的品质却是坚定的个人主义和主观主义，他们的行为是一种个人抉择，以自己的心灵作为最高原则，坚毅果敢，我行我素，特立独行，越是遭遇压抑、阻挡的时候，他们的意志也就变得更加强大和坚定。他们未必在乎结局怎样，而是把选择本身看得最为重要。在许多时候，他们带有恶魔气质，是邪恶的英雄，超越主流和世俗道德的善与恶。

鲁迅式的英雄首先是狂人家族：这里有掀翻吃人宴席的"狂人"（《狂人日记》）、有要放火烧毁愚妄的吉光屯的疯子（《长明灯》）、有玄览世间的胡言乱语的陶老头（《自言自语》），陶老头是狂人的置换变型，他的胡言乱语的故事，如同"狂人日记"，揭破生命世界的残酷、荒凉，同时，也赞颂一个少年英雄（《自言自语》）。他肩住了行将被沙漠淹没的古城的闸门，让孩子们离开古城，自己和古城一同被沙涛掩埋。《补天》中的女娲，她开天辟地，创造了人类，这种力量来自她的生命冲动，但是，却遭到了侏儒卫道者的唾骂。在《野草》中的抒情主人公形象是鲁迅式的英雄化身，他的英雄气概在《野草》的一些篇章中以大同小异的姿态表现出来。"过客"（《过客》）尽管衣衫褴褛，困顿焦虑，但依然顽强坚守自己，不断前行，无论前边是什么，都阻挡不了他的脚步，他要朝向无限广阔的世界。为了义无反顾地行走，他断

---

① 莫言：《红高粱家族》，解放军文艺出版社1987年版，第240页。

然拒绝少女的帮助。影子（《影的告别》）独自远行，宁可沉没于黑暗之中，傻子（《聪明人和傻子和奴才》）要在没有窗户的屋子上砸开一个窗户来，"这样的战士"（《这样的战士》）永远向着"无物之阵"投去他的投枪。"无物之阵"是社会理性的象征："那些头上有各种旗帜、绣出各样好名称：慈善家，学者，文士，长者，青年，雅人，君子……头下有各样外套，绣出各式花样：学问，道德，国粹，民意，逻辑，公义，东方文明……"①"叛逆的猛士"（《淡淡的血痕中》）则向造物主发起激烈的挑战，"目前的造物主，还是一个怯弱者。他暗暗地使天变地异，却不敢毁灭一个这地球；暗暗地使生物衰亡，却不敢长存一切尸体；暗暗地使人类流血，却不敢使血色永远鲜浓；暗暗地使人类受苦，却不敢使人类永远记得"②。"叛逆的猛士出于人间；他屹立着，洞见一切已改和现有的废墟和荒坟，记得一切深广和久远的痛苦，正视一切重叠淤积的凝血，深知一切已死，方生，将生和未生。他看透了造化的把戏；他将要起来使人类苏生，或者使人类灭尽，这些造物主的良民们。"③鲁迅后期历史小说中的个人英雄大禹（《理水》）、后羿（《奔月》）、墨子（《非攻》），一定程度上削弱了个人性和魔鬼性，但是，他们仍然与社会、大众是隔膜和对立的。

　　《铸剑》把鲁迅的绝望推向极致，暴君的残暴和大众的普遍懦弱、愚昧使历史变成了一潭死水，同时，英雄的反抗也达到极致，只有凶狠的恶魔英雄才能激起反叛的狂波巨浪。恶魔英雄黑色人宴之敖者拒绝所谓人云亦云的普遍正义，"仗义，同情，那些东西，先前曾经干净过，现在都变成了鬼债的资本。我心里全没有你所谓的那些。我只不过要给你报仇"④。黑色人让眉间尺献出头颅，并砍下自己的头颅，与暴君搏斗，与暴君同归于尽。莫言极为推崇鲁迅的《铸剑》，他认为，"铸剑是鲁迅最好的小说，也是中国最好的小说"⑤。他从这里体会到鲁迅的精神，"对一个永恒的头脑来说，个人一生中的痛苦和奋斗，成功和失败，都如过眼烟云，黑衣人是这样的英雄。鲁迅在某些时候也是这样的英雄"⑥。莫言认为，眉间尺也属于英雄，以一言之交就将自己的性命交给黑色人，这种气概也非凡人所有。

　　莫言的个人英雄在《秋水》《老枪》中开始登场，在《红高粱家族》中达到一个高峰，完成了莫言式英雄的基本造型。以爷爷余占鳌、奶奶戴凤莲为核心的草莽英雄和叛逆女性是莫言式英雄的原型，其性格基本特征是既英雄好汉又王八蛋，超越世俗善恶的底线。后来莫言创作中的英雄几乎都是这种英雄的置换变型。他们的性格都可以用奶奶戴凤莲临死前的那段独内心白加以概括："天哪！天……天赐我情人，天赐我儿子，天赐我财富，天赐我三十年红高粱般充实的生活。天，你既然给了我，就不要

---

① 鲁迅：《这样的战士》，《鲁迅全集》第2卷，人民文学出版社1981年版，第214页。
② 同上书，第221页。
③ 鲁迅：《淡淡的血痕中》，《鲁迅全集》第2卷，人民文学出版社1981年版，第221—222页。
④ 鲁迅：《铸剑》，《鲁迅全集》第2卷，人民文学出版社1981年版，第425页。
⑤ 莫言：《〈铸剑〉读后感》，《写给父亲的信》，春风文艺出版社2003年版，第110页。
⑥ 同上。

再收回，你宽恕了我吧，你放了我吧！天，你认为我有罪吗？你认为我跟一个麻风病人同枕交颈，生出一窝癞皮烂肉的魔鬼，使这个美丽的世界污秽不堪是对还是错？天，什么叫贞节？什么叫正道？什么是善良？什么是邪恶？你一直没有告诉过我，我只有按着我自己的想法去办，我爱幸福，我爱力量，我爱美，我的身体是我的，我为自己做主，我不怕罪，不怕罚，我不怕进你的十八层地狱。我该做的都做了，该干的都干了，我什么都不怕。"①

《丰乳肥臀》和《红高粱家族》基本结构完全一致——混乱无序的历史和英雄壮举。它们的区别仅仅是长度与宽度的区别。就像《红高粱家族》把抗战时期的历史的颠覆成没有统一而清晰的结构一样，《丰乳肥臀》也是对历史的颠覆、重写，打破了普通人心目中历史理性的通道，只是它比《红高粱家族》颠覆的程度更剧烈，跨越的时间更长，它也同样是家族史，只是变成了女性为中心的家族史。《红高粱家族》的奶奶戴凤莲，在《丰乳肥臀》中被放大、变形并被推到结构的中心，变成了母亲上官鲁氏。她们都是具有莫言式标志的女性形象。上官鲁氏有奶奶戴凤莲的叛逆，对乡土传统妇德的蔑视、反抗，不同的是，她更具有超越日常伦理、政治意识的母性之爱或生命之爱。上官鲁氏是母性化的英雄，她可以不管一切利害去爱自己的孩子。这正如鲁迅所感叹的那样："我以为母爱的伟大真可怕，差不多是盲目的。"② 司马库、鸟儿韩这类人物则完全可以看作是爷爷余占鳌这种英雄形象的延续、变形。《檀香刑》（2001）仍然是《红高粱家族》式的结构，但是意味或基调进行了调整、变化，由对英雄的激情歌颂变成了对生命力的盲目性、恶性的反思和批判，和对人的生存境遇的悲剧性的悲悯。《檀香刑》中的孙丙及其女儿孙媚娘可以看作是余占鳌、戴凤莲性格平移，只是角色发生了变化，夫妻变成了母女，但是，莫言对他们的态度却发生了变化，那种英雄气概尽管依然存在，但是，却显得盲目、荒唐和愚昧，连孙丙自己也有一种人生如戏的虚无感。在《生死疲劳》中，《红高粱家族》中的魔幻性因素扩大成为结构框架，佛教的六度轮回变成了支持叙事的主导线索，历史变成一种巨大的无法躲避的压抑性的力量，人没有任何选择权力，人的死去活来都逃不过悲惨二字。但是，莫言式的英雄仍然闪现着最后的光芒。蓝脸性格仍然可以看作是爷爷余占鳌气质的再现，虽然他缺少那种魔鬼性格因素，但是，其心灵的坚硬程度和余占鳌们相差无几。无论怎样宣传、动员，都无法改变他的素朴而顽强的观念。他就是不加入互助组、人民公社。他孤独而倔强地在自己的土地上劳动。这是莫言对中国农民性格的最深刻的发现，是为当代文学人物画册增添新的光彩的一个农民形象。《四十一炮》的结尾亦真亦幻，"炮孩子"罗小通和两位老人居然拿出迫击炮来，连发"四十一炮"，这仍然是爷爷、奶奶精神的发扬。

---

① 莫言：《红高粱家族》，解放军文艺出版社1987年版，第83页。
② 冯雪峰：《鲁迅先生计划而未完成的著作》，《雪峰文集》第4卷，人民文学出版社1985年版，第17页。

四

鲁迅与莫言都有深沉的生命悲剧感。我们已经说过，作为生命叙事，他们都把世界看成是混沌无序、无边无际的存在，这是个人英雄的用武之地，同时，也是"吃人"的世界，是苦难、残酷、痛苦、荒诞的存在。在他们看来，这种悲剧并非仅仅是外部世界造成的，而是内在于人的自身，是人的存在所无法克服的悲剧性。他们都极力向内挖掘，拷问人性深处的东西，都有一种浓厚的叔本华式的意志哲学的意味。意志是太阳，也是深渊。人是有意志、欲求的动物，也是独孤的，相互隔膜的。人在肯定自我意志的过程中，是盲目的、自私的，总会与其他人的意志矛盾、碰撞，甚至会摧残、剥夺他人的意志，这种矛盾、冲突是不可能止息的，从而导致生命的悲剧。因此，在他们的悲剧叙事中，总是格外关注人的内心风暴和动向，拷问人的灵魂，对人的存在投去焦虑、忧郁和悲悯的目光。他们写英雄的时候，更近似尼采，而写悲剧的时候，则较为接近叔本华，世界沉沦在意志的海洋之中。

在鲁迅看来，人生就是悲剧，一直昏昏沉沉地处在睡梦之中即处于愚昧状态，是被吃掉，梦醒了——人摆脱愚昧状态获得了自我意识也还是被吃掉。这种"吃人"的悲剧和人自身的弱点、局限和邪恶性密切相关，是人的存在难以消除的悲剧。在鲁迅的人生经历中，少年时期家道中衰，从小康而坠入困顿，使他看清了世人的真面目。此后，他一直思考着人性、人心。留学日本期间，进化论、尼采、叔本华、斯蒂纳、拜伦等恶魔诗人的影响，也使鲁迅体会到人性的复杂性和恶性，使他怀疑、否定中国传统的人性本善。在《摩罗诗力说》中，"中国之诗，舜云言志；而后贤立说，乃云持人性情，三百之旨，无邪所蔽。夫既言志矣，何持之云？强以无邪，即非人志"[1]。"即一切人，若去其面具，诚心以思，有纯禀世所谓善性而无恶分者，果几何人？遍观众生，必几无有。"[2] 鲁迅不止一次说自己内心黑暗，也正是来自对生命悲剧的体认。

在《药》中，夏瑜变成了"散胙"，"凡有牺牲在祭坛前沥血之后，所谓留给大家的，实在只有'散胙'这一件事了"[3]。"暴君治下的臣民，大抵比暴君更暴；暴君的暴政，时常还不能餍足暴君治下的臣民的欲望。""暴君的臣民，只愿暴政暴在他人的头上，他却高兴，拿'残酷'做娱乐，拿'他人的苦'做赏玩，做慰安。""从幸免里又挑出牺牲，供给暴君治下的臣民的渴血的欲望，但谁也不明白。"[4] 鲁迅将"看客"与"暴君的暴政"联系起来，在"看客"中注入了文化启蒙的因素，是"暴君的暴政"制造了"看客"，另外观赏"砍头""人血馒头"是人的"渴血的欲望"的暗示，

---

[1] 鲁迅：《摩罗诗力说》，《鲁迅全集》第1卷，人民文学出版社1981年版，第68页。
[2] 同上书，第82页。
[3] 鲁迅：《即小见大》，《鲁迅全集》第1卷，人民文学出版社1981年版，第407页。
[4] 鲁迅：《六十五 暴君的臣民》，《鲁迅全集》第1卷，人民文学出版社1981年版，第366页。

显示了生命的残酷性。"人血馒头"不仅小栓吃着香,那个驼背五少爷一到茶馆就闻到香味。在砍头的现场,"老栓又吃一惊,睁眼看时,几个人从他面前过去了。一个还回头看他,样子不甚分明,但很像久饿的人见了食物一般,眼里闪出一种攫取的光……(老栓)仰起头两面一望,只见许多古怪的人,三三两两,鬼似的在那里徘徊;定睛再看,却也看不出什么别的奇怪"①。阿Q在临刑前也遭遇这样的目光:"四年之前,他曾经在山脚下遇见一只狼,永是不近不远的跟定他,要吃他的肉……可是永远记得那狼眼睛,又凶又怯,闪闪的像两颗鬼火,似乎远远的来穿透了他的皮肉。这回他又看见从来没有见过的更可怕的眼睛了,又钝又锋利,不但已经咀嚼了他的话,并且还要咀嚼他皮肉以外的东西,永是不远不近的跟他走。这些眼睛似乎连成一气,已经在那里咬他的灵魂。"② 1928年4月6日的《申报》上的《长沙通信》,记叙了湖南屠杀共产党人,其中有三名年轻女性,于是引起大批民众的围观:"全城男女往观者,终日人山人海,拥挤不通。加以公魁郭亮之首级,又悬之司门口示众,往观者更众。司门口八角亭一带,交通为之断绝。计南门一带民众,则看郭亮首级后,又赴教育会看女尸。北门一带民众,则在教育会看女尸后,又往司门口看郭首级。全城扰攘,铲共空气,为之骤涨;直至晚间,观者始不似日间之拥挤。"③ 鲁迅说:"我一读,便仿佛看见司门口挂着一颗头,教育会前列着三具女尸。而且至少是赤膊的,——但这也许我猜得不对,是我自己太黑暗之故。而许多民众,一批是由北往南,一批是由南往北,挤着,嚷着……再添一点蛇足,是脸上都表现着或者正在神往,或者已经满足的神情。"④ "我临末还要揭出一点黑暗,是我们中国现在(现在!不是超时代的)民众,其实还不很管什么党,只要看头和女尸。只要有,无论谁的都有人看,拳匪之乱,清末党狱,民二,去年和今年,在短短的二十年中,我已经目睹或耳闻了好几次了。"⑤ 小说《示众》放逐文化理性,强化"看客""吃人"的无声的邪恶。这里没有任何文化冲突和社会冲突,只是一群人看一个人。"被看者"是一个被警察用绳子拴住牵着的男人,他的文化属性和社会属性被悬置起来。"看客"是街头上的形形色色的人,男女老少,高的矮的胖的瘦的,他们同样没有任何文化属性和社会属性。这样在"看客"与"被看者"之间,我们无法进行进步与落后、觉醒与愚昧的文化价值判断,所能够感受到的就是"看客"那种贪婪的邪恶灵魂。鲁迅说:"社会太寂寞了,有了这样的人,才觉得有趣些。人类是喜欢看戏的,文学家自己来做戏给人家看,或者绑出去砍头,或是在最近墙脚下枪毙,都可以热闹一下子,且如上海巡捕用棒打人,大家围着去看,他们自己虽然不愿意挨打,但看见人家挨打,倒觉得颇有趣的。"⑥

---

① 鲁迅:《药》,《鲁迅全集》第1卷,人民文学出版社1981年版,第441页。
② 鲁迅:《阿Q正传》,《鲁迅全集》第1卷,人民文学出版社1981年版,第526页。
③ 鲁迅:《铲共大观》,《鲁迅全集》第4卷,人民文学出版社1981年版,第105页。
④ 同上书,第105—106页。
⑤ 同上书,第106页。
⑥ 鲁迅:《文艺与政治的歧途》,《鲁迅全集》第7卷,人民文学出版社1981年版,第119页。

这种对"看客"的愤怒，就十分明确地将"看客"心态置于人的意志的海洋之中了。莫言说："鲁迅对事物看得非常透彻，首先他明白人是一个动物，人的生命非常有限，他是学医出身，眼光不一样。"① 在《娜拉走后怎样》中，也仍然无法摆脱悲剧，其根源在于，人各不相同，各有自己的意志，尽管社会秩序将他们联合在一起，但是，他们在骨子里仍然是相互隔膜的，无法相通，"楼下一个男人病得要死，那间壁的一家唱着留声机；对面是弄孩子。楼上有两人狂笑；还有打牌声。河中的船上有女人哭着她死去的母亲。人类的悲欢并不相通，我只觉得他们吵闹"②。"现在的所谓教育，世界上无论哪一国，其实都不过是制造许多适应环境的机器的方法罢了。要适如其分，发展各个的个性，这时还未到来，也料不定将来究竟可有这样的时候。我疑心将来的黄金世界里，也会将叛徒处死刑，而大家尚以为是黄金世界的事，其大病根就在人们各个不同，不能像印版书似的每本一律。"③

在莫言那里，人是意志、欲望的动物，被一种来自生命本能的力量所支配，这里包含着很多的邪恶因素。他觉得中国作家似乎有意无意地遮掩着一些令人恐怖和绝望的东西，尤其是人的灵魂里的东西。在《透明的红萝卜》中，黑孩儿始终无法和他人对话，永远处在孤独之中，而且，其他人物，除了爱欲使他们结合之外，他们也是各个孤立，并相互伤害。小铁匠与他的师父老铁匠之间的关系近乎残酷，颠覆了人们一般经验中的师徒关系。小铁匠虐待黑孩儿，小石匠与小铁匠之间由于爱欲相互冲突，以至于激烈搏斗，酿成惨剧。就像祥林嫂的第二个丈夫贺老六死于疾病、孩子被狼吃掉一样的悲剧。

《白狗秋千架》中暖从秋千上摔下来被蒺藜刺瞎眼睛，只能嫁给一个弱智的哑巴，生下孩子也是哑巴，然而，即使处在这种悲惨的境地，她仍然有一种强烈而盲目的欲求，她要和自己倾心的人生一个健康的孩子。《枯河》中的那个小虎竟然被父母、哥哥暴打致死。这里尽管有"文革"的一点背景，但是，仅仅用"文革"背景来解释又很难通畅。小虎的父母、兄弟都把他当成招灾惹祸的累赘、绊脚石，把心中的近乎变态性的抑郁、焦虑刹那间全部倾泻在这个弱小的孩子身上。亲情和人伦全部荡然无存，剩下的仅仅是凶恶的暴力。"街上尘土很厚，一辆绿色的汽车驶过去，搅起一股冲突的灰土，好久才消散。灰尘散后，他看到一条被汽车轮子碾出了肠子的黄色小狗蹒跚在街上，狗肠子在尘土中拖着，像一条长长的绳索，小狗一声也不叫，心平气和地走着，狗毛上泛起的温暖渐渐远去，黄狗走成黄兔，走成黄鼠，终于走得不见踪影。"④ 这是这个残酷的世界的象征。

鲁迅更多地关注日常生活中的人，他喜欢描绘那种顽固而执着的个人欲念，人侵

---

① 蒋异新整理：《莫言孙郁对话录》，《鲁迅研究月刊》2012年第10期。
② 鲁迅：《小杂感·而已集》，《鲁迅全集》第3卷，人民文学出版社1981年版，第531页。
③ 鲁迅：《两地书·四》，《鲁迅全集》第11卷，人民文学出版社1981年版，第19—20页。
④ 莫言：《枯河》，《白狗秋千架》，上海文艺出版社2012年版，第177页。

害他人的时候,是《狂人日记》中所说的那样,"狮子似的凶心,兔子似的怯弱,狐狸似的狡猾"①。但是,在莫言小说中,往往是以高度的戏剧化和极端化的叙事,揭示吃人的残酷和邪恶。《红高粱家族》在张扬爷爷奶奶的酒神精神的同时,也展开了生命悲剧的荒野图景。杀红眼了人们会忘记一切,只管屠杀。《丰乳肥臀》与《红高粱家族》结构相同,英雄母亲上官鲁氏的背景是生命的荒野。

莫言早期的短篇小说《罪过》,在一个偶然的死亡事件里,逼问人心善恶,颠覆了脉脉温情的家庭伦理,以一种象征的方式介入人性凶暴的一面。"我"的弟弟小福子死了,"村里人嗅到了死孩子的味道,一疙瘩一疙瘩地跟在小福子的后边"②。村人们表面上同情,实则幸灾乐祸。这几乎是鲁迅描绘"看客"无意识心理的笔法。爹爹一脚把"我"踢飞,平时一贯温和的娘,也变得极为凶狠。"我恍恍惚惚觉得娘扑上来拉住我的胳膊,我回头一看,她的眼竟然也像鬼火般毒辣,她的脸上蒙着一层凄凉的画皮,透过画皮,我看到了她狰狞的骷髅。"③"我"腿上的毒疮实则是人性的毒疮,那段对于毒疮的描绘惊心动魄,"我的腿又黑又瘦,我的腿上布满伤疤。左腿膝盖下三寸处有一个钢钱大的毒疮正在化脓,苍蝇在疮上爬,它从毒疮鲜红的底盘爬上毒疮雪白的顶尖,在顶尖上它停顿两秒钟,叮几口,我的毒疮发痒,毒疮很想迸裂,苍蝇从疮尖上又爬到底,它好像在一座顶端挂雪的标准的山峰爬上爬下。被大雨淋透了的麦秸垛散发着逼人的热气,霉变、霉气,还有一丝丝金色麦秸的香味儿。毒疮在这个又热又湿的中午成熟了,青白色的脓液在纸薄的皮肤里蠢蠢欲动。我发现在我的右腿外侧有一块生锈的铁片,我用右手捡起那块铁片,用它的尖锐的角,在疮尖上轻轻地划了一下——好像划在高级的丝绸上的轻微声响,使我的口腔里分泌出大量的津液。我当然感觉到了痛苦,但我还是咬牙切齿地在毒疮上狠命划了一下子,铁片锈蚀的边缘上沾着花花绿绿的烂肉,毒疮迸裂,脓血咕嘟嘟涌出,你不要恶心,这就是生活,我认为很美好,你洗净了脸上的油彩也会认为很美好。其实,我长大了才知道,人们爱护自己身上的毒疮就像爱护自己的眼睛一样,我从坐在草垛边上那时候就朦朦胧胧地感觉到:世界上最可怕最残酷的东西是人的良心,这个形状如红薯,味道如臭虫,颜色如蜂蜜的玩意儿委实是破坏世界秩序的罪魁祸首。后来我在一个繁华的市场上行走,见人们都用铁钎子插着良心在旺盛的炭火上烤着,香气扑鼻,我于是明白了这里为什么会成为繁华的市场"④。

《酒国》则隐去了英雄叙事这一区域,专门聚焦于生命悲剧。"酒国"是一种象征,一方面对现实构成严峻的嘲讽、批判,另一方面又将这种现实批判和人性联系在一起,暴露、反思人的饕餮本性、残酷、邪恶,两者相辅相成,浑然一体。病态的社会催生

---

① 鲁迅:《狂人日记》,《鲁迅全集》第1卷,人民文学出版社1981年版,第427页。
② 莫言:《罪过》,《白狗秋千架》,上海文艺出版社2012年版,第289页。
③ 同上书,第295页。
④ 同上书,第288—289页。

了人的欲望和邪恶，而人的欲望和邪恶又使现实更加残酷、丑恶。鲁迅揭示的"吃人"悲剧在酒国市直接呈现出来。这是莫言一次最自觉地对鲁迅文学精神的回应和发扬。鲁迅呐喊"救救孩子"，莫言说：孩子已经被吃掉。是否真的"吃婴儿"并不重要，重要的是一种象征，它最大限度地暗示了酒国的邪恶和残忍，它是一种无边无沿的、深不见底的、能够吞噬一切的黑暗欲望和力量，人们都沉浸在这种黑暗之中，任何异端要么像李一斗那样被同化，要么像丁钩儿那样被消灭。侦察员丁钩儿虽然尚有一丝良知，却根本无法对抗酒国的阴谋、诱惑，最后，竟然掉进粪坑里被淹死。就连作家莫言也无法抗拒酒国的诱惑，不仅愿意为余一尺作传，而且欣然来到酒国，享受着酒国的无微不至的服务，参观驴街，在酒国市委书记的陪同下喝得酩酊大醉，与酒国打成一片。这是莫言对酒国对人的深深的绝望，也是他深刻的自我剖析，和鲁迅的狂人的剖白异曲同工："四千年来时时吃人的地方，今天才明白，我也在其中混了多年；大哥正管着家务，妹子恰恰死了，他未必不和在饭菜里，暗暗给我们吃。我未必无意之中，不吃了我妹子的几片肉。"[①]《四十一炮》是以"肉"为焦点进行现实批判。"肉"成为人的欲望的象征，人是喜欢吃肉的动物，为满足欲望可以采取一切手段。《檀香刑》在中西文化冲突和历史叙述中，揭示人性的凶恶、残暴，统治者、殖民者极为凶残，而反抗者似乎也具有凶残性，孙丙以同样残暴的方法对付德国殖民者。大段大段的酷刑叙述，凸显出人性的黑暗。《檀香刑》一方面是维持统治者统治的工具，另一方面也是人性恶的极致。不仅统治者满足了残暴的私欲，众多的看客，也近乎鲁迅笔下的看客，津津乐道地欣赏酷刑。赵小甲的"通灵虎须"是作品的点睛之笔，在"通灵虎须"魔法中，所有的人都是动物：家畜与野兽。

[①] 鲁迅：《狂人日记》，《鲁迅全集》第1卷，人民文学出版社1981年版，第432页。

《上海文艺之一瞥》的谜团及其国外版本

山东师范大学文学院　魏　建　周　文

《上海文艺之一瞥》是鲁迅的一次重要演讲，有鲁迅研究专家认为它是鲁迅最重要的两次学术演讲之一[①]。尤其是这篇作品因激化了鲁迅与创造社的矛盾而格外引人关注。令人费解的是，对于这一极为熟稔、极为看重、经常引用的名篇，几乎没有人做过认真的、专门的研究[②]。八十多年过去了，甚至连鲁迅这次演讲的时间和地点等最基本的问题，学界都没有搞清楚。至于对这篇作品的版本问题更是不明不白。

一　错误的"共识"与演讲时间之谜

1958年版《鲁迅全集》关于《上海文艺之一瞥》的注释是这样说的："本篇最初发表于1931年7月27日和8月3日《文艺新闻》第20期和21期，收入本书时，曾经作者略加修改。按演讲日期，据《鲁迅日记》应是1931年7月20日，这里副标题所记8月12日有误。"[③] 1981年版《鲁迅全集》[④] 和2005年版《鲁迅全集》的注释除个别字句外与之几乎完全相同[⑤]。鲁迅演讲相关专著的注释亦从此说，如江力编《鲁迅报告：关于鲁迅和他的演讲》中这样注解："讲稿发表于《文艺新闻》第20、21期（1931年7月27日、8月3日），略加修改后，收入《二心集》中"。[⑥] 笔者查阅了

[①] 钱理群：《与鲁迅相遇》，生活·读书·新知三联书店2003年版，第314页。
[②] 在"中国知网"搜索篇名含"上海文艺之一瞥"的期刊论文只有一篇。
[③]《鲁迅全集》第4卷，人民文学出版社1958年版，第533页。注释中《文艺新闻》第二十期和第二十一期"的"期"应为"号"。
[④] 相应注释为："本篇最初发表于一九三一年七月二十七日和八月三日上海《文艺新闻》第二十期和第二十一期，收入本书时，作者曾略加修改。据《鲁迅日记》，讲演日期应是一九三一年七月二十日，副标题所记八月十二日有误。"（《鲁迅全集》第4卷，人民文学出版社1981年版，第303页）
[⑤] 相应注释为："本篇最初发表于1931年7月27日和8月3日上海《文艺新闻》第二十期和第二十一期，收入本书时，作者曾略加修改。据鲁迅日记，讲演日期应是1931年7月20日，副标题所记8月12日有误。"（《鲁迅全集》第4卷，人民文学出版社2005年版，第310页）
[⑥] 江力编：《鲁迅报告：关于鲁迅和他的演讲》，新世界出版社2004年版，第122页。此外，朱金顺辑录《鲁迅演讲资料钩沉》（湖南人民出版社1980年版）第148页也有类似注解："讲稿发表于《文艺新闻》第二十、二十一期（一九三一年七月二十七日、八月三日），略加修改后，收入《二心集》中。"

— 431 —

1981年以前和至今为止的其他有关《上海文艺之一瞥》的研究成果，绝大多数都持以上说法，即认为《文艺新闻》上的《上海文艺之一瞥》是"最初发表"的版本（以下简称"文艺新闻版"），收入《二心集》的《上海文艺之一瞥》是鲁迅"略加修改"后的另一个版本（以下简称"二心集版"）。既然是"略加修改"，那么这两个版本应该没有太大的差别。

然而，经过仔细比照，我们发现：前人的"共识"与事实不符，这两个版本差别非常大。首先，二者的篇幅就差距很大。《文艺新闻》版3420多字，而二心集版7580多字，仅字数足足多了一倍还多；其次，标题和署名形式也有很大的不同。《文艺新闻》版没有副标题，署名只是"鲁迅讲"。《二心集》版加有副标题"八月十二日在社会科学研究会讲"，署名当然是鲁迅了。于此，我们有理由追问：这两个《上海文艺之一瞥》，篇幅、标题、署名都不尽相同，还能算是同一篇作品吗？

对于这一问题，鲁迅本人似乎是否定的。关于《上海文艺之一瞥》，鲁迅日记1931年7月20日记载，"晚往暑期学校演讲一小时，题为《上海文艺之一瞥》"[1]。1931年7月30日（在7月27日《文艺新闻》第二十号上发表《上海文艺之一瞥》前半部分之后，8月3日第二十一号上发表后半部分之前），鲁迅在致李小峰的信中这样写道：

《上海文艺之一瞥》我讲了一点钟，《文艺新闻》上所载的是记者摘记的大略，我还想自草一篇。但现在文网密极，动招罪尤，所以于《青年界》是否相宜，乃一疑问。且待我草成后再看罢。大约下一期《文艺新闻》所载，就有犯讳的话了。至于别的稿件，现实无有，因为一者我实不愿贻害刊物，二者不敢与目下作家争衡，故不执笔也。

……

迅上七月卅夜[2]

从信的内容来看，应是李小峰见到了7月27日发表在《文艺新闻》上的《上海文艺之一瞥》，向鲁迅表达了在北新刊物《青年界》上发表此文，不行就约"别的稿件"的想法，所以才有鲁迅的上述回复。[3] 鲁迅的回答清楚明白，《文艺新闻》上的《上海文艺之一瞥》是"记者摘记的大略"，他要"自草一篇"。二者的差别不在篇幅的长短、风格的差别，而在于"作者"的不同。可见，在鲁迅看来，这两个文本也远不是

---

[1] 《鲁迅全集》第16卷，人民文学出版社2005年版，第261页。
[2] 鲁迅：《书信·310730 致李小峰》，《鲁迅全集》第12卷，人民文学出版社2005年版，第269页。
[3] 《青年界》为综合性月刊，由李小峰、赵景深编辑，北新书局出版发行，其第1卷第1—5期均按月如期出版，但到第5期（1931年7月20日）后却突然中止了一段时间，第2卷第1期到1932年3月20日方才出版，而鲁迅演讲《上海文艺之一瞥》及与李小峰通信正发生在此期间。值得注意的是，《青年界》从第2卷第1期开始辟有"讲话"栏，有"一般讲话""文学讲话""新闻讲话""自然科学讲话"等，这与鲁迅甚至《上海文艺之一瞥》有无直接或间接的关联，待考。

"略加修改"的差别。

随着深入研读这两个版本及相关史料,我们发现了比前人"共识"错误更严重的问题:这两个版本的《上海文艺之一瞥》本应是同一次演讲,可是两个版本的演讲时间不一样,演讲地点也不一样。

《文艺新闻》版上虽然没有演讲时间,但从此文前半部发表时间是 7 月 27 日来看,演讲时间应在 7 月 27 日之前。按常理推算,《鲁迅日记》记载的 7 月 20 日晚 "暑期学校演讲"似乎应该就是《文艺新闻》所载之演讲。可为什么《二心集》版的副标题明确标明演讲时间是"八月十二日"呢?对此,从 1958 年、1981 年、2005 年诸版《鲁迅全集》注释可以看出,专家们的答案再次形成"共识":"八月十二日"是鲁迅记错了。专门研究鲁迅演讲的著作均从此说,如朱金顺辑录《鲁迅演讲资料钩沉》认为,收入《二心集》的《上海文艺之一瞥》"副题所标时间有误,当从《鲁迅日记》,因为八月三日全文已发表完,不可能是八月十二日讲"[1]。马蹄疾所著《鲁迅讲演考》则直接判定,"讲演日期及时间:一九三一年七月二十日晚讲演一小时"[2]。目前从中国知网上搜到的唯一一篇专门研究《上海文艺之一瞥》的期刊论文也是认为 "'八月十二日'显为误记"[3],其他如江力编《鲁迅报告:关于鲁迅和他的演讲》等都是相似的说法。[4]可见"误记"说又是一种"共识"。然而,专家们的这一"共识"与前一"共识"一样,也是应该质疑的。

凭什么说鲁迅是"误记"?在以上成果里找不到鲁迅"误记"的任何证据,其结论来自某种猜测。他们只是认为既然鲁迅日记记载的是 7 月 20 日晚做了这次演讲,那么鲁迅所记的不同于这次演讲的时间就是"有误"。这个判断只有加上一个前提才有可能成立,那就是题为《上海文艺之一瞥》的演讲鲁迅只做过一次。但谁能排除鲁迅在 8 月 12 日以同样的话题又做了一次演讲呢?找不到证据就说鲁迅记错了,这样的行为称之为学术懒汉,恐怕不是最难听的称呼。由于没有的证据,所以鲁迅"误记"之说只是一种假设,然而"大胆假设"必须经过充分的"小心求证"证明不是假设才能成为学术结论。可惜,前人称鲁迅"误记"都是没有"求证"的"假设"。退一步说,姑且算是鲁迅只做了 7 月 20 日这一次演讲,鲁迅"误记"最大的可能是因时间久远而记忆"有误",可事实上鲁迅很快就"自草一篇"收入《二心集》。既然时间并不久远鲁迅怎能误记呢?再退一步说,就算是时间虽短但鲁迅还是记忆模糊了,那他翻阅一下

---

[1] 朱金顺辑录:《鲁迅演讲资料钩沉》,湖南人民出版社 1980 年版,第 148 页。
[2] 马蹄疾:《鲁迅讲演考》,黑龙江人民出版社 1981 年版,第 414 页。
[3] 敖忠:《半殖民地时代上海文坛的深层剖析——鲁迅〈上海文艺之一瞥〉研读札记》,《沈阳教育学院学报》2008 年第 6 期。
[4] 江力编《鲁迅报告:关于鲁迅和他的演讲》认为"讲稿发表于《文艺新闻》第 20、21 期(1931 年 7 月 27 日、8 月 3 日),略加修改后,收入《二心集》中"。(新世界出版社 2004 年版,第 122 页)此外,朱金顺辑录《鲁迅演讲资料钩沉》(湖南人民出版社 1980 年版)第 148 页也有类似注解:"讲稿发表于《文艺新闻》第二十、二十一期(一九三一年七月二十七日、八月三日),略加修改后,收入《二心集》中。"

自己日记就能确证演讲时间,何以误记呢?再退第三步说,就算是鲁迅一时疏忽,忘了查阅自己的日记,那"八月十二日"这个演讲时间是怎么来的?这个"有误"的记忆怎么"误"得这么精确?不仅演讲时间精确,演讲地点也精确?他又为什么把这个记忆"有误"的时间赫然地放在作品的副标题上呢?以上这么多疑点若是解释不了,是不能轻易断定鲁迅是误记的。何况有8月12日鲁迅又做了一次同题演讲的可能,甚至还有未知的其他可能。

二 同题演讲的次数和演讲地点之谜

朱金顺在其《鲁迅演讲资料钩沉》中引用张望《鲁迅美术活动年表》关于《上海文艺之一瞥》的记载:"七月二十日'晚往暑期学校演讲一小时,题为《上海文艺之一瞥》',内容论及绘画上的写实性问题等。(《二心集》中有同一题目之演讲,是'八月十二日在社会科学研究会讲',是另一次的演讲)。"[①] 笔者以为这种说法是值得重视的,至少他为我们提供了一个新的思考角度。

在《上海文艺之一瞥》中鲁迅对创造社的批评,叶灵凤首当其冲,在字数不多的"文艺新闻版"中有关"新的流氓画家叶灵凤"的表述占有不少篇幅。值得注意的是,此时叶灵凤正以画插画活跃于美术界。虽然受伤最重,但与郭沫若的激烈反应不同,叶灵凤长时间以来并未直接回应鲁迅的讽刺和挖苦。直到1936年,才在《论语》上发表《献给鲁迅先生》,对他和鲁迅的"一点冲突""一点契合"做了回顾:

> 我便设法买到了一册近代丛书本的比亚兹莱画集,看了又看,爱不释手,当下就卷起袖子模仿起来,一共画了一大叠,大大小小,零零碎碎,捧给郁达夫看,他老是"唔唔"点头,拉我去逛城隍庙旧书店;捧给郭沫若看,他赤了脚踞在藤椅上望我笑;送到成仿吾面前,他又庄严的点点头,拍拍我的肩膀……我成了"东方比亚兹莱"了……日本钱还没用完,便跑进那时还在弄堂里的内山书店去买书,他(指郑伯奇——笔者注)知道我是喜欢书的,书架上有一叠路谷虹儿的秀丽轻倩的画集,我看了很爱好,他便用剩余的日本钱都买了送给我。
>
> 千不该,万不该,我那时竟用这样的画法画了一张鲁迅先生的画像,参加了那时正在激烈的"醉眼朦胧"的战争,虽然照例受到了赞赏,但这一来却和鲁迅先生结下冤家了。[②]

从叶灵凤的回忆可以看出,鲁迅在《上海文艺之一瞥》中说"叶灵凤的画是从英国 Blearbly 学来的,Blearbly 的画是属于为艺术而艺术的,来自日本的浮世绘:浮世绘

[①] 朱金顺辑录:《鲁迅演讲资料钩沉》,湖南人民出版社1980年版,第148页。
[②] 叶灵凤:《献给鲁迅先生》,《论语》1936年第96期。

的画多是民间的妓女和戏子，胖胖的身体，斜视着的眼睛——所谓 Erolik（色情的）眼睛"①，可谓一语中的。对此，叶灵凤是深表服气的，《献给鲁迅先生》的主要内容是回忆他与鲁迅在美术（绘画、木刻）领域数次或明或暗的交锋，文章这样说道：

> 我和鲁迅之间，说来古怪，这是他人所不易看出的，好像有一点冲突，同时又有一点契合。我有一个弱点，喜欢买一点有插图的书和画集放在家里看看，这弱点，他老先生好像也有。但我另有一个弱点，我早年是学过画的，看来技痒便也信手模仿作几幅，他老先生虽然也画无常鬼，但对我的画却不肯恭维，于是天下便多事了。

虽然《献给鲁迅先生》言词之间尚有"怨气"（毕竟被鲁迅看穿并点到痛处），但正如其文所言，"割地求和""化干戈为玉帛"之心却是真诚的。叶灵凤对鲁迅的"屈服"，一方面固然因他在文坛无郭沫若那般与鲁迅争锋的资质和勇气，但另一方面恐怕还在于其内心深处已为鲁迅在美术（尤其是绘画和木刻）领域广博的知识和敏锐的眼识所折服，这一点在《献给鲁迅先生》中表露无遗。

于此，再重新审视字数较少的"文艺新闻版"中鲁迅两次对叶灵凤点名的批评、所占篇幅的比重及叶灵凤的反应，那么张望先生所言"内容论及绘画上的写实性问题等。（《二心集》中有同一题目之演讲，是'八月十二日在社会科学研究会讲'，是另一次的演讲）"，可以说是对前文合二为一的假设或猜测极为有力的颠覆。众所周知，鲁迅1912年便做过《美术略论》的演讲，张望先生作为曾受鲁迅指导的美术专家，其回忆和判断较之依据《鲁迅日记》和《文艺新闻》刊行时间做出的推论恐怕更有参考价值。而且，作为现场实录的"文艺新闻版"鲁迅并未如对《鲁迅在广东》收录的演讲记录稿那般反感与否定②，而是想"自草一篇"，这都为八月十二日的另一次演讲提供了存在的可能。虽然《上海文艺之一瞥》的内容并非只谈美术，但的确论及"绘画上的写实性问题"，而且很专业，深深影响着诸如张望、叶灵凤这样的美术后进，尽管这些内容在"二心集版"中实际已被其他更夺目的信息所淹没，但其所暗含的鲁迅演讲内容的广泛性和多次讲演的可能性却可以从当事者的回忆及讲辞文本的形成过程中得到发见。这就需要我们更进一步厘清《上海文艺之一瞥》的文本源流，从而对其文本的形成和影响有一个较为清晰的认识。

再退而言之，7月20日和8月12日这两个演讲时间的存在，本来就包含着鲁迅以

---

① 鲁迅讲：《上海文艺之一瞥》，《文艺新闻》1931年7月27日第20号。另外，《二心集》版相关内容如下："叶先生的画是从英国的毕亚兹莱（Aubrey Beardsley）剥来的，毕亚兹莱是'为艺术的艺术'派，他的画极受日本的'浮世绘'（Ukiyoe）的影响。"

② 鲁迅：《书信·340522 致杨霁云》，"又，在香港有一篇演说：《老调子已经唱完》，因为失去了稿子，也未收入，但报上是登载过的。至于《鲁迅在广东》中的其他讲演，则记得很坏，大抵和原意很不同，我也未加以订正，希先生都不要它"。见《鲁迅全集》第13卷，人民文学出版社2005年版，第113页。

同一题目分别做了两次演讲的可能。再从演讲地点的不同来看,这种可能性就更大了。

鲁迅日记记载的7月20日演讲地点是"暑期学校"。《二心集》版副标题上的演讲地点是"社会科学研究会"。对于《上海文艺之一瞥》演讲地点不同的问题,专家们并没有形成"共识"。有的只承认在暑期学校的演讲,不提在社会科学研究会的演讲[1];有的则反之:"1931年7月20日在社会科学研究会讲",不提"暑期学校"[2]。1981年版和2005年版《鲁迅全集》对这一问题的回答都是合二为一,认定"暑期学校指社会科学研究会"[3]。朱金顺辑录《鲁迅演讲资料钩沉》也认为:"讲演地点,当以副题为准,'暑期学校',或为研究会简称,或为研究会地址,不详。"[4] 马蹄疾著《鲁迅讲演考》则有貌似新解:"讲演……主办单位及地点:上海社会科学研究会主办。地点在当时的暑期学校。"[5] 其实后面这些结论都是"合二而一"说。由于他们都是建立在"文艺新闻版"和"二心集版"是同一次演讲的基础上,所以他们都只能去猜测这两个地名的一致性或相关性。有的假设甲地点就是乙地点;有的假设甲是乙的简称或地址;有的假设乙是主办方,甲是演讲地。以上三种假设都没有证据,也没有支撑其假设的理由。

笔者查阅了有关"暑期学校"和"社会科学研究会"的资料。首先,在鲁迅做《上海文艺之一瞥》演讲时的上海,各大、中、小学暑期学校很多,因此确定鲁迅日记中"暑期学校"的具体所指非常困难。其次,当时的"社会科学研究会"同样很多,难以锁定目标范围。马蹄疾著《鲁迅讲演考》和江力编《鲁迅报告:关于鲁迅和他的演讲》所称"上海社会科学研究会"(此亦为合二为一的假设),笔者没有查到。当时上海冠名"社会科学研究会"的组织实在太多了。名称大的有"中国社会科学研究会",名称小的有一所大学的"社会科学研究会",如上海国立劳动大学[6]。甚至一所中学也有"社会科学研究会"[7]。上海周边城市的"社会科学研究会"也很多,如南京[8]、宁波[9]、苏州[10]等都有地方性的"社会科学研究会",但唯独没有查到"上海社会科学研究会"。不过从1932年1月18日《文艺新闻》中的一条消息中,我们可以对当时在上海的"中国社会科学研究会"有所了解:

---

[1] 复旦大学等校编:《鲁迅年谱》下册,安徽人民出版社1979年版,第472—475页。
[2] 傅国涌编:《鲁迅的声音:鲁迅讲演全集1912—1936》,珠海出版社2007年版,第106页。[日]井博光:《鲁迅年谱》中的表述与之相似,见北京鲁迅博物馆编《鲁迅研究资料》(5),天津人民出版社1980年版,第461页。
[3] 见《鲁迅全集》第14卷,1981年版,第888页注释(4)、《鲁迅全集》第16卷,2005年版,第263页注释(4)。
[4] 朱金顺辑录:《鲁迅演讲资料钩沉》,湖南人民出版社1980年版,第148页。
[5] 马蹄疾:《鲁迅讲演考》,黑龙江人民出版社1981年版,第414页。
[6] 《社会科学研究会消息》,上海《国立劳动大学周刊》1928年第40期。
[7] 《社会科学研究会消息》,《江苏省立上海中学校半月刊》1930年第45期。
[8] 《南京社会科学研究会》,《学生杂志》1924年第11卷第6期。
[9] 《宁波社会科学研究会简章》,《民国日报·觉悟》1925年1月12日。
[10] 《每日笔记》,《文艺新闻》1932年1月18日第45号。

> 中国社会科学研究会召开第三次代表大会
> ■……将扩大组织至数千人
> 【晨光通讯社】中国社会科学研究会，鉴于目前中国革命潮流高涨，所负责任甚大。特于十月二日假大东门××学校召开第三次代表大会。计出席分会五十余个，代表有七八十人……当时，会场空气，甚形紧涨……另息：该会的基础，完全建筑在各分会之上。而各分会除外埠纷纷先后成立外，本埠所有大学中学，均有该分会组织云。

这则消息中的"十月二日"当指1931年10月2日，与鲁迅作《上海文艺之一瞥》的演讲相距不过两月余，可见这一组织正活跃于鲁迅演讲《上海文艺之一瞥》之时。根据以上信息，我们不能以此认定鲁迅所拟副标题中的"社会科学研究会"就是时在上海的"中国社会科学研究会"，也不能轻易排除鲁迅于1931年8月12日以相同的话题再做一次讲演的可能性，更不能确认鲁迅所拟副标题的时间有误，但至少可以为解开这一谜团提供一个线索，以供今后的研究者进一步的考证和分析。

三 "郭译日文版"与讲辞文本演变

众所周知，《上海文艺之一瞥》关涉鲁迅对创造社的评价和郭沫若的反击等问题，既然《上海文艺之一瞥》有两个不同的版本，那么，郭沫若看到的究竟是哪一个版本呢，是"文艺新闻版"还是"二心集版"？答案：都不是。

郭沫若在《创造十年·发端》中说他看到的是日文版的《上海文艺之一瞥》，发表在"昭和六年十一月五日"（1931年11月5日）佐藤春夫编的《古东多万》第二号上。郭沫若还引用了日译者的一段"短序"："《上海文艺之一瞥》是最近在当地某处，鲁迅秘密的讲演。那讲演的大要在当地的周刊《文艺新闻》上连载了。然而《文艺新闻》在其立场上，顾虑到官方，不能不多少加了一些删削的。但是鲁迅又根据那连载于《新闻》的笔记，更把叙述弄得恳切周到，更适切地把辛辣的骂倒直言出来，改写了这篇《上海文艺之一瞥》。本稿即由改写了的原稿向仆讲说了的译录。"[①] 郭沫若所见之日文版是由鲁迅"改写了的原稿"翻译而成，且是"讲说了的译录"——所谓"译录"，言外之意鲁迅实际也参与了翻译，故而有"译"有"录"。可见，日译者和鲁迅关系密切，其直言鲁迅是"根据那连载于《新闻》的笔记"来"改写"《上海文艺之一瞥》的，同时还交代了翻译的具体时间地点"九月十七号在上海"。

郭沫若见到的"日文版"《上海文艺之一瞥》（1931.11.5）发表时间在"文艺新闻版"（1931.7.27、8.3）与"二心集版"（1932.10）之间，是鲁迅修改后的日文

---

① 《郭沫若全集·文学编》第12卷，人民文学出版社1992年版，第23—24页。

"译录",对揭示鲁迅讲辞的形成、修改及最后定稿的过程有十分重要的参考价值。关于"日文版"的内容详情,目前只有郭沫若在《创造十年·发端》中的部分节译,因为《发端》中的《上海文艺之一瞥》是由不同作者从中文到日文,再由日文翻译成中文,经过了两次的翻译,属于"重译",因此这里暂且称之为"郭译日文版"。

现将三个不同版本部分相关内容对比如下:

以后,则有新才子创造社派之出现,创造派是天才的:为艺术而艺术,与同时上海的文学研究会相对立。①(文艺新闻版)

此后有新才子派的创造社出现。创造社尊重天才,是艺术至上派,专重自我,崇创作,恨翻译,尤憎恨重译,与同时在上海的文学研究会相对立。其出阵最初之广告上,言有垄断文坛者,即指文学研究会也。②(郭译日文版)

这后来,就有新才子派的创造社的出现。创造社是尊贵天才的,为艺术而艺术的,专重自我的,崇创作,恶翻译,尤其憎恶重译的,与同时上海的文学研究会相对立。那出马的第一个广告上,说有人"垄断"着文坛,就是指着文学研究会。③(二心集版)

由于郭沫若只是节录部分内容,所以分节以"日文版郭译"为参照,以下均循此例。

文学研究会是为人生而艺术的,说话多是站在被压迫者的方面。它在同时受三方面的攻击,一方面就是创造社,创造派是天才的艺术,则为人生而艺术的文会派不免有些"俗"④(文艺新闻版)。

文学研究会与创造社反对,主张为人生之艺术,一面创作,一面重视重译,并注意介绍了被压迫民族的文学,因为彼等小国谁也不知道他们的文字,所以差不多全部都不得不靠着重译。而且文学研究会声援了《新青年》,遂为新敌与旧敌所夹,受了三方面的攻击。一方面是创造社,他们既尊重天才的艺术,以主张人生流之艺术的文学研究会为埋头于闲事,为"俗"(此字原译文有引用符,不知鲁迅先生引用的是那一位创造社员的话),且为无能,所以一发见了一个误译,有时

---

① 鲁迅讲:《上海文艺之一瞥》,《文艺新闻》1931年7月27日第20号。
② 《郭沫若全集·文学编》第12卷,人民文学出版社1992年版,第25页。
③ 《鲁迅全集》第4卷,人民文学出版社2005年版,第302页。
④ 鲁迅讲:《上海文艺之一瞥》,《文艺新闻》1931年7月27日第20号。

便要大卖气力地写一篇很长很长的专论。①（郭译日文版）

文学研究会却也正相反，是主张为人生的艺术的，是一面创作，一面也看重翻译的，是注意于绍介被压迫民族文学的，这些都是小国度，没有人懂得他们的文字，因此也几乎全都是重译的。并且因为曾经声援过《新青年》，新仇夹旧仇，所以文学研究会这时就受了三方面的攻击。一方面就是创造社，既然是天才的艺术，那么看那为人生的艺术的文学研究会自然就是多管闲事，不免有些"俗"气，而且还以为无能，所以倘被发见一处误译，有时竟至于特做一篇长长的专论。②（二心集版）

以下两段内容在《文艺新闻》版没有对应的文字表述：

创造社的这番起事，在表面上看来是胜利了。多数的作品既投合于当时的自称才子辈的心情，加之以出版者之帮助，势子遂盛，势子一盛，大商店，例如商务印书馆，也就把创造社的译著来出版了。——这是说的郭沫若、张资平两先生之原稿也。自此以来，据我所记得的，创造社便再没有把商务印书馆的出版物之误译来审查，来写专论了。在这样的地方，不好说得，岂不就是才子加珂罗茨基式乎？（日本文的珂罗茨基Gorotsuki译成中文是"流氓痞棍"）③（郭译日文版）

创造社的这一战，从表面看来，是胜利的。许多作品，既和当时的自命才子们的心情相合，加以出版者的帮助，势力雄厚起来了。势力一雄厚，就看见大商店如商务印书馆，也有创造社员的译著的出版，——这是说，郭沫若和张资平两位先生的稿件。这以来，据我所记得，是创造社也不再审查商务印书馆出版物的误译之处，来作专论了。这些地方，我想，是也有些才子+流氓式的。④（二心集版）

较之《文艺新闻》版，无论是"郭译日文版"还是《二心集》版，都增加了大量有关创造社的内容。由此亦可证明鲁迅"文网密极""犯讳""不敢与目下作家争衡"确有所指，而《上海文艺之一瞥》日译者所言"《文艺新闻》在其立场上，顾虑到官方，不能不多少加了一些删削的"，也是大致可信的。⑤ 其中，"郭译日文版"与《二

---

① 《郭沫若全集·文学编》第12卷，人民文学出版社1992年版，第27页。
② 《鲁迅全集》第4卷，人民文学出版社2005年版，第302页。
③ 《郭沫若全集·文学编》第12卷，人民文学出版社1992年版，第29页。
④ 《鲁迅全集》第4卷，人民文学出版社2005年版，第302—303页。
⑤ 之所以大致可信，原因在于《文艺新闻》是"左联"领导的刊物（袁殊主办），其删掉大量有关创造社评述的内容很难说是"顾虑到官方"，而很可能是出于对左翼文学内部纷争的淡化或平息。

心集》版在内容上相似度极高，但文字上的细微差别亦意味深长。郭沫若强烈的主观情绪散播在鲁迅的文字中间，在这种互文性的文本中，郭沫若的愤怒与鲁迅冷讽的深意跃然在个别字汇、句式的差别和选用之间。如"尊重天才"与"尊贵天才"、"艺术至上派"与"为艺术而艺术"、"重视重译"与"重视翻译"……又如，"岂不就是才子加珂罗茨基式乎？"与"是也有些才子＋流氓式的"，反问的加强语气与"也有些"的谨慎小心之间差别是极大的，而且，郭沫若显然对日文"珂罗茨基"极为敏感，至少在他眼里比汉语"流氓"的贬义色彩要重许多，对应汉语词汇"流氓"与"痞棍"相叠加尤嫌不足，因此只能音译。

虽然，"郭译日文版"与《二心集》版的差别究竟是翻译之故，还是源自鲁迅本人的修改还有待进一步的考证，但显然"日文版"甚至"郭译日文版"都是极为重要的版本。尽管鲁迅在《二心集》付印前是否曾见到过郭沫若的《创造十年》，是否曾因此而再度修改《上海文艺之一瞥》已不得而知①。但可以确定的是以下时间节点：1931年7月20日（演讲）、8月12日（可能的第二次演讲）、9月17日（日文翻译），1932年4月14日至30日（编辑《二心集》）或8月至10月间（出版校对），鲁迅都在思考或修改《上海文艺之一瞥》，直到"二心集版"最后定稿。

关于鲁迅文章的版本及修改，阿英在《版本》一文中曾这样说道："又如鲁迅在各报上发表的文字，但你如再买到他印成册的《准风月谈》等书，虽文题相同，里面却补了被删的部分。"② 可见，鲁迅作品的版本问题在当时就已引起注意。鲁迅对其作品的修改亦确是认真而不厌其烦的，《上海文艺之一瞥》的修订自然也不例外。根据"日文版"翻译的时间，可以推测，鲁迅对《上海文艺之一瞥》的修改距离演讲并未相隔很长的时间，7月20日演讲，7月27日、8月3日"文艺新闻版"发表，到9月17日"日文版"翻译，这中间往多了说也只不到两个月的时间，据8月3日"文艺新闻版"刊毕只有一个多月。因此，断言鲁迅误记演讲日期甚或地点，从人的记忆机制的角度来说要冒很大的风险。同时，从"郭译日文版"与"二心集版"的差别亦可以看出，鲁迅修改后的定稿不是对其演讲内容的精准再现，从某种程度上说，应是更深一层的再创作。那么，将鲁迅修改后的讲辞定稿和演讲本身相等同，而"歧视"（忽略）现场的记录稿，从研究鲁迅演讲的角度来说无疑是误入歧途了。

---

① 《创造十年》初版于1932年9月20日，《二心集》初版于1932年10月，但从鲁迅日记可知，1932年4月14日鲁迅已开始编《二心集》，4月30日编讫，后因出版诸事宜拖至10月出版。又据鲁迅日记8月23日记载，"将《二心集》稿售去，得泉六百"，鲁迅是否曾在校对或清样期间阅读《创造十年》，并修改《上海文艺之一瞥》的确有待进一步考证。

② 阿英：《版本》，《文艺画报》1935年第1卷第3期。在《阿英文集》（生活・读书・新知三联书店1981年版）中该文题作《版本小言》，该句有关鲁迅文章版本的举例却被删去。

四　为演讲笔录稿正名

其实,《上海文艺之一瞥》的版本问题并非个案。现今流行的鲁迅演讲词中有相当一部分存在和《上海文艺之一瞥》同样或相似的版本问题。如现存鲁迅演讲词中较早的一篇《娜拉走后怎样》,其最初发表的文本便是由陆学仁、何肇葆执笔的记录稿(发表在1924年北京女子高等师范学校《文艺会刊》第6期),而随后载于同年8月1日上海《妇女杂志》第10卷第8期,后又收入《坟》中的讲稿文本则是鲁迅修改后的定稿。与《上海文艺之一瞥》的其他版本命运相似,陆学仁、何肇葆的最初笔录在鲁迅修订稿发表之后渐渐淡出人们的视野。据笔者分析,现存鲁迅演讲词文本的形成大致可分为三种情况:一是他人之记录稿发表,未经鲁迅校订;二是他人之记录稿,经鲁迅校订后发表;三是他人之记录稿发表,经鲁迅校订后发表或收入鲁迅著集中。《上海文艺之一瞥》《娜拉走后怎样》就属于第三种情况,与此相同的还有《未有天才之前》[1]《革命时代的文学》[2]《文艺与政治的歧途》[3]《帮忙文学与帮闲文学》[4]《魏晋风度及文章与药及酒之关系》[5] 等共计7篇,约占现存鲁迅演讲词的23%,更占鲁迅修订演讲词的41%。[6]

换言之,那些为人所熟知的演讲词都是鲁迅在他人笔录文本的基础上修改而成。通过对这些演讲词文本源流的考察和他人的回忆,我们还可发现,除学术演讲外,鲁迅讲演一般没有自备的完整讲稿。因此,将现存鲁迅演讲词称为"讲稿"是不准确的,因为"讲稿"严格说来是演讲、报告或教课前所写的底稿,但目前没有证据证明哪篇演讲词是鲁迅写好的文字稿,演讲后在报刊上发表的。根据后人的回忆,鲁迅演讲的

---

[1]《未有天才之前》最初发表于《北京师大附中校友会会刊》1924年第1期,文前署"鲁迅讲演　高级一年万超恒记"。经鲁迅校正后,又发表于《京报副刊》1924年12月27日第21号,仍署"鲁迅讲演　万超恒记"。收入《坟》《鲁迅全集》第1卷注释指此作"最初发表于1924年北京师范大学附属中学《校友会刊》第一期"(人民文学出版社2005年版,第177页),不甚精确。林辰:《鲁迅事迹考》,开明书店1948年版、朱金顺辑录:《鲁迅演讲资料钩沉》、江力编:《鲁迅报告:关于鲁迅和他的演讲》及《鲁迅大词典》,人民文学出版社2009年版;等书均将记录人写作葛超恒,亦误。

[2]《革命时代的文学》由吴之荪记录,发表于《黄埔生活》1927年第4期,后经鲁迅修订,收入《而已集》。

[3]《文艺与政治的歧途》刘率真(曹聚仁)记录,发表于《新闻报》副刊"学海"1928年第182、183期,经鲁迅改定后,收入《集外集》。

[4]《帮忙文学与帮闲文学》柯桑记录,发表于《电影与文艺》1932年12月17日创刊号,并被1933年《论语》1933年第8期转载。经鲁迅修改后,收入《集外集拾遗》。

[5]《魏晋风度及文章与药及酒之关系》由邱桂英、罗西(欧阳山)记录,发表于广州《民国日报》副刊"现代青年"(第173—178期,1927年8月11—13日、15—17日),经鲁迅校订后发表于《北新》第2卷第2号(1927年11月16日),后收入《而已集》。

[6] 傅国涌主编《鲁迅的声音:鲁迅讲演全集1912—1936》(珠海出版社2007年版)共收鲁迅演讲稿30篇,其中鲁迅改定后发表的10篇,由他人记录后发表又经鲁迅改定的7篇,他人记录未经鲁迅修改的13篇。江力主编《鲁迅报告:关于鲁迅和他的演讲》(新世界出版社2004年版)只收录经鲁迅修订的讲稿17篇,未经鲁迅修订的13篇则未收入。

口语表达似乎有着与其书面表达相媲美的独特魅力。有时候鲁迅演讲本身所获得的关注甚至要远高于其演讲的内容。① 可以想象，现场的随意性、借题发挥、情绪互动、语速、声调、眼神等演讲艺术的独特魅力是文字所无法精准再现的。同时，无论演讲者多么博闻强识，他也不可能记住演讲中的每一句话，而记录者同样也很难笔录得滴水不漏，从而，事后的补录、听者的主观理解等"误差"在所难免。但鲁迅对这些"误差"的态度却是颇为耐人寻味。鲁迅在《集外集》序言曾这样说道：

> 而记录的人，或者为了方音的不同，听不很懂，于是漏落，错误；或者为了意见的不同，取舍因而不确，我以为要紧的，他并不记录，遇到空话，却详详细细记了一大通；有些则简直好像是恶意的捏造，意思和我所说的正是相反的。凡这些，我只好当作记录者自己的创作，都将它由我这里删掉。②

同样的意思，在鲁迅致杨霁云的信中亦多次表达。③ 鲁迅的这一态度为后人淡化甚至忽视鲁迅演讲的记录稿提供了理由和依据。④ 但通过对现存鲁迅演讲词文本源流的考察，不难发现，鲁迅实际认可了相当一部分他人之记录稿。对于《文艺新闻》版《上海文艺之一瞥》鲁迅虽"还想自草一篇"，但他并未如《集外集》序言所说的那样将其"作为记录者自己的创作"，不仅不否认而且还预言"大约下一期《文艺新闻》所载，就有犯讳的话了"。同时，还在其基础上进行修改或再创作。可见，鲁迅对他人之记录稿区别对待，有的弃而不用，有的则默许甚至在其基础上修订而收入其文集中。

如果从遵从作者的角度，有作者修订稿的存在，那些他人笔录稿确须区别对待，但换一个角度思考，从还原演讲现场、展现鲁迅演讲魅力的角度出发，那些记录稿的原生性和准确性恐怕未必低于鲁迅修改后的定稿。《上海文艺之一瞥》就是极为典型，《文艺新闻》版中不少直露赤裸的表达在《二心集》版中被弱化：谈到颓废派模仿日本浮世绘色情的眼睛，浮世绘所画女人是"胖胖的身体"，而"颓废派的人都是瘦削的，颓丧的"，究其原因，《文艺新闻》版说是因其"对于肥胖的女人有点弄不动，因而不

---

① 相关回忆可参见王志之《鲁迅印象记》，《鲁迅回忆录·专著》上册（北京出版社1999年版），第25—27页及傅国涌《鲁迅先生的演讲》一文。
② 《鲁迅全集》第7卷，人民文学出版社2005年版，第5页。
③ 见本书第436页注释2；又，《书信·341214 致杨霁云》"各种讲演，除《老调子已经唱完》之外，我想，还是都不登罢，因为有多实在记得太不行了，有时候简直我并没有说或是相反的，改起来非重写一遍不可，当时就因为没有这勇气，只好放下，现在更没有这勇气了"。《书信·341218 致杨霁云》"那两篇讲演，我决计不要它，因为离实际太远。大约记者不甚懂我的话，而且意见也不同，所以我以为要紧的，他却不记，或者当作笑话。《革命文学……》则有几句简直和我的话相反，更其要不得了。这两个题目，确是要紧，我还想改作一遍"。《书信·341219 致杨霁云》"一切讲稿，就只删《帮闲文学……》及《革命文学……》两篇。《老调子……》原是自己改过的；曹先生记的那一篇也很好，不必作为附录了"。见《鲁迅全集》第13卷，人民文学出版社2005年版，第294—295、301、306页。
④ 例如，江力在《鲁迅报告：关于鲁迅和他的演讲》代跋中这样说明，"凡未经先生修订的未收入内，报纸、刊物的新闻、摘录、只言片语、演讲大意，追忆和回忆录等均不收"。

喜欢",而《二心集》版则为"对于壮健的女人他有点惭愧,所以不喜欢"。根据演讲上下文和常理推断,"健壮""惭愧"显然是鲁迅修订时换用的词汇,不仅"健壮的"和前文"胖胖的"不一致且"惭愧"说也颇为牵强,失掉了幽默与讽刺的力度。又如,《文艺新闻》版描述才子到上海一节:

> 自有了上海,才子们都到了上海来,因为才子是旷达的,无所不适;而君子则对于外国人的东西有点"讨厌"。才子一到上海租界上,就看到了婊子。十个二十个的年青婊子聚在一起,很有点像《红楼梦》。

《二心集》版相应内容为:

> 有了上海的租界,——那时叫作"洋场",也叫"夷场",后来有怕犯讳的,便往往写作"彝场"——有些才子们便跑到上海来,因为才子是旷达的,那里都去;君子则对于外国人的东西总有点厌恶,而且正在想求正路的功名,所以决不轻易的乱跑。孔子曰,"道不行,乘桴浮于海",从才子们看来,就是有点才子气的,所以君子们的行径,在才子就谓之"迂"。
> 才子原是多愁多病,要闻鸡生气,见月伤心的。一到上海,又遇见了婊子。去嫖的时候,可以叫十个二十个的年青姑娘聚集在一处,样子很有些像《红楼梦》,

比较而言,《文艺新闻》版简洁易懂,读起来颇为"刺激",一定程度上揭示了演讲现场的情绪动态且有一种流畅感,而《二心集》版充满鲁迅书面文章的味道,叙述较为周严同时亦婉转深刻了许多。当然,笔者无意比较孰之优劣,而想借此比较说明,现场笔录和鲁迅事后回忆中的演讲还是有距离的。记录者固然可能有遗漏,但鲁迅事后添加的未必就是当时讲过的话。值得一提的是,比较《文艺新闻》版和《二心集》版两个文本,后者更多的是对前者的内容充实,比如《二心集》版的第一段一百多字的"开场白",在《文艺新闻》版中只一句话:"上海过去之文艺,开始为申报时期,作文章的都是才子"。除了增加内容,与《文艺新闻》版直露的批判和肯定的语气不同,《二心集》版多留有余地,将"都是""是""即"等改为"多是""大概""也有些"的地方很多,的确如日译者所言,就书面表达效果而言,《二心集》版较之《文艺新闻》版要"恳切周到"许多。

所谓"大言炎炎",如果演讲者总想着顾虑周全,论证严密,那么其演讲必然枯燥乏味,鲁迅之演讲经典处恐怕还是那些现场互动中迸发出的"大言"(如"世界是属于傻子的""离骚与反离骚""流氓与文学""少读中国书,做好事之徒"等),而非深思熟虑后的"大概""也有些"。大言之如火,是激情,是理想,是期待,也是片面之深刻，所到之处，应者云集，群情澎湃，说过的话，恐怕难免有冷静后要补充甚至修正的。因此，当场的记录之"谬误"，恐也未必完全处于记录者的捏造。

通过上文比较，亦可发现，《文艺新闻》版与《二心集》版所带来的阅读感受是不尽相同的，从还原演讲历史现场、体验鲁迅演讲原味的角度来说，"文艺新闻版"要优于"二心集版"。需要说明的是，演讲也是一种发表，记录者可能会有遗漏乃至臆断甚至曲解讲者原意，但却不能占有演讲者的著作权。其实，所谓"当作记录者自己的创作"——鲁迅表达的是对部分记录者的不满，而非一种版权标准的认定，否则照此逻辑，报刊记者的"创作"就难以界清了。并且，从某种意义上说，鲁迅内心深处对自己的演讲也是有版权意识的，如对曹聚仁笔录的《文艺与政治的歧途》，鲁迅就收入《集外集》中，而不是将之作为附录，"曹先生记的那一篇也很好，不必作为附录了"①。在1934年12月11日致杨霁云信中鲁迅这样说道：

> 一九三一年到北平时，讲演了五回，报上所登的讲词，只有一篇是我自己改正过的，今寄上，或者可用；但记录人名须删去，因为这是会连累他们的，中国的事情难料的很。录出后，原报仍希掷还。②

保护记录人自是题中之意，但根本处，是鲁迅为自己的演讲负完全责任。因此，笔者认为，对鲁迅演讲的研究应充分利用那些最初发表的他人之记录稿，而不能唯鲁迅修订稿是从。具体以《上海文艺之一瞥》来说，《二心集》版是鲁迅修改后的最终定稿，但却不是唯一的刊行稿，在此之前的"文艺新闻版"和日文版都有传播，而且是对"当事人"产生直接影响的版本。所以，对这些版本的考察更有助于我们走近真实而丰富的历史现场。

---

① 鲁迅：《书信·341219 致杨霁云》，《鲁迅全集》第13卷，人民文学出版社2005年版，第306页。
② 鲁迅：《书信·341211 致杨霁云》，《鲁迅全集》第13卷，人民文学出版社2005年版，第291页。

周氏兄弟的散文诗
——以波特来尔的影响为中心[①]

早稻田大学　小川利康

一　问题之所在：《小河》与散文诗

1919年1月，周作人在《新青年》（第6卷第2号）上发表新诗《小河》，开头写道：

> 有人问我，这诗是什么体，连自己也回答不出。法国波特来尔（Baudelaire）提倡起来的散文诗，略略相像，不过他是用散文格式，现在却一行一行地分行写了。[②]

"自己也回答不出"这可能是真话。因为当时实在没有人对写新诗有把握。中国传统诗大多受控于严格的押韵规则而现代新诗则不然。押韵规则一面是写诗的手铐脚镣，但一面保证诗的成立。那么没有押韵规则的现代新诗凭什么可以成立呢？这就是周作人遇到的问题。他所参考、依据的理论是什么？这里他提到的"波特来尔"和"散文诗"提供我们一个线索。至于这个"散文诗"历来有很多争论，在此只援用谢冕先生的话。他在《散文诗论》里探讨新诗的成立，指出《新青年》4卷1号上发表的9首诗当中至少6篇"接近于我们今天认可的散文诗体式"，如下说明：

[①]　波特来尔，即是夏尔·皮埃尔·波德莱尔（Charles Pierre Baudelaire）。本文为行文方便见，统一使用波特来尔。

[②]　周作人：《小河》，初出《新青年》第6卷第2号，后收《过去的生命》1929年11月北新书局初版，本文据北京十月文艺出版社2011年版。

可以看出，在初期的白话诗试验中，人们在打破旧有的诗歌格局之后，寻找新的道路，想象中的新诗的蓝图，就是这种冲破五七言格律的、以散文写作的、自由而不受约束的诗歌样式，其实也就是散文诗的样式。由此不妨推认，新诗是从散文诗那里获得了最初的灵感的。①

从这段说明可以知道，当时为了"冲破五七言格律"，新诗作者只能选择用"散文诗的样式"来写新诗。但至于分行不分行的选择，很多作者并不是那么自觉的。结果新诗和散文诗一直处于分不开的"一对连体婴"的畸形状态。周作人在此特意提到"波特来尔提倡起来的散文诗"，一定是清醒地意识到了这个难题，才在开始时考虑仿照波特来尔的散文体式写诗，而经过考虑后最终选择了分行格式写诗的。1925 年出版译诗集《陀螺》时，他在序上强调"诗是不可译的"，竟然咬定"这不是译诗集"。然后关于分行的问题，如下说明：

我这几首《希腊诗选》的翻译实在只是用散文达旨，但因为原本是诗，有时也就分行写了：分了行未必便是诗，这是我所想第一声明的。②

其实译诗集里大多还是分行写的。但他要强调，诗之所以为诗，并非因为是分行的。那么，他凭什么可以认准是诗呢？关于新诗的标准，他在《扬鞭集》序（1926 年 6 月）上写道：

新诗的手法，我不很佩服白描，也不喜欢唠叨的叙事，不必说唠叨的说理，我只认抒情是诗的本分，而写法则觉得所谓"兴"最有意思，用新名词来讲或可以说是象征。让我说一句陈腐话，象征是诗的最新的写法，但也是最旧，在中国也"古已有之"。③

《扬鞭集》是汇集刘半农的五四时期新诗的诗集。如周作人回顾，他们是"《新青年》上作诗的老朋友"，而且当时他们"发谬论，说废话，但作诗的兴致却也的确不弱的"④。这里可能反映出当时的想法。他援引《诗经》的《桃之夭夭》，认为中国旧诗里也就有象征主义的手法。同样的想法其实在五四时期的文章里也可以找到。周作人介绍英国诗人 William Blake（威廉·布莱克）(1757—1827)，给予高度评价。他写道：

---

① 谢冕：《散文诗论》，《文学报》2013 年 10 月 18 日，据网络版 PDF 版本。
② 周作人：《陀螺》序，《陀螺》，新潮社 1925 年版；据止庵编订《周作人译文全集》第 9 卷，上海人民出版社 2012 年版，第 424 页。
③ 周作人：《扬鞭集》序，《扬鞭集》上卷，北新书局 1926 年版；据《周作人散文全集》第 4 卷，广西师范大学出版社 2009 年版，第 635 页。
④ 周作人：《扬鞭集》序，《周作人散文全集》第 4 卷，广西师范大学出版社 2009 年版，第 635 页。

这想象的言语，便是艺术。艺术用了象征去表现意义，所以幽闭在我执里面的人，因此能时时提醒，知道自然本体也不过是个象征。我们能将一切物质现象作象征观，那时他们的意义，也自广大深远。①

在此也可以看出他对新诗的要求。他认为诗的本分是抒情，但为了具备这个条件，诗歌需要有"兴"，而这个"兴"，换句话说即是"象征主义"。如此看来，周作人在《小河》中提到的波特来尔这个名字，不能说是无意或偶然的。应该说他对象征主义有深刻了解才点出这个名字。但至今似乎很少人注意。本文试图探讨波特来尔对周作人的影响并从此深入探讨对鲁迅的影响。

二 周氏兄弟日记里的波特来尔

我们且先把时间倒回到一年前。1918 年的《周作人日记》上有如下一段：

（二月）十六日晴。（略）下午半农与君默来访，携去《ボドレエル诗》一本。
（三月）廿六日晴。（略）下午半农函，还《ボドレール诗集》。
（日语的ボドレエル、ボドレール均系波特来尔）②

日记上均用片假名写，《波特来尔诗集》似乎是日译本。但据查此时日译本还不存在，它是 1919 年 10 月才出版的。在此无法确定版本，但刘半农此时只懂英文，这本可能是英译本。众所周知，刘半农翻译过屠格涅夫的散文诗，在《新青年》也发表过不少新诗，一定对波特来尔也有兴趣。当时周作人在北京大学开始讲授欧洲文学史课，1918 年开始编写《欧洲文学史》和《近代欧洲文学史》。从他的讲义可以了解对波特来尔的理解及评价。在《近代欧洲文学史》里讲解得相当详细，而且描述比别的作家多很多。如：

Baudelaire 爱重人生，慕美与幸福，不异传奇派诗人，唯际幻灭时代，绝望之哀，愈益深切，而持现世思想又特坚。理想之幸福，既不能致，复不肯遗世以求安息。故唯努力求生，欲于苦中得乐，于恶与丑中而得善美。以嬐乐事，盖其悲痛。此所谓现代人之悲哀，Baudelaire 盖先受之也。③

---

① 周作人：《勃来克的诗》，初出《少年中国》1920 年第 1 卷第 8 期；收入《艺术与生活》，中华书局 1936 年版；据《周作人散文全集》第 2 卷，广西师范大学出版社 2009 年版，第 222 页。
② 《周作人日记》上（影印版），大象出版社 1996 年版，第 733、740 页；并参照排印版《周作人日记》（《新文学史料》1983 年第 4 期）。
③ 周作人著，止庵、戴大洪注：《近代欧洲文学史》第 5 章第 35 节《又（法国）》，团结出版社 2007 年版，第 230 页。

画线部分是周作人根据厨川白村所著《近代文学十讲》（大日本图书出版社，东京 1912 年 3 月初版）写的部分。与厨川白村①的影响关系，著者已有别论，在此不赘②。《近代文学十讲》是厨川白村编写的近代欧洲文学史。鲁迅 1913 年 8 月 8 日从日本书店收到书后，8 月 23 日转寄给周作人。周作人 9 月 1 日收到后，9 月 6 日到 10 日连日看此书③。1917 年 11 月鲁迅买下厨川白村的《文艺思潮论》。这时周作人和鲁迅一起在北京生活，似乎马上把书借走了。

《鲁迅日记》（十一月）二日晴。得东京堂信并《文艺思潮论》一册。④
《周作人日记》（十一月）二日阴。得东京堂廿六日寄《文艺思潮论》一册。
（十一月）四日晴，阅《文艺思潮论》了。⑤

前著《近代文学十讲》是详述个别文学作家、作品的讲义。《文艺思潮论》是宏观文学发展规律，对个别作品的评介比较少。厨川在此重视"灵与肉的对立"等伦理概念，以此来梳理欧洲文学发展的规律。这两本书可以说是互补的关系。周作人在厨川的文艺论的引导下，开始接近波特来尔。同年同月三个星期后，日记上有如下记载：

（十一月）廿六日晴，风。下午得廿二日家寄《ヴルレヌ》、《ボードレール》诗各一本。起草少许。晚得廿三日家信。⑥（日语ヴルレヌ即保尔·魏尔伦，ボードレール即波特来尔）

这时大概由于周作人刚到北京不久，需要请绍兴家里寄书到北京。所以购书时期或许还要早一些。据查在鲁迅日记上找不到相关的记录。总之不只波特来尔，保尔·魏尔伦也属于象征主义的诗人，可见周作人对象征主义诗人的关心。

---

① 厨川白村（1880—1923）是日本大正时期驰名的文艺理论家。在东京帝国大学曾师从上田敏、夏目漱石、小泉八云。大学毕业后，相继任（旧制）第五高等学校（熊本县）教授（1904 年）、第三高等学校（京都府）教授（1906 年）；之后，经上田敏的推荐，1913 年转任京都帝国大学讲师，讲授西洋文学。著有《近代文学十讲》（1912 年），《文艺思潮论》（1914 年）等文学史研究之外，还有《出了象牙之塔》（1920 年）《苦闷之象征》（1924 年）等著作。很不幸，1923 年厨川在镰仓的别墅休假时，被关东大地震的海啸所吞没而逝世。逝世后出版《厨川白村著作集》（1924—1926 年）。
② 小川利康：《周作人与厨川白村》，《文化象征和精神象征——"鲁迅与 20 世纪中国"国际学术研讨会论文集》，南京师范大学出版社 2014 年版，第 442—460 页。
③ 《鲁迅日记》1913 年 8 月 8 日，《鲁迅全集》第 15 卷，人民文学出版社 2005 年版，第 74 页；《周作人日记》上（影印版），1913 年 9 月 1 日、6—10 日，第 463、464 页。并参照排印版《周作人日记》。
④ 《鲁迅日记》1917 年 11 月 2 日，《鲁迅全集》第 15 卷，人民文学出版社 2005 年版，第 300 页。
⑤ 《周作人日记》上（影印版），1917 年 11 月 2 日、4 日，第 704、5 页。并参照排印版《周作人日记》。
⑥ 《周作人日记》上（影印版），1917 年 11 月 26 日，第 709 页。并参照排印版《周作人日记》。

三 散文诗与象征主义

孙玉石在《五四时期其他象征派诗歌》中指出："在《新青年》杂志刊登的大量白话诗中，已经有少数与一般浪漫主义、现实主义诗歌不同的创作产生。"然后举出鲁迅《梦》《爱之神》，周作人《小河》，刘半农《窗纸》等作品，认为"已经带有明显的象征的色彩"①。特别是鲁迅1919年八九月发表的《自言自语》认为是在"极重的象征色彩的形象中抒情写意"的作品，是"中国现代散文诗中象征主义倾向的先河"；然后引用一段《二，火的冰》，指出它是"意境与形象完全是象征化了的"②。如此看来，可以说文学史上散文诗从诞生开始就与象征主义结下了不解之缘。周作人对象征主义的关心也可以算是在这股主流里的一个现象。这两者结合起来的主要原因是什么呢？周作人回顾五四时期的新诗说：

  一切作品都像是一个玻璃球，晶莹透澈得太厉害了，没有一点儿朦脆，因此也似乎缺少了一种余香与回味。③

周作人认为不只散文诗，所有的新诗都有这个毛病。五四时期的新诗告别韵脚与文言，摆脱手铐脚镣，信手拈来，提笔成章，文章思想也很明白、简单。但正因为如此，缺少了余香和回味。特别是散文诗，很难找出和普通散文的区别，因此不得不另找出路。走向象征主义的方向可以说是在五四时期周氏兄弟共同的特征。例如鲁迅的《自言自语》是借"陶老头子"的自言自语的形式书写的散文诗。不止《二，火的冰》，其他诗篇也有毫无条理的荒诞故事。还有部分诗篇，例如《六，我的父亲》、《七，我的兄弟》那样后来发展成短篇小说的，也是这样。其实周作人也借"狂人日记"的形式写过散文，即如《真的疯人日记》。这是1922年5月写的。比鲁迅的《狂人日记》要晚三年。形式与《自言自语》很相似，共有4篇短文，都是讲"世界上最古老，而且最好的国家"的故事。内容还算有条理，似是讽刺中国的老毛病，但也有荒诞无法理解的部分。同年8月写的《夏夜梦》共有10篇短文，除了部分讲自己少年时期的初恋故事之外，基本上都是荒诞故事。例如，《统一局》是讲为了实现彻底平等，废除姓名，每人都给一个编号，饭量也都统一的国家的故事。这些作品按照现在的标准来看，都该属于短篇小说，但通观当时周作人的作品，散文诗的定义似乎不同。他的诗集《过去的生命》（1929年8月）里除了"分行的"新诗之外，还收有几篇散文。序上说：

---

① 孙玉石：《中国初期象征派诗歌研究》，《孙玉石文集》第2册，北京大学出版社2010年版，第131页。
② 同上书，第132页。
③ 周作人：《扬鞭集》序，《周作人散文全集》第4卷，广西师范大学出版社2009年版，第635页。

我称他为诗,因为觉得这些的写法与我的普通的散文有点不同。我不知道中国的新诗应该怎么样才是,我却知道我无论如何总不是个诗人,现在"诗"这个字不过是假借了来,当作我自己的一种市语罢了。①

这段话主要针对散文而言。《过去的生命》里的大半作品是分行的,但后面三篇《昼梦》《寻路的人》《西山小品》是不分行的。特别是《西山小品》描述1920年在西山养病时候的体验。用我们当今的眼光来看,完全是散文小品,作为一部诗集来看显得很不自然。这时已经1929年,离五四时期已经很远了,但还是认为他的"诗"里面包括散文,因为"与我的普通的散文有点不同"的。具体不同之处,他没给明确的定义,但这就是他的"散文诗"。再看他1921年6月写的《美文》里可以找到一个启发:

外国文学里有一种所谓论文,其中大约可以分作两类。一批评的,是学术性的。二记述的,是艺术性的,又称作美文,这里边又可以分出叙事与抒情,但也很多两者夹杂的。读好的论文,如读散文诗,因为它实在是诗与散文中间的桥。②

这里把论文(essay)分作两类,主要谈的是艺术性的论文,即是"美文"。关于"美文"我们该注意,他认为"读好的论文,如读散文诗",就是说他把美文比作散文诗。从而倒过来可以看出,他认为"诗与散文中间的"散文诗不只是抒情,还能叙事,两者往往夹杂不清。从这个定义来说,散文诗的定义自然很广阔了。所以他在下面接着说:

我以为文章的外形与内容,的确有点关系,有许多思想,既不能作为小说,又不适于做诗,便可以用论文式去表他。③

周作人认为论文(essay)的形式可以适用于很多方面。上面说"诗与散文",到了下面说"小说与诗"了。他对此(画线部分)再加括号补充如下:

(此只就体裁上说,若论性质则美文也是小说,小说也就是诗,《新青年》上库普林作的《晚间的来客》,可为一例)

---

① 周作人:《过去的生命》序,《过去的生命》,北新书局1929年版;据《周作人散文全集》第5卷,广西师范大学出版社2009年版,第574页。
② 周作人:《美文》,《晨报副镌》1921年6月8日;据《周作人散文全集》第2卷,广西师范大学出版社2009年版,第356页。
③ 同上。

根据性质而言，他认为美文也可看作小说，小说也可看作诗。类似说法在《玛加尔的梦》译记里也出现过，并不是偶尔一笔①。这么说来似乎对美文无法下明确的定义了。不止于此，其实个别的诗、小说和散文的定义也很暧昧了。作为具体的例子，下面看一下《晚间的来客》。

《晚间的来客》是俄国小说家库普林（A. Kuprin）的小说。讲述晚上主人公在家，突然有人敲门，他刹那间想象下一秒打开家门会有什么命运向他降临，是喜讯还是噩耗，想象到这些他心里一会儿喜一会儿则惧。除了这些描写之外，这篇小说里几乎没有具体情节。所以周作人在译记里写道：

> 我译这一篇，除却绍介 Kuprin 的思想之外，还有别的一种意思，——就是要表明在现代文学里，有这一种形式的短篇小说。小说不仅是叙事写景，还可以抒情……所以这抒情诗的小说，虽然形式有点特别，但如果具备了文学的特质，也就是真实的小说。内容上必要有悲欢离合，结构上必要有葛藤、极点与收场，才得谓之小说；这种意见，正如 17 世纪的戏曲的三一律，已经是过去的东西了。②

周作人把《晚间的来客》看作"抒情小说"，而这篇小说"不仅是叙事写景，还可以抒情"。从上边看过来，大致可以总结，周作人不只对诗有特殊的定义，对小说也持有特别的看法。他否定传统小说里的悲欢离合之类的结构，是因为需要对儒教道德为背景的封建主义进行彻底的批判。结果诞生了这种"晚间的来客"式的小说。他认为这种小说是"小说也就是诗"，并把它叫作"美文"的。这个定义离"散文诗"相去不远。

陈平原在《中国小说叙事模式的转变》里指出："五四作家的小说概念并不严格，周氏兄弟把西洋的寓言、拟曲、散文当小说介绍给中国读者。""五四作家不曾严格区分小说与散文，甚至创造出抒情诗的小说这样模糊的概念。"③ 这正是针对《晚间的来客》而言的。

如上所述，周作人把散文诗叫作"美文"，视为一种文章的典范，推广到小说里，认为抒情诗的小说才是最高境界。我在《废名〈桥〉里的小说方法论——兼论厨川白村的影响》④ 里探讨废名小说《桥》，证实他是在周作人的引导之下接受厨川白村的影响而写出这篇抒情诗小说的。论文里虽然很少提及鲁迅对散文诗的观点，但周氏兄弟发生不和之前观点的差异还不是很大。下面通过 1921 年的波特莱尔的翻译探讨周氏兄

---

① 《玛加尔的梦》译记（《新青年》1920 年第 8 卷第 2 号）里高度评价它的"结末的抒情诗的美"并强调"在这里面，悲剧喜剧已经分不清界限，便是诗与小说也几乎合而为一了"。
② 周作人：《晚间的来客》译文附记，《新青年》1920 年第 7 卷第 5 号。据《周作人散文全集》第 14 卷，广西师范大学出版社 2009 年版，第 466 页。
③ 陈平原：《中国小说叙事模式的转变》第五章，上海人民出版社 1988 年版，第 163 页。
④ 第十届东亚学者现代中文文学国际学术研讨会，香港教育学院，2013 年 10 月 25 日。

弟的散文诗观。

四 周作人与波特莱尔的散文诗《窗》

周作人 1921 年 11 月发表《三个文学家的纪念》，认为波特莱尔的"颓废的心情"实在是"猛烈的求生意志与现在的不如意的生活的挣扎"的产物，可以说是表现"现代人的悲哀"的[1]；并翻译波特莱尔的散文诗 8 篇，当中一篇是厨川白村在《苦闷的象征》里赏识的散文诗《窗》。从此可见，周作人在厨川白村的影响之下，积极翻译波特莱尔的作品。

众所周知，鲁迅 1924 年翻译出版《苦闷之象征》，1925 年翻译《出了象牙之塔》。不过至今都不大有人知道周作人也从厨川白村那里接受了不少影响。如第二节所述，周作人编写《欧洲文学史》讲义时，参考过厨川的第一部著作《近代文学十讲》，这在讲解波特莱尔的部分里可以看出明显的影响。1921 年 1 月，《苦闷的象征》的初稿先刊登在《改造》杂志（第 3 卷第 1 号），周作人可能因阅读了这篇评论而受到了不少的影响[2]。厨川白村的《苦闷的象征》运用精神分析学理论，提出"生命里受了压抑而生的苦闷乃是文艺的根柢，而其表现法乃是广义的象征主义"这个观点[3]。当时把精神分析理论应用到文艺理论是相当新颖的，对周氏兄弟的影响也很大。厨川在第二章《鉴赏论》里提出作者和读者的"二重创作"。他说：

> 倘说作家用象征来表现了自己的生命，则读者就凭了这象征，也在自己的胸中创作着。倘说作家这一面做着产出底创作（productive creation），则读者就将这收纳，而自己又做共鸣底创作（responsive creation）。有了这二重的创作，才成文艺的鉴赏。[4]

这里的"象征"是关键概念。据厨川的解释，"象征"是"生命里受了压抑而生的苦闷"的存在。这是"换句话说，就是人和人之间，是具有足以呼起生命的共感的共通内容存在的"。他认为："作家和读者的生命内容有共通性共感性，所以这就因了称为象征这一种具有刺激性暗示性的媒介物的作用而起共鸣作用。"[5] 那么读者通过这

---

[1] 周作人：《三个文学家的纪念》，初收于《自己的园地》，晨报社 1923 年版；后收于《谈龙集》，开明书店 1927 年版；据《周作人散文全集》第 2 卷，广西师范大学出版社 2009 年版，第 474 页。
[2] 《改造》是 1919 年 1 月创刊的综合性杂志。《周作人日记》里从 1919 年 7 月开始出现购书记录。详见小川利康《周氏兄弟与厨川白村》，收于《文化经典和精神象征："鲁迅与 20 世纪中国"国际学术研讨会论文集》，南京师范大学出版社 2014 年版，第 442 页。
[3] 鲁迅《苦闷的象征》引言里引用的厨川白村的文章。
[4] 鲁迅：《苦闷的象征》鉴赏论，《鲁迅译文全集》，福建教育出版社 2008 年版，第 250 页。
[5] 同上书，第 247 页。

个共鸣作用,从阅读文艺作品的体验得到"自己发见的欢喜"。然后作为成功地描写出这个共鸣作用的例子,厨川译介波特来尔的散文诗《窗》。

这首短小诗篇描写主人公从外面透过窗户看进去,从而编造出一个故事:屋里有个老太婆,她的人生多么艰难,从而同情她流眼泪。厨川指出窗户是比喻作品,读者阅读作品之后,凭自己的想象力(imagination,可解为创造力)在自己心里创造出老太婆的故事。在老太婆身上发现与自己共通的象征物,而感到"发见自己的欢喜"。周作人译的散文诗《窗》初次发表于《晨报副镌》(1921年11月20日)。在"译记"里如下说明:

> 他用同时候的高蹈派的精炼的形式,写他幻灭的灵魂的真实经验,这便足以代表现代人的新的心情。①

所谓"高蹈派"的诗人,基本都属于象征主义。这些散文诗所表现的"现代人的新的心情",是指厨川所说的"猛烈的求生意志与现在的不如意的生活的挣扎"所产生的"现代人的悲哀"。那么周作人翻译这篇散文诗的主要动机也可以说在于介绍典范的"美文"吧。特别是这篇《窗》在《晨报副镌》上发表后,又被《妇女杂志》《小说月报》转载了两次,可见重视的程度②。但周作人不会法文原文,翻译不得不参考其他语言的译本。这在译记上有所说明:

> 现在据英国西蒙士诸人的译本,并参考德人勃隆译全集本,译出八章。③

他一定还参考过厨川的翻译,但厨川书里有附记,译文只表示"大意"(概要)。所以他只好参照别的译本。考虑当时的种种条件,有可能参考的译本大概有如下:

【日译】
厨川白村《苦闷的象征·二.鉴赏论》里的《窗》(初出《改造》1921年1月)
馬場睦夫译《悪の華》洛陽堂1919年10月

厨川白村发表初稿时,只提供《窗》的日文概要,但其实内容是比较忠实地逐字翻译,也可以看作翻译。除了这篇之外,还有马场睦夫翻译的日译本。此书主要选译

---

① 周作人:《波特来尔散文诗译记》,《晨报副镌》,1921年11月20日。《周作人散文全集》第2卷里收录该文,但报刊名字日期均有误,此据原刊。《周作人译文全集》第9卷据单行本《陀螺》收入此诗,与原刊无异。
② 初稿发表后,把文中女性第三人称"伊"均改为"她",转载于《妇女杂志》1922年第8卷第1号、《小说月报》1922年第3卷第3号。后收于单行本《陀螺》1925年9月。
③ 周作人:《波特来尔散文诗译记》,《晨报副镌》1921年11月20日。

诗集《恶之花》，兼收散文诗《巴黎之忧郁》的部分作品（包括《外方人》《窗》《穷人的眼》《你醉!》《月的恩惠》）。但译者的专业不是法文而是英文，这本翻译也主要参照西蒙士英译版，相对比较，发现两者之间有很多重复。虽然不能排除周作人参照的可能，但在此不作为比较对象。日文全译本（高橋広江《巴里の憂鬱》青郊社 1928 年）此时还没有出版。

【英译】

Arthur Symons, *Poems in prose from Charles Baudelaire*, London：E. Mathews, 1905

周作人自己提到的即是这本书。它也大概是 1918 年《周作人日记》上出现的。另外还有 F. P. sturm, *The poems of Charles Baudelaire*, London：Walter Scott Pub. Co. 1906 和 James Huneker, *The Poems and Prose Poems of Charles Baudelaire*, New York, Brent & sons Pub. 1919 等译本，但都没有收录《窗》。可以推测主要依据的还是英国 Arthur Symons（西蒙士）的版本。

【德译】

Max Bruns, *Werke in deutscher Ausgabe Bd. 1. Novellen und kleine Dichtungen in Prosa* 1904

周作人并不擅长德文，或可能向鲁迅学过一点，日记或在文章里头偶尔出现德文词汇书名而已。他懂不懂德文版是个疑问。但既然有"德人勃隆译全集本"，一定参考过这德文版。中文译音"勃隆"与 Bruns 比较接近，而且据我调查，当时德文版的波特来尔全集只有这一本，可以确定他参照的是这个版本。

将周作人译文与日英德三种译文进行比较，发现周译与英译有很多共同点。如第一段第一行没有翻译出"外面"这个词汇。德译、日译均有"外面"，其实法文原文也有"外面"的，只有英文从略的。第二段第一行周译"横过了屋山的波浪"，这又是英译的"Across the waves of roofs"的 across 的翻译。厨川的日译是"波うてる屋根の彼方に"，是"在波浪似的屋顶那边"之意，而没有"横过"的意思。德译"von"也是与"在"几近相同。虽然周作人无法参照法文，但原文却有"dela"，是与"across"接近的表现，但其他语言都把"dela"移译为名词；如鲁迅的"那边"。第四段"自己满足我已经生活过"的部分，英译为"proud of having lived"，德译"stolz, daßich in Menschen lebte"，也都有心满意足而感到骄傲的意思。但厨川日译为"得意に思って"，则是得意洋洋之意，离原意有点儿远了。看来周作人没有采取日译，而采取英德译。最后一段英译文为"What does it matter…what does any reality outside of myself matter",如此反复说"这有什么关系"的只见于英译本。而日（厨川）德译三种均不反复，法文也如此。从此可以推测周作人翻译主要以英译为准，以德文为辅的，不大置信于日译。

周作人翻译的不只是这一篇，他的翻译工作一般以日文、英文为主，很少参照德文。因此可以说翻译波特来尔的散文诗并不是简单的工作。而且 1921 年从西山养病回来不久的秋天开始翻译，对他来说负担是相当重的。我认为他对这份工作相当重视。

五 鲁迅与波特来尔的散文诗《窗》

梳理有关周作人翻译工作的经过，可能会注意到一个有趣的巧合。周作人使用的德文版恰恰与鲁迅 1924 年 10 月在《晨报副镌》上初次发表《苦闷的象征》时参照的版本完全一致。鲁迅翻译《自己发见的欢喜》，里面也有波特来尔的《窗》。他先根据厨川的"大意"（概要）翻译，后来发现有点问题：

> 波特莱尔的散文诗，在原书上本有日文译；但我用 Max Bruno 德文译一比较，却颇有几处不同。现在姑且参酌两本，译成中文。倘有那一位据原文给我痛加订正的，是极希望、极感激的事。否则，我将来还想去寻一个懂法文的朋友来修改他；但现在暂且这样的敷衍着。①

再查《鲁迅手迹和藏书目录》第 3 卷，有如下书目：

Baudelaire Charles. *Werke in deutscher Ausgabe* von Max Bruns. ②

从此可知鲁迅所记 Max Bruno 系 Max Bruns 之笔误，与周作人所参照的完全一致的。鲁迅先依据厨川的概要和德文版，后来出版单行本时，如他所说果然请人（可能是常维钧）帮助修改译文。结果《晨报副镌》上的译文与单行本上的截然不同了（详见附表）。至于鲁迅参照德文版发现"颇有几处不同"的地方，经过几位德文法文的专家们的鉴定，《窗》的第二段"横过了屋山的波浪"的德文译文明显有误，德文版翻译为"越过层层重叠的亚麻布所笼罩的薄明"。或许故意用比喻翻译的结果，但至少不是逐字翻译的。因此不如说厨川的译文还是相对正确的。鲁迅也可能困惑于此，而只好采用厨川的译文。

接下来自然要想到的，即是：

---

① 《自己发见的欢喜》译者附记，初发表于《晨报副镌》1924 年 10 月 26 日；此据《鲁迅全集第 10 卷·译文序跋集》，第 263 页。
② 北京鲁迅博物馆编：《鲁迅手迹和藏书目录》第 3 卷西文部分，北京鲁迅博物馆 1959 年版，第 50 页。

（1）鲁迅是不是知道二弟周作人早就翻译过波特来尔散文诗呢？

（2）周作人使用的德文版是不是鲁迅早年在日本购置的书籍呢？

关于第一个问题，他们的两篇散文诗虽然时间隔开近两年，但都在《晨报副镌》上刊载，应该是互相注意到的。然后，要否定第二个问题的话，兄弟俩都得分别购置德文版。精通德文的鲁迅有可能，但并不擅长德文的周作人背着鲁迅买德文书的可能性几乎等于零。以往在日留学时期翻译出版《域外小说集》（1909 年），或在北京共同编译《世界小说译丛》（1921 年），这些编书工作似乎有分工原则，鲁迅翻译德文，周作人翻译英文①。至少 1921 年周作人是没有理由不请鲁迅帮助的。

综合这些情况，最有可能的就是 1921 年秋天周作人是得到鲁迅的协助翻译波特来尔的。当时两个人之间很有可能还讨论过《苦闷的象征》。目前没有任何证据可以证明他们当时阅读《苦闷的象征》，后来鲁迅还有言"我看见厨川氏关于文学的著作的时候，已在地震之后，《苦闷的象征》是第一部，以前竟没有留心他"②。但其实鲁迅早年买过厨川的《近代文学十讲》等著作，如在第二节《鲁迅日记》所示，兄弟俩共同看的书似乎都由鲁迅购置，武者小路等白桦派小说才是由周作人购置的。考虑这些事实，如上推论并不是勉强的。梳理这些推论，我想可以提出这么一个过程：

（1）由鲁迅早年购买波特莱尔德文版；

（2）1921 年周作人翻译波特莱尔时参照德文版本，请鲁迅协助翻译德文；

（3）1923 年 7 月 14 日兄弟失和，8 月 2 日搬迁；

（4）1924 年 6 月 11 日鲁迅回八道湾取书籍及什器（里面可能包括德文版波特来尔诗集）。

如果翻译波特来尔的工作如此进行，意味着鲁迅早年接触波特来尔，而且阅读过厨川白村的《苦闷的象征》。

六 结论③

《苦闷的象征》对鲁迅的影响普遍被认为是 1924 年 10 月开始翻译之后的。但如上所述，鲁迅其实早期就阅读过波特来尔和厨川白村。但在他作品上看不出一丝痕迹。这里可能与他的嗜好有关系。1921 年夏天，京都帝国大学毕业的张凤举（本名张黄）经过沈尹默的介绍，访问周氏兄弟。沈尹默是早年的京都帝国大学毕业生。鲁迅 8 月 23 日和张凤举见面，就对他颇有好感："此人非常之好，神经分明。"④ 张凤举的专业

---

① 1921 年与周作人往返的信件比较多，210713、210716 等信上可以看出鲁迅担任德文翻译的情况。

② 鲁迅：《关于〈苦闷的象征〉》，《鲁迅全集第 7 卷·集外集拾遗》，第 253 页。

③ 最后一节，由于行文之必要，与拙稿《周作人与厨川白村》（前揭书）有所重复。

④ 《鲁迅日记》1921 年 8 月 23 日"上午往南昌馆访张凤举"，29 日"下午张凤举来，赠以《或（域）外小说集》一册"。见《鲁迅全集》第 15 卷，人民文学出版社 2005 年版，第 440 页；鲁迅：《书信·210825》，《鲁迅全集》第 11 卷，人民文学出版社 2005 年版，第 409 页。

是英国文学系，系厨川白村的学生。张凤举当年已加入创造社，和郭沫若的关系也很好。8月29日张凤举来访问鲁迅，鲁迅给周作人写信说："张黄今天来，大菲薄谷崎润一，大约意见与我辈差不多。"① 还是表示好感。然后介绍张凤举的话：

> 又云郭沫若在上海编《创造》（?）。我近来大看不起沫若田汉之流。又云东京留学生中，亦有喝加菲（因アブサン（苦艾酒）之类太贵）而自称デカーダン（颓废派）者，可笑也。②

"云云"，即是表示张定璜（本名：张黄）的传话。这里明显地可以看出对郭沫若等创造社成员和颓废派的反感，甚至蔑视。这些虽然是在私人信里的话，但周作人也明确地意识到大哥的嗜好，而在《三个文学家的纪念》上轻轻地补上了一句：

> 新名目的旧传奇〈浪漫〉主义，浅薄的慈善主义，正布满于书报上，在日本西京的一个朋友说，留学生里又已有了喝加非茶以代阿布散酒（absinth）的自称颓废派了。③

所谓"西京的朋友"一定是指张定璜了。用咖啡代替苦艾酒的说法，是完全仿照鲁迅的信件里的看法而写的。周氏兄弟都从他了解到最近日本流行的文艺思潮，并作为一段插话听到有这么一个荒唐的故事。不止假颓废派，鲁迅还可能听到厨川白村的风声。诚然他并不"留心"，但没有说不知道。我想鲁迅跟对之前的《近代文学十讲》一样并不感兴趣，而且对"颓废派"有反感，所以对二弟写信示意不要对"颓废派"感兴趣。但周作人却接着解释如下：

> 各人愿意提倡那一派，原是自由的事，但现在总觉得欠有切实的精神，不免是"旧酒瓶上的新招帖"。我希望大家各因性之所好，先将写实时代的自然主义人道主义，或颓废派的代表人物与著作，略加研究，然后再定自己进行的方针……对于这一面也应该注意，否则便容易变成旧传奇主义了。④

我想是在这个前提之下，周作人才深入研究波特来尔的散文诗的。然而鲁迅则对颓废派反感而不接受。大概与白桦派的新村运动一样，保持不主动支持也并不反对的

---

① 鲁迅：《书信·210829》，《鲁迅全集》第11卷，人民文学出版社2005年版，第413页。
② 同上。
③ 周作人：《三个文学家的纪念》，《周作人散文全集》第2卷，广西师范大学出版社2009年版，第477页。absinth 应为 absinthe。
④ 同上。

态度。但这种反感在与周作人诀别之后逐渐消减,后来竟然自己也动手翻译波特来尔了。这或许对鲁迅来说也是"意表之外"吧。

附表　《窗》译文比较

周作人译1921年11月《晨副》	鲁迅译1924年10月《晨副》	鲁迅译1925年3月（单行本）
从开着的窗看进去的人,决不比看那合着的窗的人所见之多。世上再没有东西更深奥,更神秘,更丰饶,更幽暗,或更眩目,过于烛光所照的窗了。你在日光中所能见的,常不及在窗玻璃后所演了的更有趣。在那个黑暗或光明的孔中,人生活着,人生梦着,人生辛苦着。 　　横过了屋山的波浪,我能见一个中年的女人,脸皱,穷苦,她常靠着一件东西,她不曾外出。从她的脸,从她的服装,从她的姿态,从几乎无物,我造出这女人的历史,或者不如说是她的故事来,我有时带着眼泪将它对自己复述。 　　倘若这是一个穷苦的老人,我能一样容易地造出他的故事。 　　于是我睡倒了,自己满足我已经生活过,辛苦过了,在他人的身上。 　　或者你将对我说:"你相信这是真的故事么?"这有什么关系,在我以外的任何实相有什么关系呢,倘若他帮助我生活,觉得,我在,和我是什么?	人从外面看一个打开的窗,比那看关着的窗的,总不会看见更多的事物。再没有更深,更神秘,更可怕,更阴暗,更眩惑的事象,胜于烛光所照的窗了。凡在太阳光下可见的东西,比映在玻璃后面的总是趣味少。在这又暗又明的窟穴里,人生生活着,人生梦着,人生烦恼着。 　　我在起伏的屋背的那边望见一个中年的,已经打皱的,穷苦的女人;她总是弯腰的坐着做些什么;她永不外出。从她的面貌,从她的服装,从她的模样,从几乎没有什么,我想象着女人的经历,并且屡次的将她的故事流着眼泪讲给自己听。如果那是一个穷苦的年老的男人,我大约也能够容易的想象他的经历。 　　于是我躺下,得意与我在我以外的别人里已经生活过,烦恼过。 　　人也许说:"你相信,这故事是真的麼?"在我以外的现实如何何如,有什么相干呢,只要这能够使我由此生活并且感到我是存在,我是怎样。	从一个开着的窗户外面看进去的人,决不如那看一个关着的窗户的见得事情多。再没有东西更深邃,更神秘,更丰富,更阴晦,更眩惑,胜于一支蜡烛所照的窗户了。日光底下所能看见的总是比玻璃窗户后面所映出的趣味少。在这黑暗或光明的隙孔里,生命活着,生命梦着,生命苦着。 　　在波浪似的房顶那边,我望见一个已有皱纹的,穷苦的,中年的妇人,常常低头做些什么,并且永不出门。从她的面貌,从她的服装,从她的动作,从几乎无一,我篡出这个妇人的历史,或者说是她的故事,还有时我哭着给我自己述说它。 　　倘若这是个穷苦的老头子,我也能一样容易地篡出他的故事来。 　　于是我躺下,满足于我自己已经在旁人的生命里活过了,苦过了。 　　恐怕你要对我说:"你确信这故事是真的么?"在我以外的事实,无论如何又有什么关系呢,只要它帮助了我生活,感到我存在和我是怎样?

书写砍头情结:鲁迅自我批评的文学表现

复旦大学 徐维辰

据《呐喊》自序(1923)里的回顾,在日俄战争(1904—1905)期间,东北某处的一个中国人,因为充当了俄军的间谍,最后遭到了被日本人砍头的命运。众所周知,鲁迅注意到的不是日本人对中国人的暴力行径,而是旁边的中国同胞止于"麻木"的反应。① 鲁迅夫子自道,将"幻灯事件"解释成了其弃医从文的关键转折点,② 因为其"现代文学之父"的特殊身份,对这一经历的探讨很快成了中国现代性论述中的一个核心议题。在这篇文章里,我不想赘述鲁迅及中国现代性研究学者已经指出的国民性批判话题;相反,我想关注其国民性讨论所引起的文本分析上的忽略。其实,鲁迅对自己的批评已经在这砍头场面中显示,而且该自我批评的叙事跟随着砍头母题形成了一种情结,通过隐秘化、内心化的过程,最后推动了其他相关砍头故事的艺术生产。

在本文中,我将提议启用"砍头情结"(decapitation complex)来作为考察鲁迅创作的一个重要线索。从留日时代的幻灯事件开始,砍头就一直萦绕鲁迅的心房、雕塑他的记忆,并成为其后来文学书写的主题。王德威(David Der-wei Wang)已经在《想像中国的方法》及《历史与怪兽》(*The Monster That Is History*)中围绕砍头情结,解剖了推动其文本写作的心理、精神上的深层意义。③ 李欧梵(Leo Ou-fan Lee)在《再从"头"谈起》一文里,也对砍头情结进行了检讨,并发现鲁迅因为迷恋于国民性批判,反倒弱化了其对中国同胞的同情。④ 我的研究目的不仅仅是想揭示鲁迅在受到暴力冲击后所形成的某些精神界面上的变化,而且更想探究他的心态是如何生产了他书写暴力的冲动,以及他的写作如何弥缝了知识分子在面对暴力场面时复杂,甚至矛盾的心理状态。如果说,鲁迅的砍头情结影响到了他的文学实践,而且这种心

---

① 鲁迅:《呐喊》自序(1923),《鲁迅全集》第1卷,人民文学出版社2005年版,第438页。
② 同上书,第438—439页。
③ 王德威(David Der-wei Wang):《想像中国的方法》,生活·读书·新知三联书店1998年版,第135—140页。
④ 李欧梵(Leo Ou-fan Lee):《再从"头"谈起》,董诗顶译,《现代中文学刊》2010年第1期。

理倾向可以被视为一种暴力和文学间相互连接和补充的文学模型,那么,我的这一提议应该有助于推进对其文本进行更精密地剖析。过去的研究,虽然对幻灯事件也多有涉及,但是其对砍头情结的解释,仅止于指出这是一种现代性话语的形成而已,并没有涉及鲁迅的写作习惯,以及砍头情结在其创作生涯中的延续性。例如,《呐喊》自序的砍头母题,经过"脱胎换骨"式的变化,又出现在《故事新编·铸剑》(1927)里。

本文的讨论,将追溯这一情结的历史发展线索,以及它在鲁迅作品当中所占据的位置。对砍头情结的研究,不但为解读《铸剑》这部"神秘小说"提供了重要依据,而且也会证明其在助推鲁迅文学作品永恒性方面的价值。我的讨论将大致依照如下思路进行:第一,幻灯事件在启动砍头情结,以及与此相连的矛盾心理和写作模式方面的作用;第二,砍头情结在记忆编织、制作过程当中所发展出来的鲁迅式的耻辱感;第三,叠层运笔在委婉地传达矛盾心理,以及弥合文章结构断裂上所扮演的重要角色;最后,分析《铸剑》里的一系列砍头叙述,以及鲁迅在缝合各种版本的眉间尺故事时所引出的一种自我批评式的书写。可以说,鲁迅的杰出之处正在于坚持自我批评,通过悖论地书写暴力,鲁迅克服了启蒙精神有可能动摇的危险。

一 鲁迅与砍头

砍头情结可以说是鲁迅写作一以贯之的主题。早在第一部白话小说《狂人日记》(1918)及《药》(1919)里,鲁迅就以革命家的牺牲来说明其暴力性如何深深地落足于中国传统的"吃人"脉络之中。而在《阿Q正传》(1921—1922)里,他更是书写了一个代表着中国落后精神的主人公,如何观看斩首示众,并在最后也使自己成了行刑的受害者。砍头情结作为鲁迅小说重要的素材和母题,后来还出现在他的《铸剑》当中,通过加强魔幻性的方式,鲁迅重写了眉间尺的故事。如此,对国民性的讨论和诠释,虽然可以说明砍头情结的某一侧面,但是鲁迅对该母题的使用,显然隐藏着国民性批判以外的目的,因而转变我们接近文本的方式,提出一种新的分析视角,或者有助于我们进一步探问鲁迅思维及叙事方式蕴含着的复杂性。

王德威在《历史与怪兽》里,关注了鲁迅在目睹砍头场面以后感到的惊讶及执迷,以及由此形成的世界观。王的分析指出,鲁迅的种种反应和行动体现出了一种介于现代性和暴力性之间的辩证法,它超越了时间和空间的限制,不但出现在现代文坛,而且也存在于晚清文人及当代台湾作家的文学创作之中。[1] 另外,王注意到砍头情结在每个作家身上都有不同的表现模式,它在鲁迅那里表示为一种"矛盾"的内面:"通过公开行刑中发生的戏剧性混乱及壮观的流血,鲁迅揭示了他跟他所公开批评的观众成了

---

[1] David Der-wei Wang(王德威), *The Monster That Is History*(《历史与怪兽》)(Berkeley: University of California Press, 2004), p. 39.

秘密的同谋（secret alliance）。"① 跟普通的中国看客不同，鲁迅从砍头场面中感到了恐怖；同时也对砍头有了迷恋，而且开始忧虑他的书写是否有助于精神的改造。尽管王的研究缩小了鲁迅及其同胞之间的距离，揭橥了存在于双方之间的隐藏的同谋性，但是，其对砍头情结的分析，仍遗留了需要做进一步探究的部分。如果砍头情结象征着作者本人和中国的矛盾面相，鲁迅的文章是如何弥合这些矛盾并使其文本成立的？砍头情结是不是动摇文本的统一或者成了解读的必需品？

如此，砍头情结既展示了鲁迅内面的矛盾状态，同时也提高了文学作品的精致性。鲁迅通过刑场的"风景"来批评欢喜暴力的中国精神面相。另外，鲁迅自白其国民性批判也在他自己的身上发现。正如陈思和指出，鲁迅终身没有脱离"忏悔"的反思，表现出来"无以挽救的痛苦"②。虽然《狂人日记》中的狂人，不一定是指鲁迅本人，并且认识到他自己也肯定有吃人的经历，③ 但是，狂人身上有鲁迅的影子，这是毫无疑问的。鲁迅在《写在〈坟〉后面》（1926）一文中写道："去年我主张青年少读，或者简直不读中国书"④，但是他旋即又"反驳"了自己，说"上午也正在看古文"⑤。虽然鲁迅有着矛盾的意识形态，但是他的文学叙述却在努力地克服了这种内在的矛盾，而且正是通过弥合这种内面的冲突，他发展出了不同的认识。正如鲁迅本人在《小说史大略》中指出的，谴责小说家的"通病"在于"本身决不在谴责之中"⑥。借用这个观点，可以说，砍头情结，包括幻灯事件，是鲁迅对这种通病的突破，他既批评了国民性，同时也批评了自己。关键的部分就是如何应付记忆的再现，揭露并弥缝矛盾，最后写成鲁迅式的、特有的文学作品。

二 制作记忆

学者们在评价幻灯事件的时候，都注意到了其中包含着的虚构部分，即鲁迅记忆中的故事不一定是实际发生的事情。例如，李欧梵主张，幻灯事件里面的砍头照片尚未找到，因此其有可能是杜撰的产物。⑦ 刘禾（Lydia H. Liu）也同意李的见解，虽然她介绍了日本学者太田进找到了近似的图片，但依然没有妄言此即幻灯事件里的照片。⑧ 如

---

① David Der-wei Wang（王德威），*The Monster That Is History*（《历史与怪兽》）（Berkeley：University of California Press，2004），p. 23.
② 陈思和：《中国现当代文学名篇十五讲》，北京大学出版社2003年版，第59页。
③ 鲁迅：《狂人日记》（1918），《鲁迅全集》第1卷，人民文学出版社2005年版，第454页。
④ 鲁迅：《写在〈坟〉后面》（1926），《鲁迅全集》第1卷，人民文学出版社2005年版，第302页。
⑤ 同上书，第303页。
⑥ 鲁迅：《小说史大略》，《鲁迅全集补遗》，刘运峰编，天津人民出版社2006年版，第303页。
⑦ 李欧梵：《铁屋中的呐喊》（*Voices from the Iron House*，1987），尹慧珉译，人民文学出版社2010年版，第16页。
⑧ 刘禾（Lydia H. Liu）：《跨语际实践》（*Translingual Practice*，1995），宋伟杰等译，生活·读书·新知三联书店2008年版，第90页。

此，鲁迅的幻灯事件极有可能是他文学性创造的结果，或至少是通过作者记忆的再编功能生产出来的产物。尽管说在求证事实的真伪方面鲁迅的记忆有其可疑性，但是这种虚构性显然没有推翻鲁迅的国民性批评及其文学的精致性。相反，他编织及制作记忆的行动反而强化了其文学创作的动机，甚至成了构成"鲁迅文学"的一种重要条件。鲁迅的砍头情结之中贯穿着一条始终围绕着道德精神改造的记忆处理线索。这种处理，只是随着时间的流动而有着细微的变化。

为了证明鲁迅伪造了记忆进而强化了他的批判立场，刘禾提出《藤野先生》(1926)里也有幻灯事件的描写。据她看来，虽然鲁迅看过同一个"幻灯片"，但是他的叙述有所不同：从《呐喊》自序到《藤野先生》作者跟别人的距离越来越大。因为鲁迅的最大的目的就是批判幻灯片里中国人的落后精神，所以着重强调了他本人并没有参与到其他日本同学的欢喜之中："鲁迅强调他与日本同学之间的差异，他无法如他们一样拍手叫好，同时，也无法与中国旁观者认同。"[1] 其实，经过三年的时间，鲁迅强化了他的批评态度，坚持批评中国的国民性，同时凸显了他跟别人不同的道德位置。刘禾的解释支持了鲁迅所立定的道德批评的立场，以及这种道德批评的必要性所导致的对文学叙事的设计。这种设计，强烈地对照了正在苦闷的鲁迅和享受暴力的中国同胞及日本同学。如此，记忆成为加强鲁迅道德批评的有力工具。

但从另一个角度看，刘禾的主张会忽略鲁迅制作记忆当中所维持的心理状态。《藤野先生》里观看幻灯片的三方虽然有着明显的差距，但是鲁迅的书写却也在一定程度上维持了他的模糊性。尽管鲁迅对日本同学从幻灯片中获取快乐的行为不敢苟同，但他也没有完全否定他的同谋成分："这种欢呼，是每看一片都有的，但在我，这一声却特别听得刺耳。"[2] 回到三年前写成的《呐喊》自序里的幻灯事件，鲁迅，正如大家所知，批评了国民精神，但是他也没有表达他特定的反对及抗议意见："其时正当日俄战争的时候，关于战事的画片自然也就比较的多了，我在这一个讲堂中，便须常常随喜我那同学们的拍手和喝采。"[3] 像《藤野先生》里的记录一样，鲁迅本身可能参与过暴力的快乐。经过三年的时间，鲁迅改动了细节，但还是留了蛛丝马迹，暗示了他自己也属于旁观者、享受者的立场。所以砍头的记忆是一个不能忘却的，在时间的流动中保存了、强化了鲁迅心理上挣扎的记录。记忆有改变故事细节的功能，同时，记忆在时间的流逝当中加重了对自己的道德批评。

记忆总是有不同的再现方式，它在感情的影响下揭示了作者的意识形态。在《近代的超克》中，竹内好并没有否定鲁迅处理了他的记忆或制作了记忆。但是他发现鲁迅的记忆并不是说谎，相反，鲁迅维持了记忆中的"真实"。竹内好指出，在《呐喊》自序里的故事往往有反事实的部分，比如《狂人日记》不能说因为有一个

---

[1] 刘禾：《跨语际实践》，宋伟杰等译，生活·读书·新知三联书店2008年版，第92页。
[2] 鲁迅：《藤野先生》(1926)，《鲁迅全集》第2卷，人民文学出版社2005年版，第317页。
[3] 鲁迅：《呐喊·自序》，《鲁迅全集》第1卷，人民文学出版社1981年版，第438页。

朋友讲了铁屋的故事才有了其创作。这样，他提出一种矛盾的结论："事实不过是被追忆所利用。然而，追忆本身却是真实的。在他的不能不做追忆的心情当中，没有虚伪。"① 据竹内好的主张，寻找"真实"的时候，最关键的是探求其"心情"的流动而不是事实再现的真切。该发现并不是淡化其现代性论述反而强化砍头情结产生的效果。鲁迅对过去有不同的记录，但是他仍然显示了自我反思。他用记忆的借口而改变事实，结果他会保存他不能放弃的道德批评。竹内好强调了幻灯事件的意义应该在于发现鲁迅心理内部的觉醒。再加上，他的耻辱感的根源可能在于中国精神的劣等性，尤其是在于参加及随喜暴力的罪责观念："屈辱不是别的，正是他自身的屈辱。与其说是怜悯同胞，倒不如说是怜悯不能不去怜悯同胞的他自己。"② 鲁迅批评中国人的精神虚弱，所以读者往往只注意到其在五四新文化运动中的意义，而忽视鲁迅也有"须常常随喜"的过去。不管读者的重点在哪里，鲁迅并未因时间的流逝，而淡去对同谋的耻辱。

在《头发的故事》(*A Story about Hair*) 这篇文章中，周杉（Eva Shan Chou）探索了鲁迅在传记书写和文学创作之间发生的紧张关系。鲁迅的文学创作有虚构的部分；但是他并不是简单地维持了一条叙事的线索，而且其线索被明显的命题所覆盖。比如，鲁迅在《头发的故事》(1920) 中使用了他特有的"推迟和掩饰"（delay and disguise）的手法。③ 周杉指出"委婉"的文学技术会补充传记和文学创作的间隙，因为运用推迟和掩饰的部分，不但表示他对往事有感情，而且对过去有反思。周杉的发现可以用到砍头情结里面有关关键的耻辱感揭示的问题上。幻灯事件里，鲁迅批评了作为旁观者的中国同胞；同时他也有责任服从内在的道德律令，宣告他也是参加了观看行刑的观众。中国精神的批评和耻辱感的吐露互相矛盾。因此，这两种表现会有削弱鲁迅现代性论述的危险。周杉也指出了鲁迅书写带着矛盾性："掩饰和推迟可能说是个反题（antithesis），因为典型的鲁迅批评是强调他大无畏的直接性（unflinching directness）。"④ 可是，鲁迅调整文学叙事来解决其不同立场之间的冲突。通过周杉的分析，"头发情结"取代砍头情结，尤其是在弥缝心理矛盾的文学实践方面。

三　叠层运笔

其实，鲁迅的文章存在着结构上的多层次性，通过调整他的文体，配合多元叙事，鲁迅最后有效地提高了文本的完美程度。而且，通过记忆的模糊性，他淡化了文学创作的虚构而强化了真实的表现。比如，《呐喊》自序里的事情，特别是幻灯事件，大部

---

① 竹内好：《近代的超克》，李冬木等译，生活·读书·新知三联书店 2005 年版，第 51 页。
② 同上书，第 57 页。
③ Eva Shan Chou（周杉），"'A Story about Hair'"（《头发的故事》），*Journal of Asian Studies* 66.2 (2007), p. 429.
④ Ibid.

分都是虚构的产物,但是故事依靠第一人称主人公的视角来发展,所以读者分不清虚构和现实的界限。虽然鲁迅在开头明显地表示过他的文章是记忆的产物,① 因为《呐喊》自序放在小说作品的前边,读者很容易相信作者叙述故事的逼真性。为明白砍头情结,重点应该放在其记忆再编功能当中埋藏的作者意图。因此,阅读鲁迅的文章需要运用叠层结构来分析、检查其隐蔽的要旨。

严家炎参考巴赫金(Mikhail Bakhtin)的"复调小说"(polyphonic novel)理论来说明鲁迅小说里存在的多种不同的声音。据巴赫金的陀思妥耶夫斯基(Dostoevsky)研究所示,复调小说是"有着众多的各自独立而不相融合的声音和意识,由具有充分价值的不同声音组成真正的复调"②。严肯定了鲁迅受到陀氏的影响,因而"注重挖掘出灵魂内在的复杂性"③。在分析鲁迅的砍头情结时,复调的理论会揭示出两种不同声音的存在。对中国同胞的精神批判和对自己的同谋意识的反思都是从鲁迅的思维里孕育出来的。《狂人日记》里的狂人批评吃人传统的同时也觉悟到他本身也参与过这个传统。在《故乡》(1921)的结尾,叙述者忽然感到自己的希望也只是一种迷信:"闰土要香炉和烛台的时候,我还暗地里笑他,以为他总是崇拜偶像,什么时候都不忘却。现在我所谓希望,不也是我自己手制的偶像么?"④ 严用复调理论来说明鲁迅文章的多种声音时,一个挑战就是文本里边的矛盾可以作为"反逆性"(aporia),甚至会颠覆鲁迅永久的话题:中国精神文明的批判。

为解决多种声音带来的"负面"效果,鲁迅把其声音排列在不同的层次之中。严家炎在讨论鲁迅的复调时指出,鲁迅的文本有表层和内层的区别。⑤ 鲁迅的观念显然有相互冲突的地方,但是他很好地处理了这种结构上的分裂,比如《狂人日记》中的狂人和《故乡》里面的叙述者到了结尾都才发现自己有矛盾的部分。可以说,鲁迅的叠层运笔展示了他如何通过不同的文体,以及看似矛盾的话语策略来调整、安排文本结构的能力,所以读者要想把握深埋在模糊话题下的真实,必须细致地解剖文本。例如,幻灯事件里鲁迅一方面使用直白的话语使他的读者明白其对中国人进行精神批评的态度,而另一方面他又用隐晦的方式暗示了他也参与过暴力的快乐,有他不可否认的同谋意识。大体上,巴赫金的复调理论说明鲁迅有矛盾的声音:"一切矛盾和双重性,并没有形成为辩证发展的过程。"⑥ 虽然如此,鲁迅的叠层运笔不可能是完全受到陀氏影响的结果,因为鲁迅也在俄罗斯外边面对了形成复调的特殊环境:陀氏复调的成立在于时代的矛盾同个人的经历及内心感受的结合。⑦ 在现代中国背景下,鲁迅除了感到矛

---

① 鲁迅:《呐喊》自序(1923),《鲁迅全集》第1卷,人民文学出版社1981年版,第437页。
② 巴赫金(Mikhail Bakhtin):《陀思妥耶夫斯基诗学问题》(*Problems of Dostoevsky's Poetics*),《巴赫金全集》第5卷,白春仁、顾亚铃译,河北教育出版社1998年版,第4页。
③ 严家炎:《论鲁迅的复调小说》,北京大学出版社2011年版,第78页。
④ 鲁迅:《故乡》(1921),《鲁迅全集》第1卷,人民文学出版社2005年版,第510页。
⑤ 严家炎:《论鲁迅的复调小说》,北京大学出版社2011年版,第62页。
⑥ 巴赫金:《陀思妥耶夫斯基诗学问题》,白春仁、顾亚铃译,河北教育出版社1998年版,第41页。
⑦ 同上。

盾和时代苦闷之外，也自惭于他的同谋位置，以及由此而来的耻辱感。鲁迅叠层运笔的成因可以说近似于陀氏；但其特点跟陀氏不一样，鲁迅的复调出现在其对不同层次的设计和运用方面，并且通过调整这些不同的文本层次，有时像记忆处理过程中的掩饰和推迟一样，鲁迅将其中的矛盾伪装成为一种内层心理。有了表层和内层的调整，鲁迅弥合了他的道德批评中的内在矛盾，同时也推进了文学的精致化。

所以，对鲁迅砍头情结的分析，应该探讨其模糊的表象下面埋藏着的、具有暗示性的心理内面。除了表面上明显的中国精神批判外，文本细节还揭露了他过去的同谋性以及良心上不能删除的耻辱感。因此，为了解他情结的真相，对其文本的分析必须检查跟他的现代性批评同步的自我批评这一隐蔽的侧面。这种并不直接呈现观念的做法，令人马上联想到桑禀华（Sabina Knight）所说的观念。在《时光的心灵》（*The Heart of Time*）中，桑禀华提出了一个文学作品会有情节上的多种线索，而同一个文本的不同解释是由于视角的不同。具体说来，桑禀华用"侧示"（sideshadowing）的概念来指代与某一事件或行为同时进行和发生的另一事件、行为的意思。跟"预示"（foreshadowing）不一样，她说，"'侧示'展示了两种或者多种情节线索，提供另类的结论、不同的文本解释，或者，通过人物的反思、受阻的冲动、不同的角度，其分析法生产其他的剧本"①。桑禀华发现，现代中国作家在表现"宿命论"（fatalism）的时候往往靠人物的内面心理来加强模糊化的倾向。② 对鲁迅来说，记忆可以强化思辨性，也可以增加故事的真实性；同时鲁迅感到了他有责任表现出无可奈何的处境。鲁迅以记忆的模糊性来伪装他的内在心理，并承担自我批评的宿命。

通过叠层运笔，鲁迅反映出时代和个人之间的矛盾；同时他也解决了矛盾叙述会引起的两难，进一步提高了文学实践的能力。作为时代的批评家，鲁迅在文章里展示了一种不可避免的"矛盾的美学"，这是一种时代现象。汪晖在《反抗绝望》中提出了鲁迅站在中国现代化过程中的矛盾和挣扎的看法。③ 鲁迅曾经在《写在〈坟〉后面》一文中以"历史的中间物"来概括他在砍头情结等例子里表现出来的困境。在创作过程中，鲁迅并不是删除了其冲突的思维，他只是操纵了叙述方式，表达了五四新文化论述当中的种种障碍。此外，他的调整力量不限于记忆的再编；除了回顾性的故事以外，周杉发现推迟和掩饰有运用到鲁迅作品全篇的宏观性："代替陈述感情的方式，鲁迅进入了事实的细节（factual details）并选择了引人入胜的具体性及嘲讽的语气。反过来，进入迷人的细节（fascinating details）恰是强烈感情显现的一个毋庸置疑的标示。"④ 叠层运笔是鲁迅扩大素材的工具。砍头情结也出现在《铸剑》当中，而且随着

---

① Sabina Knight（桑禀华），*The Heart of Time*（《时光的心灵》）（Cambridge：Harvard University Press，2006），p. 7.
② Sabina Knight，*The Heart of Time*，p. 31.
③ 汪晖：《反抗绝望：鲁迅及其文学世界》，生活·读书·新知三联书店2008年版，第181页。
④ Eva Shan Chou，"'A Story about Hair,'" p. 442.

鲁迅的细节描写，这种情结从记忆的模糊性转移到故事的一系列版本之上。

四 编撰故事

关于《铸剑》的创作，鲁迅又谈到了记忆的模糊性。1936年2月17日，在致徐懋庸的一封信里，鲁迅记录了他只是"陈设"了眉间尺故事而已，并没有加工创作的侧面："《铸剑》的出典，现在完全忘记了，只记得原文大约二三百字，我是只给铺排，没有改动的。"① 在1936年3月28日，给增田涉的一封信里，鲁迅的记忆追溯到幼年："但是出处忘记了，因为是取材于幼时读过的书，我想也许是在《吴越春秋》或《越绝书》里面。日本的《中国童话集》之类中也有，我记得也是看见过的。"② 经过十年的时间，鲁迅的记忆有可能变得模糊，但是也有加工而创作的可能性。总体而言，鲁迅参考了曹丕的志怪小说《列异传》及干宝的《搜神记》，此外也加进去了陈元龙在地理志《格致镜原》里的相关记载。其间，鲁迅取舍、编织不同版本的故事细节，完成了另一个版本的眉间尺故事，在那里，砍头成为核心意象，并贯穿始终。

在《铸剑》里，砍头的场面一共出现了四次。首先，眉间尺的父亲炼成了两把剑，被"善于猜疑又极残忍的国王"杀害，遭遇了"身首分埋在前门和后苑"的命运。③其次，眉间尺听到黑色人愿意为他复仇，于是把雄剑用到了他自己的脑袋上。在宫廷中，黑色人以眉间尺的头为诱饵，趁着国王放下戒心的时刻，砍下了国王的头而完成复仇。最后，黑色人也砍下了自己的头，参与到了眉间尺和国王之间的双头斗争之中，落实了眉间尺的胜利。《铸剑》里对砍头的描述不简单是暴力的现实表现；相反，其故事充满着魔幻色彩，因此文本的解释，尤其是砍头的神秘性，让读者感到了解释的困难。例如，袁良骏发现鲁迅在《铸剑》有认真严肃的部分：鲁迅通过书写复仇的故事来批评现代中国政治集团的暴力性。据袁的主张，从清政府对革命家的镇压到袁世凯和段祺瑞的恐怖政治，中国的老百姓一直有被压迫的经验，所以黑色人的复仇象征了对反革命集团的文学惩罚。④《铸剑》里的三个主要人物有着明显的区别。通过三个人物的象征，袁从政治性的角度解释了这部"历史小说"：眉间尺（老百姓）、黑色人（鲁迅）、国王（军阀政府）。眉间尺要报复国王，其间黑色人扮演了媒介的角色来促成这段血亲复仇。

相反地，严家炎在《为〈铸剑〉一辩》一文中反对从"纯正的历史小说"的角度来评价《铸剑》，因为其政治讽刺没有达到直接反映当时政治现实的程度。特别是神秘的故事细节反而搅扰了社会批评的成立。⑤ 李欧梵进一步提出《铸剑》只是一部个人

---

① 鲁迅：《致徐懋庸》（1936），《鲁迅全集》第14卷，人民文学出版社2005年版，第30页。
② 同上书，第386页。
③ 鲁迅：《故事新编·铸剑》（1927），《鲁迅全集》第2卷，人民文学出版社2005年版，第435—36页。
④ 袁良骏：《鲁迅为何偏爱〈铸剑〉》，《鲁迅研究月刊》2002年第9期。
⑤ 严家炎：《论鲁迅的复调小说》，上海教育出版社2002年版，第63页。

思考的产物:"这里的复仇行为和任何古代的或现代的社会现实都没有关系,本质上只是'思辨的'(metaphysical)。如果必须从这个故事里找出什么意义来,我们就只能从鲁迅个人对于生与死、生活与艺术等重大问题的观点中求得线索。"① 根据《铸剑》的不可解性,徐健(Jian Jay Xu)按照阿多诺(Theodor W. Adorno)的"真理性内容"(truth content)来去解读鲁迅的文章。"使分裂的力"(disunifying forces),徐健提出,"有颠覆叙事的统一;但是没有淡化鲁迅小说作品拥有的独特的力量"②。徐健的见地一方面重视鲁迅反映社会矛盾的侧面;同时他认为叙事上的矛盾反而强化了他的写作风格。鲁迅执念矛盾,其中矛盾的表现在技术方面显示出了不一致,而且这种不一致往往使人感到模糊,因此如果还是坚持叙事的统一,必然会无法解释如下一个问题,即:既然社会是矛盾的,那么,文学作品怎么有可能会维持文本的连贯性呢?

鲁迅的特点在于表现出了时代和个人的矛盾;但是他"善于"弥合叙事的矛盾,我们必须要通过对叠层运笔的解剖才能发现其隐蔽的信息。《铸剑》里砍头情结可以从幻灯事件找出其原型。在《再从"头"谈起》中,李欧梵主张鲁迅在幻灯故事里忽略了对中国农民的同情及对日本行刑者的批评。③ 鲁迅没有表示出任何与同情及暴力批评有争议的部分。文本里省略的同情和批评,不应该说是因为作者没有感到的结果,而可能是鲁迅的重点在于改造中国精神,并且按照内层的运笔表示自己也是个被批评的对象。不过,李的讨论至少说明了鲁迅书写砍头的重点不在于同情中国同胞、批评日本军,反而是在于揭露自己的矛盾。表面上,《铸剑》补充了幻灯事件里被忽视的同情人民与批评暴力的部分,特别是其中鲁迅作为"中间物"扮演黑色人帮眉间尺报复国王的情节。有了同情、有了批判,我们可以说,鲁迅站在了道德批评的"崇高"位置上;但从另一个角度,也可以说,鲁迅倒失去了他特有的道德批评,因为鲁迅文章的说服力源于自我批评的加入、叠层运笔来解决叙述上的矛盾,而不是简单铺陈这些矛盾。

因此,分析《铸剑》里的砍头情结时应该注意寻找与表面的象征表现彼此矛盾的内层细节。如果说,其表面的要旨是同情和批评,那么,其矛盾的内面则是那种渗透于黑色人性情中的残忍且暴力的因素。其实,黑色人已经愿意帮助眉间尺,那么他又何必要强逼他砍头呢?假如一系列的砍头书写是由于没有改动大体的故事情节造成的,那么,鲁迅又为何改动了原文里眉间尺的父亲被国王杀害的细节,润饰并特别指出了其被砍头的结局?在《艺术复仇》中,残雪指出了表面的复仇以外还有"深不可测的、本质的复仇"④。据她的解释,《铸剑》的复仇应该在精神层面探讨,最后完成博尔赫

---

① 李欧梵:《铁屋中的呐喊》,尹慧珉译,人民文学出版社 2010 年版,第 36—37 页。
② Jian Jay Xu, "The Will to the Transaesthetic"(《向超审美的意志》), *Modern Chinese Literature and Culture* 11.1 (Spring 1999), p. 64.
③ 李欧梵:《再从"头"谈起》,董诗顶译,《现代中文学刊》2010 年第 1 期。
④ 残雪:《残雪文学观》,广西师范大学出版社 2007 年版,第 150 页。

斯（Jorge Luis Borges）在《曲径分岔的花园》（1941）里表现出来的循环结构："向自身复仇，便是调动起原始之力，将灵魂分裂成势不两立的几个部分，让它们彼此之间展开血腥的厮杀，在这厮杀中去体验早已不可能的爱，最后让它们变得你中有我，我中有你，达到那种辩证的统一。"① 对《铸剑》的文本分析印证了三个人物之间的亲密感。首先，在致命的交易时刻，黑色人说服眉间尺道："我一向认识你的父亲，也如一向认识你一样"；又说："你的就是我的；他也就是我。"② 眉间尺和国王的距离也在靠拢，国王想欣赏金鼎里的"团圆舞"，他凝视眉间尺的脸孔，发现了如下的画面："他便嫣然一笑。这一笑使王觉得似曾相识，却又一时记不起是谁来。"③ 三个人物彼此都成仇人，站在不同的立场；但是通过一系列的砍头，他们之间的距离越来越被拉近了。

鲁迅在《铸剑》里又一次设计了内层叙事，使表层的象征复杂化。其中，眉间尺、黑色人、国王经过砍头与砍头的工具联系在一起。王妃生下来一块铁，遂成铸剑的材料，眉间尺的父亲完成了两把宝剑。④ 第一次，国王用雌剑将父亲砍头；第二次，眉间尺用雄剑把自己的首级砍下，连同宝剑一起交给黑色人："眉间尺便举手向肩头抽取青色的剑，顺手从后项窝向前一削，头颅坠在地面的青苔上，一面将剑交给黑色人。"⑤ 后来，三个头放在一个金鼎里面，经过神秘而激烈的斗争，同归于尽。鲁迅一边忠实于原型故事，一边加工其故事，宫人及大臣们都分不清三个头颅，最后"只能将三个头骨都和王的身体放在金棺里落葬"⑥。如此，在鲁迅的重写里，其编撰的终点在于缩短不同人物的区别，并为自我批评埋下伏线。鲁迅一边采纳《格致镜原》里王妃生铁的故事；另一边，又删除了《搜神记》里孝顺父母的原文细节。其间，鲁迅暗暗地改动原文并加进个人创作，特别安排人物之间的对话描写，坚持了精神批评的使命。

由此可见，砍头情结成为鲁迅的思维中心，展现出了个人和时代的矛盾，推动了他的文学创作。象征同情和暴力的三个人物，通过身体的分裂，总归坐在同一个灵车、共有金棺、一起享受祭礼。⑦ 不同人物之间减少的差距，可以提醒我们鲁迅曾经强调过的作为小说家的道德心态："忏悔""真挚""感人"等。⑧ 同时，砍头情结也提醒我们，鲁迅记忆里刻印的幻灯事件，虽然作者一再强调了他自己和讲堂里面的日本同学及图片里面的中国旁观者间的距离，但是内层的分析却揭示鲁迅跟他有距离的观众事实上是为同谋。此外，鲁迅的重点不在于同情老百姓及批评其暴力性，而在于中国精神世界的问题。在《铸剑》里面，鲁迅再一次表现了中国人的麻木形象："上自王后，

---

① 残雪：《残雪文学观》，广西师范大学出版社2007年版，第150页。
② 鲁迅：《故事新编·铸剑》，《鲁迅全集》第2卷，人民文学出版社2005年版，第441页。
③ 同上书，第447页。
④ 同上书，第434页。
⑤ 同上书，第441页。
⑥ 同上书，第450页。
⑦ 同上书，第451页。
⑧ 鲁迅：《小说史大略》，《鲁迅全集补遗》，刘运峰编，天津人民出版社2006年版，第303页。

下至弄臣,骇得凝结着的神色也应声活动起来,似乎感到暗无天日的悲哀,皮肤上都一粒一粒地起粟;然而又夹着秘密的欢喜,瞪了眼,像是等候着什么似的。"[1] 从东北刑场到日本讲堂再转移到古代的王宫,砍头的地点有了变化;但是,那些砍头的执行者与被砍头者却没有区别。既然如此,幻灯事件的读者就很容易看到其类似处,会在欢喜暴力的人群中发现鲁迅的影子。总之,通过《铸剑》这个神秘而奇幻的故事,鲁迅再一次具体化了他内心深处的砍头情结:其中充满矛盾的作家,坚持叠层运笔,并无从隐藏地展现了他毕生追求的道德批评姿态与立场。

五 结语

通过砍头情结的分析,我探讨了鲁迅写作实践当中揭露出来的知识分子自我批评的认识及其文学创作上的精练。我的研究首先提出了接近鲁迅作品时会引起的一般化的倾向,比如国民性批评是分析砍头情结最顺理成章的看法。因为鲁迅心怀忏悔意识,我主张砍头情结跟其叙事形成了一种连带关系,并在其文章里呈现彼此矛盾、相冲的地方。为了解砍头情结的来源,细究其内面化、心理化的书写成了必要,因此本文也分析了其故事当中被隐藏或被遮盖的信息。鲁迅冒着背离事实的责难,调整甚或歪曲记忆,但却没有删除他也有参与并表现了其他所痛诉的中国人落后的精神面貌。

鲁迅没有忘却他是一个背负责任的现代中国知识分子。国民的劣根性不仅是个人的而且是现代中国不可避免的时代现象,所以鲁迅的反思超越了个人反省而指向忏悔的模式。虽然鲁迅本身感觉到自己也有矛盾,但他的杰出的地方在于,自觉地实践并发展了一种突破两难的文本策略。他没有放弃批判国民性的历史使命;同时,他也没有搁置进行自我批评的道德指令。透过运用叠层运笔,鲁迅显示或暗示了他思想的复杂性,由是,一位充满砍头情结的作家浮出了地表,他意识到自己的问题,看到观念的冲突和矛盾,但更重要的是,努力地将之弥合、缝补。综上,砍头情结可以视为鲁迅的人生及创作的一个代表性母题,不管在日本还是中国,经验层面还是记忆维度,这一巨大的内心情结,帮助开拓了现代思维的通道,同时也推动了鲁迅式的艺术生产。

---

[1] 鲁迅:《故事新编·铸剑》,《鲁迅全集》第 2 卷,人民文学出版社 2005 年版,第 447 页。

鲁迅小说书写人物科举不第事件的传统性与创造性

华中师范大学文学院 许祖华[**]

科举不第,作为与个人,尤其是中国传统读书人的命运密切相关的重要事件,在中国传统小说,特别是在"机锋所向,尤在士林"[①]的经典讽刺小说《儒林外史》中,有生动而深刻的书写。鲁迅在自己的小说中也对这一与中国传统的读书人命运密切相关的重要事件进行了书写,其中最集中书写这一事件的小说有两篇,一篇是《孔乙己》,一篇是《白光》。鲁迅小说对人物科举不第事件的书写一方面表现出了很明显的传统性,但另一方面也显示了强劲的创造性,正是两个方面的出色结合,凸显了鲁迅小说的民族性与现代性的个性特色。

一 艺术手法及修辞的传统性

鲁迅小说对人物科举不第事件的书写的传统性,首先就表现在所采用的手法及修辞方面。从手法来看,主要是白描,从修辞来看,则主要是放重拿轻的低调修辞。

白描作为文学批评的术语,是地地道道的"国货",具有鲜明的民族性,它是从绘画技法,尤其是中国画的技法术语中借鉴过来的一个术语,是中国人根据中国绘画的艺术经验和法则概括出来的文学批评,尤其是小说批评的概念。"所谓'白描',从修辞的角度分析,就是用朴实的、平白的、极为精炼的语言,把人物的动作、神态甚至性格栩栩如生地勾勒出来。往往是淡淡数笔,却能以少胜多,形神毕现。"[②] "放重拿轻"是中国清代小说评论家张竹坡对《金瓶梅》白描效果的一种肯定性批评。他在评点《金瓶梅》第一回时曾如此赞赏道:"妙,纯是白描,却是放重笔拿轻笔法,切学之

---

[*] 教育部社会科学规划项目"鲁迅小说修辞的三维透视与现代阐释"(项目批准号:13YJA751056)的阶段性成果。
[**] 许祖华(1955—)男,湖北仙桃人,现为华中师范大学文学院教授,博士生导师。主要从事中国现当代文学的教学与研究。
① 鲁迅:《中国小说史略》,《鲁迅全集》第9卷,人民文学出版社2005年版,第228页。
② 易蒲、李金苓:《汉语修辞学史纲》,吉林教育出版社1989年版,第492页。

也。"所谓"放重笔拿轻""用今天的话来讲就是把重大严肃的事情用轻描淡写的笔触表达出来"[①]。没有疑问,"低调修辞"这一概念,在各类汉语修辞学的著作中,是不存在的,也当然没有一部关于汉语修辞的著作对这一概念进行过诠释,这一概念是我根据英文中常用的一种修辞手法"低调叙事"(understatement)"生造"出来的,其所指与其基本一致。这种修辞手法与化小为大的夸张修辞手法相反,它的基本特征是故意使用有节制的措辞来陈述事实,故意化大为小,化重为轻,有意识地借助低调与弱化语言形式达到强调的艺术效果。这一概念虽然不具有民族性,是一个地地道道的舶来品,却由于与民族的白描手法中"放重笔拿轻笔法"颇为近似,所以,我在借鉴的基础上生造了"低调修辞"这一概念。

鲁迅在《孔乙己》和《白光》中是如何书写两个传统读书人科举不第事件的呢?先看例子:

  听人家背地里谈论,孔乙己原来也读过书,但终于没有进学,又不会营生;于是愈过愈穷,弄到将要讨饭了。

  孔乙己喝过半碗酒,涨红的脸色渐渐复了原,旁人便又问道,"孔乙己,你当真认识字么?"孔乙己看着问他的人,显出不屑置辩的神气。他们便接着说道,"你怎的连半个秀才也捞不到呢?"(《孔乙己》)

  陈士成看过县考的榜,回到家里的时候,已经是下午了。他去得本很早,一见榜,便先在这上面寻陈字。陈字也不少,似乎也都争先恐后的跳进他眼睛里来,然而接着的却全不是士成这两个字。他于是重新再在十二张榜的圆图里细细地搜寻,看的人全已散尽了,而陈士成在榜上终于没有见,单站在试院的照壁的面前。(《白光》)

这是对孔乙己与陈士成两个传统读书人科举不第状况的书写。如果抛开对事件呈现的具体场景的描绘的文字,我们会发现,其手法是白描,其修辞是低调而轻的,虽然,在《孔乙己》这篇小说中,鲁迅对孔乙己科举不第事件的书写是通过别人的转述完成的,在《白光》这篇小说中,鲁迅对陈士成科举不第事件的书写,采用的是直接的白描,但直接的白描也好,间接的转述也罢,所采用修辞都是放重拿轻的低调修辞。

鲁迅这两篇小说书写人物科举不第事件所采用白描手法及放重拿轻的低调修辞,如果与中国传统小说《儒林外史》对同样事件的书写进行比较,其手法与修辞法都是十分相近的。如《儒林外史》对周进科举不第事件的书写:

---

① 谭光辉:《"白描"源流论——从张竹坡对〈金瓶梅〉评点看"白描"内涵的演变》,《张家口师专学报》2003年第4期。

那年却失了馆，(周进)在家日食艰难。一日，他姊丈金有余来看他，劝道："老舅，莫怪我说你，这读书求功名的事，料想也是难了。人生世上，难得的是这碗现成饭，只管'良不良莠不莠'的到几时？"①

　　至于对小说中另一个重要人物范进在没有中举前的遭遇的书写，也是如此，不仅书写的手法、文句、语调与之相似，而且，对范进未中举前"日食艰难"的遭遇的书写，似乎还更为细致，更有情趣。小说既书写了范进在未中举前范进的丈人对其的小觑及难堪的责骂，又以纯然白描的手法书写了范进在接到"中举"喜报前穷困潦倒到"抱鸡换米"的窘况。但无论是简要的叙述，还是较为细致的描写，都尽显了白描及其放重拿轻的低调修辞的应有神采，都客观地呈现了科举不第对他们的沉重打击及对他们人生遭遇的巨大影响，形象而深刻地展示了科举不第对人物的直接而重要的意义与价值。这既是《儒林外史》用白描及放重拿轻的低调修辞书写这一对人物有重要意义事件形成的良好的艺术效果，也是鲁迅小说采用同样的手法与修辞对此类事件进行书写在艺术效果方面所具有的传统性的直接证据。

　　鲁迅一生，不仅十分推崇《儒林外史》这部杰出的讽刺小说，并在不同的场合对否定这部杰作的倾向给予了反驳，"《儒林外史》作者的手段何尝在罗贯中下，然而，留学生漫天塞地以来，这部书就好像不永久，也不伟大了。伟大也要有人懂"②。而且，正如吴组缃先生所说："我们的鲁迅，在思想与艺术方面所受此书的影响很大。"③ 我这里所分析的例子，也正好印证了吴组缃先生的观点。

　　与此同时，如果进一步对人物科举不第事件书写的艺术效果进行考察，我们还可以发现鲁迅小说与《儒林外史》对这类事件书写的另外一个共同的特性，即这两类小说对这样事件的书写，不仅具有直接揭示人物科举不第遭遇的艺术效果，而且还有另一个十分重要的艺术效果：揭示主要人物生存的社会环境，尤其是人与人之间的关系所构成的环境。吴组缃先生在谈《儒林外史》时曾特别提醒读者："必须从各个场合形象的关连上、发展上来作体会和了解。比如周进在薛家集教馆时，村上人怎样看待他，尤其梅玖对他怎样态度，说了些什么；后来周进做了学道，村上人怎样看待他，梅玖怎样看待他。范进未中举时，胡屠户怎样看待他，对他讲些什么；后来范进中了举，又怎样态度，讲了些什么。这些，都要前后关联起来看看，想想，不能看到后面丢了前面。"④ 吴组缃先生提醒读者在读《儒林外史》的时候要注意"各个场合形象的关联"，也就是要注意人与人之间的关系，他特别提到了要注意围绕着周进与范进的各位

---

① 吴敬梓：《儒林外史》，人民文学出版社1978年版，第30页。
② 鲁迅：《叶紫作〈丰收〉序》且介二集。
③ 吴组缃：《儒林外史的思想与艺术——纪念吴敬梓逝世二百周年》，李汉秋编：《儒林外史研究论文集》，中华书局1987年版，第5页。
④ 同上书，第33页。

亲朋好友对周进与范进没有中第之时和中第之后的态度，这是十分得当的。因为，围绕着周进与范进的各位亲朋好友，正是构成周进与范进生活的具体环境，这些亲朋好友对他们的态度，不仅直接影响着他们的生活，而且更直接影响着他们的思想、情感及相应的价值观。还有研究者更为直接地指出："吴敬梓对胡屠户和张静斋这两个人物与范进的关系和矛盾冲突的描写，实际上是创造了一个像范进这样的典型性格赖以形成和发展的典型环境，极为深刻地说明了他这样醉心举业的社会原因。"① 尽管围绕周进的亲朋好友对科举不第的周进的态度是友好的，而以范进的岳父为代表的范进的亲朋好友，对没有中第的范进的态度是恶劣的，非辱即骂，但在客观上都构成了人物生活的环境，而且是十分重要的环境，这种环境的具体形态虽然不同，但在现实性上都直接地强化了周进与范进誓死也不放弃参加科举考试的心态与行为，强化了他们无论采取什么的手段，也一定要获得功名，一定要做官的价值追求。最后，周进与范进都如愿以偿地"中第"了。他们之所以能如愿以偿，从小说的描写来看，都不是因为他们具有真才实学，而恰恰是由于"环境"提供的机会。周进是因为亲朋好友凑钱帮助他，使他得了个"贡监首卷"，尔后才一路顺畅地中了第；范进之所以能中第，则更是直接得益于构成他的生活环境一维的人物——不学无术的周进。所以，从小说的艺术效果上看，小说通过对周进与范进周围人与人之间关系的交代，不仅为全篇的尖刻讽刺提供了合理坚实的途径和依凭，而且，也使对周进与范进这两个人物科举不第事件书写的意义与价值得到了进一步的显现。

鲁迅两篇小说中对人物科举不第事件的书写，也有这样的艺术效果，尽管在《白光》中其书写的此类艺术效果显得较为含蓄，在《孔乙己》中则显得十分鲜明，但鲁迅小说对两个人物科举不第事件的书写也十分有效地实现了既揭示人物的遭遇，又展示人物生活环境的艺术意图，达到了"一笔写两面"的艺术效果。这种"一笔写两面"的艺术效果，不仅由于包容性大而减轻了小说对人物生活环境书写的负荷，而且，更为重要的是，它有效地黏合了人物的遭遇与环境的关系，有效地凸显了人物生活的具体环境的本质与特征。如孔乙己的科举不第事件，都是由别人转述的，并且都是用事不关己的口吻转述的，第一次的转述者，是文内的叙述者，咸亨酒店的小伙计"我"，第二次的转述者，是一群站着喝酒的"短衣帮"，这些转述者，虽然都与孔乙己没有什么联系，既不是孔乙己的朋友与亲属，也不是与孔乙己有什么社会关系或其他关系的人，他们仅仅是与孔乙己生活在同一个镇子里的人。但就是这样一群本来与孔乙己没有任何血缘、情感和利益关系的人，却以自己对孔乙己的不屑与嘲弄，构成了孔乙己生活环境的一维，使孔乙己科举不第、生存维艰的个人遭遇通过这些人不屑与嘲弄的转述，被自然地社会化了。尽管孔乙己的科举不第和生存维艰的现实遭遇，并不是由这些人直接或间接造成的，但他们对孔乙己科举不第的不屑与嘲弄，却从反面表明了

---

① 苏鸿昌：《论〈儒林外史〉中的"笑"的美学特征和美学意义》，李汉秋编：《儒林外史研究论文集》，中华书局 1987 年版，第 425 页。

社会对科举的价值认同,对读书人"读书做官"的人生价值追求的认可。这样的社会环境,从本质上讲就是科举中第者的天堂(小说中侧面书写到的丁举人的生活状况就是其直接的证明),是像孔乙己这样科举不第之人生活的地狱,孔乙己科举不第的遭遇虽然是个人性的遭遇,但这种个人性的遭遇映现出的却是社会的本质。所以,尽管鲁迅在书写孔乙己科举不第事件的时候,采用的是白描和放重拿轻的修辞,其简洁的书写,关涉的却是重大的社会问题。

二 不同的艺术追求与思想情感所导致的不同的艺术效果

当然,鲁迅小说,虽然在用白描的手法书写读书人科举不第的现状方面,其修辞与中国最杰出的讽刺传统读书人对待科举的心态、言语及其所作所为的传统小说《儒林外史》有诸多的相似之处,而且这些相似之处的艺术效果,也都没有例外地具有十分积极的价值,但十分明显的是,产生于不同时代的《儒林外史》与鲁迅的小说,既有相似之处,也有不同之处,这种不同就主要表现在两者的韵味是不一样的,这种不一样的韵味首先就表现在不同的艺术意图与不同的思想情感所导致的不同的艺术效果方面。

从艺术意图讲,《儒林外史》的艺术意图就是为了讽刺与批判那些热衷科举之人,甚至形成了这样一种讽刺与批判的倾向,即对于越热衷科举之人,其讽刺与批判也越尖刻。鲁迅对此洞若观火,他曾经十分中肯地指出:"吴敬梓又爱才士,'汲引如不及,独嫉时文士如仇,其尤工者,则尤嫉之。"[①] 而《儒林外史》采用白描手法和放重拿轻的低调修辞来书写这些读书人所遭遇的科举不第事件,正是为达到这样一种"嫉恶如仇"的批判目的服务的,小说先采用白描和放重拿轻的低调修辞书写周进、范进这些读书人科举不第的遭遇,是为了达到"欲扬先抑"的书写效果,为后面书写这些人物的如愿以偿做一种铺垫,而从小说实际的艺术效果上看,小说对这些读书人科举不第的遭遇的书写越低调,作为修辞的词语、文句越平淡,也就犹如用堤坝储蓄了更多的水一样,当闸门放开,当这些读书人终于如愿以偿后,作者的书写也就可以越热闹,如周进中第后,作者写道:"直到放榜那日,魏然中了。众人个个欢喜,一齐回到汶上县。拜县父母、学师,典史拿晚生帖子上门来贺。汶上县的人,不是亲的也来认亲,不相与的也来认相与。忙了个把月。"[②] 范进中举后,作者写道:"范进不看便罢,看了一遍,又念一遍,自己把两手拍了一下,笑了一声道:'噫!好了!我中了!'说着,往后一交跌倒,牙关咬紧,不省人事。老太太慌了,慌将几口开水灌了过来。他爬将起来,又拍着手大笑道:'噫!好!我中了!'笑着,不由分说,就往门外飞跑,把报录人和邻居都吓了一跳。"[③] 而作者对这些读书人如愿以偿地"中第"后的行为、言语

---

① 鲁迅:《中国小说史略》,《鲁迅全集》第9卷,人民文学出版社2005年版,第229页。
② 吴敬梓:《儒林外史》,人民文学出版社1978年版,第34页。
③ 同上书,第41页。

及其客观境遇的书写越高调、越浓墨重彩，与前面使用白描的放重拿轻的低调修辞所叙述和描写的这些读书人科举不第的落拓境遇的对比也就越鲜明、越强烈，由此，情感与思想层面的讽刺性也就越尖锐、越深刻，即使作者不置一贬词，也客观地收获了如鲁迅所评价的"情伪毕现"的良好艺术效果。同时，如此的结果，也自然地使小说的艺术效果，从最初白描周进与范进科举不第时的悲剧性效果，自然、顺畅地转化为了深刻、丰富、魅力四射的喜剧性的艺术效果。这种天衣无缝的艺术效果的转化，不仅使整篇小说的艺术意境得到了拓展与深化，而且也有效地凸显了小说对周进与范进科举不第事件的白描及放重拿轻的低调修辞的成就与意义，这正是《儒林外史》在白描这些读书人科举不第事件时采用放重拿轻的低调修辞的杰出的艺术价值之一，也是这部当之无愧的卓越的讽刺小说在修辞方面的深刻匠心之一。

　　鲁迅书写孔乙己与陈士成两个读书人的科举不第事件，其艺术意图很显然不是像《儒林外史》一样为书写后面周进与范进的"科举中第"做铺垫，而是为孔乙己与陈士成这两个传统的读书人最后更为悲惨的遭遇——生命的毁灭做铺垫，其白描及放重拿轻的低调修辞的艺术效果，也没有发生相应的转化，而是始终呈现悲剧性的艺术效果，并匠心别具地在"将人生有价值的东西毁灭给人看"的过程中不断地拓展并深化这种悲剧的艺术效果。其拓展主要表现在，小说不仅对孔乙己与陈士成这两个传统读书人的生活悲剧展开了细致的书写，直接地书写了两个穷困潦倒的读书人上无片瓦，下无立锥之地，吃了上顿不知下顿的悲惨的生活现状，而且在书写他们生活悲剧的同时，还书写了他们的精神悲剧，如两人虽然都屡试不第，但两人却在精神上都没有觉悟，小说很直接地书写了孔乙己对自己的屡试不第感到"汗颜"的表情，直接书写了陈士成屡试不第后精神崩溃的后果。正是通过这样一些书写，将这两个读书人被科举的牢笼深深锁闭而不能自拔的精神悲剧挖掘出来了，从而也拓展了对两个人物悲剧的书写领域。其深化则主要表现在两个方面，一方面是对这两个读书人科举不第后生活悲剧的书写；另一方面是对这两个人精神悲剧的书写。鲁迅小说在书写科举不第这一与人物命运密切相关的重要事件的过程中，对两个读书人生活悲剧的书写是逐步展示的，而逐步地展开，并不是平行地陈列这两个传统读书人的生活悲剧，而是不断揭示这两个人生存状况的"每况愈下"，不断揭示他们的生活悲剧的日益深重性。他们生命的最后的毁灭，既是他们生活悲剧的自然结果，也是鲁迅小说对他们生活悲剧书写的深化。这种深化就在于，鲁迅将在艺术上的对他们生活悲剧的书写，深入对他们的生命终极关怀的书写。同样，鲁迅小说对两个人精神悲剧的书写与揭示，也是不断深化的。这种深化不仅表现在鲁迅小说将这种对人物精神悲剧的书写保持到了小说的最后，使这种对人物精神悲剧的揭示，成为小说一条最重要的线索，而且更表现在，在对两个人物精神悲剧的书写过程中，逐步地让这种书写凝聚成了小说所要表达的最重要的主题，将启蒙与改造国民性的时代意识，形象而震撼地表达了出来。

如此的悲剧性审美效果，是《儒林外史》中所不具备的。有研究者在比较《儒林外史》与鲁迅的《孔乙己》中人物的审美属性时曾经认为："范进和孔乙己可以说都是封建科举制度的牺牲品，但前者是喜剧性的，后者却具有悲剧的成分和因素。因为范进仅仅是一个封建功名利禄的狂热追求者，甚至因中举而喜得发疯了的人物，在性格上没有正面素质的成分……所以我们可以说，如果范进是一个十足可笑的喜剧人物，那么孔乙己虽然也是可笑的人物，但同时也是为人所同情的可悲的人物。"① 这种观点很明显具有片面性，特别是对范进这一人物形象只具有"喜剧性的"审美属性的判断，其片面性更为明显，论者只注意了《儒林外史》对范进"科举中第"言语行为的书写，并基于这方面的书写得出了范进这个人物只具有喜剧性的判断，而没有顾及《儒林外史》对范进"科举不第"时的一系列生活遭遇的书写。但就是这个具有片面性的观点，却揭示了一个基本的事实，即两类小说中塑造的两个人物的主要审美属性是不一样的，《儒林外史》中塑造的范进的基本审美属性是喜剧，而《孔乙己》中所塑造的孔乙己的基本审美属性除了喜剧性外，更具有悲剧性。即使我们承认，《儒林外史》中对周进与范进科举不第遭遇的书写，客观地书写出了人物的生活悲剧，但很明显，却并没有深刻地揭示人物的精神悲剧；即使我们也承认，小说对周进在看到"贡院"之时不由悲从心来而晕倒事件的书写，可以说是对周进精神不觉悟的精神悲剧的书写，但是，小说却没有将这种可贵的悲剧性书写保持到底，小说随后对周进这一人物"如愿以偿"科举中第的团圆性的书写，却在艺术效果上不仅极大地淡化了小说对人物遭遇的悲剧性书写的意义，而且也完全销蚀掉了小说的悲剧性性质。这样的艺术效果不仅《儒林外史》这部杰出的中国传统小说是如此，而且，即使是中国最杰出的传统小说《红楼梦》也是如此。鲁迅在《论睁了眼看》这篇文章中曾很中肯地说："《红楼梦》中的小悲剧，是社会上常有的事，作者又是比较的敢于实写的，而那结果也并不坏。"② 鲁迅这里所说的"结果并不坏"，不仅指《红楼梦》最后"贾氏家业振，兰桂齐芳"的"团圆"的结局"不坏"，而且也指小说对具有悲剧性的人物贾宝玉最后结局的处理也"不坏"，"即宝玉自己，也成了个披大红猩猩毡斗篷的和尚"。鲁迅认为："和尚多矣，但披这样阔斗篷的能有几个，已经是'入圣超凡'无疑了。"③ 可见，《红楼梦》虽然写了"小悲剧"，但却并没有将"小悲剧"书写到底，而是通过不同的方式，或轻或重、有意或无意地消解了其本来具有的悲剧性。事实上，在我看来，《红楼梦》即使将"小悲剧"书写到底了，其悲剧性的效果也主要呈现在社会或生活的层面，而没有深入人物精神的层面，没有揭示人物的精神悲剧，更没有将对人物精神悲剧的揭示作为小说最基本的线索和最重要的主题来处理。如果更进一步地考察，我们还可以说，这样的艺术效果，即使是与鲁迅小说同一时期出现的小说，包括十分杰出的一些小说，如

---

① 施昌东：《"美"的探索》，上海文艺出版社1980年版，第391—392页。
② 鲁迅：《论睁了眼看》，《鲁迅全集》第1卷，人民文学出版社2005年版，第253页。
③ 同上。

郁达夫的小说、叶圣陶的小说，以及后来的巴金的小说、茅盾的小说、老舍的小说等也不具备，这是鲁迅的独创，是鲁迅小说对中国小说的杰出贡献，也当然是鲁迅小说在继承中国小说传统的过程中，对中国小说已有传统的发扬光大。

同时，从思想与情感内涵来看，鲁迅小说不仅表露了对科举不第的传统读书人的生活悲剧及精神悲剧的"哀其不幸"，而且表露了对他们的生活悲剧，尤其是精神悲剧的"怒其不争"。这样较为复杂而多样的思想与情感内涵，较之《儒林外史》不仅是一种思想、情感的丰富，同时也是一种书写意义与艺术效果的拓展。《儒林外史》对周进与范进的生活悲剧和精神悲剧的书写虽然也十分杰出，且达到了鲁迅所高度评价的"能烛幽索隐，物无遁形"[①] 的地步，但由于其思想与情感只有单纯的、不动声色的、"疾恶如仇"的"怒"的内容，而基本没有同样"不动声色"的"哀"的内容，因此，其思想与情感的内涵只具有单一性。尽管这种单一的思想与情感的存在也是一种特色，而且是一种价值极高的特色，但终究缺乏多样性及在多样性基础上的丰富性，"吴敬梓的反对功名富贵和科举制度，正是从正统儒家的经世致用和山林隐逸相结合的思想立场上出发的。同样，他抨击官僚制度、人伦关系以至整个社会风尚，也都是从同样的观点立场出发的"[②] 这种思想与情感的单一性，不仅表明了其思想认识的局限性，更为重要的是，就小说所书写的两个人物的本性来看，也有失公允。周进与范进两个传统的读书人，固然深陷科举的泥沼而不能自拔，但这两个人的本性并不坏，从小说对两人科举不第遭遇的书写来看，两人虽然科举不第，但却从来没有做过什么危害别人的事情，也从来没有滋生过害人之心，相反，他们还在别人的冷眼与嘲讽中，通过自食其力的方式笨拙而艰难地维持着自己的生存，并保持了一个普通人应有一些传统的善良的品行，如周进因母亲生病而恪守传统的吃斋要求，范进考秀才时老实地说出自己的实际年龄等，他们科举不第的遭遇，固然与他们自己精神上的不觉悟有关，但更为主要的是因为他们生活在一个良心枯萎的社会，这个社会对读书的价值认可只有一个：读书做官，而对于一切不能达到这一价值标准的读书人，这个社会给予他们的就只有抛弃。所以，从根本上讲，周进与范进科举不第的遭遇，尤其是科举不第时的生活遭遇，是这个社会一手制造的，身处这样的社会环境中的周进与范进，他们深陷科举泥潭而不觉悟的精神悲剧，固然应该嘲笑，应该批判，应该否定，但他们的生活遭遇，却是应该同情的。《儒林外史》的作者似乎没有认清这一点，也没有对两个读书人的悲剧进行相应的区分，只将满腔的怒火通过无情嘲笑的方式，发泄在对这两个不幸的读书人遭遇的书写中，而将对两个读书人应有的同情完全从书写中剔除了，这不能不说是这样一部杰作在用白描和放重拿轻的低调修辞书写周进与范进科举不第事件过程中的遗憾。

与之相比，鲁迅对传统读书人科举不第遭遇的书写所表达的思想与情感的内涵，

[①] 鲁迅：《中国小说史略》，《鲁迅全集》第9卷，人民文学出版社2005年版，第229页。
[②] 白盾：《吴敬梓创作思想初探》，李汉秋编：《儒林外史研究论文集》，中华书局1987年版，第338页。

则要丰富得多,既包含了具有否定性的"怒"的内容,也包含了具有同情性的"哀"的内容,其怒与哀的内容,不仅指向明确而得当——"怒"主要指向人物的精神悲剧,"哀"则主要指向人物的生活悲剧,而且与所塑造的两个落拓读书人的本性相一致,经得起分析与推敲。孔乙己和陈士成两人对科举不第的态度及深陷其中不能自拔的状态,作为其不觉悟的精神悲剧的具体表现,无论从现实意义,还是从思想意义上看都是无价值的。从现实意义上看,面对科举不第,他们既没有采取继续奋发的行动,更没有进行必要的自我人生道路的调整,而只是沉溺于失败之中,用"汗颜"来抵挡别人的嘲弄(如孔乙己),或用疯狂的寻宝来发泄自己科举不第的情绪(如陈士成),就是不采取任何切实的行动,更没有将失败作为继续奋斗的动力,而只是一味地沉溺下去,沉溺下去,直至生命的毁灭;从思想意义上看,他们既没有反省过自己为什么会科举不第,也没有像《儒林外史》中的周进那样,在科举不第的时期,因为思想上太想科举中第而在亲见科举考场时"大叫一声"地昏厥,甚至连盲目的"祈求"上苍保佑自己科举中第的想法都没有,更没有清醒地认清科举的弊端,只孤独地背负着科举不第的思想负担和现实的打击,一直走到人生的尽头,完结了自己毫无价值的一生。正因为两个人物的精神悲剧是毫无积极价值的,所以,当然应该毫不留情地否定与批判,鲁迅在小说中也的确是如此做的,他不仅对两个人的精神不觉悟的书写十分突出和集中,而且对其精神不觉悟的批判还达到了入木三分的程度。从小说所书写的重心来看,基本是围绕揭示两个人精神悲剧展开的,如对孔乙己穷困潦倒还不愿意放下读书人的架子的行为和言语的书写,所突出的正是孔乙己的精神悲剧,即使是对孔乙己科举不第事件的书写,也匠心独具地揭示了孔乙己的精神悲剧,孔乙己对自己科举不第事件的汗颜,可以说是形象、生动而深刻地揭示了其精神的悲剧;对陈士成所有行为的书写,更是主要在于揭示人物的精神悲剧,或者说,陈士成在得知自己科举不第的结果后所做的寻宝、外出、死亡等事件,本身就是由于其精神悲剧导致的,陈士成最后的死亡,正以有形的事实,揭示了精神悲剧的巨大危害性。

而另外,面对孔乙己与陈士成科举不第的生存遭遇,鲁迅却采取了相对从容的书写方式,在客观地展示两个人不幸的生存状况和生活悲剧的同时,或隐或显地灌注了相应的同情,并随着书写的不断展开,将这种同情表现得更为充分。鲁迅如此进行处理,也是与所塑造的这两个人物形象本质的规定性一致的。这两个人虽然百无一用,但本性并不坏,他们既不属于是十恶不赦的大奸之人,也不属于城府很深或斤斤计较的小市民,他们只是有毛病的下层人。两个人虽然有很多毛病,甚至是品德方面的毛病,如孔乙己"偷书"的毛病,但两个人身上还有很多善良的品性,如孔乙己逗小孩玩,教小伙计写字;陈士成教孩子读书等。正因为他们是属于那种不坏而有点好的下层人,所以,鲁迅对他们由于科举不第而遭受的生活困苦,给予了一定的同情。鲁迅小说对两个读书人科举不第事件书写所表露的多种思想与情感,不仅使小说的内涵更为丰富了,而且其与人物形象规范的一致性,则更使其所塑造的人物形象具有了立体性的审美价值。中国现代小说家庐隐,在中国现代小说刚刚出现不久的1921年曾经撰文说,中国现代社会悲剧遍地,中国现代小说当然要描写悲剧,但是,她认为:"创作家对于这种社会的悲剧,应用热烈的同情,沉痛的语调描写出来,使身受痛苦的人,一方面得到同情绝大的慰藉,一方面引起其自觉心。"[①] 本文发表时,鲁迅的小说《孔乙己》已经发表,我们当然不能猜想说,庐隐关于创作家对悲剧书写的观点,是根据鲁迅小说对悲剧的书写提出的,但她所提出的关于悲剧的书写"应用热烈的同情"的观点,则是与鲁迅小说对孔乙己和陈士成两人科举不第悲剧的书写十分吻合的。而鲁迅小说在书写传统读书人科举不第事件中所表达出来的怒与哀相交融的思想与情感,以及这种多样思想与情感表达的合理性,也正从一个方面直接显示了鲁迅小说在书写此类事件的过程中,对中国传统小说艺术经验的突破与丰富,这也正是鲁迅小说为中国小说的发展做出的一个方面的贡献。

三 悲喜交融的创造性艺术风格

从艺术风格来看,鲁迅在书写传统读书人科举不第事件的时候,审美的方式是用喜剧的形式写悲剧,其白描手法及放重拿轻的低调修辞的艺术风格是"喜"中含"悲"。与之相比,《儒林外史》尽管在很多方面都做到了"戚而能谐"[②],但在书写周进、范进科举不第事件的时候,所使用的白描手法及放重拿轻的低调修辞的艺术风格则既不"戚",也不"谐",而是"冷峻","像社会解剖学家那样冷静而严峻"[③],并且,这种冷峻的风格,还不仅表现在对周进与范进科举不第事件的书写中,而是全书"主导性的语言风格"[④]。悲喜交融和冷峻这两种艺术的风格,虽然各有自己的价值,它们以自己不同的规范与特色,十分有效地凸显了鲁迅小说与《儒林外史》各自的个性,但由于两种风格的韵味不一样,规范不一样,因此,也就直接地导致了两种风格在书写不同人物科举不第事件时的艺术效果的不一样。

《儒林外史》冷峻风格的基本韵味是"素处以默"[⑤],即在书写与人物命运密切相关的科举不第事件的时候,以平实的词语呈现对象的"素面",犹如绘画"留白"一样,不着任何色彩,直接呈现画纸的本真样态,其基本的范式是"客观直叙",其艺术的效果是"妙机其微"[⑥],即美妙的审美意味,就潜藏在这种客观的直叙之中,并通过

---

① 庐隐女士:《创作的我见》,《小说月报》1921年第12卷第7号,转引自严家炎编《二十世纪中国小说理论资料》第二卷,北京大学出版社1997年版,第189页。
② 鲁迅:《中国小说史略》,《鲁迅全集》第9卷,人民文学出版社2005年版,第228页。
③ 傅继馥:《〈儒林外史〉语言的艺术风格》,李汉秋编:《儒林外史研究论文集》,中华书局1987年版,第338页。
④ 同上。
⑤ 司空图:《二十四诗品》,北京师范大学中文系文艺理论教研室编:《文学理论学习参考资料》(下),沈阳春风文艺出版社1982年版,第841页。
⑥ 同上。

平实的词语力透纸背地表现出来。

与之相比，鲁迅小说在书写这类事件时采用白描手法及放重拿轻的低调修辞所表现出的这种悲喜交融的风格，其基本的韵味是"含泪的笑"，基本的范式是对立的统一，其艺术的效果是一笔写多面。如在第二次书写对孔乙己本人具有重要意义的科举不第事件的时候，小说采取的形式就是喜剧的形式，一群短衣帮，一边喝酒，一边打趣孔乙己怎么连半个秀才都没有得到，间接地揭示了孔乙己科举不第的遭遇，其场景，其姿态，其话语，无不具有明显的喜剧色彩，而在这种喜剧色彩中，孔乙己"立刻显出颓唐不安模样，脸上笼上了一层灰色"的窘态，又分明具有"泪痕悲色"；同时，"短衣帮"用如此随意、嬉闹的形式揭示孔乙己人生中最不幸的科举不第的事件，这对短衣帮们来说，本身也是一种喜剧，一种撕开他们身上"无价值东西"的喜剧，他们在嘲弄孔乙己的时候却不知道，他们同时也在嘲弄他们自己，嘲弄他们的没有同情心，更没有所谓的正义感，而他们将他们这些下层人身上本来应该具有的同情心等良知的毁灭，又无疑具有悲剧性。所以，在对孔乙己科举不第事件的书写中，鲁迅虽然只用喜剧的形式写了"一笔"，但这一笔却写出了多面的内容，既写出了孔乙己的悲剧，也写出了短衣帮的悲剧与喜剧；既揭示了孔乙己的心理与精神状态，又画出了短衣帮的心理与精神状态。

同样，对陈士成科举不第事件的书写，也是如此。小说写陈士成"一见榜，便先在这上面寻陈字"的样态，本身就具有喜剧性，"陈字也不少，似乎也都争先恐后的跳进他眼睛里来"，如此的书写，则进一步加强了其喜剧色彩，而当陈士成在榜上没有搜寻到自己的名字，"重新再在十二张榜的圆图里细细搜寻"时，则使其喜剧性达到了高峰，而就在这些具有喜剧性的白描中，鲁迅虽然没有使用任何具有悲剧色彩的词语，完全采用的是白描及放重拿轻的低调修辞，但人物的神情所透露出的悲剧性，却如影随形，甚至构成了一种水涨船高的悲剧性书写效果，即小说将陈士成"看榜"的神态白描得越具有喜剧性，则越有效地揭示了人物深陷科举的泥淖而不能自拔的精神痛苦，从而也就使其悲剧意味越浓，小说越生动地采用放重拿轻的低调修辞白描出人物的喜剧性动作，如"先在这上面寻陈字""重新再在"榜上搜寻等，这些喜剧性动作中所透射出的悲剧内容也越丰富，不仅透射出了人物的精神悲剧的内容，而且也透射出了人物生命悲剧的内容；不仅透射出了人物性格悲剧的内容，而且也透射出了社会悲剧的内容。

最后，当白描到"看的人全已散尽了，而陈士成在榜上终于没有见"，只有陈士成还形单影只地"站在试院的照壁的面前"时，虽然所使用的仍然是放重拿轻的低调修辞，但这种低调的修辞却不露痕迹地使整段关于陈士成科举不第事件的喜剧性书写，完全定格在了悲剧性的结果中。成仿吾1924年在《〈呐喊〉的评论》一文中，曾以文学是表现而不是再现的标准十分偏颇地对鲁迅《呐喊》集中的诸多小说作了否定性的评论，但他也不能不承认："读《呐喊》的人都赞作者描写的手腕，我亦以为作者描写的手腕高妙。"① 仅从上面我们对鲁迅小说采用白描及放重拿轻的低调修辞书写孔乙己与陈士成科举不第事件的手腕来看,成仿吾所赞赏的鲁迅小说"描写的手腕高妙"也可以窥见一斑了。

鲁迅小说在书写两个读书人科举不第遭遇时采用的白描及放重拿轻的修辞所呈现的悲喜交融的风格,在韵味、范式及艺术效果方面与《儒林外史》的不同,不仅在直接的意义上显示了鲁迅小说对中国传统小说《儒林外史》书写这类事件方法的革新,而且,从中国小说发展的历史来看,也直接地显示了鲁迅小说在书写此类事件时的一种十分可贵的创造。1925年,也就是鲁迅的第一部小说集《呐喊》出版后不久,张定璜在比较鲁迅的小说《呐喊》与中国传统小说的不同审美效果时曾经指出:"《水浒》若教你笑,《红楼梦》若教你哭,《儒林外史》之流若教打呵欠,我说《呐喊》便教你哭笑不得,身子不能动弹。"② 张定璜的比较虽然简单,也存在很明显的不全面性,但他却从鲁迅小说让人"哭笑不得"的审美效果中,揭示了鲁迅小说与中国三部最优秀的小说审美效果的不同及所增添的艺术的新质,这种艺术的新质,也就是鲁迅小说在继承传统中的创造性的具体内容。从修辞的角度说,鲁迅小说的这种创造的结果,不仅为中国传统的白描手法及放重拿轻的低调修辞建构了新的艺术范式,丰富了中国小说叙事、写人,表情达意的艺术手法,提升了中国小说艺术书写的境界,而且这种具有艺术辩证法的范式,还极为有效地丰富了鲁迅小说的审美意味,彰显了新文学发轫时期文学创作的新面貌及强大的艺术生命力,既具有文学史的意义,又具有极为丰富的审美的意义与价值。

---

① 成仿吾:《〈呐喊〉的评论》,严家炎编:《二十世纪中国小说理论资料》第二卷,北京大学出版社1997年版,第359页。
② 张定璜:《鲁迅先生》,严家炎编:《二十世纪中国小说理论资料》第二卷,北京大学出版社1997年版,第366页。

鲁迅研究的三种范式与当下的价值选择

吉林大学文学院 张福贵

与同时代一般作家研究不同，研究鲁迅使人越来越感沉重。这种沉重来自我们对于鲁迅精神世界的进一步沉入，也来自鲁迅思想与当下社会现实大面积对接后产生的某种焦虑。在这种个人心境和思想环境的纠葛之中，梳理和反思鲁迅研究历史及其功能，在承认和肯定多种范式的鲁迅研究的基础上，进一步做出最迫切的价值选择是十分必要的。

对于鲁迅的研究从来就不同于一般的个体作家研究，而是对于其人其文所表征的一种文化属性的理解；对于鲁迅研究的评价也从来不是一种单纯学术史的评价，而是与一个时代的价值取向相关联的社会评价。中国文学、中国文化甚至政治风云的变化，都能从中得到某种程度的体现。面对当下中国学术和社会思想的纷杂状况，我们到底需要一种怎样的鲁迅研究，既是一个如何超越学术史的问题，也是一个如何认识和实现鲁迅思想价值的问题。

一 新世纪鲁迅研究的态势与困境

在确定鲁迅研究的价值选择之前，首先需要对当代中国鲁迅研究的发展路向和态势有一种基本的把握。鲁迅研究的历史与鲁迅评价的变迁一样，都是与时代进程和社会发展紧密相关的。从1913年《小说月报》发表主编恽铁樵的《焦木附志》，评价鲁迅文言小说《怀旧》开始，鲁迅研究至今恰好已有百年的历史。而经过整整一个世纪的学术积累与思想纷争，鲁迅研究在今天呈现分化与转化的态势，同时也面临着学术生长的困境。

第一，学术高原研究空间的有限性，导致鲁迅研究的重复性和细小化。

无论肯定还是否定，鲁迅研究一直是中国现代文学研究中的显学，经过多年来的学术积累，更成为当代中国的学术高原。从1913年到2012年的100年间，中国各类报刊上公开发表的有关鲁迅研究的文章共计31030篇，出版相关研究著作1716部。[①] 这

---

① 鲁迅：《坟·写在〈坟〉后面》，《鲁迅全集》第1卷，人民文学出版社2005年版，第301页。

是迄今为止中国文学史上任何一位作家研究所不能企及的。这一研究对象及其所涉及的范围,从整体到细部,从本体到关系无所不包,研究精深而系统。从学术研究心理和学术发展空间的一般惯性而言,愈是学术高原,研究的难度就愈大,就愈难以寻找新的学术生长点。研究空间的有限性导致了研究中的阐释过度,也导致研究选题和学术思想的重复性。

与20世纪80年代鲁迅研究的回归和深化相比,新世纪鲁迅研究处于一种重复性和悖论式的状态。思想和艺术理解的重复性一直是鲁迅研究中的最大困局。当然这不仅仅是鲁迅研究界存在的问题,甚至不仅仅是中国现代文学研究界存在的问题。问题的重复来自思想重复,思想重复的本质,是思想能力的弱化;思想能力的弱化源自于相关思想环境和惯性思维方式的制约。于是,某些问题搁置一段时间之后再被提起,就增加了问题的新鲜感,甚或被当作新的问题加以讨论和争论,从而由"还原"走向"重复"。

应该看到,对于研究对象的重复阐释,是学术研究中的普遍现象。因为任何思想的发展都是通过思想的积累而逐步实现的。在思想实践亦即学术研究过程中,创新是罕有的,而重复则是常见的。所以思想创新才成为人类代代相承的渴盼。在学术研究中,重复阐释本身具有两种重要的意义:第一,显示出问题的重要性;第二,显示出价值的恒定性。一种经典的形成必须要有反复和重复的阐释过程,没有这个过程很难成为经典。

与此同时,我们又必须看到,人类思想的积累不单单是思想重复的过程,更有赖于思想的创新,通过创新提升民族思想的质量,增加人类思想的容量,为学术研究开拓新的视野。如果长期的研究都在重复前人的思想和已有的成果,其结果不仅仅是造成时间的浪费,更重要的是造成思想的停滞。近年来中国鲁迅研究确实开拓了一些新的领域,解决了一些重要的问题,但是仍有许多重大问题都是在重复过去几十年来未曾间断的话题:思想转变问题抑或进化论问题、反传统抑或继承传统问题、改造国民性问题、宗教关系问题、左翼文学关系问题、现实主义问题等。在重复阐释中缺少新的发现和见解,重复性的知识和重复性的思想,在研究成果中仍然占有相当大的比重。

1995年,在张家界召开的全国鲁迅研究学术讨论会上,张梦阳在谈到自己历时9年编撰《1913—1983鲁迅研究学术论著资料汇编》的感受时说:"八十余年的鲁迅研究论著,百分之九十五是套话、假话、废话、重复的空言,顶多有百分之五谈出些真见。"在遭遇众多质疑和批评之后,他后来把自己的观点进一步推向极致,称"后来经再三统计、衡量才发现,我所说的真见之文占百分之五,并非少说了,而是扩大了,其实占百分之一就不错,即一百篇文章有一篇道出真见就谢天谢地了"。他甚至指出,这种重复其实是一种"奴性研究模式与思维方法"[①]。1913—2012年中国大陆共发表有

---

① 张梦阳:《我观王朔看鲁迅》,见高旭东编《世纪末的鲁迅论争》,东方出版社2001年版,第146页。

关鲁迅研究的文章31030篇，如果按照张梦阳的公式推断，有真见的文章只有300多篇。在这31030篇的文章中，有关鲁迅思想研究的有7614篇，占全部文章的24.5%。[①]也就是说，包括如此大比例的鲁迅思想研究文章在内，如果绝大多数研究成果并未体现出思想的创新，那就恰恰背离了鲁迅思想的本质，也就远离了鲁迅本身。如果这是一种严峻的事实，其学科性与学术价值是十分令人怀疑的。当然，这不仅仅是鲁迅研究独有的现象。其实，鲁迅研究并不是一个完全穷尽的世界，仅就鲁迅思想和价值而言，仍然有许多值得开拓的空间和可探讨的问题。例如，鲁迅与民国政治的本源关系、鲁迅与民粹主义、鲁迅的政治哲学、鲁迅文艺思想中苏俄文学思想的流变考据、鲁迅与中共的历史关系、鲁迅思想的日常化价值、鲁迅研究的民间性问题，等等。

第二，学术中心的回归与学术民间性的凸显。

从20世纪50年代开始，鲁迅研究一直居于中国大陆学术和政治文化的中心位置，这是由官方政治话语与民间学术话语共同缔造的结果。鲁迅研究不仅是一种学术活动，也是一种组织化、政治化行为。每逢鲁迅诞辰或逝世的重大纪念日，最高当局都要召开隆重的大会，党报都要发表社论为当下鲁迅精神的指向和鲁迅思想的价值定调。例如，为纪念鲁迅逝世，《人民日报》于1949年10月19日发表社论《鲁迅先生笑了》、1951年10月19日发表社论《学习鲁迅，坚持思想斗争》、1952年10月19日发表社论《继承鲁迅的革命爱国主义的精神遗产》、1956年10月19日发表社论《伟大的作家 伟大的战士》、1966年10月19日发表社论《学习鲁迅的革命硬骨头精神》、1976年10月19日发表《学习鲁迅 永远进击》等社论和文章。而且在鲁迅诞辰或纪念日往往都要举行隆重的大会，有领导人发表重要讲话。这种高度组织化的活动，使中国鲁迅研究成为当代学术的中心问题，研究过程成为官方话语体系的直接表达和重要阐释过程。这对于提高鲁迅的地位，扩大鲁迅思想的影响，推动鲁迅研究有着巨大而复杂的作用。1975年10月28日，"周海婴请邓小平转呈致毛泽东的信，反映鲁迅书信出版、著作注释和鲁迅研究等方面一些亟待解决的问题。毛泽东亲自批示赞成，并号召全国人民'读点鲁迅'。邓小平则主持政治局会议，研究落实毛泽东的批示，形成1975年中发312号档，使鲁迅研究在全国成为热潮"[②]。直到21世纪初，这种以政治权威评判鲁迅研究的现象依然时有发生。2009年10月24日，陈漱渝在南京鲁迅纪念馆做题为《从新版〈鲁迅全集〉谈到鲁迅研究的现状》演讲中谈到，注释2005年版的《鲁迅全集》时，对于鲁迅、茅盾致中共中央或红军信的经过和原件均未查明的情况下，可否收入《鲁迅全集》的问题上大家意见不一致。"后来编委会请示上级，最后采用了将此信编入'书信卷'附录的办法。"[③] 由此可以看出"政

---

① "中国鲁迅研究名家精选集"丛书前言，《薪火相传：百年中国鲁迅研究的回顾与前瞻》，见张福贵《远离鲁迅让我们变得平庸》，北京师范大学出版集团、安徽大学出版社2013年版，第10页。
② 鲁迅：《坟·写在〈坟〉后面》，《鲁迅全集》第1卷，人民文学出版社2005年版，第301页。
③ "中国鲁迅研究名家精选集"丛书前言，《薪火相传：百年中国鲁迅研究的回顾与前瞻》，见张福贵《远离鲁迅让我们变得平庸》，北京师范大学出版集团、安徽大学出版社2013年版，第10页。

治鲁迅"的惯性思维的影响。

长期以来特别是"文革"中对于鲁迅的过度阐释,使一种理性的学术活动变成了一种非理性的造神运动,形成了影响深远的"文革鲁迅"现象。也正是由于"文革鲁迅"的极端化存在,使得 20 世纪 80 年代鲁迅研究绝处逢生突飞猛进,成为中国鲁迅研究史上的深化期。因为对于"文革鲁迅"的反拨本身就是一种巨大的变革与进步,前面所说的重复阐释正是从否定"文革鲁迅"开始的。20 世纪 80 年代是中国社会思想文化难得的良性发展时期,也是官方意识与民间意识在政治理性上达到少有的高度一致的时期。在"拨乱反正"的政治意识下,理想主义高涨,全社会洋溢着昂扬向上的时代精神。这种时代的精神特征也表现在鲁迅研究上,其标志就是从"文革鲁迅"走向"新时期鲁迅",成为中国鲁迅研究史上少有的一个突变期和发展期。思想环境的变革和改善,极大地提升了民族的思想能力,个性化的思想逐渐生成,这为鲁迅研究提供了前所未有的思想前提和发展空间,最终成就了"新时期鲁迅"的精神特质。

20 世纪 80 年代是中国鲁迅研究史上的黄金时期,回归和还原鲁迅促进了鲁迅研究的深化。从鲁迅研究队伍构成、论著产出和活动规模来看,这一阶段从形式上延续并超过了"文革鲁迅"的基本形态。除了国家级学会之外,不仅每一个省都有鲁迅研究会,而且许多地市也都有鲁迅研究团体和机构。从 1979 年到 1989 年 10 年间中国大陆共发表鲁迅研究文章 7866 篇,[①] 比 1913 年到 1979 年 66 年间总和的 7421 篇文章还多 400 多篇。这个黄金时期不只是因为研究成果数量上的增加,更重要的是思想质量和学术含量的提高。

前面说过,20 世纪 80 年代鲁迅研究的兴盛是基于对"文革鲁迅"的反拨,"文革鲁迅"的反历史和悖逻辑的事实存在,为鲁迅研究的回归与深化提供了潜在的思想前提和学术空间。"文革鲁迅"的本质是"政治鲁迅","政治鲁迅"的结果又使鲁迅研究成了"工具鲁迅"。除去社会转型导致的社会中心意识转移的原因之外,官方组织性参与的弱化使鲁迅研究作为政治教化功能的逐渐消退,是导致鲁迅研究民间性凸显、小众化分流的根本原因。国家层面的纪念鲁迅大型活动的减少和鲁迅从中学语文教材中的"撤退",是鲁迅研究政治化消隐和小众化分野的重要标志。就学术自身发展来说,这种鲁迅研究小众化的出现更多的是来自正常的学术逻辑。因为稳固和纯粹的学术必然都是小众化的。令人惊诧的是,鲁迅研究民间性的凸显正是在鲁迅作品从中学语文教材中"撤退"事件后出现的。

进入 21 世纪之后,中国大陆鲁迅研究论著的数量产出有所恢复。据不完全统计,从 2000 年到 2012 年,鲁迅研究文章 9988 篇。特别是研究生学位论文总数达到 2262 篇,其中硕士论文 1938 篇,博士论文 324 篇。而 1990 年到 1999 年硕士、博士学位论文只有 39 篇,其中硕士论文 24 篇,博士论文 15 篇。单纯从数量来看,后十年是前十

---

① 鲁迅:《坟·写在〈坟〉后面》,《鲁迅全集》第 1 卷,人民文学出版社 2005 年版,第 301 页。

年的 20 倍。需要指出的是，多数研究生学位论文依然延续了传统的鲁迅研究价值观，但是一般的研究文章的评价立场则出现了明显的分化。

第三，研究立场和价值评价的分野。

20世纪90年代以后，中国社会和思想文化的发展处于一种相对固定和沉滞态势，经过风起云涌的社会变动和大起大落的心路历程之后，社会和文化都进入一种相对的常态发展阶段，思想的多元化也成为一种社会和学术的常态。这是一种相对稳定的发展样式，也是学术上一种激动之后的反思状态。

20世纪80年代特别是20世纪90年代之后，中国大陆鲁迅研究出现了明显的分化态势。思想价值观的多元化和人文学术价值取向的主观化，导致了鲁迅研究价值判断的多元化。

从学理的角度来看，这是鲁迅研究深化的重要标志之一。学术立场的分化就是价值观的多元化，其背后是社会转型时期知识分子思想的新变，也是社会意识形态分化的重要表征。鲁迅研究的分化来自不同的思想和文化立场：有启蒙主义的立场，有文化保守主义的立场；有后现代的立场，有新儒学的立场，等等。当然，其中也有人性论的立场和阶级论的立场。研究者们依据各自不同的立场和不同的价值观来阐释鲁迅，体现出各种不同的言说方式。在争论和热议之中鲁迅研究蔚然成为各种思想碰撞和对话的聚焦点，正如王富仁所说的那样，"在当下多元化的视野里，我们失落了鲁迅，一个具有相对确定性的鲁迅"。这个"具有相对确定性的鲁迅"[①]，就是一个在单一评价尺度下产生的传统鲁迅形象。

鲁迅的精神世界是丰富和复杂的，这决定了鲁迅研究价值取向的多元化。任何一位鲁迅研究者的研究都是在试图从不同层面努力与鲁迅沟通对话，意在找到自己所认定的鲁迅的真实形象，而这些不同的理解从不同方面共同构成了鲁迅的整体形象和精神世界。从综合的价值评价来看，研究者们对于鲁迅的认识大致表现为肯定与否定两种思想倾向，这是新世纪以降中国鲁迅研究分化的最显著的特征。其中，一种是从中国社会发展的角度，在研究鲁迅的过程中，寻找鲁迅对中国文化转型和发展的有用资源，意在突出鲁迅的经典性的重要价值；另一种是从个体人格评价的角度，探究鲁迅作为普通人可能具有的思想、性格、品格方面的"人性的弱点"。就对具体历史人物的认识而言，这种个体化理解是对作家个体认识的深化；就研究者来说，这也是一种自我意识觉醒的结果；而从整个中国学术思想的发展而言，又是作家研究和对历史认识的多元化的表现，其产生和存在本身就初步表明了当下中国学术思想环境的良性发展。因此，在这样一种历史传统和思想现实之中，首先必须以公正和宽容的心态，来对待近年来学术界和社会上出现的鲁迅研究的分化现象。

鲁迅研究的分化已经从单调的歌颂到复调的众声喧哗，这一变化彻底改变了"文

---

① 王富仁：《当代鲁迅研究漫谈——朱崇科〈1927年广州场域中的鲁迅转换〉序》，《鲁迅研究月刊》2010年第11期。

革鲁迅"的非学术倾向。在政治层面上，有的坚持对鲁迅的左翼立场做肯定的理解，有的对于其晚年的政治意识的激化提出质疑；在文化层面上，有的进一步强化鲁迅文化选择的启蒙主义价值，有的批判其文化激进主义的反传统意识；在道德层面上，有的突出鲁迅挑战强者扶助弱小的崇高品格，有的对其私生活谜点进行否定性解读；在审美层面上，有的张扬鲁迅小说的现实主义艺术贡献，有的指认其现代主义的先锋特征。这些理解虽说存在着不同的学理性差异，但是都与过去简单的先验主义政治立场有了明显的不同。先验主义政治立场对于鲁迅价值的阐释是预先设定的，价值观是一元的，最终是用历史的误读和虚构来证明预设的结论。在阐释过程中，从简单的线性历史观出发，所有的逻辑和事实从头到尾总是高度一致，其中没有矛盾没有犹豫，这种阐释的结果只能说研究者对于历史事实有着非常明确的取舍，并掺杂了任意性的主观化演绎，历史人物最后成为了不具有真实性的政治范本。

其实，无论是一个历史人物也好，还是一种历史现象也好，在其存在和发展的过程中，事实之间往往是相互矛盾的、复杂的、非逻辑的，充满了疑问和谜团，这才是历史发展中的常态，是真正的历史过程。

鲁迅研究与经典性作家作品研究一样，在长期的学术积累的基础上，逐渐形成了一些相对固定的研究范式。范式一词在托马斯·库恩那里就是"典范"之意。很明显，这种研究范式不仅是指研究方法上的示范性或者模式化，而且是指思想和学术价值观的经典化。这也是我在这里为什么不使用方式而使用范式的原因。鲁迅研究像其他作家研究一样，大致具有三种研究范式：第一，以史料挖掘为主的历史性研究；第二，以知识阐释和审美评价为主的学问化研究；第三，以追求思想的当下意义与价值为主的当代性研究，即鲁迅研究的当代价值和社会功能的关联性研究。前两者一直都是鲁迅研究的主要构成，极大地丰富了鲁迅自身世界和研究领域，成为我们认识鲁迅、阐释鲁迅的基础。而由于"文革鲁迅"工具化研究的历史忌讳，第三种研究范式的研究历史和价值判断则比较复杂。应该说，前两种研究范式都可以在不同程度上包含有第三种研究范式的功能，但是我把鲁迅思想的当代性研究作为一种独立的范式提出来，就是要强调其研究价值和功能的特殊意义。

二　历史性研究："还原鲁迅"的有效性与有限性

历史性研究范式是鲁迅研究的前提和基础，为鲁迅研究的存在和发展提供了基本的材料和事实，并且不断地深化和修正着人们的鲁迅观。对于这样一种研究范式的认同，已经成了学界的一种基本的逻辑和常识。这是所有学术阐释和历史研究的基础，特别是在研究的初始阶段，这种历史性研究是极为重要的，是不可越过的必要环节。如果这种历史性研究不够充分或者不被重视的话，其后的所有研究都是无本之木，研究结果可能都是无价值甚至是错误的。

在历史性研究中，是需要极其认真和谨慎的，如同考古学研究一样，需要有多重证据。对于当事人的自传或者其后人写的传记更要十分小心进行辨析。因为从多年来的事实看，这类的材料往往美化传主，成为最不可信的"伪史"。在当代中国的历史书写中，我们看到几乎所有伟人的传记都是半面历史半面人，有时候甚至只能当作中国影视剧中的"政治大片"来看。在历史性研究中，最可怕的不是对历史事实的疏忽，而是对于历史事实的歪曲，特别是伪造历史。"文革鲁迅"最沉痛的教训就是歪曲鲁迅的历史，捏造虚假事实进而神化鲁迅，把鲁迅塑造成为"紧跟伟大领袖毛主席战斗"的"无产阶级革命战士"。这是一种"历史的强迫症"，这种征候不仅可以从1966年、1976年《人民日报》为纪念鲁迅逝世发表的适应当时政治形势需要的社论中看到，[1]而且可以从这种政治氛围中发表出版的鲁迅研究论著中看到。例如，1973年出版的《鲁迅的故事》中写道，鲁迅1931年年初在上海黄陆路"花园庄"日本旅店遇到一个日本青年，鲁迅对他说："帝国主义已经到了末路，反动派不久就会灭亡，中国是一定要走向社会主义的。"[2] 无论是从思想还是语言来看，都不会是出自于那个时代的鲁迅之口。而且编著者在《后记》中宣称编写此书的目的就是为了不能忘记"鲁迅坚定地站在毛主席革命路线上和形形色色的假马克思主义政治骗子进行斗争的反潮流精神"[3]。这本小册子初版就发行了20万册，影响之大可想而知。在这样的政治导向和鲁迅研究读物的影响下，形成了中国大陆几代人的鲁迅观。在当时，鲁迅不仅成为各种政治符号，而且成为打人的棍子。这也成为20世纪80年代提出"还原鲁迅"的口号的思想前提。

早在改革开放之初，茅盾就指出："鲁迅研究中有不少形而上学，把鲁迅神化了，把真正的鲁迅歪曲了。鲁迅最反对别人神化他。他想不到他死了以后，人家把他歪曲成这个样子。"[4] 20世纪80年代，在"还原鲁迅"的口号下，"鲁迅是人不是神"的命题很快得到了绝大多数鲁迅研究者的认同。人们为此做出了各种努力，通过实证和逻辑方法尽量去"还原鲁迅""走近鲁迅"，取得了明显的成效。例如，对于鲁迅与左翼文艺运动、鲁迅与"四条汉子"、鲁迅与胡风、鲁迅与冯雪峰、鲁迅与北京女子师大学生运动、鲁迅与朱安、鲁迅与许广平、鲁迅与周作人等诸种历史关系的考辨，以至于"幻灯片事件"、鲁迅给中共中央和红军贺电、鲁迅的死因等细节问题都有了新的证据和新的评价。与以往受政治机制影响而改变历史观的惯性思维有所不同，20世纪80年代开始的"还原鲁迅"是建立在历史反思后的一种学术的自觉，具有明显的理性意识与逻辑力量。"回到鲁迅那里去"的主张，可能会很好地还原出文学家的鲁迅、思想家

---

[1] 1966年10月20日《人民日报》社论：《学习鲁迅的革命硬骨头精神》；1976年10月19日《人民日报》社论：《学习鲁迅 永远进击》。
[2] 石一歌编著：《鲁迅的故事》，上海人民出版社1973年版，第148页。
[3] 同上书，第79页。
[4] 茅盾：《答〈鲁迅研究年刊〉记者问》，《鲁迅研究年刊》1979年卷。

的鲁迅和革命家的鲁迅。这对于鲁迅的文学史地位和思想价值辨析来说,毫无疑问是必不可少的过程。这种以回归和还原为主旨的历史性研究的盛行,是与"文革鲁迅"存在的特定前提有直接关系的。而且其主张具有鲜明的针对性,也包含了明显的政治批判色彩。但是,在进行历史性研究的过程中有几个值得注意的问题,而这几个问题在研究中也确实发生了。

第一,个体化的还原性研究在不同的思想时代和社会阶段,是具有不同功能和价值的。因为我们知道任何思想的发展都是具有阶段性的,任何一种思想都有相适应的产生条件和应用环境,条件和环境的改变必然使其思想的价值和功能也都发生相应改变。前面说过,鲁迅研究的还原与回归是产生于"文革"结束之后对于"文革鲁迅"反思的结果,然而在还原的过程中,出现了一种全面贬损鲁迅的倾向。如果在贬损鲁迅的思潮之中,只是通过"平视或俯视的眼光和心态",来"努力回到历史的原点"[①],就可能会由于思想与时代之间的错位而导致价值和功能的差异,最终强化了刻意贬低鲁迅的倾向。那么这个时候的还原就要十分小心,因为还原的结果不能把一个伟大的鲁迅还原成为一个普通的周树人。关于这一点,后面将进一步加以阐释。

第二,任何一种历史研究都不可能真的回归于对象本身。既然研究是一种理解和一种阐释,那么完全回归于历史本身就是不可能存在的。"还原鲁迅"的价值主要是辨析鲁迅人生和思想的基本面貌,完成一种证伪过程而不是新的发现过程。由于研究的历史积累和资料的有限性,使有关鲁迅的历史性研究的重大发现已经变得极为艰难,甚至有某种穷尽的可能。而且,即使可能还会有所发现,也多不会是改变鲁迅本质的重大发现,不会对鲁迅思想的本质和基本价值构成根本性的颠覆。相反,如果对鲁迅世界末端琐碎的细节做过度阐释,则可能遮蔽鲁迅思想的主体,甚至曲解鲁迅。正如在一株茂密的大树上发现了一片新叶或者一片枯叶一样,于这株大树的基本形状和功能并没有什么影响。而如果过分夸大新叶的生命价值和枯叶的衰败作用,而无视整株大树的生长状态的话,那就真的是一叶障目了。

在 2006 年 10 月召开的"鲁迅:跨文化对话"国际学术研讨会上,日本学者大村泉发表《鲁迅的〈藤野先生〉一文是"回忆性散文"还是小说》的文章,提出《藤野先生》一文只是一部以鲁迅仙台生活为基础而创作的"具有相对独特的自传风格的短篇小说"[②]。大村泉延续了日本学者一贯的严密考证传统,把《藤野先生》与鲁迅留学仙台医专的诸多史实相对照,认为《藤野先生》一文与事实存在诸多不符,从而得出上述结论。这个结论对于中国的鲁迅研究者来说,从学术和情感上都是一种挑战。因此,遭到中国鲁迅研究者的质疑。有的学者指出,鲁迅自己曾说明《藤野先生》是他

[①] 杨剑龙:《鲁迅的过去时与现在时》,《广东教育学院学报》2001 年第 3 期。
[②] [日]大村泉:《鲁迅的〈藤野先生〉一文是"回忆性散文"还是小说》,见北京鲁迅博物馆、上海鲁迅纪念馆、绍兴鲁迅纪念馆、绍兴文理学院《鲁迅:跨文化对话——纪念鲁迅逝世七十周年国际学术讨论会论文集》,大象出版社 2006 年版。

"从记忆中抄出来的""回忆的记事"。日本学者考证的《藤野先生》某些内容"与实际内容或有些不同"可能存在，但这是记忆的失真，绝不是"虚构"。鲁迅将其编入回忆散文集，就说明它不是"虚构"的小说。黄乔生则认为，将《藤野先生》看成是"虚构"小说的这种所谓"解构"的分析方法，表面上看起来似乎细致深入，有独到的见解，但实际上是漠视了文学审美和遮蔽了作者的本意。在他看来，文学产生于心与心的交流，是理解和沟通的桥梁，是化解冷漠的温情；文学描写孤独、愤怒和猜疑，为的是达到一种更友好、更亲密、更公平、更仁爱的境界。尽管《藤野先生》有与史实不符的疑点，但鲁迅对藤野先生感恩的心情是真实的，鲁迅描写藤野先生的笔调是温情和善意的。因此，尽管目前出现了很多考证、怀疑和猜测等，但这些还不足以动摇这篇文章的根基，还不能充分证明《藤野先生》是一篇虚构的文学作品，更不能证明鲁迅在这篇文章中有意隐瞒或任意编造。[①]

鲁迅研究中出现的这种过度阐释与近些年来现代文学研究界盛行"报刊研究热"现象，具有相似的原因和相似的性质。

期刊和报纸是现代文学的生成发展的载体，是文学史构成必不可少的基础数据。所以，有关报刊研究一直是现代文学研究中的重点之一。但是，在相当长的时间里，报刊研究主要是围绕着现代文学史上的核心期刊进行的，例如，对于《新青年》《小说月报》《创造季刊》《新月》《抗战文艺》等期刊已多有研究，取得了明显的成就。但是，与其他研究相比，报刊研究仍然是一个相对薄弱的领域。从20世纪90年代中期开始，对于报刊的研究急剧升温，研究成果大量增加。研究对象不仅包括现代文学史上的重要期刊、报纸，也包括许多一般期刊甚至不为人所知的报刊。这一现象一直延续至今，成为现代文学研究中引人注目的"报刊研究热"，这是过去从没有过的现象。"报刊研究热"的出现，一方面，表明研究者对于此前盛行的、以理论思辨为主的"宏大叙事"研究方法的反拨；另一方面，也表明对于现代文学研究困境的突围。虽说"报刊研究热"在相当程度上丰富了现代文学史的内容，展开了现代文学研究的新的空间，但是也预示着其中存在着的过度阐释，可能对研究对象和文学史本体构成某种遮避和误读，从而模糊后人对于文学史主体的认识。因为任何一种新发现都容易被发现者看得过重，评价过高，这几乎是学界的一种思想惯性和价值模式。而且也并不是所有的发现都具有"史"的意义，不能把所有被历史遗忘的资料都看成是历史写作者和研究者们的疏忽和误读。有很多时候，某些细节和事件被历史湮没总有被湮没的理由，因为历史本来就是一个选择的过程，历史文本就是一个选择的结果。所以，从这一意义上说，历史性研究是具有局限性的。何况在其后漫长的文学史长河中，"现代文学三十年"这一短暂的时段究竟能保留几何是不言而喻的，鲁迅研究可能也将面临历史的选择。

---

① 黄乔生：《善意与温情——"鲁迅与仙台"研究的基调》，《鲁迅研究月刊》2006年第6期。

第三，应该克服附会式历史索引研究的褊狭。索引研究是作家作品历史性研究的一种传统方法。由于作家与作品之间往往存在着天生的内在相关性，因此，在把握广阔和翔实的历史史料的基础上，通过将历史史实与文学文本相对照，搜寻求证其中的历史关联，从而充实作家的人生历史，增加作品的真实性。在这样一种前提下，任何一部作品都有被索引的可能。但是，索引研究不能完全离开历史考据，完全离开历史考据的索引其实就是一种附会——研究者通过自己的主观想象和现象模拟来建构作家思想、生活与作品之间并不存在的真实关系。附会式索引研究的整体使用忽略了一个最基本的文学常识——文学的虚拟性。文学作品不是历史文本，叙述者不等同于作家自身，人类生活的相似性与作品的历史真实性之间不一定都存在着直接的联系。换句话说，索引研究应该是纪实文学，而不应该是小说。

神秘或费解的作品是最适合附会式索引研究方法驰骋想象之所在，因为费解而留有很大的阐释空间。鲁迅的散文诗集《野草》历来是鲁迅研究中的难点，这使得近些年来附会式索引研究在此大行其道。而鲁迅个人情感世界的隐秘性，也进一步为这种想象比附提供了些许的可能。例如，海外学者李天明就认为《野草》中的作品特别是《秋夜》表现了"最隐秘的主题——情爱与道德责任之间的情感两难"，亦即"怎样才能在接受许广平爱情的同时，不过于损伤朱安的情感和生活成为鲁迅的难题"①。作者自称"在以前的研究中，论者有意无意地忽略了这一重要主题。我立足于道德情感层次的阐释，揭示了潜藏于文本之中的鲁迅的私人典故和双关，并使他最隐秘的情感心理变得清晰可解"②。应该说，李天明从鲁迅、朱安、许广平的人生境遇和一些史料出发，对于三者的私人生活和情感空间做了一些有意义的考察。但是把三者的关系与作品中的意象都进行一一模拟、印证，就把历史性研究变成了一种猜谜故事。例如，他认为《秋夜》中著名的开篇句式："在我的后园，可以看见墙外有两株树，一株是枣树，还有一株也是枣树"，是鲁迅"对自己婚姻生活不满沮丧和无奈心情的形象体现，可以被视为鲁迅窘困夫妻生活的象征"③，好像那重复的那两株枣树一株是朱安另一株是许广平。李天明甚而做出"没有朱安也就没有这束奇诡瑰丽的《野草》"，"如果这样理解不错的话，将这束小花献于朱安灵前，只怕也不违背鲁迅的心愿"④ 的结论，就难免更有些牵强了。

在李天明之后，又有人进一步认为《野草》的全部内容就是"为爱情作证"。说《秋夜》中的"秋夜"指的是"中国封建社会传统的婚姻文化"；"星星的冷眼"是指"恪守封建婚姻制度并为这制度操心的人们"；"小粉红花""小青虫"都是意指"许广平"，小粉红花被冻得"红惨惨"的，则表示"许广平受过封建包办婚姻之

---

① 李天明：《难以直说的苦衷——鲁迅〈野草〉探秘》，人民文学出版社 2000 年版，第 113、114 页。
② 同上书，第 196 页。
③ 同上书，第 117 页。
④ 同上书，第 190 页。

苦"①，等等。

以上两种关于《野草》研究的新见解，都体现出努力把鲁迅由政治理解和文化理解还原为一种人性的理解的追求。但是，前者"试图破译藏匿在 11 篇散文诗中鲁迅与许广平的私人典故"，后者"把《野草》整个定性为爱情散文诗集。至此，从爱情角度解读《野草》的尝试走上极端"②。附会索引式的研究方法并没有使研究对象实现真正的还原，在作家和作品之间、在现象模拟和结论之间缺少有说服力的支撑和联结。正如有的学者指出的那样，"《野草》是融合着鲁迅社会经验、人生经历、生命体验、哲学思考、文化感悟等为一体的大综合文本，绝非单一的爱情文本。《野草》是虚构性、主观性的艺术品而非纪实性的自传之类的作品，两者之间不能一一坐实对应"。把"《野草》中的每一篇散文诗、甚至每一句话、每一个细节、每一个词语都有微言大义，都隐喻着鲁迅与许广平、朱安之间的种种情事"，"是一种带有明显的想象与虚构色彩的'小说家笔法'"③。其实，导致这一结果的原因还是学术阐释空间的有限和对神化鲁迅的反拨。

现代文学本来就是与研究者时间间隔最短的研究对象，有些研究者甚至就是现代文学发展史中的当事人。而鲁迅在现代中国作家中，又是被研究最充分、最深入的代表作家，资料的挖掘和事实的考证已经接近尾声。虽说其中仍有比较重要的事件待进一步辨析，但已经很难构成对已有事实的根本性颠覆。至于某些细节的新发现，往往并不能影响到对于鲁迅地位与价值的基本评价，确实应该注意一片叶子和一棵大树的关系。

三 学问化研究：知识价值阐释与玄学化倾向

学问化研究范式是鲁迅研究的学术本体，就是把鲁迅世界作为一个知识性和审美性认识对象，来确认鲁迅世界的知识价值和审美价值。

审美研究是通过文体、语言、形象和风格等多层面的艺术评价，来确认"文学家"鲁迅在文学创作上的个性特征及其文学史价值。这方面的研究是鲁迅研究的起点，也是鲁迅研究的重点，其历史悠久，成果丰富。而且就研究过程和结果来说，这种研究相对都比较纯粹，是几十年来鲁迅研究史中所受政治意识形态影响最小的研究领域。虽说早有成仿吾 1924 年发表的长文《〈呐喊〉的评论》④，后有 20 世纪 40 年代末刘文典的经典言论⑤，直到 20 世纪 80 年代青海《青海湖》杂志发表的相关论文及王硕、葛

---

① 胡尹强：《鲁迅：为爱情作证——破解〈野草〉世纪之谜》，东方出版社 2004 年版，第 49—51 页。
② 李今：《研究者的想象和叙事》，《中国现代文学研究丛刊》2006 年第 4 期。
③ 古大勇：《"过度阐释"与"偏离鲁迅"——对新时期"鲁迅研究"的反思》，《甘肃社会科学》2008 年第 4 期。
④ 成仿吾：《〈呐喊〉的评论》，《创造季刊》1924 年第 2 卷第 2 期。
⑤ 1949 年 7 月 11 日，刘文典在云南大学文史系《关于鲁迅》的演讲中，对鲁迅的为人、创作、学术都以调侃的方式进行了置疑和批评。

红兵等人观点的延续,其中,对于鲁迅文学价值的否定亦时有发生。但是,鲁迅的文学审美价值和文学史的地位还是得到公认的,并没有太多的异议,这可以从国内外各种关于中国20世纪文学作家排序中鲁迅总是第一位的事实中得到证明,因此我们在这里不再为鲁迅文学审美价值做更多的辨析。

学问化研究的另外一个重要的内容,是把鲁迅作为伟大的学者和杰出的教授看待,考察其"文学家""思想家"和"革命家"之外的"学问家"的身份及其知识价值。

对于"学问家"鲁迅的研究,一方面来自鲁迅自身的学识和修养,因其卓越而伟大;另一方面因其伟大而成为各个专业方面的研究对象。例如,鲁迅的文学史观、鲁迅的宗教观、鲁迅的科学观、教育观、古籍整理和版本学、编辑观、美育和美学观、翻译学、文字学、金石学,等等。其中还包括很细微的知识点和日常人生的启示,如鲁迅对信笺、木刻与版画、"目连戏"、对胡须样式、服饰的搭配、"南人"与"北人"性格的看法,等等。这种全面研究在现代作家中除鲁迅之外是没有第二人。对于一个历史人物研究的全面性、细节化,说明这个历史人物的伟大和重要。近一个世纪以来的鲁迅研究把鲁迅作为一个标志性的中国形象,进行了面面俱到、事无巨细的梳理、探究,甚至细化到了他的每一个神经末梢。

知识性价值首先来自鲁迅丰富的人生阅历和博大精深的精神世界本身,这是学问化研究的存在基础。鲁迅文本世界所包含的时代社会和文化的各种信息,鲁迅精神世界所体现的认识价值,是民族和人类的知识财富和思想资源。在鲁迅世界构成和鲁迅世界阐释基础上,鲁迅实质上已经具有了价值符号的意义,为理论批评提供了一种言说的方式与评价的尺度。

很多人都把近年来淡化宏大叙事、转向实证研究视为当代中国学风的改善,并将之与清代朴学传统相勾连。其实,这不只是一个在学术承传下的学术反思的结果,更有着复杂的历史和现实、学术与政治的原因。清代朴学亦即考据学派兴盛于乾隆、嘉庆时期,因此又称乾嘉学派。一般认为该学派发端于明末清初顾炎武、阎若璩等人提倡的"明道救世"的经世实学,但是除此之外还有一个不可忽视的外部因素,那就是康乾时期开始大兴"文字狱"的严酷现实。在充满政治和生命风险的思想环境下,朴素之学、考据之学显然是一种最好的学术避险方式。虽然大陆学术界鲁迅研究学问化的转向与这种外部因素没有关系,但是对于"文革鲁迅"的忌讳和反拨却是毋庸置疑的事实。或者说,鲁迅研究的学问化最初是对于"文革鲁迅"的反思,其后是为了凸显"思想家"鲁迅和"学问家"鲁迅的价值,提高鲁迅在中国学术史上的地位所致。

民国时期受西方科学体系和社会科学理论思潮的影响,中国学术研究普遍开始注重思辨和抽象逻辑,出现中国学术史上前所未有的理论体系的建构时代。需要特别指出的是,在马克思主义思想理论成为中国大陆指导性理论,并构成全面、深入的影响之后,这一倾向更为明显。这个来自思辨之乡德国的激进主义思想体系,被作为普遍真理而贯彻于各个学科领域,对于中国学术思想和学术方法产生了根本性的影响。对于马克思主义的接受连同作为其思想来源的黑格尔等西方思辨哲学的了解,不仅是在思想内容上认同,而且在思维方式上亦有所借鉴。其主要表现有两个方面:第一是强烈的批判意识,成为后来学术的基本出发点;第二是普遍的、一元化的理论体系的建构。由于对马克思主义思想神圣性的普遍接受和认同,使研究者先验地拥有一套既定的理论体系,从而对研究对象进行理论开掘和系统化认知与整理,论证过程具有普遍的理论色彩。这种思辨性思维的强化和理论体系的建构表现在很多方面。例如,"文革"后期毛泽东"学点哲学"和读马列主义"六本书"的号召下,中国大陆出现了无数的"学习小组",在对于所谓诸种反动思想或落后思想进行批判的过程中,勉为其难地努力建构革命文化的理论体系。上述学术和思想传统,深深地影响了中国现当代文学研究的学术价值观与方法论,逻辑思辨、抽象概括和理论建构成为一种学术风尚。20世纪80年代之后,在西方当代学术思想的影响下,这种学术风尚势头更盛。

应该说,思想的阐释与学问的理解是具有不同程度的性质差异的。思想的阐释需要研究者以发散性思维做深入的理论思辨,主观性的投入更加明显;学问的理解是以专门性的限定性思考做专业性的知识阐释。研究者在以学问性的专业标准来对鲁迅的知识结构和价值(例如编辑学、美术学、金石学、文字学、地理学、医学等方面的知识和理论)进行评价的时候,不能简单采取思想性的标准来做超越专业领域的价值增值。在研究的过程中,应该将其知识置于行业领域的发展前沿,和当时同一领域最高水平相对照,从而更准确地对其价值与贡献做出判断。因为在某些方面鲁迅毕竟不是纯粹的专门家,不能因为是鲁迅就会使其所有学问价值增值。

学问化研究范式本质上是知识阐释,而知识阐释与历史性研究一样,都具有史料和价值的有限性,不能脱离鲁迅思想主体去做纯粹知识细节的阐释。如同《红楼梦》研究中的繁琐哲学,有的研究者费尽力气去考证大观园的某扇门朝哪开的问题,便是一个纯粹知识细节问题。而在鲁迅研究中,日本学者受出典论的影响,注重材料考据,为鲁迅研究做了许多不可替代的工作,例如北冈正子的《〈摩罗诗力说〉材源考》便是此方面的经典。此类研究不仅丰富了鲁迅研究的内容,而且也为中国的鲁迅研究提供了方法论的启示。但是,日本学者的某些实证研究的过度学问化的研究视角也导致了研究结论的历史偏误。王彬彬最近以阿部兼也对鲁迅通信的信笺与收信人的关系的"误解"考证为例,说明了纯粹知识细节考据的不可靠性。[1]

无论是审美判断还是学问判断,大都具备两种路向:一个是作家个体的纵向研究,即把作家作为一个独立的个体,对其本身的价值进行评价;一个是注重作家与周边或者同类作家的关系研究,通过同模拟比较来进行价值评价。如果因为鲁迅伟大,而使其所有方面都变得伟大就是一种比附性、夸饰性评价,应该用第二种路向加以认证和

---

[1] 王彬彬:《鲁迅研究中的实证问题》,《中国现代文学研究丛刊》2013年第4期。

确认：鲁迅虽说跟随章太炎学过"小学"，但是其专业水平在当时文字学界究竟居于什么样的位置？鲁迅虽说专门搜集整理了许多古碑拓片，但是其金石学知识究竟达到了何种程度？类似的推论还有许多。鲁迅是伟大的，但并不证明其自身的一切都伟大。不能因其为鲁迅，而把他精神世界的所有方面都加以专业性的细化或放大。鲁迅是凭借思想主体和文学价值而成为鲁迅的，鲁迅是文学家鲁迅、思想家鲁迅、学问家鲁迅、翻译家鲁迅、教育家鲁迅，但是鲁迅不是文字学家鲁迅、不是金石学家鲁迅、不是美术家鲁迅、不是医学家鲁迅……这是学问化研究范式应该注意的学科法则。

20世纪80年代的"还原鲁迅"诉求，不仅表现在对研究对象和研究结论进行学理逻辑的人为强化，还表现在研究者的话语方式的改变上。概括地说，是由"批判话语"转向"建设话语"，由政治话语转型为学术话语。这不只是鲁迅研究界的转变，也是整个中国学术话语体系的转换，是与新时期中国社会意识形态某种程度的改变分不开的。在鲁迅研究界，研究者们大都规避了以往鲁迅研究中的传统话语方式，特别是"文革鲁迅"的政治套语、"革命豪言壮语"和"阶级斗争"式的暴力话语等模式化语态，取而代之的是学术化、个性化的话语方式。这也是用学术逻辑代替"强制性政治逻辑"之后的必然结果。"文革"中的大批判文章使用的都是一种强加于人的"强制性逻辑"，即从批判对象的思想和言论中择取片段，进行因果关系的任意编织组合，然后按照事先预定的结论强加于批判对象，用不容置疑的语言为其定性。作为一种"思想武器"，这种"强制性政治逻辑"长期影响着中国大陆人文社会科学的学术研究。在反拨贬损鲁迅的思潮的过程中，亦有人从维护鲁迅政治地位出发，轻车熟路地使用"文革鲁迅"的价值观和言说方式，来反击人们对于鲁迅的贬损。[①] 岂不知说者表面是在捍卫鲁迅，而实质上是在重复神化亦即僵化的鲁迅形象，不仅不能起到维护鲁迅地位的作用，反而会更加激化人们对于鲁迅的排斥和反感，从而使鲁迅的价值进一步被局限、淡化。

在学术价值观和话语方式转换之后，也出现了一种过度阐释的学问化研究倾向。必须指出，对于鲁迅的思想和学术的研究不能做一种纯学问式的放大，进而走入玄学化的歧途。2002年绍兴鲁迅年会上，笔者曾提出要高度注意鲁迅研究中的这种"玄学化倾向"："不能用人人都不懂的话阐释人人都懂的道理，而应该用人人都懂的话说人人都不太懂的道理。"[②] 孙玉石更进一步指出，应当特别尊重鲁迅作为文学家和思想家的"独特性"："他是以自己的直接感悟与无休止批判来辐射他的思想能量，而不是在逻辑系统的思考中来论证他的思想凝结的。他追求关注的一贯性，批判的直击性却不一定有哲学家思想的严密性。"[③] 如何认识和理解鲁迅在中国思想史和哲学史上的价值，从学术价值的认定到话语方式的表达，学界是存在着偏向并值得我们认真反思的。有

[①] 朱振国：《不能听任〈收获〉杂志嘲骂鲁迅——致中国作家协会的公开信》，《真理的追求》2000年第7期。
[②] 张福贵：《鲁迅思想的民众本位与鲁迅研究的大众化价值》，《武汉大学学报》2011年第5期。
[③] 孙玉石：《尊重鲁迅作为文学家的思想家的独特性》，《鲁迅研究月刊》2002年第5期。

的学者把这种玄学化的过度阐释现象,称之为"脱离文本的'自说自话'式的'伪创新'"①。此说虽然激烈,但是不无道理。

在学问化研究范式中出现的这种玄学化的倾向,不仅造成接受者的阅读障碍,而且与鲁迅的思想实际也多不符合。研究者从"文革鲁迅"的价值观和话语方式中脱离出来,对鲁迅思想价值进行学理化乃至学院化的过度阐释,实质上在很大程度上限制了鲁迅思想的意义。正如林贤治所说的那样,"鲁迅研究被经院化了,被专家、学者规范化,失去了独特的生命力"②。一种思想是否有价值或价值的大小,并不等同于思想的理论化、体系化的程度。鲁迅不是单纯的学问家,其思想的形成具有很强的现实针对性,目标、对象往往是多种多样的。他因时而作,因事而发,思想和言论似乎比较随意,从而给人造成这样一种印象:思想缺少系统性和学理性,更多的是一种时事性的社会批评和偏激的文化批判。而在这样一种历史的情境下,一些鲁迅研究者从"捍卫鲁迅"出发,为了适应所谓的"学理"和"规范"的学术潮流,改变过去人们对于鲁迅"斗士"形象的单一认识,强化鲁迅在中国思想史和文化史上的地位,往往从学理上对鲁迅思想进行有意的放大,加以哲学化和体系化,把简单问题复杂化、思想问题概念化、个别观点体系化,呈现明显的"玄学化倾向"。正如鲁迅曾经说"就是在思想上,也何尝不中些庄周、韩非的毒"③一样,有些研究者多少也中了一些"玄学"的"毒",陷入自我编织的玄学理论陷阱之中,或多或少参与了这种玄学化的营造。在笔者以往的论著中,关于鲁迅思想体系的建构亦远远强烈于对鲁迅思想本身的认识,结果使自己对鲁迅思想的阐释远远大于鲁迅的思想本身。正如一位前辈指出的那样,"由于过于追求结论的体系化,思想之刃有时候便把一种生动的现象或一种直观的思想,按照最近的逻辑来分解","好像是一种思想在作者意识中单独运行的结果"④。

21世纪之初,李泽厚指出,"大陆学术时尚之一是思想家淡出,学问家凸现。王国维、陈寅恪被抬上天,陈独秀、胡适、鲁迅则'退居二线'"⑤。其实,李泽厚好像没有意识到这种倾向的出现,是与他自己曾经做出的历史假说是有某种关系的,他疏忽了自己当时在中国思想界的影响力而提出"告别革命"的主张所造成的思想后果。但是,无论如何,李泽厚对于"思想家淡出,学问家凸现"现象的概括,还是一种极其精准的深刻判断。

毫无疑问,"人们将鲁迅思想过度学术化的目的是为了提升鲁迅思想的地位,使之与近些年来走红的'国学大师'们相抗衡,但是过度学术化的结果恰恰使其思想

---

① 古大勇:《"过度阐释"与"偏离鲁迅"——对新时期"鲁迅研究"的反思》,《甘肃社会科学》2008年第4期。
② 见赵普华《我们今天怎样才能真正走近鲁迅》,《中华读书报》2001年9月26日。
③ 鲁迅:《坟·写在〈坟〉后面》,《鲁迅全集》第1卷,人民文学出版社2005年版,第301页。
④ 张福贵:《惯性的终结:鲁迅文化选择的历史价值》,吉林大学出版社1998年版,第7—8页。
⑤ 古大勇:《"过度阐释"与"偏离鲁迅"——对新时期"鲁迅研究"的反思》,《甘肃社会科学》2008年第4期。

失去了大众性和现实感,使鲁迅成为高高在上的哲人,思想成为束之高阁的理论。这种把战士变成学者和哲人的努力,淡化了鲁迅思想的平民情怀和当代意义,既疏离了现实又疏离了大众,反过来制约了鲁迅思想的影响"①。对于一般读者大众来说,鲁迅的书下了工夫还可以读懂,可是研究鲁迅的书即使下了大工夫也很难读懂。学术活动就是把复杂问题简单化,而不能把简单问题复杂化。正如鲁迅所言,"倘若说,作品愈高,知音愈少。那么,推论起来,谁也不懂的东西,就是世界上的绝作了"②。鲁迅是一个站在大众的立场上立足于现实的战士,单纯学术化倾向可能使鲁迅研究这门显学成为玄学,一旦成为玄学,就会把本来不太容易读懂的鲁迅就变成了读不懂的鲁迅,鲁迅就成了"文化木乃伊",从而使其与当代人特别是青年人之间的思想间隔进一步扩大。

四 当代性研究:鲁迅思想的经典性价值

纵观半个世纪以来的鲁迅研究历史,对于鲁迅价值的评价从来没有像近年这样众说纷纭,甚至是针锋相对。

首先,应该具有宽容的文化心态,把贬损鲁迅看作是对"鲁迅学"的丰富。

第一,是对过去"神化鲁迅"的反驳——历史的逆反心理;"小鲁迅"的个体化理解是对神化鲁迅的历史反驳。

第二,长时间的造神运动造成的逆反心理。毛泽东对鲁迅的最权威的评价及人们对于这一评价的过度阐释,使鲁迅学就变成了"学鲁迅",鲁迅无处不在,鲁迅无所不能。鲁迅思想被肢解、被工具化。③ "鲁迅永远是正确的"。

第三,是对鲁迅个人认识的深化——"还原鲁迅"。还原使鲁迅及其世界与当下人们产生了亲和感,使之重新回到了人间,走进了现实,并且通过研究者的自我感觉和理解而为人们描摹了鲁迅世界中可能存在的不为人知的另一面。"人性的一般弱点"和人情味,拉近了距离——"鲁迅是人不是神"。

第四,这本身表明了中国学术思想环境的变化和研究者主体意识的觉醒。

因此,在这样一种历史传统和思想现实之中,首先,必须以公正和宽容的心态,来对待近年来学术界和社会上出现的"重评"及怀疑鲁迅思想价值的现象。

其次,个人生活中的"小鲁迅"不应抵消思想文化中的"大鲁迅"的价值。

专注于"小鲁迅"理解的结果,是对鲁迅思想和人格的怀疑,使鲁迅丧失历史批判的真实性和现实批判的合理性;个人化理解是以发现鲁迅所可能具有的一般的人性

---

① 成仿吾:《〈呐喊〉的评论》,《创造季刊》1924 年第 2 卷第 2 期。
② 1949 年 7 月 11 日,刘文典在云南大学文史系《关于鲁迅》的演讲中,对鲁迅的为人、创作、学术都以调侃的方式进行了置疑和批评。
③ 鲁迅:《坟·写在〈坟〉后面》,《鲁迅全集》第 1 卷,人民文学出版社 2005 年版,第 301 页。

的弱点而告终的。但问题的关键不在于鲁迅思想和人格上有没有缺欠，而在于对鲁迅思想价值的本质做何判断。也就是说，在当下情况下应该如何发现和判定鲁迅思想的价值。个人化理解在展示人性的丰富性的同时，以人的一般性来削减鲁迅的思想高度，最后就必然局限了鲁迅的价值。鲁迅说过："有缺点的战士终究是战士，完美的苍蝇也终究不过是苍蝇。"

社会发展的事实是，鲁迅"昔日所指就是今日所在"。按照"思想本体—社会时代—意义价值"的逻辑过程，形成当下鲁迅研究的基本思路，从而印证鲁迅文化批判与社会历史对象的对应关系。在此基础上抽象出一般文化建设的本体论和方法论原则。这也就是鲁迅思想经典化的过程。研究鲁迅的目的，"借鲁迅言说时代和我们自己"。

具体说来，鲁迅思想的经典性意义就在于他提出了一些对社会发展有着至关重要的命题，而这些命题许多又是在中国历史和现实中未能真正完成的课题。这些命题无论是对于历史中国还是对于现实中国来说，都具有经典性的价值——具有历史的超越性和长久的现实适用性。

核心命题是"改造国民性"——"致人性于全"："真的人""世界人"。他一生批判和挑战的不是哪一个个人，而是中国的一种文化传统，一种民族根性，一种社会状态。"立人"的启示与"做人"的启示。通过鲁迅，我们发现中国千百年来所有问题的根源，就在于对于"人"的不尊重。"立人"，不仅仅是纯思想的，更是具体的行动。鲁迅在这两大行动中都站在了前列，他用自己的思想和行为把二者集于一身，痛苦来自思想的深刻。思想的痛苦可以转化为价值资源。今天，我们终于能从这痛苦中领悟出这样一种意义：政治革命的胜利决不等于思想和道德变革上的成功，社会变革是一个整体的概念。如果有一天中国真的不需要鲁迅了，那么中国也就完善了。作为鲁迅研究者，我真的希望那一天早日到来。

任何历史研究除了纯粹的古籍整理之外，大都是为了追寻当代意义，任何有关历史人物的个体研究大都不只是认识个人，而是为了认识社会，只是认识价值的大小而已。否则过去历史上的每一个个体都可以成为后人研究的对象。鲁迅是因其伟大而成为无数人研究的对象的，而他的伟大恰恰因为其思想价值和影响超越了一般的个体。所以，关于鲁迅个体的研究目的是为了认识其主体价值服务的。在对鲁迅进行价值判断之前，应该首先理解鲁迅思想的主体或本质是什么。孙郁认为，"鲁迅精神是一种个人的解放和民族解放，或者说是人类至爱，所以，我更愿意把鲁迅精神看成一种战斗精神"[①]。这是对于鲁迅思想主体或本质最为准确的概括。正是在这样一种理解前提下，才会有鲁迅思想价值和意义的选择、判断。李书磊说："鲁迅的遗产在今天尤其珍贵；鲁迅代表着现代中国知识分子人格的最高成就，他在上海卖文为生，利用自由职业和文化生产的

---

① 鲁迅：《坟·写在〈坟〉后面》，《鲁迅全集》第1卷，人民文学出版社2005年版，第301页。

市场化赋予知识分子的自由空间完成了他的文化创造,既利用了自由空间,又在商业化的处境中保持了知识分子独立的品格,具有不可替代的示范作用。"[1]

鲁迅研究要获得最广泛的当下意义,首先就是要实现鲁迅思想的大众化,亦即"普及鲁迅"。大众化是实现对象思想价值的一种形式和手段,作为形式和手段,需要研究者尽可能地将研究对象的思想内容做通俗化的理解,从而达到思想的普及。鲁迅终其一生的思想追求就是要改造国民性,变革民众的思想。思想生成的目的决定思想的属性,所以平民立场是鲁迅思想的本质。

鲁迅一生于对虚伪道德人格的批判,其批判的不是具体的个人,而是传统文化体系的消极功能和这个消极功能所造成的道德虚伪。因此,鲁迅是与社会和旧习惯相对抗的,也因此而最终不容于环境。谎言是一种人为编织的虚假事实与荒诞逻辑,而最终会被现实存在或另一个谎言本身所戳穿,从而加大社会的不信任感。当虚伪成为一种民族习性和社会人格时,必然导致深重的文化灾难和社会危机。谎言与虚伪对于民族伤害最大的是对于下一代人的人格养成和责任担当的无视。鲁迅批判虚伪和谎言正是为了挽救这种民族的危机,这就是他在《狂人日记》中发出"救救孩子"的最终目的。在任何一个社会里,人与人之间、人与社会之间都不能缺少基本的信任。由思想产生的政治信仰固然重要,而由道德形成的政治信任更不能缺失。政治道德缺失,必然导致政治信任危机。因此,鲁迅对于虚伪的批判具有超越性的经典价值。2006年,张梦阳在湖北大学演讲中指出:"鲁迅的思想本质与价值核心究竟是什么呢?一言以蔽之,就是对中国人精神的深刻反思。用长一些的话解释,就是在20世纪中国从封建专制向现代文明转型的历史时期,对几千年来封建禁锢下的中国人的精神进行彻底的根柢性的反思,敦促中国人冲出思想的牢笼,获得精神的解放,达到精神的独立和思想的自由,从而正确地认识自己、认识世界,确定自己在世界的恰当定位和自立于世界民族之林的正确方略,实现中华民族的伟大复兴。"[2]

从中国社会历史发展的角度来评价鲁迅,经典化地理解鲁迅的思想意义,是当下社会的现实需要,也是实现鲁迅思想价值的有效方式。在阅读鲁迅之后,再阅读我们的时代就会越来越发现鲁迅是一个说不完的话题。所谓的经典就是当一种思想观念具有高度的概括性和长时期的适应性之后,不会因为时代的变化而发生价值的改变,这样就获得了超越性的价值。林非指出:"鲁迅在20世纪初期以五四为标志的那场启蒙运动中间,提出过不少振聋发聩的思想主张,不仅于同时代的先驱者里面显得分外的巍峨挺拔,甚至在数千年的中华文明史上,也完全可以说是异常卓越和辉煌的。他的这些见解对于21世纪中国思想的历程,已经产生过重要的影响,却还远远地没有发挥完毕。这是因为相当多的人们,对他那些思考民族命运和提高大众精神素质之关键所在的见解,还显得十分的陌生,并未获得广泛的知悉与理解而如果能够将鲁迅这些杰

---

[1] 张福贵:《惯性的终结:鲁迅文化选择的历史价值》,吉林大学出版社1998年版,第7—8页。
[2] 张梦阳:《鲁迅的当代价值》,中国学术论坛网聊天室,2006年6月10日。

出的思想见解,有效地传播和扩展到广大的人群中间去,让更多人的精神境界也逐渐提高到这样的程度,那么我们整个民族的思想和文化素质,不也就可以远远地超越那种滞后的状态了吗?"① 有的学者按照恩格斯的"理论思维"都是一种历史的产物,不同时代有不同的内容和形式的观点,认为"任何价值表达作为一种'理论思维',其合理性和有效性都不能脱离具体的历史背景。用这种观点来看鲁迅,他最富个人创意的主导思想,即是对中国传统文化的决绝性否定和对国民性的反思性批判,在发生的历史现场和当下的历史现场,有着不同的价值意义。这种文化姿态尽管有着最充分的历史合理性,但与今日中国的历史要求即生存利益之间,已经产生了深刻的裂痕,或者说历史性的价值错位,不再能够与当下现实有效接轨,并进行有效描述,因此在相当大的程度上失去了历史的依据。鲁迅主要的价值表达并不具有超历史的普适性意义,其有效性不能够脱离具体历史条件而绝对化"②。其实,这里有两个问题需要进一步辨析。第一,人类思想并不总是以推陈出新来获得发展的,只要思想与环境相适应,不管这一思想的渊源和历史有多么长久,都仍然具有实际价值。扬弃是创新,延续也具有新的意义,否则就不会有古为今用之说。第二,鲁迅对于中国传统文化的否定和对国民性的反思批判,与当下中国的现实要求是否已经错位并失去了历史的依据?对于这一问题的不同回答实质上是对社会文化态势的不同分析,时代的相似和思想的传承,使鲁迅思想与当下社会文化发生更契合的关系。而且对于鲁迅彻底反传统的思想不必讳言,也不必恐惧。以鲁迅等为代表的五四新文化运动的先驱者与其说是反传统,毋宁说是以现代价值为指归来改造传统。"在从传统到现代的这一现代性进程中,必然伴随着对传统资源的批判、筛选与扬弃。正是着眼于现代性必然带来的'历史的中断',所以五四是成功的文化断裂。由于鲁迅对传统文化的批判有着具体的历史情境,往往着眼于救亡图存的现实需要,因此中国传统文化之鲁迅评价可能会产生一些负面影响。五四一代已经出色地完成了时代交给他们的任务,后人需要做的,不是简单地诿过五四,而是要从五四再出发,往前走,完成五四未竟的现代性进程。"③

鲁迅生活和创作的时代是中国文化深层变革时期,今天中国社会的转型与其所处的时代在某种程度上仍然具有一定的相似性。在这样的历史背景下,鲁迅的思想与五四新文化运动一样,为我们社会文化发展留下了宝贵的思想资源。从五四新文化运动到中国 20 世纪 80 年代的改革开放,中华民族所面对的问题的相似性甚至重复性是显而易见的。中国文化价值观和方法论在近百年的历史进程中,似乎没有发生根本性的变化,当年鲁迅所关注的一些问题至今仍然为当下人们所重复探讨。例如国民性问题、"拿来主义"问题、"国粹"问题、精神胜利法问题等。当问题总是重复出现,而且成为一种普遍的现象时,就不能简单归咎于个人和制度问题,而应在文化传统或者文化

---

① 林非:《穿越时间隧道的光芒》,《中国文化报》2001 年 9 月 20 日。
② 张福贵:《惯性的终结:鲁迅文化选择的历史价值》,吉林大学出版社 1998 年版,第 7、8 页。
③ 陈汉萍:《全盘反传统抑或改造传统:重申鲁迅与传统文化》,《社会科学战线》2010 年第 12 期。

根性上寻找原因。因此，在这样一种历史情境下，鲁迅的文化批判及改造国民性思想就愈加显示出超越性和针对性的价值。21世纪之初，王富仁就认为在这样一种思想文化的相似性中，"鲁迅的思想更具有根本性的意义，他的意义在于以自己对于中国历史整体性的深刻思索，回答了现代社会中，一个人应该怎样对待世界，怎样对待自己的民族，怎样对待自己。鲁迅对于国民性、国民精神的深刻反思，在结束'文化大革命'、向新时期文学转变的过程中起到了关键的作用。而鲁迅研究也以其特有的思想资源在思想解放运动中起到了重要的推波助澜的作用。也正是因为与时代的需要相契合，与中国历史发展的潮流相契合，鲁迅研究开始走上健康发展的轨道"①。否定和弱化鲁迅研究的当下意义和代言功能，就会使鲁迅的价值大打折扣。林贤治称，"鲁迅本人是个直面人生的人，如果我们的研究不能和当代人的生存结合起来，那是没有意义的，当今鲁迅研究的最大问题就在这里"②。

鲁迅的思想是当下中国最值得珍惜的精神资源，鲁迅挑战强者和批判国民根性的立场，仍然具有重要的意义。鲁迅的存在，为我们确立了一种人生境界和一面反省的镜子。他的存在，使我们不敢自我夸耀，使我们不敢轻易自称为"战士"，也不敢轻易把某人称之为"伟人"。我们只要一直努力坚守这样一个底线：可以平凡，但是不能平庸；可以不崇高，但是不可以堕落。

第三种研究范式并不是所有研究对象都可能获得的，因为关联性研究需要其对象具有经典性、概括性，从而具有较大的阐释空间，与当下社会现实和人类生活发生内在的联系，至少具有某种参照性价值。

在对鲁迅思想进行理解和阐释的过程中，有人认为出现了鲁迅思想价值"肥大化"的倾向。其实这种"肥大化"是必然的，准确地讲，价值的"肥大化"是鲁迅思想的扩大化。作为一种卓越深刻的时代思想，努力扩大其影响，产生超越性的意义，对于整个民族来说实在是一件幸事。而且任何研究都是一种自我理解和自我感受，如何判断研究对象与研究者之间的契合程度，并没有一个绝对不变的尺度。或大或小，或高或低，都与研究者的主体意识有直接的关系。这一方面既来自鲁迅精神世界的丰富性和复杂性，也来自评价者的评价尺度。

关于鲁迅思想当代意义阐释的可靠性和可行性问题。人们常常设问：学界对鲁迅思想的阐释是否是鲁迅自身意识到的，或者是鲁迅所具有的。就是说，鲁迅没有想到，也没有说过，我们所研究的是否还是鲁迅？其实，这是一个接近于文学批评常识的老问题。如果按照这一个逻辑，恐怕人类思想史和文学史一半以上的研究就会失去存在的意义。是否可以这样进一步推论：马克思主义出生于100多年前，而且还出生于外国，怎么可以指导过去中国的革命和今天中国的建设？这是一个古老的审美主客体的关系问题。鲁迅当年用易卜生自己的表白已经阐释了这一基本常识："娜拉毕竟是走了

---

① 见王玮《鲁迅在今天的意义》，《光明日报》2001年4月5日。
② 见赵普华《我们今天怎样才能真正走近鲁迅》，《中华读书报》2001年9月26日。

的。走了以后怎样？伊孛生并无解答；而且他已经死了。即使不死，他也不负解答的责任。因为伊孛生是在做诗，不是为社会提出问题来而且代为解答。就如黄莺一样，因为他自己要歌唱，所以他歌唱，不是要唱给人们听得有趣，有益。伊孛生是很不通世故的，相传在许多妇女们一同招待他的筵宴上，代表者起来致谢他作了《傀儡家庭》，将女性的自觉，解放这些事，给人心以新的启示的时候，他却答道，'我写那篇却并不是这意思，我不过是做诗'。"①

当代性研究范式最大的思想障碍是人们对于"文革鲁迅"的记忆与忌讳。"把鲁迅还给鲁迅"的口号，最初是针对"文化大革命"期间鲁迅被神化甚至极端工具化的历史而做出的一种回归学术的努力。如果从专门的历史研究和学理逻辑来看，这不无道理。但是，从当下社会思想需求来说，这又是无力和局限的。任何还原都不可能真正做到完整的还原，只要是研究就是一种主观阐释。"文革鲁迅"的存在历史，使人们在摒弃政治功利化观点的同时，也拒绝了对其思想方法的接纳。鲁迅思想的深刻是由于他洞察历史、社会和人性所获得的，从这个意义上说，这种拒绝是我们文化建设上的损失。从另外一方面来说，鲁迅思想的深刻亦是由于民众失去思想能力的结果。他的批判和主张是他自己面对传统社会认识的结果，显示出历史先知一般的深刻。

如果将"把鲁迅还给鲁迅"的口号做一种单纯的历史性理解的话，其最后结果可能就是鲁迅只是属于鲁迅。周海婴、周令飞在面对被概念化的鲁迅形象时，曾经指出这不是他们所认识的鲁迅，认为鲁迅是一个有血有肉、幽默快乐的正常人。其实如果学界研究的结果与亲属的印象完全一致，那可能就是多余的劳动。而且周海婴在强调鲁迅是一个正常的亲人之外，也认为鲁迅更是一个时代和一种文化的标志："对于已成往事的20世纪，作为鲁迅的家属，我的感慨不仅深刻，而且复杂：鲁迅在20世纪的影响是有目共睹的，他以毕生不懈的努力创造了一个辉煌的'文化鲁迅'，这是我作为鲁迅家属的骄傲。从更广的视野来看，鲁迅作为作家的意义可能还表现在中国社会由传统向现代转型的历史进程中，在这个过程中，鲁迅努力实践着传播新文化的信念，同时，他也因为自己不惮前驱的意志而成了一面具有召唤性的旗帜，对以后那些同样致力于中国进步与发展的有为者而言，鲁迅是令人尊敬的前辈和导师。"②

即使有"文革鲁迅"的存在，鲁迅研究的社会学方法作为一种学术方法也是无罪而且是有效的，鲁迅研究者的思想从某种意义上一定要大于鲁迅作品原本的思想。因为研究者要从自己的价值观出发，对于鲁迅思想做自我阐释，其中必然有所放大或者变形，这就是著名的"一千个人眼中有一千个哈姆雷特"定律。如果我们研究的结果，证明鲁迅就是鲁迅，周作人就是周作人，胡适就是胡适，这仅仅是整个研究的起点而非终点，至少不是唯一的终点。如果除去历史性研究的范式之外，这种研究对象存在

---

① 鲁迅：《坟·娜拉走后怎样》，《鲁迅全集》第1卷，人民文学出版社2005年版，第166页。
② 周海婴：《鲁迅究竟是谁——在2006"上海书展"〈鲁迅与我七十年〉一书发布会上的讲演》，《文汇报》2007年8月13日。

的意义和研究本身的意义都会大打折扣。因为按照这样一个逻辑推论，任何一个普通人、一件普通事就都可以作为研究的对象，都可以加入学术史，其结果必然淡化了研究对象的非凡性和可研究价值。鲁迅如果就是鲁迅，鲁迅没有那么非凡，而是一个普通的"人"的话，我们为什么还需要用如此多的人花费如此大的精力用如此长的时间来研究他？或者说，是否也可以研究任何一个张三李四？正如陈漱渝所说的那样，"不应该将鲁迅混同于一般精神现象主体，而必须将鲁迅定位为中国现代文化重要的精神资源"①。鲁迅之所以伟大就因为他不是那个生物学意义上的"周树人"。

否定鲁迅思想的经典性价值的另外一种理由是，鲁迅道德人格和论争批判中所存在的某些缺陷和偏误，似乎使鲁迅失去了历史批判的真实性和现实批判的合理性。特别是近年来关于周氏兄弟失和原因的考察，使其道德人格遭受到更大的质疑。在这里实事求是地讲，我们很难否定鲁迅与羽太信子之间的性爱纠葛问题。抛却周作人后来的文字暗示和近年其长子周丰一的证言不论，仅从历史现象和一般逻辑分析来看，鲁迅与羽太信子可能存在的暧昧关系是导致兄弟失和的直接原因，而鲁迅的"失节"也可能确实具有某种程度上真实性。因为"兄弟失和"这一事件具有三大问题无法解释：突发性、严重性和神秘性。突发性——事前毫无预兆；严重性——从此之后兄弟之间未有任何联系；神秘性——个中原因双方至死不说一字。无论是思想道路还是经济纠纷都可以申辩、争吵，只有涉及家族"不伦"性问题才会如此讳莫如深。然而退一步讲，即使是鲁迅真的"失节"也不应该影响我们对于鲁迅精神的基本评价，鲁迅思想的价值仍然具有可靠性和合理性。中国传统价值观讲求政治评价与道德评价的一体性原则，即政治立场与道德人格同一：政治正确，道德就一定高尚；政治反动，道德就一定堕落。这在许多叙事文学作品中都有形象的表述。其实，政治评价或者思想评价与道德评价的一致性是最理想的评价，德才兼备是最理想的人格。但是，二者之间的些许错位也是一种常态，因为人性是极其复杂的，而且政治有政治的评价尺度，道德有道德的评价尺度，思想有思想的评价尺度。政治的尺度是需要，道德的尺度是崇高，思想的尺度是深刻。即使是从道德的尺度来评价鲁迅可能的"失节"，也不能影响其道德主体的高尚，更不能影响其思想本质的深刻。因为正如鲁迅自己所言，"有缺点的战士终究是战士，完美的苍蝇也终究不过是苍蝇"②。

对于鲁迅研究的当代性阐释是否就是神化鲁迅的问题，也要进行认真的辨析。神圣化是超越人类一般的思想而具有无所不能无所不包的神祇式预见能力。像"文革鲁迅"一样，无论何时遇到何人何事，鲁迅总是无时不有无处不在的，我们都能找出鲁迅有如箴言一般的言论在那里昭示或者预示。应该说，鲁迅思想是博大精深的，其主体包括"思想启蒙""改造国民性"和挑战权威等核心命题。这些命题在中国社会转型和人的现代化过程中，确实具有非凡的功能。如果将此视为是对鲁迅神化的话，则这

---

① 鲁迅：《坟·娜拉走后怎样》，《鲁迅全集》第1卷，人民文学出版社2005年版，第166页。
② 见赵普华《我们今天怎样才能真正走近鲁迅》，《中华读书报》2001年9月26日。

种神化是必然和必要的。因为我们首先要看看鲁迅的思想主体是什么，然后再看看鲁迅的思想在当下中国社会究竟发生着多大的作用，从而认识鲁迅思想的当代价值。在这样一种认识过程完成之后，我们就会增加对于鲁迅思想的认同。

鲁迅在《答国际文学社问》中谈到翻译的选择时说，"我看苏维埃文学，是大半因为想介绍给中国，而对于中国，现在也还是战斗的作品更为重要"[1]。他告诫青年，现在"要紧的是'行'而不是'言'"[2]。鲁迅对文学的选择和取舍始终是以国家的前途命运、社会现实需要为准则的。在阐释和学习鲁迅过程中，我们这里所说的"行"不是实际肢体行动，而是一种思想行为，是对鲁迅思想的宣传和阐释。在当下重提"学习鲁迅""普及鲁迅"是现实的迫切需要，也是鲁迅思想实现从经典化到大众化的必经之途。

2013年3月，在南京师大召开的主题为《鲁迅与20世纪中国》的国际鲁迅研究学术研讨会上，我提出应该增加一个更迫切和更适合的题目，那就是探讨《鲁迅与21世纪中国》的问题。在这样一种理解之上，有感于当下社会的思想环境，我们强调鲁迅研究的当下性和社会性，就是从鲁迅思想本体出发，把鲁迅作为一种世代相传的文化精神体系，言说我们自己和我们的时代。鲁迅之所以能够成为当下言说的重要内容，是因为其具备以下三个条件：第一，鲁迅思想与当下中国现实的契合。思想与对象关系是横移的，没有变化，20世纪的结束并没有终结鲁迅思想的针对性，其昔日所指就是今日所在，时间似乎没有太大的意义。第二，鲁迅思想价值与当下大众认同的相适性。与几年前鲁迅形象的大众理解明显不同的是，当下社会特别是青年群体眼中的鲁迅形象和鲁迅思想价值评价状况发生了巨大的改变，由负面的价值开始回归正面价值。从网络传媒评价的前后变化中可以更清晰地看到这种思想轨迹。第三，在不可言说的价值判断和不可证伪的思想前提中，鲁迅可以成为言说的工具和批评的管道，而鲁迅本身也为这种言说和批评提供了丰富的思想资源。由于鲁迅思想、地位及其在社会中的影响，以鲁迅为言说工具不仅能获得思想的增值，而且可以使论证过程简化，具有事半功倍的效果。例如，鲁迅一句"曾经阔气的要复古，正在阔气的要保持现状，未曾阔气的要革新"[3]，便深刻地揭示了不同境遇的人对社会发展所持的不同态度。

高调一点说，"普及鲁迅"也是实现知识分子社会责任的一种过程。因为作为人文知识分子和鲁迅学人不去承担这份责任，那还期待何人？有人认为，对于鲁迅思想的扩大化理解，鲁迅若地下有灵不知会做何感想。鲁迅研究和鲁迅的价值实现都不可能只是在书斋里完成的，这也是鲁迅人生观和文学观的体现。改造国民性是鲁迅终生的愿望，他不断地著书立说、宣传讲授自己的思想，就是要让更多的人知道和认同自己的思想，完成这个终生的课题。否则，鲁迅就不必如此。因为直到去世前三年，鲁迅

---

[1] 陈汉萍：《全盘反传统抑或改造传统：重申鲁迅与传统文化》，《社会科学战线》2010年第12期。
[2] 见赵普华《我们今天怎样才能真正走近鲁迅》，《中华读书报》2001年9月26日。
[3] 陈汉萍：《全盘反传统抑或改造传统：重申鲁迅与传统文化》，《社会科学战线》2010年第12期。

还坚称"仍抱着十多年前的'启蒙主义',以为必须是'为人生',而且要改良这人生"①。中国传统社会对于民众思想改造的最后结果,不仅造成了政治的盲从和思想的同化,而且也大大地弱化了民族的思想能力。"普及鲁迅"是对鲁迅思想的扩大,也是对鲁迅生前矢志不移的使命的延续。如果鲁迅地下有知一定会欣慰的。

毫无疑问,当代性研究范式往往也是一种放大的思想关联研究。由于"文革鲁迅"的存在历史,导致了人们对于庸俗社会学和政治学研究的反感和忌讳,这种研究范式也容易走入"文革鲁迅"式的误区。但是,无论何时,当代性研究范式作为人文社会科学研究的方法论和目的论,其价值是不能被否定的。只要正确选择对象,让政治逻辑服从思想逻辑和人性逻辑,放大的关联性研究也是有意义的。例如,我们对于鲁迅"世界人"的概念的关注和阐释就具有这样一种意义。在中国,宣传世界主义和批判民族主义都是不招人待见甚至是危险的。因为近代以来,民族主义一直是中国社会中最具道德感、普遍性和历史合法性的思想,而且是官方文化与民间文化之间认同度最高的时代思想,它往往以崇高、正义、献身、理想等相标榜。然而,这种先天正确和必定崇高的思想,有时反而会增加历史的悲剧性。

鲁迅研究没有限定,每一种研究范式都是对于鲁迅丰富复杂的精神世界和思想成果的开掘和阐释。只不过在当下中国社会转型的关键期,我们到底最需要一种怎样的鲁迅研究,这是值得我们认真思考并做出选择的。

---

① 成仿吾:《〈呐喊〉的评论》,《创造季刊》1924年第2卷第2期。

"我的人物比我高"
——由萧红与鲁迅对待小说人物的异同谈起

曲阜师范大学文学院 张瑞英[*]

在与聂绀弩的一次对话中,萧红曾谈及自己与鲁迅是如何对待各自小说中的人物的:

> 鲁迅以一个自觉的知识分子,从高处去悲悯他的人物……我开始也悲悯我的人物,他们都是自然的奴隶,一切主子的奴隶。但写来写去,我的感觉变了。我觉得我不配悲悯他们,恐怕他们倒应该悲悯我咧!悲悯只能从上到下,不能从下到上,也不能施之于同辈之间。我的人物比我高。这似乎说明鲁迅真有高处,而我没有或有的也很少。一下就完了。这是我和鲁迅不同处。[①]

萧红以其切身的写作体会,道出了这对中国现代文学史上的"父"与"女"内在文化精神的承传与写作姿态的差异。传统知识分子的社会使命感和家国责任意识,加上进化论和尼采超人哲学思想的影响,使鲁迅的文化精英意识特别浓烈。在早年的《文化偏至论》中,他就积极提倡"任个性而排众数"的"立人"思想。正是基于这种精英意识所孕育、强化的神圣责任感、使命感,促使鲁迅在小说中对国民性问题予以了深入剖析,对国民劣根性进行了无情挞伐。在鲁迅看来,由于高度的专制统治和精神禁锢,百姓"默默的生长,萎黄,枯死了,像压在大石底下的草一样,已经有四千年"[②],这几乎是一个"无声的中国"。要改变这种状况,首要的任务就是要启迪民智,唤醒民众奋起砸碎窒闷密闭的"铁屋子"。在鲁迅的乡土小说世界里,他试图画出"无声的中国"中千千万万大石下草一样生存的百姓的灵魂,既批判使他们备受摧残压迫的社会环境与文化生态,也揭露其愚昧、麻木、相互隔膜的精神世界。"哀其不幸,怒其不争",既是鲁迅塑造阿Q、华老栓、祥林嫂等小说人物的写作态度,更是他看取国民劣根性的基本姿态。而在揭出病苦、引起疗救者注意的思想企向和文化行为背后,

---

[*] 作者简介:张瑞英(1965—),女,山东高密人,文学博士,曲阜师范大学文学院教授,博士生导师。
   基金项目:国家社科基金项目"文化视域下中国现代小城镇小说意义价值新探"(10BZW085)。
[①] 聂绀弩:《回忆我和萧红的一次谈话——序〈萧红选集〉》,《新文学史料》1981年第1期。
[②] 鲁迅:《俄文译本〈阿Q正传〉序》,《鲁迅全集》第7卷,人民文学出版社2005年版,第83—84页。

我们分明看到的是叙事者或曰言说者对待蒙昧众生是"从高处去悲悯他的人物"的一种居高临下的启蒙姿态。

由鲁迅所开创的现代乡土小说创作,到了20世纪30年代,随着一批来自社会底层的年轻作家如沈从文、沙汀、李劼人等加入创作队伍中来,乡土小说的文化取向与表现主题也日趋丰富起来。这批接受过现代文明洗礼的年轻作家,带来的是属于他们自己的乡土文化感受和故乡生存体验,其创作在承续着启蒙话题、批判家乡落后愚昧的同时,也自觉不自觉地将故乡那旺盛的生命活力呈现了出来。他们所表现的不仅仅是乡民所受的重重压迫及残酷的生存环境,还有他们在这种境遇中的生存方式、生命形态及生生不息、代代延续的精神力量。在这里,故土的落后荒凉与乡民的蒙昧麻木赋予了作家们启蒙的责任,但故园的高天厚土与乡民淳朴厚道的性情、顽强执着的意志又是作家们无可回避甚至是钟情属意的表现主题,如此,这接续于五四的启蒙话题便变得复杂起来。萧红的小说就在这种复杂矛盾中显示了与鲁迅不同的写作姿态。在五四精神及鲁迅的影响下,萧红的写作最初也是以知识者的优越感走在启蒙的路上。萧红曾经说过这样的话:"作家不是属于某个阶级的,作家是属于人类的。现在或者过去,作家们写作的出发点是对着人类的愚昧!"① 在这样的话语背后,我们看到的是一个与鲁迅极其接近的启蒙者萧红——居高临下地悲悯自己的人物。但随着萧红人生阅历的增加,尤其是战乱、爱情、写作给她带来的种种不幸和困厄,使她备感生存的压力之大,她觉得自己不配悲悯笔下的人物,倒是自己时常处于被同情的地位。面对笔下人物,她不仅不能施之以从上到下的悲悯,反而感受到了这些平平常常甚至猥琐不堪地生活在故土的乡邻们身上所具有的力量、尊严和爱等种种美德。因此,她开始从与鲁迅不同的视角上来观察和表现他们的生活、描绘他们的形象、揭示他们的精神世界。作为启蒙者,鲁迅与其笔下被启蒙者的关系是,"那些人物,多是自在性的,甚至可说是动物性的,没有人的自觉,他们不自觉地在那里受罪,而鲁迅却自觉地和他们一起受罪"②。而萧红却在写作中与笔下人物感同身受,启蒙的理念在"写来写去"的过程中"感觉"就变了,她真正走入了笔下人物的生活,体会到了他们的喜乐哀愁,看到了他们在卑微的生活中对活着的努力,对尊严的维护,从偶尔的达观幽默中还能看到他们对爱与快乐的追求,萧红真正感受到了生活于社会底层的乡民身上所具有的坚忍执着的生命活力,真诚地感觉到"我的人物比我高"。如果说《生死场》还主要是以启蒙为主调来表现笔下人物从愚昧、麻木到觉醒、反抗的话,那么在《呼兰河传》中,萧红已真正投身于社会底层,融入了笔下人物的生活世界,走进了他们的灵魂深处,倾听着他们那困顿无奈却又执着不屈的心灵悲歌。需要指出的是,变了的是萧红的"感觉"与写作姿态,对笔下人物愚昧麻木、在各种礼俗规矩下害人害己的生存方式,她依然有着清醒的认识,笔下依然不失批判的锋芒。诚如论者所言,萧红的小说

---

① 《萧红全集》第4卷,黑龙江大学出版社2011年版,第460页。
② 聂绀弩:《回忆我和萧红的一次谈话——序〈萧红选集〉》,《新文学史料》1981年第1期。

在"坚持启蒙立场,揭发民间的愚昧、落后、野蛮的深刻性上和展示中国民间生的坚强、死的挣扎这两方面都达到了极致"[1]。

任何看起来非正常的人事背后都有其可以理解的人之常情。如果说鲁迅以其父辈般的深刻犀利,揭出了笔下非正常人生可笑可悲的痼疾之所在,那么萧红则是以女儿式的细腻体贴道出了这可笑可悲背后的人之常情,就在对人情事理的体味咂摸中,她发现了笔下人物比自己高。

一 对弱者身份的自觉认同

钱理群曾说:"没有谁比鲁迅与萧红更重视感情在创作中的作用的了。鲁迅说:'创作总根于爱',萧红以为'一个题材必须要跟作者的情感熟悉起来,或者跟作者起着一种思想的情绪'。他们从不以旁观、冷漠的态度进行创作,总是把自己的全部感情倾注于描写对象之中;在塑造'民族魂'的同时,他们真诚地显示着自己的灵魂。"[2]的确,民族魂的塑造与自我灵魂的显示是这对文坛"父"与"女"区别于大多数作家的伟大之处,而创作时这种近乎殉道的情感投注或许正是他们最令人感佩之处。鲁迅的感情如地火深埋,表现在作品中是深沉压抑之后的节制流露;萧红敏感细腻到近乎神经质[3],表现在作品中则是于琐屑日常事务的描述中曲尽人情人性。

文学的敏锐表现是生命体验的投射。鲁迅从小康人家坠入困顿的经历,使他看清了世人的真面目。南京、日本、北京等求学、求生的辗转经历,从小我的个人、家庭诉求转向立人以启蒙民众,秉性的坚忍执着,知识与见识的出众,启蒙与战斗的责任,这一切使鲁迅成了一个严苛自己而悲悯大众的真正强者。

萧红从出生起就因为是女孩而不为父母珍爱。随着年龄的增长,又因其热心、任性、倔强而被自私、冷酷的父亲所嫌恶。好在她有一个性情达观、体贴人情、爱花惜草的爷爷。爷爷的怜惜,祖孙的相得,让萧红拥有了一个还算幸福的童年。但作为女性被歧视、被冷落甚至被打骂的记忆并未因此消泯,而成长和长成后的痛苦经历又让她备感作为女性的无助、无奈。这种根深蒂固的隐痛反映在她的文学创作中,就是让读者痛彻感受到在两性关系中男人的优越与冷酷,女性的低贱与悲哀。男女之间除了欲望,几乎看不到爱,对女人来说,生育不是价值的体现,而是一种刑罚。男人在家庭中有着绝对的权威,不独穷人家如此,富人家也一样。萧红的成长过程让她感受到了作为一家之主的父亲的权威:父亲对"我"没有好面孔,对仆人没有好面孔,就连

---

[1] 陈思和:《启蒙视角下的民间悲剧:〈生死场〉》,选自王光东主编《中国现当代乡土文学研究》(下),东方出版中心2011年版,第32页。

[2] 钱理群:《"改造民族灵魂"的文学——纪念鲁迅诞辰一百周年与萧红诞辰七十周年》,《十月》1982年第1期。

[3] 友人白朗说萧红"是一个神经质的聪明人"。见白朗《遥祭——纪念知友萧红》,载《文艺月报》1942年第15期。

对祖父也没有好面孔。"因为仆人是穷人,祖父老了,我是个小孩子,所以我们这完全没有保障的人就落到他的手里。后来我看到新娶来的母亲也落到他手里,他喜欢她的时候,便同她说笑,他恼怒时便骂她,母亲渐渐也怕起父亲来。母亲不是穷人,也不是老人,也不是孩子,怎么也怕起父亲来呢?"不但自己的家庭是这种状况,"我到邻家去看看,邻家的女人也是怕男人。我到舅家去,舅母也是怕舅父"①。到娘娘庙去看看,庙里的娘娘塑得很温顺,但老爷庙的老爷却很凶猛,求子的人对老爷磕头很虔诚,对娘娘就没有什么尊敬的意思,觉得她"也不过是个普通的女子而已,只是她的孩子多了一些。所以男人打老婆的时候便说:'娘娘还得怕老爷打呢?何况你一个长舌妇!'可见男人打女人是天理应该,神鬼齐一。怪不得那娘娘庙里的娘娘特别温顺,原来是常常挨打的缘故。可见温顺也不是怎么优良的天性,而是被打的结果。甚或是招打的原由"②。

不独老百姓如此,有文化且接受过现代文明洗礼的人也是如此。《大地的女儿》和《动乱时代》是萧红看重的两本书,前者是美国女作家艾格尼丝·史沫特莱的自传体小说,后者是德国女作家丽洛琳克根据自己的成长经历写的小说。两本书被萧军及其朋友看见了,他们"用那么苗细的手指彼此传过去,而后又怎样把它放在地板上:'这就是你们女人的书吗?看一看!它在什么地方!'"听萧红说《大地的女儿》写得好,他们"立刻笑着,叫着,并且用脚跺着地板,好像这样的喜事从前没有被他遇见过:'是呵!不好,不好……'另一个也发狂啦!他的很细的指尖在指点着书封面:'这就是吗?《动乱时代》……这位女作家就是两匹马吗?'当然是笑得不亦乐乎:'《大地的女儿》就这样?不穿衣裳,看唉!看唉!'"③ 朋友之间这种看似无关紧要的戏谑背后所流露出的对女性的歧视,深深地刺痛着萧红那敏感而易受伤的心灵。

固执脆弱的个性、女性的身份及由此而带来的多舛命运、辗转漂泊的经历、多愁多病的身躯,都让萧红在一次次的挣扎中跌入黯然无望的深渊。她深深体会道:"我是个女性。女性的天空是低的,羽翼是稀薄的,而身边的累赘又是笨重的!而且多么讨厌呵,女性有着过多的自我牺牲的精神。这不是勇敢,倒是怯懦,是在长期的无助的牺牲状态中养成的自甘牺牲的惰性。我知道,可我还是免不了想:我算什么呢?屈辱算什么呢?甚至死算什么呢?我不明白,我究竟是一个人还是两个:是这样想的是我呢?还是那样想的是。不错,我要飞,但同时觉得……我会掉下来。"④ 写作某种程度上给她带来了自信,但同时也给了她边缘化定位的尴尬。

萧红是受萧军影响而偶然闯入文学创作领域的。与大多数受过科班训练而有知识储备和写作技术准备的作家相比,她是靠天才与感悟写作的,头脑中没有先入为主的

---

① 萧红:《祖父死了的时候》,《萧红全集》第4卷,黑龙江大学出版社2011年版,第157页。
② 萧红:《呼兰河传》,《萧红全集》第3卷,黑龙江大学出版社2011年版,第42页。
③ 萧红:《〈大地的女儿〉与〈动乱时代〉》,《萧红全集》第4卷,黑龙江大学出版社2011年版,第187页。
④ 聂绀弩:《在西安》,《聂绀弩全集》第4卷,武汉出版社2004年版,第134页。

条框约束。对她来说,写作不仅是一种思想与情感表达,某种意义上就是一种生命倾诉。所以在"写什么""如何写"和"为什么写"几个方面都和20世纪三四十年代的各派写作格格不入。萧红个性"倔强、有气魄,又有几分无邪的天真"[1],创作上她也有自己的观念:"有一种小说学,小说有一定的写法,一定要具备某几种东西,一定写得像巴尔扎克或契诃夫的作品那样。我不相信这一套。有各式各样的作者,有各式各样的小说。若说一定要怎样才算小说,鲁迅的小说有些就不是小说,如《头发的故事》《一件小事》《鸭的喜剧》,等等。"她表示,自己不会写这种"不是小说"的小说,要"写《阿Q正传》《孔乙己》之类!而且至少在长度上超过他!"[2] 其优秀之作,如1935年完成的《商市街》,去世前在香港完成的《呼兰河传》《小城三月》等,的确是在实践着她的小说理念。

  鲁迅先生以其文坛盟主的地位和文体家的创新才识,可以开拓多种文学创作范式。而萧红在创作上的特立独行,就使其文学作品难免落入不好归类的边缘化的尴尬处境。尽管"萧红对创作有一种宗教的感情,她认为一切都要服从创作"[3],但她对自己的创作却缺乏稳定的自信,在一篇怀念鲁迅的文章中,萧红曾谈道自己一个时期创作的心态:"自己的文章写得不好,看看外国作家高尔基或是什么人……觉得存在在自己文章上的完全是缺点了。并且写了一篇,再写一篇也不感到进步……"[4] 萧红写作上那种小女人的"倔强"与"气魄",会时常被来自外界的质疑和自我的困惑所抑制并逐渐淡化,这进一步强化了她对自我的弱者定位。

  萧红为人为文都有自己的立场和观点,不肯人云亦云,随波逐流,但同时又缺乏足够坚强的心理支撑去实现自己的理想、达成自己的愿望。对他人情感和外来保护的过于倚重,让她自觉不自觉地认同了小女人的弱者地位。所以,她离家,并不决绝;她逃婚,还是落入了包办婚姻的圈套。在男女婚恋关系中,她既渴望心有灵犀的理解与交流,同时又追求并依赖一份男性强有力的保护和支撑,所以她既痛苦于萧军大男子的强悍霸道,又不满于端木蕻良的过于自我。鲁迅的理解与呵护,是萧红生命中最为珍重的,但先生的早逝成了她心中永远的痛。这样一颗敏感脆弱又独立倔强的心,一生注定是不会快乐的。况且遭逢战乱年代,身处论争迭起、派别林立的社会与文化环境中,加上婚姻、生活等的不如意和写作上的不自信,凡此种种,层累式地加重着萧红弱者身份的自我认同。表现在作品中,她对笔下弱小者的命运遭际与人生追求感同身受:《小城三月》中翠姨无望委屈的爱,《呼兰河传》中冯歪嘴子被爱激活的生命体验,《手》中王亚明的自强追求,甚至一条狗、一匹马的情感与命运都成为她感受人

---

[1] 钱理群:《"改造民族灵魂"的文学——纪念鲁迅诞辰一百周年与萧红诞辰七十周年》,《十月》1982年第1期。
[2] 聂绀弩:《回忆我和萧红的一次谈话——序〈萧红选集〉》,《新文学史料》1981年第1期。
[3] 端木蕻良:《我和萧红在香港》,《端木蕻良文集》第7卷,北京出版社2009年版,第123页。
[4] 萧红:《逝者已矣!》,《大公报·战线》1937年10月20日第29号。

情世故、理解生命价值、剖析生存意义的触媒和生发点。在萧红那里，世间的一切没有简单的是非好坏的定位，面对流淌在笔下的一切，她能理解、懂得，又因为理解、懂得而生出悲悯之心，并以此去量度这些弱小者生命的轻重，去表现这些比自己高的人物形象的形形色色的生命形态。

二 对弱势群体感同身受的理解和接受

弱势群体是鲁迅和萧红笔下所着力表现、刻意经营的人物主体。在鲁迅笔下，或表现善良者被欺压的可怜处境，如闰土、华老栓、祥林嫂等，或同时揭出这些可怜的弱小者自身的可恶之处，如阿Q、孔乙己等。创作初衷与主旨还是在于以启蒙的姿态批判社会环境的残酷和人物自身的愚昧。当然，弱者未必就一定善良，但往往因为他们的诚实、质朴，对待世事缺少灵活的机变和执着的狠劲儿，经常表现出"怯"与"懦"的性格特征。因为"怯"和"懦"，弱者更容易获得别人的信任、宽容甚至保护和爱。在萧红的作品中，更多地展现了她对待弱者的同情之理解与接受。如爷爷、有二伯、冯歪嘴子等人物形象，甚至大花狗、老马等动物形象，无不浸透着作者的悲悯之情，也让读者为之一掬同情之泪。这些弱者地位卑下，社会适应能力差，时常处于无能又无奈的窘境，但在艰难困顿的生活挣扎中却表现出了异乎寻常的生存能力。在他们身上，既有纯朴善良的本性，也展现出了生存的力量、尊严与爱。

在启蒙者鲁迅笔下，民间是愚昧落后没有力量的，而萧红则看到了愚弱的小人物身上那近乎本能的生命活力。在严酷的生存环境中，当爱与尊严都被剥夺之后，生存本身成为活下去的唯一的理由。吃饱穿暖，将孩子拉扯大，成为弱势群体最朴素的人生理想。

《呼兰河传》中磨房里住着的冯歪嘴子，似乎一无所长，只知道老实安守磨倌本分，一天天机械地过着日月。他三十多岁时幸运地有了老婆王大姐，有了一个儿子。一个安静的夜里，女人在第二个儿子产后死去，扔下了两个孩子，一个四五岁，一个刚生下来。邻居们都以为冯歪嘴子很难挺过这一关，有些好事者甚至已经"准备着看冯歪嘴子的热闹"。

> 可是冯歪嘴子自己，并不像旁观者眼中的那样地绝望，好像他活着还很有把握的样子似的，他不但没有感到绝望已经洞穿了他，因为他看见了他的两个孩子，他反而镇定下来。
>
> 他觉得在这世界上，他一定要生根的。要长得牢牢的。他不管他自己有这份能力没有，他看看别人也都是这样做的，他觉得他也应该这样做。
>
> 于是他照常地活在世界上，他照常地负着他那份责任。
>
> 于是他自己动手喂他那刚出生的孩子，他用筷子喂他，他不吃，他用调匙喂他。

喂着小的，带着大的，他该担水，担水，该拉磨，拉磨。①

面对突如其来的灾难，老实无能的磨倌没感到绝望，也没有颓唐，而是默默地承受着生活的不幸，"照常地负着他那份责任"，一如既往地做着应该做的事情——养育孩子，担水拉磨。

萧红写于1936年的短篇小说《手》，叙述了一个孩子的自强追求。王亚明是染房匠的女儿，从入学那天起，她的手、她本人及她的父亲、家庭就被别人嘲笑。但她乐观、好学、善良、宽容，在饱受歧视的环境里依然认真读书。校长因她的手影响校容不让她上操，她就戴上父亲的大手套上操，因被参观者看见而引来校长更严厉的责骂。她从来没有哭过，但有一天，她背向着教室，也背向着同学，对着窗外的大风哭了。当贫穷不仅仅表现为经济的拮据、生活的艰难，而是成为一种无法遮掩的标志刻在身上时，贫穷就成了深重的灾难，成了难以摆脱的梦魇，甚至成为让人无法宽恕的罪恶，成为任由他人诋毁侮辱的口实。无论王亚明怎样委曲求全、刻苦努力，她只学了半年就失去了机会，校长甚至没有让她参加考试。"再来，把书带回家好好读读再来。"这是她对自己说的。她渴望读书，因为读好书后还要教两个妹妹。她知道，家里靠染布赚来的钱少得可怜，为供她上学已经把吃咸盐的钱都拿出来了，她哪能不用心念书？尽管她有着强烈的读书愿望，她还是要走了，没有人和她告别说再见，她却向每个人笑着。在父亲来接她前，她抓紧在校的最后时间认真做着课堂笔记：

> 这最后的每一点钟都使她流着汗，在英文课上她忙着用小册子记下来黑板上所有的生字。同时读着，同时连教师随手写的已经是不必要的读过的熟字她也记了下来，在第二点钟"地理"课上她又费着气力模仿着黑板上教师画的地图，她在小册子上也画了起来……好像所有这最末一天经过她的思想都重要起来，都必得留下一个痕迹。
>
> 在下课的时间，我看了她的小册子，那完全记错了：英文字母，有的脱落一个，有的多加上一个……她的心情已经慌乱了。②

王亚明知道自己愚笨，但她想明白事理，教导妹妹，于是不放弃那些力不能及的追求，用那双被人耻笑的手，争取她那无法满足的愿望，专心致志地做着在别人看来毫无意义的努力。萧红小说中的细腻体贴之处，不仅仅是让我们看到了弱小者的经历和遭遇，更在于让我们看到了他们的内心向往与追求，以及追求目标过程中的心迹。他们不管眼前是什么，也不知道追求的目标有多远，只知道好好地生活。生命即使低微如草芥，也在努力长大、长好。萧红以严肃认真的笔调细致地描写着这些弱小者的

---

① 萧红：《呼兰河传》，《萧红全集》第3卷，黑龙江大学出版社2011年版，第149—150页。
② 萧红：《手》，《萧红全集》第1卷，黑龙江大学出版社2011年版，第309页。

点点表现，让我们从中感受到了萧红在这些弱小者身上所倾注的丝丝情愫，真正领会了她所说的"我的人物比我高"。

鲁迅的"国民劣根性"批判一以贯之。这种劣根性的表现之一就是没有尊严感，在深入人心的等级观念中，中国人缺少尊重别人与尊重自己的意识。对此，鲁迅首先抨击的是占国民主体的底层民众："奴才做了主人，是决不肯废去'老爷'的称呼的，他得摆架子，恐怕比他的主人还十足，还可笑。"[①] 阿 Q 一旦"革命"成功，未庄一切的优越都要搬到土谷祠去为他所享。在这种取而代之的权利循环中，压迫者和被压迫者都没有尊重与被尊重的尊严感，但这种尊严感又是每个人都渴望的。油滑流浪的阿 Q 不允许别人嘲笑他头上的癞疮疤；迂腐的读书人孔乙己辩白"窃书不算偷"；善良能干的祥林嫂，为赎清再嫁犯下的罪过愿意拿所有的积蓄去捐门槛……但是，阿 Q 周围的人偏偏爱拿他头上的癞疮疤要笑他；孔乙己还是因为偷书被打折了腿；祥林嫂捐门槛后鲁四老爷依然不让她帮忙年祭……在鲁迅笔下，中国人是没有尊严感的，只能靠精神胜利法维持面子，弱小者的尊严追求就更是奢望。

而萧红则以一颗脆弱敏感之心，一直在关注并理解、同情着弱小者对尊严的渴望。萧红一生备尝坎壈，饱受欺辱，伤痕累累，"对于'人'的尊严，有着一种近乎神经质的敏感，哪怕是最微小的无心的贬抑和伤害，都会引起她心灵的颤栗，无尽的哀怨。她不无恐怖地发现：在中国普通百姓中，'人'不是'人'，已经成了生活的常态、常规、常理，而'人'要成为'人'，却十分自然地（用不着谁下命令）被视为大逆不道，这已经成为一种病态的社会心理与习惯"[②]。在无论是菜棵或是一株茅草也要超过人的价值的生存环境中，似乎所有人的生存都是野蛮的，但是再低贱的生命也都有对尊严的渴望。二里半的女人麻面婆，眼睛大得可怕，行动像母熊，总是发着猪声。就是这样一个低能的女人，她也知道努力，通过努力引起别人的注意以求得到认可，她"听说羊丢，她去扬翻柴堆，她记得有一次羊是钻过柴堆。但，那在冬天，羊为着取暖。她没有想一想，六月的天气，只有和她一样傻的羊才要钻柴堆取暖。她翻着，她没有想。全头发洒着一些细草，她丈夫想止住她，问她什么理由，她始终不说。她为着要做出一点奇迹，为着从这奇迹，今后要人看重他。表明她不傻，表明她的智慧是在必要的时节出现，于是像狗在柴堆上耍得疲乏了！"（《生死场·麦场》）麻面婆的行为是傻笨可笑的，萧红却写得细致严肃，麻面婆想努力把事情做得好一点，赢得别人的认可，这就是人活着的尊严。

《家族以外的人》中，寄人篱下的"有二伯"虽被称为"有二爷""有二掌柜的"，但他的处境还不如一个厨子、一个磨倌，因为他没有一个哪怕是低贱的可以赖以为生的差事。他老弱、贫穷、寂寞，只能和天空的雀子说话，和大黄狗谈天。他"虽然作

---

① 鲁迅：《上海文艺之一瞥》，《鲁迅全集》第 4 卷，人民文学出版社 2005 年版，第 309 页。
② 钱理群：《"改造民族灵魂"的文学——纪念鲁迅诞辰一百周年与萧红诞辰七十周年》，《十月》1982 年第 1 期。

弄成一个耍猴不像耍猴的，讨饭不像讨饭的，可是他一走起路来，却是端庄、沉静，两个脚跟非常有力，打得地面咚咚的响，而且是慢吞吞的前进，好像一位大将军似的"①。命运再怎么作弄，有二伯依然生活得颇有尊严。他并不完全甘心于命运的摆布，时常因为不平而发发牢骚：

> 有二伯和后园里的老茄子一样，是灰白了，然而老茄子一天比一天静默下去，好像完全任凭了命运。可是有二伯从东墙骂到西墙，从扫地的扫帚骂到水桶……而后他骂着他自己的草帽……
>
> "……王八蛋……这是什么东西……去你的吧……没有人心！夏不遮凉冬不抗寒……"②

谁都不敢骂，只能骂骂笤帚、水桶和草帽，而之所以这么做也不过是让主人知道自己曾经的功劳，不是在这白吃饭，挽回一点在这个家的地位和面子（结果是为此被"父亲"暴打，招来了更大的屈辱）。

在《生死场》中，赵三、二里半、金枝等这些窝囊了一辈子的人，在关键时刻爆发了顶天立地的豪情，他们已甘于为尊严而死。正如胡风所说：当日寇的铁蹄踏上辽阔的东北大地时，为了自己的尊严，也为了民族的尊严，"这些蚁子一样的愚夫愚妇们就悲壮地站上了神圣的民族战争底前线。蚁子似地为死而生的他们现在是巨人似地为生而死了"③。

在鲁迅和萧红的小说中，都写到了因经济和社会地位低下而无法得到婚姻，只能形单影只地生活在这个世上的凄凉的孤独者。他们虽然是底层社会的粗人，但同样对男女之爱与婚姻有着本能的渴求，然而贫与贱使这种基本的要求也可望而不可即。阿Q从小尼姑"断子绝孙"的咒骂中感到自己"应该有一个女人，断子绝孙便没有人供一碗饭"，于是便对吴妈求爱，上演了一场荒唐的"恋爱悲剧"。"我和你困觉"这种直白粗俗的求爱方式，让吴妈羞辱地要上吊自杀，引来赵太爷一顿棍棒并被赶出赵府，未庄的老少女人见了阿Q都躲着，从此阿Q没了生计。在革命消息传出后，阿Q做起了娶妻的美梦："赵司晨的妹子真丑。邹七嫂的女儿过几年再说。假洋鬼子的老婆会和没有辫子的男人睡觉，吓，不是好东西！秀才的老婆是眼胞上有疤的。……吴妈长久不见了，不知道在那里，——可惜脚太大。"④ 阿Q的可笑在于，以世俗的眼光看，像阿Q这样一个又穷又贱又无能的人不配喜欢任何人，可他竟然还以极道统的道德标准和有些挑剔的审美标准对未庄的女人挑三拣四，虽然只是美梦，也让人难以接受。况

---

① 萧红：《呼兰河传》，《萧红全集》第3卷，黑龙江大学出版社2011年版，第120页。
② 萧红：《家族以外的人》，载《小城三月》，长江文艺出版社2009年版，第174页。
③ 胡风：《读后记》，载《萧红全集》，哈尔滨出版社1991年版，第146页。
④ 鲁迅：《阿Q正传》，《鲁迅全集》第1卷，人民文学出版社1981年版，第515页。

且那是怎样的求爱方式啊！设身处地想一下，人人都有一些不切实际的梦，所谓的不切实际，一般是就欲望和自身条件的差异而言，并非欲望本身的问题。阿Q渴望异性的爱，希望娶一个符合自己心愿的老婆，这本是极其正常的欲求，可是，就因为他的穷困潦倒和自轻自贱，这种正常的欲求反倒成了笑柄。鲁迅让读者在人物的可笑可悲中看到了人的等级差异和精神麻木，这两种局面若不彻底改变，这个世界就是扭曲的。

对于类似的境况，萧红则以其自我认同的"弱者"身份，以女性特有的敏感和细腻的体贴道尽当事人心中之衷曲。

在《后花园》中，磨倌冯歪嘴子只知道拉磨，邻家女儿的笑声唤醒了其沉睡的内心世界，他活了，不仅听到了笑声，还有邻家刷锅、劈柴发火的声音，件件样样都听得清清晰晰。他躺在床上开始思考，心中感到十分悲哀，想自己两年来的磨倌生活总是老样子，好像没有活过一样。那个周身发光，带着吸力的邻家姑娘，让他感到院子里边"升腾着一种看不见的欢喜，流荡着一种听不见的笑声"。可是，当面对激活了其情感世界的邻家女儿时，他却越发感到了自己的卑微：

> 世界上竟有这样谦卑的人，他爱了她，他又怕自己的身份太低，怕毁坏了她。他偷着对她寄托一种心思，好像他在信仰一种宗教一样。邻家女儿根本不晓得有这么一回事。[①]

邻家女儿出嫁了，这个麻木的人开始有了各种简单的"天问"："他想：人活着为什么要分别？既然永远分别，当初又何必认识！人与人之间又是谁给造了这个机会？既然造了机会，又是谁把机会给取消了？""这样广茫茫的人间，让他走到哪方面去呢？是谁让人如此，把人生下来，并不领给他一条路子，就不管他了。"他想回到原来的样子，但是已做不到，他好像丢了什么，又好像是被抢走了什么似的。

没有爱是悲哀的，可一旦爱了，对于那些无能、无助的小人物来说就更加悲哀。爱，让磨倌活了，对一切有了感觉，有了欢乐，同时也体会到了悲哀。这种无望的爱把磨倌激活，后又将他推入更加凄冷、孤单的境地。磨倌说不出的感觉，萧红都捕捉到了。任何可笑可悲的现象背后，都有可以理解的人之常情。鲁迅以强者的姿态指出了其可悲可笑，萧红则以自己的感同身受道出了其中的人之常情，细绎着底层人物深藏于内心的无力无奈的爱。

这种沉潜的、本能的、朴素的爱，不仅发生在人与人之间，而且还施及于动物。在《生死场》第三章"老马走进屠场"中，王婆秋天送自家的老马下汤锅，感觉就像自己赴刑场一样。路上碰见二里半，看着即将被送进屠场的老马，"二里半感到非常悲痛。他痉挛着了。过了一个时刻转过身来，他赶上去说'下汤锅是下不得的……下汤锅

---

① 萧红：《后花园》，载《小城三月》，长江文艺出版社2009年版，第53页。

是下不得……'但是怎么办呢？二里半连半句语言也没有了！他扭歪着身子跨到前面，用手摸一摸马儿的鬃发。老马立刻响着鼻子了！它的眼睛哭着一般，湿润而模糊。悲伤立刻掠过王婆的心孔。哑着嗓子，王婆说：'算了吧！算了吧！不下汤锅，还不是等着饿死吗？'"对于农民而言，牲畜不仅仅是劳动工具，同时也是他们重要的家庭成员，对待它们的情感不比自己的孩子差多少，但又能怎么样呢？老马饮水去了，它在水沟旁倒卧下了，它慢慢呼吸着。王婆用低缓、慈和的音调呼唤着："起来吧！走进城去吧，有什么法子呢？"送老马进了屠宰场，王婆"哭着回家，两只袖子完全湿透。那好像是送葬归来一般"。

在敏感体贴的萧红笔下，不仅人对动物是有感情的，动物也具有体贴人情、善解人意的灵性。

李寡妇家的大花狗养了十几年，"李老头子活着的时候，和她吵架，她一生气坐在椅子上哭半天会一动不动的，大花狗就陪着她蹲在她的脚尖旁。她生病的时候，大花狗也不出屋，就在她旁边转着。她和邻居骂架时，大花狗就上去撕人家衣服。她夜里失眠时，大花狗就摇着尾巴一直陪她到天明。所以她爱这狗胜过于一切了，冬天给这狗做一张小棉被，夏天给它铺一张小凉席"。大花狗成了李寡妇的精神寄托，"她把狗看成个什么都能了解的能懂人性的"贴己的伴儿[①]。

李寡妇的儿子随军，她几次听到前线上恶劣的消息，拜神求佛，保佑她儿子平安回来，她已顾不得她的大花狗，但大花狗仍然照着平常习惯，一看到主人上街就跟上去，李寡妇一边骂着一边就走远了，留下了大花狗自己在芭蕉叶下蹲着。时间一长，大花狗的姿态完全不对了，眼睛没有一点光亮，全身的毛好像要脱落似的在它的身上漂浮着。大花狗"忧愁了，寂寞了，眼睛无光了，但这更显得它柔顺，显得它温和。所以每当晚饭以后，它挨着家是凡里院外院的人家，它都用嘴推开门进去拜访一次，有剩饭的给它，它就吃了，无有剩饭，它就在人家屋里绕了一个圈就静静地出来了。这狗流浪了半个月了，它到主人旁边，主人也不打它，也不骂它，只是什么也不表示，冷静的接待了它，而并不是按着一定的时候给东西吃，想起来就给它，忘记了也就算了。大花狗落雨也在外边，刮风也在外边，李寡妇整天锁着门到东城门外的佛堂去"[②]。大花狗在街上被别的狗咬了，李寡妇因忙着去佛堂烧香保佑儿子平安归来而没顾得上照管它。大花狗就这样一直动也不动地躺在外院的门口，两三天后便死了。对于大花狗的死，邻里们"都说这狗老死了，或是被咬死了"，但萧红却觉得大花狗"是被冷落死了"[③]。作者将人类之间的互通情感施之于动物，以其同情的理解与悲悯的情怀设身处地地体会大花狗的情感需求，它忠诚地关心、保护着主人，只希望能得到主人的关爱，甚至不图一口吃的，但主人却没有顾及它的感受，最终"被冷落死了"。萧红通过

[①] 萧红：《花狗》，《萧红全集》第4卷，黑龙江大学出版社2011年版，第73页。
[②] 同上。
[③] 同上书，第74页。

一条忠诚温顺的狗因被冷落而死的结局展示了这样一个最基本的道理：无论是人还是动物，生存是需要情感的，精神层面的需求有时是活着的根本凭借。

正是这种平等的心态，使得萧红无论为人为文，特别容易走到读者心里。一样的生活经过萧红的情感过滤和审美选择，竟是一个如此不同的世界：在这里，一条狗因体贴人情而那么惹人怜爱；王婆会因一匹老马进了屠场而感到"好像是送葬归来一般"；卑微者有二伯有自己尊严，磨倌也有自己的爱情向往，冯歪嘴子在尽着自己的家庭责任，王亚明在追求着自己的读书理想；其他如"乱坟岗子"的荒凉，"后花园"的明艳，还有被冻裂的大地，以及蜜蜂、蝴蝶、花草、果蔬，也都或可爱或凄凉，但都丰满而厚重。以萧红感知世界、体贴人情的方式，对她来说，写什么已不重要，重要的是以她那颗敏感细腻的爱心在感受着这个世界。种种感受出之于萧红笔下，读者感到既陌生又熟悉。陌生的是那种细致独特的感觉，熟悉的是我们曾经经历过或正在经历的生活。某种意义上说，萧红是以自己"作为老百姓的写作"（莫言语），呼应了鲁迅所开启的"为老百姓写作"的启蒙主旨。在对故乡人"不幸""不争"的无奈生存展现中，以更多的理解、同情和悲悯代替了对他们的"哀"和"怒"，所以她会由衷地感叹："我的人物比我高。"

谁邀请鲁迅赴港讲演？
新材料的考辨与问题的再辨正

昆士兰大学　张钊贻

背景

　　1927年2月，鲁迅应邀到香港讲演两场，即著名的《无声的中国》及《老调子已经唱完》。但关于鲁迅这次香港讲演，过去主要依据鲁迅本人日记、书信和文章，对事情的来龙去脉和具体细节，都不是很清楚。根据这些有限的资料，我们知道鲁迅的讲演遭到香港殖民地当局的干涉，讲演稿发表时还遭到删禁。① 后来，鲁迅在7月11日写成的《而已集·略谈香港》中说：

>　　本年一月间我曾去过一回香港……主持其事的人大约很受了许多困难，但我都不大清楚。单知道先是颇遭干涉，中途又有反对者派人索取入场券，收藏起来，使别人不能去听；后来又不许将讲稿登报，经交涉的结果，是削去和改窜了许多。②

　　基本上可以概括了20世纪80年代以前的研究状况。由于1949年后中国内地跟香

---

　　① 当时与鲁迅关系密切的广州《国民新闻》副刊《新时代》，编者梁式在发表鲁迅《老调子已经唱完》时加按语做出报导。按语发表日期未知，但确定在1927年三四月间。转录自汉口《中央副刊》，48（1927·5·11），见薛绥之主编《鲁迅生平史料汇编》第4卷，天津人民出版社1983年版，第232页。另见鲁迅同年致章廷谦、孙伏园等书信（《鲁迅全集》第11卷，人民文学出版社1981年版，第532、542页）及跟许寿裳的谈话（许寿裳：《广州同住》，见《鲁迅生平史料汇编》第4卷，天津人民出版社1983年版，第269页）。

　　② 《而已集·略谈香港》，《鲁迅全集》第3卷，人民文学出版社1981年版，第427页。辰江《谈皇仁书院》令鲁迅想起在香港讲演遭到香港政府干涉，该文发自香港，载北京《语丝》周刊1927年第137期，见《鲁迅生平史料汇编》第4卷，天津人民出版社1983年版，第233页。按：辰江姓谢，20世纪80年代尚在，并出席有关香港文学史的研讨会。另参考吴灞陵《香港的文艺》，见郑树森、黄继持、卢玮銮编《早期香港新文学资料选（1927—1941）》，天地图书有限公司1998年版，《三人谈》部分第5—6页，正文第8页。

— 518 —

港两地隔阂,加上史料的缺乏,研究长期没有进展,直到1981年以后才有转机,并随着中国内地与香港不断的交流而取得突破。

曾经记录过鲁迅讲演并与鲁迅通过信的刘随,应邀回忆鲁迅在香港讲演,写成《鲁迅赴港演讲琐记》(以下简称《琐记》)一文,[①] 首次披露鲁迅在香港讲演的接待人物和情况,其中的主角黄新彦,从未在鲁迅研究文献中出现过。

1993年,庆祝香港大学建校80周年的《一枝一叶总关情》文集出版,内收赵今声(1903—2000)的《八十八岁自述》,首次简单提及他以《大光报》名义邀请鲁迅赴港演讲的事。文集主编刘蜀永后来发现刘随《琐记》一文,跟赵今声的说法大相径庭,于是通过书信访谈,写成《赵今声教授谈鲁迅访港经过》,对赵的回忆做了补充。[②] 多年一直研究鲁迅在广东的广州中山大学教授李伟江(1936—2000)得悉赵今声的文章后,于1995年先后四次向赵今声提出种种问题,均得到认真答复,对鲁迅赴港演讲的经过和情况有更进一步的了解,于是开始起草《鲁迅赴港演讲始末考》一文,可惜只草成前五节便因癌症病逝,后由其后人及学生整理发表。[③] 文章认为赵今声的回忆基本上符合事实,并否定刘随的说法。作为"鲁迅在广东"的研究专家,李伟江的意见自然是不能忽视的。

笔者原来并非专攻"鲁迅在广东"的研究,2000年参与修订和整理李伟江的遗稿,[④] 发觉《鲁迅赴港演讲始末考》的整理者在一些地方照搬赵今声的说法,缺乏必要的分析和核实,但当时只能做些初步的订正,主要是对香港有没有新闻检查制度及鲁迅演讲有没有遭删禁的问题,做了保留。后来查阅香港政府档案及当时报纸,证实香港实行过中文报纸新闻检查制度,纠正赵今声的误记。但对于检查制度的运作,尤其是对副刊的检查,仍缺乏例证;对其何时结束,亦未查到有关公告。[⑤]

本文是在李伟江的研究及笔者后续补正的基础上,提供进一步证据及新的材料,[⑥] 以支持李伟江的结论,并顺带对《鲁迅赴港演讲始末考》中一些推论和表述方式做进一步的辨正,避免无谓的争议。例如,刘随称鲁迅下榻胜斯酒店,[⑦] 但他也知道《鲁迅日记》所记的是青年会,胜斯酒店一说只是说明刘随自己的印象,所以问题不是太大,

---

① 原载香港《文汇报》1981年9月26日,见卢玮銮编著《香港文学散步》,商务印书馆1991年版,第25—28页。《鲁迅生平史料汇编》第四辑并未收录。
② 初刊于《香港文学》1993年第106期,后转载于《鲁迅研究月刊》1993年第11期。马蹄疾亦联系赵今声,了解到陪同鲁迅到香港的叶少泉和苏秋宝的生平,填补了《鲁迅全集》注释的一处空白(《关于叶少泉和苏秋宝》,载《广东鲁迅研究》1994年第3期)。
③ 《鲁迅世界》2001年第3期;2001年第4期。署名"卫工"。
④ 《鲁迅粤港时期史实考述》,岳麓书社2007年版。
⑤ 关于香港新闻检查部分,曾以《鲁迅与香港新闻检查》为题发表于《东亚文化与中文文学》2006年第2期香港号。后有补充,见《鲁迅在香港讲演遭删禁新探》(上),载《上海鲁迅研究》2008年3月春季号;《鲁迅在香港讲演遭删禁新探》(下),载《上海鲁迅研究》2008年6月夏季号。文章与李桃联署发表。
⑥ 感谢前香港大学黎活仁教授提供陈君葆日记中有关材料。更感谢已退休香港新闻工作者及香港历史研究者周奕先生对本文初稿热情认真提供信息和批评意见,尤其是有关黄新彦的部分。
⑦ 关于胜斯酒店,据周奕复笔者电子邮件(2014年7月25日),是高等华人出入的场所,20世纪30年代也举办画展。

不足以根本否定他的记述。赵今声也有误记，而且是香港有无新闻检查制度，事情更重大，性质更严重，但我们显然不能因此便完全否定赵今声的说法。总之，回忆因年代久远，对于一些具体细节的误记，是否可以用来作为根本否定的根据，还需要分析辨正。又例如，我们质疑黄新彦没有亲自出来说明，以前也没有留下文字记录，因此不太可靠。这个质疑有一定道理，但我们没有清楚说明，何以赵今声同样也长期没有出来说明，等等，本文都试图补充解答。本文所谓新材料，主要是两方面，（一）有关香港新闻检查制度历史及运作的补充材料；（二）是关于黄新彦邀请鲁迅一说的新发现，并对由此展开的推论进行进一步的辨正。这些新材料，可以补足并支持李伟江的结论，以及笔者后续补正的推论。

香港报章副刊新闻检查新证

笔者此前挖掘20世纪二三十年代香港新闻检查的案例，主要是新闻报道方面，例证不多，[①] 副刊方面尤其缺乏。其中最接近鲁迅当时情况的是1928年一位从汕头到香港的青年陈仙泉写给鲁迅的信，[②] 其中揭露了副刊检查，跟目前最详尽的陈谦有关回忆可以互相印证，[③] 并涉及与赵今声有密切关系的《大光报》，但只是报道，并非实例。后来发现了萧乾发表在香港《大公报·文艺》的《坐船犯罪记》，[④] 是研究香港中文报纸检查政策和历史的难得样本，虽然是副刊，但内容超出抗日问题，只可惜发生在1937年之后，还不能充分显示香港新闻检查制度的历史与运作。

这次补充的材料，是1933年《大光报》副刊的一篇文章。1933年11月，《大光报》副刊《大观园》连载一篇署名"石不烂"的《从谈风月说到香港文坛的动向》，[⑤] 其中因部分内容遭删除，致使一位读者"水人"误会文章没有讲清问题，编者遂加按语说明，摘要如下（标点符号有改换）：

> 前刊石不烂君《从谈风月说到香港文坛的动向》一文，词意本甚圆满中肯，惜间有因形禁势格，不能刊出者，以致读者颇以未能获窥全豹为憾。——然此中

[①] 查现存《大光报》1928年11月22日《中外要闻》中《张静江就浙主席之宣言》内文有不少方格，明显是新闻检查删除的痕迹。1933年11月关于"闽变"及一些国际新闻，也有不少方格。

[②] 见《语丝》1928年第5卷第7期，此文一向鲜为人注意，后来才与鲁迅按语一起收入新编《集外集拾遗补编》，见《鲁迅全集》第8卷，人民文学出版社1981年版，第207—210页。

[③] 陈谦的回忆初以《香港旧事闻见杂录》为题，连载于《广东文史资料》，第41、44、46、47期（1983、1985、1986），后由广东人民出版社提供香港中原出版社出版，1989年8月又由广东人民出版社出版，但出版说明并无介绍陈谦。

[④] 全文隔日连载，见《大公报》1939年11月13及15日的《文艺》副刊第734及735期。14日并无《文艺》。萧乾的回忆见《未带地图的旅人》及《鱼饵·论坛·阵地》，载《一本褪色的相册》，生活·读书·新知三联书店1981年版，第94、158—159页；《未带地图的旅人：萧乾回忆录》，中国文联出版社1998年版，第104—107页。

[⑤] 连载于《大光报》1933年11月14—20日。

原委，编者已于日前致石不烂杨春柳两君代邮中略为陈明。兹承水人君不弃，提出此点讨论……想系未审此间言论界之环境所致。查石君原作第"七"段"今后香港文坛应有的动向"，对"香港文坛的当前急务"，本曾提出四点，徒以环境关系，当时只能刊出"第四"一节，余均抽去，以□□□□补代。①

这段编者按基本上可以证明陈仙泉所说的是事实，而且也说明了：
（1）香港殖民地政府在20世纪30年代仍然执行省港大罢工时制定的新闻检查制度；
（2）审查不单是新闻，也包括副刊；
（3）审查的内容不只针对民族主义与殖民地矛盾斗争，也包括保守文化与文化革新的矛盾斗争；
（4）审查的落实已不限于出版前的审查，而是已落实在香港中文报纸编辑的自我审查上面。

至于偶然在报纸上看到的框框，看来是那些华人审查官为了向华民政务司交差以显示自己存在而留下的历史痕迹吧。

关于香港新闻检查制度的结束，笔者此前虽然推测香港殖民地政府在联合国公布《人权宣言》后政策改变所致，但未能找到有关的政府公告。②近查香港殖民地政府在1951年7月1日公布实施《1951年刊物管制综合条例》（要 The Control of Publication Consolidation Ordinance, 1951）的内容，③尤其是关于对付煽动的规定，与《紧急情况规例条例》（Emergency Regulations Ordinance，旧译为《防卫法》）其实相去不远。由此推测，香港殖民地当局大概发现以《紧急情况规例条例》为依据的中文刊物检查制度，在《人权宣言》面前已不合时宜，于是改用法律条文而不是事前新闻检查来控制刊物和舆论。新条例既言"综合"，也就可以理解为对以前有关规定的取代，也可以说是对中文报刊事前审查的一种躲躲闪闪的取消吧。

本文的重点其实是关于黄新彦新材料的发现和有关辨正。

黄新彦与刘随及赵今声等说

刘随的《琐记》发表后，李伟江与刘取得联系，期待他澄清一些问题，但均遭婉拒，令他莫名其妙。④李伟江由于刘随拒绝回答他的疑问，因而跟刘蜀永一样，怀疑刘

---

① 见《大光报》1933年11月29日。
② 据金尧如回忆，20世纪50年代初，香港中文报纸就仍要"每日由报社负责人签名送两份当日报纸给华民司审查"（金尧如：《香江五十年忆往》，金尧如纪念基金2005年版，第41页）。但据当时在《文汇报》工作的周奕称，报社签送的报纸是为了存档，并非审查。
③ Hong Kong Government Gazette, Supplement No. 3（May 4, 1951）, pp. 61–91.
④ 见李伟江《鲁迅赴港讲演始末考》，载《鲁迅粤港时期史实考述》，岳麓书社2007年版，第203页。李伟江其实在《琐记》发表前已设法跟刘随联系。

随所以提出黄新彦邀请并主持此事的动机,隐约指刘随是要为黄新彦青史留名而伪造黄的参与。①刘随有这种动机虽然并非没有可能,但也没法证实。而且,这样的怀疑也不是没有问题。赵今声固然已有一定地位,无须借此为自己添加花环,但黄新彦究竟是谁,我们似乎先要弄清楚。

查香港大学(以下简称港大)在这段时间似乎有两位黄新彦。一位黄新彦(1893—1985)是化学家。另一位黄新彦是位中国文史教师,1931年,蔡元培应邀到香港大学讲演,并与中文系师生合影,这位黄新彦博士就在其中。②刘随所说的黄新彦究竟是哪一位?据他所说,黄新彦"留学美国,对文学有很深的造诣,当时还兼任了香港《中华民报》总编辑"③,似乎应该是教文史的那位。化学家黄新彦也是美国博士,20世纪40年代发表过一些旧诗,④也写过歌颂"大跃进"的古诗,⑤但恐怕不算"对文学有很深的造诣",而且就目前所见有关他的材料,亦没有当香港《中华民报》总编的记录。⑥

对于两位黄新彦,化学家的生平材料比较多,综合目前所见资料(主要是网络资源),⑦我们知道化学家黄新彦的情况如下:黄新彦,1893年生,广东台山人。1917年美国芝加哥大学毕业,得硕士学位。1918年回国,任北京协和医学院教授。1923年又赴美在哥伦比亚大学从事研究工作,1924年获博士学位后回国,在港大药剂系任教,⑧历任广州中山大学化学工程系主任、南京中央大学教授、⑨香港化学试验所所长。1932年8月中国化学会成立,参与起草宣言和简章,并当选为候补理事,第3、4两届理事。1938年开设新亚药厂,任厂长兼总化学师。1949年5月当选香港华人革新协会创会主席,历任第二届至第五届全国政协委员,挂名《大公报》辖下英文《东方水平线》(*Eastern Horizon*)社社长等职。1985年3月31日在香港九龙逝世,终年92岁。赵今声

---

① 李伟江:《鲁迅赴港讲演始末考》,载《鲁迅粤港时期史实考述》,岳麓书社2007年版,第203、206页。刘蜀永指出赵今声从未以邀请鲁迅访港一事"作为资本加以炫耀",反过来也有怀疑刘随动机的意思(《鲁迅研究月刊》1993年第11期)。

② 见单周尧主编《香港大学中文学院历史图集》,香港大学中文学院,无出版日期,第30—31页。按:港大在1912年设有"汉文科",中文系则创建于1927年,是在鲁迅访港之后,如果这位黄新彦当时已经在港大任教,则严格意义上说还不是中文系老师。

③ 《鲁迅赴港演讲琐记》,见卢玮銮编著《香港文学散步》,第25页。

④ 《社会公论》1947年第2卷第5期;第3卷第1期。

⑤ 谢荣滚编:《陈君葆文集》,生活·读书·新知三联书店2008年版,第267页。

⑥ 按:这份所谓香港《中华民报》,情况未详。上海则有《中华民报》,1912年7月由邓家彦创办,倾向同盟会,并由南社成员主持,已于1913年停刊。

⑦ 主要参考《化学通报》1985年第9期;香港华人革新协会网站,http://www.hkcra.com/web/subpage.php?mid=19&lang=cn;中国化学会网站,http://www.chemsoc.org.cn/。

⑧ 据周奕引英国解密档案,黄新彦在20世纪四五十年代是港大药剂系讲师[《香港左派斗争史》,(香港)利文出版社2002年版,第66页]。按:英国大学制度的讲师,相当于美国大学制度的副教授与助理教授之间,故一般人亦泛称"教授"。关于《大公报》属下英文刊物 *Eastern Horizon* 的情况,根据周奕电子邮件提供的资料(2014年7月5日)。

⑨ 按:这些大学职衔时间不明,大概是兼任。

否定刘随一说时表示,"黄新彦确有其人,我也认识,但他未参与邀请工作,更未主持演讲会"。如果联系到刘蜀永和李伟江怀疑黄新彦可以因邀请鲁迅可以从而作为"资本加以炫耀",[1] 则他们心目中的黄新彦,显然不是当时教中国文史的黄新彦。

刘随所说的黄新彦究竟是哪一位?前面已说过,这位黄新彦似乎应该是教中国文史的那位。然而,如果刘随是指中国文史教师黄新彦,则他主持鲁迅到香港演讲其实不太好解释。查当时香港大学的中文教学重点是弘扬国粹,一位受聘于持这种宗旨的机构的老师,竟然胆敢出面公开邀请鲁迅到香港讲演,是否激进到可以不顾自己事业前途的地步了?不免令人心里要打个问号。虽然我们不清楚这位文史教师黄新彦的宗教信仰,但我们至少知道,辛亥革命后一批前清翰林到了香港,办了个学海书楼,开坛讲学,他们后来多担任香港大学中文系的教职。1930年,他们成立了中文学会,同年举办7次专题讲座,这些讲座大体可以用文化保守主义概括之。黄新彦亦参与其中。[2] 抱着保守文化思想观点的人会欢迎鲁迅,未免有点匪夷所思。

化学家黄新彦跟香港的爱国进步人士的关系不错,也长期支持他们的事业。他当过香港华人革新协会的主席,思想进步,曾被香港殖民地政府列入黑名单;他也当过一所爱国进步的青年职业进修学院南方学院的校董,该学院后遭殖民地政府取消注册。[3] 如果刘随所指的黄新彦是这位与香港爱国进步事业关系密切的化学家,的确可以令人联想到,如果他真的邀请了代表中华民族新文化的鲁迅,这件事对他的名声与地位可能会有某种锦上添花的效果。当然,人们也可以认为,化学家黄新彦已经是博士教授,又是政协委员和香港华人革新协会主席,等等,是否还有攀附鲁迅的必要。要之,刘随会不会也是指化学家黄新彦呢?但他跟化学家黄新彦似乎不是很熟,在面对李伟江的函询时,竟无法介绍这位当时尚在生的关键人物。这对于刘随所谓他们一起接待鲁迅的说法,无疑是个疑点,则他所指的黄新彦似乎又是另外一位。

然而,如果刘随真的是指教中国文史的黄新彦,事情还是比较奇怪的:首先,在20世纪20年代拿到美国大学文科的博士,应当是件大事,至少在文坛、在学界是件大事。试想胡适到1927年才真正拿到博士学位,则文科的黄新彦居然寂寂无闻,岂不奇怪,虽然他是在香港。而且,同一间大学在同一段时期有两位同名同姓的教授,也未免太巧合。化学家黄新彦的存在是确实的,而教中国文史的那位的存在,其实只是根据港大历史图册一幅照片的说明,中文学会讲演的记录,以及从刘随记述中推论出来。现在刘随的说法含含糊糊,又婉拒澄清,令人怀疑。如果我们怀疑刘随的说法,则黄新彦"中文系师生"的身份,也就有必要重新核实。

---

[1] 《赵今声教授谈鲁迅访港经过》,《鲁迅研究月刊》1993年第11期。
[2] 见学海书楼"关于我们"的简介,http://ypsilver.yp.com.hk/ypdiy/IndexMain.aspx?&lang=ch&cid=7011。关于学海书楼如何弘扬国粹,见骆伟《弘扬国粹 坚持不懈——香港学海书楼开展国学讲座历程、内容和特点》,《图书馆论坛》第26卷第7期。
[3] 周奕:《香港左派斗争史》,(香港)利文出版社2002年版,第65—68、106页。

查《香港大学中文学院历史图集》中，涉及黄新彦的图片说明分别是"中文学会师生"和"中文系师生"。①港大中文学会成立于1930年，看来是以中文系师生为基础的学术交流性质的组织，会员大概以校内为主，不限于中文系。化学家黄新彦对中国文化有兴趣，就完全可以加入。所以中文系黄新彦存在的根据，其实只有一幅照片的说明，不是很可靠。为此，笔者请教了《香港大学中文学院历史图集》的编者单周尧教授，可惜他不清楚中文系在1927年左右有没有黄新彦这位老师。笔者于是转而请教周奕先生。

周奕先生（1933—）是退休新闻工作者，1959—1987年任职《文汇报》，是知名摄影家，现从事香港历史的研究。为什么请教他呢？因为周奕出版了至少两本关于香港历史的著作，其中《香港左派斗争史》一书多处提到黄新彦。周奕非常认真热情地回复笔者的问题。原来周奕与黄新彦有过交往，曾在1960年一同在星湖、从化考察，可惜没有照片留下。于是笔者将《香港大学中文学院历史图集》中黄新彦的照片扫描发给他看，虽然照片中的黄新彦跟他见过的黄新彦相差二三十年，他还是认了出来。为了慎重起见，周奕还专门找了《大公报》跟黄新彦有接触的同行核实，确定照片中人就是他们知道的黄新彦。也就是说，《香港大学中文学院历史图集》中有关照片的说明有误，应该是"中文学会师生"，而非"中文系师生"。查黄新彦出现的两张照片，都是中文学会组织邀请的讲演，作为会员，他在其中是很正常的。因此，20世纪二三十年代港大只有黄新彦一位，就是任教药剂系的化学家黄新彦。对于黄新彦，周奕还通过他在香港新闻界包括前香港新华社的领导的关系，认真查询了黄新彦的情况，可惜黄处事一向低调，除了挂名担任《东方水平线》社长一事有所了解，其他事情都不清楚，至于邀请鲁迅到香港，亦未有所闻。

但黄新彦邀请鲁迅一说，并非刘随在20世纪80年代的发明，而是出自黄新彦本人。黄新彦有一位港大的同事好友，也是香港爱国人士的陈君葆（1898—1982），其日记在1961年11月3日即记有这位黄新彦邀请鲁迅的谈话：

> 关于鲁迅在港演讲，黄新彦说，仍记得有黄之栋其人，人们说他"大炮"但看来倒关心时事，鲁迅讲演是新彦到穗时去请他来的，当时还和一位港大文科的学生苏秋蒲一起去的，但苏这人也许久没消息了。新彦又谓鲁迅作了两次演讲，内容记得不十分清楚了，但末次讲话中有几句话颇有意思，就是说："目前做人要无危险，最稳当是住在监狱里，外面有铁枝铁栏，内有狱卒看守保护，什么也不怕了。"这比喻得很好。②

文中"大炮"为粤语，即吹牛。怎么引起这段谈话的背景和原因不详。其中提到

---

① 单周尧主编：《香港大学中文学院历史图集》，香港大学中文学院，无出版日期，第28—31页。
② 《陈君葆日记全集》第4卷，商务印书馆2004年版，第612页。

了"苏秋蒲",应为苏秋宝,跟鲁迅赴港有点牵连,但非关键人物;另外他还记得《老调子已经唱完》结尾的比喻,可见他应当也在鲁迅讲演的现场。此说比刘随的回忆靠谱些。赵今声、刘蜀永和李伟江的讨论,都是在陈君葆日记出版前进行的,他们显然没有接触到陈君葆日记这一材料,这一材料表面上可以增加刘随说法的可靠性,但仔细分析起来,反而问题更大。让我们先把陈君葆日记加上刘随和赵今声两说的问题列表整理一下:

事情	刘随的说法	黄新彦的说法	赵今声的说法	注
邀请目的	来香港"打破文坛上的沉寂空气,以推动新文学运动的开展"	没提	打破省港大罢工后香港政府的压迫,"唤起香港人民革命热情"	
联系过程和联系人	没提	黄新彦到广州邀请。随同者有苏秋宝	叶少泉	《鲁迅日记》有记载。叶和另一访鲁迅的苏秋宝及赵今声均为河北人
邀请者	黄新彦以基督教青年会名义	黄新彦	赵今声以《大光报》名义	刘蜀永称赵今声认为基督教青年会不可能邀请革命文学家鲁迅
随行人员	没提	没提	叶少泉	《鲁迅日记》有记
接待人员	黄新彦、黄之栋、刘随	没提。但说知道黄之栋	赵今声	两说人物除作为讲演记录者刘随外,均不见于《鲁迅日记》
住处	胜斯酒店,但知道鲁迅日记是青年会	没提	青年会(包括叶少泉)	《鲁迅日记》记青年会
演讲主持	黄新彦	没提	赵今声	
殖民地政府的阻挠及讲稿的删禁	没提	没提	否认	鲁迅文章、书信提及

还有,他们三说所牵涉的社会圈子,也值得比较:

	刘随	黄新彦	赵今声	注
圈子	香港保守新闻界;香港保守教育界	个人倾向进步;其他联系未明	中国留学生;支持孙中山三大政策的基督徒	
与基督教的关系	黄新彦以青年会名义邀请鲁迅,但关系不明	不明	密切	

他们的说法都有一个共同的缺陷,就是无法得到鲁迅日记和书信的印证。鲁迅日记书信都没有提及两位当事人,因此我们也无法仅仅用鲁迅日记书信作为否定任何一

说的证据。当时在香港大学教书的黄新彦,对中国文化有浓厚兴趣,如果真是由他邀请,在中文报章对此事甚为重视的情况下,他竟并无片言只语留存,未免奇怪。后来他参与香港爱国进步活动,虽然在 20 世纪 60 年代私下谈及自己邀请鲁迅,却一直没有公开此事,甚至到了 1981 年刘随的文章在香港首要的左派报纸之一的《文汇报》发表,里面提到他的大名,他似乎对此也一无所知,毫无反应,实在奇怪。《文汇报》虽然重视这段信息,对这位香港前全国政协委员,就在邻近《大公报》担任《东方水平线》社长的黄新彦,竟没人跟进采访,而《大公报》方面也没有回应,即使两报有竞争的隔阂,都令人不好理解。总之,李伟江因此提出质疑,都是情理之中。赵今声虽然也对此事保持沉默多年,但他不涉文化界,与香港无甚瓜葛,人也早不在香港,所以事情虽然也有点不好理解,但到底跟黄新彦情况不同,我们稍后分析他在鲁迅访港真正扮演的角色之后,再作探讨。

但正如李伟江文章指出,刘说最大的问题是没有提关键人物叶少泉,黄新彦也没有提,刘随和黄新彦显然完全不知道叶少泉邀请鲁迅牵线联系的过程,而这在《鲁迅日记》中倒是线索清晰。据赵今声回忆,1926 年赵因在《大光报》宣传孙中山主张引起广州国民党青年部注意,并邀请他回穗参观。陪同参观的有叶少泉,两人因"同乡"(其实只是同省)之谊,一见如故。叶少泉实际上是广州国民党青年部的交通员,此后秘密带宣传品到香港时即住在赵处,交谈中提起鲁迅,遂萌邀请鲁迅到香港的念头:"希望活跃一下香港的政治空气",于是发生《鲁迅日记》所记叶君多次到访的事情。赵今声的回忆在时间上与《鲁迅日记》吻合,事情发展顺理成章,而且也详细到难以造假。[①] 所以单就叶少泉一事,赵今声说法的可信程度就比刘随的要高得多。而李伟江抓住这点,也的确是抓到要害。

陈君葆所记黄新彦一说,虽提到苏秋宝,知道苏是港大文科生,但添了苏秋宝反而成了疑团,甚至是破绽。查鲁迅日记,苏秋宝只出现了两次,都与叶少泉一起,他出现在《鲁迅日记》的次数既少于叶,也没有全程在港陪伴鲁迅,鲁迅去了香港后,苏就没有再出现,而叶少泉一直保持与鲁迅联系,直至鲁迅离粤赴沪为止,关系明显不一样,可见是鲁迅赴港演讲这件事情中,即使苏秋宝起过作用,也只是个次要人物。而且对于苏秋宝,赵今声跟他两度同学,比黄新彦知道得更详细。据赵提供的资料,苏已于 1925 年毕业离开港大,当时在黄埔军校工作,[②] 工作性质不清楚。总之,苏秋宝怎么会跟黄新彦一起去邀请鲁迅到香港,中间太多漏洞,事情连接不上,可信性不是很大。

从他们的社会圈子来看,赵今声的圈子是内地到香港关心国事的留学生,以及支持孙中山革命的基督教报刊和教会人士。由他们来发起并组织鲁迅到香港演讲,比较

---

① 赵还提到《大光报》总编陈卓章,按李伟江考订,即《鲁迅日记》中的"陈仲章"(《鲁迅粤港时期史实考述》,岳麓书社 2007 年版,第 206—207 页)。

② 《鲁迅粤港时期史实考述》,岳麓书社 2007 年版,第 208 页。

顺理成章。然而，赵今声虽对邀请过程了如指掌，并说主持讲演并发表了讲稿，但对具体讲演的细节却屡屡记错，对历史大背景更自相矛盾。赵今声自相矛盾的回忆，主要在两件事情：第一是香港新闻检查制度，第二是基督教对中国社会改革的支持。对于新闻检查制度，有政府文献证明，有广泛的社会影响，作为密切关心中国政治和香港被殖民地政府压迫的他，竟然忘记和否定，而且，他邀请鲁迅到香港讲演的原因，不正是要打破省港大罢工后香港政府的压迫的吗？怎么对具体而鲜明的中文报章检查竟然忘得一干二净？实在令人难以理解。虽然，笔者推测原因是赵只是"社外"编辑，可能他实际上不了解《大光报》日常运作情况，而且，赵今声在香港的时间其实也不长（1923—1927年7月）。但这些理由似乎都不能完全解脱他对香港观感的大改变。这个无意识的改变很有意思，值得注意。

当然，赵今声的说法若令人怀疑，主要还是缺乏过硬的证据。目前所能见到的《大光报》，是1992年北京全国图书馆缩微复印中心按广东中山图书馆所藏制作的缩微胶卷，1927年7月7日前，只得1923年7月25日一期和1926年2月13日一期，以后才开始比较齐全。① 所以赵的回忆仍缺乏《大光报》白纸黑字的证据。如果要质疑赵今声造假，则赵也有可能因与叶少泉等"同乡"熟悉，所以能编造自己邀请并主持鲁迅演讲一事。但赵事后已没有再跟叶联系，根本不知道叶的去向下落。另外，他也的确缺乏编造的动机，而且他看来也有很长时间没有关注中国文化界的事情，对鲁迅在新中国成立后的崇高地位漠不关心，更无攀附之意。他也没有顾忌研究者可能会找出《大光报》或联系叶少泉等人，"揭露"他造假，没有"婉拒"任何提问，态度的确磊落得令人难以置疑。虽然，磊落的态度不能作为他叙述真实性的证明。

不过，恰恰就在厘清上述两件自相矛盾的记述之后，我们可以看到，赵今声的说法更符合当时的历史事实和鲁迅赴港讲演的意图，比刘随的说法更符合实际，更符合逻辑，因而更有说服力。关于香港新闻检查的历史和运作，现在已基本上弄清楚，这里再补充一下基督教与中国社会改革的问题。

基督教会支持鲁迅演讲的问题

基督教青年会被当成是"黑暗反动的潜伏力"之一，② 至少在省港大罢工期间一些革命者眼中如此，是个不争的事实。所以，从这个角度出发提出"基督教青年会能邀请革命文学家鲁迅演讲吗"这个问题是顺理成章的；③ 李伟江再把问题引申为"鲁迅又

---

① 另据《上海图书馆藏报纸目录（1862—1949）》（1982年12月），第20页。该馆藏有1922年2月2日（十周年纪念号）及1925年1月29日（春节号）。
② 莫伦白：《罢工后之香港》，《省港大罢工资料》，广东人民出版社1980年版，第767页。
③ 刘蜀永：《赵今声教授谈鲁迅访港经过》，《鲁迅研究月刊》1993年第11期。

会慨然应宗教团体之邀赴港吗"① 也是上一个问题的自然逻辑推演。这种说法是否符合鲁迅当时的思想，姑且不论，② 但把革命活动与宗教团体对立起来，并不符合当时中国的历史情况。基督教支持国民革命有一定的传统，孙中山本人就是基督徒。就在1925年6月22日、省港大罢工的前夕，"中国各教派的基督徒在上海的广东基督教堂开会，决定支持上海的罢工，并通电号召全国基督徒支持（五卅）运动"③。可见当时中国基督教组织并不一定反对革命运动。把基督教组织置于革命运动的对立面，应该跟20世纪20年代的"非基督教运动"有关。对于"非基督教运动"的历史评价，即使是中国官方，也因观点与角度不同而有差异。④ 这些不同的评价，反映了基督教在中国活动与影响的复杂性，但不管怎样，从当时的历史事实看，"非基督教运动"并没有阻挡中国基督教组织及其成员继续积极参与中国的社会改革甚至社会革命的活动。

其实，刘蜀永据说是根据与赵今声通信写成的《赵今声教授谈鲁迅访港经过》一文中，所谓"基督教青年会能够邀请革命文学家鲁迅演讲吗？"一句，恐怕并非出自赵本人，因为并不符合赵今声的回忆，只要对照一下赵今声给李伟江的四封信就可以看得出来，基督教组织和人物可谓贯穿了鲁迅赴港讲演的整个过程。首先，《大光报》本身就是一份基督教的报纸，是孙中山在辛亥革命成功后经过香港，特别召集一半基督徒倡议创办的，目的是深化社会改革。⑤ 该报总编陈卓章欣赏赵今声支持孙中山革命的文章，并成功地向《大光报》董事长、基督教会姓张的牧师推荐赵为《大光报》"社外编辑"，经常为该报写社论。还有，为赵牵线联络成功邀请鲁迅到香港的叶少泉，既是国民党青年部的干部，也是一名基督徒；而赵联系基督教青年会为鲁迅提供住宿和演讲场地，都得到该会的"总干事也是个爱国者"的同意和支持。⑥

这里值得对陈卓章做一点补充。赵今声上面对陈卓章支持孙中山三大政策的忆述看来是可靠的。我们知道，在1927年3月拜访过鲁迅并在《鲁迅日记》中记下的"陈仲章"，其实就是《大光报》总编陈卓章。据赵今声说，陈于1927年5月因与经理意

---

① 《鲁迅赴港讲演始末考》（上），载《鲁迅粤港时期史实考述》，岳麓书社2007年版，第29页。
② 查许广平《回忆鲁迅在广州的时候》一文中说，"鲁迅初到广州时，曾有一位不相识的基督徒来中大再三邀请到香港去讲演"（《鲁迅研究资料》第1辑，第195页），这位基督徒应是指叶少泉。但李伟江在此文以铅笔加注称叶非基督徒，未知根据。即使叶非基督徒，在许广平的记忆中，鲁迅到香港讲演无疑是跟基督教团体或个人有关的。
③ *South China Morning Post*, 22 June, 1925.
④ 最有意思的对比是共青团网站和统战部网站的介绍和文章：共青团网站对"非基督教运动"的简介称，运动使广大青年"认清了基督教会对华侵略的本质"，"提高了对帝国主义的认识"，基调是赞赏与支持（中国共青团网）（团史展览馆）（重大事件与活动）非基督教运动，2007，http://www.gqt.org.cn/695/gqt_tuanshi/gqt_ghlc/action/200704/t20070414_18000.htm；而统战部则发表文章强调区分不同性质的矛盾，纠正运动的偏差（中共中央统战部网站：《严格区别不同性质的矛盾——恽代英纠正"非基督教运动"的偏差》，2002，http://www.zytzb.org.cn/09/theory/shili/200909/t20090928_575881.html）。
⑤ 见李志刚《香港教会掌故》，生活·读书·新知三联书店1992年版；李家园《香港报业杂谈》，生活·读书·新知三联书店1989年版；陈谦《香港旧事见闻录》，第215页。
⑥ 赵今声致李伟江信（1995年8月8日），见李伟江《鲁迅粤港时期史实考述》，岳麓书社2007年版，第220—222页。

见不合而离开《大光报》。这意见不合很值得注意。查《华侨日报》在"四·一二"清党后发了一条新闻。新闻的目的是澄清《华侨日报》（包括《循环日报》）遭广州当局审查，并非内容有问题，而是清党后稳定人心的举措，并强调《华侨日报》与广州政府"宗旨不相违背"。新闻后面还举出《大光报》遭广州政府"禁止入口"做对比，意谓《大光报》在"四·一二"后有违碍言论，并引述广州政府的启事称，《大光报》"现经遵照本会（按：指广东省特别委员会宣传委员会）取缔出版物条例"，禁令可以取消。① 从违碍到遵命，《大光报》在"四·一二"前后的变化，与陈卓章因意见不合而离开，时间上非常吻合，其间明显有一定联系，也可以说明赵今声所说陈卓章对他支持孙中山三大政策的欣赏，并非是没有根据的。

《大光报》总编陈卓章和青年会那位"总干事"对鲁迅演讲一事的支持，看来并非个别人爱国的"良心发现"，而是有更深层次的原因，跟基督教青年会的理念及当时社会实践政策有关。其实，19世纪末20世纪初基督教会在世界革命潮流的冲击下，内部已出现矛盾，青年会由于其成立的初衷和目标，更是首当其冲。根据邢军对中国基督教青年会的研究，② 青年会热心参与社会改革有其理念上的原因。青年会成立于1844年，虽源于英国，却蓬勃于美国，成为当时新兴福音派（Evangelicalism）理念的代表组织，是"新生的福音派的派生物和表现形式"③。所谓福音派，可以说是基督教试图摆脱神学和教条约束的世俗复兴运动，所以对社会问题和改革特别关注，后来受社会主义思潮影响，更出现"社会福音"的主张，其中对劳工问题的探讨和对资本主义的批判，明显带有广义的社会主义倾向。美国积极主张"社会福音"的著名人物当中，就有亨利·乔治（Henry George，1839—1897），他反对资本主义和提出一些社会主义性质的经济主张，对孙中山产生了很大的影响。④

当然，作为一个旨在拯救全人类并受实业家资助的宗教组织，其内部也有强大的调和社会矛盾及避开政治而只专注社会福利和救济的倾向，这种倾向自然有时难免与社会改革的主张相抵触。两种倾向，互相矛盾。作为深受福音派影响的基督教青年会，当时在亚洲这个非常动荡地区的活动，也就不可避免地摇摆在这种非激进调和与激进改革的矛盾运动之中。由于亚洲社会政治问题突出，我们很容易找到青年会支持各国社会改革案例，例如，在1903年日本青年会为当地社会主义运动及其反战运动大会提供场地。⑤ 至于中国，中华基督教青年会原是北美青年会在中国扩张的一部分，原来

---

① 《华侨日报》1927年4月28日。
② 本文有关基督教青年会历史的部分，除特别注明外，均依据邢军《革命之火的洗礼——美国社会福音和中国基督教青年会1919—1937》，赵晓阳译，上海古籍出版社2006年版。按：此书的"图书出版编目数据"则称赵晓阳编译，未知是否有删节。
③ 邢军：《革命之火的洗礼》，赵晓阳译，上海古籍出版社2006年版，第16页。
④ 参考夏良才《论孙中山与亨利·乔治》，《近代史研究》1986年第6期。
⑤ Sen Katayama, *The Labour Movement in Japan*, Chicago: Chalrles & Kerr (1918), pp. 80 – 81. Sen Katayama 即片山潜，书名原题为《为了社会主义》。

"社会服务"的工作中心,在五四运动的冲击下,"集中到社会改革和政治重建方面来"①。这一转移引起中国基督教在1920年、1924年、1927年三次较大的公开论战,可以说为后来中国"三自"爱国会的形成打下了基础。即使在1946年的香港,香港基督教女青年会创办劳工妇女夜校,便得到爱国进步分子的支持和参与,但后来遭到香港殖民地政府干涉,最终被搞垮。②

在这种复杂矛盾的背景下,《大光报》和青年会愿意出面邀请及支持鲁迅到香港演讲,其实一点都不奇怪,何况他们所承担的责任与工作其实也很有限。至于黄新彦,虽然后来积极参与香港爱国进步教育和文化事业,但我们看不到他当时乃至后来跟基督教组织如青年会有什么关系。缺乏与基督教的联系,反而成了黄新彦说法的一个疑点。

结束语:谁真正邀请了鲁迅?

综合比较赵今声、刘随和黄新彦的说法,证明赵今声的说法除了主要部分有鲁迅的日记支持外,还比较符合邀请者的意图和鲁迅讲演的目的性和针对性。刘随将鲁迅与文化保守派的人物如黄之栋联系起来,以保守的《华侨日报》所反映的鲁迅演讲效果为鲁迅的演讲目的,并不符合鲁迅演讲与有关文章的精神。当然,鲁迅讲演影响自可以有多样性,并不排除刘随他们解读在一定程度上的合理性,但讲演推动香港新文化的发生其实只是一种"副作用",一种派生效果,只是事情的一面,是香港殖民地政府文化政策可以接受的一面,是紧跟这一政策的文化保守主义华人可以接受的一面,可惜并非讲演关键的一面,即抨击殖民统治,要求民族独立自强的呼声,亦即香港殖民地政府中文报章检查制度要千方百计封杀的内容。说得更尖锐一点的话,鲁迅在香港"打破文坛上的沉寂空气,以推动新文学运动的开展",只是他讲演遭阉割了的影响。

跟香港教育界和保守报章关系密切的刘随,除了记录和发表了鲁迅《无声的中国》讲演记录,显然并未参与邀请鲁迅到香港的过程,甚至是否与闻其事都成问题,所以他的说法除了聆听讲演及做了记录的事实,其他事情的可靠性都非常值得怀疑。笔者倾向认为,刘随的说法起码就邀请与接待等问题上而言,是编造出来的;他把自己放进接待鲁迅的三人团,我们可以认为是刘随在抬高自己。刘随把黄之栋也算进去,可能是因为他的《无声的中国》记录稿是经过编辑黄之栋审查、删定而且联名发表的;把黄新彦算进去,可能是因为听到过黄新彦邀请鲁迅的传闻。他极可能根本不认识黄新彦,以致在面对李伟江的查询时,无法回答问题。如果刘随真的与黄新彦合作接待鲁迅,完全可以把这位当化学家介绍给李伟江,或把这位时还在世的化学家请出来,或至少可以让李伟江去找认识这位化学家的组织或人物。他的"婉拒"无疑是个致命

---

① 邢军:《革命之火的洗礼》,赵晓阳译,上海古籍出版社2006年版,第44—45页。
② 周奕:《香港左派斗争史》,(香港)利文出版社2002年版,第45—47页。

伤。如果刘随的说法的确是编造出来的，则他介绍的黄新彦，也很值得怀疑。例如所谓《中华民报》总编之说，基本上可以否定。

至于黄新彦自己的说法，有一点令我们难以理解。黄新彦虽然是个化学家，但他显然对中国文化还有兴趣，因此他邀请鲁迅来香港也不是不可能，但之后在1930年参加中文学会，这个圈子跟鲁迅的思想主张正好相反，有点奇怪。其中是否有转变？后来参与爱国进步活动，是否也有转变？我们都不清楚，也不想凭空推测。人是复杂的，历史是复杂的。黄新彦是否有转变，这跟谁邀请鲁迅一事，看来关系也已经不是太大，目前也只能留下一个历史的问号，让香港历史研究者去解决。

黄新彦说最大的问题，还是他到广州并带苏秋宝去邀请鲁迅。《鲁迅日记》提及苏秋宝，但没有提黄新彦。如果是他跟苏秋宝去邀请，那么《鲁迅日记》所记的叶少泉与苏秋宝的拜访又是怎么回事？如果鲁迅只是漏记黄新彦与苏秋宝来访并邀请，如果传达邀请的并非叶少泉，那么我们如何解释叶少泉全程陪伴鲁迅？而且，许广平明明说邀请者是个基督徒，而且是"再三邀请"，并非只访一次，[①] 而我们一次也没有看到黄新彦在《鲁迅日记》中出现，也看不到黄新彦与基督教组织有什么联系。因此，笔者倾向认为，黄新彦的故事也是编造出来的，他很可能从苏秋宝处听到邀请鲁迅的事情，而将叶少泉换上自己。他为什么要编这个故事，不得而知，但刘蜀永和李伟江推测刘随的动机，虽然可以用在刘随身上，但似乎还不适合黄新彦本人。相对于赵今声，黄新彦的地位显然不会更低，如果赵可以不要这个"资本"，黄更可以不要。而且对处事低调的黄新彦来说，争这个"资本"似乎也不很符合他的性格特征。当然，这都只是按照目前我们所知道的黄新彦的推测。

反观赵今声的记述，对邀请鲁迅的过程很清楚，其中一些人物有鲁迅日记的凭证，邀请的动机也符合历史背景的大环境和鲁迅的反应，虽然讲演的细节有不少问题。赵说最大的问题，自然是缺乏关键事实的证据，例如没有鲁迅等的记述，也无法找到《大光报》的记载，使他的突然出现不得不令人感到非常突兀。赵今声如果是全程接待，则鲁迅没有在日记上记上一笔，实在于理不合，而且作为河北人的赵今声，跟拜访过鲁迅的叶少泉一样，无须依赖许广平翻译，应该跟鲁迅交流没有什么大障碍。赵今声称他记录并发表了鲁迅两次讲演，但现存的《大光报》没有那段时间的存报，无法证明。而且，有一点是值得注意的，赵今声没有说他写过任何记述鲁迅讲演的回忆或感想，这跟身为《大光报》"社外编辑"并且自掏腰包邀请鲁迅的他，是否有点令人觉得奇怪？[②] 这是李伟江质疑刘随所谓黄新彦邀请说的相似理由，但赵今声和黄新彦到

[①] 《回忆鲁迅在广州的时候》，《鲁迅研究资料》第1辑（1976），第194页。
[②] 赵今声在回答李伟江问题时说，他"未在《大光报》发表欢迎欢送鲁迅先生的文章或社论，因为鲁迅已时全国有名人物"（《鲁迅粤港时期史实考述》，岳麓书社2007年版，第224页）。赵的解释一点也没有说服力。保守的《华侨日报》尚且登了好几篇有关鲁迅的文章，如果《大光报》真的一篇也没有，实在不好理解，虽然我们目前无法证实。

底有些不同。如果我们可以肯定上述赵今声邀请接待鲁迅的真确性，对赵说存在的一些问题其实也做出合理的推测和解释。

首先，仔细分析一下赵说，如果属实，我们可以这样认为，真正推动鲁迅赴港演讲的其实是叶少泉。叶少泉说服了鲁迅，也打动或说服了赵今声。赵今声虽然关心中国改革，但他显然不关心中国文坛或文化界的动态，即使在1949年以后鲁迅在中国提升到极度崇高的地位，他也充耳不闻，仿佛生活在另一个世界。我们至少可以因此推论，他主要关心的是中国的社会和政治层面的改革与革命，对文化与"国民性"问题没有兴趣，也对这些问题在中国现代化进程和社会改革的重要意义，他跟鲁迅其实没有多少共同语言。所以，赵今声对鲁迅讲演的内容，要么没有兴趣，要么听不懂其中意义，由是印象不深，事后也不关心鲁迅的动向，回忆起来自然就会出错。例如，他屡屡把着重谈文学文化的《无声的中国》，当成通过讨论传统文化来抨击异族统治的《老调子已经唱完》，恐怕就并非偶然。所以，跟刘随的文化教育圈子不同，赵今声很可能根本写不出关于鲁迅的文章。而鲁迅在日记中没有提他，也可能是出于没有共同语言这个相同的原因罢。但还有一个可能原因：

即赵今声是鲁迅赴港讲演实际上的邀请者，但真正奔走其间的是叶少泉，而且就在鲁迅短暂的访港期间全程陪伴的，除了赵今声之外，也是这位叶少泉。叶少泉是陪鲁迅到香港，一同下榻青年会，一同出席赵今声的欢迎便宴，陪同游览香港市容，最后陪同鲁迅回广州的。① 赵今声没有提叶少泉是否听了鲁迅的讲演，但从上面活动的参与情况，很难想象叶少泉在鲁迅讲演的时候没有陪伴左右。由是观之，真正"全程"陪同鲁迅的其实是叶少泉，叶少泉恐怕比赵今声更能接近鲁迅。鲁迅因此忽略这位没有多少共同语言的具体负起邀请责任的赵今声，恐怕也有一定的客观原因罢。也许，鲁迅心目中的邀请者是叶少泉。而鲁迅听说的干涉、捣乱的传闻，即使赵今声加以否定，也就不能作为否定赵说的根据，因为鲁迅身边还有一个"激进"的叶少泉。由于上述两个原因，尽管赵今声名义上主持这次邀请，出钱出力，实际上成了陪衬人物。尽管赵今声说，是他听到叶少泉认识鲁迅，于是"突发奇想"想请鲁迅到香港作报告。② 但从上面的事实看来，他不可能那么积极，至少不可能比叶少泉积极。他在回答李伟江询问时说，"过去并没有把这件事看成什么大事"，③ 看来确是事实，并非自谦之词。最后，关于赵今声否定香港中文报纸受到审查一事，这是赵说自相矛盾的致命伤。赵对此"失忆"的唯一解释，也许是人们的记忆难免受回忆时的环境和气氛影响。香港过去殖民压迫的黑暗历史事实，在他回忆的时候，恐怕已经被后来自由繁荣国际大都会的形象所掩盖，所洗刷干净了吧。呜呼。

---

① 刘蜀永：《赵今声教授谈鲁迅访港经过》，《鲁迅研究月刊》1993年第11期；赵今声1995年9月20日致李伟江信（《鲁迅粤港时期史实考述》，岳麓书社2007年版，第224页）。
② 同上书，第220页。
③ 见赵今声1995年8月8日致李伟江信，《鲁迅粤港时期史实考述》，岳麓书社2007年版，第221页。

鲁迅个性意识的当代思考

山东师范大学文学院 朱德发

在五四新文化先驱中,最早提出"个人主义"命题的,始于鲁迅1907年写的《文化偏至论》。它的最经典的表述,乃是"尊个性而张精神","任个人而排众数"。凡是研究鲁迅个人主义或个性主义的著述无不引用它,并给出了差异互见的阐释。不过,值得指出的是,鲁迅对个性主义或个人主义的经典表述乃是源于他对西方文化思潮的介绍和评述;而这一介绍或评述是肯定式的而非否定式的。故可认为鲁迅对西方个人主义思潮是认同并接受了;并根据自己的理解与认知做出了这样概括。虽然这种概括性的经典表述,带有鲁迅修辞的特点;但是它并非鲁迅的原创思想。因为个人主义或个性主义原创于并流变于欧洲,"英格兰的社会结构有一个很关键的基本表征,那就是长期以来一直强调,与团体和国家相比较,个人享有更大的权利和特权,这便是'个人主义'"[①]。鲁迅在百年前所接触或感受的个人主义或个性主义,大多是非理性主义的人文主义者,"乃先以极端之个人主义现于世"的斯蒂纳,以及叔本华、克尔凯郭尔、易卜生与"个人主义之至雄桀者"尼采等人的文化思想与生平行迹。所以我探讨的题目不以"鲁迅个人主义或个性观"命之,而是以"鲁迅个性意识"标之,前者"个人主义或个性观念"是来自理性主义思潮,后者的"个性意识"则标明鲁迅个性观的形成既源于理性主义又来自非理性主义,即既是接受来的又是体验来的。

一

既然"尊个性而张精神""任个人而排众数"是鲁迅汲取西方个人主义思潮所给出的经典表述,那么对鲁迅凭此所形成的个性意识的丰富而深邃的内涵,究竟应从哪些层面或维度去体悟去理解?尽管鲁迅研究者的认识与阐释大同小异或深浅不一;然而从其"小异"或"不一"中,若进行探赜发微的思考,那会有新的发现新的认知。就笔者的体会与领悟来说,至少还应从如下一些维度或层面来理解和阐述鲁迅对"个人

---

① [英]艾伦·麦克法兰:《英国个人主义的起源》,管可农译,商务印书馆2007年版,第11页。

主义"思想的经典表述。

其一，鲁迅是从西方文化的"偏至"思维范式来接受并认同个人主义的，故其论文的题名便标为《文化偏至论》。在鲁迅的学术视野中，认定西方的个人主义文化思想是从"偏至"思维中形成并发展的；而这种偏至思维的内在张力则是"以偏纠偏"并促进更新。法国大革命由于"扫荡门第，平一尊卑，政治之权，主以百姓，平等自由之念，社会民主之思，弥漫于人心"；因此人们便觉悟到"人类之尊严"，意识到自我个性之价值，而这种"自觉之精神"遂变为"极端之主我"的个人主义思想。鲁迅正是在接受并评述西方个人主义文化思想的同时，亦接受并认同了偏至思维范式。而这种偏至思维，以我的理解，它是一种非此即彼的二元绝端对立思维，决不是辩证统一思维。这种偏至思维所形成的二元认知结构，它是绝对地肯定我认为所是的一元，绝对否定我认为所非的一元，二元之间没有调和或缓冲或转化的余地，乃是绝端对立，所形成的认知往往具有"片面深刻"的特点。西方19世纪末兴起的"重个人"的个人主义新思潮，便出自于这种"偏至"思维所形成的二元绝端对立的认知模式。即"人于自识，趣于我执，刚愎主己，于庸俗无所顾及"；而鲁迅的"尊个性而张精神""任个人而排众数"，对其所认同的"个人主义"文化思潮给出的概括，无疑亦来自"偏至"思维范式。前者的认知，"尊个性而张精神"是同质同构的两个并列范畴；后者的认知，"任个人而排众数"则是异质同构的两个对立范畴。即在鲁迅对西方个人主义思潮接受所形成的认识框架中，个人主义对于个人为本位的人来说，既有个性意识又有与之相联系的文化精神，两者完全是同质的；而"个人"与"众数"则是绝端相对的，不排斥"众数"而"个人"就不能绝对自由任其驰骋。这种来自"偏至"思维范式的认知，虽然独到而深刻但却不辩证也不科学。考其鲁迅一生的文化思想史，不少精辟深刻的认知，大多得力于他对"偏至"思维范式的出色运用。其二，"尊个性"是鲁迅从心理学或哲学的角度来领悟并接受西方个人主义思潮的。就心理学来说，个性就是人的性格，就是独特的人性内涵或特有的文化人格。因此，鲁迅所尊的乃是人的主体性、自主性、独立性、自由性、自尊性，即"我就是我"的唯我主义，自己来定义自己，自己来主宰自己。《文化偏至论》赞扬的"施蒂纳"就是"极端之个人主义"者，也是"先觉善斗之士"；鲁迅对"兀傲刚愎""主我扬己而尊天下"的叔本华，"惟发挥个性，为至高之道德"的克尔凯郭尔，甚至易卜生《国民公敌》所表现的"宝守真理，不阿世媚俗"的个性主义精神，都是极为尊崇的。一言以蔽之，从心理学的角度来说，"尊个性"就尊重个体主体意识，尊重独一无二的个性意识，尊重人生唯有一次的生命意识。而从哲学的角度来看，"个性"与"共性"是两个相对的范畴，也就是特殊性与普遍性两个范畴的互动的辩证统一关系。文学作品塑造典型人物往往坚持"个性"与"共性"这两个美学范畴，虽然当年鲁迅接受西方个人主义文化思潮并没有从"个性"与"共性"构成的哲学认知框架，来理解来吸纳；但是却能从"个性"的角度，来评述并推崇"立意在反抗，旨归在动作，而为世所甚悦"的摩罗派诗人，呼唤

"精神界之战士"(《摩罗诗力说》)。

与"尊个性"同质的"张精神",鲁迅是从文化学的角度来领悟并汲取西方个人主义思潮的。虽然它与从心理学角度来接纳个人主义有着内在的一致性、关联性,但是"张精神"已把"个人主义"纳入既有广度又有深度的精神领域来理解来弘扬;使个性主义精神的播扬更广泛更深入人心,将精神的力量转化为批判旧制度、旧信仰、旧道德、旧传统以争取人的个性解放来建立"人国"的强大物质力量,即把个性主义精神转化为"批判的武器"。联系当时鲁迅的思想实际及其对个性主义的理解,究竟要"张"何种文化精神?在我看来,无论"张"何"精神",而这种精神一是必须与"尊个性"取得一致,一是必须是鲁迅自我选择自我认同的。因而所"张"的文化精神主要有:

其一,张扬"必以己为中枢,亦以己为终;即立我性为绝对之自由者也"的极端自由主义精神。而这种自由精神的主体则认为,整个世界从外至内都在通过各种非个人的普遍东西来奴役人否定人,使其失去自我;所以作为个体的人的重要使命就在于"自呱呱坠地那一刻起,就力图从所有其他一切事物混杂在一起的世界混乱找出自己、获得自己"①,摆脱自我以外的所有束缚,取得个体的绝对自由。对此,鲁迅在《文化偏至论》中做了这样的描述:早期无政府主义者德国哲学家"施蒂纳","乃先以极端之个人主义现于世。谓真之进步,在于己之足下。人必发挥自性,而脱观念世界之执持。惟此自性,即造物主。惟有此我,本属自由;既本有矣,而更外求也,是曰矛盾。自由之得以力,而力即在乎个人,亦即资财,亦即权利。故苟有外力来被,则无间出于寡人,或出于众庶,皆专制也。国家谓吾当与国民合其意志,亦一专制"②。只有冲决这所有的专制及观念束缚,个体的人才能获得绝对之自由。对于这种源于无政府主义的绝对自由主义,鲁迅并未给出评论,只是给予转述;虽然不能以此为据说明鲁迅亦是无政府主义的自由主义者,但却可以表明鲁迅的个性意识是受其影响,自由精神乃是其张扬的重要的个性内涵。

其二,弘扬"精神界之战士"的"善美刚健"精神。而这种精神的特点与功能则是:"无不刚健不挠,抱诚守真;不取媚于群,以随顺旧俗;发为雄声,以起其国人之新生,而大其国于天下。"③ 故而鲁迅大声疾呼:"今索诸中国,为精神界之战士者安在?有作至诚之声,致吾人于善美刚健乎?有作温煦之声,援吾人出于荒寒者乎?家国荒矣,而赋最末哀歌,以诉天下贻后人之耶利米,且未之有也。"④ 而这样的"精神界之战士"必然以个体人的主体意识为核心,特立独行,卓尔不群,痛感中华民族的"本根剥丧,神气旁皇",痛感中国"劳劳独躯壳是图,而精神日就于荒落"。因此鲁迅不仅坚定地认为救国必先救人,救人则必先救其精神,而且激情勃发地宣扬"我以我

---

① 施蒂纳:《唯一者及其所有物》,商务印书馆1989年版,第8页。
② 《文化偏至论》,《鲁迅全集》第1卷,人民文学出版社1981年版,第51页。
③ 同上书,第99、100页。
④ 同上。

血荐轩辕"的爱国誓言。不过鲁迅当时所爱的国,已不是制度层面的腐朽封建帝国,乃是生于斯长于斯的炎黄子孙母亲的祖国;正是为了挽救祖国的岌岌可危的命运,鲁迅方热切呼唤"精神界之战士"承担起思想启蒙的重任。恰如他在《呐喊》自序所言:"凡是愚弱的国民,即使体格如何健全,如何茁壮,也只能做毫无意义的示众的材料和看客,病死多少是不必认为不幸的。所以我们的第一要著,是在改变他们的精神。"①也就是来塑造国民的主体性的灵魂,或新的精神主体。

其三,张扬"人各有己"的独立精神。即"人各有己,不随风波,而中国亦以立"的先立人后立国的精神。这里所立的国已不再是限制或桎梏人的个性自由发展健全生成的专制之国,也不再是禁锢个体的人独立思考、独立选择、思想自由、言论自由、人身自由的专制之国;而是以个人为本位的以人道主义为最高原则的"人国",致使每个人的个性在"人国"里都能得到充分发挥,个体的主体意识都能得到自由的张扬。但是"人国"的建立必须以"国人之自觉"为前提,即没有人的自觉就没有"人国"。所谓"国人之自觉",即每个国民都能明确地意识到自我是个具有独立主体意识的个性主义者,既能尊自我的个性又能尊他人的个性,用李大钊的话来说就是以人道主义之心来对应同胞的人道主义之心;有了这样的"国人之自觉至,个性张、沙聚之邦,由是转为人国"②。鲁迅既是"人国"的倡导者设计者又是"人国"的热爱者畅想者;他与"兽性的爱国"者有质的不同,"盖兽性的爱国之士,必生于强大之邦,势力盛强,威足以凌天下,则独尊自国,蔑视异方"③,"其所谓爱国,大都不以艺文思理,足为人类荣华者是尚,惟援甲兵剑戟之精锐,获地杀人之众多,喋喋为宗国晖光"④。这种爱国之所以是兽性的爱国,因为他的爱的是践踏人道主义而灭绝人性的侵略或杀戮的兽性行为,不是"人国"而是"兽性之国"。

其四,张扬具有人的主体意识的昂扬进取、奋发有为的韧性战斗精神。不仅"人既发扬踔厉矣,则邦国亦以兴",而且有了这种精神就能攻无不克战无不胜,清除进化路上的重要障碍与各种阻力,"人道主义终将胜利",这是确定无疑的。

二

如果说"尊个性而张精神"是鲁迅接受汲取西方个人主义思潮时所作的同质同构表述,是从"个性"与"精神"两个互通的维面给出的不无偏颇的阐释;那么"任个人而排众数"则是从社会伦理学的视角对西方个人主义思潮进行透析所作的异质同构的概述。

---

① 《鲁迅全集》第1卷,人民文学出版社1981年版,第417页。
② 《文化偏至论》,《鲁迅全集》第1卷,人民文学出版社1981年版,第56页。
③ 《破恶声论》,《鲁迅全集》第8卷,人民文学出版社1981年版,第32、31页。
④ 同上。

"个人"与"众数"是两个对举的异质概念,作为接受者的鲁迅对于"个人"与"众数"所构成的社会伦理关系的主体态度与立场,则体现于"任"与"排"这两个带着鲜明情感色彩的修辞上。这里的"任个人"主要不是"放任"或"纵容"个人而是"信任"或"尊重"个人;而"排众数"则是排斥或指责"众数"。"个人"即社会的个体,社会是以个人主义为本位的,个人既是社会的一分子又是社会的中坚力量;"众数"即是与"个体"相对的"群体",尽管人数众多,而大多是"庸众",麻木愚昧的芸芸众生。社会是由人与人的多重而复杂的关系而构成的,其中个体与群体则是社会的基本伦理关系;社会的先进程度或优越程度,在极端个人主义者的眼中是精英个体所决定而非芸芸众生,这从《文化偏至论》中可以清楚地看出来。所谓"个人"就是鲁迅所赞赏的"先觉善斗之士"与"精神界之战士";前者是《文化偏至论》所列举的施蒂纳、叔本华、克尔凯郭尔、尼采、易卜生等,后者则是《摩罗诗力说》所标榜的雪莱、莱蒙托夫、密茨凯维克、拜伦、裴多菲等摩罗派诗人。而这些"个人"都是"极端个人主义者",鲁迅虽然赞赏他们的卓尔不群奋发抗争精神,但对他们所信奉的"极端个人主义"并未完全认同与接受。所谓"众数",依据《文化偏至论》所指斥并非都是芸芸众生的老百姓,他们既有"言非同西方之理弗道,事非合西方之术弗行"的一味追随西方而迷信洋人的西化派,又有"竞言武事"的"轻才小慧之徒";[①] 既有倡导"制造商估"的重物质派即晚清的洋务派,又有提倡"立宪国会"的重多数派即晚清改良主义立宪派。

在鲁迅看来,法国大革命后社会出现的民主倾向是压制了具有"特殊之性"即个人主义的"明哲"之士,甚至易卜生《国民公敌》表现出的"反社会民主之倾向"也得到鲁迅的肯定。所以不管哪个阶层或哪种类型的人,只要缺乏个性意识或同个性主义者作对,都是"庸众"或"众数",均在排斥之列;至于与"个人"对立的大多数民众也是应该被排斥的。鲁迅彼时对"个人"与"民众"关系的理解只能达到当时的认识水平,不可能以辩证历史唯物主义来对待,唯有接受西方"极端个人主义"思想,所以不能脱离特定的历史条件来苛求鲁迅;我们所能够做到的是在特定的历史范畴来评述鲁迅对"个人"与"民众"即"个体"与"群体"关系的理解。鲁迅曾以欧洲历史上苏格拉底和耶稣之死为例,说明民众不易明辨是非而轻易受到阴谋家的蛊惑而上当,以致充当残害忠良或天才的看客或刽子手;而在《摩罗诗力说》中则进一步说明这一现象的普遍性,即"顾瞻戮天才,殆人群恒状,滔滔皆是,宁止英伦。中国汉晋以来,凡负文名者,多受谤毁"。试问,像这样的天才"个人"受害遭戮,不该悲悼、尊敬、同情吗?而那些自古以来的诽谤天才、扼杀天才的"众数"不该受到批判、谴责、排斥吗?从这个意义上说"任个人而排众数"的认识和态度是有一定的合情合理,这样的异质相对也是可以理解的;但是若循此逻辑思路推演出这样的结论,那就有点

---

① 以上引文没有明确注释的,均出自《文化偏至论》,见《鲁迅全集》第1卷,人民文学出版社1981年版。

极端化，即"是非不可公于众，公之则果不诚；政事不可公于众，公之则治不到"，甚至认为"与其抑英哲以就凡庸，曷若置众人而希英哲"①。这种前者"借众以凌寡"和后者"借寡以凌众"的主张，完全把"个人"与"民众"对立起来，加剧了两者的紧张关系；况且又混淆了民主社会制度与专制社会制度两者的本质关系，甚至将"平等自由之念，社会民主之思"误解为："凡社会政治经济上一切权利，义必悉公诸众人，而风俗习惯道德宗教趣味好尚言语暨其他为作，俱欲去上下贤不肖之用，以大归于无差别，同是者是，独是者非，以多数临天下而暴独特者。"② 如果"极端个人主义者"总是处理不好或摆不正"个人"与"众数"即个体与群体关系，甚至将两者关系推上对立的不可调和的极端，"极端个人主义"又恶性膨胀；那必定会出现不堪设想的后果，不妨做这样的蠡测：假如极端个人主义者发展到极端自由主义者，就有可能成为"造"一切社会制度或一切意识形态甚至一切规章法则、一切文明举措"反"的彻底的无政府主义的个人主义者；假如极端个人主义者参加政治革命或社会变革，那有可能成为破坏一切、扫荡一切的唯我独革、唯我独"左"、唯我正确、唯我独大的极端个人主义英雄者；假如极端个人主义者掌握一个民族或国家的大权而盲目信奉尼采的天才论或权力至上论，那有可能成为一个法西斯主义者，希特勒不是曾以尼采超人哲学为法宝吗？假如极端个人主义者领导政治革命而夺取政权成为国家领袖，自认为天下老子第一，目空一切、傲视一切，将自我置于人民群众之上或者一切社会组织上，那就有可能成为一个顺我者昌逆我者亡的独裁者。这并不是危言耸听，这已被历史实践证明了。

鲁迅当时尽管对西方极端个人主义思潮尚未做出辩证性的评述，然而他也没有完全认同或接受极端个人主义思潮；只是汲取其有用的合理的因素，"别立新宗"，形成独特的个性意识，既为"立人"所用又为建"人国"所需，这就把个人主义与人道主义、爱国主义联系起来。虽然鲁迅在认识上曾陷入个性主义与人道主义的悖论，但他始终在求索新路而破解心中之结，力图将个性主义与人道主义辩证统一起来。众所周知，1925年5月30日，鲁迅给许广平的信中说："我的意见原也一时不容易了然，因为其中本含有许多矛盾，教我自己说，或者是人道主义与个人主义这两种思想的消长起伏罢。所以我忽而爱人，忽而憎人，做事的时候，有时确为别人，有事却为自己玩玩，有时则竟因为希望生命从速消磨，所以故意拼命的做。"③ 鲁迅这是从自己的人生感受与体验中，认为人道主义与个人主义这两种思想有矛盾，若是从理论来认识它们两者之关系，并不一定矛盾，也许可以统一起来。周作人于1918年12月写的著名文论《人的文学》，对个人主义与人道主义的关系就给出辩证的解说："我所说的人道主义，并非世间所谓'悲天悯人'或'博施济众'的慈善主义，乃是一种个人主义的人间本位主义。"显然，这种个人主义就是人道主义，而这种个人主义"利己而又利他，利他

---

① 《文化偏至论》，《鲁迅全集》第1卷，人民文学出版社1981年版，第52、48页。
② 同上。
③ 《两地书·二十四》，《鲁迅全集》第11卷，人民文学出版社1981年版，第81页。

即是利己","己亦在人中"。所以周作人说,"人道主义,是从个人做起。要讲人道,爱人类,便须先使自己有人的资格,占得人的位置";"如不先知自爱,怎能'如己'的爱别人呢?"这就把个人主义与人道主义统一起来。这是不同于"极端个人主义"对人道主义的见解,鲁迅受其影响也没有从认识的误区中走出来,只强调个人主义与人道主义的对立性而忽略其更重要的统一性。耐人寻味的是,周作人把人类中的个体与群体的关系以"树木"与"森林"为喻给出形象化说明:"人在人类中,正如森林中的一株树木。森林盛了,各树也都茂盛。但要森林盛,却仍非靠各树各自茂盛不可。"① 这深刻揭示了人类中的个人与众数的辩证统一关系,也揭示了个人主义与人道主义的深切同质关系;这种认识极大匡正了"极端个人主义"思想的偏至。1920年1月,杜威在天津青年会讲演提出了"真的与假的个人主义"命题:"一、假的个人主义——就是为我主义(Egoism)。他的性质是自私自利:只顾自己的利益,不管群众的利益。二、真的个人主义——就是个性主义(Individuality)。他的特性有两种:一是独立思考,不肯把别人的耳朵当耳朵,不肯把别人的眼睛当眼睛,不肯把别人的脑力当自己的脑力;二是个人对于自己思想信仰的结果要负完全责任,不怕权威,不怕监禁杀身,只认得真理,不认得个人的利害。"② 杜威所倡导的真的个人主义也就是个性主义,虽然这种个性主义与鲁迅在日本留学时所接触的"极端个人主义"思潮有相通之处;但前者并没有把"个人"与"众数"、"个人主义"与人道主义对立起来,而着重强调"独立思考"与获取"真理"的重要性,这正是鲁迅所期待并践行的。甚至有的研究鲁迅的学者也认为,人道主义与个人主义不但不冲突且有相辅相成的关系,从做人的角度来看若是人道主义的中心素质是爱人,为别人着想的话,那么人道主义的前提就是对人的尊严的肯定和坚持;而人的尊严则来自个人至高无上与自身的不可化约的(Irreducible)价值。用卢梭的话说,就是"每个人都是高贵的存在,他的高贵到了使得他不可成为别人工具的程度"③。从理论上说,个人主义与人道主义并非异质相对,乃是辩证统一的;不过个人主义的本质内涵却难以取得共识,艾伯特·马蒂内利认为,个人主义是现代社会的产物,虽然它"如同理性主义、个性主义在欧洲历史在文化遗产中发展起来,但只有随着现代性的到来才完全出现";并"在他的良心面前为自己的选择负责,而不是屈服于父权制家庭、教会或专制的君主"。④ 而丹尼尔·沙拉汉则把个人主义视为一个信仰体系,"它使我们的个性成为了识别真理和实现道德价值的工具","他或者她无须在自我的范围之外寻求帮助就可以接近真理"⑤。由于历史条件的限制,尽管在鲁迅所处时代的文化语境下不可能接触那么多的有关个人主义或人道主义的论

---

① 周作人:《人的文学》,原载《新青年》1918年12月15日第5卷第6号。
② 《非个人主义的新生活》,《胡适全集》第1卷,安徽教育出版社2003年版,第708页。
③ 林毓生:《鲁迅个人主义的特质与含意——兼论"国民性"问题》,《鲁迅研究月刊》1993年第11期。
④ [意]艾伯特·马蒂内利:《全球现代化——重思现代性事业》,李国武译,商务印书馆2010年版,第27页。
⑤ [捷克]丹尼尔·沙拉汉:《个人主义的谱系》,储智勇译,吉林出版集团有限责任公司2009年版,第29页。

著；然而鲁迅的超人天赋、敏锐感悟、创造潜能及其性格内在诉求，却能使他在拿来主义精神激励下，从有限的思想资料里汲取富有真理性的文化因素，内化为自己的个性主义意识，铸造与个性内涵相融合的人道主义情怀。"横眉冷对千夫指，俯首甘为孺子牛"就是鲁迅诗化的人格写照，前者是个性主义熔炼的敢于独立思想、捍卫真理、不惧妖邪、韧性抗争的战斗性格；后者则是人道主义真爱内塑的以平民为本位的人文主义胸怀。即使鲁迅后来接触了马克思主义只是提升其思想境界，也没有动摇他对个性主义或人道主义的坚守；而个性主义或人道主义通过鲁迅等文化先驱的思想启蒙或文学革命的躬身践行所形成的独立思考、追求真理、忧国忧民的现代知识分子的优良传统，将会在中国思想史和文学史上永远发扬光大。

三

沉痛的历史经验与变革实践证明，没有文化先驱们信奉的个性主义所焕发出的蓬勃创造力与艺术生命力，既不能推动中国文学向现代转型，又不能创建出一代与世界文学接轨的现代性文学；没有人道主义作为最高美学原则，就不能铸造出以现代人学为灵魂的"人的文学"，更不能创建起现代文化系统，也不能形塑出现代文化人格。然而值得我们深刻反思的是，在中国文学沿着现代化运行的路程上鲁迅于1936年辞世后，他所信奉的个性主义或人道主义及其所形成的现代知识分子的独立思考善于批评的传统，为何遭遇一次次围剿甚至灭绝，给现代文学健全运转所造成的困厄乃至灾难为什么得不到彻底清算？当然这里面有不言而喻的原因或者还有当下难以揭开或破译的历史密码，不过有一些认识上的误区或理论上的疑难还是可以从学术上进行探讨的。

在我看来，对个性主义或人道主义文学及其创作主体所坚守的独思与批评传统进行围剿并产生实际效应的，应该是延安文艺整风与《在延安文艺座谈会上的讲话》。前者是通过政治斗争实践予以围剿，对王实味、丁玲等发表的杂文进行批判，并对其组织处理甚至枪杀，从精神到肉体消灭之。这不仅扼杀了具有强烈个性意识、独立思考能力和敢于批评时弊的作家，而且也否定了鲁迅所代表的杂文传统及其文体价值。此次文艺整风丁玲虽然只受到批判和组织处理，但到了1957年"反右"时她却重新被批判且戴上人身专制的右派帽子；王实味没有丁玲"幸运"，他被枪杀尽管已平反但其坚持的现代知识分子的独立思考和勇于批评时政的传统并未恢复。萧军也是位有个性有独思、敢恨敢爱并坚持鲁迅文学传统的左翼作家，1948年东北局对其进行了声势浩大的政治批判。这次文艺整风或政治批判，实质上在警告即使左翼作家也不能有个性、有独思、更不能以杂文批评新政权；而对新政权只能歌颂不能暴露更不能批评，从此"歌德文学"便昌兴起来，鲁迅创造的杂文时代已失去存在的价值。《讲话》是从理论上围剿并清算个性主义或人道主义文学所弘扬的启蒙思想传统，即将奔赴延安的具有强烈个性意义与人道主义情怀的作家定性为有个"小资产阶级或资产阶级思想王国"，必须通过思想改造向工农学习把立足点转移到工农一边、思想感情与农民打成一片来个"脱离换骨"的根本变化;又把人道主义或人性论定性为资产阶级思想,且以阶级性取代人性,这就将五四新文学以来创造的具有复杂人性内涵并以人道主义为灵魂的"人的文学"否定了,实际上也动摇了鲁迅新文学主将和新文化伟人的根本地位。这里面涉及不少理论问题,非本文所能辩论清楚的,只想提三个疑惑问题供大家思考:一是真正的马克思主义并不反对个性主义或人道主义,并把共产主义理想视为博大的人道主义,既然如此那么武断地把作家信奉的个性主义或人道主义定性为小资产阶级或资产阶级思想王国,这是否坚持了马克思主义?难道无产阶级思想就不讲个性或人道吗?二是为什么一个人上了学读了书就成了"资产阶级和小资产阶级知识分子",而工人农民比这样的知识分子"都干净"?笔者想不明白的是,究竟根据什么以何标准把去延安的作家定性为"资产阶级和小资产阶级"?那么当时的工人和农民的头脑里装的是什么思想,难道是"无产阶级思想王国",尤其是"农民"阶层很多,莫非其思想情感也是"无产阶级"的?这又是根据什么以何标准判断他们的思想感情比知识分子"都干净"?这是科学的阶级分析还是主观臆断或指鹿为马?如果这样的所谓阶级分析出自一般人之口不会有多大威力,而它成了政治霸权话语那将致多少知识分子遭殃获罪?三是"只有具体的人性,没有抽象的人性。在阶级社会里就是只有带着阶级性的人性,而没有什么超阶级的人性"[①],这样的人性观既经不住人类发展史的检验又经不住生活实践或人生经验的检验,而且从理论上也讲不通;这实质上是以一种所谓的无产阶级人性论来否定了人性、人情、人格、人道的普遍价值,从而批判了五四新文学运动以来所坚持的具有普世意义的人性论、个性论和人道论、人情论的作家作品,从根本上说也是对原旨马克思主义的个性观、人性观和人道观的悖离。值得深思的是,至今政界或文界的精英们对这种所谓的无产阶级人性论没有提出异议且坚定地捍卫着,若是这样持久下去,那21世纪的中国文学将如何与全球化文学接轨并来个大发展大繁荣呢?

  如果说第一次对鲁迅信奉的个性主义或人道主义及其形成的现代知识分子独思与批判传统的围剿,尚是局部的还未波及全国;那1955年反胡风和1957年反右派这两次的围剿,对于个性主义或人道主义及其坚守它的知识作家主体的打击或扼制则是全局性的又是致命的。众所周知,在文艺界得到鲁迅"真经"的或真正承续鲁迅传统的应是左翼作家胡风及其"七月派",不只个性主义内化为他们坚韧卓立、桀骜不驯的性格,而且从文艺理论主张到小说诗歌创作也真诚地弘扬鲁迅的战斗现实主义传统和以平民为本位的人道主义美学精神。为了清除扼杀胡风及其"七月派",先是对其进行步步升级的政治大批判后又将其宣判为"胡风反革命集团",全民共讨共诛之;并动用了专制机关,将胡风及其骨干分子抓捕起来关进监狱。对于这个处心积虑制造的大冤案完全是一种国家行为,无视宪法而独断地定其为"思想罪"和"言论罪",与明清的文

[①] 《毛泽东选集》(一卷本),人民出版社1986年版,第827页。

字狱相比有过之而无不及。现在虽然是平反了并宣布为"冤假错"案,且撇开政治法律角度不论,仅从文艺角度来看,并未深入彻底地挖掘造成这个大冤案的政治根源与思想根源,也没有追查制造"文字狱"的居心何在及其对思想界文艺界所造成的恶劣影响;特别是没有真正恢复并弘扬胡风及其"七月派"所坚持的鲁迅以个性主义或是人道主义创立的文明批评和社会批评的杂文传统与改造国民劣根性的启蒙主题。反胡风实质上是从文艺上、思想上、政治上对知识分子的个体或群体的主体意识、独立思想、个性言论或叛异思维从肉体到灵魂实行专制,进一步强化一元化思想的绝对统治权与话语权。难怪胡适在海外见到大陆"清算胡风"曾说:"鲁迅若不死,也会砍头的。"① 若是说反胡风及其"七月派"主要在文艺界实行"文字狱";那么1957年的"反右派"则是在全国大范围内推行"文字狱"。通过"引蛇出洞"的政治阴谋,打着"帮助党整风"的欺骗旗号,把那些具有独立思想、个性意识、敢于说话、直刺时弊、忧国忧民、人道情怀的知识精英,数百万之众置于"反党反社会主义"的右派行列;或进行政治大批判,作为"内控右派"把帽子拿在当权者手里,或通过大批判将其搞臭戴上"右派"帽子当成阶级敌人而实行专政。仅就文艺界来说,那些个性意识强敢于干预或批评现实时弊的作家几乎都打成右派或"补成右派",其作品被宣判为"反党反社会主义"的毒草。实际上,通过所谓"反右"对在文艺界鲁迅坚持个性主义或人道主义所创造的批判战斗的文学传统以培育的现代知识分子独思与批判性格,则给予毁灭性的扼杀与残酷无情的镇压。1957年夏天,毛泽东在上海接见文艺界人士,对于翻译家罗稷南的"要是今天鲁迅还活着,他可能会怎样"的提问,毫不掩饰地回答:"以我的估计,(鲁迅)要么是关在牢里还要写,要么他识大体不作声。"② 我相信,作为"反右派"总策划总指挥的话是真的,对于他心目中的"圣人"鲁迅就敢这样予以专制,至于对待文艺界那些崇尚鲁迅个性意识的或赓续鲁迅文学批判传统的后起者给戴上个"右派"帽子算不了什么!这场灭绝人性人道的"反右"运动虽然平了反,但对它背后隐伏的政治阴谋、险恶心里、扼杀个性、反智主张其及所造成的令人发指的残酷后果与恶劣影响并未彻底清算;对于受害者蒙冤者所信守的真理话语、坚持的正义立场、发扬的个性精神以及创造的人道人性的文论或文学并没有得到重新肯定与重新弘扬。及至"文革"封建法西斯主义横行,不仅对个性主义或人道主义乃至别的什么主义及其信奉者,都作为"封、资、修"反动意识形态而实行全面专政,而且全国亿万人只能以"早请示晚汇报"的宗教方式,虔诚地相信"一种思想、一条路线、一个神主"是绝对的真理化身而且是战无不胜的;更为可悲的是鲁迅,利用他以个性主义或人道主义所铸成的"痛打落水狗"的彻底的不屈服的韧性战斗精神,来打倒或否定其终生信守的个性主义或人道主义理想,将鲁迅封为"神"与总坛上的"神"灵犀相通,对于鲁迅来说这是极度的凌辱又是极度的悲哀!

---

① 李慎之:《回归五四学习民主——给舒芜谈鲁迅、胡适和启蒙的信》,《书屋》2001年第5期。
② 周海婴:《鲁迅与我七十年》,南海出版社2001年版,第371页。

合乎人心顺乎人意的个性主义或人道主义及其信奉者鲁迅与后起者对它的坚忍不拔地捍卫与诚守，任凭一次比一次严酷残忍的围剿与扼杀；然而当遇到"改革开放"的春风和思想解放的狂飙，个性主义及其信奉者却获得空前的解放，人道主义在文艺领域又重放光彩，鲁迅的光辉个性与人道主义启蒙思想在"拨乱反正"、冲破禁欲主义桎梏的批判壮举中发挥了巨大威力。在"改革开放"的艰难过程中，文艺领域作家主体的个性张扬或人道主义弘扬，虽然也遭到所谓"清除精神污染""反自由化"等的阻遏；但毕竟不再坚持"以阶级斗争为纲"、不再提"阶级、阶级斗争"了，政治环境越来越宽松越自由，特别是主流话语反复强调创新是民族的灵魂、是决定改革开放成败的关键，"解放思想"则成了时代的最强音。因此这种情势有利于人的个性解放，也有利于个性意识的增强，更有利于以人为本位的人道主义思想深入人心；唯有个性的彻底解放个性意识日益增强，人的创造潜能和创造智慧才能得以最大化的开掘和挥发。仅就文艺领域来看，创新型的文学作品层出不穷，鲁迅的硬骨头精神与文学个性化及文学批判传统得到了创造性的承扬，获得诺贝尔文学奖的莫言自己承认赓续了鲁迅的文学传统。

不过，面对着一浪高过一浪的全面发掘弘扬五千年中华民族的文化传统的热潮，说实在的，我内心的情感是喜忧参半。喜的是数千年的文化传统或文学传统，不管是已有或才发现的，不管它是所谓"精华"或"糟粕"，或者它是所谓"国粹"或"国渣"，都杂陈于国人眼前，都允许出版发行，都可以改编成电视电影，都能制造各种动漫畅销于海内外，等等，这真是令国人值得为之自豪的优秀文化遗产。从表面看，传统文化丰厚了，文学也繁荣了，作为一个中国学人听之见之，内心能不喜吗？但冷静下来稍加思考，一种隐忧便生发出来，且不论政治界、经济界、文化界人士对一般的传统文化的态度和做法，这里仅就学术界或文学界对儒家传统文化的态度与作为略谈点想法：诚然，2500年前孔子与孟子所创立的儒家文化传统，其内涵博大精深，及至汉代董仲舒提出"独尊儒术"致使儒家文化演化为历代皇权统治的主导思想；因而今天对于儒家文化传统重新研究重新发现重新评估颇有必要。但是有的新儒学者并没有对儒家文化采取"古为今用""推陈出新"、促使其向现代转化的科学态度，而是全部肯定全部弘扬，视其为当下治国安邦的重要思想，视其为当下全民必尊的伦理道德；并且把复活孔孟所代表的传统文化与五四新文化运动作为主将鲁迅所代表的现代思想文化对立起来，好像五四时期彻底批判儒家为主体的封建思想文化是个历史性的错误，而鲁迅亦成了反传统的罪人，甚至有人直斥是块"老石头"。对此，我想不通，深感疑惑，曾写过多篇论文亮明观点，兹摘录两段，就教于明哲之士。

  鲁迅作为五四《新青年》派批儒反孔的主将，他不仅把西方文化中的民主与科学精神、个性主义和人道主义作为攻击封建传统文化的思想武器，而且也用它来解剖自己的灵魂，不断地清除思想中的"鬼气"，表现出一种自觉忏悔意识和文化自省意识……

在鲁迅看来，以家族为本位的伦理道德对整个中国文化的渗透既深且远，不只是与人们的意识形态和生活方式有着深固广泛的内在联系，而且与封建社会"大一统"的垂直隶属型的内部结构和等级统治秩序完全融为一体，形成强固的伦理政权化、政权伦理化的治人治家治国的高度连锁体制。如果中国古书上只指出中国封建社会的"王臣公，公臣大夫，大夫臣士，士臣皂，皂臣舆，舆臣隶，隶臣僚，僚臣仆，仆臣台"的等级制驭；那么鲁迅又进一步指出"台"虽然没有臣却"有比他更卑的妻，更弱的子在"，而且其子也很有希望，"他日长大，升而为'台'，便又有更卑更弱的妻子供他驱使了"。这样便"一级一级地制驭着，不能动弹，也不想动弹了"。这就深刻地揭露出中国封建社会之所以能够长期而稳固地进行统治的秘密所在。[1]

鲁迅在五四新文化运动中批儒反孔并非要对孔子及其门徒创立的儒家学说进行全面的历史评价，而是立足于推进人的现代化和社会的现代化才紧紧抓住"君君臣臣夫夫子子"的等级森严的封建制度及其伦理纲常通过重点批判，把中国人从牢笼里解放出来，既获得了个性意识又取得了人道情怀。当下有的学人不遗余力地在呼唤甚至美化儒家文化的等级观念与伦理道德；因此我不得不忧心百年前通过鲁迅等几代文化精英们的不懈努力，将中国人从封建制度及其纲常的笼子里解放出来才获得个体生命价值与个性意识张扬，而逮及21世纪中国人已获得的人性解放的个性意识在自觉不自觉地又将被关进新儒学派复活的儒学传统制度及其礼教伦理的笼子里。也许我是杞人忧天。因为当前正在贯彻落实的社会主义核心价值观的三个层次的12范畴，主要源自鲁迅等新文化先驱们所创建的现代思想意识，这就从根本上确保了现代中国人的文化人格的核心内涵应充盈着个性主义和人道主义精神；其实这与2500年前孔子的原创思想中的个人主义或"仁者爱人""泛爱众"的人道主义，也是遥相互通的。

历史雄辩地证明，鲁迅百年前提出的"尊个性而张精神"是人类自身为之不懈奋斗而争取人性健全发展、个性自由解放、精神充盈旺盛、生命充满活力的永恒命题；即使"任个人而排众数"这看似悖论的命题，至今从理论到实践，若能理解好并解决好，那也具有强烈的现实意义和重要的学术价值。尤其要推动21世纪中国文学沿着现代化道路来个欣欣向荣的大发展，处理好解决好这两个历史命题更是迫在眉睫。

---

[1] 以上两段引文均见1991年春写的拙文《终极价值：现代化与鲁迅批孔》，收入1995年山东文艺出版社出版的《五四文学新论》一书。

世界的,也是鲁迅的
——"世界视野中的鲁迅"国际学术研讨会综述

刘子凌

2014年6月14日至15日,由中国鲁迅研究会、山东师范大学文学院主办,山东师范大学中国现当代文学国家重点学科承办的"世界视野中的鲁迅"国际学术研讨会,在济南举行。来自中国、日本、韩国、德国、美国、澳大利亚等国家的50多位专家、学者,围绕着"世界视野中的鲁迅"这一会议主旨,进行了热烈、深入而又富有建设性的交流。

鲁迅研究起步不久即跨越了单一国度的限制。这不仅是说鲁迅的爱好者和研究者遍布世界,更重要的是,人们开始在世界视野内思考鲁迅的文学史和思想史价值。确切地说,作为第三世界国家的文学者和思想者,鲁迅绝不只是域外"先进"思潮的被动的容受方;相反,鲁迅本人,就是世界范围内现代文学和思想资源的一个内在的组成部分。正是这一层面上,"世界视野中的鲁迅"才成为一个问题。

以"世界视野中的鲁迅"为主旨,本次会议设计了四个议题:"鲁迅与世界文学的多重复杂关系""鲁迅作品在世界范围的移译与传播""海外鲁迅研究的方法论特征及其学术意义"和"海内外鲁迅研究之比较与互动"。与会者的相关论著,各具精彩。

对鲁迅与世界文学的多重复杂关系的整理,应建立在坚实的实证研究基础上,才不至流于空洞猜测或简单比附。鲍国华(天津师范大学)系统总结了鲁迅翻译日本文学的实绩;孙郁(中国人民大学)集中探讨了鲁迅和陀思妥耶夫斯基关系中的几个问题;葛涛(北京鲁迅博物馆、国际鲁迅研究会)的《论鲁迅对所译的三篇契诃夫小说的手稿的修改》与李浩的(上海鲁迅纪念馆)《鲁迅译稿〈毁灭〉》,通过对鲁迅译作不同版本的系统比勘,归纳了鲁迅翻译工作的某些特点,也就为研究者体会鲁迅的"拿来主义"精神,提供了可靠的文献学基础。鲁迅研究若要扎实推进,此类实证考察,始终不可或缺。

众所周知,在鲁迅与世界文学产生关系的过程中,日本的中介意义无可替代。李雅娟(华中科技大学)在《从"诗力"到"美术"——诗论清末民初鲁迅思想变迁中的"日本影响"》中,追踪了鲁迅对日本心理学家上野阳一之艺术教育思想的能动性接受,以及其"美术"观由此而发生的变迁。鲁迅的艺术趣味与热情,离不开他的这种独特的"美术"观念。而鲁迅的对文艺采取的这种功能性理解,在中国现代文艺家中是否具有典型意义;应该如何把握文艺在中国现代民族国家建构工程中的位置……这都是这篇论文自然延伸出来的话题,值得学界深长思之。

周氏兄弟"发现"波德莱尔,也是靠了日本的中介。小川利康(日本早稻田大学)在其《周氏兄弟的散文诗——以波特莱尔的影响为中心》中,展开了周氏兄弟—厨川白村—波德莱尔的人物关系网络。周作人的"散文诗"理论和创作实践对中国新诗文体建设的价值,已毋庸赘述,而考虑到周作人的波德莱尔译介工作穿插其间,这一话题应该还有探讨的空间。此外,本文还重新勘定了鲁迅接受厨川白村的时间,一篇短短的《窗》,其实凝结了周氏兄弟深刻的精神联系。

无政府主义和进化论之于鲁迅的影响,极其深刻却又难以厘清。李冬木(日本佛教大学)和潘世圣(华东师范大学)的论文,分别抓住了"清国留日学生"周树人求学生涯中的关键时刻,力图还原青年鲁迅在日本与两种思潮遭遇的文化语境。李冬木《留学生周树人"个人"语境中的"斯契纳尔"——兼谈"蚊学士"、烟山专太郎》,不仅经由互文本的细读,捕获了《文化偏至论》的日本材源,考证了其作者情况,完善了鲁迅研究中的一大公案;而且在"周边"的概念之下,把青年鲁迅与明治日本思想界有机地勾连起来。潘文《鲁迅与丘浅次郎进化论讲演之悬案——还原历史现场与思想意义阐释》,则在艰苦的寻找工作之后,坐实了鲁迅与丘浅次郎进化论讲演的关系,并提示读者注意弘文学院的教育体系对青年鲁迅的思想性意义。两篇论文均以绵密的考证见长,但肌理之间还包含了明确的思想史的问题意识,于是,考证也就打开了一个宏阔的文化史视野。

如符杰祥(上海交通大学)和李生滨(宁夏大学)所言,鲁迅是在现代化成果与问题俱为显著的异域日本,辅以长期学习理工科所养成的"科学思想",站在中西文化的交汇点上,获得了一种"洞达世界之大势"的现代性体验。那么,在"溯源"的目标之下,近期确实是早期鲁迅似乎得到了研究者更多的观照——这是一个很有意味的研究动向。

与以往较多地强调左翼文学与苏俄文学、日本左翼文学运动的关系不同,吕周聚(山东师范大学)的《中国左翼文学中的美国因素——以鲁迅为中心的考察》,通过鲁迅的相关言论和社会交往,梳理了中国左翼文学对美国左翼文学的关注和接受,并评估了"美国因素"对中国左翼文学某些偏差的矫正作用。若要更为全面立体地认知中国左翼文学,这一考察必不可少,而且值得深入开掘。

用"多重性"来概括鲁迅与世界文学、世界文艺的关系,确实是名副其实的。崔云伟(山东艺术学院)、董卉川(山东师范大学)分别分析了鲁迅与凯绥·珂勒惠支、易卜生的共鸣和呼应。王学谦(吉林大学)从鲁迅与朱光潜的"热烈"与"静穆"之争,讨论了尼采对鲁迅的影响。

如上所述，鲁迅与世界文学的关系，不是单向的，其中理应包括鲁迅作品在世界范围的移译与传播这方面的内容。这种传播研究可以做得很实证。张钊贻（澳大利亚昆士兰大学）的论题单刀直入——《谁邀请鲁迅赴港讲演》一文广泛的文献调查，使其结论坚实可靠。于小植（北京语言大学）以《阿Q正传》为对象，在外国留学生中间进行了一次问卷调查。调查虽规模不大，反映出来的问题却具有一定的典型性，为研究者感知阿Q人物形象的跨文化接受，留下了颇有趣味的统计数据。

从个案研究入手，是鲁迅传播研究中的一个比较常见的思路。李林荣（北京第二外国语学院）描述了台湾鲁迅的形象生成与意义变迁，李宗刚（山东师范大学）探讨了《孔乙己》在文学史书写中的沉浮，魏建、周文（山东师范大学）解析了《上海文艺之一瞥》的谜团及其国外版本。这些论文切入点不大，而透视的则是鲁迅研究/接受的范式变迁和鲁迅演讲的价值重估等重要问题。

总的来说，鲁迅其人其文的传播，还是以日本为重要目的地。但不同的传播者，往往会给鲁迅形象打上不同的光谱。卓光平、王晓初（绍兴文理学院）提出了一个"池田鲁迅"的概念，总结了池田大作对鲁迅思想的探究与"学院鲁迅"的不同之处。董炳月（中国社会科学院）通过日本作家井上厦剧作《上海月亮》的解读，也提出了一个"井上鲁迅"的名词。文章认为，这一鲁迅形象的日常性和世俗性，虽区别于"竹内鲁迅"和"丸山鲁迅"，带有一定的颠覆性，而实际上，却是作者跨越时空向鲁迅的一次另类的致敬，其丰富内涵，有待充分地打捞。

显然，无论是"池田鲁迅"，还是"井上鲁迅"，都是在异于"竹内鲁迅""丸山鲁迅"的意义上成立的。这毋宁说从侧面反证了竹内好、丸山昇、伊藤虎丸、木山英雄等人的研究范式在鲁迅研究脉络中的地位。于是，对这些研究范式的检讨，便是后来者寻找新的学术生长点的题中应有之义。谭桂林（南京师范大学）、王家平（首都师范大学）、张全之（重庆师范大学）和刘春勇（中国传媒大学）都把海外，尤其是日本的鲁迅研究的方法论特征及其学术意义作为其论文的话题。所谓他山之石、可以攻玉，由他们的论文可以看出，亦步亦趋地模仿前人并非好的学习思路；重要的不仅是透彻了解日本研究者怎样言说鲁迅，还在于深入领悟种种言说方式背后的现实关怀，并把这种关怀带入个人的研究工作之中。正如张福贵（吉林大学）在其长文《鲁迅研究的三种范式与当下的价值选择》中所强调的，鲁迅研究其实关涉着当下的价值选择。海外鲁迅研究的"学术意义"之所以成立，这层内容不容忽视。

小说、《野草》和杂文，一直是鲁迅研究的重点领域。

小说研究方面，李宝暻（韩国国立江原大学）的论文《阿Q和叙述者的角色履行》，从"角色履行"的角度读解阿Q和叙述者之间的关系，指出二者的共通之处，在于"他们都要忠实地履行自己被赋予的角色"。论文发现，随着故事情节的推进，却发生了阿Q和叙述者之间的地位"颠倒"。由此，论文认为，"《阿Q正传》字里行间所隐藏的是对一个只不过是'看客'而已的作者自身的解剖和暴露"，"鲁迅在《阿Q

正传》的抵抗显得与他者的战斗，可其实与自身在战斗着"。

徐维辰（复旦大学）的论文《书写砍头情结：鲁迅自我批评的文学表现》，从"砍头情结"中隐藏的"内面的矛盾状态"出发，扫描了鲁迅为弥缝此一心理矛盾而进行的文本策略和叙事实验。论文认为，这一原记忆及其引发的叠层运笔行为，或者标志着"鲁迅式的艺术生产"。

此外，甘智钢（湖南理工大学）和顾红亚（绍兴鲁迅纪念馆）分别论述了鲁迅小说文体的先锋性和《故事新编》中的黑色幽默文学现象。许祖华（华中师范大学）辨析了鲁迅小说书写科举不第事件的传统性与创造性，张瑞英（曲阜师范大学）比较了鲁迅与萧红对待小说人物的不同态度，孙淑芳（云南师范大学）关注了鲁迅小说与戏剧艺术的关系，刘克敌通过鲁迅对唐传奇的评述，讨论了其小说观及对后世影响。

《野草》研究方面，崔绍怀（惠州学院）缕述了哲学主题视角下鲁迅《野草》研究发展历程，刘骥鹏（商丘师范学院）用失乐园原型对《野草》部分文本进行了重新阐释，李玉明（青岛大学）判定《野草》标志着鲁迅思想的"完型"，对将鲁迅思想和创作做前后期之分的观点提出了质疑。

杂文研究方面，代田智明（东京大学）一反人们对鲁迅杂文偏激、激烈的指责，另辟蹊径地发现了其"稳健性""中庸性"。文章的解释是，鲁迅的务实态度，源于他为了将被淘汰的"中间项"而奋斗的历史意识。执着于现在，拒绝"永远"和"彻底"，恰成了鲁迅之所以不朽的终极原因。

鲁迅的丰富性和复杂性在本次会议上有充分体现。诸如鲁迅笔下的"父权"观念批判与五四时代家庭（族）伦理道德的多面性、"牧领话语"与鲁迅的复杂纠缠、金石碑拓对鲁迅篆隶书法的影响、鲁迅之死对周作人后半生的影响、鲁迅的编辑哲学，乃至鲁迅故居的保护问题，都进入了与会者的思考范围，也大大丰富了鲁迅研究的空间。闭幕式上，赵京华（中国社会科学院）和黄乔生（北京鲁迅博物馆）进行学术总结和致闭幕词时，对这些研究取得的成果，都做了充分的肯定。

最后不可不提的是，本次会议上，老一代学者的发言激起了更多的讨论。张梦阳（中国社会科学院）不仅讲述了世界文学视野内的阿Q和精神典型问题，还质疑了鲁迅研究界的一些空疏的学风。朱德发（山东师范大学）针对目前思想文化领域中的政治化思维和复古倾向，论证了鲁迅个性意识的当代价值。他们的现实感，仿佛鲁迅研究工作者的某种宿命。对于研究者而言，鲁迅从来都不应是一个僵死的学术命题，而应是始终楔入当代生活世界的一个结构性的组成部分。这是本次会议的共识所在，是鲁迅研究的意义所在，也是鲁迅研究的活力所在。

编 后 记

"世界视野中的鲁迅"国际学术研讨会于 2014 年 6 月 13 日到 15 日在山东师范大学隆重举行,会议由中国鲁迅研究会与山东师范大学文学院、山东师范大学中国现当代文学国家重点学科联合举办,来自国内外 40 多所著名高等院校和科研机构的 60 多位专家学者出席会议并做了精彩的学术报告,会议取得了圆满成功。

会议结束后,我们即开始着手编辑会议论文集,同与会的专家学者进行联系沟通,得到了诸位专家学者的积极回应;同时,与中国社会科学出版社联系出版事宜,得到郭晓鸿主任的大力支持。今天,会议论文集能够顺利出版,与诸位专家学者和出版社编辑的大力支持是分不开的,在此,谨向诸位表示衷心的感谢!

此次会议的召开和论文集出版,得到了山东师范大学校领导、校研究生院、社科处及文学院领导的关怀与支持,山东师范大学中国现当代文学国家重点学科提供经费支持。另外,中国现当代文学专业的诸位同事齐心协力筹备会议,为本次会议付出了辛苦的劳动;本专业的博士研究生董卉川、金星、吴辰、任洪果、郭晓平、周文、陈智华,硕士研究生于萌、司金川等,承担了会议的会务工作,在此一并表示感谢!

编者

2015 年 2 月 28 日